Kain, wo ist dein Bruder?

Kain, wo ist dein Bruder?

Was der Mensch im Zweiten Weltkrieg erleiden musste – dokumentiert in Tagebüchern und Briefen

herausgegeben von HANS DOLLINGER
in Zusammenarbeit mit dem
Volksbund Deutsche Kriegsgräberfürsorge

Einleitende Texte von
Heinz Zahrnt und Hans-Adolf Jacobsen

KOMET

Umschlagmotiv: dpa, Frankfurt
www.komet-verlag.de
Gesamtherstellung: Komet Verlag GmbH, Köln

ISBN 3-89836-375-9

Inhalt

[illegible]

Warum denn nicht Frieden!

[illegible]

»'s ist Krieg! 's ist Krieg! O Gottes Engel
wehre und rede du darein!
s' ist leider Krieg – und ich begehre
nicht schuld daran zu sein!«

Matthias Claudius

Warum denn nicht Friede?

Dieses Buch sieht den Krieg »von unten«, und man kann, eine allgemeine Redensart abwandelnd, sagen: Nur wer den Krieg von unten sah, der sah ihm ins Gesicht. Es bestätigt jenes Wort Lenins, das Bert Brecht sich während seines Exils in Dänemark an die Balken seines Arbeitszimmers geklebt hat: »Eine abstrakte Wahrheit gibt es nicht, die Wahrheit ist stets konkret.«

»Konkret« heißt greifbar. Aber das ist nun gerade das entscheidende Erlebnis bei der Lektüre dieses Buches: Je greifbarer der Krieg vor Augen tritt, desto unbegreiflicher wird er. Am Ende möchte man wie einer der Schreiber herausschreien: »Verfluchter Krieg!« Und man fragt sich ratlos: Warum überhaupt Krieg?

Gleich auf einer der ersten Seiten findet sich die Vorhersage: »Gestern ist die größte Schlacht entbrannt, die die Völker dieser Erde je erlebt haben. Die Mehrheit wird nicht nur Zuschauer dieses Kampfes auf Leben und Tod bleiben.« Diese Voraussage sollte sich bewahrheiten – davon zeugt dieses Buch. In ihm kommt jene »Mehrheit« zu Wort. Es ist geschrieben von solchen, die dem Krieg nicht nur zugeschaut, sondern ihn am eigenen Leibe erlebt haben. Alle Betroffenen kommen in den Briefen und Tagebuchnotizen zu Wort: Soldaten und Zivilisten – Ehefrauen, Mütter und Kinder – Flüchtlinge und Gefangene – Juden und Verfolgte – Widerstandskämpfer und Nazis – Deutsche, Polen, Franzosen, Engländer, Russen, Amerikaner und Japaner. Von vielen, ja von den meisten heißt es, dass sie hernach gestorben oder gefallen seien oder erschlagen, ermordet, verbrannt, erschossen, enthauptet, gehängt, vergast. Sie sind allzumal Opfer. Der Krieg ist ein »Raum der Unbarmherzigkeit«, wie einer schreibt. Selbst die Tiere gehen in ihm zugrunde. Alle Kreatur leidet.

Gewiss, hier und dort klingt noch die uns unverständlich gewordene Kriegsbegeisterung vergangener Zeiten auf, etwa wenn eine deutsche Krankenschwester schreibt: »Es ist doch wohl so bestimmt, dass jede Generation einen Krieg durchmachen muss, um dadurch geläutert und reifer zu werden«, oder ein Reserveoffizier nach dem Polenfeldzug: »Dann kam der erhebende Augenblick für uns Frontkämpfer, die Glocken begannen zu läuten und der Frieden hielt seinen Einzug. Doch nun sehnt man sich schon wieder nach neuen Taten«, oder ein japanischer Kamikaze-Todesflieger: »Es hat sich gelohnt, wenn wir in Schönheit für die gute Sache sterben können.« Aber das sind – im Gegensatz zu ähnlichen Zeugnissen aus dem Ersten Weltkrieg – die seltenen Ausnahmen.

Aufs Ganze gesehen ist das Buch die Schilderung einer einzigen großen Passion. Es gibt in ihm so grauenvolle, unmenschliche Bilder, dass, läse man sie in einem Roman, man unwillkürlich protestieren würde: »Das gibt's doch gar nicht!« An manchen Stellen heißt es deshalb auch einfach: »Erspart es mir, Näheres zu schildern.«

Es ist, als hörten die Menschen im Kriege auf, Menschen zu sein: »Ich hätte niemals geglaubt, dass die menschliche Natur so viehisch sein kann« – »Dass Menschen so brennen sollten, konnten wir uns nicht vorstellen.« Aber die »Entmenschlichung« der Menschen vollzieht sich nicht nur in ihrem Handeln, sondern auch in ihrem Erleiden: »Wir leben wie die Tiere, aber nicht wie gepflegte Haustiere« – »Unsere Hände und Gesichter sind zum Teil nur noch mit viel Fantasie als menschliche zu erkennen« – »Alles Menschsein hat aufgehört … Auch Sehnsucht ist nicht mehr.«

Der totale Krieg macht aus den Menschen totale Soldaten: »Hier spricht nur der Soldat. Wir sind nicht mehr Menschen, uns steht auch nichts Menschliches mehr an. Vielleicht dürfen wir noch etwas Sehnsucht haben, aber keinen Wunsch. . . Und irgendwo, ganz weit fort, geht das Leben weiter. Ohne uns. Wir werden es kaum je wieder treffen.« Es ist ein Offizier, der dies schreibt – einstmals hörte man es anders: Da galt das Soldatsein als die Erfüllung allen menschlichen Lebens, und das normale menschliche Sterben wurde, im Unterschied zum »Heldentod« auf dem Schlachtfeld, verächtlich als »Strohtod« bezeichnet.

Sicher entbindet der Krieg gleichzeitig Kräfte der Mitmenschlichkeit – auch dafür gibt es in diesem Buch ergreifende Beispiele.

Aber den Krieg damit zu rechtfertigen, wäre ebenso ungerechtfertigt, wie wenn man die Existenz von Geisteskranken in der Welt damit entschuldigen wollte, dass sie Mitleid und Nächstenliebe entfachten.

Es ist auch nicht erlaubt, die Schuld am Krieg Gott in die Schuhe zu schieben und anklagend zu fragen: Wie kann Gott das zulassen? Der Krieg ist keine Fügung Gottes, sondern ein Schicksal, das die Menschen sich gegenseitig bereiten. Darum ist es auch an uns, den Krieg mit Gottes Hilfe aus der Welt zu schaffen.

Wer nach der Lektüre dieses Buches kein »Pazifist«, das heißt kein Friedensstifter wird, verdächtigt sich als »Kriegstreiber«. Wie wir zwischen aktiver und passiver Sterbehilfe keine scharfe Trennungslinie ziehen können, so fortan auch nicht mehr in der Grauzone zwischen Mord und Krieg. Es klingt wie ein Appell an uns, die Lebenden, wenn ein später gefallener Soldat aus Russland schreibt: »Mein Gott! Einmal müsste doch aufgehört werden mit dem Kriegführen, denn sonst gehen wir alle noch an diesem Zustand zugrunde ...« Damit gewinnen die Schilderungen des Krieges aus der Sicht »von unten« politische Dimension.

Gleich zu Kriegsbeginn schreibt ausgerechnet eine 15-jährige Schülerin in ihr »Kindertagebuch«: »Politik ist bekotzte Scheiße!! Wie ein Gesellschaftsspiel unter Kindern, die noch keine Moralbegriffe haben.« Dies Kind hat Recht. Der Krieg ist längst nicht mehr eine Fortsetzung der Politik mit anderen Mitteln, sondern er verlangt eine neue Politik. Der heute umlaufende Slogan »Angenommen, sie machen Krieg, und keiner geht hin« greift freilich ebenfalls zu kurz. Denn dies Buch zeigt gerade, dass auch die, die nicht hingehen, vom Krieg eingeholt werden.

Der erste Schritt zur notwendigen »neuen Politik« ist dort getan, wo die passive, ratlose Klage »Warum denn überhaupt Krieg?« sich in die aktive, nachdenkliche Frage wandelt, mit der George F. Kennan seine Rede anlässlich der Verleihung des Friedenspreises des Deutschen Buchhandels in der Paulskirche geschlossen hat: »Warum denn nicht Friede?«

Heinz Zahrnt

Der Zweite Weltkrieg als geschichtliches Phänomen

Wer Verlauf und Ausgang des Zweiten Weltkrieges begreifen und diesen unbarmherzigen Prozess der Weltgeschichte richtig erklären will, der muss die kämpfenden Heere und Partisanen, die eingesetzten Flugzeuge und Kriegsschiffe, die verschiedenen Waffensysteme, die fortschreitende Technik die Mobilisierung der gesamten Wirtschaft und die entfesselten Leidenschaften, kurz das umfassende Wehrpotenzial einschließlich der Moral der Krieg führenden als Mittel der Politik zur Verwirklichung ganz spezifischer machtpolitischer Ziele werten und gleichzeitig den totalen Krieg bei aller Vielfalt seiner Elemente als einheitliches Ganzes erfassen. Es ist verfehlt, die Entwicklung der Jahre 1939 bis 1945 lediglich in Phasen siegreicher oder verlorener Schlachten bzw. Feldzüge einzuteilen, einseitig das wechselvolle Auf und Ab der Kampfhandlungen an allen Fronten zu verfolgen oder gar isoliert behandelte Teilprobleme zum Maßstab der Beurteilung zu machen. Vielmehr kommt es zunächst entscheidend darauf an, die Kriegsziele der Großmächte und der überstaatlich zusammenarbeitenden Widerstandsbewegungen in ihren Wechselwirkungen mit der Kriegführung in ihren mannigfachen Dimensionen und Unwägbarkeiten zu verdeutlichen. Sodann müssen die militär-technischen-wirtschaftlichen Anstrengungen sowie die psychologischen Gegebenheiten zutreffend in den historischen Gesamtablauf eingeordnet und schließlich die ihnen im Rahmen des Ganzen zukommende Bedeutung herausgearbeitet werden. Dabei darf nicht vergessen werden, dass es sich bei diesem Völkerringen um einen globalen Konflikt gehandelt hat.

Zweifellos strebten Japan, Italien und Deutschland, die so genannten »Achsenmächte«, von einem »historischen Sendungsbewusstsein« durchdrungen, eine regional begrenzte Neuverteilung des Rohstoff- und Siedlungsraumes in der Welt an, um in diesem ihre autoritären und totalitären Ordnungssysteme gewaltsam durchzusetzen. Sie wollten den Status quo zu ihren Gunsten ändern. Ihre Ziele gipfelten schließlich in dem rastlosen

Kampf um die rassische Neugestaltung des europäischen Kontinents, des Mittelmeerraumes und eine großostasiatische Wohlstandssphäre. Dieser wahnwitzige Versuch scheiterte nicht nur an dem Willen der unterworfenen oder bedrohten Völker, sondern vor allem an dem dadurch zwangsläufig heraufbeschworenen Widerstand der großen See- und Weltmächte, die ab 1941 über fast 75 Prozent aller personellen und materiellen Reserven der Welt verfügten. Hinzu kam, dass Hitler und seine engsten Berater weder den Widerstandswillen Großbritanniens noch die Leistungsfähigkeit der UdSSR und den Machtfaktor USA angemessen einzuschätzen und in das Kalkül ihrer Strategie einzubeziehen verstanden.

Ab 1942/43 hat die so genannte »Anti-Hitler-Koalition« (Großbritannien, UdSSR, USA und ihre Verbündeten) die militärische Initiative auf allen Kriegsschauplätzen an sich gerissen; sie begann nunmehr, das Gesetz des Handelns zu diktieren. Im Übrigen hatte sie ein unverrückbares Primärziel mehr destruktiver Natur: Deutschland, Italien und Japan, aber »Germany first«, militärisch schnell und vollständig bis zur bedingungslosen Kapitulation niederzuwerfen und hierzu die Allianz, so heterogen ihre Kräfte in allen Ländern und innerhalb der Widerstandsgruppen auch sein mochten, möglichst wirksam zu halten.

Darüber hinaus wollten die Alliierten freilich nicht nur die besiegten Staaten – vor allem Deutschland – politisch in der Weise umgestalten, dass sie die Völker nie wieder mit der »Geißel des Krieges« überziehen konnten und den Status quo von 1937 wieder herstellen (in Europa wie in Asien), sondern auch ein neues kollektives Sicherheitssystem ins Leben rufen, das, ausgehend von den Prinzipien der Atlantik-Charta (1941), den internationalen Frieden und die Stabilität in der Welt gewährleisten würde. Damit war das mehr konstruktive Kriegsziel formuliert. Freilich haben nicht alle Krieg führenden der alliierten-sowjetischen Koalition in erster Linie dafür gekämpft, und wenn sie dies taten, hatten sie jeweils verschiedene Beweggründe. Zudem bestanden zwischen den beiden Hauptverbündeten, Großbritannien und den USA, in manchen Fragen divergierende Auffassungen. Ähnlich wie in Polen, Dänemark, Norwegen, Belgien, Holland, Griechenland und in der Tschechoslowakei war es beispielsweise das erklärte Ziel der Franzosen, die demokratische Republik wieder herzustellen. In Indien, Süd- und Ostasien strebten die Staaten als Erstes die nationale Unabhängigkeit von den alten Kolonialmächten an und damit die Veränderung des Status quo zu ihren Gunsten. In China ging es vor allem um die Entscheidung über die innerstaatliche Ordnung zwischen Kuomintang und Kommunisten, während in Nord- und Westafrika die Atlantik-Charta als neuer zündender Funke wirkte. Wie in Asien so sahen auch in Afrika die nationalistischen Bewegungen in den Vereinten Nationen einen der besten Befürworter und zugleich Garanten ihrer staatlichen Unabhängigkeit.

Mochten der Antikolonialismus und die Befreiung der Kolonialvölker von fremder Herrschaft zu den wichtigen Postulaten amerikanischer Außenpolitik zählen, Großbritannien sträubte sich nachhaltig gegen eine Liquidierung seines Empire, bis es sich schließlich unter der Labour-Regierung nach Kriegsende doch den Realitäten beugen musste. Und die Sowjetunion hat der Schaffung eines neuen kollektiven Sicherheitssystems vor allem deshalb zugestimmt, weil sie dieses als einen weiteren Schutz vor neuen Aggressionen betrachtete, wohl weniger als ein Instrument zur Wahrung nationalstaatlicher Souveränitätsrechte, des wieder hergestellten Status quo und weltweiter friedlicher Zusammenarbeit. Denn ab 1944 hatte sie unter dem Schutz ihrer Bajonette eine revolutionäre Sicherheits- und Annexionspolitik betrieben. Die Antwort auf die nationalsozialistische-faschistische und japanische Herausforderung endete zwar mit einem militärischen Sieg der Alliierten und der Sowjetunion, aber zugleich wurde ein neues politisches Dilemma heraufbeschworen: der Ost-West-Konflikt. Denn über der Diskussion um die künftigen Mittel und Wege zur politischen Neugestaltung Europas wie zur Befriedung der Welt und infolge der einseitig eingeleiteten sowjetischen Maßnahmen in Osteuropa brach das Bündnis auseinander. Zu tief waren die ideologischen Gegensätze, die bis dahin von der einen Seite verschleiert, von der anderen entweder unterschätzt oder zurückgestellt worden waren. Als die Rote Armee in den von ihr »befreiten« Gebieten ein »fait accompli« geschaffen hatte – das mehr wog als alle bis 1945 vertagten Beschlüsse –, wurde deutlich, dass man zwar gegen einen gemeinsamen Gegner gekämpft hatte, ohne doch für dieselbe Sache zu kämpfen.

In Asien aber war der abschließende Prozess der Entkolonialisierung nicht mehr aufzuhalten, nachdem die überwiegend kommunistisch gelenkten Untergrundarmeen Japan mitbesiegt und zusammen mit den nationalistischen Führern 1945 die politische Macht an sich gerissen hatten.

Die mannigfachen Entscheidungen und Maßnahmen in dieser Zeit dürfen freilich nicht aus der Sicht des »Kalten Krieges« beurteilt werden, sondern aus dem jeweiligen historischen Augenblick, den stets die Summe aller bis dahin gemachten Erfahrungen beeinflusst hat. Mit Recht hat George F. Kennan einmal auf die Atmosphäre jener Tage, Wochen und Monate hingewiesen, in der »die Ängste, Stimmungen, Träume und Hoffnungen, die Illusionen, die Aufwallungen der Erbitterung, die Anspannung erschöpfender Kriegsarbeit, die Komplexe und die Psychose eines militärischen Denkens« die »Akteure des Dramas« getrieben hätten. Nur wer diese Gesichtspunkte gleichsam als eine der Voraussetzungen für das historische Verstehen beherzigt, wird im Stande sein, den Ereignissen und Gestalten der damaligen Epoche gerecht zu werden und jene historische Entwicklung zutreffend zu analysieren, die unsere Welt nach 1945 in einen einheitlichen politisch-wirtschaftlichen Schauplatz verwandelt und vor Aufgaben gestellt hat, die zu lösen wohl noch keiner Generation aufgetragen worden ist.

Hans-Adolf Jacobsen

I.

1939

Seit dem 1. September ist Krieg – alles verheerender, alles verzehrender, alles vernichtender, jede Freude erstickender Krieg … Ich zittere vor jedem neuen Tag, ich möchte doch so gern in Frieden leben dürfen …

Ingeborg Tafel, 25. 9. 1939

September

Am Morgen des 1. September, um 4.45 Uhr, beginnt der deutsche Überfall auf Polen. Hitler hat den Zweiten Weltkrieg entfesselt, entsprechend seiner »Weisung« Nr. 1 a vom 17. April 1939 (»Fall Weiß«), in der er verlangte, »eine den Bedürfnissen der Landesverteidigung entsprechende Lage« im Osten herzustellen. Wie weit Hitlers Pläne schon damals gingen, hatte er seinen engsten militärischen Mitarbeitern bereits am 23. Mai 1939 enthüllt: Danzig sei nicht das Objekt, um das es gehe, erläuterte er, vielmehr handle es sich um die Erweiterung des Lebensraumes im Osten und die Sicherstellung der Ernährung des deutschen Volkes. Für den ersten Schlag, den Überfall auf Polen, hatte sich Hitler mit dem Deutsch-Sowjetischen Nichtangriffspakt vom 23. August 1939 auch die nötige Rückendeckung verschafft.

Nachdem die deutsche Luftwaffe innerhalb weniger Tage die Luftherrschaft über Polen erkämpft hat, zerschlägt die wegen ihrer starken Motorisierung überlegene Wehrmacht Hitlers in knapp fünf Wochen das sich tapfer wehrende, aber von seinen westlichen Alliierten im Kampf allein gelassene Polen. England und Frankreich haben zwar dem Deutschen Reich am 3. September den Krieg erklärt, aber 110 englische und französische Divisionen verhielten sich ruhig hinter dem deutschen Westwall, der mehr in der Goebbels'schen Propaganda als tatsächlich existierte und wo nur 23 schlecht ausgerüstete deutsche Divisionen zur Sicherung bereitstanden. Lediglich die britische Royal Air Force (R.A.F.) flog am 4. September Angriffe auf militärische Ziele in der Deutschen Bucht.

Ende September leisten nur noch die Festung Modlin und die polnische Hauptstadt Widerstand. Nach mehreren verheerenden Luftangriffen deutscher »Stukas« (Sturzkampfbomber) und schwerem Artilleriebeschuss kapituliert Warschau am 28. September 1939. Am selben Tag wird in Moskau ein deutsch-sowjetischer Grenz- und Freundschaftsvertrag abgeschlossen, der den Verlauf der Ostgrenze zur Sowjetunion, die zwei Heeresgruppen bereits am 17. September nach Ostpolen einmarschieren ließ, festlegt.

Der deutsche Polenfeldzug ist gleichzeitig auch ein rasseideologischer Feldzug. Sondereinheiten deutscher Polizei und SS beginnen von Anfang der Kampfhandlungen an und mit Duldung der Wehrmachtführung – nur wenige Offiziere wagen Widerspruch – systematisch die polnische Intelligenz auszurotten. Noch im September werden bereits über 10 000 Menschen in Polen ermordet. Reinhard Heydrich, Chef des am 27. September 1939 errichteten Reichssicherheitshauptamtes, hat die Parole ausgegeben: »Die führende Bevölkerungsschicht in Polen soll so gut wie möglich unschädlich gemacht werden. Die restliche verbleibende niedere Bevölkerung wird keine besonderen Schulen erhalten, sondern in irgendeiner Form heruntergedrückt werden.«

Mit der deutschen Besetzung beginnt auch die Leidenszeit der Juden in Polen, die zudem noch einem vielerorts aufbrechenden Antisemitismus nicht nur deutschstämmiger Polen ausgeliefert sind.

Schon an den Tagen vor dem deutschen Angriff auf Polen wirft der Zweite Weltkrieg seine Schatten voraus, werden die wehrpflichtigen Männer in »Großdeutschland« in die Kasernen gerufen. Unter dem 26. August 1939 notiert in Berlin die erst seit Mai 1939 verheiratete junge Schauspielerin Marianne Dohm später in ihren Aufzeichnungen über ihr Leben in den Jahren der Unmenschlichkeit von 1939 bis 1945:

Es ist der 26. August 1939, morgens 6 Uhr, fünf Stunden nachdem ich vom Rundfunk zurückgekehrt war. Da klingelt's doch?! Georg ist noch ganz verschlafen, aber ich springe sofort aus dem Bett und öffne die Wohnungstür. »Ein Stellungsbefehl für Ihren Mann. Hier! – Morjen!« Der Befehlsüberbringer läuft schnell wieder die Treppen hinunter. Nein, nein! Das kann doch nicht wahr sein?! Doch, da steht's ja: »Stellungsbefehl. Sie haben sich heute, den 26. August 1939, um 11.30 Uhr in Nauen bei Berlin zu melden zwecks Einberufung zum Militär.« So einfach ist das. Ob zu fassen oder nicht, ob aus allen Himmeln gefallen oder nicht. Aber wieso denn? Es ist doch kein Krieg! Ja gewiss, da und dort hat man von einer Kriegsgefahr reden hören, aber was ging denn das ganze politische Geschehen mich und Georg an, die eben erst ein Leben begannen, ein Leben zu zweien, ein Leben voll Jubel und Jauchzen und aller Glückseligkeit! Was? Wissen hätte man es müssen? Die »Partei« ist doch überall und nicht zu übersehen. Partei? Georg sprach von Kindern, von Musik und Blumen, von seinen Gesprächen mit Kunden in seinem Reisebüro, von seinen Zukunftsplänen, dem Wunsch nach einer eigenen Agentur mit einer Spezialabteilung für Kärnten und Salzburg, so wie noch keine in Berlin existierte. Er hatte mir ein ganz vorzügliches Schreiben an den Leiter des Fremdenverkehrsverbandes in Kärnten diktiert und bereits eine sehr interessante Antwort erhalten. Ja gewiss, er hatte auch einmal die Absolvierung seiner Militärpflicht erwähnt, drunten am schönen Bodensee. Und sein damaliger Hauptmann hatte ihm danach zu seiner Arbeitserlaubnis in Berlin verholfen, gewiss, gewiss! Aber: Bis dato brauchten doch nur die Parteifunktionäre zu marschieren. Wir sahen sie manchmal strammstehen, gleich gegenüber auf dem Schulhof, sonntags morgens, wenn wir auf unserem Balkon das Flitterwochen-Frühstück einnahmen. – Und jetzt sollte Georg also auch mitmarschieren müssen, fort müssen, einfach weg? So was ist nicht gleich zu fassen. Noch minutenlang stehe ich im Schlafanzug vor der offenen Wohnungstür, den Wisch in der Hand. Wie kann ich »Wisch« denken, es ist ein Befehl, eine sehr ernste Sache, er ist mit Krieg verbunden. Krieg? Mein ältester Bruder hatte mir einmal ein Buch gegeben, wenig geeignet für ein zwölfjähriges Mädchen: »Krieg dem Krieg« war sein Titel, der Inhalt Originalfotos von Kriegsverstümmelten. Seitdem ist für mich der Begriff Krieg mit der Vorstellung von amputierten

Beinen und Armen, von grausam verstümmelten Gesichtern verbunden. Und so etwas Furchtbares sollte nun wieder beginnen – und Georg sollte mittun müssen? Herrgott!

Georg nimmt mir den Stellungsbefehl aus der Hand und sagt sanft: »Zieh dich an, Spätzlein, wir wollen noch zur Messe gehen, bevor ich …« – »Georg«, unterbreche ich ihn, »vielleicht dauert es ein Jahr – ein ganzes Jahr …?« Wir schauen uns an, beinahe hilflos.

Einen Tag später notiert der als Konstrukteur vom Wehrdienst freigestellte Karl Dürkefälden in Celle in sein Tagebuch:

Am Sonntag, dem 27. August, wurden bereits Lebensmittelkarten ausgegeben. Morgens erfolgte die Bekanntgabe durch den Rundfunk, und an demselben Sonntagnachmittag wurden die Karten schon ins Haus gebracht. Brot konnte man noch ohne Marken beliebig kaufen. Fleisch gab es 700 g pro Woche, Butter 125 g. Für Stoffe muss man sich extra Bezugsscheine holen, auch für Schuhe. So bekam ich nur 1 Hemd für Manfred (5 ¾ Jahre alt). In der dritten Kriegswoche gab es nur 500 g Fleisch pro Kopf und 90 g Butter, in der vierten Woche nur noch 80 g Butter, dazu für uns beide Erwachsene zusammen: ¼ Pfund Margarine und ¼ Pfund Kokosfett und 130 g Schmalz oder Speck. Das Fleisch gilt einschließlich Wurst und Knochen. Kinder unter 6 Jahren bekommen weniger Fleisch, dafür ¾ Liter Vollmilch pro Tag. Über 6 Jahre alte Kinder bekommen ¼ Liter Milch und Erwachsene nur Magermilch für 12 Pfennig pro Liter, Vollmilch kostet pro Liter 24 Pfennig.

Gleich in den ersten Kriegstagen wurde das Abhören von Auslandssendern bei Zuchthausstrafe und Todesstrafe verboten.

In Pommern macht sich die wenigen Tage vor Angriffsbeginn der Schütze Karl Schönfeld, der am 26. September 1941 dann in Russland fiel, in seinen Aufzeichnungen die folgenden Gedanken:

Der Befehl zum Abmarsch ist gekommen, und die Stimmung in der Kompanie ist ganz gut, wenn auch etwas gedrückt, denn jeder von uns kann sich ausmalen, was folgen wird. Der Einsatzbefehl – vielleicht ist er auch schon da! Jeder von uns geht oder steht herum mit Gedanken, die einem ganz neu sind, Gedanken an Vater und Mutter oder an Frau und Kind. Wenn sonst die Kompanie so kurz vor Abmarsch stand, war eine Lebhaftigkeit drin. Heute auch, nur anders, die Gespräche haben einen anderen Sinn und werden meist mit gedämpfter Stimme ausgeführt. Langsam geht der Tag zu Ende, im Westen ein herrliches Abendrot, die Natur ist im schönsten Frieden; das alles wirkt mit auf unsere melancholische Stimmung. Aber nicht nur die Mannschaften sind in dieser Verfassung, sondern alle – Offiziere und Mann. »Na, Schönfeld, Hemmungen?« – »Nein, Herr Hauptmann!« Und ich habe ganz bewusst die Unwahrheit gesagt, das wusste ich im selben Augenblick. Aber warum log ich? Ja, warum? Nur um gut und tapfer zu erscheinen? Ich weiß es nicht, ich glaube keine unerhörte Mutmaßung zu machen, wenn ich behaupte, jedermann hätte genau so geantwortet, wäre ihm in dieser Lage jene Frage gestellt worden.

Am Freitag, den 1. September 1939, um 10 Uhr morgens, beginnt in der Kroll-Oper in Berlin die Reichstagssitzung, in der Hitler – mit dem ihm eigenen besonderen Sinn für theatralische Effekte erstmals im feldgrauen Rock auftretend – in den Saal ruft: »Seit 4.45 Uhr wird jetzt zurückgeschossen. Und von jetzt ab wird Bombe mit Bombe vergolten …« Der Schriftsteller Jochen Klepper (er ist im Jahr 1942 mit seiner jüdischen Frau in den Freitod gegangen) schreibt im Anschluss daran in sein Tagebuch:

Um zehn hörten wir in der Zimmermann'schen Wohnung die Übertragung der Reichstagssitzung mit der Führerrede … Kein Wort von Gott in dieser Stunde. – Das ist der stärkste Eindruck dieses bitterschweren Tages. Es mag ehrlicher so sein; aber nun wird erst allen bewusst werden, was mit Deutschland ist. – Die Rede klang sehr ernst. Der Anfang der Kämpfe soll eine Apotheose des Willens sein.

In den Tagesbefehlen an die drei Wehrmachtsteile heißt es nur in dem von Brauchitsch unterzeichneten an das Heer: »Mit Gott.« Für die Marine (Raeder) und die Luftwaffe (Göring) hat man es unterlassen; dabei gilt Raeder als besonders kirchlich. Um halb acht abends der erste Fliegeralarm, nachdem wir gerade – was vor kurzem noch Übungssache war, nun Ernst … das Haus verdunkelt hatten. Er wurde bald beendet.

Nach wenigen Stunden Schlaf in der Nacht vom 31. August auf den 1. September 1939 erlebt Schütze Karl Schönfeld den ersten Kriegstag so:

4 Uhr 45. Ein mächtiger Donnerschlag, darauf ein Erzittern des Erdbodens. Wieder ein neuer Schlag, ein dritter und vierter und so weiter. Der Kampf hat begonnen, die Artillerie schießt, und sie wird eine gute Sprache reden. Aber kein Gegenfeuer. Wurden die Polen so überrascht, oder haben sie hier keine Artillerie?

8 Uhr 17. Wir passieren die Grenze. Ein freudiges Ereignis, in uns da singt und klingt es, aber diese Melodien sind bald verstummt – denn nach einigen hundert Metern sehen wir die ersten Gefangenen und den ersten deutschen Leichtverwundeten und gleich darauf die ersten Toten. An den Bäumen liegen sie, fünf Mann. Es sind Polen … In unmittelbarer Nähe von diesen fünf, die am Wege liegen, finden wir noch zwei Tote am Waldes-

rand. Sie sehen böse aus. Uns schüttelt ein Grauen vor diesem Anblick. Ich werde ihn nie wieder vergessen. Dort liegen Menschen, die von Menschenhand getötet wurden. Also Mord? Ja, Mord. Und doch kein Mord, denn es ist ja Krieg! Ich dachte an die Mütter, die diese Menschen einst unter Schmerzen geboren haben, und malte mir aus, was es für meine Mutter für ein Schmerz sein würde, wenn sie ihr Kind tot irgendwo liegen wüsste.

11 Uhr. Vor uns liegt ein brennender Ort. Immer neue Kriegsspuren tauchen vor unseren Augen auf. Ich kann das alles gar nicht so schnell fassen, doch es gibt keine Zeit zum Nachdenken und Grübeln. Wir müssen auf der Hut sein, damit wir nicht plötzlich angefallen werden. Kaum eine halbe Stunde später krepieren links und rechts von uns die ersten Granaten, die uns gelten. Jetzt merken wir es, wir sind eingesetzt …

Spätnachmittag. Wir sind inzwischen auf heftiges MG-Feuer gestoßen und kommen nur langsam weiter vor, denn von einem Gehöft, das in der äußeren rechten Ecke unseres Angriffsstreifens liegt, belfert ein feindliches schweres MG und zwingt uns, immer wieder in volle Deckung zu gehen … Unser Funktrupp nimmt Verbindung zum Bataillon auf und erhält den Befehl für die Kompanie, dass dieselbe weiter nach hinten gehen soll, um Verbindung zur Nachbarkompanie zu halten. Ich springe mit diesem Spruch nach vorn zum Chef und bin gerade in einer Mulde, als der Feind diese mit Artilleriefeuer belegt. Ich mache ganz instinktiv noch einen Sprung nach vorwärts und lege mich dann hin … Es sind nur drei bis vier Salven, und dann ist es wieder vorbei. Inzwischen bin ich beim Chef angelangt und habe meinen Spruch überbracht. Die Kompanie geht weiter nach links und löst sich vom Feind … Wir kommen in ein Dorf, an unsere Fahrzeuge, sitzen auf und fahren ab, aber wohin? Wir sind abgelöst und gehen zur Ruhe über. Für uns ist der erste Tag zu Ende …

Der Leiter der Hebräischen Schule in Warschau, Chaim A. Kaplan, schreibt am 2. September 1939 in sein Tagebuch:

Der zweite Tag des Polnisch-Deutschen Krieges, der sich schließlich in einen Weltkrieg und ein Völkergemetzel verwandeln wird … Heute hatte Warschau vier Luftangriffe. Die Bevölkerung hat sich bereits an sie gewöhnt und weiß, was sie zu tun hat. Wir sind tatsächlich in eine neue Ära eingetreten. Wir fürchteten ihren Anbruch und sahen ihr mit besorgtem Herzen entgegen, aber seitdem sie gekommen ist und konkrete Gestalt angenommen hat, wird uns diese Ära zur zweiten Natur werden. Selbst eine nicht normale Lebensweise wird normal, wenn sie von Dauer ist. Aber unsere Nerven werden schwer mitgenommen. Fast den ganzen Tag über sind wir Luftangriffen ausgesetzt, deren Folgen nicht bekannt sind, weil die Kommunikees in einem knappen und zurechtgestutzten Stil abgefasst sind und mehr verbergen, als sie offenbaren. Wie üblich, verkündet jede Seite ihre Siege und verheimlicht ihre Niederlagen, aber es fällt nicht schwer einzusehen, warum Polens Niederlagen groß sind, denn es ist dem ganzen Ansturm eines Krieges mit einem grausamen und barbarischen, bis an die Zähne bewaffneten Feind ausgesetzt. Die Hilfe, die es schließlich von seinen Verbündeten erhalten wird, wird mehr indirekter als direkter Natur sein.

Am 3. September, dem dritten Kriegstag, notiert der Schütze Karl Schönfeld, Krad-Beifahrer in der deutschen Wehrmacht, auf dem Vormarsch nach Polen:

Tucheler Heide. Inzwischen bin ich Beifahrer auf einem Krad geworden. Kurz vor Abfahrt von einem Gutshof, auf dem wir Quartier gemacht hatten, erhalten mein Fahrer und ich den Befehl, mit der Maschine zum Bataillon zu fahren. Beim Bataillon-Stab sind wir mit noch einigen anderen Krädern zusammen und fahren als Sicherung voraus. Nach Markierung der Fahrtrichtung an einigen Wegkreuzungen geht die Fahrt gut vorwärts. Die Wege sind an einigen Stellen ziemlich versandet, sonst aber noch annehmbar. Nach einer knappen Stunde gelangen wir an eine Kreuzung, wo der uns führende Feldwebel uns in Deckung fahren und halten lässt. Von allen vier Himmelsrichtungen mündet hier ein Weg. Wir bekommen den Auftrag, den Weg, der nach Westen einmündet, zu sichern. Als wir unseren Posten beziehen, liegt an dem uns zugeteilten Weg gerade eine kleine Truppe Flüchtlinge. Es scheint eine Familie zu sein, wir kümmern uns nicht um diese, sondern legen uns hin und wollen gleichzeitig eine Zigarette rauchen. Aber mir sind die Streichhölzer ausgegangen und auch Jurischka, mein Fahrer, hat keine bei sich. Also gehe ich zu den Flüchtlingen und erkläre durch ein Zeichen, dass ich etwas Feuer möchte. »Ach, Sie möchten Feuer haben«, erklärt mir der eine, ein etwas älterer Herr, in fließendem Deutsch und bittet mich gleichzeitig um eine Zigarette, welche er auch erhält. Dann gehe ich wieder auf meinen Platz, während die Flüchtlinge weitergehen. Keine fünf Minuten später werden an der Wegkreuzung sieben Mann festgenommen, die Waffen bei sich haben … »Vorn halt!«, kommt der Befehl. Wir sind gerade auf eine Schneise gestoßen, die auf unsere im rechten Winkel stößt. Also halten wir. Auf der anderen Schneise kommen ein Unteroffizier und mehrere Mann mit einigen Flüchtlingen, darunter zwei Frauen, auf uns zu. Die eine der Frauen hat ihre Schuhe ausgezogen und ist schon kilometerweit nur auf Strümpfen gelaufen, so dass diese gänzlich zerrissen sind. In den Gesichtern dieser Flüchtlinge sieht man die Qualen und Angstmomente, die die Menschen durchgemacht haben. Es handelt sich um Deutsche aus Konitz. Diese Menschen müssen schon tage- und nächtelang unterwegs sein. »Vorn marsch!«, kommt vom Chef das Kommando. Wir gehen schweigsam weiter …

Am 3. September schreibt die junge Krankenschwester Erika Franke in ihrem Brief aus Hamburg an ihre Eltern:

Gerade an dem Tag, an dem ihr sonst in Urlaub fahren wolltet, war nun der Kriegsbeginn. Die Reichstagsrede war doch ein Erlebnis eigener Art. Überhaupt ist es für uns Junge ein eigenartiges Gefühl, Krieg zu haben. Euch steht noch das Erleben des Weltkrieges viel zu deutlich vor Augen, und ihr wisst, was es bedeutet. Es ist doch wohl so bestimmt, dass jede Generation einen Krieg durchmachen muss, um dadurch geläutert und reifer zu werden …

Nach der bewegten und ereignisreichen Woche habe ich es heute nochmal ganz schön gehabt. Ich war mit dem Rad im Sachsenwald. In dem Frieden und der Stille dieses Waldes konnte man es sich gar nicht vorstellen, dass draußen, weit im Osten, der Krieg tobt. Die Stille, es war natürlich auch wenig Ausflugsverkehr, war richtig wohltuend nach der Hetze hier. Man ist in gut zwei Stunden von Hamburg dort. Es war sehr heiß. Wer weiß, ob ich später noch fortkomme, da habe ich es heute nochmal ausgenützt. Neulich hatten wir dreimal am Tag Luftschutzalarm und Betriebsluftschutz. Ich bin in der Sanitätstruppe; wir haben auch mit Gasmasken geübt. Nun kommt mir der damalige Kursus gut zustatten …

Ich habe ein ganz festes und ruhiges Gefühl der Sicherheit und Zuversicht und zweifle keine Minute an dem guten Ausgang der Sache. Ich fand in der Reichstagsrede besonders schön auch den Appell an die deutsche Frau. Gerade wir müssen jetzt alles ertragen können, komme, was da wolle! Auf unsere Haltung in der Heimat kommt es jetzt an. Die Schlagkraft der Truppe ist gut, wie sie es auch 1914 war. Jetzt wird sich das große Erziehungswerk, das am Volke geübt wurde, einmal unter Beweis stellen müssen, und ich glaube bestimmt, dass es ein 1918 nicht wieder geben wird.

Zur selben Zeit trägt die 15-jährige Schülerin Roswitha Fröhlich in Heidelberg diese Sätze in ihr Tagebuch ein:

Die Polen sind sicher keine Engel, aber wir auch nicht. Oh, diese ekelhafte Stimmung überall. Man kommt sich wie eine Verrückte vor, wenn man lacht und nimmt wiederum keine Sache ernst, weil man sie neben dem großen Weltgeschehen nebensächlich findet. Ruhe und inneren Frieden hole man sich bitte auf Bezugschein. Politik ist bekotzte Scheiße!! Wie ein Gesellschaftsspiel unter Kindern, die noch keine Moralbegriffe haben.

Aus den deutschen Gebieten jenseits des Rheins werden mit Kriegsbeginn die alten Menschen, Mütter und Kinder über den Rhein ins Reichsgebiet evakuiert. Auch die 11-jährige Irmgard Auer aus Saarlouis ist unter den »Umsiedlern«. Sie erinnert sich später daran, mit welchen Gefühlen sie als Kind diese Reise vom Rhein nach Hildburghausen in Thüringen am 3. September 1939 antritt.

Es war ein schöner Spätsommertag. Die Sonne schien vom blauen Himmel wie immer. Die Bäume in dem kleinen Park vor unseren Fenstern wiegten sich im Wind wie immer. In den Gärten blühten Rosen, Astern, Dahlien, Phlox. Alles schien zu sein wie immer in dieser unserer kleinen Welt.

Aber es war nicht mehr wie immer: »Krieg! Krieg!«, rief die Mutter schon beim Wecken am frühen Morgen. Krieg! Fetzen von Vaters Kriegserlebnissen, von Mutters Schilderungen des Ersten Weltkriegs, erregend, spannend, jagten uns durch den Kopf. Krieg! Nun würde das Leben bunter, farbiger werden, die Eintönigkeit des Schulalltags würde unterbrochen sein für ein paar Wochen. So meinten die Leute, ein paar Wochen. Vater sprach von Jahren. Jahre? Nein, so lange sollte er nicht dauern, der Krieg, aber ein paar Wochen, ja!

In der Stadt bildeten sich Gerüchte, sie krochen durch die Straßen, zwischen den Pflastersteinen hindurch, über die Trottoirs und drangen durch alle Ritzen in die Häuser. Einem von ihnen lief ich nach: Die Geschäfte verschenkten ihre Waren. Tatsächlich, ich ergatterte große Mengen von Schokolade, Würsten, Schinken. So lebendig hatte ich unsere kleine Stadt noch nicht erlebt. Es wimmelte von Menschen. Sie eilten durch die Straßen mit erschreckten Gesichtern, angstvollen Gesichtern, waren voller Fragen, auf die niemand Antwort geben konnte. Was würde werden? Müssen wir weg von der Westgrenze, »rüber ins Reich«? Eine schöne Reise ins Unbekannte, blitzte es in mir auf, und ich freute mich schon darauf. Dies wäre die zweite Veränderung, die der Krieg brächte, nachdem unser Städtchen so wunderbar aus seinem Schlaf erwacht und so herrlich quirlig geworden war. Eine Reise! Ich freute mich ganz still für mich allein, denn niemand würde mich verstehen. Während des ganzen Tages wanderte ich durch die Straßen, sah zu, wie die Läden ausgeräumt wurden, die Menschen wie ziellos, gehetzt herumliefen mit diesen neuen Gesichtern, die sie bisher nicht hatten. So also sah der Krieg aus, ich fand ihn gut, prall von Leben!

Der nächste Tag brachte die Gewissheit: Wir mussten weg, und nur wenig Gepäck konnte mitgenommen werden. Wozu auch so viel? In ein paar Wochen, noch vor Eintritt des Winters, würden wir wieder zu Hause sein. Wozu also dieses Lamentieren! Ganz tief in mir waren Freude, Erwartung, Spannung. Wohin würde die Reise gehen? Lastwagen fuhren vor, wir stiegen auf: alte Menschen, Mütter mit ihren Kindern, kein Mann zwischen 16 und 60. Sie trugen fast alle noch ihre Gesichter von gestern, mit denen ich sie in der Stadt gesehen hatte, einige hatten ein anderes angezogen. Mit dem weinten sie nun, es war ihr Trauergesicht. Ich konnte nicht verstehen, warum Tränen über diese Gesichter rannen, wo wir doch alle zusammen eine so schöne Reise antraten. Plötzlich krachte es: Unsere dicke Nachbarin war zu schwer für das Feldstühlchen, es brach unter ihr zusammen. Lautes, nicht enden wollendes Gelächter ertönte, die Trauergesichter verwandelten sich, wir stimmten Wanderlieder an.

Die Fahrt ging durch das vertraute, sanfte, heimische Hügelland, abgeerntete Felder, Wiesen, durch Wälder mit mächtigen Buchen. Der Duft des Sommers vermischte sich mit dem des Herbstes. Duft der Heimat, ich atmete ihn tief ein.

Erste Station war ein Dorf, 30 km von unserem Städtchen entfernt, landeinwärts. Aus der Kirche waren die Bänke entfernt, Stroh lag auf dem Boden ausgebreitet. Der Weihrauchduft war dem einer Scheune gewichen. Von vielen Lastwagen strömten die Menschen in die Kirche; Sprechen, Schreien, Lachen, Weinen, es hallte von Decken und Wänden wider. Jeder Familie wurde so viel Platz zugeteilt, wie sie zum Schlafen brauchte. Schlafen auf duftendem Stroh! Krieg? Ein Abenteuer! Zu essen bekamen wir Fleisch und Wurst aus Dosen, Suppe aus der Gulaschkanone. Alles war neu, anders, es schmeckte wunderbar, und man brauchte nichts dazu zu tun, als die Hand ausstrecken, wie im Märchen …

Zwei Tage blieben wir in diesem Dorf, dann fuhren wir zwei Tage und eine Nacht mit dem Zug durch das Land. Niemand wusste, wohin es ging. Die Landschaft änderte sich, das Rheintal breitete sich vor uns aus, wir überquerten den Strom. Nun waren wir »drüben«. Hin und wieder hielt der Zug in einem Bahnhof, wir bekamen neue Verpflegung. Die Städte hatten fremde, nie gehörte Namen, die Menschen sprachen fremde, nie gehörte Dialekte. Wir fuhren, fuhren, ich war ganz sicher, es geht im Kreis herum; denn so entsetzlich lang kann man nicht geradeaus fahren, ohne in China anzukommen. Ich begann darauf zu warten, dass die heimischen Städtenamen auf den Bahnhofsschildern wieder auftauchen würden. Sie taten es nicht. Das Gesicht der Landschaft wurde immer fremder. Wir fuhren durch Dörfer mit Fachwerkhäusern und rätselten, wo wir wohl seien und wo es hinginge.

Dann – anhalten – aussteigen, wir waren angelangt. Den Dialekt der Menschen, die uns in Empfang nahmen, verstand niemand von uns. Wo waren wir, mein Gott, in einem völlig fremden Land. Das Abenteuer? Mein Herz zog sich vor Heimweh zusammen, ich sank in tiefe Ohnmacht, deren Ursache allen verborgen blieb.

Unter dem Datum des 6. Septembers hält der Kradfahrer Karl Schönfeld beim Passieren der »Grenze« vom »polnischen Korridor« zu Polen diese Gedanken in seinen Aufzeichnungen fest:

Drei Tage später passierten wir unweit von Lyck die Grenze und kamen in den ersten polnischen Ort Gradjewo. Diese Stadt war fast gänzlich geräumt und ausgebrannt. Unsere Kameraden hatten hier mit großen Verlusten, aber erfolgreich gekämpft; und wo wir jetzt hinkamen, da war die richtige Polackei, kein Weg und kein Steg. Und was sollen wir? Natürlich kämpfen, Polen zerstampfen. Aber wo? – Doch was geht das uns an? Gar nichts! Die Heeresleitung wird schon wissen, was wir hier sollen!

Der deutsche Unteroffizier Hans-Günther Hauk, der am 8. März 1943 am Donez in Russland fiel, hat zur selben Zeit an einem anderen Frontabschnitt in Polen das folgende Erlebnis notiert:

Am Morgen schlugen wir sie zurück, jetzt stoßen wir vorsichtig nach. Verhalten dröhnen die Motoren. Noch hämmert uns die Erregung des eben stattgefundenen Angriffes im Halse. So tasten wir uns vor. Staub schwelt in dicken braunen Wolken. Ein Hohlweg nimmt uns auf. Hoch über dem Fahrzeugrand hebt sich links und rechts die schräge Wand von Kies und Schotter.

Schneller fährt jetzt die Kolonne. Heller heulen die Motoren. »Was ist los?«, schreit irgendwer. Da hämmern vor uns die Gewehre, schräg nach vorn zeigen ihre Läufe.

»Flieger!« Es reißt mich vom Sitz. Ich stehe auf dem Trittbrett … »Gas, Köhler, Gas!« Wir müssen raus aus diesem Loch. Kein Baum, kein Strauch, der als Deckung dienen könnte. Wir müssen …! Da ist der Flieger auch schon vor uns, rast mit singenden Verspannungsdrähten über uns weg. Für den Bruchteil einer Sekunde peitscht das Feuer seiner Maschinengewehre über uns hin.

»Köhler«, brülle ich, »Köhler!« Da jagt auch schon das zweite Flugzeug heran. Grell fällt mir der Lärm seines Motors ins Wort. Kreissägen heulen so, wenn sie sich durch harte Eichen fressen. Knallend schlägt es links und rechts in den Kies. Im Zusammenfallen noch sehe ich, wie die erste Maschine, sich auf der rechten Flügelspitze drehend, in die Kurve geht. Gleich kommt er zurück … und die Kolonne kommt ins Stocken, hält. Herrgott, warum? Da ist der erste auch schon wieder über uns, fegt vorüber. Höhnisch grinsen die rot-weißen Quadrate. Als der andere, der zweimotorige, zurückkommt, ist mein Wagen leer. Die Angst hat sie gejagt, das Grauen und die Überraschung hat sie vom Wagen getrieben. Jetzt liegen sie seitlich an das Fahrzeug gepresst, den Kopf in die tief ausgefahrenen Gleise gebückt.

»Janke«, schreie ich hilflos, »Janke!« Da hebt einer den Kopf, kalkweiß im Gesicht unter dem schiefen Stahlhelm, Dreck und Staub um Mund und Kinn. Noch nie sah ich solche Männeraugen. Da reißt es auch mich hin, dass ich mit jähem Schwung über das rechte Knie in den Kies rolle. Dicht neben dem warmen Gummi des Vorderrades komme ich zu liegen. Noch im Fallen weiß ich, dass uns nicht die Flieger besiegten, sondern das Stocken der Kolonne, das uns an diesen Platz fesselte, auf dem wir denen dort oben restlos ausgeliefert sind.

Und wieder kommt es brüllend heran.

Da hämmert eines unserer Maschinengewehre. Ein zweites fällt ein. Herrgott, sie wehren sich. Und wir? Ich stemme mich hoch. Zentnerlasten liegen mir auf den Schultern. Ich zwinge mich auf, ich zerre mich auf das Trittbrett, knie auf meinem Führersitz. Oh, was bin ich für ein feiges Schwein! Ich wälze mich in den Wagen. Knallend schlägt es durch die Seitenwände, klirrend springt die Windschutzscheibe. Irgendjemand kommt vorübergehastet, bricht wimmernd in die Knie, wälzt sich, Hände auf die Hüfte gepresst. Und wieder hämmert ein deutsches MG. Langsam stemme ich mich hoch, drehe das Aufsatzstück mit dem Gewehr aus dem Sockel. Entsichere. Wenn er jetzt kommt, wenn er jetzt … Und da, da ist er schon. Ich bemühe mich, ruhig zu werden. Dann habe ich ihn im Kreiskorn. »Bis zur Mitte durchfliegen lassen. Bis zur Mitte!« Der Rückstoß hämmert mir gegen die Schulter. Da ist er auch schon vorbei. Ich schrecke herum, schieße noch, als er längst schon abdreht. Ich werde ruhiger, aber fahrig drehe ich das Gewehr höher. Da, dort kommt er wieder, peitschend kommt ihm die Garbe entgegen. Vorbei! Und wieder schwenke ich herum, knalle ihm nach, was aus dem Lauf herauswill.

»Achtung! Bomben!«, brüllt es da von hinten durch die Kolonne. Das reißt mich herum. Da hängt der andere, der Zweimotorige, wie ein Falke über uns. Er ist höher gegangen. Vom Ende der Kolonne herkommend, wirft er uns die Bomben auf die Straße. Heller und reißender werden die Detonationen. Näher und näher kommen die Einschläge. »Volle Deckung!«, kreischt es von vorn. Ich klammere mich an das Gewehr. Ich sehe jede Bombe unter dem Bauch des Riesenvogels kurz und hell in der Sonne aufblitzen. Gleich schlägt die nächste hier ein. Gleich ist er über mir. Schwarz liegt Pulverqualm über den Fahrzeugen hinter mir. Gleich … Da reißt mich das Entsetzen herum, dass ich mich wild über den Rand des Wagens fallen lasse. Für den Bruchteil einer Sekunde ein helles, singendes Pfeifen über mir. Ich denke an nichts. Gleich reißt es uns auseinander. Gleich … Da brüllt es dicht vor dem Wagen auf. Ein Zittern geht durch das Fahrzeug. Klatschend schlagen die Splitter in die Karosserie. Die nächste Bombe … Doch die kommt weiter vorn runter. Noch immer liege ich keuchend im Sand. Zischend dringt neben mir aus dem Vorderreifen die Luft. Schwarzer Qualm liegt vor mir auf dem Wege. Ich schließe die Augen. Irgendwo schreien Verwundete. Ich will nicht an die Verluste denken. Ich lebe, denke ich glücklich, ich lebe. Minuten vergehen. Mir dröhnen die Ohren. Ich merke, dass ich handhoch mit Sand und Kies bedeckt bin. Es ist ruhig geworden über uns. »Alles da?« Heiser und belegt ist meine Stimme. »Alles da«, kommt es zurück. Ich wälze mich herum, meine Hände zittern.

Wann sind wir weitergefahren? Ich weiß es nicht. Blutrot sank im Westen die Sonne, dort, wo weit, weit entfernt die Heimat lag. Die Sonne. Wir schoben uns entnervt und zerschlagen in einen dichten Wald. Gehetztes Wild drückt sich nicht anders in das Unterholz.

Am 9. und 10. September notiert Chaim A. Kaplan in Warschau in sein Tagebuch:

Der Feind steht vor den Toren, und er schickt seine Todesengel mit der Botschaft von seiner Ankunft aus. Man muss zugeben, dass die Bomben nicht der friedfertigen Bevölkerung gelten sollen. Hitler hielt Wort. Auch werden keine Gasbomben benutzt, so dass alle diesbezüglichen Vorbereitungen überflüssig waren. Aber die Folterqualen, die wir von den auf militärische Ziele innerhalb der Stadt abgeworfenen Bomben auszustehen haben, breiten sich über die Wohnviertel in der Nachbarschaft aus …

Die Straßen sind mit Schützengräben und Barrikaden übersät. Auf den Hausdächern hat man Maschinengewehre angebracht, und im Eingang meines Wohnhauses, gerade unter meinem Balkon, ist eine Barrikade errichtet worden. Wenn es auf der Straße zu Gefechten kommt, wird von den Wänden, in denen ich lebe, kein Stein mehr auf dem andern bleiben …

Am 8. September marschieren die deutschen Truppen in Lodz ein. Einen Tag später schreibt dort Jardena, eine junge polnische Jüdin, in ihr Tagebuch:

»Jude!« Wir hören diesen wilden Schrei aus dem Munde der deutschen Einwohner von Lodz, die bis gestern unsere Nachbarn waren. Der Wolf hat sein Lammfell abgestreift, und seine Zähne hungern nach Beute. Die deutschen Jugendlichen liegen im Hinterhalt und warten auf vorbeigehende Juden. Sie greifen sie erbarmungslos an, ziehen sie an den Bärten und reißen sie an den Haaren, bis das Blut fließt, glühend vor sadistischer Freude über ihren wilden Sport. Das ist zu ihrer »nationalen Mission« geworden, und sie führen sie mit der sprichwörtlichen deutschen Gründlichkeit aus.

Bestürzung und Furcht haben die Juden von Lodz überfallen. Das Nazigift hat nur einige Stunden gebraucht, um ihr Leben zu lähmen. Es ist gefährlich geworden, sich auf die Straße zu wagen. Wie sollen wir weiterleben?

Einer unserer Nachbarn war zur Zwangsarbeit ins Hauptverwaltungsgebäude geholt worden. Nachdem er den Boden gescheuert hatte, befahl man ihm, die Fliesen mit dem eigenen Mantel trocken zu wischen. In seiner Verwirrung zögerte er einen Augenblick, worauf er gewaltsam niedergestoßen und von einigen Soldaten über den ganzen Boden geschleift wurde. Erst als seine Kleider völlig mit dem schmutzigen Wasser getränkt waren, wurde ihm erlaubt aufzustehen. Dann rasierten sie einen Teil seines Kopfes kahl und stießen ihn auf die Straße.

Hätte ich ihn nicht mit meinen eigenen Augen gesehen und selbst von ihm gehört, was ihm diese »kultivierten« Barbaren angetan haben, hätte ich niemals geglaubt, dass die menschliche Natur so viehisch sein kann.

Der 20-jährige Arno Bendiks, der Anfang September 1939 aus Berlin als Schütze zur Radfahr-Schwadron des 9. Kavallerie-Ersatz-Bataillons einberufen wurde und in Fürstenwalde seine Ausbildung erhielt, schreibt am 10. September an seine Mutter (5 Jahre später ist er am 22. Februar 1944 in der Schlacht vor Leningrad als Obergefreiter gefallen):

Liebe Mutter, ich bin jetzt schon einige Tage hier. Es ist bis jetzt alles glatt verlaufen. Wir erhielten hier natürlich Militärkleidung, aber ich kann die mitgenommenen Sachen trotzdem sehr gut gebrauchen. Ich bin hier sofort gegen Typhus geimpft worden. Gesundheitlich bin ich gut auf dem Posten. Das Essen ist hier vollkommen ausreichend. Aber dein vorsorgliches Stullenmitgeben ist mir in den ersten zwei Tagen sehr zugute gekommen … Wir stehen gegen 5.45 Uhr auf, und bis jetzt ist unser Dienst bereits gegen 19.00 Uhr beendet. Die Tage verhasten hier geradezu. Morgen sollen wir zum ersten Mal Kleinkaliberschießen üben. Schlafen gehen wir übrigens erst gegen 22.00 Uhr. Aber ich schlafe hier mindestens genau so viel wie in Berlin. Wir wollen nur hoffen, dass der Krieg bald beendet werden kann, obwohl ich hier weitab von der Front bin und eigentlich nur wichtig ist, dass Deutschland ihn gewinnt …

Schütze Karl Schönfeld fährt am 12. September in seinen Aufzeichnungen mit diesem Bericht über den Vormarsch seiner Einheit fort:

Stärker und unaufhaltsam kommen die Polen näher. Sie wollen und müssen den Durchbruch erzwingen. Noch heftiger wird das Feuer der feindlichen Geschütze. Anscheinend haben sie unsere Stellung erkannt, denn einige Granaten schlagen kurz nacheinander um uns ein. Es ist ein eigentümliches Gefühl, wenn einem plötzlich der Dreck um die Ohren fliegt. Doch das Feuer geht bald über uns hinweg zu den weiter rückwärts liegenden Teilen. Die Polen sind jetzt bis auf 500 bis 600 m herangekommen, und schon eröffnen einige Kameraden das Gewehrfeuer. Aber der Hauptmann ruft und befiehlt, den Feind näher rankommen zu lassen, Munition zu sparen. Das Feuer wird eingestellt und der Gegner kommt schneller näher, die dritte Kompanie weicht schon zurück, auch Teile des dritten Zuges müssen schon weichen. Bis auf 300 m kommt der Pole noch heran, da setzen plötzlich unsere Geschütze und schweren Maschinengewehre ein, und die große Wende ist gekommen. Der Stoß der Polen ist zusammengebrochen, und sie fluten zurück. Wir stehen und schießen stehend freihändig in ihre Flanke, einige Gefangene werden gemacht. Links an uns vorbei geht wieder die dritte Kompanie vor und läuft ins eigene Artilleriefeuer und hat dadurch eigene schwere Verluste. Doch die Artillerie bemerkt sofort die Leuchtzeichen und legt ihr Feuer weiter vor. Inzwischen ist dem Chef gemeldet worden, was bei den einzelnen Zügen geschehen ist. Vom ersten und zweiten Zug sind die Zugführer verwundet. Noch einmal kommt ein Stoß der Polen, und gerade als der Oberschütze Kelling mit einem Eimer Wasser und einem Topf mit Milch zu uns kommt, erfolgt dieser Stoß der Polen. Kelling erhält, wie er einem Unteroffizier den Milchtopf reichen will, einen Handschuss und kommt zu uns in den Graben, in dem wir seit Stunden festliegen. Von verschiedenen Seiten wird nach den Sanitätern gerufen. Inzwischen scheint es, als habe die Natur auch einen Krieg entfacht, denn ein schweres Gewitter ist heraufgezogen und ein starker Regen platzt auf uns herunter. Wir gehen jetzt zurück an den Ortsrand, der dritte Zug hat die Sicherung nach vorwärts übernommen, und die anderen Züge gehen geordnet in die neue Verteidigungsstellung. Beim Zurückgehen ruft mir der Gefreite Wiesing zu: »Komm, Karl, fass einmal den Leinweber mit an!« Ich gehe zu Wiesing und frage, ob Leinweber verwundet ist. »Er ist tot«, erklärt mir Wiesing bitter. »Merkwürdig«, entfährt es mir laut, so dass ich selbst erschrecke, denn ich wollte es wohl gar nicht sagen, »dass immer die besten Jungs zuerst dran glauben müssen!« Hans Leinweber war wirklich ein tadelloser Kamerad zu jedem. Mir fallen die letzten Worte ein, die ich mit ihm am Morgen wechselte, als wir am Strohschober lagen und er schon eine Ahnung gehabt haben musste, was ihm bevorstand. Mit vier Mann wollen wir ihn forttragen, um ihn später zu bestatten. Um die Last besser tragen zu können, nehmen wir ihm das Koppel ab. Als ich dann seine rechte Hand erfasse, sehe ich seinen Ehering, und in Gedanken sehe ich eine junge, schöne Frau weinend vor mir, auf ihrem Schoß ein kleines Kind, das jetzt keinen Vater mehr hat. Als wir Leinweber verladen haben auf einen Lkw, auf den Kelling und auch Müller, beide verwundet, kommen, hat der Regen nachgelassen. Beim weiteren Zurückgehen stoßen wir auf einen Holzstall, in dessen Nähe ein großes Loch ausgehoben ist, und zwei Familien sitzen bis jetzt noch unverzagt dort, aber wie lange noch, denn der Kampf um Andreczjewo ist noch nicht beendet, noch sind die Polen nicht geschlagen …

Unter dem 25. September schreibt zu Hause in Berlin die um ihren Mann bangende junge Ehefrau und Mutter eines Kindes, Ingeborg Tafel, in ihr Tagebuch:

Seit dem 1. September ist Krieg – alles verheerender, alles verzehrender, alles vernichtender, jede Freude erstickender Krieg. Ach, und wenn ich an die Zukunft denke, klage ich das Schicksal an, das mir für mein so heiß ersehntes und endlich erobertes Glück so schlimme Zeiten bescherte. Ich zittere vor jedem neuen Tag, ich möchte doch so gern in Frieden leben dürfen.

Warum nur muss es immer wieder Kriege geben?! Ist das Elend, ist die Not in dieser Welt nicht schon groß genug auch ohne sie? Ist es wirklich zu viel verlangt, dass denkende Lebewesen, die angeblich als einzige mit Vernunft begabt sind, sich dieser Gabe auch bedienen? Können wir Menschen wirklich nicht auskommen ohne Neid und Hass, ohne Betrug, Missgunst, Mord und Totschlag und was man sich sonst noch an Gräueln ausdenkt?! Man trachtet geradezu danach, die Mühseligkeiten, mit denen wir ohnehin beladen sind, noch zu verschlimmern, anstatt sich gegenseitig zu helfen und damit das Leben zu erleichtern, ja zu verschönen.

Seit ich verheiratet bin und ein Kind habe, liebe ich das Leben, aber ich möchte leben ohne dauernde Angst, ohne Sorgen vor dem Morgen, ohne ständig den Tod vor Augen zu haben.

Eine Gnade, dass wir nicht wissen, was alles uns bevorsteht!

Nach einem vier Tage andauernden Bombardement Warschaus durch deutsche Flieger und Artillerie kapituliert am 27. September Polens Hauptstadt, einen Tag später die Festung Modlin, nordwestlich von Warschau. Ktana, eine junge Jüdin, hat den letzten Tag in Warschau miterlebt:

Der letzte Tag. Das Donnern der Kanonen nahm kein Ende. Hunderte von Bombern verdunkelten den Himmel. Die Stadt verteidigte sich nicht mehr. Aus keinem einzigen Flakgeschütz wurde mehr gefeuert. Kein Maschinengewehr schoss mehr. Die fallenden Bomben zerschmetterten die Häuser und verwandelten ganze Häuserblocks in Gebirge von Schutt. Die Stadt war ein kochender Kessel von Feuer und Blut.

Am nächsten Tag war es ruhig. Es war alles vorbei. Warschau hatte kapituliert.

Oktober bis Dezember

Am 6. Oktober stellen die letzten polnischen Truppen den Widerstand gegen die deutschen Eroberer ein, ein permanenter Kleinkrieg hält darüber hinaus noch bis zum Frühjahr 1940 an. Rund hunderttausend polnischen Soldaten gelingt es, über die Grenzen nach Litauen, Ungarn und Rumänien zu den Alliierten zu entkommen, in Frankreich hat der polnische General Sikorski bereits am 30. September eine Exilregierung gebildet, die 1940 nach London ausweichen muss. In deutsche Gefangenschaft sind rund 690 000 Polen geraten. Während der Kampfhandlungen in Polen sind über 66 000 Polen und über 8 000 Deutsche getötet worden, über 133 000 Polen und 40 000 Deutsche wurden verwundet. Die nachfolgenden Jahre unter deutscher Besetzung sollten in Polen allerdings noch hundertmal so viele Opfer fordern.

Noch im Oktober wird deutlich, was Hitler unter seiner »Neuordnung« versteht: die Auspowerung und Versklavung Polens. Nordwestpolen wird als »Reichsgaue Danzig-Westpreußen und Wartheland« dem Großdeutschen Reich eingegliedert, in Oberschlesien wird der Regierungsbezirk Ziechenau gegenüber dem Stand von 1919 mit polnischem Gebiet fast verdoppelt, im restlichen Polen bis zur Grenzlinie entlang von Narew, Bug und San (das dahinter liegende Ostpolen hat die Sowjetunion kassiert) wird ein deutsches »Generalgouvernement« errichtet mit dem Ziel der Ausschöpfung von Arbeitskräften und »Säuberung von Juden, Polacken und Gesindel«. Generalgouverneur wird Hans Frank; seine Aufgaben erläuterte er im Januar 1940 so: »Ich erhielt den Auftrag, die Verwaltung der eroberten Ostgebiete aufzunehmen mit dem Sonderbefehl, diesen Bereich als Kriegsgebiet und Beuteland rücksichtslos auszupowern, es in seiner wirtschaftlichen, sozialen, kulturellen und politischen Struktur sozusagen zu einem Trümmerhaufen zu machen.« Noch im Oktober beginnen dann auch die Übergriffe und Misshandlungen durch SS- und Polizeiangehörige und werden die ersten »völkischen Ausrottungsmaßnahmen« eingeleitet. Aus Österreich und Mähren werden am 12. Oktober die ersten Juden nach Polen deportiert, der gelbe »Judenstern« wird am 28. Oktober zuerst in Wloclawek, ab 23. November 1939 dann im ganzen Generalgouvernement eingeführt.

Am 8. November 1939 entgeht Hitler einem Bombenattentat des schwäbischen Hitler-Gegners und Einzelkämpfers Georg Elser, nachdem er seine alljährliche Rede an die »alten Kämpfer« im Bürgerbräukeller in München entgegen seiner Gewohnheit früher beendet und den Attentatsort schon verlassen hat, ehe Elsers Bombe hochging.

Während Hitler im Winter 1939/40 seine Divisionen von Polen nach dem Westen transportieren lässt, England und Frankreich ihre Abwehrbereitschaft erhöhen und der Krieg im Schwebezustand bleibt (»Sitzkrieg«), betreibt Hitlers Vertragspartner im Osten, Stalin, eine offene Annexionspolitik gegen die baltischen

Staaten und im Sowjetisch-Finnischen Winterkrieg (30. November 1939 bis 12. März 1940) gegen Finnland.

Mit der »Liquidierung der polnischen Intelligenzschicht« und Gewaltaktionen, wie sie der Führer des Einsatzkommandos der Sicherheitspolizei und des SD in Bromberg an das Reichssicherheitshauptamt in Berlin im Oktober meldet (»Ein Großteil der katholischen Geistlichkeit ist infolge der bekannten radikal-polnischen Haltung beseitigt«), erfolgt auch die Kasernierung der Juden in Warschau in einem eigenen Wohnblock, aus dem sich dann ein Jahr später das Warschauer Getto herausbildete. Chaim A. Kaplan spricht in seinem Tagebuch vom 2. Oktober davon:

Ich erhielt plötzlich die Mitteilung, dass die Deutschen, kaum dass sie in der Stadt waren, bereits fünf Häuser in der Nowolipkistraße – die Nummern 12, 14, 16, 18, 20 – beschlagnahmt und alle jüdischen Bewohner aus ihnen vertrieben hatten. Sie erlaubten ihnen nicht einmal, ein Paar Schnürsenkel mitzunehmen; sie durften nicht einmal ihre Mäntel anziehen. In wenigen Minuten hatte man sie alle vertrieben und die Häuser geräumt. Die Juden gingen verängstigt und wie betäubt, verwirrt und in ihren Hauskleidern fort. Zwei oder drei Soldaten drangen frech und lärmend in jede Wohnung und brüllten: »Juden ,raus!« … Sie trösteten uns mit dem Versprechen, dass die Wohnungen nur für ein paar Tage in Anspruch genommen, dass die Deutschen sie nicht ausrauben würden, dass wir alles in bester Ordnung zurückbekämen. Das beruhigte mich nicht. Ich bin in den Rachen des Löwen geraten; werde ich ihm unversehrt entrinnen?

Am 24. Oktober schreibt die 19-jährige Keramikern Cato Bontjes von Beeks aus Fischerhude, die sich später, nach den ersten Nachrichten von der Vernichtung der Juden im Osten, einer Widerstandsgruppe anschloss, im Untergrund gegen das NS-Regime arbeitete, am 20.9.1942 in Berlin mit ihrem Vater verhaftet, am 18.1.1943 zum Tode verurteilt und am 5.8.1943 in Berlin-Plötzensee hingerichtet wurde, an ihre Tante Louise Modersohn:

Seit Wochen wütet jetzt der Krieg. Nie wollten die Menschen sich wieder bekämpfen, so schwor man 1918. Alle Feinde lagen sich in den Armen und unter Tränen gelobten sie es sich. 1933 wusste man, dass ein neuer Krieg kommen würde. Er ist nun da. Wie lange er dauern wird, weiß niemand. Alle guten Kräfte und Instinkte werden wieder verloren gehen, alle bösen Kräfte und Instinkte werden wieder aufkommen. Eine Hand voll erbärmlicher Menschen jagte Völker in den Krieg. Wir aber selbst müssen immer und immer an unserem Ideal festhalten. Wir dürfen nicht wankend werden. Was ich noch für eine heilige Pflicht halte, ist, dass wir unsere Kräfte nicht vergeuden mit Jammern und Sichaufregen. Wenn wir dann gebraucht werden, sind wir nicht mehr fähig, unser Werk zu vollbringen.

Ein ungenannter deutscher Offizier notiert in einem Brief vom 31. Oktober aus Polen nach Hause:

Dazu kommt noch all das Unglaubliche, was dort am Rande passiert und wo wir mit verschränkten Armen zusehen müssen! Die blühendste Fantasie einer Gräuelpropaganda ist arm gegen die Dinge, die eine organisierte Mörder-, Räuber- und Plündererbande unter angeblich höchster Duldung dort verbricht. Da kann man nicht mehr von »berechtigter Empörung über an Volksdeutschen begangene Verbrechen« sprechen. Diese Ausrottung ganzer Geschlechter mit Frauen und Kindern ist nur von einem Untermenschentum möglich, das den Namen Deutsch nicht mehr verdient. Ich schäme mich, ein Deutscher zu sein! Diese Minderheit, die durch Morden, Plündern und Sengen den deutschen Namen besudelt, wird das Unglück des ganzen deutschen Volkes werden, wenn wir ihnen nicht bald das Handwerk legen …

Frau Lily Jungblut, NSDAP-Parteigenossin seit 1930 und Gutsbesitzersfrau aus dem Kreis Hohensalza (damals Westpreußen), schreibt am 6. Dezember 1939 in Berlin an Hermann Göring einen Bittbrief, nachdem sie dorthin gereist ist, um ihn persönlich zu sprechen. Ob sie ihr Ziel erreichte, ist nicht bekannt, der Inhalt ihres Bittbriefes hat in den Akten der Reichskanzlei »überlebt« und liegt heute im Bundesarchiv in Koblenz:

Ist es, wie behauptet wird, tatsächlich der Wille unseres Führers und der Regierung, die gesamte deutschstämmige polnische Bevölkerung systematisch auszurotten? Fußend auf die unwahre Behauptung, dass die »Verantwortung der ›Morde‹ an Volksdeutschen ausschließlich zu Lasten der intellektuellen Führung des Polentums geht«, wie die »Deutsche Rundschau« in Bromberg am 12. September 1939 schreibt, sind Tausende und Abertausende unschuldige Menschen dieser Kreise erschossen worden … Welchen Ruhm erwerben sich Volksdeutsche und Treuhänder, wenn sie fast sämtliche Christus- und Marienkreuze an den Wegen absägen und zerschlagen lassen, in die Häuser der Arbeiter eindringen und heilige Bilder von den Wänden herunterreißen und mit den Füßen zertreten und somit die fromme katholische Landbevölkerung aufs tiefste treffen?

Im Westen redet man während des Krieges gegen Polen und im Winter 1939/40 vom »Sitzkrieg«. Heinrich Focken, Jahrgang 1898, der schon die Kriegsjahre von 1916 bis 1918 mitgemacht hatte und im September 1939 nach Kriegsbeginn eingezogen wurde, ist am Westwall eingesetzt, obwohl er 1933/34 und 1937 bereits im Konzentrationslager in Haft war:

Es geht an den Westwall. Etwas unsichere Hoffnungen beseelen uns. Noch fehlen Reserven, die genügend ausgebildet sind und Kriegserfahrung haben. Unsere alten Kader sind gut durchsetzt mit alten Leuten, die keinen Krieg wollen. Deshalb vermögen wir mit Gleichgesinnten zu debattieren.

Vermutungen werden gehegt, Frankreich und England könnten im Westen angreifen. Ein Raunen geht durch die Reihen heimlicher Kriegsgegner, welches die Bereitschaft verrät, den Befreiern den Weg zu zeigen. Die um vieles jüngere Generation, der durch die nationalsozialistische Weltanschauung vom beschränkten Lebensraum die Kriegsbegeisterung mit Einwilligung oder widerwillig eingeimpft wurde, stand in Polen.

Wir erwarten, dass der Franzose kommt. Am Rhein kommt es schon zu einem stillschweigenden Einverständnis, unsere gehen baden, der Franzose auch. Denn auch Frankreich will keinen Krieg.

II.

1940

Es ist der Menschengeist, der alles zerstört und alles in den Dreck haut. Man darf nicht an Zivilisation und Kultur denken. Dabei soll man nicht die schlechte Gesinnung nur bei dem verhallten Gegner suchen. Jeder sucht im Krieg seinen Vorteil ... Man sagt den jungen Soldaten, die gut ausgebildete Kämpfer von morgen werden wollen, es sei ihre Pflicht, so viel Boches wie möglich zu töten. Das ist die Erziehung zum Mörder, die alle braven Soldaten der Welt durchzumachen haben ...

Sergeant Roux, 11.4.1940

Januar bis März

Nachdem die neutralen Staaten Niederlande und Belgien noch im November 1939 in einem Telegramm (7.11.) an Hitler ihre Vermittlung im Krieg mit England und Frankreich erfolglos angeboten haben, ordnen beide Staaten im Januar 1940 den Bereitschaftszustand an und lehnen es England und Frankreich gegenüber ab, eine Durchmarscherlaubnis für deren Streitmächte zu erteilen. Hitler hat zu diesem Zeitpunkt längst beschlossen, sein Ziel, »die Vernichtung unserer westlichen Gegner«, mit der rücksichtslosen Verletzung der Neutralität von Belgien, Luxemburg und der Niederlande zu erzwingen. Ebenfalls im Januar beginnt England mit den Vorbereitungen einer militärischen Aktion in Skandinavien und bombardiert Sylt als Antwort auf die deutschen Luftangriffe gegen die Shetland-Inseln im November 1939. Im Februar hat die deutsche Widerstandsgruppe um Carl-Friedrich Goerdeler (bis 1937 Oberbürgermeister von Leipzig) und Ulrich von Hassell (bis 1938 deutscher Botschafter in Rom) ein erstes Verfassungsprogramm für den Fall eines Umsturzes ausgearbeitet mit der Primärforderung, die »Würde des Gesetzes« wieder herzustellen.

Hitler schließt am 11. Februar mit der Sowjetunion ein Wirtschaftsabkommen. In Polen wird die erste Phase der Umsiedlung von Volksdeutschen in die Reichsgaue abgeschlossen, während die ersten Juden-Deportationen aus den Bezirken Stettin, Stralsund und Schneidemühl in den Distrikt Lublin nach Polen erfolgen.

Am 1. März unterzeichnet Hitler seine Weisung Nr. 10 a für »Fall Weserübung«, die Besetzung Dänemarks und Norwegens ab (9.4.). Einen Tag danach erklärt er gegenüber dem amerikanischen Unterstaatssekretär Sumner Welles, der im Auftrag Präsident Roosevelts die Aussichten auf einen dauernden Frieden in Europa sondiert, dass »er alle Vorbereitungen getroffen habe, um den Vernichtungswillen der anderen (England und Frankreich) brechen zu können«. Zu dieser Zeit endet die erste Phase der so genannten »Schlacht im Atlantik« mit großen britischen Verlusten durch deutsche U-Boote, und deutsche Flugzeuge greifen vor Scapa Flow die dort ankernden britischen Flotteneinheiten an (16.3.). Hitler trifft sich mit Mussolini am Brenner (18.3.); dabei erklärt Mussolini seine Bereitschaft, an der Seite Deutschlands in den Krieg einzutreten.

Für die so genannte »Heimatfront« werden ab Kriegsbeginn alle für die Kriegswirtschaft und vor allem die Kriegsrüstung »unabkömmlichen« (uk) Fachleute und Techniker zurückgestellt. Einer von ihnen ist Bruno Theus, der als Flugmotoren-Techniker bei den Brandenburgischen Motoren-Werken in Berlin arbeitet und ab Oktober 1939 im Sudetenland, in Königswald (heute Libouchec) bei Tetschen, stationiert ist, wo Focke-Achgelis mit den BM-Werken die dortigen Skoda-Werke übernommen hat. Bruno Theus führt dort im Januar 1940 dieses Gespräch mit einem Konstrukteur, das er in seinen Aufzeichnungen festhält:

Neben unserem Werksgelände war ein Luftwaffen-Stützpunkt entstanden. Dort wurden die Motoren nicht nur erprobt, sondern laufend gegen nagelneue ausgewechselt. Mit den Piloten standen wir auf du und du, das heißt auf Gegenseitigkeit. Leute im weißen Kittel sahen wir selten. Aber Oberst Birkenfeld kam oft zu uns … Eines Tages bestellte er mich ins Konstruktionsbüro. Sorgfältig betrachteten wir ein paar Zeichnungen. Schließlich sagte er: »Können Sie sich ein Flugzeug vorstellen, das ohne Propeller fliegt?«

»Soll das ein Witz sein?«, sage ich.

»Keineswegs, sehen Sie mal her. Das ist eine Turbine. Sie zieht die Luft vorne an und presst sie hinter dem Triebwerk wieder ins Freie. Das erzielt einen enormen Schub, und wir können auf einen Propeller verzichten.«

»Das ist ja fantastisch!«

»Das kann man wohl sagen. Aber eines Tages werden wir auch die Turbine weglassen. Dann haben wir den Raketenantrieb.«

»Sie scherzen, Herr Oberst!«

»Ganz und gar nicht. In zwei oder drei Jahren sind wir so weit.« Ich bewunderte ihn. Bereits kurze Zeit nach dem Ersten Weltkrieg hatte er den bekannten Siemens-Sternmotor konstruiert. Er wurde zum Meilenstein in der Geschichte der Luftfahrt. Gemessen aber an den hochfliegenden Plänen war das, was uns derzeit auf unserem Luftwaffenstützpunkt zur Verfügung stand, geradezu erbärmlich. Mit der alten Ju 52 war kein Staat mehr zu machen. Sie dienten lediglich noch dem Materialtransport. Einmal in der Woche war auch ich an der Reihe, wegen der Beschaffung von Ersatzteilen nach Berlin zu fliegen. Das war jedes Mal eine willkommene Abwechslung. Und ein kurzer Besuch bei meiner Braut und meinen Eltern war meistens auch dabei. Als Zivilisten unterstanden wir keiner militärischen Kontrolle. Was wir an Gepäck mitführten, ging niemand etwas an. Im Sudetenland gab es noch genug Dinge zu kaufen, die in der Heimat längst vergriffen waren. Bereitwillig halfen uns dann die Piloten, die Kisten, Koffer und Pakete in der Maschine zu verstauen …

Schon im ersten Kriegsjahr entstehen im Reich so genannte Briefpartnerschaften zwischen Front und Heimat, die natürlich auch von den NS-Organisationen, insbesondere in der Hitlerjugend (HJ) und beim Bund Deutscher Mädel (BDM) sowie deren Unterorganisationen (Deutsches Jungvolk und Deutsche Jungmädel) sehr nachhaltig gefördert werden. Ein solcher Briefpartner an der Front ist der Gefreite Theo Bürker, der am 14. Januar an seine ehemalige Urlaubsbekanntschaft, die damals 22-jährige Hildegard Spalding, den folgenden Brief schreibt. Der Briefwechsel riss erst 1942 ab, als Hildegard Spalding von Heinkel in Rostock zu Messerschmitt nach Augsburg wechselte und dann, nachdem sie dort »ausgebombt«

wurde, mit dem Konstruktionsbüro nach Oberammergau umziehen musste. Dieser erste Brief von Theo Bürker ist typisch für die Einstellung wohl der Mehrheit der deutschen Soldaten im ersten und zweiten Kriegsjahr; sie ändert sich in späteren Briefen:

Es ist Tradition geworden, dass wir uns an Weihnachten einen Gruß und ein Lebenszeichen senden. Das finde ich sehr schön. Und dieses Jahr habe ich mich besonders gefreut, weil eben Krieg ist und jeder echte Krieger wird sich freuen, wenn er Post kriegt. Wie wäre es, wenn du mir öfters einen Gruß senden würdest? Dass du dich bei deiner Arbeit wohl fühlst, freut mich. Ich war auch schon mal in Rostock im Jahre 1930, ging dann weiter nach Emden und Insel Borkum. Es war in den Ferien. An Unterhaltung oder Fortbildung kann dir aber Rostock nicht viel bieten, denn es ist im Winter nichts los und sehr einsam ... Aber du wirst deine Gründe haben, dass du bei Heinkel bist. Vielleicht setzt du die Theorie noch in die Praxis um und wirst Pilotin? Oder falsch geraten?

Jetzt soll ich mal etwas von mir erzählen? Als ich von Stuttgart wegging, kam ich nach Mainz, denn ich konnte mich damals verbessern. In Mainz wurde ich etwas magen- und darmleidend, anscheinend von der guten Kost. Nichts ist schwerer zu ertragen, als eine Reihe guter Tage! So hieß es auch bei mir. Ich suchte mir wieder Arbeit in der Nähe meiner Heimat und war zuletzt bei den Mauser-Werken AG in Oberndorf beschäftigt, bis ich am 15. Mai 1939 zur Infanterie nach Augsburg zu einer 6-wöchigen Übung eingezogen wurde. Von dort aus wurde ich zu einer motorisierten Truppe, und zwar zu den Kradschützen versetzt, machte noch eine Übung in Döberitz mit und dann gings im August nach Polen. Was wir da alles mitgemacht und erlebt haben, nun ja – ich glaube, du hast viel in den Tageszeitungen und Büchern gelesen, und dann zeugen die 18 Tage von dem atemberaubenden Tempo, das überall vorgelegt wurde, genug, oder doch mehr als Worte. Heute stehen wir im Westen und warten auf den Einsatz. Es ist ein sonderbares Gefühl, vor dem Kampf, denn wenn es erst einmal so weit ist, dass es kracht und der Dreck spritzt, dann vergeht dieser Alpdruck, nur kostet es einen inneren Kampf, bis man davon frei ist. Der eine überwindet es schneller, der andere etwas langsamer. – Wir wissen aber, warum wir kämpfen, und wir wissen auch, dass nicht nur der den Kampf allein trägt, der an der Front steht, sondern dass vielmehr jeder oder jede Volksgenossin auch in der Heimat mittelbar mit uns kämpft, nur mit dem Unterschied, dass der in der Heimat seinen materiellen Wert in die Waagschale wirft, während der Krieger alles, d. i. sein Leben, unter Umständen opfern muss.

Während Hitler im Westen weitere »Blitzkriege« vorbereitet, treffen in Lublin im »Generalgouvernement« die ersten Judentransporte aus Pommern und Westpreußen ein. In Warschau geht die Kasernierung der Juden weiter. Chaim A. Kaplan notiert am 16. Februar in sein Tagebuch:

Es gibt kein furchtbareres Regierungsprogramm als eines, das von Psychopathen in die Tat umgesetzt wird. Und ein von Sadismus begleitetes Psychopathentum ist siebenmal schlimmer. Die Juden Polens wissen das und reagieren daher verachtungsvoll auf alle die furchtbaren Verordnungen, die, was unser Fortleben als Individuen und als Volk betrifft, in sich den Keim zu unserem Untergang und Verderben tragen ... Vor kurzem begannen die Sieger, Jüdinnen zur Zwangsarbeit abzuführen. Bei einer Haussuchung kann es vorkommen, dass ein Angehöriger der Gestapo eine junge Frau vor die Brust stößt, genauso wie er es bei einem Mann tun würde. Bei Leibesvisitationen entblößen sie den Körper einer Frau vor den Augen ihres Mannes und ihrer Kinder, ohne auf ihr Ehr- und Schamgefühl Rücksicht zu nehmen ...

Auf der anderen Seite des Rheins, in Frankreich, schreibt der wenige Wochen später an der Aisne gefallene französische Unteroffizier Roux in den letzten März-Tagen in Bar-sur-Seine in sein Tagebuch:

23. März: Man sieht in Bar viele Urlauber und besonders viel Frauen. Die Kleidung der marokkanischen Jäger beherrscht die Straße ... Ich habe mich während des ganzen Feiertages in der Stadt herumgetrieben, habe mir den Rummel angesehen und habe dabei viel an meine Frau und meine Kinder gedacht. Mein Herz blutet, wenn ich an die vergangenen schönen Tage denke ...

26. März: Täglich kommen neue Offiziere. Viel zu junge Leute.

Sehr unerfahren und sehr ungebildet. Die Herrchen waren mit ihren Unterkünften nicht zufrieden ...

Heute Abend wird Paul Reynaud, unser neuer Ministerpräsident, im Radio sprechen. Er wird uns zweifellos Einschränkungen auferlegen. Ich fürchte, dass sich irgendeine schwerwiegende Sache gegen uns zusammenzieht. Berlin wird die Zeit gut ausnützen ... Diejenigen denken falsch, die glauben, dass Hitler genug vom Kämpfen hat ...

29. März: Eine deutsche Zeitung fragt, wann wird der Luftkrieg beginnen? Damit wollen sie wohl die Alliierten auffordern, den Anfang zu machen ...

Ich habe heute morgen meiner kleinen Jeanette geschrieben und sie gebeten, mutig zu bleiben. Ich hoffe, es wirkt. Sie weinte mir während meines Urlaubs zu viel. Gestern ist ein Schwung Rekruten gekommen. Sie kommen aus der Gegend von Reims, junge Leute, die den Wein lieben. Sie haben Disziplin ... und ich habe den Eindruck, dass sie leicht zu führen sind ...

April

Am 9. April beginnt die deutsche Besetzung Dänemarks und die Landung deutscher Truppen in Norwegen, wo sie bald in Kämpfe nicht nur gegen norwegische, sondern auch britische und französische Truppen, die ab 14. April bei Narvik, Namsos und Andalsnes gelandet sind, verwickelt werden. Während die Demobilisierung der dänischen Truppen bereits am 20. April abgeschlossen ist, dauert der Kampf um Narvik in Nordnorwegen bis zum 10. Juni an. Dann erst ziehen sich die alliierten Truppen auf Grund der Lage in Frankreich, wo inzwischen die deutschen Truppen eingefallen sind, zurück.

Zum »Reichskommissar für Norwegen« wird von Hitler der Gauleiter Josef Terboven bestellt (der für die harte deutsche Besatzungspolitik Verantwortliche endete am 8.5.1945 in Oslo durch Selbstmord).

Am 30. April wird in der polnischen Stadt Lodz (»Generalgouvernement«) das erste Getto für Juden eingerichtet.

Wenige Tage vor dem Überfall Hitler-Deutschlands auf Dänemark und Norwegen am 9. April schreibt der englische Unterhaus-Abgeordnete Ronald Cartland von Frankreich aus nach Hause (am 30. Mai ist er bei Dünkirchen gefallen):

Hitler wird Norwegen besetzen, das ist der Anfang; dann wird er Belgien und Holland überrennen. Ich habe unsere Schützengräben in Frankreich gesehen, Modell 1914, die werden ihn nicht aufhalten. Wenn er zuschlägt, und das wird er bestimmt tun, wird es Zerstörungen geben, die wir uns auch in unseren kühnsten Träumen nicht vorstellen können. Wenn England sich retten will, muss es erwachen – oder es wird vernichtet! Ich hatte bis jetzt immer Recht mit meinen Vorhersagen, und schon oft erklärte ich dir, dass eines Tages England allein vor diesem Koloss Deutschland stehen wird. Dieser Tag ist nicht mehr fern.

Am Tage, als Hitlers Wehrmacht in Dänemark einmarschiert und mit einem großen Schiffsaufgebot an Norwegens Küsten landet (9.4.), stellt Sergeant Roux in Bar-sur-Seine folgende Überlegungen an:

War es notwendig zu warten, bis die Deutschen begonnen haben, den furchtbaren Krieg in die nordischen Länder zu tragen? Man spricht davon, Norwegen helfen zu wollen ... Was wollen eigentlich die Armeen zu Lande und in der Luft noch? Ich hasse dieses Herumliegen hier. Dabei bin ich überzeugt, dass ein geschlossener Einsatz der alliierten Flotte dem Unternehmen der Deutschen ein jähes Ende bereiten würde. Warum gibt es hier zu Lande keine Entschlussfreudigkeit? Ist unsere Führung zu feige? Wir sind es nicht.

Am 11. April, nach dem Nachtangriff deutscher Flugzeuge gegen Scapa Flow, vermerkt Sergeant Roux bitter:

Wir dürfen keine Verluste scheuen. Es ist der Menschengeist, der alles zerstört und alles in den Dreck haut. Man darf nicht an Zivilisation und Kultur denken. Dabei soll man nicht die schlechte Gesinnung nur bei dem verhassten Gegner suchen. Jeder sucht im Krieg seinen Vorteil. Wir müssen den unsern suchen ... Man sagt den jungen Soldaten, die gut ausgebildete Kämpfer von morgen werden wollen, es sei ihre Pflicht, so viel Boches (Deutsche) wie möglich zu töten. Das ist die Erziehung zum Mörder, die alle braven Soldaten der Welt durchzumachen haben. Es bringt sogar die jungen Soldaten in Hochstimmung, wenn man diese Erziehung mit dem ruhigsten Gewissen der Welt durchführt ... Die Mehrheit der Menschen hat ihre Menschlichkeit längst von sich geworfen. Es nützt jetzt nichts, die Menschlichkeit zu predigen ... Wir müssen als Franzosen unsere Pflicht tun. Ich werde meine Pflicht bis zum bitteren Ende tun. Obwohl mir das alles so sinnlos erscheint.

Ein junger deutscher Soldat, einer, der zur Pflicht erzogen worden ist, notiert am 13. April in einem Brief nach Hause:

Was brachten uns die letzten Tage an Großem und Heldentum der deutschen Soldaten aller Wehrmachtsteile. Das Ringen um die Entscheidung hat nun begonnen. Fast ungeduldig haben wir manchmal auf diesen Tag gewartet. Der Sieg ist unser!

In Berlin schreibt am 16. April Ingeborg Tafel in ihr Tagebuch:

Vor mir steht ein Strauß Spanischer Wicken. Er zaubert mir in seiner duftigen Zartheit alle Schönheit dieser Erde vor meine Seele, und ich kann nicht begreifen, dass draußen Tod und Grauen und Verzweiflung herrschen müssen – wider alle Vernunft!

Am 29. April konstatiert Sergeant Roux in Bar-sur-Seine:

Heute gibt man sich Mühe, die militärischen Erfolge der Deutschen in Norwegen zu verkleinern. Für die Deutschen ist es nicht allein die Eisenerzbahn, die sie erobert haben. Die Norweger müssen für sie arbeiten, und ist dieses Land nicht eine geeignete Basis, um England anzugreifen? ... Ich habe nie geglaubt, dass der Krieg ein Spaziergang und für uns leicht würde. Das kommt mir aus dem Herzen: Hitler wird bald hier im Westen losschlagen. Keiner will mir glauben. Mit teuflischer Freude wird er uns in den Schlaf wiegen und durch Überraschungen seine Vorteile haben. Warum greifen wir eigentlich nicht an?

Mai bis Juli

In Norwegen war Hitler um wenige Tage den geplanten Unternehmungen der Alliierten zuvorgekommen, hatte mit der Besetzung der beiden skandinavischen Länder für seine weitere Kriegführung die Ausfallpforte zum Atlantik gewonnen und sich außerdem die schwedischen Erznachschubwege gesichert. So konnte Hitler unter günstigsten Bedingungen am 10. Mai seinen Angriff auf die neutralen Staaten Luxemburg, Belgien und die Niederlande sowie gegen Frankreich starten.

Am Morgen des 10. Mai überfallen die deutschen Truppen auf einer Breite von 300 Kilometern mit 117 Divisionen gleichzeitig die vier Länder, während die deutsche Luftwaffe massierte Angriffe gegen militärische Anlagen in den einzelnen Ländern fliegt und Luftlandetruppen in den Niederlanden (Rotterdam, Moerdijk-Brücke) und in Belgien (Eben-Emael) abgesetzt werden. Am 13. Mai zerstören deutsche Flugzeuge mit einem Flächenangriff die ganze Innenstadt von Rotterdam, obwohl zu dieser Zeit bereits Kapitulationsverhandlungen kurz vor dem Abschluss stehen.

Am 15. Mai unterzeichnen die niederländische Armee, am 28. Mai die belgische Armee die Kapitulationsurkunden. Beide Länder sind überrannt und die Alliierten auf französischem Boden nunmehr zu einer »Schlacht mit verkehrten Fronten« gezwungen. Während die deutsche Heeresgruppe B (von Bock) den Angriffsschwerpunkt im Norden nur vortäuscht, durchbrechen die schnellen Panzerverbände der Heeresgruppe A (von Rundstedt) in der Mitte die Maasfront und stoßen bis zur Kanalküste vor. Bei Dünkirchen (Dunkerque) an der Kanalküste werden die englischen Truppen eingeschlossen, aber in den letzten Maitagen gelingt es den Engländern, den größten Teil ihrer eingeschlossenen Truppen aus der Umklammerung heraus über den Kanal zu evakuieren, allerdings unter großen Verlusten.

Am 4. Juni wird Dünkirchen von den Deutschen eingenommen. Einen Tag später beginnt mit dem Angriff auf die »Weygand-Linie« die eigentliche »Schlacht um Frankreich«, wobei aber die Kampftätigkeit mit zunehmendem deutschen Vordringen geringer wird und ab Mitte Juni die deutsche Okkupation teilweise ohne Gegenwehr vor sich geht. Am 9. Juni erreichen die deutschen Truppen die Seine und Marne, am 14. Juni wird Paris besetzt und die Maginot-Linie durchbrochen, am 16. Juni stoßen die Truppen der Heeresgruppe C (von Leeb) bei Colmar über den Rhein nach Frankreich vor, am 18. Juni werden Cherbourg und Le Mans, am 19. Juni Brest eingenommen. Am 22. Juni schließlich lässt Hitler im Wald von Compiégne im Salonwagen von 1918 die französische Kapitulation unterzeichnen (Waffenruhe ab 25.6., 1.35 Uhr).

Der größte Teil Frankreichs ist jetzt von den Deutschen besetzt, in Südfrankreich regiert von Vichy aus ein mit dem Deutschen Reich kollaborierendes Regime, das eine »Nationale Revolution« ausrufen lässt und ab Oktober 1940 auch antijüdische Maßnahmen im Sinne der deutschen NS-Ausrottungsmaßnahmen beginnt.

Unter dem Eindruck der deutschen Siege im Westen erklärt Mussolini am 10. Juni den Kriegseintritt Italiens gegen Frankreich und England, gehen Rumänien und die Slowakei ins Lager der »Achse« Berlin – Rom über (Mai/Juli).

England bleibt ab Juni im Kampf gegen Hitler-Deutschland allein. Hitlers heuchlerischer »Appell an die Vernunft« wird von Winston Churchill, der seit 10. Mai neuer britischer Premierminister ist, zurückgewiesen. Churchill spricht davon, dass er »nichts zu bieten habe als Blut, Mühsal, Tränen und Schweiß«. Am 18.6. erklärt sich der nach England geflohene General Charles de Gaulle in London zum »Führer der freien Franzosen« – von Churchill anerkannt – und fordert zur Fortsetzung des Kampfes auf.

Vom Mai bis Juli greifen Flieger der R.A.F. militärische Ziele im Ruhrgebiet, Hamburg und Bremen, deutsche Flieger solche in Südengland an.

Am 16. Juli unterschreibt Hitler seine Weisung Nr. 16 über die Vorbereitung einer Invasion Englands (Unternehmen »Seelöwe«) »wenn nötig« (wird im Oktober 1940 auf Frühjahr 1941 verschoben).

Unter den ersten deutschen Soldaten, die am 10. Mai, einem herrlichen Frühlingstag, gleichzeitig in Holland, Belgien, Luxemburg und Frankreich einfallen, ist der 19-jährige Fritz Köhler, der während des ganzen Zweiten Weltkrieges von seinen Erlebnissen kleine, in Kurzschrift voll geschriebene Notizzettel mit Feldpostbriefen nach Hause schickt, wo auch alle ankommen und von den Eltern gesammelt werden. Am 10. Mai notiert er u. a.:

Gegen 8 Uhr überschreiten wir hinter Aachen die holländische Grenze. Die Bevölkerung ist ziemlich freundlich. Kurz hinter der Grenze müssen wir bis zur Mittagszeit warten. Kolonne an Kolonne zieht an uns vorüber. Endlich geht es weiter … Alle 3 Maas-Brücken sind von den Holländern gesprengt. Deshalb ist in der Nähe der Maas ein ziemliches Bild der Verwüstung. Auf Schützenstegen gehen wir einzeln mit dem Gerät über. Weiter oben werden Fahrzeuge übergesetzt. Drüben geht es sofort weiter, Richtung holländisch-belgische Grenze. Die ersten belgischen Gefangenen und Überläufer ziehen an uns vorüber. Ein uns entgegenkommender Omnibus wird angehalten. Wir steigen ein und fahren das letzte Stück. Kaum ausgestiegen, müssen wir schon hinter einem Zaun Deckung nehmen. Ich erhalte meine Feuertaufe …

Auf der Gegenseite erlebt der Belgier Kamiel van Baelen, der später im Konzentrationslager Dachau bei München, am 16. April 1945, wenige Tage vor der Befreiung des Lagers, stirbt, den deutschen Angriff so:

Keine zehn Meter von mir entfernt steht auf einem engen Hof hinter dem ersten Reihenhaus ein kleines Mädchen und bläst eifrig Seifenblasen in die Luft. Die Wangen sind rund, die Augen groß vor Erwartung. Schaukelnd löst sich die schillernde Blase von der Tonpfeife. Einen Augenblick scheint es, die Seifenblase überlege noch, ob sie den Sprung wagen solle, und deutlich sehe ich die runden Fenster und Häuser in ihr gespiegelt … alles ist so sauber und kristallhell, alles erscheint in Miniatur, Stadt und Land – und die Ausmaße sind weder klein noch eng. Ich habe den sehnlichen Wunsch, auch dieses Ungeheuer von Welt möge aufsteigen, hoch und rein, bis zu jenen Höhen, in denen Gott wohnt, um dort Zeugnis abzulegen, dass alles gar nicht so schlecht ist, wie es ist.

Plötzlich ein Brummen, Heulen, Dröhnen, als berste die Erde. Die Seifenblase platzt, rettungslos verloren, die Tonpfeife fällt in Scherben, und das Mädchen läuft erschrocken ins Haus: Angriff der ersten Sturzkampfflieger!

Einen Tag später beobachtet Fritz Köhler auf dem Vormarsch:

Überall ergeben sich die Belgier. Die Dörfer, durch die wir kommen, sind durch Artilleriebeschuss und Bombardierung ziemlich mitgenommen. Die Haustüren sind offen, Fensterscheiben zerbrochen, zum Teil ganze Häuser eingestürzt. Ein trauriges Bild der Verwüstung.

Der französische Sergeant Roux schreibt am 11. Mai in sein Tagebuch:

Ich hatte Recht. Es hat sich etwas Neues ereignet. Vier freie Länder sind in den ersten Morgenstunden des 10. Mai von der deutschen Armee überfallen worden. Diesmal ist es der Krieg mit all seinen Schrecken und Leiden und mit all seinen Härten, der über uns hereingebrochen ist. Dieser Angriff hätte von unserer Führung vorausgesehen werden müssen. In den ersten Stunden wurde er nur von der Luftwaffe getragen. In Frankreich sind Flughäfen und folgende Städte bombardiert worden: Brou, Airion, Lens, Hénin-Liétard, Nancy, Clermont-Ferrand, Pontoise usw. … Heute sind auch hier in unserer Gegend viele Bomben gefallen … Die Bevölkerung ist ängstlich, vor allem hat sie keine Aufklärung über die Tatsachen und findet sich nicht damit ab, was passiert. Gestern ist die größte Schlacht entbrannt, die die Völker dieser Erde je erlebt haben. Die Mehrheit wird nicht nur Zuschauer dieses Kampfes auf Leben und Tod bleiben. Während der ersten acht Monate war der Krieg nicht fühlbar und für viele gar nicht da, umso härter fasst die Wirklichkeit heute die Menschen an …

Karl Schönfeld, aus dessen Tagebuch bereits 1939 aus Polen zitiert wurde, notiert am Pfingstsonntag, den 12. Mai, vom Vormarsch durch Holland:

An den Straßen stehen Holländer und beobachten mit süßsaurer Miene die deutsche Wehrmacht. Auf einem Gutshof bei der Ortschaft Klemm gehen wir in Reihe. Die Tochter des Besitzers des Gutshofes, die gut deutsch spricht, ist uns ein Beweis für die Deutschfeindlichkeit Hollands. Sie erklärt in einem Gespräch, dass Deutschland sich alles einverleiben will. Das Verhalten Dänemarks ist nicht richtig, erklärt sie uns weiter. Wenn Dänemark nur drei Soldaten hätte, so müsste es sich so lange verteidigen, bis diese drei gefallen seien. Dass die holländische Königin fliehen könnte, hält sie für unmöglich.

Am gleichen Tag erzählt der Franzose Roux in seinen Aufzeichnungen:

Traurige Pfingsten. Den ganzen Tag und die ganze Nacht ziehen verzweifelte und unheimlich viele Belgier und Holländer, zivile Flüchtlinge, auf den Straßen nach Paris. Es ist ein sehr trauriger Haufen. Die von weit herkommen und ihr Land verlassen müssen, tragen ein hartes Los. Dabei glauben sie, dass sie verpflichtet seien, zum Kampf beizutragen. Sie haben sehr wenig bei sich. Dies sind Bilder, die ich nie im Leben vergessen werde.

Weiter im Süden der Front im Westen marschiert Hermann Liebig am 12. Mai mit den deutschen Truppen durch Belgien Richtung Frankreich:

Ab Richtung Malmedy. Überall gesprengte Brücken. Überstrichene Wegweiser. Wir kommen sehr langsam vorwärts. Ruckweise geht es weiter. Meine Füße brennen wie Feuer. Berge, Weiden und Hecken. Langsam sprechen die Einwohner Französisch.

Unter dem 13. Mai, Pfingstmontag, lesen wir im Tagebuch von Karl Schönfeld diesen Eintrag:

An den Ufern des Albert-Kanals stehen schwarz geräucherte Bunker, Segelflugzeuge und Gräber Gefallener der Luftlandetruppen lassen erkennen, wie hier gekämpft wurde. Hier ist es hart hergegangen, denn wo Flammenwerfer tätig waren, wächst kein Gras mehr. Zahlreiches zertrümmertes Kriegsgerät, viele noch unbestattete Belgier sind Zeugen, wie der Gegner hier geschlagen worden ist … Vor einem zerschossenen Haus sitzt eine junge hübsche Frau und starrt stur vor sich hin. Auf dem schönen Gesicht spiegelt sich noch Furcht und Schrecken der letzten Tage. Lange noch steht dieses schöne, aber angstvolle Gesicht vor mir … Nachmittags heißt es, Lüttich ist gefallen. Gefangene kommen uns entgegen.

Zwei Tage später, am 15. Mai, ist die Einheit des französischen Sergeanten Roux auf dem Marsch nach Süden, »wohin, weiß kein Mensch«. Roux notiert weiter:

Holland hat die Waffen gestreckt. Das ist der erste greifbare Erfolg des Kampfes der Hunnen. Aber noch kämpft Belgien heroisch. Dort entwickelt sich eine große Schlacht. Man spricht von einem großen Kampf an der Maas bei Sedan, bei Longwy … Man hat uns gesagt, wir seien dazu bestimmt, die Ardennen zu verteidigen …

Heinz Küchler, weiter im Süden mit seiner Einheit auf dem Vormarsch auf französischem Boden, schreibt am 15. Mai in einem Brief:

Ein stiller Abend; auch das Artilleriefeuer scheint für den Augenblick verstummt, und nur die langsam verrauchenden Dörfer erinnern an die vergangenen kriegerischen Stunden. Vorgestern bei Nacht und Nebel haben wir also die französische Grenze überschritten. Ich bin fast dauernd angespannt, aber trotz des minimalen Schlafes bei immer noch recht niedrigen Temperaturen auf freiem Feld bin ich frisch und munter. Die Toten am Straßenrand und auf den Wiesen, sie zeigen, wie unsinnig, wie primitiv dumm die Menschen sind in ihrem organisierten Morden und Töten …

Auf Tiere und Landschaft nimmt der Krieg ebenso wenig Rücksicht. Karl Schönfeld beobachtet zur gleichen Zeit:

Auf den Feldern liegt totes Vieh, das einen scheußlichen Geruch von sich gibt. Immer wieder ragen die Beine einer Kuh in die Luft, oder der Kadaver eines Pferdes liegt aufgedunsen dort … Tief ausgefahren ziehen sich die Spuren der Panzer durch die Saatfelder …

Am 16. Mai besetzen die Deutschen Brüssel, am 20. Mai erreichen sie die Schelde. Sergeant Roux notiert am 18. Mai in sein Tagebuch:

Wir sind die ganze Nacht marschiert, insgesamt dreizehneinhalb Stunden. Reims ist noch weit … Ich sehe viele zerstörte Häuser. Die Nachrichten werden immer schlechter. Die Deutschen sind auf dem Vormarsch zum Westen. Brüssel ist in ihrer Hand. Ich bin verzagt wie nie. Ich habe noch auf keinem Bahnhof einen Zug fahren sehen. Soll das das Ende von Frankreich sein?

Ludwig Thalmaier erlebt den Einmarsch der deutschen Truppen nach Frankreich in der Geschützkompanie des Regimentes 63. Er schreibt am 20. Mai im Raum St. Quentin in sein Tagebuch, während gleichzeitig im Nordwesten deutsche Panzer zur Kanalküste durchstoßen:

Flüchtlinge begegnen uns. Auf allen möglichen Fahrzeugen schleppen sie ihre Habseligkeiten mit sich. Zweirädrige Karren, davor ein Pferd gespannt, Fahrräder hoch bepackt. Viele gehen in Hausschuhen, alte Leute werden in Kinderwagen gefahren. Kinder haben ihr Lieblingsspielzeug unter dem Arm …

Hermann Liebig erlebt am 21. Mai in der vordersten Linie im Forêt Mormal nach einem Kampf um französische Bunker diese Szene:

Als Melder bin ich gerade mit einem Befehl meines Zugführers unterwegs, da taucht im unübersichtlichen Buschgelände in der Bunker-Linie plötzlich ein Mann im weißen Oberhemd, aber mit einer französischen Uniformhose vor mir auf. Instinktiv reiße ich mein Gewehr hoch. Da hebt der unbewaffnete Franzose zitternd beide Hände hoch, und mit flehendem Blick stammelt er: »Camerade, ne fusille pas!« Ich lasse mein Gewehr sinken und winke ihn lächelnd zu mir. Er kommt mit ausgestreckten Armen auf mich zu: »Merci, camerade, merci beaucoup!« Er ergreift meinen Arm und gibt mir die Hand. Was fange ich nun mit meinem ersten Gefangenen an? Meine Kompanie ist beim Durchkämmen des Geländes weitergezogen, und ich darf den Anschluss nicht verlieren. Also gebe ich meinem Franzosen die Richtung nach hinten an: »Marche à la maison!« Wieder ergreift er freudig erregt mit beiden Händen meine Linke: »Merci, camerade, merci, mon ami!«

Als ich auf der Suche nach meiner Einheit weitergehe, fällt mir ein: Zu dumm, alles schreibe ich mir auf – aber seinen Namen und seine Anschrift habe ich in der Eile nicht aufgeschrieben …

Beim weiteren Vordringen durch den Forêt Mormal notiert Hermann Liebig außerdem noch:

In nordwestlicher Richtung geht es auf Valenciennes! Der Wald hatte voller schwarzer Truppen gesteckt. Panzer und Stukas hatten ganze Arbeit geleistet. Ein grauenhaftes Bild bot sich uns … Weiter geht es in Richtung Scheldekanal.

In Nordfrankreich erreichen die deutschen Truppen in diesen Tagen die Gebiete, die schon im Ersten Weltkrieg hart umkämpft waren. Karl Schönfeld schreibt am 24. Mai angesichts der Vimy-Höhen bei Arras:

Im weiten Umkreis findet man Heldenfriedhof neben Heldenfriedhof. Links sind die bekannten Lorettohöhen sichtbar, auf denen jetzt schon die Hakenkreuzflagge weht … Auf den Vimy-Höhen Trichter neben Trichter, kleine und solche, in die man bequem ein einstöckiges Haus stellen könnte … Bäume gibt es dort keine. Es scheint, als wollte die blutgetränkte Erde ihre kalte und schaudernde Nacktheit behalten, um späteren Generationen bezeugen zu können, was hier einst geschah. In den Trichtern wächst spärliches und hartes Gras. Einige verkrüppelte Buschgruppen stehen am Rande, dazwischen liegt wieder ein Heldenfriedhof. Und in dieses Gelände kommen wir und sollen Flankenschutz übernehmen.

Am 25. Mai notiert der französische Sergeant Roux in Reims:

Eine Schreckensbotschaft jagt die andere. In der Gegend von Cambrai, Abbéville, Calais ist alles in deutscher Hand. Das Meer allein hält die Deutschen zurück, weiterzumarschieren.

Ludwig Thalmaier beobachtet am 26. Mai nördlich von St. Quentin:

Gegen Mittag begegnet uns ein Zug von Gefangenen. Es sind 6 000 bis 8 000 Belgier, Franzosen, Holländer, Marokkaner. Müde schleppen sie sich dahin. Sie machen einen jämmerlichen und zerschlagenen Eindruck. Sie betteln um Brot und Zigaretten. Alte und Junge sind dabei. Sie sind abgestumpft und apathisch. Begleitet wird dieser jammervolle Zug nur von einigen Soldaten.

An einer anderen Stelle der Front, bei Abbéville, fällt am 28. Mai, in den ersten zwei Stunden seines ersten Einsatzes, der deutsche Soldat Alois Stedele. Die nächsten Monate wird er bei seiner Einheit als vermisst gemeldet, und diese Nachricht erhält auch seine Familie in Markt Rettenbach in Bayern. Erst als bei einem später gefangen genommenen französischen Soldaten die Brieftasche Stedeles gefunden wird und diese über die Kompanie Stedeles an die Familie geht, steht sein Tod fest. Noch im August bzw. November 1940 melden sich bei der Familie Stedele zwei ehemalige Kameraden von Alois Stedele per Brief und berichten über die Ereignisse des 28. Mai. Im ersten Brief, geschrieben von Anton Schlecker, heißt es:

Ihr Sohn und ich waren während dem ganzen Vormarsch beisammen. Als wir zum Einsatz kamen, kamen wir beide zusammen in ein Panzerdeckungsloch. Ihr Sohn und ich hatten uns ganz gut verstanden, denn er hatte einen ruhigen netten Charakter, und ich kann nur gutes von Ihrem Sohn schreiben. Wir machten zusammen unser Loch zurecht und waren vom 27. auf den 28. Mai dort in Stellung. Vom Feind rührte sich nicht viel. Nur ein paar feindliche Flugzeuge flogen über uns weg. Aber am Nachmittag gegen 17 Uhr kam über unsere Stellungen ein heftiges Artilleriefeuer, das bis 18 Uhr dauerte. Die Franzosen verlegten ihr Feuer weiter rückwärts. Uns beiden ist dabei nichts passiert. Aber schon kamen die Panzerwagen auf uns zu. Neben uns stand ein 2-cm-Flakgeschütz, das sofort auf die kommenden Panzer geschossen hat. Aber die waren zu schwer, so sind die Geschosse nur abgeprallt, und der Panzer fuhr ganz ruhig weiter, drehte seinen Turm mit der Kanone auf das Flakgeschütz, ein Schuss krachte, das Flakgeschütz lag in Trümmern da. Und so fuhren fünf Panzer einen Meter an unserem Loch vorbei, ohne uns zu sehen. Die erste Welle hatten wir überstanden. Ein Flaksoldat kam dabei ums Leben. Ein anderer suchte Schutz und kam in unser Loch herein, so dass wir zu dritt waren. Nun kam die zweite Welle Panzer heran. Einer blieb vor unserem

Loch stehen und schoss mit seinem Maschinengewehr in unser Loch herein. Und da ist das Unglück geschehen. Denn es traf den Flaksoldat und Ihren Sohn. Ihr Sohn bekam dadurch so zehn Schüsse in die rechte Rückenseite. Ihr Sohn atmete noch einmal tief auf und brach dann zusammen. Ich fasste ihn gleich darauf bei der Hand, aber er gab kein Lebenszeichen mehr. Sie dürfen mir glauben, wie es mir zumute war, mit zwei toten Kameraden in dem Loch zu sein. Wie ich davongekommen bin, möchte ich Ihnen auch mitteilen. Ich war nun auf der anderen Seite, und so konnte der Panzer mich nicht treffen, ich war sozusagen im toten Winkel. Bald darauf kam dann die französische Infanterie und zog mich aus meinem Loch heraus und nahm mich gefangen. Was die Franzosen mit Ihrem Sohn gemacht haben, kann ich leider nicht mehr schreiben, denn sie führten mich sofort zurück …

Im Raum Richebourg machte der deutsche Major Hans Riederer von Paar, der im Dezember 1941 in Russland einer schweren Verwundung erlag, folgende in sein Tagebuch am 28. Mai eingetragene Beobachtung:

Das Regiment hat gestern etwa 450 Mann verloren. Alle Verbände sind durcheinander gekommen. Wo die Fahrzeuge sind, weiß kein Mensch. Sie müssen erst gesucht und herangeführt werden. Nach Ansicht des Regimentsführers wird es mindestens noch vier bis fünf Stunden dauern, bis das Regiment antreten kann. Dies melde ich dem Chef und fahre dann noch zur SS-Division, um hier einige Fragen wegen der Vormarschstraße zu regeln. Am Rückweg finde ich an einer Mauer 89 tote Engländer, die von den SS-Leuten niedergeschossen worden waren, ein scheußliches Bild. Ich mache beim Generalkommando hiervon Meldung. Die Sache wird vom General schärfstens verfolgt. Aber auch sonst sieht das Schlachtfeld grausig aus: Eine große Anzahl toter deutscher und englischer Soldaten liegen überall im Gelände herum. Tote Pferde, Vieh, kaputte Fahrzeuge und Kampfwagen, zerschossene und ausgebrannte Häuser, große und kleine Granattrichter zeugen von den erbitterten Kämpfen des gestrigen Tages.

An diesem Dienstag, dem 28. Mai, notiert in Reims der französische Sergeant Roux über die Lage:

Durch den Mund von Paul Reynaud haben wir heute eine traurige Nachricht erhalten. Der König der Belgier hat im Felde seinen Truppen befohlen, die Waffen niederzulegen. Ein in der Geschichte nie da gewesener Fall. Das Schicksal von Dünkirchen und Calais ist besiegelt. Unsere Armeen, die französische und englische, befinden sich jetzt in übler Lage. Ich bin niedergeschlagen, aber nicht mutlos.

Am 5. Juni – einen Tag zuvor ist Dünkirchen eingeschlossen worden – beginnt mit dem deutschen Angriff auf die »Weygand-Linie« die eigentliche »Schlacht um Frankreich«. General Weygand, Ende Mai zum Oberbefehlshaber der französischen Armee ernannt, sollte entlang der Somme, Aisne und Marne die drohende Niederlage abwenden und den deutschen Angriff vor Paris stoppen. Sergeant Roux wird mit seiner Einheit in Richtung Aisne vorgezogen. Am Tage des deutschen Angriffs, am 5. Juni, schreibt Sergeant Roux:

Man spricht von einem großen Angriff unserer Feinde auf der Linie Laon-Paris ... Nun sind wir schon eine Nacht unmittelbar an der Aisne. Wir liegen an einem bewachsenen Ufer im Schützengraben ... Vier MG's sind bereits in Stellung. Zwei davon sind eingerichtet auf die große Fabrik am anderen Ufer. Dort sehen wir die Boches herumlaufen. Wir könnten sie abschießen, aber man hat es uns verboten, allein wegen der Faulheit unserer Vorgänger, die Schanzarbeiten für zu große Arbeit hielten.

Weiter nördlich erlebt Ludwig Thalmaier mit seiner Einheit den deutschen Angriff bei Breilly-sur-Somme mit und schreibt darüber am 5. Juni:

Punkt 4.30 Uhr erfüllt ein Singen und Pfeifen die Luft. Schlagartig setzt die deutsche Artillerie mit einem verheerenden Granatfeuer ein ... Bei Morgengrauen rücken wir an die Somme vor. Wir hatten uns einen breiten Strom vorgestellt, der Fluss ist aber nur 15 bis 20 Meter breit. Unsere Geschütze werden auf Floßsäcke gezogen und übergesetzt. Drüben ziehen wir unser Geschütz auf die Uferböschung ... Zwischen den Bäumen hindurch sehen wir in 200 bis 300 Meter Entfernung die Ortschaft Breilly liegen, in die krachend die Granaten einschlagen. Häuser stehen in Flammen ...

Einen Tag später, nach einer »unheimlichen Nacht« unter anhaltendem französischen Feuer, wird der deutsche Angriff weiter vorgetragen. Ludwig Thalmaier erzählt in seinem Tagebuch:

Wir rücken weiter. Wir kommen an ein Kleefeld, vor uns dehnt sich eine Ebene aus, etwa 1,5 Kilometer tief. Kugeln pfeifen über uns weg. Es wird Stellungswechsel befohlen. Da ich den Platz nach etwa liegen gebliebenen Gegenständen absuche, bleibe ich etwas zurück. Meine Kameraden ziehen das Geschütz halb rechts vorwärts. Von links her schießt ein Maschinengewehr. Zwei Kameraden kommen gerade noch an einen großen Strohhaufen, ich aber werfe mich in das Kleefeld, unaufhörlich schießt das MG. Die Kameraden rufen mir zu: »Bleib liegen!« Knapp über meinem Kopf pfeifen die Kugeln. Zum Glück liege ich in einer kleinen Bodensenkung. Ich stelle mich tot. Als ich mich ruhig verhalte, schießt das MG höher über mich weg. Schätzungsweise liege ich eine halbe Stunde regungslos da.

Allmählich schweigt das MG. Dann springe ich auf und eile zum Strohhaufen. Später stelle ich fest, dass 30 Meter links von dem Platz, wo ich gelegen hatte, ein toter deutscher Soldat liegt, das Blut rinnt aus seiner Schläfe. Das MG, das auf mich geschossen hatte, traf ihn. Es geht weiter …

An der Aisne bei Evergnicourt notiert Sergeant Roux einen Tag später:

Das ganze Dorf Evergnicourt ist voller Feinde. Warum wird dieses Nest nicht bombardiert? … Auch die Häuser auf dem Plateau sind besetzt. Wir beobachten die Wachablösung gerade am Rande des Felsens. Seit heute morgen versuchen wir zum Teil, die Wache dort oben abzuschießen. Endlich hat man uns das erlaubt. Unsere Artillerie beschießt ja auch schon seit einigen Tagen die Höhe hinter dem Dorf mit dem Bunker. Dort soll feindliche Artillerie ihren Beobachtungsstand haben … Wann wird der Kampf beginnen? Werde ich das Glück haben, dieses Tagebuch zu vollenden?

Am 9. Juni erreichen die deutschen Angreifer gegen die »Weygand-Linie« die Seine und die untere Marne. Am gleichen Tag beginnt der deutsche Vorstoß gegen die obere Aisne, dort, wo der Sergeant Roux eingesetzt ist. Am Abend dieses Tages schreibt er in sein Tagebuch:

19.10 Uhr abends. Welch ein Tag! Um 4.45 Uhr heute früh begann der furchtbarste Artilleriebeschuss, den ich mir je vorstellen konnte. Überall sind Granaten eingeschlagen. Sie haben alles in dichten Nebel gehüllt. Die Beschießung dauerte mehr als zwei Stunden. Kameraden fallen. Viele werden verwundet. Im Nahkampf gehen die Deutschen nur wenige Meter entfernt an unseren Stellungen vorbei. Schrecklich die Wirkung ihrer Handgranaten. Seit 12.00 Uhr sind sie in unserem Rücken. Auch der Kanal ist besetzt. Das Bataillon ist trotz verhängter Todesstrafe geflohen. Wir sind abgeschnitten. Den ganzen Tag habe ich auf einen Gegenangriff gewartet. Es war ein Irrtum. Die Hunnen sind schon weit über den Kanal. Ich habe immer an meine beiden Kinder gedacht. Werde ich sie noch einmal wieder sehen?

Wenige Kilometer weiter westlich, im Raum von Soissons, notiert am 10. Juni Major Hans Riederer von Paar in sein Tagebuch:

Vormittags ist Ia-Besprechung … Man ist allgemein der Ansicht, dass wir wohl noch ein bis zwei Tage hier bleiben, da ein Einsatz des Korps wohl erst in Frage kommt, wenn die Marne überschritten ist. Entgegen diesen Erwartungen kommt gegen 18 Uhr der Marschbefehl für heute Nacht. Beim Abendessen werden der Eintritt Italiens in den Krieg, die Wiedereinnahme Narviks und große Erfolge bei uns bekannt. Um 22 Uhr Abmarsch …

An diesem 10. Juni, um die Mittagszeit, macht der französische Unteroffizier Roux vom 42. französischen Infanterie-Regiment in einem von den deutschen Angreifern bereits überrannten Wald jenseits des Aisne-Kanals seine letzten Tagebuch-Eintragungen. Wenig später nehmen deutsche Infanteristen dem gefallenen Sergeanten das Tagebuch aus den erkalteten Händen. Unter dem 10. Juni liest man dort mit Erschütterung:

2 Uhr früh. Dreimal haben wir versucht, über den Kanal zu kommen. Endlich haben wir den Durchlass gefunden. Dort, wo der Wald an beiden Seiten des Kanals am dichtesten ist. Ein Melder von hinten sagt uns, dass wir uns retten sollen und die Schlacht verloren sei. Unser Heer ist im völligen Rückzug. Alles ist verloren. Die Tränen laufen bei meinen Männern. Wir werden uns den Deutschen nicht in Gefangenschaft geben. Wer hätte das gedacht von unserer glorreichen Armee? Ob ich morgen noch am Leben bin?

10 Uhr vormittags. Wir sind jenseits des Kanals im Wald. Deutsche Soldaten waren neben uns, hinter und um uns. Ich muss Brienne erreichen und damit meine Truppe. Die Befehlsgewalt hat bei uns aufgehört. Rette sich, wer kann, das ist das Gebot der Stunde. Wir sind müde. Dieses Mal haben sich die Deutschen mit ihrem Durchbruch den Weg nach Paris freigemacht.

Hitler hat einmal vorausgesagt, dass er am 15. Juni in Paris einziehen wollte. Jetzt halte ich es für durchaus möglich … Ob ich jemals meine beiden kleinen Kinder wieder sehe? Für den Fall, dass ich sterbe oder falle, bitte ich denjenigen, der dieses Heft findet, es an folgende Adresse zu senden … Merci!

Am 11. Juni besetzen die Deutschen Reims, am 14. Juni marschieren sie in Paris ein, gleichzeitig wird die Maginot-Linie in Richtung Metz und Nancy durchbrochen. Am 15. Juni erreichen deutsche Truppen Verdun, und einen Tag später setzen sie bei Colmar über den Rhein. Fritz Köhler gehört zu den deutschen Truppen, die bei Château-Thierry über die Marne setzen. Am 13. Juni schreibt er:

Schon um 6.30 Uhr morgens geht es weiter. Unsere Flanken scheinen frei zu sein. Aber vor uns, in einem kleinen Wäldchen, sitzt noch ein französisches MG. Es dauert immerhin über eine Stunde, bis es zum Schweigen gebracht wird. Auf unserem weiteren Vormarsch zieht ein Zug gefangener Franzosen – ungefähr in der Stärke eines Bataillons – an uns vorüber. Sie antworten auf unsere Fragen, dass sie sich alle freiwillig ergeben haben …

Nach drei Stunden kommen unsere Fahrzeuge wieder, und es geht weiter in südlicher Richtung voran. Es ist eine reine Verfolgungsjagd geworden. Sogar feuerbereite Artilleriestellungen der Franzosen fallen uns unversehrt in die Hände. Meiner Schätzung nach ziehen etwa zweitausend

Franzosen in größeren oder kleineren Trupps vorbei in die Gefangenschaft. Es sind einige Elsässer darunter, die deutsch sprechen. Sie sind froh, dass der Krieg für sie zu Ende ist …

Tagebuch-Schreiber Karl Schönfeld ist bei den deutschen Einheiten, die östlich von Châlons-sur-Marne bei Givry-en-Argonne nach Süden vorstoßen. In der Nacht zum 14. Juni hält er folgendes Erlebnis fest:

Ich habe schon wieder nasse Füße, denn meine Stiefel sind ziemlich undicht, und ich muss mir unbedingt ein Paar neue holen, sobald wir in Ruhe sind. Daran denke ich, als einige Gewehrschüsse aufpeitschen, ein Pfiff ertönt und dann ein rasendes MG- und Gewehrfeuer einsetzt. Wir liegen auch schon lang und ziehen die Köpfe ein. Vor uns bei der 3. Kompanie ist ein ziemliches Durcheinander, zu plötzlich setzte das Feuer ein … Unsere MG's fallen ein, aber nur die dritte und die erste Kompanie können schießen. Wir sind dazu verdammt stillzuliegen … Ein furchtbares Gefühl, wenn man mitten drin liegt und nicht schießen darf und auch nicht kann, weil kein Schussfeld da ist. Man fühlt sich wie ein Hase beim Kesseltreiben. In der Zeit, wo ich gezwungen bin, untätig zu liegen und weiter nichts tun kann, als mich an den Erdboden pressen und den Kopf einziehen, wandern meine Gedanken zu meinem gefallenen Bruder. Ob er wohl auch so liegend auf den Tod wartete, bevor er fiel, muss ich plötzlich denken, als ein Querschläger hart neben mir in den Boden haut. Ich beginne zu zittern, was ich sonst nie kannte. Macht das nun der Querschläger oder die Gedanken an den gefallenen Bruder und an die sich jetzt allein und doppelt so viel um mich sich ängstigende Mutter? Schwach machen solche Gedanken. Ich sehe zu Unteroffizier Severin, der ganz ruhig liegt und beobachtet, während ich jetzt mit schlotternden Knien hier liege. Mit Gewalt versuche ich endlich wieder meine alte Ruhe zu bekommen, aber es will nicht gehen. Ich lege mich auf die Seite, hole mir eine Zigarette aus der Kartentasche, brenne mir sie an und nehme meine alte Lage wieder ein. Das Feuer nimmt wieder zu … Unteroffizier Severin gibt den Befehl, die Gruppe soll nach links zum II. Zug zur Seitensicherung gehen. Ich gebe den Befehl an beide MG-Führer weiter und hebe die Hand zum Zeichen, ob es verstanden worden ist. Die beiden heben ebenfalls die Hand. Severin springt und ich muss nach, denn ich darf nicht von seiner Seite weichen. Es gibt kein Überlegen, nur ein ums Leben laufen. Als ich wieder neben meinem Gruppenführer liege, ist meine alte Ruhe wieder da …

Am 17. Juni wird eine neue französische Regierung unter Marschall Pétain gebildet, und dieser bittet sofort die deutschen Eroberer um Waffenstillstandsbedingungen. Fritz Köhler erlebt diesen Tag im Raum Dijon:

Kurz vor Dijon biegen wir links ab und durchsuchen das von den Franzosen verlassene Fort D'Hauteville. Es ist alles leer. Wenn sich die Franzosen hier ordentlich festgesetzt und verteidigt hätten, wäre an dieser Stelle wahrscheinlich viel Blut geflossen ... Es fängt zu regnen an. Unser Fluchen wegen des schlechten Wetters nützt nichts. Doch dann kommt unser Chef vom Bataillon zurück, und die Nachricht, die er bringt, lässt uns das Regenwetter vergessen. Schon von weitem ruft er: »Die Franzosen haben um Waffenstillstand nachgesucht!« Wir wollen es kaum glauben, dass es nun doch noch so rasch gegangen ist. Hoffentlich können alle, die jetzt noch bei uns sind, auch zur Heimat zurückkehren ...

Im besetzten Polen wird die Nachricht aus Frankreich mit Schrecken vernommen. Chaim A. Kaplan schreibt in Warschau bereits nach der Einnahme von Paris am 14. Juni in sein Tagebuch:

Wir haben die schlimme Nachricht erhalten, dass der Feind in Paris einmarschiert ist. Überall, sowohl unter den Polen als auch unter den Juden, weint und klagt man ...

Die Kampfhandlungen sind aber noch nicht beendet. Im Norden Frankreichs, an der Atlantikküste, schreibt Theo Bürker am 19. Juni an Hildegard Spalding:

Du denkst, in Frankreich muss doch jetzt Frieden sein. Nein, noch nicht ganz. Nachdem wir die Meeresküste erreichten, haben wir es mit den Tommies noch mehr zu tun denn je. Gestern hatten wir einen Angriff vor Cherbourg. Die Tommies schossen mit Schiffs-Artillerie und Küstenbatterien von den zwei kleinen Inseln Jersey und Guernsey, und Flugzeuge schickten sie auch noch. Wir kamen mit wenigen Verlusten davon. Mittags kamen dann unsere Panzer und räumten auf. Nun hat sich Cherbourg ergeben. Es sind nun die wichtigsten Kriegshäfen wie Brest und Cherbourg in deutscher Hand, so dass der Tommy keine Truppen mehr raus noch ins Land reinbringen kann. Es ist nur schade, dass noch viele Kameraden trotz Waffenstillstands mit Frankreich sterben müssen ...

Erst am 22. Juni, fünf Tage nach dem Waffenstillstands-Angebot Pétains und nachdem sich Hitler mit Mussolini über die Grenzen in Südostfrankreich einig geworden ist, wird der Deutsch-Französische Waffenstillstandsvertrag in Compiégne unterschrieben; zwei Tage später unterzeichnen auch die Italiener den Waffenstillstand mit Frankreich. Der Franzose Stéphane Piobetta, der 1944 in Italien als französischer Offizier fällt, zieht in einem Brief am 25. Juni 1940 im unbesetzten Südfrankreich eine Bilanz aus französischer Sicht:

Vom 17. Mai bis 25. Juni fünf Wochen intensiver Kampftätigkeit, in denen wir erbittert gegen zunehmende Auflösungserscheinungen, gegen die Unmöglichkeit und die Wirkungslosigkeit des Einsatzes ankämpften. Und dann, am 25. Juni, fühlt man sich plötzlich müde, weil man machtlos ist und diese fünf Wochen im Fieber, ohne Ruhe, wie einen einzigen, langen, zugleich kurzen und endlosen Tag, wie einen grauenvollen Traum, verbracht hat …

Der deutsche Reserveoffizier Friedhelm Rohden – und mit ihm wohl auch viele andere Soldaten auf Seiten der Sieger – sieht die Lage nach dem Waffenstillstand in Frankreich allerdings anders. Am 26. Juni schreibt er nach Hause:

Dann kam der erhebende Augenblick für uns Frontkämpfer, die Glocken begannen zu läuten und der Frieden hielt seinen Einzug. Man atmete erleichtert auf, doch nun sehnt man sich schon wieder nach neuen Taten. Jetzt ist nämlich die große Frage, kommen wir noch nach England oder werden wir hier den Krieg untätig als Besatzungsarmee beenden. Obwohl wir hier in einem sehr netten Schloss an der Schweizer Grenze (in der Höhe von Dôle) untergebracht sind, gefällt mir das ruhige Leben schon nicht mehr. Es gibt keine Sensationen mehr, das Leben ist wieder alltäglich geworden …

Von »alltäglich« kann man zu dieser Zeit aber weder im Reich und schon gar nicht im besetzten Polen sprechen. Über Norddeutschland ist in den Nächten der Luftraum schon nicht mehr sicher, die Engländer greifen immer wieder Ziele im Ruhrgebiet, Hamburg und Bremen an. Auch über Hannover erscheinen sie. Karl Dürkefälden in Celle erhält von seinen Schwiegereltern aus Hannover Briefe wie diesen vom 14. Juli:

Wir müssen doch jede Nacht in den Keller, und den anderen Tag ist man ganz durchgedreht … Bekommen kann man außer auf Marken auch nichts. Vielleicht kommt bald eine bessere Zeit. Dann holen wir alles nach. Die Flieger haben es auf Hannover abgesehen. Vergangene Nacht haben wir wieder zwei Stunden im Keller gesessen. Die Flieger hatten viermal von allen Seiten Hannover angegriffen. Es war eine fürchterliche Schießerei. Angst und bange wird einem dabei …

Auch für »Mischlinge« mit jüdischem Blut ist das Leben in Deutschland alles andere als »alltäglich« geworden. Die »Nürnberger Gesetze« (15.9.1935), die Rassengesetze des NS-Regimes, stempelten sie zu »Voll«-, »Halb«- oder »Vierteljuden« und »Mischlingen«. Erna Wallerstein, die seit 1928 im Modesalon Ruppin am Kurfürstendamm in der Reichshauptstadt arbeitete und dort 1938 ihre Kündigung als »Mischling« erhielt, erinnert sich an das Jahr 1940, als für sie und viele andere »jüdisch versippte« Menschen die Zeit der Leiden begann:

Als ich 1940 bei der Deutschen Beamtenversicherung eine Stellung fand, musste ich einen Fragebogen betreffend meine Abstammung ausfüllen, was ich wahrheitsgemäß auch tat. Ich wurde in die Personalabteilung gerufen und ein Beamter sagte mir: »Sie sind jüdisch versippt, aber wir werden Sie behalten unter der Bedingung, dass Sie mit keinem darüber sprechen.« Ich musste natürlich alle feierlichen Umzüge und Siegesfeiern mit der anderen Belegschaft mitmachen.

Eines Morgens lag auf meinem Schreibtisch ein Brief mit dem Buchstaben »M« und mit dem Inhalt, ich solle mich zur Zwangsarbeit melden. Es wurde mir zur Wahl gestellt, entweder Straßen zu fegen, Trümmer abzuräumen oder in der Fabrik zu arbeiten. Ich entschloss mich für das Letztere aus Gesundheitsgründen.

Der Arbeitsplatz war bei der Schuhfabrik Salamander in einem Maschinenraum im 5. Stock unter dem Dach. Wir durften erst bei Vollalarm in den Luftschutzkeller gehen und arbeiteten mit gefangenen Franzosen, später mit gefangenen Russen. Ich musste Schuhsohlen an elektrischen Maschinen abschleifen. Eine Fabrikarbeiterin gab mir manchmal heimlich belegte Brötchen und wurde angezeigt. Sie bekam einen Verweis mit den Worten: »Schämst du dich nicht, mit solchem Kroppzeug gibst du dich ab!« …

August bis Dezember

Am 8. August beginnt die deutsche Luftwaffe ihre Luftoffensive gegen England (»Luftschlacht um England«), die bis zum November 1940 anhält. Sowohl deren Ziele, die Erringung der Luftüberlegenheit und Zerschlagung des Wirtschaftspotenzials Englands, als auch die geplante Invasion Englands werden für Hitler erste Fehlschläge. Als die deutschen Flieger von Tag- zu Nachtangriffen auf die britische Insel übergehen (ab Oktober), werden diese durch Perfektionierung von Radar, Flak und Nachtjägern der Engländer stark behindert; die deutsche Luftwaffe hat große Verluste. Am 14./15. November fliegen dann 449 deutsche Bomber den folgenschweren Angriff gegen die englische Stadt Coventry (Abwurf von 503 Tonnen Sprengbomben und über 800 Brandbomben, 554 Ziviltote und starke Zerstörungen im Altstadtkern), der später zu einer radikalen alliierten Luftkriegsstrategie gegen Deutschland führt.

Nachdem Ende Juni bereits die sowjetische Rote Armee in Litauen, Lettland, Estland, Bessarabien und in die Nordbukowina einmarschiert ist, annektiert die Sowjetunion am 6. August diese bis dahin nur kontrollierten Länder als Gliedstaaten der UdSSR. Zur selben Zeit arbeitet im Auftrag Hitlers ein deutscher Generalstabsoffizier eine erste Aufmarschstudie für einen Feldzug gegen die Sowjetunion aus (Marcks-Plan), und das Oberkommando der Wehrmacht (OKW) fertigt eine Weisung zum Ausbau des Generalgouvernements in Polen als Operationsbasis für einen Feldzug gegen die Sowjetunion an.

Mussolini will nach Hitlers Vorbild auch seinen »Blitzkrieg« führen: Er lässt im August Britisch-Somaliland besetzen, startet am 23. September eine Offensive über die libysch-ägyptische Grenze hinaus, die aber östlich von Sidi Barrani infolge Nachschubschwierigkeiten bereits fünf Tage später zum Stehen kommt. Am 28. Oktober lässt Mussolini auf eigene Faust Griechenland überfallen. Doch die Griechen werfen die Italiener im November über die griechisch-albanische Grenze wieder zurück. Auch die italienischen Luftwaffen-Einsätze gegen Malta werden bald wieder eingestellt, und die italienische Marine erringt gegen die Engländer im Mittelmeer nur Teilerfolge.

Im November 1940 erleiden die Italiener nach einem britischen Trägerangriff bei Tarent sogar starke Verluste. Ende 1940 zeichnet sich eine Verschiebung des Kräfteverhältnisses im Mittelmeer zugunsten der Engländer ab. Im Dezember starten dann die Engländer, die am 4. November bereits auf Kreta gelandet sind, eine erfolgreiche Gegenoffensive gegen die Italiener in Ägypten, der italienische Kriegsschauplatz in Griechenland verlagert sich nach Albanien.

Am 27. September schließt Hitler in Berlin den Dreimächte-Pakt mit Italien und Japan ab und verhandelt am 12./13. November sogar mit dem sowjetischen Außenminister Molotow in Berlin über einen Beitritt der UdSSR zum Dreimächtepakt. Im Zuge der von Hitler geplanten »neuen Ordnung Europas« treten am 20.11. Ungarn, am 23.11. Rumänien und am 27.11. die Slowakei dem Dreimächtepakt bei.

Am 16. Oktober wird der Befehl zur Einrichtung des Warschauer Gettos erteilt, das dann ab 15. November hermetisch abgeriegelt ist. Nach Hitlers Weisung für die weitere Kriegführung (Nr. 18 vom 22. November) unter dem Motto »Bereit sein für alle Fälle!« folgt schließlich am 18. Dezember seine Weisung Nr. 21 (Unternehmen »Barbarossa«), in der es heißt: »Die deutsche Wehrmacht muss darauf vorbereitet sein, auch vor Beendigung des Krieges gegen England Sowjetrussland in einem schnellen Feldzug niederzuwerfen.«

Der Flugzeugtechniker Bruno Theus, in Königswald im Sudetenland bei Focke-Achgelis dienstverpflichtet, fliegt Ende Juli mit einer Ju 52 nach Berlin, um Ersatzteile zu holen. Er kommt in das Haus seines Chefs, des Konstrukteurs Oberst Birkenfeld, weil er dessen Hund, die Bernhardiner-Hündin Bertha, auf dem Rückflug aus Berlin mitbringen soll. Während des Gesprächs mit Frau Birkenfeld lernt er auch deren Hausdame, eine junge Frau Anfang zwanzig, kennen, deren wahre Geschichte ihm die Frau seines Chefs unter dem Siegel strengster Verschwiegenheit erzählt. Bruno Theus schrieb diese Geschichte im August 1940 in sein Tagebuch (sie findet ihre Fortsetzung im Jahr 1943):

Seit 1935 die Nürnberger Rassengesetze die Juden zu Verbrechern abstempelten, besaß das junge Mädchen einen geschickt gefälschten Personalausweis auf den Namen Heidemarie Schiller. Beruf: Hausdame. Als solche hatte sie Frau Birkenfeld eingestellt. In Wirklichkeit hieß sie Sarah Oppenheimer und war die Tochter des Justizrates Dr. Heinz Oppenheimer. Er wohnte direkt am Tiergarten ... Im Jahr 1937, also knapp vor der berüchtigten »Kristallnacht«, reiste er ganz legal mit seiner Familie in die USA. Nur Sarah blieb zurück. Sie war verlobt mit dem Stationsarzt Dr. Kübler von der Berliner Charité. Er stammte aus der Schweiz. Seine Eltern besaßen am Fuß der Walliser Alpen ein schmuckes Haus. Die beiden wollten so bald wie möglich heiraten und sich bei passender Gelegenheit in die Schweiz absetzen. Dazu kam es jedoch nicht mehr. Dr. Kübler verunglückte Ende 1937 auf einer Dienstfahrt tödlich. Sarah erlitt einen Schock, von dem sie sich nur sehr schwer erholte ...

Als sie hörte, dass ich ihn (den Hund Bertha) abholen wollte, brach sie in Tränen aus. Ich konnte ihre Verzweiflung gut verstehen. Sie lebte fast wie eine Gefangene. Da sie als Heidemarie Schiller beim Einwohnermeldeamt nicht registriert war, bekam sie auch keine Lebensmittelkarten. Selbst vor den Nachbarn musste Frau Birkenfeld sie verstecken. Nur wenn es dunkel war, konnte sie sich unbeobachtet eine Zeit lang im Garten aufhalten ...

In Warschau notiert Chaim A. Kaplan am 21. August in sein Tagebuch:

Das Leben wird so schwer, dass es nicht mehr erträglich ist. Um unseren Hals liegt ein Strick, der täglich enger zusammengezogen wird. Wir werden allmählich erdrosselt.

Im Regierungshauptquartier in Krakau wurde unlängst klar gesagt: Die Juden müssen Europa verlassen! Die Krakauer Ausweisung erfolgte, um die Stadt vom jüdischen Schmutz zu reinigen. Was bleibt uns noch übrig?

Als Voraussetzung für eine deutsche Landung auf der britischen Insel hat Hitler in der ersten Phase der »Luftschlacht um England« das Ziel vorgegeben, die Luftüberlegenheit über England zu erringen. Doch allein zwischen dem 22. August und dem 6. September verliert die deutsche Luftwaffe 385 Maschinen. Der englische Flieger Richard Hillary, der am 20. Mai 1943 gefallen ist, notiert Mitte August in einem Brief über die deutsche Luftwaffe:

Um diese Zeit schickten die Deutschen verhältnismäßig wenige Bomber. Sie machten den entschlossenen Versuch, zunächst einmal alles, was wir an Kampffliegern hatten, außer Gefecht zu setzen. Vom frühen Morgen bis zum späten Abend war der ganze Himmel voll von Messerschmitt-Maschinen 109 und 110.

Ab dem 7. September 1940 beginnt die zweite Phase der »Luftschlacht über England«. Von dem ersten deutschen Großangriff auf London berichtet die neutrale »Irish Press« am 9. September u. a.:

Am Samstag wurden bei dem ersten Massenangriff deutscher Flugzeuge auf London bei Tage 400 Menschen getötet und zwischen 1 300 und 1 400 schwer verletzt. In der Nacht vom Samstag waren erneut Feindflugzeuge über der Stadt, und sie erschienen wieder in der vergangenen Nacht und warfen Bomben in immer dichteren Zeitabständen ab. Der um 19 Uhr 59 gegebene Alarm dauerte heute morgen um 2 Uhr 30 noch an ...

Ein Reporter der Press Association berichtet, dass sich herzzerreißende Szenen ereigneten, als eine Bombe einen dicht besetzten Luftschutzbunker traf.

Die Bombe traf unmittelbar auf einen Entlüftungsschacht mit einem Querschnitt von nur ungefähr 30 mal 100 Zentimeter, der einzigen verwundbaren Stelle des durch mächtiges Mauerwerk geschützten unterirdischen Luftschutzbunkers mit einem Fassungsvermögen von mehr als 1 000 Menschen ...

Drei oder vier der das Dach tragenden Säulen wurden weggerissen, fünfzig Menschen wurden wie betäubt auf einen Haufen geworfen. Vierzehn wurden getötet und vierzig Verletzte wurden schnellstens in ein Krankenhaus abtransportiert ...

In einer Familie wurden drei Kinder getötet, während ihre Eltern mit dem Leben davonkamen. Noch Stunden später wartete eine Frau, mit in Verbänden verhülltem Kopf und Arm, in einem zurückgelegenen Raum des Bunkers auf Nachrichten über ihre beiden Kinder. Sie wusste nicht, dass beide tot waren ...

Auch von England nach Deutschland erfolgen im Sommer und Herbst 1940 Luftangriffe der Royal Air Force (R.A.F.) auf Ziele in Norddeutschland. Karl Dürkefäldens Verwandte in Hannover schreiben am 4. Oktober:

Wenn nur nicht fast jede Nacht Alarm wäre. Vom vergangenen Sonnabend bis gestern sind wir wieder jede Nacht im Keller gewesen. Die vergangene Nacht haben sie uns in Ruhe gelassen. Die schlimmste Nacht war von Sonntag zum Montag, wo dreimal in der Nacht Alarm gegeben wurde und es von abends 23 Uhr bis früh 3.30 dauerte ... Der Engländer hatte in Hannover wieder ganz schön gehaust ... Sie hatten es gewiss auf Hanomag abgesehen, hatten ihre Ziele aber verfehlt ... Seit dem 18. Mai haben wir hier 86-mal Fliegeralarm gehabt ...

In Berlin trägt die junge Mutter Ingeborg Tafel im Oktober ihre privaten Sorgen in ein Tagebuch ein:

Da es in Berlin immer »brenzliger« wurde, die Alarme sich häuften und ich mein zweites Kind erwartete, nahm ich die Einladung von Bekannten an, für ein paar Wochen zu ihnen aufs Land zu fahren. Die neue Bleibe entbehrte jeden Komforts: keine Badewanne, keine Dusche, kein fließendes Wasser und vor allem nicht einmal ein Ofen oder eine andere Wärmequelle in dem Raum, in dem ich mit Volkerle »wohnte«. Der Bub hustete viel, schlief sehr unruhig und fühlte sich ebenso wenig wohl wie seine verwöhnte Mama, zumal auch noch die menschliche Wärme fehlte. Zudem sorgte ich mich um meinen Mann – nicht allein wegen der Luftangriffe, sondern auch wegen der Gefahren beim Autofahren während der Verdunkelung: Waren die Scheinwerfer doch bis auf einen schmalen Schlitz vollständig verdunkelt. So setzte ich mich kurz entschlossen in den Zug Richtung Berlin …

In der zweiten Oktoberhälfte 1940 macht Gauleiter und Reichsstatthalter Robert Wagner seinen »Gau Baden« in einer Blitzaktion auf einen Schlag »judenfrei«: Alle in Baden und in der Pfalz lebenden jüdischen Bürger werden an einem Tag abgeholt und nach Südfrankreich deportiert, wo viele in Lagern umkamen und die Überlebenden später nach Auschwitz weitertransportiert wurden. Kurt Maier erinnert sich, wie in einer kleinen badischen Gemeinde mit rund 4 000 Einwohnern zwei Juden abgeholt werden (dasselbe geschieht in den anderen Reichsgebieten):

In unserem Marktflecken lebten nur noch zwei Personen mosaischen Glaubens, ein Geschwisterpaar namens Ludwig und Malchen (Amalie) Wolf, die auf Befehl der Partei bzw. der Gestapo die Vornamen »Israel« und »Sarah« in ihren Pass gestempelt bekamen. Es ist mir nie so richtig gelungen, gegen Ludwig Wolf Gefühle des Hasses, wie er in der Schule und in der HJ gepredigt wurde, zu entfalten, obwohl ich damals bereits meine »Führerkarriere« im DJ (Deutschen Jungvolk) beginnen »durfte«. Ludwig Wolf war 1914 als Kriegsfreiwilliger für Kaiser und Vaterland in den Ersten Weltkrieg gezogen und mit verschiedenen Tapferkeits- und Verdienstauszeichnungen wieder heimgekehrt. Aber auch für ehemalige Frontkämpfer jüdischen Glaubens gab es keine Gnade, obwohl er dem SA/SS-Kommando, das ihn abholte, flehend beteuerte: »Lassen Sie mich doch bitte in Ruhe, ich bin doch auch kein schlechterer Deutscher als Sie es sind!« Er musste mit seiner nervenkranken Schwester den Lkw besteigen, auf dem schon einige Juden aus den Nachbardörfern waren. Unser Englischlehrer, Professor D. aus Bruchsal, der auch Kreisredner der NSDAP war, verkündete dann am nächsten Tag in der Englisch-Stunde grinsend: »Alle Juden in unserem Gau wurden gestern nach Südfrankreich abgeschoben, damit dieses arbeitsscheue Gesindel endlich einmal schaffen lernt!«

(Professor D. wurde am 1. März 1945 bei einem Luftangriff auf Bruchsal in seinem Luftschutzkeller getötet ...).

In Warschau wird am 16. Oktober der Befehl zur Einrichtung des Warschauer Gettos (»jüdisches Viertel«) erteilt. Ab Mitte November 1940 riegeln die Deutschen das Getto hermetisch ab. Chaim A. Kaplan diagnostiziert das Geschehen in seinem Tagebuch mit eisigem Sarkasmus:

Das Getto ist von allen Nichtjuden geräumt und hat sich in ein jüdisches Königreich verwandelt. Die Polizei zieht ab, und die jüdische Polizei wird ihren Platz übernehmen. Dasselbe gilt für das Postamt: Juden, die für den Judenrat arbeiten, werden es leiten, und alle Stellen dort werden von Juden besetzt. Ein Zugeständnis wird offenbar ausnahmsweise im Fall des Finanzamtes und der gemeinnützigen Versorgungseinrichtungen gemacht werden – wenn die grausamen Eroberer uns nicht die Benutzung von Gas und Elektrizität verbieten. Kurz gesagt, ein jüdischer Staat bis in jedes Detail komplett, aber ein geschlossener, voll gestopfter, der innerhalb seiner engen Grenzen eingesperrt und mumifiziert ist.

III.

1941

Mein Gott, was bringt dieses Russland uns noch alles. Einmal müsste doch aufgehört werden mit dem Kriegführen, denn sonst gehen wir alle noch an diesem Zustand zugrunde …

Fritz Sigel, 6. Dezember 1941

Januar bis Mai

Vom 18. bis 20. Januar einigen sich Hitler und Mussolini auf dem Berghof auf eine Koalitionskriegführung im Mittelmeerraum. Italiens alleinige Kriegführung ist damit beendet, künftig stehen italienische Einheiten nur als Verbündete der Wehrmacht an den Fronten, die 1941 in Südosteuropa, im Mittelmeerraum und in Nordafrika entstehen. Nachdem der italienische Generalstabschef Guzzoni in einem Lagebericht an das OKW Anfang Januar um deutsche Unterstützung für Libyen bittet, entschließt sich Hitler, einen deutschen Panzer-Verband nach Libyen zu schicken (21.1.). Am 12. Februar trifft der neu ernannte Befehlshaber des deutschen »Afrikakorps«, General Rommel, in Tripolis ein, am 31. März beginnt die deutsch-italienische Gegenoffensive in Nordafrika, am 9. April wird Bardia, am 28. April Sollum erobert. Ab Mitte April belagert das »Afrikakorps« die Festung Tobruk (bis 17.11.), kann sie aber nicht einnehmen.

Die UdSSR stellte im November 1940 für einen eventuellen Beitritt zum Dreimächtepakt Bedingungen, die erkennen lassen, dass für Hitler eine Einigung mit der Sowjetunion über »Interessensphären« im Weltmaßstab nicht möglich ist. Seine letzten Zweifel, ob er Russland angreifen soll, beseitigt der Abschluss des sowjetisch-jugoslawischen Freundschaftspaktes vom 5. April, wenige Tage nach einem antideutschen Putsch in Belgrad (27.3.). Nun richtet sich seine europäische Allianzpolitik mehr und mehr gegen die Sowjetunion: Ungarn, Rumänien, Bulgarien (Nichtangriffsabkommen mit der Türkei), die Slowakei und schließlich Kroatien gewinnt er für seine »territoriale Neuordnung« im Südostraum Europas, wobei er aber überzeugt ist, dass »die Entscheidung über die europäische Hegemonie nur im Kampf gegen Russland« fallen werde.

Zehn Monate nach dem Waffenstillstand im Westen beginnen die gemeinsamen Operationen Hitlers und Mussolinis gegen Griechenland und Jugoslawien (ab 6.4.). Noch einmal kann Hitler einen »Blitzkrieg« gegen diese beiden Länder demonstrieren: Am 17. April kapituliert die jugoslawische Armee, am 21. April die griechische Armee, am 27. April wird Athen besetzt und vom 20. Mai bis 1. Juni dauert das Unternehmen »Merkur«, die Luftlandung und Eroberung der Insel Kreta, wobei im Kampf gegen die englischen Verteidiger die deutschen Truppen aber starke personelle und materielle Verluste erleiden müssen. Zur gleichen Zeit (April/Mai) erobern die Engländer Abessinien von den Italienern zurück, und die R.A.F. setzt ihre Luftangriffe gegen Norddeutschland fort, während die deutsche Luftwaffe nach einem letzten großen Angriff auf London (10./11.5., mit 500 Bombern) ihre Angriffe gegen England fast völlig einstellt.

Das Kräfteverhältnis im Mittelmeerraum hat sich mit dem Eingreifen der deutschen Wehrmacht und Seestreitkräfte wieder zugunsten der »Achsenmächte« verändert. Aber das Problem einer einheitlichen Kommandoführung Deutschlands und Italiens und die damit verbundene Absprache über gemeinsame Kriegspläne bleibt nach wie vor ungelöst. Im Juni 1941 heißt es in einer Denkschrift der deutschen Seekriegsleitung, dass sie der Überzeugung sei, »dass die Beherrschung des östlichen Mittelmeerraumes … von so ausschlaggebender Bedeutung für die Entwicklung der Gesamtkriegführung ist, dass …, die Ausnutzung aller sich im gegenwärtigen Zeitpunkt anbietenden Operationsmöglichkeiten trotz anderer stärkster Anforderungen an die deutsche Wehrmacht unbedingt geschehen muss, um die in letzter Zeit erzielten großen Erfolge … voll ausschöpfen zu können, zu dem die Hilfe der USA für England noch keinen entscheidenden Umfang angenommen hat …«

Aber für Hitler ist der Mittelmeerraum nicht entscheidend, er setzt seine ganze Hoffnung auf den Kampf gegen Russland. Die Hilfe der USA für England lässt sich bis Mitte 1941 aus folgenden Daten ablesen: Im Dezember 1940 wird ein »Nationaler Verteidigungsrat« zur Beschleunigung der Aufrüstung gegründet, und Präsident Roosevelt fordert, dass die USA das »Arsenal der Demokratie« sein müssten; am 2. März unterzeichnet Roosevelt das amerikanische Leih- und Pachtgesetz, nach dem »Verteidigungsmittel für die Regierung jedes Landes zu beschaffen sind, dessen Verteidigung der Präsident für die Verteidigung der USA für lebenswichtig erachtet«. Im Rahmen dieses Vertrages liefern die USA künftig Kriegsmaterial an die Verbündeten in Europa (später auch an die Sowjetunion) und in den Ländern in Übersee.

Die Vernichtungsaktionen des NS-Regimes in den besetzten Ländern gegen die Juden setzen sich auch 1941 fort: Von Februar bis April werden rund 72 000 Juden ins Warschauer Getto deportiert, im Februar (22./23.2.) werden rund 400 jüdische Geiseln aus Amsterdam nach Mauthausen gebracht, ab 7. März werden die deutschen Juden zur Zwangsarbeit verpflichtet, am 14. Mai werden in Paris 3600 Juden verhaftet, und ab Ende Mai werden für die Juden-Verfolgung spezielle Einsatzgruppen gebildet.

Schon ab Februar 1941 laufen in Deutschland die militärorganisatorischen Vorbereitungen für die geplanten Feldzüge auf dem Balkan und vor allem gegen Hitlers Hauptfeind, die Sowjetunion. Major Hans Riederer von Paar schreibt am 9. März an seine Frau:

Ich weiß nicht, ob du dir einen Begriff machen kannst, was solche Umgliederungen für Arbeit machen. Ich gebe eine Kompanie ab, bekomme dafür zwei vollkommen neue, außerdem müssen neue Teile bei der schweren Komp. und beim Nachrichtenzug aufgestellt werden. Es wäre für mich z. Zt. einfach eine Pflichtvergessenheit, wenn ich hier wegfahre. Ich trage schließlich die Verantwortung dafür, meine Abteilung mit ihren 900 Soldaten beim nächsten Einsatz in bester Verfassung an den Feind zu bringen und kann und will mir in dieser Beziehung keine Nachlässigkeit vorwerfen …

Über die Bereitstellung der deutschen Truppen in Richtung Balkan schreibt Ferdinand Hujer vom Infanterieregiment 213. Seine Einheit fährt durch Ungarn und marschiert dann durch Rumänien nach Bulgarien. Hier einige Auszüge aus seinen Aufzeichnungen in den ersten Märztagen:

Um Mitternacht überfahren wir die Grenze nach Ungarn und kommen gegen früh nach Komorn Dali, wo wir bleiben, uns waschen können, essen und warten. Es ist der 1. März 1941. Große Militärtransporte gehen hier durch, fahren vor, jeder wüsste gerne wohin und was los ist, und wir warten ... Wie schön war doch der geregelte Tagesablauf daheim bei Muttern und wie durcheinander gewürfelt wird hier das Leben. – 2. März – Als wir gegen 8 Uhr aufwachen, sind wir vor der ungarischen Hauptstadt Budapest, die umfahren wird ... Gegen Mittag sind wir in Szeged und weiter in Abony. Hier haben wir einen längeren Aufenthalt und bekommen Mittagessen. Dann geht es weiter nach Szolnok. Überall begrüßt uns die ungarische Bevölkerung sehr freundlich, winkt und will mit uns ins Gespräch kommen. Gar manchem liegt wohl am Herzen, uns von seinem Dienst aus der Zeit der k. u. k. Monarchie zu erzählen ... Als wir uns beim Morgengrauen des 3. März fertig machen, steht der Zug in Kétecyhâsa, und bald danach kommen wir ins Grenzgebiet von Rumänien, in das wir bei Curtici einfahren. Bald kommen wir nach Arrad, einer Stadt mit kleinen Häusern, die mit Fahnen geschmückt sind, und auch hier grüßt die Bevölkerung freudig mit dem deutschen Gruß, und sie rufen immer wieder »Heil Hitler« und »gut Berlin« usw. Wir fahren nun durch rumänische Landschaft ... Am 5. März steht der Zug am Bahnhof der Stadt Hermannstadt (Sibiu). Sie hat etwa 800 000 Einwohner, die Hälfte davon sind Rumäniendeutsche. Einer von ihnen erzählt uns, dass er sieben Klassen deutsche Volksschule gemacht hat und nun in die Organisation der NSDAP eintreten will. Er ist begeistert und würde uns am liebsten begleiten ... Besonders fragt er nach dem Land Schwaben, aus dem seine Vorfahren gekommen sein sollen ... Als es am 7. März morgens gegen 6 Uhr hell wird, sind wir in Beuca. Wir haben etwa zwei Stunden Aufenthalt. Mit Kaffeetrinken und Frühstücken, Waschen und Packen und Verladen vergeht die Zeit schnell – noch zwei Stationen weiter geht es, und wir sind in Rosiori de Vede. Hier sollen wir ausgeladen werden ... Wir fahren aber weiter und sind gegen Mitternacht in Costesti, fahren weiter und kommen nach Polesti ... Ganz überraschend werden wir hier ausgeladen ... Dann fängt das Marschieren an, und bald geht es weiter durch Burzescu nach Mavrodin, wo wir abends ankommen ... Um 10 Uhr des nächsten Tages (10.3.) sind wir abmarschbereit. Wir kommen nach Burescu, machen hier Mittag, und um 12 Uhr marschieren wir im Verband der 73. Infanteriedivision ab. Ich habe neue Marschstiefel, und bald sind Blasen an den Füßen ... Abends habe ich Blut in den Schuhen, wir kommen durch Nanen-Alexandria, und abends sind wir in Vitanesti, wo wir in einem Schulhaus über Nacht bleiben und auf Stroh schlafen. Ich bin sehr müde. Um 7 Uhr früh geht es weiter auf einer schönen Betonstraße in Richtung Bukarest …

Aus Hannover schreiben am 12. März Fritz und Franziska Kassler an Karl Dürkefälden in Celle von neuen englischen Fliegerangriffen:

Die hellen Nächte (Mondschein) sind gefährlich. Da müssen wir jeden Abend vor dem Zubettgehen damit rechnen, dass die Sirene heult. Die Spuren von dem Großangriff sind so leicht nicht verwischt, und wenn man aus der Stadt herauskommt, weiß man, was die feindlichen Flieger angerichtet haben; sie haben wirklich in allen Stadtteilen ihre Visitenkarte hinterlassen … Nachschrift:

Wir haben die ganze Nacht Fliegeralarm gehabt. Papa war gestern Abend 22.45 Uhr mit eurem Brief fertig, dann gingen wir zu Bett, und 23.45 Uhr mussten wir wieder heraus und in den Keller. Das hat bis 4.30 Uhr gedauert. 10 Minuten nach 5.00 Uhr heulten schon wieder die Sirenen, und das dauerte bis 5.30 Uhr … Wo werden sie wohl wieder Unheil angerichtet haben? …

In den letzten März- und ersten April-Tagen kommt das Infanterieregiment Ferdinand Hujers durch Bulgarien an die Grenze nach Jugoslawien und erst dann, am 5. April, einen Tag vor dem Angriffsbeginn, erfahren er und seine Kameraden, dass sie gegen Jugoslawien antreten. Hier weitere Auszüge aus Hujers Tagebuch:

4.4.: Schon um 1.30 Uhr ist Wecken und weiter geht es fort, durch Simitli nun in nördlicher Richtung … Gegen 9 Uhr kommen wir nach Gorna Dioumaia … Von hier aus sind es 100 Kilometer nach Sofia und etwa 20 Kilometer zur jugoslawischen Grenze. Uns fahren jetzt die Panzer vor …

5.4.: Am Abend ist der große Moment da, als bekannt wird, dass wir morgen zum Angriff gegen Jugoslawien antreten. Wieder beginnt der Krieg, wegen dem wir so lange marschiert sind …

An diesem 6. April, an dem Hitler seinen letzten »Blitzkrieg« startet, schreibt Major Hans Riederer von Paar während seiner Vorbereitungen im »Bereitstellungsraum im Rheinland« nach Hause:

Heute herrschte große Begeisterung über die Nachricht vom Einmarsch in Jugoslawien und Griechenland. Endlich wieder einmal Bewegung! Mich hätte dieser Kriegsschauplatz doch sehr interessiert. Schade, dass wir nicht beteiligt sind. Wir haben eben Wetten abgeschlossen, wie lange der Feldzug dauert. Ich habe vier Wochen gesagt; ich glaube aber, dass ich wieder zu pessimistisch war …

Am 6. April erlebt die 16-jährige Donauschwäbin Maria Deutsch in Werschetz (serbokroat. Vrsac) in Jugoslawien den Einmarsch der deutschen Truppen. In ihren Aufzeichnungen berichtet sie später:

Wir haben die Soldaten mit Blumen, Wein und Essen empfangen. Obwohl wir es unter den Serben nicht schlecht hatten, waren wir doch froh, von ihnen erlöst zu sein. Es dauerte nicht lange, und die ersten Freiwilligen wurden zur SS eingezogen. Mein Bruder Karl kam später wieder aus der Gefangenschaft heim. Mein Vetter Hans ist mit 17 Jahren zur SS, wurde in Eile in Stettin ausgebildet und kam später nach Russland an die Front, dort ist er auch verschollen. Für die deutschstämmige Jugend bei uns gab es viel Neues. Das Zusammentreffen untereinander, das vorher verboten war, wurde jetzt Pflicht …

Ferdinand Hujer marschierte mit seiner Einheit hinter den vordringenden motorisierten deutschen Truppen nach Jugoslawien hinein. Er berichtet u. a.:

7.4.: Wir sehen die ersten Gefangenen. In mehreren Trupps, einer mit etwa 800 Mann, kommen sie vorbei. Unsere Truppen kommen in Jugoslawien gut vorwärts. Die Gefangenen sind meist Serben … Nachdem es nachmittags aufgehört hatte zu regnen, fing es abends wieder an, und wir bekamen eine schreckliche Nacht. Durchnässt und frierend lagen, kauerten und standen wir herum, und die Stunden des Wartens wurden zur grausigen Zeitlosigkeit …

8.4.: Um 9 Uhr kommen wir in die erste serbische Ortschaft, in der noch Zivilisten sind. Kurz vorher sahen wir Verteidigungsstellungen, doch scheint es auch hier nicht zu Kämpfen gekommen zu sein. Im Ort sehen wir wieder einige Gefangene …

Nochmals müssen wir auf dreckiger Feldstraße einen steilen Hang hinauf, und dann sind wir in Carevo Selo. Die Kaserne ist zusammengeschossen. Die Stadt ist beschädigt. Einige Kämpfe haben hier stattgefunden. 22 toten deutschen Soldaten ist hier auf einem Platz ein Grab errichtet worden … Auch jugoslawische Gräber sind hier in großer Menge wohl gestern angelegt worden … Wir marschieren an einem Flussbett entlang, an dem wir schwere feindliche Stellungen sehen. Mehrere Tote liegen hier und dort verstreut umher …

In den Nächten zum 8. und 9. April erfolgen schwere englische Luftangriffe auf Kiel. In einem Reihenhaus eines Vorortes von Kiel erleben die Eltern von Erika Franke beide Angriffe und schreiben ihrer Tochter einen Tag später darüber:

Meine liebe Erika … Du wirst dich gewiss schon gefreut haben auf die Ankündigung meines Besuches, aber nach allem Furchtbaren der letzten beiden Nächte kann ich nicht fortfahren. Du wirst es verstehen können, dass ich nicht dazu in der Stimmung bin ... Ich weiß nicht, ob du dort davon gehört hast, wie mörderisch die Engländer hier gehaust haben. Es lässt sich kaum beschreiben. Fünf Stunden dauerte es in der vorigen Nacht, vier Stunden in der letzten Nacht. Immerzu hörte man die Flugzeuge im Geleitzug heruntergehen und die Bomben abwerfen. Überall in unserer Nähe fielen Spreng- und Brandbomben ... Immer dröhnte und zitterte das ganze Haus. All die 500-kg-Bomben haben die Werften so günstig getroffen wie noch nie zuvor. Von deiner Stube aus sahen wir ein einziges Feuermeer. Vom Barakkenlager »Katzheide« bis zur Iltisschule stiegen die haushohen Flammen gegen den Himmel. Auf der Germaniawerft kann gar nicht gearbeitet werden, auf den »Deutschen Werken« nur in einzelnen Betrieben ... Die Segelmacher stehen vor dem bloßen Nichts. Sie haben keine Maschinen, kein Material, kein Werkzeug mehr. Die Ausrüstungsgegenstände für die U-Boote, die jetzt gerade in See gehen sollten – es ist alles weg ... Vati kam gestern um 1 Uhr nach Hause, weil er nichts machen konnte. Wer weiß, was für schlechte Nachrichten er heute wieder mitbringt. Da die Wasserleitung versagte, haben sie nicht löschen können ... Die Zahl der Toten ist noch gar nicht festgestellt. Sie können an vielen Stellen nicht an die Leichen heran ... Dann hat es an Autos gefehlt, um alle Toten und Verletzten wegzutransportieren. Auch in der Stadt brannte es an allen Stellen ... Auch die Häuser gegenüber der Werft sind niedergebrannt. Frau Nebbe z. B. hat nichts als das, was sie am Körper hat ... Vati wollte noch gestern mit mir in die Stadt, aber ich mag es nicht sehen, und so blieben wir hier ... Wir hatten hier Wasser, aber kein Strom und Gas ... Die Obdachlosen sind alle in der Schule untergebracht, obwohl die Iltis- und Gans-Schule auch im Dachstuhl gebrannt haben ... Immer lebt man in einer Angst und Unruhe und denkt, was die kommende Nacht wohl bringen wird. Wir gingen gestern um 8.30 Uhr zu Bett und pünktlich, wie in der Nacht zuvor, 22:30 Uhr ging es los ... Man dachte immer, nun haben wir 14 Tage Ruhe, sie hätten in Jugoslawien genug zu tun. Alle meinen, es sind keine Engländer, sondern wieder welche aus Kanada gewesen. Wer weiß, was uns noch alles bevorsteht, man konnte doch jetzt sehen, was man vom Bericht des OKW halten kann. Hoffentlich verlebst du und auch wir die Ostertage recht ruhig. Ich werde dir öfter schreiben ... von L. kam gestern eine Karte. Was der arme Junge wohl auch wieder durchmachen muss! Sie sind also schon rechtzeitig der Grenze näher gerückt. Er hatte am 1.4. geschrieben. Dieser Krieg ist doch zu schrecklich ...

In 10 Tagen überrennen die deutschen Truppen Jugoslawien, in 20 Tagen Griechenland. Die Infanterieeinheiten, bei denen Ferdinand Hujer ist, marschieren in Jugoslawien weiter hinter den motorisierten Einheiten her:

18.4.: Wir hören von der Kapitulation der jugoslawischen Armee … Wieder war es so schnell und blitzartig geschehen wie in Polen, in Belgien oder Frankreich. Blitzkrieg und Blitzsieg. Begnüge dich, deutsche Führung! Renne nicht weiter! Schicke uns wieder heim! … Es genügt! Lass ab von Weiterem. Europa liegt dir zu Füßen, die Welt hält den Atem an …

19.4.: Um 7 Uhr marschieren wir weiter. Wir haben noch 5 Kilometer zur griechischen Grenze, die wir um 9 Uhr überschreiten. Auch hier sind fast keine Spuren eines Kampfes zu sehen. In raschem Tempo geht es an einem Heldengrab vorbei. Heimkehrende Flüchtlinge begegnen uns. Auch Gefangene sehen wir in ihrer kakigelbgrünen Uniform. Ohne Rast, nach ununterbrochenem Marsch kommen wir gegen 12 Uhr nach Florina …

20.4.: Weit drunten im Balkan, über dessen Länder wir marschieren, stehen wir jetzt in Griechenland, dem Land mit seiner großen geschichtlichen Vergangenheit … Wir stehen auf der Straße. Wir erhalten den Wehrmachtsbericht, und die Truppe erfährt, dass bereits vorgestern der Krieg in Jugoslawien zu Ende ging. Auch hier in Griechenland kann es nicht lange dauern …

22.4.: Um 5 Uhr marschieren wir ab. Heiß geht die Sonne auf. Wir sind in einem schönen breiten Tal mit reichem Bodenwuchs. Über den Fluss, den wir überschreiten, ist die Betonbrücke gesprengt, auch das Gelände und die Straße zeigt zahlreiche Granattrichter … Nach 11 Uhr kommen wir durch Neapolitanes, und einige Kilometer weiter gehen wir von der Hauptstraße rechts ab und kommen auf 2 Kilometern sehr schlechtem Feldweg nach Peponia. Hier rasten wir, braten Hühner und Lämmer, schreiben unseren Angehörigen …

Nach Athen besetzen die deutschen Truppen bis zum 11. Mai auch den Peloponnes und die griechischen Inseln. Am 20. Mai dann landen deutsche Truppen an der westlichen Küste von Kreta, und deutsche Fallschirmjäger springen an verschiedenen Stellen an der Nordküste Kretas ab, teils unter starkem Abwehrfeuer der britischen Truppen, die nach harten Kämpfen schließlich sich am 1. Juni von der Insel nach Nordafrika zurückziehen. Zur selben Zeit gehen in der Heimat die Gerüchte über die kommenden Ereignisse um. Der Alltag wird vom Krieg immer mehr geprägt. Eine schwäbische Hausfrau aus Hochberg bei Ludwigsburg beklagt sich am 17. Mai in einem Brief:

Was uns die Zukunft bringen wird? Jedenfalls sieht der Horizont nicht gerade rosig für uns aus. Im täglichen Leben wird der Krieg auch immer spürbarer. Die Fleischration wird um 100 Gramm gekürzt, und das Mehl ist so grau, dass man gar nicht damit backen kann …

Major Hans Riederer von Paar schreibt am 31. Mai noch die folgenden beruhigenden Sätze an seine Frau nach Hause:

Was nun politisch und militärisch in nächster Zeit los sein soll, weiß keiner. Es schwirren die tollsten Gerüchte um, eines unwahrscheinlicher und dümmer als das andere. Nur eines scheint mir ziemlich klar, dass wir uns mit Russland weitgehend geeinigt haben und dass es sich höchstens um eine friedliche Besetzung oder einen Durchmarsch handeln kann. Es sei denn, dass sich in Russland zwei Parteien bilden, und wir die eine vor der anderen retten müssen. Sehr kriegerisch dürfte das ja nicht werden …

Juni/Juli

»Wenn ›Barbarossa‹ steigt, hält die Welt den Atem an und verhält sich still«, prophezeite Hitler am 3. Februar 1941. Trotz neuer militärischer Anstrengungen in Jugoslawien, Griechenland und gegen Kreta laufen die Vorbereitungen für »Barbarossa« planmäßig. Mitte Juni 1941 ist es so weit.

Rund 3 Millionen deutsche Soldaten stehen geschätzten 4,7 Millionen russischen gegenüber, als am Abend des 21. Juni in den Bereitstellungsräumen entlang der Grenze die Kompaniechefs Hitlers Tagesbefehl an die »Soldaten der Ostfront« verlesen, in dem es u. a. heißt:

»Wenn diese größte Front der Weltgeschichte nunmehr antritt, dann geschieht es nicht nur, um die Voraussetzungen zu schaffen für den endgültigen Abschluss des großen Krieges überhaupt oder um die im Augenblick betroffenen Länder zu schützen, sondern um die ganze europäische Zivilisation und Kultur zu retten …« Hitlers Überfall auf die Sowjetunion entspringt also nicht der Sorge um einen bevorstehenden sowjetrussischen Angriff, er ist vielmehr klarer Ausdruck einer fortgesetzten Aggressionspolitik Hitlers mit dem Ziel, in einem Vernichtungskrieg gegen den Bolschewismus Russland zu zerstückeln, es als Kolonialgebiet rücksichtslos auszubeuten und die »östlichen Untermenschen« despotisch zu unterdrücken.

So erlebt die Welt mit dem Angriff Hitlers auf die Sowjetunion eine der entscheidendsten Zäsuren in der jüngsten Geschichte überhaupt. Zum einen stellt Hitler mit seiner wahnwitzigen politischen Zielsetzung und dem dadurch bedingten Kampf an allen Fronten seine Wehrmacht vor unerfüllbare Aufgaben, die eine militärische Katastrophe zwangsläufig heraufbeschwören musste. Zum anderen zwingt er mit diesem Vorgehen die drei Großmächte Sowjetunion, Großbritannien und die USA über alle trennenden Gegensätze hinweg in ein Kriegsbündnis gegen Deutschland und seine Verbündeten, das erst mit der bedingungslosen Kapitulation Hitler-Deutschlands im Mai 1945 endete. Zu diesem Zeitpunkt aber stand dann die Rote Armee mitten in Deutschland an der Elbe, und sie hatte in Osteuropa alle

Voraussetzungen für eine sowjetrussische Kontrolle geschaffen. Hitler muss also mit Recht als einer der größten Schrittmacher des Sowjet-Kommunismus in Europa bezeichnet werden.

Die deutschen Anfangserfolge sind allerdings so, dass sich die Hoffnungen der deutschen Führung auf eine rasche Beendigung des Krieges zu erfüllen scheinen. Bis Mitte Juli 1941 haben die drei deutschen Heeresgruppen (Nord, Mitte und Süd) wie vorgesehen die Düna-Dnjepr-Linie erreicht. Im Norden beginnen im Juli noch die Operationen bis südlich des Ilmensees und gegen Leningrad, in der Mitte machen sie nach der gewonnenen Doppelschlacht bei Bialystok und Minsk rund 300 000 Gefangene und marschieren auf Smolensk vor, im Süden stoßen sie bis Kiew und zum Dnjepr vor, nachdem Grenzschlachten in Bessarabien, Galizien und Wolhynien erfolgreich abgeschlossen wurden.

Als sich die deutsche Front am 4. Juli bis zur Luga Leningrad nähert, beginnen etwa 1 Million Leningrader Bürger mit dem Bau von Verteidigungsanlagen im Vorfeld der Stadt. Stalin befiehlt, dass alle industriellen Anlagen, die dem Gegner in die Hände fallen könnten, unbrauchbar gemacht werden (z. B. Dnjeprstaudamm). Die Waffenfabriken Moskaus, Leningrads und Tulas werden nach Osten verlagert.

Mit dem Einmarsch deutscher Truppen in Russland beginnt in den besetzten Gebieten eine Serie von Judenpogromen, veranstaltet von Litauern und Ukrainern, unterstützt von deutscher Polizei und Einsatzgruppen (28.6.: Kowno, 2./3.7.: Lemberg, 11.7.: Bialystok). In den baltischen Staaten wird nach der deutschen Besetzung der Judenstern eingeführt (ab 8.7.), und am 31. Juli beauftragt Göring Heydrich mit der Evakuierung der europäischen Juden (Beginn der »Endlösung«).

Als am frühen Morgen, um 3.15 Uhr, die deutschen Truppen aus ihren Bereitstellungen aufbrechen und mit dem beginnenden Artilleriefeuer nach Osten losmarschieren, sind die Soldaten auf das Kommende vorbereitet. Der Unteroffizier Robert Rupp, im Zivilberuf Volksschullehrer, der am 4. Dezember desselben Jahres noch vor Moskau gefallen ist, hat für seinen damals 2 Jahre alten Sohn vom 22.6. bis zu seinem Todestag ein genaues Tagebuch geführt. Am 21. Juni abends schreibt er:

Ruhe vor dem Sturm. Wir bauen uns aus der Fahrzeugplane ein Zelt. Gegen Abend Ansprache des Kommandeurs. Der Aufruf des Führers an die Soldaten der Ostfront wird vorgelesen …

Ein junger Leutnant, Hans Jochen Schmidt, ein Jahr später in Russland gefallen, notiert in sein Tagebuch:

In der Dämmerung zogen auch wir dann ab und gingen in einer Mulde am Sudawski-Zipfel in Bereitstellung. Jeder empfing 60 Schuss scharfe Munition. Die Gewehre blieben von da ab geladen. An Schlaf war nicht zu denken. Aber wir hatten ein Radio, was uns leider allzu früh kaputt ging.

Im Reich ahnte man noch nichts und spielte eifrig Tanzmusik, die wir auf unsere Seele träufeln ließen. Die Vormarschstraße lebte. Fahrzeug hinter Fahrzeug. Um 24 Uhr wurde uns der Aufruf des Führers verlesen, und die Spannung wuchs geradezu ins Unerträgliche.

Ludwig Thalmaier, aus dessen Tagebuch bereits über den Frankreichfeldzug zitiert wurde, ist ebenfalls am 22. Juni an der russischen Grenze. Er schreibt über den ersten Angriffstag:

Die Kompanie ist gut getarnt in einem Wald untergezogen. Ich schlafe auf einem Lkw. Ich habe leichtes Fieber. Es graut der Morgen, hier eher als in Deutschland. Die Vögel fangen zu zwitschern an, ein Kuckuck ruft. Da – Punkt 3.15 Uhr – fangen die deutschen Geschütze schlagartig zu schießen an. Ein Dröhnen erfüllt die Luft. Das Schießen dauert einige Stunden. Wir erhalten kein feindliches Artilleriefeuer. Gegen Vormittag Luftkämpfe. Russische Flugzeuge stürzen brennend ab, manche Piloten springen mit Fallschirmen ab. Einer geht einige hundert Meter vor uns nieder. Wird gefangen genommen …

Am gleichen 22. Juni schreibt Ulrich Modersohn von der Ostfront an seine Mutter:

Anscheinend haben wir den Russen heute früh gewaltig überrascht. Denn es war ihm nicht einmal möglich, nennenswerten Widerstand zu leisten. Unsere Artillerie und Stukafeuer waren aber auch eine reine Hölle für ihn. Mittags wurde dann die Kriegsbrücke über den Bug fertig, und über die rollen nun unsere Truppen nach Russland hinüber. Ich hab es mir am Nachmittag angesehen, da zitterte die Erde und dröhnte die Luft. Wahrscheinlich rücken auch wir heute Nacht über den Bug vor, um für eine Panzerabteilung Leitungen zu bauen. Alles geht seinen gesetzmäßigen Gang.

Elena Skrjabin erlebt den Kriegsausbruch in ihrer Heimatstadt Leningrad so:

Gegen neun Uhr klingelte das Telefon. Sergej rief aus dem Werk an. Seine Stimme klang fremd. Sonst immer beherrscht und ruhig, schien er diesmal sehr aufgeregt. Ohne zu erklären, warum, bat er mich, nicht wegzufahren und auch Dima zurückzuhalten. Aber Dima war bereits unterwegs. Obgleich die Warnung meines Mannes nichts Gutes ahnen ließ, war ich doch weit von dem Gedanken entfernt, eine Katastrophe stünde bevor. Um zwölf Uhr hörte ich dann mit Mama Molotows Rede im Radio. Das war es also: Krieg! Deutschland bombardierte bereits Städte der Sowjetunion. Molotows Rede klang stockend, hastig, als ginge ihm der Atem aus. Sein ermutigender Aufruf wirkte ganz unangebracht. Mit einem Mal hatte man das Gefühl, ein Ungeheuer nähere sich drohend, langsam und benehme einem den Atem. Nach den Nachrichten lief ich hinaus auf die Straße. Die Stadt war in Panik. Die Leute wechselten in Eile ein paar Worte miteinander, sie stürzten sich auf die Geschäfte und kauften alles auf, was ihnen in die Hände fiel. Wie von Sinnen irrten sie auf der Straße umher. Viele gingen in die Sparkassen, um ihre Einlagen abzuheben. Diese Welle erfasste auch mich. Auch ich versuchte Rubel zu bekommen, die auf meinem Sparbuch waren. Aber ich kam zu spät: Die Kasse war leer, die Auszahlungen wurden eingestellt. Alles lärmte, beschwerte sich. Und der Junitag brannte lichterloh, die Hitze war unausstehlich. Jemandem wurde übel, jemand zankte sich verzweifelt. Den ganzen Tag über war die Stimmung unruhig und gespannt. Erst gegen Abend wurde alles seltsam still. Es war, als hätten sich alle vor dem Schrecken verkrochen.

Der deutsche Gefreite Gustav Vetter, der am 10. Februar 1942 bei Karpowo während des Rückzugs der deutschen Front vor Moskau gefallen ist, schreibt im Telegrammstil seine Erlebnisse der ersten Kriegstage in Russland in ein Notizbuch:

22.6.: Morgens 3.15 Uhr der erste Schuss. Wir um 3.30 Uhr über die Grenze bei Lötzen, weiter vor, einzelne Fliegerangriffe.

23.6.: Erschießung eines russischen Soldaten, ein Gefallener, 3 Kilometer von der HKL gewesen.

24.6.: Viele Fliegerangriffe, 2 eigene Fahrzeuge zerstört durch Bombe, an Wilna vorbeigekommen.

25.–28.6.: Durch verschiedene kleine Dörfer und Gehöfte Tag und Nacht gefahren, einige Fliegerangriffe.

29.6.: In Minsk einmarschiert, Leutnant Tolk gefallen, Schießerei auf Posten …

Unteroffizier Robert Rupp schreibt am 24. Juni in sein Tagebuch:

Etwa um 3.00 Uhr weckt uns Gewehr- und MG-Geknatter. Der Halbzug steht zur Verfügung des Chefs in Gegend der eigenen Panzer an der Straße. Hinter dem lichten Wäldchen, vor dem die 2. Kompanie liegt, brennen ein paar Strohhäuser. Die Leute treiben ihre Kühe aus, tragen ihre Habseligkeiten heraus. Ein Spähtrupp unter Limmer will die nachstehenden Häuser durchsuchen. Er findet in den Äckern und Häusern versteckt einzelne Russen. Etwa 50 Gefangene werden eingebracht, darunter Verwundete.

Einem ist die Backe von einer Handgranate aufgerissen. Er bittet mich um Wasser und schlürft gierig den Tee. Ein Major fragt die Russen in ihrer Sprache aus, der militärische Kommissar ist nicht dabei, er ist geflohen. Die Gefangenen werden froher, teilen die Sowjetsterne, die an ihren Mützen stecken, aus; die Verwundeten sitzen lange unverbunden am Straßenrand. Sie müssen warten, bis die deutschen Verwundeten behandelt sind, und werden dann vom Arzt behandelt. W. zeigt stolz seine blutbeschmierten Hände und brüstet sich damit, ein paar Russen erschossen zu haben. Sie hätten ihm nachgeschossen, sagt er …

Nachmittags, als ich schlafe, ertönen plötzlich ein paar Schüsse. Ich wache auf und schimpfe, weil ich glaube, einer hätte auf Hunde geschossen. Ein großer Haufen Soldaten steht in der Nähe. Ich erfahre, dass zwei Russen ihr Grab dort schaufeln mussten und nun erschossen worden sind. Einer von ihnen hat nach der Gefangennahme noch geschossen und einer hat Dumdumgeschosse verwendet. Einer lebte noch lange, auch als schon eine dicke Lage Erde auf ihm lag, schnaufte er noch, dass sich die Erde hob, und arbeitete den Arm nochmal in die Höhe … Nun graben vier Russen ein neues Loch, für wen? Der Verwundete, dem ich am Vormittag Tee zum Trinken gab, wird hergeführt, legt sich in die Grube, wird von einem Unteroffizier erschossen. Zwei Gefangene schaufeln sofort und eifrig zu. Der Russe war ein Kommissar. Meinungsverschiedenheiten über Erschießungen brechen hervor. Dabei wird erzählt, die Kradschützen hätten die Einwohnerschaft eines ganzen Dorfes samt Frauen und Kindern erschossen und ins selbst gegrabene Massengrab geworfen, weil die Einwohnerschaft hinterhältig war und den Kradschützen viele Verluste brachte …

Der russische Leutnant J. Jewtuchewitsch, Reserveoffizier, hat ab dem 25. Juni ein Tagebuch geführt, das deutsche Soldaten am 30. August bei dem Gefallenen finden. Dort steht unter dem 25. Juni:

Da ist er also, der Krieg! … Heute bin ich beim 64. Pionier-Bataillon eingetroffen und freue mich, ehrlich gesagt, nicht darüber … Ich spüre keine richtige Organisation … Alles wird überstürzt irgendwie … Es gelang mir, zu Hause anzurufen, es kamen Mutter und Galja, sie brachten die »Ausrüstung« – mein kleines Köfferchen. Mit traurigem Gefühl schaute ich in das mir unendlich liebe Gesicht meines armen Mütterleins und dachte: Wie schwer hat sie's im Leben gehabt, was hat das Leben ihr Gutes gegeben? Hier sitzt sie neben mir, meine alte Mutter, sie unterdrückt in ihrem Innern die Unruhe und, kaum im Stande, die Tränen zurückzuhalten, bekreuzigt sie mich und drückt mir am Tor des Kasernenhofs irgendein Papier in die Hand. Man will sich stark zeigen, drückt ihre armen kleinen Händchen, aber im Herzen sind Tränen und Dankbarkeit für ihre Sorge. In Galjas Gesicht sehe ich Unruhe. Hoffnung, Zärtlichkeit und Interesse für mein wahrscheinlich kriegerisches Aussehen.

Um acht Uhr kamen wieder Mama, Galja und Slawa. Ein eiliges, unordentliches Abendessen in irgendeiner halbdreckigen Wirtschaft, essen mochte ich nicht, wenn ich auch den ganzen Tag nichts gegessen hatte.

Und sie begleiteten mich bis zum Kasernentor. Ich sagte der Mutter schnell Worte des Abschieds, und mit einem Klumpen im Hals, die Tränen zurückhaltend, küsse ich sie alle.

Hinter der russischen Front fliehen die russischen Zivilisten vor den vordringenden deutschen Truppen. Ein junger Russe beobachtet:

An den Händen der Mütter, auf den Schultern der Väter – Kinder. Manche fahren ihre Kinder im Wagen, andere halten die ganz Kleinen an der Hand. Sie führen auch Ziegen und Kühe mit sich. In den Händen und auf dem Rücken trägt jeder, was ihm zuletzt in die Hand fiel, den Pelz, die Katze, einen Sack mit Mundvorrat, einen Topf mit Blumen … Nur langsam überholen die Lastwagen die Menge. Sie werden bestürmt, man bittet, mitgenommen zu werden, hängt sich hinten an, fällt herunter. Manche Lastwagen sind zum Brechen voll mit Menschen beladen. Das sind die Glücklichen, sie müssen nicht zu Fuß gehen …

Auch Fritz Köhler, Tagebuch-Schreiber in Frankreich, ist mit seiner Einheit in Russland bei den deutschen Angreifern. Am 27. Juni hat er dort seine »Feuertaufe« und schreibt:

Am frühen Morgen erreichen wir den Bereitstellungsraum und erhalten den Befehl, Stadt und Flugplatz Baranowicze zu nehmen und vom Feind zu säubern. Wie wird unser erster Waffengang in Russland verlaufen? Wir haben stärkeren Widerstand erwartet und dementsprechend die Waffen eingesetzt … Es waren aber alle Russen stiften gegangen, und wir hatten leichtes Spiel. Auf einer Zugmaschine mit anhängender Pak fahren wir durch die Stadt, um etwaigen Widerstand zu brechen. Voll gepfropft bis oben, war es gerade kein angenehmes Gefühl, in rasender Fahrt und nur noch mit einem Eckchen auf der Zugmaschine sitzend, so durch den Ort zu brausen … In der Stadt sind viele Häuser von den abziehenden Russen in Brand gesteckt worden und ganze Stadtteile niedergebrannt. Bis kurz vor 22 Uhr rasten wir dann im Wald, um während der ganzen Nacht 12 bis 15 Kilometer zu fahren … Morgens sind wir dann auf der Rollbahn …

Am 29. Juni erlebt Robert Rupp die folgenden Szenen auf dem Vormarsch nach Minsk. Besonders beeindruckt dabei die Schilderung der Leiden der Tiere:

Wygora. Im Morgengrauen ist ein russischer Panzer vorübergefahren (von vorne kommend). Er hat gewinkt, einige sagen, er hätte eine weiße Fahne gehabt. Ein Panzer verfolgt ihn und schießt ihn an der Waldecke hinter uns in Brand. Wir werden von Artillerie beschossen, ziemlich nahe, aber zu kurz. Die Fahrzeuge werden in eine Waldschneise über der Straße gezogen. Immer noch Artilleriefeuer. Wir verteilen uns im Wald … Ein neuer Weg nach Minsk soll gesucht werden, wird gesagt. Die Kompanie liegt bis etwa 13.30 Uhr in einem Wald ... Panzer klären voraus auf. Fahrt über Äcker usw. Wir fahren durch die Ortschaft in rascher Fahrt (sie ist von Russen besetzt) und nehmen rasch die Höhen. Die Höhen sind besetzt, aber sofort erhalten wir Artilleriefeuer. Der erste Einschlag trifft Unteroffizier Friedrich Schmidt mit ausgebreiteten Armen. Auf der Höhe graben wir uns ein. Ständig Artillerie und Granatwerferfeuer ... Hinter dem Dorf, das gesäubert wird (die Russen sitzen unter den Häusern im Sockel), hebt man einen Artilleriebeobachter aus. Er wird mit etwa fünfzehn Mann erschossen!! Daraufhin schweigt das Artilleriefeuer ... Ein Pakgeschütz ist erkannt worden und wird unter Feuer genommen. Pferde rennen aus dem Gebüsch (das Pakgespann) mit dem Fahrer, laufen im Feld im Kreis. Rechts vom Pakgeschütz wird nun ein Bunker erkannt. Jetzt kommt Leben heraus drüben. Ganze Scharen flüchten nach rückwärts. Der Sandhügel ist eine Beobachtungsstelle unserer Artillerie. Die fliehenden Russen werden mit Artillerie und Maschinengewehr beschossen. Furchtbare Wirkung kann beobachtet werden. Einmal läuft nur noch einer weiter, aufrecht zwischen den Einschlägen. Die Russen flüchten ins Dorf, und eine ganze Batterie, bespannt, sucht nach rechts zu fliehen. Sie kommen zum Teil durch. Jetzt beobachten wir eine feindliche Wagenkolonne (Autos), die von links vorfährt. Sollen wir umkreist werden? Die Wagen werden von Artillerie bekämpft. Unsere Waffen reichen nicht so weit. Wir werden etwas kleinlaut, wir wissen, dass wir umzingelt werden könnten. Plötzlich aber kommen aus der Ortschaft sehr viele deutsche Panzer. Gleichzeitig mit ihnen treten wir an, überschreiten die Brücke im Tal und gehen gegen die jenseitigen Höhen vor. Wir erhalten starkes Feuer von überall her. Aber nicht gezielt ... Die Russen haben Stellungen, in denen gerade ein Mann stehen kann. Unsere Waffen feuern, dass ein nie gehörter Lärm entsteht. Bald brennen Ortschaften links und rechts der Straße. Einige Russen ergeben sich. Der zweite Zug »macht keine Gefangene«. Ein Gefangener, der etwas Rotes in der Hand hält, rennt mit erhobenen Händen angstvoll durch den Lärm, wird bald dahin, bald dorthin geschickt. »Schießt ihn nieder!«, schreit einer von uns, rennt ihm nach und stellt ihm den Fuß, dass der Gefangene hinklatscht. Er steht gleich wieder auf und wird zu einem Haufen anderer Gefangener geführt. Ein Schaf mit zerschossenem Bein liegt da. Leixner gibt ihm den Gnadenschuss. Ein alter Mann sitzt an einem Kellerloch. Kühe stehen ratlos im Lärm. Ein Kalb mit zerschossenem Hinterleib sitzt da. Halbzug geht in vorderster Linie, Pistolenschüsse von überall her ... Wir gehen in Stellung und streuen den Wald ab. Hinter uns schießt ein Pakgeschütz oder ein Panzer. Die Gegner im Wald schweigen, die Spitzen können wieder nachrücken. Dann bald allgemeines Halt. Wir trinken im Graben den letzten Tee. In den brennenden Ortschaften beobachte ich noch Zivilisten. Wir sollen gegen den Wald die Nacht über sichern. Dann heißt es, wir müssen weiter zurück. Und schließlich wird gesagt, wir seien zu weit vorgestoßen, nahe bis Minsk, und hätten uns so fast selbst eingeschlossen, wir müssten zurück in die Gegend, in der wir die letzte Nacht waren. Also alles umsonst! Ein Verwundeter wird neben uns im Graben verbunden. Ein Panzerfahrer ruft nach dem Sanitäter. Er hat einen Kopfschuss, dass das Hirn herausschaut.

Rückzug. Die Gefangenen werden als Träger eingeteilt, sechs beim Halbzug. Einer ist Student, und ich unterhalte mich etwas mit ihm. Ich gehe hinter den Gefangenen, dass ihnen nicht zu viel aufgehängt wird. Einige Soldaten bleiben zurück, können nicht mehr. Ich nehme einem die Kästen ab. Wieder wird aus den Feldern geschossen. In der Ortschaft, von der der Sturm ausging, stehen noch die Fahrzeuge. Wir kommen lange nicht weg, weil sich alles verstopft hat und weil die Straßen von den Panzern zerstört sind. Ein Panzer mit Besatzung ist hinten hängen geblieben. Ein Auto fährt zurück, um die zurückgebliebenen Leute zu holen. Der Panzer ist nachgekommen. Die Rückfahrt dauert bis zum Morgen. Ich bin auf dem Auto. Ein Gefangener hat Durchfall und muss öfter absteigen. Der Student schläft an meiner Seite ein. Ich schlafe auch etwas. Hinter uns ist dauernd Geknatter. Da ist noch eine Batterie hinten, wird gesagt, die sich mit direktem Beschuss befreien muss …

Die deutsche Luftwaffe ist 1941 in der Hauptsache zur Unterstützung des Vormarsches in Russland eingesetzt. Die Einsätze gegen die britische Insel werden deshalb eingestellt, lediglich im Mittelmeerraum sind deutsche Flugzeuge neben Marineeinheiten und dem Rommelschen »Afrikakorps« gegen den britischen Gegner mit eingesetzt. Hitler drängte im Sommer 1941 Mussolini erneut, die Insel Malta in Besitz zu nehmen, aber Italien hat keine Fallschirmjäger, die nach dem Beispiel Kreta tätig werden könnten. Es beschränkt sich auf Luftangriffe gegen Malta, unterstützt durch Einheiten der deutschen Luftwaffe. Vom sizilianischen Flugplatz Catania aus bombardieren sie Malta. Karl-Heinz Waterstrat, Besatzungsmitglied eines deutschen Kampfflugzeuges, hat folgendes Erlebnis von seinem Malta-Einsatz niedergeschrieben:

Wir, Besatzung Oberfeldwebel Wohlgemuth, hatten einen Sondereinsatz auf den Flugplatz Luka auf Malta mit Erfolg durchgeführt. Als wir den Befehl erhielten, den gleichen Einsatz wenige Tage darauf noch einmal zu wiederholen, meinte unser Fritz, der Flugzeugführer, zu mir: »Du, Heinz, zweimal sollte man so etwas nicht machen!« Und unser junger Bordschütze Eugen Sailer, der bereits zahlreiche Einsätze geflogen und Erfahrungen gesammelt hatte, teilte mir folgende Beobachtung mit: »Ich weiß nicht, der

Fritz zieht die Landeklappen nach dem Start stets zu früh ein. Das kann nicht gut ausgehen!« Der Start verlief dann wie üblich nach all den vertrauten Vorbereitungen in früher, noch dunkler Morgenstunde vom Flugplatz Catania aus. Dieser Augenblick des Starts, kurz bevor die schwer beladene Maschine frei vom Boden sich in den schwarzen Nachthimmel emporgeschraubt hatte, ist erfahrungsgemäß recht gefährlich. Die Nerven der Besatzung sind aufs äußerste gespannt. In diesen wenigen Sekunden – so hatte ich's mir vorgenommen – wollte ich immer intensiv an meine Mutter denken. Das sollten meine letzten Gedanken gewesen sein, wenn es uns bestimmt sein sollte, beim Start tödlich zu verunglücken. Unsere Augen hingen gespannt an der bläulich schimmernden Anzeige der Instrumente, besonders am Höhenmesser, der mir eben noch genau 50 Meter über Grund anzeigte. Und da geschah es! Mit einem unbeschreiblichen, Funken sprühenden, splitternden und diabolischen Krachen kamen sehr plötzlich die Plexiglasscheiben und die Streben unserer Flugzeugkanzel auf uns zu. Und um uns herum loderten helle Flammen, es war mit einem Male taghell. Mein linkes Bein wurde mit brutaler Gewalt nach hinten gerissen. Wir waren beim Start abgestürzt. Sehr deutlich erinnere ich mich: Ganz nüchtern und ohne Aufregung stellte ich fest – so also ist's, wenn man sterben muss! Meine Mutter teilte mir später in einem Brief mit, dass sie zur gleichen Stunde und Minute wach geworden sei und meiner Schwester gesagt hätte: »Dem Jungen ist etwas passiert!« Ich hatte den Hebel des Notausstiegs betätigen und somit das Dach der Kanzel abwerfen können. Dabei schoss mir die nächste und überaus dankbare Feststellung durch den Kopf: Mensch, du lebst ja noch! Dann mühte ich mich aus den Flugzeugtrümmern und blieb gleich neben dem helllodernden Wrack liegen. Bernhard Walter, der Funker, war unverletzt geblieben. Er rief draußen laut nach unserem Schützen, dem kleinen Eugen. Der war tot! Auch dem Flugzeugführer Fritz war es trotz mehrerer Knochenbrüche gelungen, die Trümmer zu verlassen, er lag neben mir. Er zog mich nun Schritt für Schritt von der Unglücksstätte fort. Jetzt erst spürte ich starke Schmerzen. Fritz half mir fortgesetzt weiter, weg von der brennenden Maschine, und sagte dabei zu mir: »Junge, denk an deine Mutter!« Endlich konnten wir uns in eine Ackerfurche drücken. Maschinengewehrmunition flog wie Feuerwerkskörper um uns herum. Dann ein dumpfer Knall, eine hohe Feuersäule – unsere Maschine war explodiert und in die Luft geflogen …

In Russland notiert Unteroffizier Rupp am 1. Juli vor Minsk in sein Tagebuch:

Man erzählt, ein Befehl des Führers sei herausgekommen, dass Gefangene und solche, die sich ergeben, nicht mehr erschossen werden dürfen. Das freut mich. Endlich! Viele Erschossene, die ich liegen sah, lagen mit erhobenen Händen da und ohne Waffen und sogar ohne Koppel. Mindestens hundert sah ich so liegen. Man erzählt, dass sogar ein Parlamentär, der mit weißer Fahne kam, niedergeknallt wurde! Nachmittags wird gesagt, dass ganze Kompanien der Russen geschlossen sich ergeben. Die Methode war schon schlimm. Man hat auch Verwundete erschossen …

Auch am nächsten Tag sind es schreckliche Erlebnisse, die Unteroffizier Rupp in seinen Aufzeichnungen festhält:

Gefangene werden eingebracht, einzeln. Ich soll einen ausfragen. Der Russe will etwas erklären, was ich nicht verstehe. Wir lassen den Artilleriemajor holen … Die Gefangenen werden wieder hinübergeschickt und sollen einen Parlamentär holen. Nur ein Teil kommt zurück. Auch einige Verwundete kommen. Einer hat einen Armschuss und friert sehr. Ich sorge dafür, dass er etwas zum Zudecken bekommt und gebe ihm Tee. Die Gefangenen sagen, dass niemand mehr im Wald sei. Alles sei geflohen. Nun kommt der Kommandeur zurück mit allen Kompaniechefs. Die 2. Kompanie soll den Wald durchstreifen, die dritte an der Straße entlang absuchen. Wir hören aus dem Wald fürchterliche Hilferufe. Grenzenlose Verlassenheit klagt aus den Rufen. Der Wald ist schrecklich zugerichtet. Beim Rückweg gehen wir tiefer in den Wald, um die Rufenden zu suchen. Mannstiefe Löcher haben sich die Russen gegraben. An einem Baum vor einem Loch liegt einer mit geschientem Bein und schläft. Er wacht auf und freut sich, Menschen zu sehen. Ein imponierender Typ. Der Beinschuss ist verbunden. Er bittet um ärztliche Hilfe. Ich sage, dass ich sorgen wolle. Er hat ein neues Fernglas, das ich ihm abbitte, er lässt es mir gern. Noch ein Kamerad sei da, sagt er. Ich finde ihn im Loch unten, auch im Erschöpfungsschlaf. Beide Oberschenkel sind verbunden. Das Blut dringt durch. Ganz pappig sind die Verbandslappen. Von Stechfliegen werden die beiden furchtbar geplagt. Sie können einander rufen, ohne sich zu sehen. Wir geben ihnen eine Zigarette, um die sie baten. Sie bedanken sich übermäßig. Ich stelle mir das furchtbare Ende vor. Wenigstens haben sie die Hoffnung noch auf Hilfe. Ich glaube ja leider nicht daran. Weiter unten sehen wir einen auf allen vieren durch den Wald kriechen. Sein ganzer Hintern ist blutig. Auch er bittet unaufhörlich um Hilfe. Tote mit verspritztem Hirn. Andere schlagen nur noch matt die Augen auf. Ein fürchterliches Elend in diesem kleinen Wald. Die Russen hätten doch ihre Verwundeten mitnehmen können. Aber die sind furchtbar kalt … Zum Erschrecken wenig gilt in Russland ein Menschenleben, auch das eigene. Ein Gefangener fragte einmal ohne viel Schrecken, wo er nun hingeschossen würde, in die Stirn oder in die Schläfe. – Wie wir wieder aus dem Wald kommen, ist schon Aufbruch. Die Gräber der Kameraden sind links und rechts der Straße. Ich frage wohl nach Sanitätern, aber es ist umsonst. Wir fahren weiter in Richtung Minsk.

Im Süden, in Galizien, beginnt hinter der Front die systematische Verfolgung der Juden. Blutige Pogrome finden in Lemberg statt, aber auch in anderen Städten. Der SS-Hauptscharführer Felix Landau, Judenreferent in Drohobycz bei Radom, notiert am 7. Juli in sein Tagebuch:

Wir fuhren weiter die Straße entlang. Hunderte von Juden mit blutüberströmten Gesichtern, Löchern in den Köpfen, gebrochenen Händen und heraushängenden Augen, laufen die Straße entlang. Einige blutüberströmte Juden tragen andere, die zusammengebrochen sind. Wir fuhren zur Zitadelle, dort sahen wir Dinge, die bestimmt noch selten jemand gesehen hat. Am Eingang ... stehen Soldaten mit faustdicken Knüppeln und schlagen hin, wo sie treffen. Am Eingang drängen die Juden heraus, daher liegen Reihen von Juden übereinander wie Schweine und wimmern sondergleichen, und immer wieder traben die hochkommenden Juden blutüberströmt davon. Wir bleiben stehen und sehen nach, wer das Kommando führt. »Niemand.« Irgendjemand hat die Juden freigelassen. Aus Wut und Hassgefühl heraus nun werden die Juden getroffen. Nichts dagegen, nur sollten sie die Juden in diesem Zustand nicht herumlaufen lassen.

Am selben Tag kommen die Truppen des 354. Infanterieregiments der 62. Infanterie-Division in Minsk an. Das Tagebuch eines Obergefreiten, der in der 12. Kompanie dieser Einheit war, das später mit dem Titel »Was mir in Russland zustieß« gefunden wird, als er gefallen war, beweist die Tatsache, dass nicht nur Polizei- und SS-Einsatztruppen für Massenerschießungen von Juden in Russland verantwortlich waren. Mit kaltem Zynismus vermerkt der deutsche Obergefreite dort am 7. Juli:

Wir kamen in Minsk an. Unser Bataillon kriegte die Aufgabe, sechstausend Gefangene zu bewachen und alle Juden in der Stadt zu erschießen. Viele Gefangene flüchteten in der Nacht, und wir mussten von der Waffe Gebrauch machen. Wir haben allein fünfhundert Juden umgelegt.

Am 10. Juli erzählt J. Jewtuchewitsch, dass seine Einheit über Leningrad Richtung Front gebracht wurde:

Sie haben uns auf Lastwagen in eine völlig andere Richtung geworfen. Am Abend des 5. Juli kamen wir durch Leningrad. Die Leningrader empfingen uns mit Wärme, und ich empfand besonders die Ehrlichkeit dieses Geleits und des Wunsches einer glücklichen Heimkehr. In aller Augen Unruhe, Unruhe um uns, in uns selbst. Ich konnte zu Hause anrufen und hörte mit

Zittern die Stimme Slawas und dann auch meiner teuren, alten Mutter. Fast nichts konnte ich sagen, und sagen wollte ich so viel! ... Seit jenen Tagen marschieren wir von Ort zu Ort. Mal suchen wir das Bataillon, mal das Bataillon uns ... Wir haben mit den an solche Märsche ungewohnten Leuten einen 94 Kilometer langen Marsch gemacht ... Wir erhalten von Teilnehmern an den Kämpfen die ersten Nachrichten über den Feind: Es wird um Ostrow gekämpft, und der Feind kommt mit großer Kraft vorwärts ...

Am 16. Juli verkündet Hitler der Parteiprominenz seine Ziele im Osten, nämlich die Aufteilung und Ausbeutung der besetzten Gebiete in der UdSSR. Einen Tag später errichtet er ein »Reichsministerium für die besetzten Ostgebiete«, dem er Alfred Rosenberg voranstellt. Und wieder einen Tag später bittet Stalin auf der anderen Seite der Front erstmals Großbritannien um die Errichtung einer zweiten Front gegen Deutschland im Westen. Zwischen Orscha und Smolensk schreibt Unteroffizier Rupp am 19. Juli in sein Tagebuch:

Wir haben uns Löcher gegraben. Ich lese im Loch in der »Hochzeit zu Kanaan«. Dann werde ich müde und schlafe im Loch sitzend ein. Plötzlich eine wilde Schießerei, Kanonen- und MG-Feuer. Motorengeräusch. Zwei Feindflieger sind im Tiefflug über uns weg. Abwehr stand nicht bereit. Ich höre bei einem Wagen Nachrichten. Von anderen Fronten kann wenig gemeldet werden. Seit Mittwoch (jetzt ist Samstag) ist Smolensk in deutscher Hand, wird gesagt. Wir kommen nicht nach Smolensk, wir sollen fünf Kilometer südlich daran vorbeistoßen ...

Ende Juli beginnen im Süden der Front in Russland die deutschen Angriffe über den Dnjepr und im Raum nördlich von Shitomir, in der Mitte, beginnen die Abwehrschlachten bei Jelnja und Smolensk, im Norden laufen die Operationen gegen Leningrad. Im Mittelabschnitt notiert der russische Reserveoffizier Jewtuchewitsch am 23. Juli in sein Tagebuch:

Die Division hat den Vorstoß des Feindes aufgehalten und ist zum Angriff übergegangen. Die Sache steht nicht schlecht. Die Stimmung hat sich bei allen gebessert, bei mir ist allerdings das Gegenteil der Fall. Die Aufgaben des Verbindungsoffiziers sind so anstrengend, dass mir einfach die Kräfte fehlen. In der Hitze, im beißenden Staub fahre ich auf dem Krad 50 Kilometer vom Bataillon zur Division und zurück. Den ganzen Körper habe ich mir auf der Fahrt zerschunden ...

Ferdinand Hujer, der mit seiner Einheit nach dem Balkanfeldzug über Bulgarien und Rumänien nach Bessarabien marschierte, erfährt am 27. Juli das Endziel des langen Marsches:

Sonntag, 27.7.: Von Bessarabien geht es in Richtung Kischinew, Odessa, Krim! Russland, du Verderben bringendes; noch wissen wir nichts davon, noch haben wir erst angefangen, in deinem Dreck zu stampfen und zu marschieren. Noch haben wir dich nicht kennen gelernt, doch wie eine zähe klebrige Masse hast du uns empfangen, hemmend und zerrend, dass wir im Schlamm kaum einen Fuß vor den anderen bekommen. Was wartet auf uns!

Fritz Köhler, bei der motorisierten Artillerie im Mittelabschnitt ganz vorn dabei, schreibt am 30. Juli in sein Tagebuch:

Nun sind wir fast sechs Wochen im Einsatz ... die Infanterie hat uns jetzt endlich eingeholt und wir fahren weiter vor. Es geht um Kritschew herum und auf der 50 bis 60 Kilometer langen Strecke muss ich – heute zur Abwechslung mal als Beifahrer im Krad – unheimlich viel Staub schlucken. Wir fahren die ganze Nacht hindurch und kommen erst gegen 5 Uhr in unserer neuen Unterkunft an. Es sind hier sehr viele Truppenteile, auch von anderen Divisionen. Wahrscheinlich ist ein neuer Großangriff bzw. Durchbruch von uns geplant.

Am selben Tag schreibt in der Heimat ein Zivilist in einem Brief die folgende Einschätzung der Kriegslage, wie sie in Zeitungen und Rundfunk dargestellt wird:

Man darf ja nicht vergessen, dass diese »Welt« einen ja heute allein schon verrückt machen kann. Seit zwei Jahren hört man nur mehr Hass, der wütet jeden Tag aufs Neue in allen Zeitungen (die ich nur mehr in Überschriften lesen kann), tönt der Rundfunk bei Tag und Nacht, er wütet in Maschinengewehrfeuer, in Granaten, Bomben, Flammenwerfern, Torpedos etc. etc. in Menschenleben hinein, ihm ist die freie Bahn gegeben zu rasen und zu toben, bis er alles vernichtet hat, was er vernichten konnte. Es ist Nacht über Europa und Asien, und noch zeigt sich kein Lichtstrahl eines neuen Morgens. Nur tiefer geht es immerzu in die Nacht hinein – so tief vielleicht, bis die völlige Hoffnungslosigkeit aus dem Chaos sich von selbst erzeugt ...

August/September

Hitler wünscht im Norden die Einnahme Leningrads, um Russlands Ostseezugang abzuriegeln und zugleich die Verbindung mit Finnland herzustellen; im Süden haben es ihm die reichen Kornfelder der Ukraine angetan. Zudem verspricht er sich von einem Vordringen in den Kaukasus ein Druckmittel gegen die neutrale Türkei, die er gern an seiner Seite in den Krieg hineingezogen hätte. Doch die dabei zu durchquerenden Räume sind riesengroß, die Russen leisten hartnäckigen Widerstand, vor allem am Dnjepr. Mit dem beginnenden Herbst kommt der Regen und der Schlamm als Gegner hinzu. Die Zeit wird für Hitlers Planziele immer knapper, zumal nach der Schlacht um Kiew der Vormarsch der deutschen Wehrmacht im Süden in Richtung Halbinsel Krim in der Mitte der Ostfront den Angriff auf Moskau um mehrere Wochen verzögert (ab 2. Oktober). Ab Ende August ist Leningrad von Süden her von deutschen Truppen eingeschlossen, im Norden versperren mit Deutschland verbündete finnische Truppen den Landweg. Nachschub für die Stadt kann nur noch über den Ladogasee gebracht werden. Mit Artillerie und Flugzeugen beginnt im September eine anhaltende Bombardierung der Stadt. Ende September schwenken die Panzer der Heeresgruppe Nord nach Süden in Richtung Moskau; für Leningrad und seine Bewohner beginnt eine zweijährige schreckliche Belagerungszeit.

Vom 9. bis 12. August treffen sich US-Präsident Roosevelt und Großbritanniens Premier Churchill in der Argenta-Bucht (Neufundland) auf dem US-Kreuzer »Augusta« und dem britischen Schlachtschiff »Prince of Wales«, wo sie die »Atlantik Charta« (12.8.) verkünden, in der es u. a. heißt: »Beide Regierungen achten das Recht aller Völker, die Regierungsform zu wählen, unter der sie leben wollen ...« Präsident Roosevelt erklärt nach der Unterzeichnung der Charta, der sich im September 15 Regierungen alliierter Länder (auch die der UdSSR) anschließen: »Wir sind entschlossen, das deutsche Volk ein für alle Mal vom Nationalsozialismus, preußischen Militarismus und von der fantastischen Idee zu befreien, dass das deutsche Volk eine Herrenrasse sei.« An Churchills Verbündeten Stalin, seit 7. August auch Oberster Befehlshaber der sowjetischen Streitkräfte, schreibt Roosevelt: »Jetzt arbeiten wir gemeinsam daran, Sie mit der größtmöglichen Menge der Materialien zu versorgen, die Sie am dringendsten benötigen. Viele Schiffsladungen haben schon unsere Küste verlassen; weitere werden in allernächster Zeit folgen ...« Am 30. September 1941 gibt Roosevelt gegenüber Stalin seiner Überzeugung Ausdruck, »dass Ihre Armeen letzten Endes über Hitler den Sieg davontragen werden« und dass er fest entschlossen sei, »alle nur mögliche materielle Hilfe zu leisten«. Präsident Roosevelt erteilt schließlich am 11. September seinen Kriegsschiffen den »Schießbefehl«, wonach sie auf Schiffe der Achsenmächte Deutschland und Italien schießen sollen, wenn diese sich in Seegebiete wagen, »the protection of which is necessary for American defense«.

Im »Großdeutschen Reich« wird am 15. September für alle Juden vom 6. Lebensjahr an das Tragen des »Judensterns« (gelber Stern) zur Pflicht. In der Ukraine liquidieren die SS-Einsatztruppen am 19. September das Getto von Shitomir (18 000 Opfer), am 23. September werden in Auschwitz die ersten Versuchsvergasungen aufgenommen, und am 28./29. September kommt es in Kiew zu einem Juden-Massaker, dem 34 000 Menschen zum Opfer fallen.

Anfang August schließt sich der Kessel bei Smolensk. Tausende russischer Soldaten sind von deutschen Truppen umzingelt. Am 3. August notiert der deutsche Unteroffizier Karl Schönfeld in aller Kürze in sein Tagebuch:

Der Kessel von Smolensk wird ständig kleiner, und für die Russen, die darin stecken, wird die Lage stündlich schlechter. Man sieht es an den Angriffen, die bis Sonnabendmorgen die 1. Kompanie abwehrte. Der Russe will den Dnjepr überschreiten und setzt alles daran, einen Übergang als Ausgang aus dem Kessel zu schaffen. Jedoch Artillerie und Stukas sorgen für das Gegenteil. In den späten Nachmittagsstunden neuer Angriff. Nachts russischer Überfall auf die Pak (Heiß gefallen) …

Südöstlich von Smolensk erlebt am 3. August Fritz Köhler einen Angriff auf Roslawl:

Auf 6.30 Uhr ist der Angriffsbeginn festgesetzt, und zu dieser Zeit treten wir auch an. In breiter Front gehen wir vor, zahlreiche schwere Waffen folgen uns. Nach ungefähr einer Stunde erhalten wir das erste Schützenfeuer, und schon schießt auch ein russisches Geschütz in direktem Beschuss auf uns. Unsere Artillerie antwortet, und nachdem auch die schweren Infanteriewaffen eingegriffen haben, ist dieses Geschütz bald zum Schweigen gebracht. Einer unserer Panzer muss aber auch dran glauben und wird in Brand geschossen. Wir stoßen weiter vor und nehmen etwa 150 Russen gefangen. Außerdem erbeuten wir 12 bis 15 moderne Flakgeschütze (wahrscheinlich amerikanisches Fabrikat) … Inzwischen haben wir den Stadtrand von Roslawl erreicht. Rechts und links steigen weiße Leuchtkugeln auf. Panzer und Kradschützen sind wohl schon in die Flanken hineingestoßen. Wir erhalten nicht einmal mehr Widerstand und säubern die Stadt. Nur einzelne, versprengte Russen finden wir noch. Die Öl- und Benzinvorräte haben die Russen vor ihrer Flucht allerdings noch in Brand gesteckt. Leider gibt es in dieser Stadt fast gar nichts zu »organisieren«. Da war es in Frankreich doch besser …

Am Nordabschnitt der Ostfront wird im August Estland erobert, Reval besetzt und der Einschließungsring um Leningrad vom Süden her geschlossen. In Leningrad wird die Versorgungslage der Bevölkerung immer schwieriger. Elena Skrjabin schreibt in ihrem Tagebuch:

15.8.: Gleichsam als Antwort auf die Frage, die mir keine Ruhe lässt, erhielt ich heute eine amtliche Aufforderung, Leningrad unbedingt zu verlassen. Es ist erlaubt, die ganze Familie mitzunehmen. Und man kann sogar selbst die Richtung bestimmen – ob nach Gorki oder in den Kaukasus. Und schon wieder bin ich unschlüssig.

25.8.: Die fieberhaften Angstkäufe von Nahrungsmitteln haben unglaubliche Ausmaße erreicht. Durch einen Zufall erfährt man zum

Beispiel, dass auf der Petrograder Seite etwas ausgegeben wird – und man rennt dorthin. Und von dort hinter das Narwski-Tor. Dann auf die Wassilewskij-Insel. Man kauft alles, was sich einem bietet. Doch Wesentliches, Nahrhaftes ist nicht aufzutreiben. Die Läden sind fast leer. Trotzdem sieht man überall riesige Schlangen davor ...

An der Front südlich von Leningrad erlebt am 17. August der russische Reserveoffizier Jewtuchewitsch mit seiner Einheit einen deutschen Fliegerangriff. Er erzählt in seinem Tagebuch:

Ich erwachte und blickte, wie immer, zunächst auf die Uhr: Es war fünf Uhr. Über uns fliegt ein feindlicher Aufklärer. Aus irgendwelchem Grunde schlief ich nicht mehr ein. Ich horchte auf das Geräusch des Motors und dachte an zu Hause. Allmählich verstummte das Geräusch des Flugzeuges. Es vergingen noch 20 Minuten, und von neuem hörte ich Motorenlärm. An der Lautstärke konnte ich erkennen, dass das nicht nur einer war. Nach einigen Minuten kam unser Koch in den Schuppen gerannt und schrie: »Fliegeralarm! Deutsche Flugzeuge in ungeheurer Menge fliegen geradewegs hierher! « Wir kamen kaum auf die Beine, als zur Bestätigung der Worte des Kochs die Explosion der Bomben und das Geräusch der MG-Garben ertönte. Schon nach kurzer Zeit brannte es im Dorf, und durch das Dach unseres Schuppens schwirrten die Geschosse, Explosionen folgten aufeinander ohne Unterbrechung, die Luft dröhnte vom Motorengeräusch und MG-Feuer. Augenblicklich warfen wir uns auf den Boden des Schuppens, uns mit dem ganzen Körper an ihn drückend, in der Erwartung, dass die hier und dort abgeworfenen Bombenreihen auch bei uns fallen würden. Man wollte ganz klein werden, völlig unsichtbar! Kleine Pausen zwischen den nah und fern fallenden Bomben füllten wir mit Scherzen und erzwungenem Lachen aus und bemühten uns, einander nicht zu zeigen, dass wir uns fürchteten. Endlich wurde der Aufenthalt in dem Schuppen unmöglich. Ein nahe liegendes Gebäude stand in Flammen und drohte, unseren Schuppen in Brand zu setzen. Zugführer Muschtakow gab den Befehl, in den Wald zu laufen. Ich rannte mit fünf Mann als Letzter hinaus. Kaum gelangte ich bis zum Walde, denn wir mussten über ein offenes Feld laufen, das buchstäblich mit einem Regen von MG-Geschossen der deutschen ME-110-Zerstörer eingedeckt wurde. Im Walde war es nicht leichter. Die Waldränder wurden mit methodischer Beharrlichkeit mit Bomben und MG-Feuer belegt. Wir legten uns zwischen Erdhaufen und drückten uns mit dem ganzen Körper an die Erde. Eine Bombenexplosion riss mich aus meiner Bodenwelle, und im gleichen Augenblick ertönte ein Schrei des Soldaten Lissizyn, der von mir drei Schritte entfernt lag: »Zu mir! Hierher! Hierher!« Von der nahen Explosion noch nicht ganz erholt, den Donner in den Ohren und das grelle Leuchten noch in den Augen, ging ich dem Rufe nach, und der entsetzliche Anblick eines Menschen mit abgerissenem Bein und klaffendem Bauch wird noch lange in meinem Gedächtnis bleiben. Ich konnte ihm nicht helfen. Ich beschloss, mich mit den übrig gebliebenen Leuten zum Bataillon durchzuschlagen … In der Nacht fanden wir das Bataillon, aber Ausruhen gab es nicht, denn am nächsten Tag wiederholten sich die deutschen Fliegerangriffe.

Zur selben Zeit kommt ein deutscher Major nach Warschau und schreibt in einem Brief vom 21. August nach Hause über seine Beobachtungen im jüdischen Getto:

An dem Morgen, als ich mit dem Wagen durchfuhr, sah ich mehrere Leichen, darunter Kinderleichen, etwas mit Papier zugedeckt und mit Steinen beschwert. Die anderen Juden gehen achtlos daran vorüber, bis der primitive Leichenkarren kommt und diejenigen »Überreste«, mit denen kein Geschäft mehr zu machen ist, abholt. Das Getto ist mit Mauern, Zäunen usw. abgeschlossen. An den vielen Schlagbäumen stehen SS-, polnische und jüdische Schutzleute und führen eine strenge Kontrolle aus. Schmutz, Gestank und Lärm sind die Hauptzeichen des Gettos …

Am 24. August wird im Norden Nowgorod von deutschen Truppen besetzt. Hitler entscheidet sich in der Frage, ob er zuerst Richtung Moskau oder Kiew weiter vorstoßen soll, für den Süden und den Norden und befiehlt vorläufig Verhalten in der Mitte – im Gegensatz zur Meinung des deutschen OKW. Am 29. August macht der russische Leutnant Jewtuchewitsch in seinem Tagebuch die letzte Eintragung. Er ahnt, dass er, abgeschnitten mit seinen Leuten, verloren ist. Einen Tag später wird von deutschen Soldaten das Tagebuch bei dem Gefallenen gefunden:

Die ganze Zeit sind wir von Ort zu Ort marschiert. Kann man das noch als Regiment bezeichnen? Man hat die Leute nur mit Gewehren bewaffnet. MG's gibt's erschreckend wenig. Sanitätspersonal ist nicht da! Was soll das? Granaten haben wir auch nicht! Das ist in der Tat keine militärische Einheit, sondern »Kanonenfutter«. Die Leute sind neu, aus der Reserve und unausgebildet. Was wird werden? Nun ist es schon geschehen. In der Nacht auf heute haben wir uns auf den Gegner geworfen, und der empfing uns so, dass die Leute davonliefen. Unsere Kompanie ist wieder mal aufgerieben, wir sind in den Rücken des Gegners geraten, gejagt wie das Tier vom Jäger irren wir durch den Wald und versuchen, die von den Deutschen besetzte Straße zu überschreiten, um uns zu den Unsrigen durchzuschlagen. Den Politruk Jermakow haben wir hier im Walde verloren. Es ist unmöglich, mit ihm Verbindung aufzunehmen – überall Schießerei und Panzer. Und jetzt steht ernstlich die Frage vor mir: Was wird sein? Werde ich morgen wieder in diesem Buch schreiben? Wenn nicht, so möge der, der dieses findet, das Tagebuch mit meinem heißen Kuss und meinem letzten Wort »Mama!« senden an: Leningrad, Prospekt 25. Oktober, Haus 114, Wohnung Nr. 7, Jewtuchewitsch, Anna Nikolajewna …

Unteroffizier Robert Rupp schreibt am 31. August von der Front im Mittelabschnitt diesen Brief an seine Frau:

In der frischen Frühe schreibe ich dir. Siehst du, es gehören uns noch – und immer – die Tage und Sonntage. Ich sehe dich heut so sonntäglich in einem schönen Kleid. Vielleicht ist in Wolkertshofen Kirche, und du singst und zitterst nicht mit der Stimme … Nach diesem Sonntag soll ja unser Sonnenmonat kommen nach Wunsch und Glauben. Z. Zt. wird mit derartigem Materialeinsatz gearbeitet, dass ich neu und fest an den September glaube. Mit einer gewissen Hast wird der Krieg vorwärts getrieben, so dass ich manchen Tag nicht zum Schreiben komme … Ich weiß um dich und dein treues und tapferes Mitleben. Du und Raini, ihr seid meine ganze und einzige Seligkeit in dieser Welt des Teufels. Wir sind reich beschenkt von Gott, werden wir also nicht bitter, nicht gegen das Schicksal, das uns ja letztlich er auferlegt, und nicht gegen die Menschen, die für all dies die Verantwortung haben und doch nicht tragen. Beten wir um ein baldiges Ende zum Glück aller und um Heilung der Wunden im getragenen Leid …

Am 5. September schreibt Ingeborg Tafel aus Berlin an ihren Mann, der als Stabsoffizier im Südosten Europas eingesetzt ist:

Am Vorabend deines Geburtstages, den du leider nicht bei deiner kleinen Familie feiern kannst, gedenke ich deiner mit viel Liebe … Ich werde morgen so heiß und innig an dich denken, dass du dich ganz von Liebe umgeben fühlen wirst und dir an diesem Tage alles, was du beginnst, gelingen wird.

Bevor ich an dich schrieb, haben Mutti und ich auf der Landkarte nach dem Ort gesucht, wo mein jüngster Bruder Alfred am 29. Juli sein junges Leben lassen musste. Er liegt etwa 75 Kilometer nordostwärts von Smolensk, in dem Ort Potschepowa, begraben. Von Gerhard hat Mutti noch immer keine Nachricht. Ich hoffe ja so sehr, dass das Schicksal sich mit diesem einen unendlich großen Opfer begnügt …

Anfang September beginnen auch verstärkte Luftangriffe und Artilleriebeschießungen gegen Leningrad. Elena Skrjabin lebt in der eingeschlossenen Stadt, die eine zwei Jahre anhaltende Belagerungszeit vor sich hat. Elena Skrjabin schreibt in ihr Tagebuch:

5.9.: Wir sind in vorgeschichtliche Zeiten zurückgekehrt. Das Leben ist auf eine einfache Formel, die Nahrungssuche, gebracht worden. Ich habe meine Lebensmittelreserven zusammengezählt. Das Ergebnis: Meine Vorräte reichen kaum für einen Monat ...

9.9.: Gestern, um fünf Uhr abends, standen wir auf dem Balkon:

Mutter, die Tante und ich. Wir erörterten gerade unsere ausweglose Lage. Plötzlich lenkten hoch am Himmel aufleuchtende Punkte, die mit großer Geschwindigkeit direkt auf uns zuflogen, unsere Aufmerksamkeit auf sich. Wir kamen nicht mehr dazu, sie näher zu betrachten, da die Sirenen heulten. Wir mussten in den Luftschutzkeller ... Der Keller ist voller Leute, vor allem Kinder. Sie weinen laut, drücken sich an die fast besinnungslosen Mütter. Bei jeder neuen Erschütterung bekreuzigen sich die Frauen, von denen viele Kommunistinnen sind, krampfhaft und flüstern Gebete. In solchen Augenblicken scheint die antireligiöse Propaganda vergessen zu sein.

Am 12. September schließt sich der deutsche Ring um die russischen Streitkräfte in Kiew, die Stadt wird eingenommen, und dabei werden 650 000 Gefangene gemacht. Fritz Köhler, der mit seiner Einheit weiter nördlich an der Desna steht, notiert in seinem Tagebuch am 19. September:

Ebenso wie gestern habe ich gut geschlafen. Zudem ist Post angekommen, was für uns wieder ein Fest ist. Mittags kommt dann auch die Sondermeldung durch, dass die Verbindung mit der Südarmee hergestellt ist und vier Sowjetarmeen eingeschlossen sind. Der Nachmittag vergeht mit kleineren Arbeiten. Abends hören wir dann von der Einnahme Kiews.

Und Unteroffizier Robert Rupp notiert noch weiter im Norden der Ostfront am 20. September:

Einen Monat höchstens noch, nach der neuen Verheißung, sind wir in Russland. Der Chef sagt, er wisse von oben her, dass bis zum 20. Oktober die Aufgaben der motorisierten Truppen erfüllt sein müssen: Leningrad, Moskau, Kiew, Charkow. Ich habe immer mit September gerechnet ...

Mit der Verordnung des NS-Regimes vom 15. September, wonach alle Juden ab dem 6. Lebensjahr den Judenstern, »bestehend aus einem handtellergroßen, schwarz ausgezogenen Sechsstern aus gelbem Stoff mit der schwarzen Aufschrift ›Jude‹«, sichtbar auf der linken Brustseite tragen müssen, beginnt die eigentliche öffentliche Diffamierung der Juden. Ingeborg Tafel schreibt ihrem Mann am 21. September aus Berlin:

Seit du fort bist, waren schon vier Alarme. Der Himmel ist auch heute wieder strahlend, so dass wir mit dem Kommen der Tommies rechnen. Die Tage vorher hat es viel geregnet und die Nächte waren pechschwarz.

Übrigens, hast du schon davon gehört? Seit dem 16. September müssen Juden einen gelben Stern auf der linken Brustseite tragen. Wie schrecklich, »gekennzeichnet« zu sein, es kommt mir vor wie ein Kainsmal …

Ende September, die Kesselschlacht um Kiew geht zu Ende und der Ring um Leningrad ist geschlossen, tauchen völlig überraschend für die deutschen Truppen die ersten russischen Panzer vom Typ T 34 im Kampfgeschehen auf. Seine Panzerung ist so stark, dass sie nur von der 8,8-cm-Flak durchschlagen werden kann. Lange Zeit blieb der T 34 mit seinen Typen KW I und KW II der stärkste Panzer der Welt. Fritz Köhler wird mit seiner Einheit am 22. September hinter Kiew, bei Lochwica, erstmals mit dem T 34 konfrontiert:

Wir sind Vorausabteilung und haben den Auftrag, den Rückzug der eingekesselten Russen zu stoppen und Durchbruchsversuche zu verhindern. Gegen 10 Uhr haben wir Feindberührung. Wir werden eingesehen und können uns, nachdem wir abgesessen sind, nur schlecht eingraben. Plötzlich erscheint ein halbes Dutzend russischer Panzer. Unser 3,7-cm-Pak, 10,5-cm-Feldhaubitzen sind zum direkten Beschuss und MG's sind zur Abwehr aufgefahren. Aber gegen die stark gepanzerten T 34 können sie nichts ausrichten. Die Granaten prallen glatt an ihnen ab. Die Panzer hingegen setzen mit ihren Kanonen ein Geschütz nach dem anderen außer Gefecht und fahren zur Sicherheit außerdem noch über die erledigten Geschütze und die leichten Zugmaschinen hinweg. Ganz knapp, teilweise neben unseren Löchern, fahren sie, und es sind ganz unangenehme Minuten, die wir erleben. Auch ungefähr 5 Meter neben meinem Loch kutschiert einer vorbei, der sogar ab und zu stehen bleibt. Ich mache mich ganz klein und krumm und wage kaum zu atmen. Endlich fährt der Kampfwagen weiter, aber diese Augenblicke werde ich bestimmt niemals vergessen.

Hundert Meter hinter uns bleiben die Panzer stehen und beschießen uns aus dem Rücken. Nach einer Weile jedoch fahren sie zurück. Nicht lange darauf kommt es zum zweiten Angriff, und wir haben keine schweren Waffen mehr. Die unseres Bataillons sind alle zerstört, und von den sechs Feldhaubitzen sind auch fünf erledigt. Es dauert noch Stunden, ehe Panzerabwehrwaffen nachkommen. Endlich ist 8,8-cm-Flak, schwere Pak und Artillerie da, und unsere Pioniere legen auf der Straße eine Minensperre … Zum Glück saßen die russischen Infanteristen nicht auf den Panzern auf, denn sonst hätten wohl die wenigsten von uns den Abend erlebt. Sie folgen den Panzern erst in weitem Abstand und konnten niedergehalten werden …

Vier Tage später fällt an der Nordfront in Russland der Unteroffizier Karl Schönfeld, aus dessen Tagebuch aus Frankreich bereits zitiert wurde. Er war bei den

Kämpfen um Staraja Russa und Schlüsselburg dabei. Sein letzter Tagebuch-Eintrag stammt vom 17. September. Dort heißt es lakonisch:

Gegen Abend mit der Gruppe auf Feldposten. Nichts von Bedeutung!

Oktober bis Dezember

Am 2. Oktober 1941 beginnt die Operation »Taifun«, der deutsche Angriff auf Moskau, nachdem bei Wjasma und Brjansk in einer Doppelschlacht erneut über 600 000 Gefangene gemacht worden sind. Hitler sagt einen Tag später bei der Eröffnung des Winterhilfswerks:

»Dieser Gegner ist bereits gebrochen und wird sich nie mehr erheben.« Mit sechs Armeen greift die deutsche Heeresgruppe Mitte an. Allerdings verfügen die schnellen Verbände dieser Heeresgruppe nur noch über 30 bis 40 Prozent ihres ursprünglichen Bestandes, und die Versorgung der Truppe bereitet zunehmend große Schwierigkeiten. Den Angriffsschwung hemmt aber gleichzeitig sehr nachhaltig die mit voller Stärke einsetzende Schlammperiode. Nur langsam kommen die motorisierten Verbände vorwärts, während sich Moskau zur Verteidigung vorbereitet. Die erste Frostperiode ab Mitte November gestattet den Deutschen wieder größeren Geländegewinn: Im Norden von Moskau stoßen sie bis an den Moskwa-Wolga-Kanal vor, im Südabschnitt wird der Angriff über Odessa und die Krim bis nach Kertsch und Rostow am Don vorgetragen; allerdings muss Rostow bald wieder aufgegeben werden. Im Norden jedoch wehren die Russen alle weiteren Angriffe gegen Leningrad erfolgreich ab. Schließlich wird der deutsche Angriff auf Moskau Anfang Dezember aber endgültig vom Wintereinbruch gestoppt, auf den die Truppen nicht vorbereitet sind. Der Chef der Heeresgruppe Mitte, Generalfeldmarschall Fedor von Bock, telegrafiert am 1. Dezember an das Oberkommando des Heeres: »Kraft der Truppe (bald) völlig erschöpft.« Überraschend kommt dann am 5. Dezember die erste sowjetrussische Gegenoffensive. Hitler befiehlt, »den Boden mit fanatischem Willen zu verteidigen«, übernimmt ab 16. Dezember selbst den Oberbefehl über das Heer und lässt von Bock ablösen. Den aus Sibirien herangeführten, für den Winterkrieg vorzüglich ausgerüsteten russischen Reserven haben die kälteungewohnten und unzulänglich ausgestatteten deutschen Truppen nichts entgegenzusetzen. Die vorderste Linie bei Tula, nur wenige Kilometer von Moskau entfernt, muss aufgegeben werden. Es beginnen die bis März 1942 anhaltenden Abwehrkämpfe vor Moskau in den Räumen von Kalinin, Klm, Tschew, Kursk, Kaluga, Orel und an anderen Brennpunkten.

Stalin hat nach Beginn des deutschen Angriffs auf Moskau bereits am 16. Oktober mit seiner Regierung und dem diplomatischen Korps Moskau verlassen und sich nach Kujbyschew an der Wolga abgesetzt. Bis Ende November werden aus Moskau auch über 200 000 Arbeiter mit den industriellen Anlagen von rund 500 Fabriken nach Osten evakuiert. Auch alle Fabriken im Umfeld von Moskau und anderen bedrohten Gebieten werden ins Wolgagebiet, in den Ural, nach Sibirien, Kasachstan und Zentralasien verlegt. Im eingeschlossenen Leningrad bringt der Winter 1941/42 für über hunderttausend Menschen den Hungertod.

Ab Dezember 1941 weitet sich der europäische Krieg zum Zweiten Weltkrieg aus: Japan tritt mit dem Flugzeug-Überfall auf die US-Flotte in Pearl Harbor auf Hawaii an der Seite von Deutschland und Italien in den Krieg gegen die USA und die Alliierten ein. Mit der am 11. Dezember erfolgten Kriegserklärung Deutschlands an die USA sind für die Alliierten die Voraussetzungen gegeben zur späteren planmäßigen Bombardierung des Deutschen Reiches durch die britisch-amerikanischen Luftstreitkräfte.

Die Massaker an Juden in den von deutschen Truppen eroberten Städten in Russland setzen sich fort: am 12./13. Oktober gibt es in Dnjepropetrowsk 11 000 Opfer, am 6. November 15 000 in Rowno, am 8. Dezember 27 000 in Riga, am 22. Dezember 32 000 in Wilna und am 30. Dezember 10 000 in Simferopol auf der Krim. Ab Oktober werden auch deutsche Juden aus dem Reich nach Osten deportiert und dort nach ihrer Ankunft erschossen (z. B. in Riga, Minsk und Kowno), während das Vermögen der deportierten Juden nach einer Verordnung vom 25. November vom Reich eingezogen wird. Ende Dezember wird in Chmelno (im »Generalgouvernement«) ein ständiges Vernichtungslager eingerichtet.

Ab dem 4. Oktober marschieren die deutschen Truppen der Heeresgruppe Mitte gegen Moskau. Die Annahme einer eventuell baldigen Kapitulation der sowjetrussischen Hauptstadt hat Hitler ausdrücklich verboten. Der deutsche Soldat Fritz Sigel, der im August 1942 in Russland gefallen ist, schreibt am 5. Oktober 1941 nach Hause:

Meine Lieben! Ich kann euch heute nur wenige Worte schreiben. Sind nun wieder alle Tage auf dem Marsch. Täglich etwa 40 Kilometer in Richtung auf die russische Hauptstadt. Ob wir je dereinst noch so weit kommen, weiß ich nicht. Auf jeden Fall hat die entscheidende Schlacht im Osten begonnen. Hoffentlich bringt sie noch vor dem Winter die Entscheidung. Acht Tage sind nun vergangen, seit wir bei Nacht die Großstadt Kiew verlassen haben, wo ein ganzes Stadtviertel in Flammen stand, ein Bild, wie ich es noch nie gesehen. Beim Morgengrauen ging es über den Dnjepr, wo die Pioniere schon eine Brücke gebaut hatten. Seitdem marschieren wir Tag für Tag. Könnt euch denken, wie müde wir sind, von früh 4 Uhr bis abends 8 Uhr. Aber bin immer noch gesund. Das ist ja die Hauptsache …

Im Raum von Orscha schreibt einen Tag später der bereits weiter oben zitierte Obergefreite der 12. Kompanie des 354. Infanterieregiments den folgenden Bericht über eine Massenexekution von Juden in sein Tagebuch, zu der sich der Schreiber dieser Zeilen sogar freiwillig gemeldet hatte:

Gestern Abend suchte unser Leutnant fünfzehn Mann mit starken Nerven. Habe mich selbstverständlich freiwillig gemeldet. Wir haben nicht gewusst, was es sollte. Heute früh um fünf sollten wir vor der Kompanie-Kanzlei antreten mit Helm und pro Mann dreihundert Patronen bekommen. Wir warteten mit großer Spannung auf den Morgen. Punkt fünf traten wir an, und der Leutnant erklärte uns, was wir zu tun hatten. Es gab ungefähr tausend Juden im Dorf Krupka, und die sollten heute alle erschossen werden. Ein Zug wurde uns als Wachmannschaft zugeteilt. Die hatten aufzupassen, dass niemand entwischte. Um Punkt sieben hatten alle Juden auf dem Rapportplatz anzutreten – Männer, Frauen und Kinder. Die Liste wurde verlesen, und dann marschierte die ganze Formation ab, Richtung der nächste Sumpf.

Das Hinrichtungskommando, zu dem ich gehörte, marschierte voran und die Wachmannschaft marschierte rechts und links. Es war ein regnerischer Tag und der Himmel eine einzige schwere Wolke wie aus Blei. Man hatte den Juden gesagt, dass sie alle nach Deutschland geschickt werden sollten, damit sie dort arbeiteten. Aber als es quer über das Gleis von der Schmalspurbahn und weiter in Richtung auf den Sumpf zuging, ging den meisten ein Licht auf. Eine Panik brach aus, und die Wachmannschaft hat alle Hände voll zu tun gehabt, dass sie den Haufen zusammenhielt. Wie wir bei dem Sumpf angekommen sind, haben sie sich alle hinsetzen müssen mit dem Gesicht in die Richtung, aus der wir gekommen sind. Fünfzig Meter davon war ein tiefer Graben voll Wasser. Die ersten zehn mussten sich neben diesen Graben stellen und sich bis zum Gürtel ausziehen, dann mussten sie ins Wasser hinuntergehen, und das Abschusskommando, also wir, ist über ihnen gestanden. Ein Leutnant und ein Unteroffizier, die hatten wir bei uns. Zehn Schuss, zehn Juden umgelegt. Das ist so weitergegangen, bis wir sie alle erledigt hatten. Nur wenige haben dabei ihre Haltung bewahrt. Frauen haben sich an ihre Männer geklammert und Kinder an ihre Mütter. Es war ein Schauspiel, das man nicht schnell vergisst.

Ein paar Tage später notiert derselbe Obergefreite:

Etwa ebenso viel in Kholoponichi erschossen. Habe wieder dabei mitgeholfen. Aber da gab es keinen Sumpf, nur eine Sandstätte. So haben wir die Juden da in Sand »eingelegt«. Dann ist das ganze Regiment von Krupka über Orscha weiter nach Gorkij marschiert.

Hierher gehört die Information, dass von einzelnen Armeeoberkommandos im Oktober/November geheime Befehle herausgegeben werden zum Thema »Verhalten der Truppe im Ostraum«. In dem Befehl der 6. Armee vom 10. Oktober 1941 (unterzeichnet von Generalfeldmarschall von Reichenau), den der oben zitierte Obergefreite aber wohl kaum kennen konnte, hieß es:

Der Soldat ist im Ostraum nicht nur ein Kämpfer nach den Regeln der Kriegskunst, sondern auch Träger einer unerbittlichen völkischen Idee und der Rächer für alle Brutalitäten, die deutschem und artverwandtem Volkstum zugefügt wurden. Deshalb muss der Soldat für die Notwendigkeit der harten, aber gerechten Sühne am jüdischen Untermenschentum volles Verständnis haben.

Die Schlusssätze im Befehl vom 20. November 1941, den General von Manstein für seine 11. Armee herausgab, die den Vorstoß zur Krim führte, lauten deutlich abgeschwächt so:

Der deutsche Soldat ... tritt auch als Träger einer völkischen Idee und als Rächer auf. Für die Notwendigkeit der harten Sühne am Judentum muss der Soldat Verständnis aufbringen.

Fritz Köhler, seit 1. Oktober wegen »Tapferkeit vor dem Feind« zum Unteroffizier befördert, ist mit seinen Leuten in der ersten Oktoberhälfte in Richtung Tula unterwegs. Er notiert in seinem Tagebuch:

3.10.: Wir erfahren, dass unsere Panzer heute Nachmittag gegen 18 Uhr in Orel eingedrungen sind. Es scheint, dass es aufs Ganze geht, damit wir nach Möglichkeit in diesem Jahr im Osten doch noch fertig werden. Zwar werden wir nicht jeden Tag so viele Kilometer ohne nennenswerten Widerstand zurücklegen können, aber wir werden es schon schaffen ...

8.10.: Gegen 14 Uhr kommt der Befehl zum Abmarsch. Wir fahren nach Norden in Richtung Tula auf der Rollbahn ...

Ingeborg Tafel schreibt am 9. Oktober an ihren Mann und schildert, wie ihr Bruder in Russland die Nachricht vom Tod seines jüngeren Bruders aufgenommen hat:

Von Gerhard kam heute endlich ein Brief. Er ist von seines »kleinen« Bruders Tod so erschüttert, dass er bei Erhalt der Nachricht geweint habe wie zuletzt als Kind, ohne sich dessen zu schämen. Er habe sich in seinem Zelt verkrochen, während die Granaten über ihn hinwegpfiffen. Er fühle sich völlig leer und apathisch. Er fleht Mutti an, sich ihm zu erhalten, weil sie jetzt das Einzige in der Welt sei, was ihm das Leben überhaupt noch lebenswert erscheinen lässt. – Liebster, lass es dir immer gut gehen und kehre gesund zu uns zurück!

Am 20. Oktober 1941 wird in Nantes in Frankreich der deutsche Feldkommandant, Oberstleutnant Dr. Karl Hotz, auf offener Straße von hinten mit zwei Schüssen in den Rücken niedergeschossen. Ein Tagesbefehl des zuständigen Kreiskommandanten in St. Nazaire gibt danach bekannt, dass Hotz von Angehörigen der französischen Widerstandsbewegung gegen die deutsche Besatzungsmacht erschossen worden sei. Wie in solchen Fällen üblich, wurden von der Gestapo 50 Geiseln aus Nantes als Repressalie erschossen, deren Namen in Paris von der Gestapo ausgesucht wurden, wobei der Militärbefehlshaber als Vollstrecker vorgeschoben wurde. Ein deutscher Angehöriger der Kreiskommandantur von St. Nazaire, der ehemalige Polizeihauptmeister Karl Beisel, hat nach dem Krieg zusammen mit einem französischen Universitätsprofessor deutscher Abstammung, Edmond Dumeril, den tatsächlichen Hergang des Falles geklärt. Danach wurde Oberstleutnant Karl Hotz von der Gestapo aus dem Weg geräumt, weil er mit Dumeril persönlich gut bekannt war, der damals von den Deutschen als Verbindungsmann zwischen französischen kommunalen Dienststellen und der Besatzungstruppe eingesetzt war; beide kannten sich aus gemeinsamer Studienzeit in Tübingen. Edmond Dumeril hat später die Wahrheit über den Tod von Hotz und dem Mord an den fünfzig Geiseln in einer Schrift dokumentiert, aus der hier einige Sätze wiedergegeben sind:

Ich höre auch noch die Stimme des Dr. Hotz, die spitze Pfeile gegen das Hitlerregime richtete, als er mir an den Samstagnachmittagen das Losungswort gab, um ihn in seinem verlassenen Büro zu treffen. Und das waren keine unnützen Worte! Wie oft hat er sie verwirklicht, indem er mir erlaubte, diejenigen von der Deportation oder Verzweiflung zu retten, denen eine höhere Dienststelle ein Gnadengesuch verweigerte …

Ich bin geneigt zu glauben, dass das erste der 50 Opfer, die würdig gewesen wären, vom 11. November 1941 an das Befreiungskreuz (von de Gaulle gestiftet) zu erhalten, der Feldkommandant selbst war …

An der Ostfront wird ab Mitte Oktober für die deutschen Truppen in der vordersten Linie die Versorgung mit Nachschub und Lebensmitteln wegen der Schlammperiode problematisch. Unteroffizier Rupp schreibt am 22. Oktober in sein Tagebuch:

Zu essen gibt es am Abend und in der Frühe nur je ein Stückchen Brot. In der Frühe arbeiten wir den Wagen aus dem Dreck und bauen mit Balken einen Übergang. Ich besorge Pferde im Dorf. Dabei treffe ich Jakob. Er wartet mir mit Brot und Kaffee auf. Ich kann bei ihm einen Brief an Maria aufgeben. Unsere Post ist schon lange nicht mehr weggegangen. In Karatschew betteln wir uns Benzin. Etwa 30 Kilometer über Karatschew hinaus finden wir die Kompanie. Die Fahrzeuge können nicht ins Dorf hinunterfahren. Das Dorf ist furchtbar zugerichtet …

Der Frost lässt die verschlammten Wege hart und wieder befahrbar werden. Am 6.17. November schreibt Unteroffizier Köhler in sein Tagebuch:

Der Chef teilt uns mit, dass es morgen früh weitergeht. Es hat gefroren und die Straßen sind wieder einigermaßen passierbar geworden. Am letzten Tag kommen öfters russische Flieger und laden ihre Bomben ab, aber den erneuten Vormarsch können sie auch nicht aushalten ... Bei Tagesgrauen marschieren wir ab und fahren ungefähr 135 Kilometer. Zunächst geht es auf der Rollbahn in Richtung Tula. Die Straße ist verhältnismäßig gut. Vor Tula biegen wir rechts ab und fahren auf Feldwegen noch ein Stück weiter vor. Die Kompanie erhält den Auftrag, zwei Dörfer, von denen noch gar nicht bekannt ist, ob sie feindfrei sind, zu besetzen und zu sichern ...

In Nordafrika halten bis in den November hinein die Kämpfe um die Festung Tobruk an, die die deutschen Truppen trotz monatelanger Belagerung nicht erobern können. Am 18. November schließlich unternehmen die Engländer eine Gegenoffensive, die am 10. Dezember zur Entsetzung von Tobruk führt. Südöstlich von Tobruk, am Rughbet en Nbeidat, liegt bei Beginn der Gegenoffensive das deutsche Regiment 361 des »Afrikakorps«. Leutnant Karl Weber schreibt im Januar 1942 im Kriegsreservelazarett in Neapel einen Bericht darüber, wie er mit seinen Leuten am 19. November in britisch-neuseeländische Gefangenschaft geriet und einige Tage später im Verlauf eines deutschen Gegenstoßes wieder befreit wurde (Leutnant Weber ist im Jahr 1942 in Nordafrika gefallen):

Ich wies meinen Männern die neue Stellung an und gab Befehl zum Eingraben. Schon bald merkte ich, dass sie keine Lust mehr am Graben hatten. Anscheinend nahmen sie an, dass wir doch bald wieder Stellungswechsel machen würden und dann wieder alles umsonst gewesen sei. Es kam hinzu, dass fast alles Schanzzeug schon vorher in dem felsigen Boden kaputt gegangen war. Die Männer wussten nicht mehr, womit sie graben sollten. Ich gab noch mal den dringenden Rat, alle Kräfte und alle Hilfsmittel einzusetzen, damit jeder am nächsten Morgen ein Loch habe, es könne das Leben davon abhängen ... Nun wurden sie hellhörig und machten sich an die Arbeit. Ich werde diese Nacht nie vergessen. Ein großer Teil der Leute versuchte aus Mangel an Schanzzeug, sich mit Kochgeschirrdeckeln in die Erde zu wühlen. Das Kratzen auf dem harten Fels klingt mir heute noch in den Ohren. Die Männer schafften jetzt alle wie die Wilden, und als der erste Schuss fiel, hatte jeder doch wenigstens einen gewissen Splitterschutz, natürlich keine Rede von Panzerdeckungslöchern. Die neuseeländische Division schnüffelte nicht lange und kroch nicht lange um den Brei herum, sondern griff in aller Frühe an. Wir hatten jetzt die ersten Ausfälle. Verwundete schrien um Hilfe. Die Sanitäter kamen nur unter größten Schwierigkeiten nach vorn, hatten selbst Ausfälle dabei ... Die Verwundeten wurden vorläufig in kleinen Nestern einige hundert Meter hinter der vordersten Linie gesammelt. Dann kam die Meldung durch, dass an unserer rechten Flanke acht englische Panzer vorbei und in unseren Rücken gefahren seien. Das eine Pak-Geschütz, das wir bei uns hatten, war schon seit einiger Zeit ausgefallen. Es dauerte nicht lange, da kriegten wir heftiges MG- und Schützenfeuer von hinten ... Dann kam plötzlich der Ruf durch: »Feindliche Panzer von rechts!« Ich fahre herum und sehe Folgendes: In unserer offenen rechten Flanke fahren englische Panzer in aller Ruhe an unsere Schützenlöcher heran und schießen in die Löcher. Die Situation wurde aussichtslos. In diesem Augenblick sehe ich, wie die ersten deutschen Soldaten aufstanden und die Hände hoch hoben. Die englischen Panzer trieben sie nun mit erhobenen Händen vor sich her und fuhren immer tiefer in unsere Linie hinein. Mich packte eine ohnmächtige Wut. Da lagen wir nun hilflos und mussten uns von ein paar Panzern wie die Hasen zusammentreiben oder totschießen lassen. Wir hatten keine Waffen mehr, mit denen wir den Panzern schaden konnten. Wollte ich mit meinem MG auf die Panzer schießen, so musste ich erst die deutschen Soldaten umlegen, die sie vor sich hertrieben. Ich schäme mich nicht zu sagen, dass mir in dieser Situation beinahe die Tränen kamen. Trotz aller inneren Erregung überlegte ich gleichzeitig kühl und sachlich, dass es sinnlos sei, die Leute hier abknallen zu lassen, dass wir später vielleicht doch das Glück haben würden, aus der Gefangenschaft wieder herauszukommen ...

Am nächsten Tag gab es pro Mann ¼ l Wasser, das war nach unseren jetzigen Begriffen eine riesige Menge und wurde entsprechend genossen. Im Übrigen änderte sich die Verpflegung nicht ... Sonstige Behandlung: korrekt. Ausschreitungen kamen nicht vor. Viele der Posten waren sehr entgegenkommend und hilfsbereit. Bewachung immer sehr streng. Wer austreten musste, wurde von einem Posten begleitet. Nachts durfte keiner raus aus der Umzäunung.

Hoffnung auf Befreiung und ihre Erfüllung: Wir schienen im weiten Umkreis das einzige Gefangenenlager zu sein, denn es kamen immer neue kleine Trüppchen von verschiedensten Truppenteilen und aus ganz verschiedenen Gegenden. So wuchs die Belegschaft des Lagers allmählich auf 600 Mann etwa ... Am nächsten Tag hatten wir die Gewissheit, dass deutsche Truppen nicht allzu weit entfernt sein konnten. Es lagen nämlich Artillerieeinschläge in ziemlicher Nähe unseres Lagers. Man merkte den englischen Posten an, dass sie unruhig wurden. Dann kam am Spätnachmittag der große Augenblick. Einer rief plötzlich: »Da oben sind deutsche Truppen!« Ich wollte mich erst gar nicht umdrehen, mochte nicht enttäuscht werden. Aber die Erregung im Lager zeigte mir, dass doch etwas daran sein müsse. Und wirklich, auf dem Kamm der vor uns liegenden Geländewelle, etwa 500 Meter vor uns, sah man deutsche Stahlhelme, es waren nur einige Mann, die da ein Pakgeschütz in Stellung brachten ... Ohne das Herannahen weiterer deutscher Truppen abzuwarten, wurde der Stacheldraht niedergetrampelt und die Wachmannschaften entwaffnet. Die Überraschung gelang vollkommen. Es fiel zunächst kein Schuss. Die meisten Posten hoben gleich die Hände hoch. Die wenigen, die ihre Waffe in Anschlag brachten, wurden niedergeschlagen. Dabei beobachtete ich eine höchst seltsame Szene: Ein Soldat meines Zuges nahm einem der neuseeländischen Wachposten seine englische Maschinenpistole ab, und da er nicht damit umzugehen wusste, ließ er sich ihre Handhabung von dem Tommy erklären ...

Ein Divisionspfarrer, Josef Eickhoff, berichtet an Wolfgang Gibmeier in Magdeburg am 9. November über einen anderen traurigen Aspekt des Krieges an vorderster Front, von den Hauptverbandsplätzen:

Man möchte einen lieben Menschen gern möglichst lange in der Geborgenheit des Elternhauses wissen. Ich sehe ja wie kein zweiter in der Division so sehr das geballte Leid eines Krieges auf den Hauptverbandsplätzen. Allein im Monat Oktober betreute ich weit über tausend Verwundete. Und wenn ich nicht so viel Freude durch die seelsorgerische Arbeit bei den Jungen hier fände – meine Nerven wären doch auf zu harte Proben gestellt ...

Im November 1941 »werden durch die Sicherheitspolizei aus dem Altreich, der Ostmark und dem Protektorat Böhmen und Mähren 50 000 Juden nach dem Osten in die Gegend um Riga und um Minsk abgeschoben«, wie es in einem Schnellbrief der Ordnungspolizei vom 24. Oktober heißt. Dort erwartet sie der Tod durch Erschießen. Am 18. November 1941 schreibt ein Opfer dieser Deportation, Bertha Oppenheimer in Frankfurt am Main, an ihre Kinder in den USA diesen letzten Brief:

Meine lieben Kinder! Ich hoffe, ihr seid gesund. Seit eurer Depesche habe ich nichts mehr von euch gehört. Ich bin in größter Aufregung, da ich schon die Mitteilung bekam, dass ich übermorgen, Donnerstag, Frankfurt verlassen muss. Ich darf nur das Nötigste mitnehmen. Wenn es erlaubt ist, werde ich meine Adresse mitteilen. Vielleicht könnt ihr mir etwas dorthin senden. Leider ging mein Wunsch, euch wiederzusehen, nicht mehr in Erfüllung. Auf jeden Fall will ich von euch Abschied nehmen und wünsche euch alles Gute, was eine Mutter ihren Kindern wünschen kann. Ich will rasch den Brief zur Post bringen. Ich bin so nervös, dass ich auch nicht mehr weiterschreiben kann. Haltet in Leid und Freud immer zusammen und betet für eure Mutter. In Gedanken bin ich immer bei euch. Viele herzliche Grüße und Küsse – Mutti.

Der Hunger in diesem Winter 1941/42 trifft auch die russische Zivilbevölkerung hart, und die Geheimbefehle gegen die russischen »Untermenschen« sind sicher verantwortlich für Ausschreitungen deutscher Soldaten gegen russische Gefangene. Robert Rupp schreibt Anfang November in sein Tagebuch:

Eine große Hungersnot beginnt in der Stadt Orel, die früher 170 000 Einwohner hatte. Eine Frau, die neben unserem Halbzugraum wohnt, ladet Kumpfmüller und mich ein, dort zu schlafen. Sie schläft außerhalb. Jetzt hat jeder selbst ein Bett, auch ist der Raum größer und heller. Ich besuche noch öfter die Familie unten, die uns ungern ausziehen lässt. Die Mutter der Frau im unteren alten Quartier kommt und erzählt, dass bei ihr drei Soldaten einquartiert waren, die ihre 17-jährige Tochter vergewaltigt haben. Die Mutter haben sie mit einem Prügel aus dem Haus getrieben und die Tochter mit der Pistole gezwungen, ihnen zu Willen zu sein. Die Frau ist zur Kommandantur gelaufen, hat auch gleich Hilfe gefunden, aber das Quartier war indessen geräumt, die Soldaten waren fort. Die Leute erzählten von ihrer Angst, als deutsche Soldaten abends in die Stube kommen, herumleuchten und alles Mögliche mitnehmen. Sie loben sehr die Korrektheit unseres Halbzuges. Geschendtner, Bruckner und Gerstmeier kommen aus dem Lazarett zurück ... Die Rückkehrer staunen, mich lebendig zu finden, weil in der Heimat wieder erzählt worden ist, ich sei gefallen ... Sie erzählen auch, wie es weiter zurück zugeht, sie erzählen von Unmengen Gefangener, die auf engem Raum zusammengepfercht waren und furchtbar hungern mussten. Ein Feldwebel hat mit einem Prügel ein Mädchen unmenschlich geschlagen, als es Tomaten durch den Zaun reichte. Geschendtner erzählt, dass die Soldaten, die zur Gefangenenbewachung eingeteilt sind, den verwundeten Soldaten Munition abbetteln und dass sie den ganzen Tag damit herumknallen. Wohl sind auch viele Schreckschüsse dabei, aber Geschendtner sah u. a., wie einem Russen, der zum Viehwagen einen Becher herauslangen wollte, mit der Bitte um Wasser, einfach ins Gesicht geschossen wurde, dass er rückwärts in den Wagen fiel. In einem offenen Wagen bei grimmiger Kälte wurden gefangene »Flintenweiber« befördert, das heißt, man hat sie tagelang auf dem Bahnhof herumstehen lassen. Eines der Mädchen, eine Krankenschwester, unterhält sich mit einem Feldwebel und bat ihn, sie zu erschießen. Sie bot ihm 100 Rubel dafür! ...

An Bäumen an der Hauptstraße sind zwei Zivilisten erhängt. Sie tragen ein Schild: Gehängt wegen Brandlegung. Bald hängt noch ein anderer daran: Gehängt, weil er als Partisan gegen die deutsche Wehrmacht arbeitete ... Wir kommen spät abends nach Mzensk. Ich fühle mich sehr einsam...

Der Widerstand, auf den die deutschen Angreifer vor Moskau stoßen, wird immer härter. Major Hans Riederer von Paar schreibt am 6. November in sein Tagebuch (er wird am 6. Dezember schwer verwundet und stirbt am 29. Dezember):

Ein Überläufer meldet sich und gibt an, dass eine ganz frische, aus aktiven Regimentern bestehende russische Kavalleriedivision heute Nacht hier angekommen ist und mit einem Regiment in Osheikina liegt. Da haben wir also schön in ein Wespennest gelangt. Der Angriff lässt sich jetzt aber gar nicht mehr abstoppen. Er rollt schon. Bald kommen von Fürstenberg die ersten Meldungen: Flankenfeuer aus der linken Flanke. Ich schicke einen Panzerspähtrupp zur Sicherung dorthin. Es kommen die ersten Verwundeten zurück, auf Zugmaschinen und Krädern. Immer lautere Hilferufe von Fürstenberg, immer neue Verwundetentransporte. Der Angriff bleibt liegen. Der Pionier-Zug mit einigen Spähwagen wird zur Entlastung der rechten Flanke der Kradschützen durch Dobmeyer vorgeführt, die linke Flanke durch einen weiteren Spähtrupp verstärkt. Jetzt habe ich aber nichts mehr zur Verfügung; der Stab wird zur Selbstverteidigung eingesetzt. Bei der Division erbitte ich dringend Entlastung durch einen Angriff in Flanke und Rücken des Gegners. Die Verwundetentransporte werden immer stärker. Das Bild ist niederdrückend. Überall wanken einem Verwundete entgegen, andere werden von Kameraden gestützt oder getragen. Einzelne Gruppen unverwundeter Soldaten trifft man an. Nirgends mehr eine geschlossene Truppe. Ich sammle die versprengten Teile und führe sie an die bedrohteste Stelle, die linke Flanke, vor. Ich treffe Fürstenberg, inmitten des Restes seiner Kompanie, ein Häufchen von vielleicht 20 Mann. Ich bin tief erschüttert über den Zustand meiner stolzen Kradschützenkompanie. Aber man darf sich nichts anmerken lassen ...

Der Hunger im eingeschlossenen Leningrad fordert ab November immer mehr Opfer. Elena Skrjabin schreibt in ihrem Tagebuch am 15. November:

Der Tod haust in der Stadt. Menschen sterben wie die Fliegen. Als ich heute auf der Straße ging, tastete sich vor mir ein Mann entlang. Er konnte sich kaum mehr auf den Beinen halten. Als ich ihn einholte, blickte ich unwillkürlich in sein unheimlich fahles Gesicht. Ich dachte bei mir: Er wird bestimmt bald sterben. Hier konnte man wirklich sagen, dass der Tod dem Menschen ins Gesicht geschrieben war. Nach einigen Schritten drehte ich mich um, blieb stehen und beobachtete ihn aufmerksam. Er ließ sich auf den Prellstein nieder, verdrehte die Augen und glitt dann langsam auf die Erde. Als ich zu ihm hinkam, war er bereits tot.

Bei den deutschen Truppen, die Leningrad belagern, ist der kurz vorher aus Frankreich nach Russland gekommene Hans Braukmann, der am 30. August 1943 in Russland gefallen ist. Er schreibt am 20. November in sein Tagebuch:

Das Gelände wurde leicht wellig, mal schien es durch eine Sandgrube, mal durch große Trichter zu gehen, schließlich kam ein zerschossener Tank in Sicht. Kurz dahinter eine der gespenstischsten Landschaften, die ich je sah. Ich erlebte mal in einem an sich unwerten Stück, Klabunds »Kreidekreis«, eine meisterhafte Inszenierung einer Winterlandschaft, die Schauder über den Rücken jagte. Dies aber war viel mehr: links eine dreieckige Hausruine, auf halbhohem Hügelrücken, im Hohlweg ein bizarr verbogener Baum, rechts ein abgebranntes Gehöft, gleichfalls Ruinen, dahinter das Nordlicht, das die Konturen verschärfte. Man vergaß die Gefahr der ständig pfeifenden Geschosse, das Zerknallen der seltsamen russischen Gewehrkugeln, der »Ping-pong-Geschosse«. Dieser Ort war von Grauen gezeichnet. Das Auge suchte unwillkürlich nach einem Galgen oder irgendeinem anderen Anzeichen, das den Ort zu einer Schädelstätte machte. Es stand wie das Klagen Unerlöster um diese Mauerreste, Unerlöster, die zwar die ganze Welt durchirren, vielleicht bis zum fernsten Stern, aber die nur an solchen Orten den Menschen wesenhaft gegenübertreten.

Während im Süden der deutsche Vorstoß am 16. November nach Kertsch führt, beginnen im Raum vor Moskau bereits die Abwehrkämpfe um Kalinin. Unteroffizier Robert Rupp notiert am 20. November in sein Tagebuch:

Gleich beim Antreten kommen wir auf eine Höhe, auf der unsere Panzer schon zuvor gekurvt haben. Tote liegen herum und Verwundete, die jämmerlich erfrieren müssen! Einer hebt noch das Bein. Einer richtet sich noch etwas auf und lallt klagend. Ich schenke Pferde und Wagen her.

An seine Frau schreibt Robert Rupp zwei Tage später:

... Sehr selten hab ich geweint. Weinen ist ein Ausweg, solange man in den Dingen steht. Erst wenn ich wieder bei euch bin, im Ausruhen und Überwinden, werden wir sehr viel weinen müssen, und du verstehst dann auch darin deinen Mann. Hier hat auch vor den traurigsten Bildern das Weinen keinen Sinn, und das »Mitleid« ist gemein, wenn es an die Stelle von Hilfe und Tat tritt. Es wächst das Gefühl der menschlichen Armut und der menschheitlichen Schuld, die in jedem Einzelnen wurzelt. Eine tiefe Scham wächst. Manchmal schäme ich mich sogar, geliebt zu werden. Du verstehst das schon recht, gelt, Maria. Es gibt so wirklich Arme, dass man sich des Reichtums schämen muss. Und dann gibt es noch die Ur-Scham. Du kennst sie, weil du mitlebst. Man kann sie nicht näher bezeichnen. O, Dinge geschehen in der Welt! …

Anfang Dezember erreicht die Kälte vor Moskau minus 30 Grad. Russische Reservisten aus Sibirien in bester Winterausrüstung treten am 5. Dezember gegen den Nord- und Südflügel der Heeresgruppe vor Moskau zur Gegenoffensive an. Im Tagebuch des Gefreiten Gustav Vetter lesen wir an diesen Tagen im Telegrammstil:

1.12.: Morgens 6.00 Uhr Angriff, zwei Stunden schwerer Kampf vor Namenskoje, da die Russen gute Feldstellungen haben. Am Abend und in der Nacht in N. Artilleriefeuer ins Dorf. Erfrierung.

3. 12.: Einschläge von »Stalinorgeln« ganz in der Nähe. Viele Erfrierungen, abends wieder »Stalinorgel«-Feuer.

4. 12.: Wieder zurück nach Aristowo. Front wird zurückverlegt, keiner weiß warum.

5.12.: In Aristowo. 18 »Ratas« greifen an.

7.12.: Wilhelm Schuch erhält Granatsplitter ins Herz, tot.

10.12.: In Lapschinka übernachtet auf dem Weg nach Kaluga.

12. 12.: In Kaluga angekommen. In einem Lazarett eingerichtet. Übrige Division bei Kalinin …

Am 6. Dezember schreibt Fritz Köhler in sein Tagebuch:

Der Russe versucht mit allen Kräften den Ring, der um Tula gelegt werden soll, nicht zum Schließen kommen zu lassen, und es ist ihm nun auch geglückt. Ein wenig Sprit trifft auch ein, und wir können wenigstens wieder einige Kilometer fahren. Um 13.30 Uhr ist Abmarsch, und alles fährt zurück. Unsere Sicherung übernehmen Panzer.

25 Kilometer nördlich von Tula waren wir bereits und hatten nicht viel über 100 Kilometer bis zur Sowjetmetropole. Nun müssen Winterstellungen bezogen werden. Wie weit wird das eroberte Gelände wieder geräumt?

Ebenfalls am 6. Dezember schreibt der Gefreite Fritz Sigel nach Hause:

32 Grad Kälte. Mein Gott, so was hab ich noch nie erlebt. Fast jeder hat sich einen Teil davon geholt. Einer hat die ganzen Hände erfroren, musste sofort ins Lazarett, fast jeder die Fingerspitzen, ich habe den linken Daumen erfroren … Wir sind eingesetzt im Kampf um die Stadt Tula … Solange es so kalt ist, kann wohl kein Angriff stattfinden, denn die Infanterie würde ja erstarren dabei.

Mein Gott, was bringt dieses Russland uns noch alles! Einmal müsste doch aufgehört werden mit dem Kriegführen, denn sonst gehen wir alle noch an diesem Zustand zugrunde …

Am frühen Sonntagmorgen des 7. Dezember überraschen die Japaner mit einem verheerenden Flugzeugangriff die US-Flotte in Pearl Harbor auf der Hawaii-Insel Oahu. Sie versenken drei von acht Schlachtschiffen und beschädigen mehrere Kreuzer und Zerstörer schwer. Der Angriff trifft die Amerikaner so unvorbereitet, dass nur noch etwa 38 Marineflugzeuge aufsteigen können. Von insgesamt 202 Maschinen zerstören oder beschädigen die japanischen Angreifer etwa 150 Maschinen. Etwa 60 japanische Flugzeuge werden von der US-Flakabwehr abgeschossen. 2 280 Amerikaner sterben bei dem Angriff, 1 109 US-Soldaten werden verwundet. Der amerikanische Schriftsteller James Jones hat den Angriff als Soldat erlebt. Er erinnert sich später:

In der Schofield-Kaserne saßen die von uns, die bereits aufgestanden waren, beim Frühstück. Damals gab es sonntags eine Zusatzration von einem Viertelliter Milch zu unseren Eiern oder Pfannkuchen mit Sirup, die gleichfalls zum Sonntagsfrühstück gehörten. Die meisten von uns waren mehr mit ihrer Milch beschäftigt als mit dem Lauschen auf die Explosionen, deren Lärm von dem drei Kilometer entfernten Wheeler-Flugplatz zu uns herüberdrang. »Machen die dort Sprengversuche?«, fragte ein älterer Soldat, der mit vollem Mund an seinem Pfannkuchen kaute. Erst als das erste Jagdflugzeug im Tiefflug mit ratterndem MG-Feuer über uns hinwegdonnerte, liefen wir, mit den Milchgläsern in der Hand, hinaus, damit sie uns nicht gestohlen würden, und wurden uns mit einem plötzlichen Gefühl des Schreckens bewusst, dass wir mit eigenen Augen einen wirklich historischen Augenblick sahen und erlebten.

Als wir, uns mit dem Rücken an die Mauer des Tagesraums drängend, draußen auf der Straße standen, kam ein zweites Jagdflugzeug mit den roten Sonnen auf den Flügeln über die Hauptstraße heran, achtzig Meter vor ihm bohrten sich zwei Reihen Löcher in den Asphalt. Als der japanische Pilot mit uns auf gleiche Höhe kam, zeigte er mit typischem Grinsen seine Zähne und winkte: Und ich werde niemals sein Gesicht hinter der Brille vergessen. Er trug einen weißen Seidenschal um den Hals und über der Brille ein weißes Band um den Helm mit einem roten, kreisrunden Fleck in der Stirnmitte. Später erfuhr ich, dass dieses Band ein Haschimaki war, das Stirnband, das der Samurai des Mittelalters trug, wenn er in den Kampf zog, und das meist einen religiösen Wahlspruch der Shinto- oder Kaiserverehrung zeigte …

Der bisher europäische Krieg weitet sich nach dem 7. Dezember 1941 zum Weltkrieg aus. Und drei Tage nach Pearl Harbor trifft auch die englische Fernostflotte ein schwerer Schlag mit der Versenkung der beiden Schlachtschiffe »Prince of Wales« und »Repulse« durch japanische Torpedoflieger. Cecil Brown hat nach Berichten Überlebender der »Repulse« diesen Augenzeugenbericht vom Untergang des Schlachtschiffes aufgezeichnet:

Der Torpedo trifft das Schiff etwa zwanzig Meter hinter der Stelle, an der ich stehe. Ich habe den Eindruck, als ob das Schiff in eine Kaimauer gerannt wäre. Ich werde einige Schritte über das Deck geschleudert, aber ich bleibe auf meinen Füßen. Fast gleichzeitig scheint das Schiff Schlagseite zu bekommen. Der Kommandant brüllt aus dem Lautsprecher: »Rettungsgürtel aufblasen!«

Ich nehme meinen Schwimmgürtel aus dem Fach, als wieder die Stimme des Kommandanten kommt: »Alle Mann Steuerbord!« Kapitän Tennant spricht mit kühler Stimme über den Bordlautsprecher: »Alle Mann an Deck. Klarmachen zum Verlassen des Schiffes.« Jetzt kommt eine winzige Pause, dann: »Gott schütze euch.« ... Die Repulse sinkt. Die von einem Torpedo getroffene »Prince of Wales« ist noch eine halbe bis dreiviertel Seemeile vor uns; sie liegt, von einer Rauchwolke halb verborgen, tief im Wasser, und neben ihr liegt ein Zerstörer ...

Auch von den vier oder fünf anderen Kontrolltürmen, die aus dem Hauptmast herausstehen, springen Männer ins Meer. Einer schätzt die Entfernung falsch ein, springt, schlägt auf die Seite der »Repulse« auf, bricht jeden Knochen im Leib und rutscht wie ein Sack nasser Zement in die See. Ein anderer springt von einem der Türme in falscher Richtung und fällt direkt in den Schornstein. Männer laufen über das Deck des Schiffes nach achtern. Das Schiff liegt dort tiefer im Wasser, und deshalb ist die Sprunghöhe geringer. Zwölf Matrosen laufen zu weit nach achtern, springen ins Wasser und werden in die Schiffsschrauben gewirbelt ...

Unteroffizier Gottfried Kuchenbrod schreibt am 15. Dezember vom Mittelabschnitt der Ostfront an seinen verwundeten Kameraden Wilhelm Kebben, der im Genesungsurlaub in der Heimat ist:

Wir sind seit Mitte Oktober wieder eisern marschierende Infanterie ... Bei durchschnittlich 25 bis 30 Grad Kälte tippeln wir nun auf der Landstraße dahin und voraussichtlich wohl in einen anderen Frontabschnitt. Kaum findet man abends ein einigermaßenes »Quartier« ... Die russischen Verhältnisse sind im Vergleich zum Sommer um achtzig Prozent schlechter geworden. Sonst hat man sich für die Nacht um einen Baum gestritten, wo man sein Zelt aufschlagen konnte, jetzt kämpft man um einen Schlupfwinkel »hinter dem Ofen«! ... Ja, wir sind arme Schweine geworden ...

Hitler übernimmt selbst ab 19. Dezember den Oberbefehl über das Heer, aber sein Befehl, »den Boden mit fanatischem Widerstand zu verteidigen«, kann von den erschöpften deutschen Truppen 1941 nicht befolgt werden. Auf den deutschen Rückzugstraßen beobachten viele Augenzeugen »schreckliche Bilder«. Der Gefreite

Gustav Vetter notiert vom 24. bis 30. Dezember in sein Tagebuch (er fällt wenige Wochen später, am 10. Februar 1942 bei Karpowo):

24.12.: Weihnachten. Lage unverändert, immer noch auf Wache vor der Oka am Stadtrand von Kaluga, nachts auf Posten. Lebhaftes Artilleriefeuer des Feindes.

25.12.: Noch in Kaluga. Nachts Volltreffer im Bataillons-Gefechtsstand.

26.12.: Wir sind eingeschlossen. 35 Grad Kälte. Auf Wache. Am zweiten Weihnachtsfeiertag werden aus dem Gefangenenlager in Kaluga etwa 3 000 russische Gefangene abgeführt in Richtung Roslawl. Viele davon fallen vor Schwäche (Hunger) auf der Straße um und werden totgeschossen; als die Straße wieder frei ist, sieht man unzählige Tote auf der Straße liegen. Es werden bei den Gefangenen etliche gesehen, die Teile von menschlichen Körpern (Arm, Fuß usw.) in der Tasche mitführen (zum Essen). Wenn einer umfällt, stürzen sich gleich etliche darauf, um ihm Kleidungsstücke und Essbares abzunehmen. Alle sehen abgemagert und schlecht aus, haben einen direkt tierischen Blick.

27.12.: Infanterieregiment 82 greift an. Noch eingeschlossen. 40 Grad Kälte. Auf Wache. Sehr müde, aber im Freien wach.

28.12.: Russenpanzer schießen sehr oft. Es heißt »morgen Ablösung«. Es klingt kaum glaubhaft. Nachts 38 Grad Kälte, auf stündlicher Wache.

29.12.: Nachts um 1.00 Uhr Kaluga verlassen. Die Stadt wird den Russen überlassen.

30.12.: Auf der Rückzugstraße schreckliche Bilder gesehen. Viele Wagen ausgefallen, selbst zu Fuß 35 Kilometer gelaufen. Alles verloren, habe nur noch, was ich auf dem Leib habe …

IV.

1942

Der Krieg hat hier noch viele andere Seiten als unsere Siege. Hier spielen sich Tragödien ab, die aber keiner zur Kenntnis nimmt, weil es so »befohlen« ist. Und weil schließlich der Russe ein Mensch »zweiter Klasse« sei, den auszurotten ein »humanes Werk« wäre …

Heinrich Lindner, 28.7.1942

Januar bis April

In Russland gehen in den ersten Monaten des Jahres 1942 nach dem Scheitern des deutschen Vorstoßes auf Moskau die militärischen Rückschläge für die deutsche Wehrmacht weiter, vor allem im Raum der Heeresgruppe Mitte, wo eine Stabilisierung der Front erst im April erreicht wird. Hitler setzt am 8. Januar Generaloberst Hoepner, den Oberbefehlshaber der 4. Panzerarmee, ab und stößt ihn aus der Wehrmacht aus, weil dieser auf eigene Verantwortung den Befehl zum Rückzug in die »Winterstellung« an seine Truppen gegeben hat (Hoepner wird am 8. August 1944 wegen seiner Beteiligung am Attentat auf Hitler hingerichtet). Im Süden der Ostfront halten die Abwehrschlachten im Donez-Gebiet, um Kursk und auf der Krim bis in den Sommer 1942 an. Die Vorbereitungen des Oberkommandos der Wehrmacht (OKW) für eine neue Offensive im Süden der Ostfront laufen ab März an. Auch am Nordabschnitt der Ostfront gibt es bis zum Sommer 1942 Stellungs- und Abwehrkämpfe zwischen Ilmen- und Ladogasee, südlich des Ilmensees bei Cholm und Staraja Russa, im Raum Demjansk und natürlich vor Leningrad. Aus der belagerten Stadt werden ab Januar über das Eis des Ladoga-Sees Massenevakuierungen der vom Hungertod bedrohten Bevölkerung eingeleitet.

In Nordafrika beginnt am 21. Januar das deutsche »Afrikakorps« eine Offensive zur Wiedereroberung der Cyrenaika, nachdem die Engländer im November noch Tobruk entsetzt und Rommels Truppen sich bis zur Marada-Marsa el Brega-Stellung zurückgezogen haben. Der deutsche Angriff kommt aber bereits Anfang Februar westlich von El Gazala zum Stehen.

Die Royal Air Force beantwortet deutsche Luftangriffe auf englische Städte mit Bombenangriffen auf Hamburg und Emden (Januar) sowie Essen und Lübeck (März) und Rostock (April).

Am 20. Januar beschließt die berüchtigte »Wannsee-Konferenz« (Reichsminister, Staatssekretäre und SS-Führer unter Vorsitz von Reinhard Heydrich) die »Endlösung der Judenfrage« in ganz Europa durch »Evakuierung« in den Osten und »andere Maßnahmen«, die schon zuvor mit »Umsiedlungsaktionen« nach Chelmno (15.1.) beginnen. Im Februar/März gibt es Massenmorde an den Juden in Charkow mit 14 000 Opfern. Im März wird das Vernichtungslager Belzec errichtet, und die Juden des Lubliner Gettos werden nach Belzec, Majdanek und nach anderen Lagern »umgesiedelt«; zu dieser Zeit treffen auch die ersten slowakischen Juden und Juden aus Paris im Lager Auschwitz-Birkenau ein. Ab April werden solche »Umsiedlungen« auf ganz Polen ausgedehnt, und neue Juden-Transporte kommen aus dem Reich in die polnischen Todeslager.

Nachdem die Alliierten auf der Konferenz von Washington vom 22. Dezember 1941 bis 14. Januar 1942 mit den Vereinigten Stabschefs ihren früheren Entschluss bekräftigt haben, den Japanern vorerst defensiv zu begegnen und zuerst alle Kräfte in Europa gegen Deutschland zu konzentrieren, ergreifen die Japaner im Raum

Südostasien die Initiative. Sie erobern die Philippinen und landen auf Borneo, Malaya, Burma und Hongkong; die Engländer und Amerikaner hatten sich vorher von dort zurückgezogen. Im Südpazifik erobern die Japaner die Vorfeldinseln Guam, Wake, Gilbert-Inseln, Bismarck-Archipel, im Indischen Ozean die Andamanen und Nikobaren.

Am Neujahrstag 1942 schreibt Karl Rupp aus Stuttgart vom Mittelabschnitt der Ostfront an seine Frau nach Hause:

Meine liebe Frau!

Der erste Brief in diesem Jahr gehört dir. Zu deinem Päckchen hast du so liebe Worte geschrieben, ich hab sie oft gelesen. Du schreibst von dir und unserem Jürgen, und es klingt wie ein Gruß aus einer anderen Welt. Weißt du, manchmal hab ich das Gefühl, dass ich in meinen Briefen viel zu wenig auf die deinen eingehe. Aber der Weg von dort zu uns ist so weit und die Heimat und das Zuhause mussten wir noch nie so sehr aus unseren Gedanken verbannen wie diesmal. Und wenn ich mich dann hinsetze und einen lieben Brief schreiben wollte, dann wurde es eben wieder ein Bericht aus unserem engen Gesichtsfeld, und kaum hatte etwas anderes darin Platz als unsere Sorgen und Hoffnungen. Und doch steigt jedes Mal ein warmes Gefühl in mir auf, wenn ich einen Gruß von dir in Händen habe, aber wer hier ist, der hat sich ja tausendmal gezwungen, jedes Gefühl zu unterdrücken, und wenn man dann versucht, es doch in Worten auszudrücken, wirds klägliche Stümperei. Aber wenn wir hier mal raus sind, wird alles wie zuvor, und wir kommen euch wieder viel näher …

In den ersten Januartagen 1942 schreibt Herbert Duckstein, damals Sonderführer in einer PK (Propaganda-Kompanie)-Einheit, auf dem Weg nach Kreta den folgenden Brief an seinen noch nicht geborenen Sohn, der wenige Tage später zur Welt kam. Herbert Duckstein ist später wegen defaitistischer Äußerungen degradiert und als Fahnenjunker von Kreta aus zum Einsatz gegen Partisanen in Griechenland strafversetzt worden. Dort fiel er am 2. Juni 1944; sein Grab befindet sich auf dem Soldatenfriedhof Rapendoza bei Athen. Sein Brief vom Januar 1942 ist ein ungewöhnliches Dokument des freien Geistes in einer Welt des Ungeistes:

Noch hat die Reise nicht begonnen, deine nicht und meine nicht. Noch stehen wir vor dem großen Abenteuer, du vor deinem, was wir Leben nennen (ohne allzu viel damit auszusagen), ich vor dem meinen, in das Krieg und Zeitverhältnisse mich führen. Dieser Brief an dich ist darum zunächst ein Brief an deine Mutter, die als die große Mittlerin mit ihrem eigenen Leben zwischen deinem und meinem steht …

Ich liebe dich, solange dein gedämpfter Herzschlag die Bahn bezeichnet, die zu gehen dir bestimmt ist. Ich scheine dich aber nicht genug zu lieben, und das ist Väterart, um alle Feigheit über Bord zu werfen und allen Mut aufzubringen, der in diesem Moment notwendig wäre, um gerade in der Stunde, da du das Abenteuer des Lebens beginnst, bei deiner Mutter und dir zu sein. Die Männer haben sich einen Pflichtbegriff in Jahrtausenden zurechtgemacht, der sie immer weiter von der Menschlichkeit entfernt hat.

Dieser Brief an dich ist darum recht eigentlich ein Akt der Feigheit, der Verachtung verdiente. Wo stünden wir, wie gesegnet wäre das Menschengeschlecht, wenn Pflichtgefühl und Menschlichkeit eines für das andere gesetzt werden könnten! Wenn beides die gleichen Wurzeln hätte. Vielleicht ist das ein Ziel menschlichen Strebens, im Augenblick jedoch sind wir weiter entfernt davon denn je ... Einem Vater, der sich der Feigheit bezichtigt, stünde es schlecht an, seinem Kinde, noch bevor es ein Ohr dafür hat, Belehrungen und Ratschläge zu erteilen. Das will und kann ich nicht, wie mir Menschen, die eine Kluft zwischen Rat und Tat gerissen haben, überhaupt im Herzen zuwider sind. Von der Tat allenfalls kann ein Rat ausgehen, die Tat kann ein Vorbild geben, aber der Rat allein bedeutet eine ungeprägte und darum wertlose Münze.

Ich will dir also nicht raten, sondern nur sagen, wie ich es gehalten habe, und womit ich glaube einen gangbaren Weg gefunden zu haben.

Ich bin von jeher misstrauisch gegen jede theoretische Belehrung gewesen. Nichts ist nach meiner Auffassung (und alles, was ich hier niederlege, trägt das unverwechselbare Siegel des Individuellen) wiederholbar, am wenigsten ein Menschenleben. Jedes Menschenleben hat eine eigene, andere Mischung der Säfte und der Seelen zur Wurzel, und jeder Mensch durchlebt seine Zeit, und jeder Ort hat zu jeder Stunde seine eigenen Verhältnisse, sein unwiederholbares, geistiges Klima. Umstände der Zeit und des Ortes helfen den Menschen formen, und er härtet sich, indem er sich gegen sie durchsetzt. Die geistige Begabung ist immer eine andere, und die seelische Disposition wird aus Kräften des Blutes gespeist, die aus dunklen, unbekannten Tiefen aufsteigen und von denen keiner weiß, worin sie wurzeln ...

Ich bin immer misstrauisch gegen Menschen gewesen, die schnell mit dem Wort, dem gesprochenen und dem geschriebenen, fertig sind. Nur wer Verantwortung als ein Gesetz in sich trägt, hat auch Verantwortung vor dem Wort, diesem schönsten, edelsten und gefährlichsten Werkzeug, das eine unendliche Reihe von Generationen als den kostbarsten Schatz des Menschen an uns vererbt hat. Verantwortung vor der Sprache ist die höchste Verantwortung vor der menschlichen Gemeinschaft. Darum ist es besser, lange zu schweigen und wenig zu sprechen und die Sprache für Notzeiten aufzuheben, da man nicht anders kann, als sich unter ihr schützendes Dach zu flüchten.

Menschen, die schnell mit dem Wort fertig sind und das gesprochene so zu handhaben wissen, dass die Zuhörer geblendet davon sind, wirken auf die Dauer nur auf Unvollkommene und Minderwertige. Sie sind die glänzenden Rhetoriker, die alles, auch das Rätselhafteste, das den Philosophen und Denktüchtigen bis zu ihrem Tode ein Rätsel blieb, mit einem Satz zu »enträtseln« vermögen, die für jede geheime Pforte vorgeben, den Schlüssel zu besitzen. Es sind Oberflächenmenschen ohne die abgründige Tiefe eines wirklichen Innenlebens, oder es sind jene Quacksalber und Dilettanten des Lebens, für die Goethe das Wort gefunden hat: »Das ist das wahre Wesen der Dilettanten, dass sie die Schwierigkeiten nicht kennen, die in einer Sache liegen, und dass sie immer etwas unternehmen wollen, wozu sie keine Kräfte haben.« Sie selbst pflegen ihren Zustand nicht einmal zu kennen, weil sie nicht wissen, dass sie nichts wissen, oder weil das Leben ihnen scheinbar noch keine ernsten Schwierigkeiten gemacht hat und weil bei Zuhilfenahme ihres Taschenspielertricks die Rechnung immer noch im letzten Augenblick aufging.

Oswald Spengler hat den Mut gehabt, das kühne Wort auszusprechen: »Optimismus ist Feigheit.« Ich habe die Optimisten nie beneidet, weil ich sie um ihre Enttäuschungen nicht beneide. Sie sind die legitimen Brüder der Dilettanten in dem Sinne, wie Goethe sie gemeint hat. Sie glauben den Himmel noch in einem rosigen Licht zu sehen, wenn schwere Gewitterwolken ihn schon verdunkelt haben. Sie sehen das schwere Wetter nicht, weil sie es nicht sehen wollen. Sie verschließen, wenn die Wolken sich schon geöffnet haben, noch die Augen davor, nur um als Optimisten Recht zu behalten – oder weil es sehr schwer ist, wieder umzukehren. Nein, wir wollen die Augen weit geöffnet halten, wollen die Dinge nicht so sehen, wie wir wünschen, dass sie wären, sondern wollen sie sehen, wie sie unsere empfindlichen Sinne und der wache Verstand wahrnehmen.

Das hat am wenigsten mit Bequemlichkeit gemein. Ich bejahe das Abenteuer, weil es Geist und Seele elastisch hält. Wer einen elastischen Geist besitzt, der braucht nicht die bequeme und unverbindliche Haltung des Optimisten, den der Volksmund gern als »unverbesserlich« bezeichnet (wie es ein Bösewicht auch sein kann). Der geistig Elastische, den kein Dogma hemmt, vermag sich sogar der stärkeren Umwelt anzupassen, ohne dass er ihr sich unterwirft. Unterwerfung bedeutet Auslieferung, und Auslieferung bedeutet den Tod.

Aber über alledem dürfen wir die Demut nicht gering achten. Die Beschäftigung mit etwas Höherem, als unser Verstand erfassen kann, und unser unentwegtes Streben danach verlangt Demut. Das Unbegreifliche wird nicht begreifbar, indem wir es negieren. Diese Haltung stünde Optimisten an, die wir nicht sein wollen und nicht sein dürfen, weil der Optimist entweder vor Schwierigkeiten die Augen verschließt oder aber ein Rezept zur Hand hat, anstatt das Leiden auszukosten und dadurch eine Läuterung zu erfahren. Rezepte haben selbst da, wo sie zu Hause sind, nämlich in der Heilkunde, nur ein bedingtes Daseinsrecht. Das Wesen des Rezeptes setzt ja voraus, dass jeder normal veranlagte Mensch ‚auf einen bestimmten Reiz in der gleichen Weise reagiert, was ich in dieser begrifflich notwendigen Verallgemeinerung für falsch halte. Demut und Duldsamkeit sind die Maßstäbe, die dem geistigen Menschen eignen. Der Geist lässt sich nicht Zangen anlegen. Wer sich anmaßt, den Geist fruchtbar zu erhalten, wenn er ihm Zangen anlegt, der hat vom Geiste keinen Hauch verspürt. Hochmut und Unduldsamkeit sind die Kennzeichen des ungeistigen Menschen, der seine eigene, geistfremde Haltung als die allein gültige und darum gesetzliche ansieht. Er ist so ungeistig, dass er optimistisch genug ist, an die Dauer und den Triumph seiner Haltung zu glauben. Es ist ein Scheintriumph, den er vielleicht lange auskosten kann, mit allen Freuden, die mit dem Triumph einhergehen, um dann eines Tages seinen Träger nur um so tiefer in den Staub gestoßen zu sehen.

Wir wollen das Leben als ein Abenteuer bejahen, wollen über seine Höhen und Tiefen gehen (denn jene begreifen wir nur, wenn wir diese kennen lernen), wollen es auskosten, solange es nicht auf Kosten des Mitmenschen geht, und wollen demütig sein, wenn Schicksal oder Fügung, diese Summe von hunderttausend Unwägbarkeiten, die Gott für uns bereit hält, uns aus diesem Abenteuer nicht mehr heimkommen lassen.

Mit der ganzen Liebe, zu der er fähig ist, und die nur nicht ganz auszureichen scheint, um Zeuge deines ersten Schrittes in dein großes Abenteuer zu sein, grüßt deine Mutter, dein Bestes auf Erden und dich

dein dir noch unbekannter Vater

Fritz Köhler macht am 2. Januar im Raum um Orel einen Angriff auf einem Sturmgeschütz bei minus 20 Grad mit (wenige Tage danach kommt er mit Erfrierungen ins Lazarett):

Es ist sehr kalt, und ich habe mir schon die Fingerspitzen und das linke Ohr leicht angefroren. Gerade denken wir, wieder ins Quartier zurückzukönnen, als für die Sturmgeschütze MG-Besatzungen zusammengestellt werden, bei denen natürlich auch ich bin. Wir sitzen auf, und schon geht die mehr luftige wie lustige Fahrt los, über unsere Sicherungen hinaus. Ich friere jämmerlich, und mein Kopfschützer ist bald eine einzige Eiskruste, aber es hilft nichts. Im Grund vor uns sehen wir schon die zugefrorene Oka und ein Dorf, das noch feindbesetzt ist. Unsere Sturmgeschütze jagen einige Granaten hinein, erhalten aber sofort gut liegendes Artilleriefeuer. Deshalb ziehen sie sich über die Höhe, und wir uns in eine Schlucht zurück ...

Auch im Südabschnitt, im Raum Kursk, wird im Januar immer wieder die Front zurückgenommen. Am 24. Januar berichtet Oberleutnant Bernhard Rademacher aus dem russischen Dorf Wypolsowa:

Minus 25 Grad ... Wir fahren über die vereiste Sseim in das Dorf Wypolsowa. Es liegt als drei Kilometer lange, einseitige Häuserzeile auf dem erhöhten Sseim-Ufer, völlig schutzlos. Nach Osten steigt das Gelände an und ist nur auf zwei- bis dreihundert Metern einzusehen. Das 1. Infanterieregiment 245 hat hier sechs Tage, von drei Seiten eingeschlossen, in einer unmöglichen Stellung ausgeharrt. Das Dorf ist fast völlig zerschossen. Gleich vorn an der Brücke geben drei zerschossene deutsche Panzer ein trauriges Bild. Weit trauriger aber die zahlreichen Leichen der tapferen Verteidiger, etwa 160 Mann. Sie liegen meist in Haufen. Die Russen haben ihnen Stiefel, Hosen und Unterhosen ausgezogen, offenbar, um sie selbst anzuziehen. Die nackten Teile, bald blaurot, bald wachsgelb, und die starr vom Frost ausgestreckten Glieder bieten ein grausiges Bild. Die Leichen sind zusammen und an den Boden angefroren und bretthart, die Gesichter blaurot und fast unkenntlich. Das Blut an den Wunden schaumig gefroren. So liegen sie hier in der russischen Eiswüste. Gut, dass die Angehörigen nicht sehen, wie grausam der Tod in Russland ist ...

Im eingeschlossenen Leningrad geht im Januar 1942 das Leiden der hungernden, gegenüber ständigem Artilleriebeschuss abgestumpften Bevölkerung weiter. Elena Skrjabin schreibt in ihr Tagebuch am 24. Januar:

Wir werden regelmäßig von deutschen Fernkampfbatterien beschossen. Die Geschosse zerstören Häuser und ganze Wohnviertel. Geht man auf der Straße, hört man ununterbrochen ein Pfeifen und Zischen; das sind die Granaten, die über einen hinwegfliegen. Dann drückt man sich an die Straßenseite, von der der Beschuss kommt ... Die Geschosse zerplatzen bald hier, bald dort. Obwohl wir uns schon an vieles gewöhnt haben, ist es schwer, in solchen Situationen die Ruhe zu bewahren.

Nie hätte ich gedacht, dass ich dem Tod gegenüber so gleichgültig sein könnte. Ich liebte, ja, ich vergötterte das Leben, ich freute mich über seine kleinste Offenbarung. Jeder hielt mich für eine Optimistin. Und heute bezweifle ich stark, dass wir am Leben bleiben werden, empfinde aber keine Spur von Verzweiflung, wenn ich daran denke ...

Aus Posen schreibt ein dort Dienst tuender deutscher Obergefreiter am 30. Januar 1942 an seine Eltern den folgenden Brief, nachdem ihm diese die Nachricht von der Vermisst-Meldung seines Jugendfreundes geschrieben haben. Dieter Schleberger, der am 29. April 1945 in der Schorfheide bei einem Taffliegerangriff gefallen ist, schreibt:

Als ich gestern aus einem Lustspiel nach Hause kam, fand ich euren Brief in der Stube. Mein lieber guter Freund vermisst. Seitdem versuche ich dauernd, den Inhalt eures Briefes zu begreifen. Aber das Furchtbare ist, ich kann mich nicht überreden. Ich rede mir den ganzen Tag vor, Christian, mein alter Gus ist nicht mehr, aber glaubt mir, ihr Lieben, ich muss mich quälen, meinem Herzen den Verlust einzureden. Es will nicht begreifen. Wie kann sich denn der Weg des Menschen, der mir neben Eltern und Geschwistern am nächsten stand, so plötzlich ins Dunkel verlieren. Ich habe Gus doch so geliebt, er war unter allen Freunden doch nur der einzige Freund, der von meinem Wesen vielleicht noch mehr wusste als ihr, meine Eltern. Bin ich denn wirklich schon so gefühlsroh, so abgestumpft gegen das Schicksal außer mir, dass ich das Entsetzliche nicht einmal begreife. Alles geht hier im selben Wirbel weiter, der Dienst, der Lärm. Ich finde keinen Augenblick für mich, und dauernd werde ich von meinen Gedanken abgezogen. Nur das eine fühle ich, wenn mir der Verlust meines Freundes auch innerlich zur unumstößlichen Gewissheit wird, dann werde ich deutlicher empfinden, als ich es schon häufig ahne, dass mein Leben, das ich bisher immer noch ansteigend empfand, die Höhe überschritten hat und dass so langsam der Abstieg in die Vereinsamung beginnt. Mein guter Christian reißt eine Lücke, die nicht mehr zu schließen ist, denn ich glaube nicht, dass ich im Leben noch einen Freund wie ihn finden werde. Und wenn schon, mit meinem Freunde hat sich doch die Jugend von mir getrennt. Alles, was an heiliger Überzeugung, an kompromisslosem Eifer für das Leben der Idee, für die Ehrfurcht vor der Kunst in uns gewachsen ist, das verdanken wir einander. Ihr habt, liebe Eltern, oft den Kopf geschüttelt, wenn wir uns zu sehr in abstrakte Gedankengänge zu verlieren drohten. Es war das beste Teil unserer Freundschaft. Ein solches Sichbegegnen in seinen Idealen findet sich nur einmal, in der Jugend und bei einem Freunde. Aber das war ja nur die eine Seite unserer Freundschaft. Die andere, die vielleicht auch etwas lächerlich, aber doch ebenso liebenswert war, das war unsere gegenseitige Neigung zum barocken Einfall, jene seltsame Geschraubtheit, wenn wir miteinander scherzten oder uns in Briefen unsere Schwächen aufdeckten. Und wo sollte ich denn einen Menschen von seiner Lauterkeit und Aufrichtigkeit wieder finden. So zart und nachgiebig, unpraktisch und hilflos er manchmal war, er ist vor dem Leben und vor sich selbst immer unnachgiebig gewesen. Seine unbestechliche Ehrlichkeit in den Dingen der Kunst und des Lebens hat mir so oft den Spiegel vorgehalten, in dem sich jede Unehrlichkeit meines Wesens, auch wenn sie noch im schleierhaften Umriss der Selbsttäuschung sich verbarg, sofort erkennbar wurde. Seine Tapferkeit gegen die kleinen, so sehr hemmenden Nöte des Lebens, sein Wille, der den zarten Körper unaufhörlich trieb, seine reine Begeisterung, ach Mutter, was war das doch für ein prächtiger Mensch. Man hat uns immer nur Castor und Pollux genannt. Soll ich denn jemals einen Menschen wiederfinden, mit dem ich mich so restlos verstehe! Wenn ich nur begreifen könnte, dass das nun für immer zu Ende ist. Während ich euch schreibe, denke ich immer, dass das ein Erinnern ist wie so oft, wenn ich an meinen Freund dachte, wenn die plötzliche Erinnerung an irgendein zurückliegendes Erleben mir seine Gestalt mit heraufbrachte. Ich mache mir Vorwürfe den ganzen Tag und ich kann doch nicht glauben, dass Christian tot ist. Er ist – alles sträubt sich dagegen. Und immer wieder habe ich den furchtbaren Verdacht, dass die Bequemlichkeit, die Trägheit des Herzens, die egoistische Beschränkung, mit der man sich hier gegen alles, gegen Vorgesetzte, gegen den lauten Kreis der Kameraden verteidigen muss, die Erkenntnis nicht wahrhaben will. Bitte helft mir doch, ihr Lieben, ihr habt schon so manchen lieben Menschen verloren. Ist das immer so, oder bin ich ein so gefühlloser Verstandesmensch, dass das Gefühl sich von meinem Verstand überreden lassen muss: Er ist nicht mehr, so empfinde doch etwas. Wenn ich nur Näheres über seinen Tod erfahren könnte. Das Wort »vermisst« hat so einen furchtbaren Doppelsinn. Es gibt einer sinnlosen Hoffnung Raum und hat zugleich so entsetzliche Hintergründe … Lebt wohl, ihr Lieben, für heute und schreibt mir bald. Ich bin mit besonderer Liebe bei euch – euer Dieter.

Zur gleichen Zeit geschieht hinter der Front Schreckliches, von dem die meisten deutschen Soldaten zu dieser Zeit noch nichts wissen. Die jüdische Lehrerin Fanja Simkin überlebt am 2. Februar 1942 in Schamowo bei Smolensk ein deutsches Massaker an russischen Juden. Sie berichtet später:

Es war in Schamowo, am frühen Abend des 2. Februar 1942. Meine Schwester und ich küssten uns zum Abschied, denn wir wussten, dass wir in den Tod gingen. Ich hatte einen Sohn, Walerij. Er war neun Monate alt. Ich wollte ihn zu Hause zurücklassen, weil ich hoffte, dass jemand ihn zu sich nehmen und aufziehen würde. Aber meine Schwester sagte: »Tu das nicht! Er wird in jedem Fall umkommen. Lass ihn wenigstens mit dir zusammen sterben!« Ich wickelte ihn in ein Tuch, damit er es warm hatte. Meine Schwester kam zuerst an die Reihe. Wir hörten Schreie und Schüsse. Dann war es wieder still. Wir waren in der zweiten Gruppe. Man brachte uns auf den Friedhof. Sie griffen die Kinder bei den Haaren oder am Kragen wie Katzen und schossen ihnen in den Kopf. Alle kreischten vor Entsetzen. Mein Junge wurde mir aus den Armen gerissen. Er rollte in den Schnee. Er fror, und es tat ihm weh. Er schrie. Dann warf mich ein Stoß um. Sie begannen zu schießen. Ich hörte Stöhnen, Flüche und Schüsse, und ich begriff, dass sie mich nicht getroffen hatten. Aber Walerij ... in meinem Kopf drehte sich alles. Dann schlugen sie auf jeden Körper, um zu kontrollieren, ob jemand noch am Leben war. Zweimal erhielt ich einen schrecklichen Hieb. Ich blieb still. Nun begannen sie, den Toten die Kleider auszuziehen. Ich trug einen schäbigen Rock. Sie rissen ihn mir vom Leib. Kommandant Krause rief die Polizisten zusammen, und alle gingen fort. Ich kroch hinüber zu Walerij. Er war kalt. Ich küsste ihn und sagte ihm Lebewohl. Was konnte ich machen? Ich stand auf und ging davon. Ich dachte, man würde mich töten. Warum sollte gerade ich am Leben bleiben?

Ich lief die ganze Nacht. Meine Hände erfroren. Ich habe keine Finger mehr. Aber ich erreichte die Partisanen ...

Otto Bonfig, Kradschütze der 3. Kompanie des Kradschützen-Bataillons 20 im Mittelabschnitt, an der Rollbahn nach Moskau, schreibt am 17. Februar diesen Brief an seine Eltern nach Bergrheinfeld bei Schweinfurt:

Am Sonntag, also vorgestern, trat dann das Bataillon mit einem Feldwebel und 13 (!) Mann zum Angriff an. Keiner von uns wollte mehr, aber wir mussten doch, und es ging auch alles gut. Der Russe war bereits getürmt ...

Ich habe Krieg in furchtbarer Form erlebt, wie ich davon gelesen hatte. Jetzt habe ich selbst alles mitmachen müssen und habe durchgehalten, wie ich es nicht dachte. Zwei Tage und zwei Nächte hatten wir im Walde gestanden. Bei Tage griffen wir an und nachts mussten wir wieder verteidigen. Ich will und kann auch gar nicht mehr all das Schreckliche euch schildern, was ich gesehen habe. Tagtäglich wurden wir weniger, und man fragte sich nur: Bist du der Nächste? Aber Gott hat mich beschützt. Ich bin einer von den paar glücklichen Überlebenden ...

Im März 1942 wird der katholische Geistliche Hans Carls, der im Dezember 1941 von der Gestapo verhaftet worden war, vom Gefängnis in Wuppertal in das Konzentrationslager Dachau gebracht. Er erinnert sich später:

Dachau! Dieses Wort war für mich insofern ein Begriff, als ich mit diesem Namen die Vorstellung von lustigen Musikanten verband, die ich in München als »Dachauer« bei dem Humoristen Weiß Ferdl kennen gelernt hatte. Das Städtchen Dachau selbst kannte ich nicht, hatte nur gehört, dass es früher eine Kolonie von Künstlern gewesen sei. Ich war oft an dieser kleinen Eisenbahnstation vorbeigefahren, hatte aber nie gedacht, dass ich einmal als Gefangener hier aussteigen sollte.

Am Bahnhof wurden wir von einer Schar junger kräftiger SS-Männer empfangen, die mit Karabinern bewaffnet waren. Zu Hause hatte man mir erzählt, das Lager Dachau sei seit einiger Zeit in der Hand der ordentlichen Justiz, nun aber musste ich erkennen, dass dies nicht der Wahrheit entsprach. Auf dem Vorplatz hielt ein Transportauto. Wir wurden aufgefordert einzusteigen und, da dies anscheinend zu langsam ging, mit Gewehrkolben gestoßen. Die junge SS brüllte uns an: »Ihr Hunde, wir werden euch zeigen, was ihr seid! Vorwärts, oder wir zeigen euch, was hier los ist!« Im Auto mussten wir eng aneinander gepresst Platz nehmen. Die Fahrt brachte uns durch das Städtchen Dachau zum Lager hinaus. Der Wagen hielt plötzlich vor einer kleinen Brücke, die über einen Wassergraben führte und in das Tor mündete, das das eigentliche Lager abschloss. Die SS-Männer sprangen vom Wagen und brüllten: »Herunter mit euch, ihr Hunde! Vorwärts! Sonst helfen wir euch nach!« Ein alter Mann von über 70 Jahren, der nicht rasch genug ausstieg, erhielt einen Schlag mit dem Gewehrkolben, so dass er zur Erde fiel. Wir mussten uns zu zweien aufstellen und wurden in eine Baracke zum politischen Büro geleitet. Im Flur standen wir nebeneinander und warteten, bis wir gerufen wurden. Dann mussten wir zwei Fragebogen ausfüllen und unterschreiben. Während wir draußen im Flur warteten, kamen junge SS-Männer an uns vorbei, von denen einige sich besonders für uns zu interessieren schienen. Pater Kentenich trug damals noch einen schönen langen Bart und fiel dadurch natürlich auf. Einer der SS-Männer fragte ihn: »Bist du ein Jud?« »Nein!« »Was bist du denn?« »Ein katholischer Geistlicher.« »Warum trägst du einen Bart?« Hierauf erhielt er keine Antwort. Dann kam der junge Mann zu mir. »Warum bist du hier?« »Ich erinnere mich nicht, Sie schon einmal gesehen zu haben!« Erstaunt fragte er dann auf einmal: »Sind Sie auch ein Geistlicher?« »Jawohl!« »Ein höherer?« »Nein!« Dann ging er weiter ...

Im Konzentrationslager Dachau hat sich zur gleichen Zeit der seit Anfang 1941 bereits dort gefangene luxemburgische Geistliche Jean Bernard im »Pfarrerblock« freiwillig zum »Transportkommando Präzifix« gemeldet, weil die Häftlinge beim Außendienst besser verpflegt werden. Bei diesem »Transportkommando Präzifix« müssen die Häftlinge, wie Tiere in Koppeln zum Ziehen angeschirrt, einen schweren Lastwagenanhänger »im Galopp« vorwärts bewegen, um damit von der Lagerküche zu den Außenkommandos das Essen und für die Dachauer Schraubenfabrik »Präzifix« Maschinen und Material von der »alten Fabrik« in Dachau nach der »neuen Fabrik« außerhalb der Stadt zu fahren. Jean Bernard schreibt am 19. März in sein Tagebuch:

Ich habe meinen Platz an der rechten Wagenseite und teile die Koppel mit einem jungen polnischen Pfarrer aus Warschau, Stani Suske. Wir sind von derselben Größe und Kraft, was beim Koppelziehen wichtig ist. Er spricht etwas französisch, und so können wir uns fein unterhalten, unter der Nase des Capos und der Posten.

Auf der ebenen Straße läuft der Wagen ziemlich leicht. Bald aber schmerzen die Füße. Sie sind vom Barfußlaufen und vom Wasser unförmig angeschwollen und sind dazu die schweren, steifen Schuhe nicht gewohnt. Bis zum Abend werden wir wohl keine Haut mehr an den Füßen haben. Und doch ist es eine Erleichterung, dass man nicht, wie bei den Pantinen, bei jedem Schritt die Zehen verkrampfen muss, um die Bretter nicht zu verlieren.

Es ist Tauwetter. Wohl ist die Mitte der Straße schneefrei, aber die seitlichen »Zugpferde« waten am Rand der Straße durch schmelzenden Schnee und Wasser.

Wir sprechen wenig. Jeder ist mit sich selbst beschäftigt. Ob man wohl durchhalten wird? Und wie viel wird es zu essen geben? Nach 20 Minuten Fahrt erreichen wir die ersten Häuser von Dachau. Bald biegen wir links ab und folgen einem schmalen Weg zwischen Gärten durch. Wir laufen Galopp, um nicht im Schnee und Schlamm stecken zu bleiben. Dabei sind wir stets in Gefahr, von dem schlingernden schweren Wagen gegen eine Mauer gedrückt zu werden.

Endlich sind wir bei Präzifix angelangt. Wir fahren durch ein Gittertor in einen ziemlich weiten Hof hinein …

Wir sollen zur Bahn. Und was fahren wir zur Bahn? Ein Paket Schrauben, so groß wie zwei Zigarrenkisten. In unserer Unschuld fragen wir uns, weshalb dafür achtzehn Mann plus drei Posten plus ein 5-Tonnen-Lastwagen zum Bahnhof müssen … Wir wissen noch nicht, dass Häftlinge, Posten und Wagen sich niemals voneinander trennen dürfen … so ziehen wir denn den schweren Wagen mit dem Päckchen durch den Schlammweg zum Bahnhof hin und wieder zurück. Allmählich gewöhnt man sich das Denken ab … Unsere Runde führt durch sumpfige Wege im ganzen Lagergelände herum … Jemand will die Schuhe ausziehen. »Auf keinen Fall«, rät der Capo, »sonst kommst du nachher gar nicht mehr mit.« Er hat Recht …

Wir machen dieselbe Runde am Morgen, laden bei den verschiedenen Kommandos die leeren Kessel auf, verspäten uns und landen schließlich im Galopp auf dem Appellplatz, wo längst alles in Reih und Glied zum Zählappell bereitsteht. Nach dem Appell erwartet uns der Capo beim Revier. Er kennt den »Hauptpfleger« dort und lässt uns allen die Füße verbinden. Dieselben sehen grässlich aus. Die ekelhaft schmutzigen

Strümpfe sind blutdurchtränkt und mit den Wunden verklebt. »Da müsst ihr euch schon dran gewöhnen«, sagt der Capo. »Ich kann nur gute Läufer brauchen. Ihr müsst mit 18 bis 20 Kilometer täglich rechnen …« Als ich an diesem ersten Abend auf den Strohsack fiel, glaubte ich, dass ich wohl nie wieder erwachen würde …

Hans Braukmann, der am 21. August 1943 in Russland gefallen ist, schreibt in seinen Aufzeichnungen im März 1942 an der nördlichen Ostfront:

Das Sturmgeschütz rollt heran. Oben darauf hocken Infanteristen, man sieht ihnen die Erschöpfung, die Härte des Einsatzes an. Ein paar Schwerverwundete werden herausgehoben. Verdreckt und blass, meist Kopfwunden. Wir springen hinzu und helfen. Der Arzt arbeitet wundervoll. Dann liegen noch hinter dem Turm drei Tote. Ich fasse mit zu, die bleischweren Körper sind noch warm, die Augen blinzeln wie nachdenkend über eine seltsame Sache. Man kann es gar nicht fassen, dass aus diesen Körpern das Leben entwichen sein soll. Zwei Träger kommen vorsichtig durch den Schnee gewatet. An einem Birkenknüppel schaukelt die straff herabhängende Zeltbahn. Unendlich behutsam setzen sie ab. Der Arzt schlägt die Plane auseinander und dreht sich um – zu spät. Umsonst die Qual der Träger, ihr weiter Weg durch Schnee und Buschwerk und Feuer. Was die Träger leisten, grenzt ans Übermenschliche. Welche Last bedeutet ein lebloser Körper. Mir gefällt der Arzt, der zwar kaum spricht, aber eine eigene Art hat, zu streicheln, in die Augen zu sehen, die den Verwundeten still werden lässt. Sie sind ja alle still, meist eine merkwürdige Resignation im Gesichtsausdruck. Wie viel das menschliche Antlitz doch selbst in der Zerstörung von seiner Eigenart behält. Später sah ich im Walde einen toten Russen, dem ein Splitter den ganzen Hinterkopf weggerissen hatte. Nur Gesicht und Stirn waren wie eine Maske unversehrt geblieben. In der Stirne standen drei senkrechte Falten, als ob sie über etwas ganz angestrengt nachdenke – und durch die Augen sah man ins Leere, in den freien Himmel …

Der Soldat Georg Bücherl schreibt am 28. März seinem Vetter über seinen Einsatz an der Ostfront und bittet ihn, seinen Eltern dies nicht weiterzuerzählen, da er diese in seinen Briefen in dem Glauben lassen will, er sei in Frankreich stationiert. Georg Bücherl ist beim nächsten Einsatz gefallen. Der Brief lautet:

Ruhig ist es momentan in der Gegend von Taganrog. Ein Uneingeweihter würde kaum glauben, dass sich hier die beiden Fronten hinziehen. Der Himmel ist bedeckt mit schweren Wolkenlasten, sehr Nacht ist hier die Welt und stumm in sich versunken. Wie ein Scheidegruß erscheint mir diese Stille, ein stummes Lebewohl. Hinab sind in diesen weiten endlosen

Flächen die Hoffnungen so mancher Kameraden wie ein zerrissenes Traumgebilde und haben so manches Herz getäuscht und nicht heilende Wunden gerissen. Leise umrauscht von den Gedanken an die Heimat sitze ich hier mit meinen Kameraden in einem Unterstand – es sind unser Sechs – mit dem Bleistift in der Hand und gebe mich sinnend der unerbittlichen Gegenwart hin. Die Gedanken an die Heimat sind doch die schönsten und weiß nur derjenige zu schätzen, der sie vermisst, und nicht einmal das Kampfgetöse kann solche Gedanken verwehen. Ernst ist es nun geworden am Strand des Lebens, und düster umhüllt von einem Nebelflor, von einem Totenmeer, sah ich die Stunde längst dahin, wo ich zu Hause bei meinen Lieben weilen konnte.

Wir sind heute früh um drei Uhr abgelöst worden für vier Tage; werden dann wieder für acht bis zehn Tage eingesetzt und jeweils wieder für vier Tage abgelöst. Wir hatten heute Nachmittag durch einen Feldgeistlichen einen Feldgottesdienst, zugleich Generalabsolution und heilige Kommunion. Meine Eltern wissen bis jetzt noch nicht, dass ich in Russland bin. Habe immer geschrieben, ich bin in Frankreich, und werde es auch weiterhin tun; denn es wäre mir furchtbar leid, wenn ich sie den ganzen Tag herumquälen müsste, dass ich in Russland bin. Will sie davor also bewahren, denn ich weiß, wie ich fort bin, was sie sich für Kummer gemacht haben. Ich kann jedenfalls zu jeder Zeit mit dem Frieden im Herzen wieder an die Front gehen, und wenn es das Schicksal will, dass ich nicht mehr zurückkomme, so möge das meinen Eltern ein Trost sein auf ein Wiedersehen im Jenseits. Ich bitte euch deshalb, lieber Vetter, sagt zu niemandem von diesem Brief und bewahrt ihn gut auf, damit ihr ihn, wenn ich nicht mehr zurückkommen sollte, meine Eltern lesen lassen könnt. Das sollte nun deswegen nicht heißen, dass ich die Hoffnung auf eine Heimkehr herabdrücke; aber man kann nie wissen, und es ist auch gut so. Wieder sinkt der Tag und winkt uns Kameraden traurig zu, und leichte Abendwölkchen ziehen am Himmel und winden so dem toten Tag und der schwindenden Vergangenheit gleichsam einen Kranz. In der Hoffnung, dass euch der Brief in voller Gesundheit, so wie er mich verlässt, erreicht, und grüße euch auf ein Wiedersehen …

Ende März schreibt Ingeborg Tafel aus Berlin ihrem Mann vom Tod ihres zweiten Bruders »für Großdeutschland«:

Am 5. März ist nun auch mein Bruder Gerhard gefallen – sieben Monate und sieben Tage nach Alfreds Tod. Von einem Sprenggranatsplitter schwer verwundet, wurde er bei dem Versuch seiner Bergung noch einmal getroffen. So kann man nur hoffen, dass er bereits tot war, als man ihn beim überstürzten Rückzug zurücklassen musste. Und wenn es nicht die schweren Verletzungen waren, die er erlitten, dann war es die unvorstellbare Kälte von bis zu 52 Grad minus. Er fiel bei Zemena, südöstlich des Ilmensees, nach dreieinhalbmonatiger Einkesselung durch die Russen. Mutti ist erstarrt vor Schmerz und Trauer, nahm ihr doch das Schicksal innerhalb ganz kurzer Zeit zwei ihrer drei Söhne, sinnlose Opfer eines grausamen, brutalen, mörderischen Krieges. Gerhard war der Dritte der Familie, der eines gewaltsamen Todes sterben musste. Ich habe keine Worte des Trostes für sie, bin selbst untröstlich und sehe auch überhaupt keinen Sinn in seinem allzu frühen Sterben. Hoffentlich begnügt sich das unerbittliche Schicksal mit diesen beiden jungen Kriegern, so dass wir nicht noch weitere Blutopfer auf dem Altar des Vaterlandes darbringen müssen. Die Angst und Furcht aber werden bleiben in meinem Herzen, bis der schreckliche, grausige Krieg endlich vorüber ist …

Mai/Juni

Hitler scheint für die Kriegführung gegen Russland 1942 aus den Fehlern von 1941 gelernt zu haben, da er seine Sommeroffensive nur auf den Südabschnitt der Front konzentriert, wo die russische Südgrenze sein Ziel ist. Die Heeresgruppe Nord sollte allerdings vorher Leningrad erobern, um die Verbindung mit den verbündeten Finnen herzustellen. In Hitlers Weisung Nr. 41 für die Kriegführung vom 5. April 1942 waren die Ziele vorgegeben, um die »kriegswirtschaftlichen Kraft quellen« der Sowjetunion (Kohle, Erz, Öl) in der Ukraine, im Donezgebiet und im Kaukasus in die Hand zu bekommen. Danach sollte in vier Phasen der Angriff im Sommer 1942 im Süden vorgetragen werden: zuerst Einnahme von Woronesch, dann Vernichtung der feindlichen Kräfte zwischen Donez und Don, dann die Eroberung Stalingrads durch eine Zangenoperation von Nord- und Südwest und schließlich die Eroberung des Kaukasus. Abgesehen davon, dass die deutschen Truppen schon in den ersten Monaten des Russland-Krieges viele Ausfälle hatten, reichen im Frühjahr/Sommer 1942 die tatsächlichen deutschen Kräfte im Osten für dieses Planziel nicht aus. Dennoch ist und bleibt Hitler bei der Ansicht, die Russen seien am Ende ihrer Kraft.

Aber diese beginnen am 5. Mai unter Marschall Timoschenko zuerst mit einem Angriff aus dem Donez-Brückenkopf, um Charkow zurückzuerobern. Die Deutschen müssen noch vor der geplanten Sommeroffensive einen Gegenangriff einleiten, der dann am 22. Mai eine Verbindung mit der im Süden vordringenden 6. Armee herstellt, südlich von Charkow die sowjetischen Truppen einkesselt und diese am 28. Mai zur Aufgabe zwingt. Als dann am 28. Juni die Sommeroffensive im Süden der Ostfront unter dem Decknamen »Unternehmen Blau« beginnt, der Don über-

schritten wird und am 1. Juli schon Sewastopol eingenommen wird, scheint es zuerst, als ob die gesetzten Ziele erreicht werden könnten.

Im Norden halten die Russen Leningrad. In der Stadt sind im vorhergehenden Winter fast 1 Million Menschen verhungert. Rund 900 000 Leningrader werden im Mai evakuiert, und die restlichen 1,1 Millionen Einwohner werden ab Mai über den Ladoga-See versorgt. Im Mittelabschnitt der Front in Russland finden im Sommer 1942 heftige Stellungskämpfe statt.

In Nordafrika startet Rommels »Afrikakorps« am 26. Mai das »Unternehmen Theseus«. Diese Offensive deutscher und italienischer Panzertruppen führt am 21. Juni zur Eroberung von Tobruk und – nach dem Verzicht auf eine Landung auf Malta – zum Vorstoß bis zur Enge von El Alamein, etwa 100 Kilometer westlich von Alexandria. Rommel, inzwischen zum Feldmarschall befördert, hat am 30. Juni vor El Alamein von den rund 550 deutschen und italienischen Panzern, mit denen er die Offensive begann, nur noch 70 Panzer und Panzerspähwagen übrig; die Kräfte seiner Truppen sind erschöpft.

In der Nacht vom 30. auf 31. Mai erlebt Köln den ersten Großangriff britischer Bomber, die von 60 Flugplätzen Englands zum Angriff gestartet sind (474 Tote, 45 000 Obdachlose). Im Juni folgen Angriffe auf Essen, Ziele im Ruhrgebiet und Bremen.

Die Vernichtung der im Bereich deutscher Besetzung lebenden Juden in Europa geht weiter: Am 18. Mai wird das Vernichtungslager Sobibór bei Lublin errichtet, der »gelbe Stern« wird ab 1. Juni in Frankreich und Holland eingeführt, am 23. Juni findet in Auschwitz die erste Massen-Selektion für die Tötung in Gaskammern statt. Am 12. Mai billigt SS-Führer Heinrich Himmler einen so genannten »Generalplan-Ost«, der die Aussiedlung der Völker Osteuropas nach Sibirien vorsieht: etwa 85 Prozent der Bevölkerung Polens, 65 Prozent der Ukrainer, 75 Prozent der Weißrussen und 50 Prozent der Tschechen.

Am 26. Mai fällt SS-Obergruppenführer und Stellvertretender Reichsprotektor für Böhmen und Mähren, Reinhard Heydrich, in Prag einem Bombenattentat tschechischer Patrioten, die aus England illegal eingeflogen waren, zum Opfer. Als Vergeltungsmaßnahme erschießt die SS im Juni die 173 männlichen Einwohner über 16 Jahre des Dorfes Lidice und verschleppt die Frauen und Kinder; das Dorf wird von deutschen Pionieren gesprengt und dem Erdboden gleichgemacht.

Ab Pfingsten 1942 beginnen die Zusammenkünfte des »Kreisauer Kreises«, einer innerdeutschen Widerstandsgruppe ohne formelle Mitgliedschaft von Persönlichkeiten wie z. B. Alfred Delp, Eugen Gerstenmaier, Carlo Mierendorff, Alfred Reichwein, Graf Yorck von Wartenburg und Graf Helmuth von Moltke, nach dessen Wohnort bei Schweidnitz, wo die Zusammenkünfte stattfinden, der Kreis benannt wird. Ende Mai nehmen die deutschen Pastoren Schoenfeld und Bonhoeffer, ebenfalls Angehörige des innerdeutschen Widerstandes, in Schweden Kontakt auf zu dem englischen Bischof von Chichester.

In Südostasien bringen die Japaner am 6. Mai mit der Eroberung von Corregidor die letzte Philippinen-Insel in ihre Gewalt (11 574 Amerikaner werden gefangen genommen). Einen Vorstoß nach Guinea brechen die Japaner ab, während gleichzeitig Luftangriffe von Flottenstreitkräften aus gegen amerikanische Stützpunkte im Stillen Ozean geflogen werden. Damit haben die Japaner im südostasiatischen Raum ihre ursprünglichen Operationsziele erreicht, und sie erobern noch im Mai/Juni in Nordchina einige Luftbasen der Amerikaner, von denen aus diese im April bereits überraschende Luftangriffe gegen Tokio geflogen haben. Vom 4. bis 8. Mai kommt es in der Korallensee, nordöstlich der australischen Küste, zur ersten Trägerflugzeug-Luftschlacht der Kriegsgeschichte, wobei die Japaner zwei, die Amerikaner einen Flugzeugträger verlieren. Vom 3. bis 7. Juni findet dann die See-Luftschlacht bei den Midway-Inseln statt, bei der die japanische Flotte ihre erste Niederlage einstecken muss. Mit dieser Niederlage verlieren die Japaner auch ihre bis dahin unangefochtene Überlegenheit zur See – die militärische Wende des Krieges in Südostasien wird damit eingeleitet.

Unter den rund 900 000 Leningradern, die im Mai evakuiert wurden, war auch Elena Skrjabin. In ihrem Tagebuch berichtet sie am 3. Mai:

Wir nahmen liebevoll Abschied von den Menschen in unserem Wagen, mit denen wir auf dieser zweiwöchigen Reise so eng zusammengelebt hatten, und stiegen in Mineralnyje Wody aus.

Bald danach fuhr der Zug nach Kislowodsk ein. Mit Hilfe einiger Leute auf dem Bahnsteig, die in uns evakuierte Leningrader erkannten – es sind bereits mehrere Transporte aus Leningrad in den Kaukasus gekommen –, gelangten wir in einen Wagen. Nach all den Zügen, mit denen wir seit dem Aufbruch von Leningrad fahren mussten, erschien uns dieser wie ein wunderschönes Märchenbuch-Gefährt. Alles kam uns so fantastisch vor wie im Traum. Die sommerlich gekleideten Menschen um uns herum saßen fröhlich und freundlich da. Die Waggons blinkten vor Sauberkeit, an den Fenstern glitten die Umrisse des kaukasischen Vorgebirges vorbei. Jetzt, Anfang Mai, war das Gras noch frisch, grün, und die Blumen auf den Wiesen leuchteten wie ein dichter bunter Teppich. In unseren Wintermänteln – die Jungen trugen zudem noch warme Soldatenmützen mit Ohrenklappen, die ihnen ihre Freunde im Lazarettzug geschenkt hatten – boten wir an diesem Frühlingsabend sicherlich ein recht sonderbares Bild. Die Südländer, ein in Gefühlsäußerungen sehr impulsiver Menschenschlag, gaben ihrem Mitgefühl und ihrer Sympathie sehr stürmisch Ausdruck, fragten uns nach unseren Erlebnissen, nach dem Krieg, der Blockade, dem Hunger, riefen »Ach« und »O weh« und erteilten uns Ratschläge. Meine Angst vor dem Ungewissen schwand allmählich und machte der Zuversicht Platz, dass wir, auch wenn wir Sergejs

Schwester nicht finden sollten, unter diesen Menschen ganz bestimmt nicht verloren sind.

Karl Dürkefälden in Celle erwähnt am 13. Mai in seinem Tagebuch einen Brief seiner Schwiegereltern aus Hannover, in dem diese über einen Luftangriff auf Lübeck vom 28. auf 29. März berichten:

Frau Borchers schilderte mir den Fliegerangriff auf Lübeck. Sie hat ein Ehepaar aufgenommen, das nur sein nacktes Leben gerettet hat und nur in Schlafanzug und Mantel bei dieser bitteren Kälte zwei Stunden durch die Stadt laufen musste, um ein Unterkommen zu finden. In Lübeck seien 600 Obdachlose aus Rostock. Ist das nicht furchtbar, wenn man so vor dem Nichts steht. Auch wir können jeden Tag wieder mit einem Angriff rechnen …

Der 34-jährige Schriftsteller Herbert Bochow aus Eberstadt in Hessen war während seines Studiums mit sozialistischen Studenten in Verbindung gekommen, worauf ihm seine Eltern jede Unterstützung entzogen und Bochow das Studium aufgeben musste. Danach arbeitete er in einem Verlag und organisierte trotz zweimaliger Haft bereits vor dem Krieg mit dem Maler Fritz Schulze und anderen eine Widerstandsgruppe, die mit Antifaschisten in Berlin zusammenarbeitete. Gemeinsam mit Fritz Schulze wurde Herbert Bochow im März 1942 zum Tode verurteilt und am 5. Juni in Berlin-Plötzensee hingerichtet. Am 13. Mai schreibt er mit dem Absender »Berlin-Plötzensee, Königsdamm 7, Haus 3« in einem letzten Brief an seine Frau:

Liebe Hanni!

Aus obiger Adresse siehst du, wo ich mich befinde. Nach der so genannten Verhandlung vor dem Volksgerichtshof bin ich nämlich zum Tode verurteilt; inwieweit diese Strafe tatsächlich zutrifft, weiß ich nicht. Eines nur, liebe Hanni, ist mir klar: Du und der Junge, ihr sollt leben – und zwar im Bewusstsein, dass das Leben schön, liebens- und lebenswert ist. Sei tapfer für Frank und denke: Der Tod oder jahrelanges Fernbleiben (was beinahe dasselbe ist) ist nicht das Schlimmste im menschlichen Leben. Ich fürchte den Tod nicht – das ist die Wahrheit. Es gibt schlimmere Situationen als ihn.

Dir, Hanni, drücke ich beide Hände, küsse sie und bin dir auch in Zukunft dankbar für die gebotene Liebe und Sorge, mit der du ein halbes Leben meine Frau gewesen bist … Grüße die Oma – und drücke Frank an dein Herz. Erzähl ihm von seinem Vater, das Gute jetzt und später auch das Böse; gut und böse: So ist der Mensch. Für das Böse sterbe ich nicht, sondern für meine Weltanschauung.

Ich bin dein Herbert.

Soldat Hermann Ziegler erlebt während der Grundausbildung bei der Marine-Flak-Abteilung in Gotenhafen Mitte Mai 1942 einen unmenschlichen Zugführer:

»Auf die Düne! Marsch, marsch! – Zurück! Marsch, marsch! – Auf die Düne! Marsch, marsch! Ich werde euch beibringen, was es heißt, Soldaten des Führers zu sein!«

Gehorsam stolperten wir jungen Rekruten nach den Befehlen unseres Ausbildungszugführers in glühender Junihitze die Dünen hinauf und wieder herunter. Längst hatte sich der feine Dünensand in Mund, Nase und Augen festgesetzt. Die Zunge war gequollen, und zwischen den Zähnen knirschte der Sand. Jeder Atemzug war eine Qual. In den Knobelbechern waren die Füße wie in einen Schraubstock eingezwängt, der eingedrungene Sand ließ auch nicht die geringste Bewegung zu.

Und immer wieder hieß es: »Hinlegen! Auf die Düne robben und zurück! Marsch marsch!« Völlig ausgepumpt rannten und krochen wir stumpfsinnig durch den heißen Sand.

Da – ein Pfiff aus der Trillerpfeife. »Antreten zum Zugexerzieren!« Kaum standen wir, als einige Kameraden, die diesen furchtbaren Anstrengungen nicht gewachsen waren, zusammenbrechen. »Seht euch diese Schweinehunde an, die wollen kneifen! Der ganze schlappe Haufen einmal um den Leitungsmast! Marsch marsch!«, brüllte der Zugführer. Das Gewehr in der Faust, mit verzerrten Gesichtern, liefen wir zum Mast. Vorne rannte der Zugälteste, ein körperlich außerordentlich robuster Bursche. Längst hatte er die Strecke zurückgelegt, als die Letzten von uns, sich mühsam auf den Beinen haltend, eintrafen.

»Seht euch diesen Mann an«, schrie der Zugführer, »das ist der einzige brauchbare Soldat in dem ganzen Sauhaufen. Alles andere ist nicht mal als Kanonenfutter zu gebrauchen! – Der ganze Verein noch einmal um den Mast! Und Sie«, dabei zeigte er auf den ›einzigen Soldaten‹, »Sie zeigen diesen Waschlappen, wie gelaufen wird! Marsch marsch!«

Wieder setzte sich in der glühenden Hitze der Zug in Richtung auf den Mast in Bewegung. Und wieder lief der Zugälteste an der Spitze auf und davon. Aber nun geschah etwas Furchtbares. Als er den Mast umlaufen hatte und wieder auf uns zukam, stürzte ihm der Zug wie eine Phalanx entgegen. Und ohne dass auch nur ein Wort gefallen wäre, wurde er zu Fall gebracht; Gewehrkolben prasselten auf den am Boden Liegenden nieder und eisenbeschlagene Stiefel traten rücksichtslos zu. Ein Schwerverletzter blieb liegen. Die sofort angesetzte Untersuchung blieb erfolglos. Erst Wochen später sprachen wir zum ersten Mal über den Vorfall. Wohl jeder von uns fragte sich beschämt: »Wie konnten wir uns zu einer solchen grausamen Tat hinreißen lassen?«

Uns jungen Menschen fiel damals keine rechte Antwort ein; aber ein wenig später gab sie uns der Krieg selbst. Was sich damals auf dem Ausbildungsgelände im Kleinen abgespielt hatte, wurde im Krieg noch grausamer millionenfach wiederholt. Ein Unmensch hatte durch körperliche und seelische Quälereien aus einer Gruppe anständiger und wohlerzogener Jungen eine Horde Unmenschen gemacht, die auch nur unmenschlich handeln konnten …

Aus Orel, von der ab Mai 1942 wieder in Bewegung geratenen Front in Russland, als gegen den russischen Vorstoß zur Rückeroberung von Charkow die deutschen Truppen zum Gegenangriff antreten und die Russen dann Ende Mai im Kessel von Charkow einschließen, schreibt Unteroffizier Karl Schwab aus München am 28. Mai an seine Frau:

Meine Gedanken zu dir, ja zu euch, gehen ihren Weg von Orel aus. Wir haben hier in einem herrlich duftenden Birkenwäldchen die vergangene Nacht verbracht. Es geht immer weiter. Wo wird wohl endlich unser Ziel sein? …

Ein russischer Soldat, der Litauer Dshek Moisejewitsch Altausen, schreibt zur gleichen Zeit an seine Frau – wenige Tage später fällt er bei Charkow:

Man darf nie die Hände sinken lassen. Bis zur letzten Sekunde muss man an das Leben glauben und dafür kämpfen. Freue dich, dass mir das Glück so beisteht. Ich fühle mich jetzt ausgezeichnet. Alles ist in bester Ordnung, nicht den kleinsten Kratzer habe ich abbekommen … Und ich bin überzeugt, dass es in Zukunft auch so sein wird. Ich wünsche dir Mut, lebe in Hoffnung und im Glauben an die herrliche Zukunft, die unserer Heimat bevorsteht.

Bei dem ersten Großangriff britischer Bomber auf Köln in der Nacht vom 30. auf 31. Mai waren 1 250 Flugzeuge eingesetzt, davon mehr als tausend Bomber, die übrigen Kampfflugzeuge und erstmals auch Langstreckennachtjäger. Zwei Korrespondenten der englischen Zeitung »Exchange« sind Augenzeuge in einem der Bombenflugzeuge; was sie beobachten, steht am 1. Juni in der »Neuen Zürcher Zeitung«:

Wir hatten den Eindruck, als werde Köln von einem Erdbeben heimgesucht. Wir konnten deutlich beobachten, dass Gebäudemauern nicht durch Volltreffer, sondern durch den Luftdruck und mehr noch durch die Bodenerschütterung einstürzten. Die Verwirrung in Köln war unbeschreiblich; die Bodenabwehr verlor schließlich jede Übersicht, von wo eigentlich die Angriffe kamen. Die Verluste der R.A.F. entfielen zum guten Teil auf den An- und Abflugweg. Zahlreiche Scheinwerferbatterien und

Flaks wurden durch Maschinengewehrfeuer und Flugzeuggeschütze vernichtet, nachdem einige Flugzeuge der R. A. F. sehr niedrig heruntergegangen waren und »Direktoperationen« begonnen hatten. Von der 55. Minute des Angriffs an hatten wir alle den Eindruck, als flögen wir über einem in Tätigkeit befindlichen Vulkan. Vier deutsche Nachtjäger wurden von den Flugzeugen des Bomberkommandos in Luftkämpfen abgeschossen.

Die Kesselschlacht um Charkow im Süden Russlands geht Ende Mai zu Ende, nachdem die beiden Zangenbewegungen deutscher Truppen südlich der Stadt den Ring geschlossen haben. Der Obergefreite Heinz Krapp war bei dem Kradschützenbataillon 160 dabei, das sich laut Bericht des OKW »bei der Abwehr von Ausbruchsversuchen weit überlegener feindlicher Panzerkräfte« besonders auszeichnete. Heinz Krapp schreibt über seine Erlebnisse am 1. Juni nach Hause:

Ich stehe mit meinem Wagen hier in einem riesengroßen Wald. Die Kameraden schlafen zum größten Teil, und ich will die freien Minuten ausnützen und euch schreiben. Wir haben schwere Tage hinter uns. Ihr werdet ja sicher schon gehört haben von der riesigen Kesselschlacht bei Charkow. Mein Regiment war an entscheidender Stelle eingesetzt, und wir haben uns wie immer ehrenvoll und erfolgreich geschlagen. Manchmal gab es grausig-grauenhafte Momente, die wir im Kampf erlebten. An den letzten zwei Abenden rannte der Russe voller Verzweiflung im Schutze der Dunkelheit gegen uns an. Zu Tausenden und Abertausenden. Sie strömten an uns vorbei, besoffen und wie die Tiere brüllend, sinnlos in das Feuer unserer Maschinengewehre rennend. Es waren fürchterliche Nächte. Die Toten lagen wirklich übereinander zu Tausenden. Manchmal des Nachts, wenn der Russe durchgebrochen war und hinter uns im Gelände umhertobte, lagen wir mit klopfendem Herzen Stunde um Stunde und warteten auf den Morgen und damit auf Erlösung. Denn dann kamen unsere Stukas und Panzer und räumten auf. In der letzten Nacht war es geradezu grauenhaft. Meine Kompanie hatte 56 Ausfälle an Toten und Verwundeten … Man kann das alles gar nicht schildern. Vielleicht könnt ihr euch ein Bild von der Vernichtung machen, wenn ich euch einen kleinen Fall erzähle. Im Morgengrauen des 27. Mai erkennen unsere Vorposten auf der großen Kampfstraße, die vom Feind zu uns führt, eine russische Lkw-Kolonne, die sich in rasender Fahrt nähert und anscheinend durchbrechen will. Die Wagen sind voll gestopft mit Flintenweibern, russische Frauenregimenter, die schlimmer als die Bestien sind und ausnahmslos erschossen werden. Dicht vor unseren MG-Stellungen werden sie unter Feuer genommen und restlos zusammengeschossen. Die Fahrzeuge stehen in Flammen. Keiner ist entkommen. Alle, ob verwundet oder tot, verbrannt. Hunderte von verkohlten Leichen lagen auf der Straße neben den Fahrzeugen. Ein grauenhaftes Bild! ...

Im Süden der Ostfront geht der Vormarsch im Juni weiter. Der Artillerie-Reserveoffizier Friedhelm Rohden schreibt an seine Frau am 2. Juni (er ist 1946 in russischer Kriegsgefangenschaft gestorben):

Bei uns ist nämlich die Zeiteinteilung ganz verändert. Man schläft tagsüber, und nachts wird marschiert. In den hellen Mondnächten lässt es sich ganz angenehm marschieren, zumal es hier schon um 21.00 Uhr dunkel wird und es schon um 1.30 Uhr wieder hell wird. Tagsüber ist es wegen der großen Hitze unmöglich zu marschieren, auch muss man dann dauernd mit Tieffliegern rechnen ... Vorerst werden wir noch zwei Tage marschieren, allerdings kannst du dir leider keine Vorstellung davon machen, was zwei Tagesmärsche hier sind. Es werden dabei nicht viele Kilometer zurückgelegt, aber trotzdem dauert ein Marsch von etwa 20 Kilometer immerhin fast zehn Stunden. Der schlechteste deutsche Feldweg ist immer noch besser als eine Rollbahn in Russland. Die Verhältnisse sind hier wirklich verrückt ...

Die »Umsiedlung« deutscher Juden aus dem Reichsgebiet nach den Vernichtungslagern in Polen ist 1942 in vollem Gange. Trotzdem gelingt es Einzelnen, wie dem jungen Rolf Joseph aus Berlin, sich dem Zugriff der Polizei und Gestapo immer wieder zu entziehen und illegal unterzutauchen. Später erinnert er sich in Amerika nach der Rettung:

Als ich am 6. Juni 1942 von der Arbeit kam, sah ich schon den gefürchteten Möbelwagen vor unserem Haus. Da wusste ich Bescheid. Heiß und kalt ist mir geworden, denn um diese Zeit waren die Eltern immer zu Hause.

Ein Nachbar winkte mir zu, ich solle fortgehen – er war ein anständiger Mann. Aber ich konnte nicht anders: Ich bin die Treppe hinaufgerannt und habe vor unserer Tür gehorcht. Ich hörte die Mutter laut weinen und eine fremde Männerstimme, die ihr drohte. Was konnte ich tun? In dieser Minute habe ich hundert verrückte Pläne gefasst – aber es war ja alles unmöglich. Das wusste ich auch, und trotzdem stand ich da wie festgewachsen. Ich habe auf die Tür gestarrt und alles vor mir gesehen:

Vater, der sich kaum rühren konnte, weil er schwer kriegsversehrt war, und Mutter, die angebrüllt wurde und vor Angst verging und an uns Jungens dachte. Dann habe ich Schritte im Korridor gehört. Da packte mich eine so entsetzliche Furcht, dass ich in großen Sätzen die Treppe hinunterjagte. Und so bin ich weitergelaufen über die Straße, bis ich keinen Atem mehr hatte und nur noch keuchte. In einem Torweg blieb ich stehen und stöhnte und weinte vor mich hin. Das habe ich getan – ich weiß nicht, was mit mir war! Helfen hätte ich ja nicht können, und Mutter war bestimmt froh, dass ich nicht hereingekommen bin. Aber trotzdem kann ich das nie vergessen, dass ich mich habe retten wollen, und die Eltern sind fortgeführt worden.

Ich traf meinen Bruder im Haus einer Bekannten, und wir gingen zusammen zu Freunden in Oranienburg, die uns schon früher Unterkunft versprochen hatten. Als wir nun ankamen, da hatten sie Angst und sagten, sie könnten uns nicht aufnehmen, weil Gestapoleute in der Nähe wohnten. Wir standen ratlos auf der Straße und wussten nicht, wohin. Zuerst kann man so einen Gedanken gar nicht fassen, dass man wirklich nirgends mehr eine Zuflucht haben soll! Selbst die Allerärmsten konnten früher wenigstens in ein Nachtasyl gehen, sie konnten irgendwo auf einem Strohsack nächtigen! Wir hatten uns für das Untertauchen nicht viel vorbereiten können. Das Einzige war: Wir hatten etwas Geld. Eine Freundin von Mutter gab uns zweitausend Mark, die hatte ihr Mutter noch im letzten Moment zustecken können. Aber selbst mit diesem Geld hätten wir nicht den Mut gehabt, auch nur eine Nacht durchzuhalten, wenn wir gewusst hätten, dass dieses Leben drei volle Jahre dauern sollte ...

Die aus Leningrad evakuierte Elena Skrjabin landet mit ihren Kindern in Pjatigorsk am Fuße des Kaukasus, zwischen dem Schwarzen und Kaspischen Meer. Unter welchen Lebensverhältnissen die Russen dort und überall in der Sowjetunion während des Krieges existierten, zeigt ihre Tagebuchnotiz vom 8. Juni:

Die ärztliche Kommission hat mich vorübergehend krankgeschrieben. Die Leningrader Hungersnot hat mich so geschwächt, dass ich vorerst nicht arbeitsfähig bin. Ich bekomme eine kleine Pension, 200 Rubel monatlich, dazu 500 Rubel Kriegssold durch Sergej. Ljalja verdient in einer Schneiderwerkstatt 800 Rubel im Monat, nach hiesigen Begriffen ein schöner Lohn, aber leben kann man davon nicht. Das Einkommen ihres Mannes beträgt 300 Rubel, das Töchterchen Werotschka geht noch zur Schule. Aus Kiew, das die Deutschen eingenommen haben, ist ihr Sohn Kolja mit seiner Frau hierher geflohen, Tanja ist aus Leningrad hier. Sie müssen sich finanziell sehr einschränken. Die alte Großmutter führt den Haushalt, sie bekommt von Ljalja 30 Rubel für den Tag. Das reicht gerade für Sauerampfer und Kartoffeln. Wenn man beides stundenlang auf einem Petroleumkocher kocht, ergibt es eine Suppe, das einzige Gericht am Abend. Ihr Geld reicht nicht aus, um zu Schwarzmarktpreisen andere Lebensmittel zu kaufen. Ich merke schon, dass es auch hier nicht leicht sein wird. Gestern gelang es mir, Ausweise für die Leningrader Kantine zu bekommen, die sich im Bahnhofsgebäude befindet ...

Über die russische Landschaft schreibt Friedhelm Rohden in einem Brief an seine Frau am 9. Juni:

In lang gezogenen Wellen erstreckt sich diese russische Landschaft bis zum Horizont, ein Ende sieht man überhaupt nicht. Hier und da steht zwischen den Trümmern eines Dorfes ein einzelner Baum, um den ein Schwarm krächzender Raben kreist … Sie leben von den Leichen, die noch vom Winter her das Gefechtsfeld bedecken und erst jetzt begraben werden können. Es sind oft trostlose Bilder …

Am selben Tag notiert Chaim A. Kaplan in seinem Warschauer Tagebuch:

Wir haben weitere drei Nächte eines Blutbades ertragen und haben uns fast sogar daran gewöhnt. Es ist unmöglich, die genaue Zahl der Opfer festzustellen; die Schätzungen differieren von 21 bis zu 115. Unwichtig. Der Henker hatte genug zu tun. Ein paar Dutzend Juden verreckten nach deutscher Manier wie Hunde, und die Mörder kommen weiterhin mit Listen in ihren Händen. Außerdem töten sie als Dreingabe noch Menschen, die noch gar nicht auf der Liste stehen. Ein jüdischer Gepäckträger wurde getötet, weil er auf die Frage der Mörder, ob er jemand davonlaufen sah, mit Nein antwortete. Er wurde sofort unter dem Verdacht, mit dem Entronnenen zu sympathisieren, niedergeschossen. Es ist bei den Mördern gang und gäbe, anstelle eines abwesenden Opfers Verwandte und Nachbarn mitzunehmen …

Die Verbrechen an den Juden im besetzten Polen und Russland werden in zunehmendem Maße jetzt auch im Reich bekannt. Augenzeugen erzählen ihren Verwandten und Freunden im Urlaub davon. Karl Dürkefälden berichtet davon in seinen Tagebüchern:

Am Sonnabend, den 6. Juni 1942, besuchte mich mein Schwager Walter. Er war in Kiew Bauführer, als eine Brücke über den Dnjepr gebaut wurde … 150 Meter von dem Fabrikgebäude entfernt mussten die Ukrainer eine Grube schaufeln. Etwa 5 Meter lang, 2,5 Meter breit und reichlich 2 Meter tief … Die Juden wurden nun zu je 6 Mann herausgeholt und in die Grube gestellt … »Hast du das selbst gesehen?«, fragte ich Walter. Antwort: »Ich habe 20 Meter davon entfernt gestanden.« …

Heute, am 12. Juni 1942, kurz vor 20 Uhr, wurde in einem Vortrag durch Radio gesagt, die Juden in Europa und vielleicht noch darüber hinaus würden ausgerottet. Dabei wurde den Juden die Schuld an den augenblicklichen heftigen Angriffen englischer Flieger auf nord- und westdeutsche Städte gegeben …

Aus seinem Deckungsloch im Frontgebiet hinter dem Kessel von Charkow schreibt der Obergefreite Heinz Krapp Mitte Juni an seine Briefpartnerin in einer Gruppe der NS-Frauenschaft in Danzig, die mit den Danziger Soldaten in Briefwechsel standen:

Ich liege hier in meinem Loch 180 × 40 × 80 cm tief auf dem Rücken, schreibe und horche gleichzeitig auf die einschlagenden Granaten. Manchmal fliegt mir hier eine Portion Dreck rein. Aber dann schüttelt man sich nur und freut sich, dass es keine Splitter waren … Es schreibt sich furchtbar unbequem. Unter dem Kopf hab ich mein Kochgeschirr. Es ist seit vier Tagen nicht ausgewaschen. Die Knie angezogen, auf der Meldetasche wird geschrieben. Heute ist aber auch hier der Teufel los. Wer weiß, ob ich noch schreiben kann, wenn ihr diesen Brief auf eurem Heimabend habt. Nebenan rufen sie nach Sanitätern! Manchmal, wenn die Luft zittert und die Einschläge die Erde aufreißen – ach! – nicht daran denken. Wie oft habe ich schon geglaubt, es ist aus. Wie oft – wenn ich lag, dicht an die Erde gepresst, die Finger in den Dreck gekrallt und sie habe kommen hören. Es ist immer gut gegangen und muss auch weiterhin gut gehen …

Die Kinder aus dem von der SS nach dem Attentat auf Heydrich zerstörten Dorf Lidice wurden nach Lodz in Polen und in ein Prager Heim gebracht. Einige wurden sogar nach Deutschland verschleppt, um dort geschult zu werden. Von insgesamt 104 Kindern konnten nach dem Krieg nur noch 16 in die Heimat zurückkehren. Erschütternd sind die Briefe, die einige Kinder aus Polen Ende Juni an ihre Verwandten geschrieben haben. Eva Kavkova schreibt an ihre Tante:

Wir sind hier allein, ohne Mama und Papa. Wir haben nur ein Kleid, und darum fragen wir, ob ihr uns etwas schicken könnt. Auch alte Schuhe und ein Stück Brot oder gar Kuchen. Wir nehmen alles mit Freude. Viele Grüße von

Eva, Ema und Venda

Marie Hanfova schreibt an ihre Verwandten:

Wir grüßen euch innig und denken an euch. Hat Mama oder Papa euch nicht geschrieben? Wenn sie euch geschrieben haben, lasst uns ihre Adresse wissen. Schickt uns bitte Postkarten und etwas Lebensmittel, denn hier bekommen wir nicht viel zu essen. Lasst uns wissen, was in Lidice geschehen ist … Wir sind hier lauter Kinder aus dem Ort. Wir wissen nicht, wo unsere Eltern sind. Schickt uns bitte Kleider und Schuhe. Vor allem Brot, wenn ihr könnt. Schickt uns alles, was möglich ist, wir brauchen es …

Juli bis September

In der Weisung Nr. 45 vom 23. Juli für die Fortsetzung der Kriegführung im Süden Russlands zeigt sich die falsche Einschätzung Hitlers der tatsächlichen Kräfte seiner Truppen: Diese sollen nun in einem großen Angriffsschwung bis zur Wolga und zum Kaukasus vordringen und einen Raum von rund 4 100 Kilometern Breite erobern und gegen den Feind halten. Dies ist, ganz abgesehen von den Nachschub- und Versorgungsschwierigkeiten, die entstehen müssen, mit den tatsächlich vorhandenen Mitteln und Kräften unmöglich. Und so musste Hitlers Feldherrn-Strategie in die spätere Tragödie der 6. Armee führen. Die äußerste Leistungsgrenze der deutschen Truppen ist erreicht, als die Heeresgruppe A am 21. August auf dem Elbrus die deutsche »Reichskriegsflagge« hisst und durch den Kaukasus bis auf 30 Kilometer vor Ssuchum vorstößt, während Truppen der 6. und 4. Armee in den West- und Nordteil der Stadt Stalingrad eindringen. Danach fehlt für die schnellen Verbände der Treibstoff, aber Hitler versteift sich auf das Halten beider erreichten Positionen für den kommenden Winter.

Auf der Gegenseite beschließt das sowjetrussische Oberkommando den Rückzug seiner Truppen auf Stalingrad, die Wolga und in den Kaukasus. Damit geben die Sowjets freiwillig das in diesen Monaten von den Deutschen eroberte Gebiet preis. Der Gegenstoß später sollte auch in Russland die Kriegswende einleiten.

Im Norden der Front in Russland beginnen die Russen am 27. August eine Offensive zur Befreiung Leningrads, die zuerst im September durch einen deutschen Gegenangriff gestoppt wird. Den Sowjets gelingt aber der Bau einer unterirdischen Leitung, die Leningrad mit Treibstoff versorgt.

Im Mittelabschnitt halten die Abwehrschlachten um Smolensk, Roslawl sowie bei Kritschew, Gomel, Welikije Luki und Kiew an.

In Frankreich wird am 19. August ein britisch-kanadisches Landeunternehmen bei Dieppe von den Deutschen zurückgeschlagen. Die gelandeten Truppen werden entweder aufgerieben oder zur Wiedereinschiffung gezwungen.

In Nordafrika bricht im Juli/August Rommel weitere Vorstöße über El Alamein hinaus ab; seine geschwächten Verbände gehen zur Verteidigung über, die Front erstarrt.

Am 26./27. Juli erlebt Hamburg den ersten Großangriff, zwei Tage später den nächsten.

Massaker an Juden finden im Juli wieder in Minsk, in Lida, Slonim und Rowno statt. Am 15. Juli fährt ein erster Deportationszug mit Juden aus Holland nach Auschwitz. Am gleichen Tag findet eine Großrazzia in Paris gegen Juden statt. Am 22. Juli werden aus Warschau die ersten Juden in die Vernichtungslager Belzec und Treblinka »umgesiedelt«. Am 4. August erfolgen erste Deportationen aus Belgien. Am 28. August werden in Frankreich 7 000 staatenlose Juden im unbesetzten Teil des Landes von der Vichy-Regierung verhaftet.

Juden-Deportationen aus Zagreb in Kroatien nach Auschwitz folgen im August/September. Aus dem Getto Lodz werden bis September etwa 55 000 Juden in Vernichtungslager »umgesiedelt«.

Nach der verlorenen Midway-Seeluftschlacht müssen die Japaner ihre weiteren Offensivpläne aufgeben, die die Eroberung von Midway, Hawaii, der westlichen Aleuten und weiterer Gebiete im Südostpazifik vorsahen. Mit der Landung amerikanischer Marine-Infanteristen am 7. August auf der Salomon-Insel Guadalcanal übernehmen die US-Streitkräfte im Pazifik die Initiative und beginnen eine großräumige Gegenoffensive, genannt »Insel-Hüpfen«. Die Kämpfe auf Guadalcanal zur Sicherung der Insel dauern bis November an.

Über die Situation in Holland, nach zwei Jahren deutscher Besatzung, gibt eine Notiz im Tagebuch von Karl Dürkefälden aus Celle Auskunft. Dieser führt am 1. Juli 1942 mit einem Holländer ein Gespräch:

Der Lastwagenfahrer, der meine geerbten Möbel von Hämelerwald nach Celle brachte, berichtete, dass die Holländer sehr verbittert seien ..., die Deutschen hätten alle Früchte beschlagnahmt ... es gäbe nur 1 Kilo Kartoffeln pro Woche pro Kopf ... an Brot gäbe es 270 Gramm pro Tag. Die nationalsozialistische Bewegung hätte in Holland nur etwa 2 Prozent der Bevölkerung auf ihrer Seite. Die jungen Leute von 18 bis 27 Jahren würden nach Deutschland zur Arbeit verpflichtet, wohl aus dem Grunde, damit im Falle eines holländischen Aufstandes keine Soldaten vorhanden seien. Die holländischen Soldaten seien aus der deutschen Kriegsgefangenschaft entlassen gewesen; die Berufsoffiziere habe man vor etwa 2 Jahren wieder gefangen gesetzt. Der größte Teil der Juden sei fortgeführt. In Amsterdam hätte es 30 Prozent Juden gegeben. Viele Juden seien erst in den letzten Jahren aus Deutschland und Österreich gekommen. Die Juden seien in Holland nicht unbeliebt gewesen ...

Am 1. Juli fällt auf der eroberten Halbinsel Krim die Festung Sewastopol in die Hände der deutschen Truppen. Dort werden dann die jüdischen Bürger, wie überall in den russischen Städten hinter der Front, liquidiert. Viele deutsche Soldaten werden dabei Augenzeugen. Der Schriftsteller Peter Bamm, der mit seinen Kameraden als Soldat in Sewastopol dort die Tötung von Juden mit ansehen muss, schreibt später in seinem Buch »Die unsichtbare Flagge« diese Sätze:

Wir wussten das. Wir taten nichts. Jeder, der wirklich protestiert oder etwas gegen das Mordkommando unternommen hätte, wäre vierundzwanzig Stunden später verhaftet worden und verschwunden. Es gehört zu den Raffinements der totalitären Staatskonstruktionen unseres Jahrhunderts, dass sie ihren Gegnern keine Gelegenheit geben, für ihre Überzeugung einen großen dramatischen Märtyrertod zu sterben. Den hätte vielleicht mancher auf sich genommen. Der totalitäre Staat lässt seine Gegner in einer stummen Anonymität verschwinden …

In Nordafrika bricht Rommel mit seinem »Afrikakorps« weitere Vorstöße ab, die Übermacht des Gegners ist zu groß und die deutschen Kräfte zu geschwächt. Die Front erstarrt für wenige Wochen im harten Stellungskrieg. Der 20-jährige Medizinstudent Robert Röhlich kommt Ende Juni aus Tarent nach Tobruk und macht die letzten Vormarschtage des »Afrikakorps« mit. Hier die letzten Eintragungen in sein Tagebuch, bevor er am 9. Juli vor El Alamein fällt:

5.7.: Wir liegen bereits den 2. Tag in schwerstem Artilleriefeuer … Gegessen habe ich seit gestern Mittag nichts. Wir liegen vorn und Artillerie (englische) schießt Sperrfeuer. Ein Kanister Kaffee ist glücklich zu uns gelangt. Wir erwarten mit Sehnsucht Stukas. Es ist Mittag. Was nun wohl der Abend bringt? 7.7.: Der 6. Tag im Artilleriefeuer. Unser Oberleutnant wird verwundet. Wir leiden Wassermangel. Sonst nichts Neues. 8.7.: Der Höhepunkt von allem. Wir kriegen die Nase kaum 5 Minuten aus dem Dreck. Ich erhalte fünf Splitter, Gott sei dank nichts Schweres. Meine einzige Zuflucht ist nun die Mutter Gottes von Maria-Zell. Ich alter Sünder bin fromm geworden. So viel wie in den letzten Tagen habe ich mein ganzes sündiges Leben nicht gebetet. Ich hoffe auch weiterhin auf die Fürsprache der Heiligen Jungfrau. Der Gedanke gibt einem immer wieder neue Kraft. Ich habe mich von Grund auf geändert. Im Glauben finde ich die Kraft, all das Furchtbare zu bestehen. Gott, hilf mir weiter! Ich vertraue auf dich!

Das erste Ziel der deutschen Offensive im Süden von Russland, die am 28. Juni gestartet wird, ist Woronesch am Don. Friedhelm Rohden schreibt nach der Einnahme von Woronesch an seine Frau:

Die letzten Tage waren wirklich interessant: Seitdem Woronesch genommen ist, ist hier der Hexenkessel im Gang. Mit allen Mitteln versucht der Russe durchzubrechen … Seit dreieinhalb Tagen liegen wir mit dem Russen zusammen in einer Ortschaft. Du kannst dir denken, dass man hier um jedes Haus kämpft. Woher der Russe nur immer wieder die Menschenmassen nimmt, ist mir total schleierhaft. Er treibt diese Massen immer wieder planlos in unser Feuer hinein. Selbst Kinder von 15 bis 17 Jahren stecken sie neben Männern von 40 bis 45 Jahren in Uniformen …

Auch der Oberleutnant Bernhard Rademacher macht sich in seinem Tagebuch unter dem 12. Juni seine Gedanken über die Bedeutung von Menschenleben in Russland:

Auf den Nachschubstraßen liegt der Staub wie eine dicke Mehlschicht. Man kann überall fahren jetzt, die Felder sind wie Tennenböden. Bei Sergejewka und am Kschen überall Feldstellungen und Kampfspuren. Es stinkt aus allen Getreidefeldern. In Sergejewka sind alle Männer, Frauen und Mädchen dabei, an die dreihundert Rotarmisten zu begraben, die seit über acht Tagen dort unbeerdigt oder nur leicht mit Erde überdeckt liegen … Bestialischer Gestank und Tausende von Fliegen um die Leichen, die schon halb verwest sind … In Massengräbern werden sie eingebuddelt, die Frauen haben sich Tücher um Mund und Nase gebunden und erbrechen sich trotzdem. Wie schrecklich, wenn unsere Frauen und Mädchen das machen müssten. Tausende, ja Millionen von Rotarmisten werden so irgendwo in der weiten russischen Erde begraben, ohne dass jemals in ihrer Heimat jemand erfährt, wann, wo und wie sie starben. Aber das russische Volk nimmt das als unabwendbares Schicksal hin. »Kaputt«, sagen sie mit einer Handbewegung, und Leben und Fruchtbarkeit gehen weiter. Was ist schon so eine kleine, zusammengeschrumpfte Leiche mitten in der unendlich weiten und blumigen Steppe. Sie ist bald vergessen, verschwunden, überwuchert von der elementaren Fruchtbarkeit des Landes und des Volkes. Was ist der Mensch? Ob ein armer, unbekannter Russe oder ein deutscher Soldat mit Eigenleben und Gestaltungskraft – nach acht Tagen sehen die Leichen alle gleich aus …

Im Rücken der deutschen Frontseite, im besetzten Gebiet, werden die Aktionen der sowjetrussischen Partisanen gegen die deutsche Besatzung immer häufiger und zielstrebiger. Einer von ihnen, Sachar Lwowitsch Harzewin, der als Freiwilliger der »Waldarmee«, wie sich die Partisanen nennen, im Sommer 1942 gefallen ist, schreibt über seine Kameraden im Juni 1942:

Die Partisanen rauchten gelassen und lauschten den Nachtgeräuschen der Front. Es waren wichtige Minuten in ihrem Leben. Minuten, die man ewig in der Erinnerung behält … Vorläufig saßen sie noch friedlich am Dorfrand bei den Katen neben der Roten Armee. In vierzig Minuten werden sie sich im Walde verbergen und die faschistischen Kolonnen vorbeilassen. Aus dem Vorwerk kam der Abteilungskommandeur, ein Mann in den Vierzigern, mit einem beweglichen und ausdrucksvollen Gesicht, in eine abgetragene Jacke gekleidet, eine erbeutete deutsche Maschinenpistole in der Hand. Er blieb vor dem brennenden Haus stehen und befahl der Abteilung anzutreten. »Es gibt keinen Weg zurück. Nur vorwärts, damit es den Faschisten eng wird auf dieser Erde«, sagte er …

In zehn Tagen wurden sie, ohne frühere Kampferfahrung, ausgezeichnete Partisanen. Sie hatten sich alle Verhaltensweisen erfahrener Kämpfer des »geheimen Krieges« angeeignet. Sie hatten gelernt, sich im Dunkel zu orientieren, sie schliefen im Regen, zugedeckt mit Zweigen, tranken Wasser aus Pfützen, riefen sich mit Vogelstimmen zu, verständigten sich mit Hilfe eingeritzter Zeichen auf der Baumrinde.

In der Nacht vom 13. zum 14. Juli 1942 werden in Rowno (Ukraine) alle Insassen des Gettos, in dem sich noch ungefähr 5 000 Juden befinden, von SS und ukrainischer Miliz liquidiert und Männer, Frauen und Kinder in Güterwaggons auf den nahe liegenden Bahnhof getrieben. Mit Leuchtraketen und Scheinwerfern werden Flüchtende gejagt. Ein deutscher Ingenieur, Hermann Friedrich Graebe, der von 1941 bis 1944 für eine deutsche Firma deren Baustellen in der Ukraine leitet, beschreibt später unter Eid diese Beobachtungen:

Waggon auf Waggon füllte sich, unaufhörlich ertönte das Geschrei der Frauen und Kinder, das Klatschen der Peitschen und die Gewehrschüsse. Da sich einzelne Familien oder Gruppen in besonders guten Häusern verbarrikadiert hatten und auch die Türen mittels Brecheisen und Balken nicht aufzubringen waren, sprengte man diese mit Handgranaten auf … Während der ganzen Nacht zogen über die erleuchteten Straßen die geprügelten, gejagten und verwundeten Menschen. Frauen trugen in ihren Armen tote Kinder, Kinder schleppten und schleiften an Armen und Beinen ihre toten Eltern über die Straßen zum Zuge …

Einer, dem es in diesem Inferno glückte, sich zu verstecken, war Bernard Goldstein. Er gab später zu Protokoll:

Von der Straße vor dem Tore kam das gewohnte Gepolter der Mörder mit lautem Rufen und Stampfen eisenbeschlagener Stiefel. Scheinwerfer bestrahlten den Hof. Ich rannte in den offenen Torweg und dann eine Treppe hinauf. Unter mir streifte ein Scheinwerfer den Torweg, dann die Treppe und hielt dort an. Ich komm höher. Genagelte Stiefel waren schon auf der Treppe zu hören. Ich gelangte auf den Boden des Hauses und tastete mich im Dunkeln weiter. Das Kopfende eines zerbrochenen Bettes lehnte gegen die Wand. Ich kroch dahinter und stieß auf einen menschlichen Körper. Er war warm und zitterte heftig. Wer immer es war, er war lebendig und genauso voll Furcht wie ich selbst. Der Raum war nicht groß genug für zwei, aber es war zu spät, umzukehren und woanders Platz zu suchen. Selbst wenn ich gewollt hätte, es wäre nicht gegangen; denn der andere umklammerte mich in krampfhafter Angst. Es war eine Frau. Sie atmete schwer und bemühte sich, ihr Keuchen zu dämpfen. Wir pressten uns gegen die Wand. Sie schmiegte sich dicht an mich und grub ihr Kinn in meine Schulter. Ihr Herz schlug wild. Sie sagte kein Wort. Ich hörte nur ihren schweren, halb erstickten Atem.

Mehrmals kamen Polizisten auf den Speicher und ließen ihre Taschenlampen umherleuchten. Geduckt, zitternd erwarteten wir jeden Moment, dass ein Lichtstrahl auf uns fallen würde. Jedes Mal, wenn wir die schlurfenden Schritte auf der Treppe vernahmen, festigte die Frau ihren Griff um mich. Ihr Herz schlug noch heftiger, und wir beide zitterten krampfhaft.

Furcht durchrieselte mich bei dem Gedanken, dass sie jeden Augenblick einen Herzschlag bekommen und mit ihren Armen fest um mich geschlungen sterben könnte.

Und wieder kamen die verdammten Stiefel näher. »Hier ist niemand. Wir waren schon hier«, rief ihnen einer zu. Die Schritte verhallten. Grabesstille umfing uns. Für den Augenblick wenigstens waren wir gerettet ...

Der 20. Juli 1942 ist für den Oberjäger Hermann Liebig bei der 8. Infanterie-Jäger-Division im hohen Norden der Ostfront der »schwärzeste Tag meines Lebens«. Liebig berichtet später darüber:

Ich bin bei der Stabskompanie als Oberjäger Zugführer und der 5. Kompanie unter Oberleutnant Stark zugewiesen. Um 21.25 Uhr, durch die Mitternachtssonne ist es noch taghell, werde ich an der rechten Flanke des 2. Jäger-Regiments 38 eingesetzt und erreiche im »Nachtgefecht« die Straße Bol. Dubowiczy-Wassiljewschtschina. Aus den Panzern T 34 jenseits der Straße schlägt uns mörderisches Feuer entgegen. Wir bleiben an der Straße liegen. Vorsichtshalber befehle ich noch »Eingraben« im Straßengraben. Mein Sanitäter klettert in ein zerschossenes Sturmgeschütz, das im Straßengraben liegt. Ich warne ihn, dass das ein sicheres Ziel sei; er aber lacht nur.

Gegen 8.00 Uhr kommt Oberleutnant Stark zu mir und informiert mich über die Lage und den Angriffsbeginn gegen 9.00 Uhr. Um 8.10 heulen die Stukas über uns und bombardieren die T 34, die 80 Meter vor uns im Sumpf stecken und nur mit dem Geschützturm aus der Erde ragen. Plötzlich ist eine »Rata« zwischen den stürzenden Stukas. Ich beobachte, wie der Heckschütze beim Abfangen des Sturzkampfbombers wie wild auf den russischen Jäger schießt. Die »Rata« hinter ihm her. In 200 Meter Höhe schießt aus dem Angreifer eine schwarze Rauchfahne, und im gleichen Augenblick löst sich ein schwarzer Punkt aus dem Jäger. Der Fallschirm öffnet sich sofort und ein Mensch hängt daran. Das alles spielt sich in wenigen Sekunden über unseren Köpfen ab. Nun treibt der Wind den Fallschirm auf die russischen Stellungen zu, und ich ahne Furchtbares: Lag das feindliche Artilleriefeuer bisher weit hinter uns, da wir ja im Nachtgefecht bis hier an die Straße vorgekommen sind, was der Feind noch nicht wusste, so hatte der abgesprungene Pilot von oben gesehen, dass alle deutschen Angriffskräfte an der Straße liegen. Kaum ist der Russe gelandet, liegt die ganze Straße unter Artilleriefeuer. Eine trommelfellzerreißende Detonation schleudert mich auf die Straße. Ich habe das Gefühl, mich hat es in tausend Stücke gefetzt! Nur ein Gedanke ist in mir hellwach: Der Panzer vor mir! Ich sehe schon, wie das Rohr auf mich zuschwenkt und krieche auf allen vieren in den Granattrichter, einen halben Meter hinter meinem gegrabenen Loch – da kracht auch schon die Panzergranate in die gegenüberliegende Straßenböschung.

Nun sehe ich erst die »Bescherung«: der rechte Fuß ist über dem Knöchel abgerissen, der linke Fuß hängt verdreht am Bein. Die Stiefel sind weggefetzt, ebenso die Hose. Bis zu den Knien starrt mich die blasse Haut an. Ich habe das Gefühl: Du bist tot! Kein Blut – kein Schmerz ...

Der »Sani« springt aus seinem zerschossenen Sturmgeschütz. Zum Verbinden ist keine Zeit. Nur weg! Mit zwei Mann tragen sie mich in einer Zeltplane nach hinten zum Regiments-Gefechtsstand, von dem ich vor 12 Stunden abgerückt bin. Vorher übergebe ich noch das Kommando über den Zug an Oberjäger Krczyz. Auf unserem Weg nach rückwärts begegnen wir zwanzig Russen, die beim Stuka-Angriff über den rechten Flügel gekommen sind; alle unbewaffnet und völlig demoralisiert. Einer läuft mir über den Weg, der mir den Mut zum Weiterleben gibt: Er hat den linken Arm bis ins Schultergelenk abgerissen, total blutverschmiert. Wenn der nach so einer schweren Verwundung noch lebt und umherläuft, dann schaffst du es auch wieder! Am Gefechtsstand sind alle besorgt um mich, denn durch mein jugendliches Aussehen war ich eine Art Nesthäkchen. Obwohl ich nicht rauche, steckt mir der Oberleutnant zur Beruhigung eine Zigarette in den Mund – und es tut gut! Auf dem Hauptverbandsplatz erlebe ich eine neue Überraschung: Der Oberarzt fasst mit einer Pinzette die Hauptschlagader in meinem abgerissenen Stumpf und zieht sie 10 Zentimeter heraus. Da spritzt das Blut! »Das war Ihre Rettung«, sagt er. »Sie haben Rolladern, die sich durch Zusammenrollen verschließen!« Ab geht's ins Feldlazarett ... Ich bekomme eine Evipanspritze in die Armvene und ... als ich wieder zu mir komme, sind beide Stümpfe gleich lang ...

Aus dem Frontgebiet um Charkow, wo er dann bei Rossosch ab 14. Januar 1943 als vermisst gemeldet wird, schreibt Unteroffizier Karl Schwab am 26. Juli 1942 an seine Frau:

Jeder Brief, jede sonstigen Zeilen sind für dich ein Zeichen, dass ich noch lebend auf dieser Erde ... weile. Ja, mein Herzl, wir haben schon mehrere Kämpfe hinter uns und ich habe dabei allerhand Trauriges und Schauriges erlebt. Als es am dunkelsten für uns war, also uns am dreckigsten ging, da habe ich immer gefühlt, dass du bei mir bist. Das hat mir immer und immer wieder die Kraft und Stärke gegeben, die ich eben gerade gebraucht habe ...

Ab dem 22. Juli 1942 werden aus dem Warschauer Getto die ersten Juden in die Vernichtungslager Belzec und Treblinka »umgesiedelt«. Chaim A. Kaplan schreibt dazu in sein Tagebuch:

Um sieben Uhr abends kam die SS und befahl der jüdischen Polizei, einen ganzen Wohnblock zu zernieren. Sie verkündeten im Hof: »Bereitet Gepäck bis zu 15 kg Gewicht vor und begebt euch in den Hof. Alle ohne Ausnahme!« Die ganze Nachbarschaft wurde von einer fürchterlichen Angst erfasst. Jeder wusste, dass sein Schicksal in die Hände unersättlicher Mörder gelegt war. Mit der jüdischen Polizei konnten die Bewohner des Hauses so oder so zu einem Kompromiss kommen, aber diesmal war das Dekret unerbittlich. Schickt euch in euer bitteres Los!

Etwa 10 000 Menschen wurden deportiert und verschwanden …

Der Österreicher Heinrich Lindner schreibt am 28. Juli an seine Frau aus Russland (er ist Anfang 1943 gefallen):

Der Krieg hat hier noch viele andere Seiten als unsere Siege. Hier spielen sich Tragödien ab, die aber keiner zur Kenntnis nimmt, weil es so »befohlen« ist. Und weil schließlich der Russe ein Mensch »zweiter Klasse« sei, den auszurotten ein »humanes« Werk wäre. Da wird ein Dorf evakuiert, die Leute müssen weit fortziehen, einiges Vieh bleibt zurück. Nun kamen einige Frauen zurück, die Häuser waren ausgeräumt, manche beschädigt. Diese Letzteren werden abgetragen, weil wir Balken für die Bunker brauchen. Zur Arbeit werden gerade jene Frauen aufgefordert …

Am 31. Juli schreibt ein Bauernsohn aus dem Allgäu, der Gefreite Fritz Sigel, seinen letzten Brief nach Hause. Er ist am 11. August 1942 in Russland gefallen. Auch seine drei Brüder sind gefallen oder vermisst gemeldet worden. Einer von ihnen schrieb in einem seiner letzten Briefe in die Heimat: »Es ist nicht mehr Krieg, sondern die reinste, blödeste Menschen-Morderei!« Der letzte Brief von Fritz Sigel lautet:

Meine Lieben!

Heute euren Luftfeldpost-Brief vom 24.7. mit viel Freude erhalten. Besten Dank! Wartete schon längere Zeit drauf. Besonders hat es mich wieder gefreut, dass du, lieber Vater, mir wieder einige Zeilen beigelegt hast. Ich weiß doch zu gut, wie viel Arbeit, wie viel Mühe und Sorgen ihr jeden Tag habt, und ich muss euch doch wirklich bewundern, wie ihr die viele Arbeit trotz oft schlechter Witterung zuwege bringt. Umso größer ist immer die Freude, wenn ihr alle an mich denkt. Dass ich immer an euch denke, das darf ich nicht betonen. Wie oft muss ich doch die Karte von Winden betrachten, unser friedliches Dorf, mein schönes Elternhaus. Gerade in Stunden, wo man Posten steht, da kann man doch oft ganz versinken, und man ist ganz in der Heimat … Was hier noch geschehn wird, ist mir nicht klar. Ich will euch drum keine Äußerungen machen. Ich tu es ohnehin nicht gerne, viel von diesem scheußlichen Krieg zu erzählen. Das ist doch mehr Sache von Etappenbrüdern – aus weiter Ferne und ohne einen Schuss zu hören. Ich tu es immer nur, damit ihr wisst, was überhaupt los ist. Hebt mir drum meine Briefe nicht weiter auf, denn dazu sind sie nicht geschrieben, sondern lest sie und verbrennt sie, denn der Inhalt vom Krieg ist nicht mehr wert … Der letzte Angriff vom 5.7. hat mir gezeigt, wie Menschen verzagen und wankelmütig werden, die im Herzen nicht den Glauben an einen Herrgott haben. Wie fühlt man sich stark, wenn man weiß, Gott der Herr entscheidet letzten Endes über mich und nicht die blöde Welt …

In den ersten August-Tagen 1942 gehen die Transporte aus dem Warschauer Getto weiter. Auch Chaim A. Kaplan, Gründer und Leiter der Hebräischen Schule in Warschau, wird in den Strudel der »Umsiedlung« nach Treblinka und anderen Vernichtungslagern hineingezogen. Sein »Warschauer Tagebuch« endet am 4. August. In den letzten Eintragungen lesen wir:

Ich bin noch nicht gefasst worden; ich bin noch nicht aus meiner Wohnung getrieben worden; mein Haus ist noch nicht beschlagnahmt worden. Aber nur ein Schritt trennt mich von allen diesen Unbilden. Den ganzen Tag lang halten meine Frau und ich abwechselnd Wache, indem wir durch das auf den Hof hinausgehende Küchenfenster spähen, ob die Zernierung begonnen hat. Die Menschen laufen wie Verrückte von einem Ort zum andern … In den Straßen des Gettos herrscht den ganzen Tag über das Schweigen des Todes. In den Augen der wenigen Menschen, die auf dem Trottoir gegenüber unserem Fenster vorübergehen, liegt die Todesangst. Jeder drückt sich gegen die Wand und macht sich ganz klein, damit man seine Existenz oder Gegenwart nicht entdeckt … Es ist bereits zu befürchten, dass mein Häuserblock morgen eingeschlossen wird. Ich versuche daher, mir Pläne auszudenken, wie ich im Morgengrauen verschwinden kann. Aber wohin soll ich fliehen? Kein Häuserblock bietet Sicherheit …

Am Südabschnitt der Front in Russland geht inzwischen der Vormarsch den Don entlang Richtung Stalingrad und am Asowschen Meer über Rostow hinaus Richtung Kuban und Kaukasus weiter. Von der Front am Don schreibt am 8. August der Obergefreite Heinrich Wehrstedt an seine Schwester Hete einen seiner letzten Briefe. Heinrich Wehrstedt wird Ende Januar 1943 bei den Rückzugskämpfen im Raum Rossosch, östlich Charkow, für vermisst gemeldet. Er soll nach Auskunft des Suchdienstes des Roten Kreuzes »mit hoher Wahrscheinlichkeit« dort gefallen sein. Aus einer Familie mit fünf Kindern war er das jüngste und der einzige Sohn. In dem Brief heißt es:

In Russland wird man Naturmensch, geschlafen wird grundsätzlich nur noch in einem ausgebuddelten Erdloch unter meinem Schlepper (der Fliegerbomben und Artillerie-Granaten wegen), gewaschen wird sich morgens in einem Bach, gegessen wird an einem aus Munitionskästen gezimmerten Tisch usw. Ob wir uns wohl nach Kriegsende wieder an die Sitten und Gebräuche in Deutschland gewöhnen können? Es heißt ja zwar immer, an etwas Besseres gewöhnt man sich schnell, und wir wollen nun einmal abwarten. In den letzten Nächten waren die russischen Flieger, nach längerer Zeit, wieder in rauen Mengen da, um ihren Segen über unseren Köpfen auszuschütten. Na, solange die von ihnen ausgeklinkten Bomben uns keinen Schaden zufügen, soll's mir recht sein. Sonst ist es in den letzten Tagen hier verhältnismäßig ruhig geworden, und außer den Abschüssen unserer Ari, den in einiger Entfernung bellenden leichten und schweren Maschinengewehren sowie den Einschlägen der von den Russen aus ihren Stalinorgeln und Granatwerfern abgeschossenen Granaten ist im Moment bei uns im Obstgarten von der Hauptkampflinie nichts wahrzunehmen.

Hoffentlich bringt dir das von mir diesem Brief beigelegte russische vierblättrige Kleeblatt viel Glück, Hete, ich habe es vor ein paar Tagen hier im Garten gefunden.

Der luxemburgische Geistliche Jean Bernard, Häftling Nr. 25487 im Pfarrerblock des Konzentrationslagers Dachau, erlebt am 5. August 1942 den Tag seiner Entlassung:

Wir treten an zum Appell. Vor mir steht Baron X. aus Paris. Er hat Durchfall, und der Dreck läuft ihm an den Beinen herunter. Ein Nachbar schimpft über den Gestank und stößt ihm die Faust in den Leib. Ich sage noch: »Wart nur, du kommst auch mal so weit!« Dann erscheint der SS-Mann zum Abzählen. Bei seinem Anblick schießt mir der Gedanke durch den Kopf: Sollte ich entlassen werden, so wäre heute der letztmögliche Tag ... Schon will ich grausam lachen über solch kindische Hoffnung. Da höre ich meine Nummer rufen: 25487! Das kann nur Entlassung sein!! Erst konnte ich gar nicht von der Stelle. Ich konnte es einfach nicht fassen und war keiner Bewegung fähig. Schon fluchen SS und Blockältester in allen Tönen. Ein Mitgefangener weiß seinem Neid nicht anders Ausdruck zu geben als durch einen Fußtritt, den er mir mit auf den Weg gibt ... Das erst bringt mich zur Besinnung. Ich wanke durch die Reihen nach vorn, mit den Blicken die Freunde suchend. Doch sie stehen zu weit ab. Kaum kann ich es fassen, dass ich so von ihnen scheiden muss. Ich kriege eine Hose zugeteilt, die ich mit beiden Händen hochhalten muss, denn im Hemd darf ich nicht nach vorn. Dann geht's auf die Lagerstraße hinaus. Doch ich vermag dem SS-Mann nicht zu folgen. Schon nach wenigen Schritten packt mich Schwindel, und ich falle einfach hin. »Heb deine Knochen auf und warte hier. Von Block 25 geht auch noch jemand mit!« ...

Elena Skrjabin, mit ihrem Kind aus Leningrad evakuiert, wird an ihrem Zufluchtsort Pjatigorsk am 9. August doch noch von den deutschen Truppen eingeholt, die an diesem Tag auf dem Vormarsch zum Kaukasus die Stadt besetzen. Im Tagebuch der Elena Skrjabin steht unter dem 9. August:

Und plötzlich wurde es ganz still. Diese Stille kam einem besonders unheimlich vor. Nachdem wir eine Zeit lang abgewartet hatten, öffneten wir behutsam die Tür und gingen in den Garten hinaus. Stille. Die Sonne neigte sich schon dem Westen zu. Der Himmel war so klar, so tiefblau wie am Morgen. Bloß in der Luft hing Rauch. Es war so windstill, dass nicht einmal die Blätter raschelten, und man hörte weder Vögel noch Insekten. Auch Menschen waren nirgendwo zu sehen. Als habe ein Unwetter getobt und alles ausgelöscht. Wir fassten uns ein Herz und spähten hinaus auf die Straße. Im selben Augenblick hörten wir das Dröhnen eines herannahenden Panzers. Er fuhr an unserem Zaun entlang. Soldaten saßen darauf, ungeschützt, die Waffen schussbereit. Milotschka, die hinter uns stand, rief laut und voller Freude: »Die Unseren, die Unseren sind wieder da, seht ihr, sie kommen, sie haben die Deutschen zurückgeschlagen.« Hinter dem ersten Panzer rückte ein anderer heran und noch einer, eine ganze Kette. Die untergehende Sonne beschien das schwarze Eiserne Kreuz. Es gab keine Zweifel mehr: Die Stadt war von Deutschen besetzt …

Sawa Matekin leitete die Widerstandsgruppe in einem kleinen Ort bei Stalino gegen die deutsche Besatzung. Er wurde im August 1942 festgenommen, zuerst zur Zwangsarbeit verurteilt und dann hingerichtet. Auf Papierfetzen schrieb er Nachrichten an Frau und Kinder, die er auf den Wegen zur Zwangsarbeit auf die Straße fallen ließ, wo sie seine Frau dann aufhob. Die letzten Grüße an seine Frau und an seine Kinder, auf solche Zettel geschrieben, lauten:

Schura!

Was kann ein Mensch machen, der im Gefängnis sitzt und vom sicheren Tod bedroht wird? Trotzdem haben sie Angst vor mir. Sag es den andern. Ich weiß, dass ich erledigt bin, und je früher der Augenblick kommt, desto leichter ist es zu ertragen. Leb wohl. Ich bitte dich, allen zu sagen, dass nichts beendet ist. Ich werde sterben, aber ihr werdet leben.

Leb wohl, kleine Schura!

Meine lieben Kinder Wowa und Liutsia!

Ich glaubte immer, euch erziehen zu können, aus euch Menschen zu machen, die dem Vaterland nützlich sind, wahre und vollständige Menschen. Mein großer Wunsch war, dich, kleiner Wowa, als Gelehrten zu sehen, und dich, Liutsia, als Ingenieur. Aber irgendetwas werdet ihr werden; ich bin fest überzeugt, dass meine Söhne die Hoffnung ihres Vaters nicht enttäuschen werden, der zum Wohle des Vaterlandes, zum Glück seines Volkes, zum Glück seiner eigenen Kinder sein Leben nicht geschont hat. Werdet glücklich.

Euer Vater

Aus dem Mittelabschnitt der Ostfront schreibt am 18. August Unteroffizier Karl Rupp aus Stuttgart an seine Frau:

Die Ostmedaille (hier heißt's allerdings Gefrierfleischorden) wurde uns jetzt auch verliehen … In den letzten Tagen ist auch wieder einer von den alten sechs Feldwebeln gefallen, der bis jetzt immer dabei war, auch den ganzen Winter. Einer unserer schwer verwundeten Kameraden hat dieser Tage auch geschrieben. Er ist ziemlich erschüttert. Denk mal, das Mädel, mit dem er so gut wie verlobt war, hat Schluss mit ihm gemacht. Er hat drei Finger und ein Auge verloren, und da sagte sie rundheraus, sie könne schließlich keinen Krüppel heiraten … Auch von Fred kam mal wieder Post, er macht noch immer Lkw-Fahrer. Zur Zeit liegt er in einer Stadt am Asowschen Meer. Sonst ist meine Korrespondenz gegenüber früher schwer zurückgegangen. Das wird an mir liegen. Z. B. kam schon vor einiger Zeit von Kurt Jung ein Brief, Beilage ein selbst verfasstes, schwer nationales Gedicht. Und da mag ich schon gar nicht mehr antworten …

Im Tagebuch von Karl Dürkefälden findet sich am 30. August diese Notiz:

Die Gartengemeinschaft, der meine Schwiegereltern angehören, hatte sich verpflichtet, Verwundete einzuladen und Kuchen und dergleichen zu verabreichen. Bei dieser Gelegenheit sagte der Verwundete, der bei meiner Schwiegermutter in Herrenhausen war: »Wir haben in Russland 10 000 Juden umgelegt.«

Der 32-jährige Buchdrucker Jaroslav Dolak, seit seiner Jugend Mitglied der kommunistischen Partei in der Tschechoslowakei, für die er auch während der deutschen Besatzung arbeitete, wurde am 31. Mai 1940 verhaftet, war jahrelang in Gefängnissen in Böhmen, München, Berlin und wieder München, wo er dann am 31. August 1942 mit zwölf Gefährten seiner Gruppe hingerichtet wurde. Aus München-Stadelheim schreibt er am Nachmittag des 31. August in seinem letzten Brief an seine Frau:

Wir haben so kurz zusammengelebt: fünf Jahre, zwei davon im Gefängnis verbracht. Ich kann die Nachricht, die ich dir heute gebe, nicht mildern. Ich habe auch nicht die Möglichkeit. Ich hoffte und hoffte, und nun ist es zu Ende. Mit zweiunddreißig Jahren! Zu früh, viel zu früh. Heilige Jungfrau, heute Abend um sechs wird mein letzter Gedanke dir gelten … Vor einer halben Stunde erfuhr ich, dass heute Abend …, in drei Stunden! …

Ich bitte dich, ertrage mein Schicksal tapfer ... »Sei glücklich in deinem Leben und ruhig in deinen Träumen, vergiss alles, mein Kind, denn den Himmel gibt es nicht, und die Hölle gibt es nicht, und auf der Erde werden wir uns nicht wiedersehen.« Ich kann keine besseren Worte finden als diese Dichterworte. Ich küsse dich, ich küsse dich, meine tapfere, kluge Frau ...

Am 30. August unternimmt in Nordafrika das deutsche »Afrikakorps« unter Rommel einen letzten vergeblichen Versuch, südlich von El Alamein die britischen Stellungen zu umgehen und einzukreisen. Aber der Vorstoß bleibt am Alan el Halfa-Rücken stecken, die Front erstarrt bis zur britischen Gegenoffensive ab 23. Oktober. Am 3. September schreibt der diplomatische Korrespondent der »Deutschen Allgemeinen Zeitung«, Max W. Clauss, der Rommels Armee-Oberkommando zugeteilt ist, in sein Tagebuch:

Während ich dies schreibe in der brütenden Nachmittagshitze, die ebenso unbarmherzig unter das mir zugewiesene weiße indische Beutezelt eindringt wie die grässlichen Fliegen, in dieser lähmenden Stunde ist es so gut wie sicher, dass Rommel heute den Angriff auf Montgomerys Schlüsselstellung einstellen wird. Einstellen muss? – Es scheint so, obgleich jedermann hier im Hauptquartier weiß, dass damit im Endkampf um Kairo das Unwiderrufliche geschehen und vielleicht alles, was hier drüben auf afrikanischem Boden seit Jahr und Tag mit blutigem Schweiß erstritten wurde, verloren ist, wenn nicht mehr ...

Der deutsche Soldat Martin Penck, der am 21. Oktober bei El Alamein gefallen ist, hat den letzten Vorstoß Rommels mitgemacht. Er schreibt darüber am 7. September in einem Brief nach Hause:

Wir stießen in die englischen Linien hinein, tief unten im Süden. Es schien alles gut zu klappen, bis die Nacht kam und wir zur Rast Halt machten. Um 8 Uhr abends, hier ist es um diese Zeit längst dunkel, stand genau über uns – es mochten an die 100 Fahrzeuge gewesen sein – der erste Leuchtschirm.

Dann trommelten pausenlos bis morgens 4 Uhr die Bomben auf uns herunter. Tobendes, berstendes Krachen erfüllte die Luft. Dreckschwaden und Pulverdampf schlichen gespenstisch über die Erde in der taghellen Nacht, die von Leuchtbomben und dem Schein brennender Fahrzeuge erleuchtet war. Verwundete schrien, Sanitätsautos hupten, es war die Hölle! Wir lagen an den Boden gepresst, halb verschüttet in unseren Löchern und zählten die Minuten. Mein Geschütz wurde schwer beschädigt und das Fahrzeug auch. Zum Glück hatte ich nur einen Verwundeten in der Bedienung. Am nächsten Tag mussten wir liegen bleiben, nochmals an die zwanzig Angriffe mitmachen und eine zweite solche Nacht erleben. Wir zogen uns dann zurück, und unser Geschütz wurde zum Tross abgeschleppt …

Der englische Soldat Patrick Hore-Ruthven, der wenige Wochen später, im Dezember 1942, in Nordafrika gefallen ist, beschreibt von der Gegenseite in einem Brief Rommels gescheiterten Vorstoß:

Am nächsten Tag kam Rommel wieder, diesmal auf unserer linken Seite, aber weniger stark als am Abend zuvor. Der Zufall wollte es, dass ich gerade in dieser Phase der Schlacht der Gruppe zu meiner Linken neue Waffen zuführte und dort ankam, als unsere Panzer Schüsse aus nächster Nähe mit den Deutschen wechselten. Doch ging Rommel bald zurück; wir durften ihm nicht nachsetzen, da uns bekannt war, dass er hinter seinen Panzern eine Menge Geschütze in Stellung gebracht hatte und erwartete, wir würden ihn verfolgen. Er beschoss uns dann ziemlich intensiv den ganzen Tag, aber eher mit dem Zorn der Verzweiflung als mit dem des Angreifers, und unsere Geschütze gaben ihm nicht ohne Erfolg Antwort. Die Stärke der Schlacht ließ dann nach, und Rommel fing an, sich durch die Minenfelder zurückzuziehen und seine blutende Nase abzuwischen. Unsere Luftwaffe war aber die ganze Zeit hinter ihm her.

Ich glaube, ob zu Recht oder Unrecht, dass die zwei Stunden am Abend meines Geburtstages (bei El Alamein) der Wendepunkt der Schlacht um Ägypten waren.

Die Stellungskämpfe an den Fronten im Norden Russlands, am Onega-, Ladoga- und Ilmensee, bei Staraja Russa werden im Laufe des Jahres 1942 und Anfang 1943 auf deutscher Seite immer mehr zu Abwehrkämpfen. Frische russische Truppen setzen den deutschen Truppen in ihren Stellungen immer härter zu. Hugo Risch schreibt am 4. September an seine Schwester Agnes nach Rostock (er ist am 3. Februar 1943 nordöstlich des Ilmensees gefallen):

Viel gehabt von unserer goldenen Jugend haben wir nicht! Denn wenn ich bedenke, dass ich mit kaum 18 Jahren schon zum R. A. D. eingezogen wurde, was ja nun auch schon wieder fast 1¾ Jahre zurückliegt, und wie lange ich nun noch die Uniform anhaben soll. Ich bin nur gespannt, wie es später nach dem Krieg mit unserem Beruf wird. Du glaubst gar nicht, wie man da inzwischen rauskommt, wenn man eine so lange Zeit aussetzt … Aber jetzt muss ich schließen, denn ich komme gleich dran auf Posten zu ziehen … herzlichst, dein Bruder Hugo.

Schöne Grüße an die jungen Mädchen!

In Warschau werden auch im September 1942 immer noch die jüdischen Getto-Bewohner nach Treblinka und anderen Vernichtungslagern deportiert. Ein Angehö-

riger der polnischen Widerstandsorganisation beobachtet am 7. September eine Auslese von solchen Juden, die vorläufig noch zurückbleiben können zur weiteren Zwangsarbeit. M. B. berichtet:

Die Leute gingen nach Arbeitsplatz und Wohnort geordnet. Viele hatten Bündel und Lebensmittel mitgenommen. Unverbesserlicher Trieb, etwas zu besitzen! Hier habe ich nun Furcht erregende Dinge gesehen, vor allem die Trennung der Kinder von ihren Eltern. Ein Mann mit einem sechsjährigen Kind und einem Säugling – die Frau war schon deportiert – hatte die Chance, am Leben zu bleiben, allerdings ohne seine Kinder. Er ließ sie mitten auf der Straße stehen und ging zu dem bewussten Tor. »Papa«, rief die älteste Tochter. Das vergesse ich nie. Eine Frau, die nur allein durchgelassen wurde, versuchte trotzdem, ihren kleinen Sohn durchzuschmuggeln. Ein Deutscher trennte die beiden und prügelte angesichts aller die Mutter mit der Peitsche, trat nach ihr und schlug ihr mit Fäusten ins Gesicht. Als er endlich von ihr abließ und die Frau zu sich kam, war das Kind schon fort. Es wurde mit den anderen weggetrieben. Ich habe die nach dem Kleinen suchenden Augen gesehen. Das vergesse ich nie. Ein alter, ungefähr 80-jähriger Jude, wohl der Opa, kniete vor einem SS-Mann, einer 20-jährigen Rotznase, und flehte um das Leben eines Kindes, das er an der Hand hielt. Der Deutsche lachte. Das vergesse ich nie.

Oktober bis Dezember

In Russland bahnt sich ab Ende September 1942 das Drama des Kampfes um Stalingrad an. Der Vorort Orlowka wird am 3. Oktober von den Deutschen eingenommen, und am 14. Oktober beginnt der Angriff auf das Traktorenwerk Dsherschinskij. Nach einer Feindlagebeurteilung der deutschen »Abteilung Fremde Heere Ost« im Oberkommando des Heeres vom 6. November sei mit einer Gegenoffensive der Russen in erster Linie im Mittelabschnitt zu rechnen. Hitler verkündet im Bürgerbräukeller in München am 8. November: »Wir haben Stalingrad schon …« Aber am 19. November greifen die Russen dann nördlich und südlich von Stalingrad an, durchstoßen die Fronten der 3. und 4. rumänischen Armee auf deutscher Seite und kesseln innerhalb von fünf Tagen die deutsche 6. Armee ein. Am 22. November befiehlt Hitler: »6. Armee igelt sich ein und wartet Einsatz von außen ab.« Er schickt das VIII. Fliegerkorps zur Versorgung der eingeschlossenen Truppen aus der Luft. Aber der Entsatz, der am 12. Dezember mit drei Panzerdivisionen und einer motorisierten Division eingeleitet wird, kommt nur noch bis auf 48 Kilometer vor Stalingrad heran. Als ein Ausbruchsversuch der 6. Armee von Hitler verweigert wird und die fortschreitende sowjeti-

sche Offensive zum Abbruch des Entsatzversuches zwingt, ist das Schicksal der deutschen 6. Armee besiegelt.

Am 28./29. Dezember beschwört der seit 24. September berufene neue deutsche Generalstabschef, Generaloberst Zeitzler, der den zurückgetretenen Generaloberst Halder abgelöst hat, seinen »obersten Kriegsherrn«, aufgrund der Lage in Stalingrad den Rückzug der deutschen Truppen aus dem Kaukasus zu genehmigen. Erst nach längerem Zögern gibt Hitler den Rückzugsbefehl für die Heeresgruppe A, deren Soldaten sich danach aus dem Kaukasus wieder zurückziehen.

Auch in Nordafrika zeichnet sich im Oktober 1942 eine militärische Wende des Krieges ab: Am 23. Oktober beginnt der britische General Montgomery bei El Alamein mit weit überlegenen Kräften an Panzern und Flugzeugen die britische Offensive »Lightfoot«, die am 2. November die deutsch-italienische Front durchbricht, obwohl Hitler befiehlt:

»Halten um jeden Preis.« Ab 5. November ist das »Afrikakorps« auf dem Rückzug, am 13. November besetzen die Engländer wieder Tobruk. Eine zweite Front im Rücken erwächst ihm außerdem, als am 7./8. November amerikanisch-englische Streitkräfte unter dem US-General Eisenhower in Marokko und Algerien an Land gehen. Das Ende der Front in Nordafrika war damit nur noch eine Frage der Zeit. Auch die Besetzung von Südfrankreich und Korsika durch deutsche und italienische Truppen sowie die Landung deutscher Truppen in Tunis am 10./11. November änderte an der Lage zugunsten der Alliierten nichts mehr.

Ab 4. Oktober sind die deutschen Konzentrationslager »judenfrei«, d. h., alle jüdischen Häftlinge sind nach Auschwitz umgesiedelt. Am 18. Oktober geht die Verantwortung für Juden und Ostbürger im Reich vom Reichsjustizministerium an die Gestapo (Geheime Staatspolizei) über; in Polen gibt es inzwischen über fünfzig jüdische Gettos. Am 29. Oktober werden bei einer Massenexekution in Pinsk in Bjelorussland 16 000 Juden erschossen. Am 25. November erfolgt die erste Judendeportation aus Norwegen nach Auschwitz.

In Dubno in der Ukraine hat Anfang Oktober die Baufirma von Hermann Friedrich Graebe, der bereits die Liquidierung des Juden-Gettos von Rowno am 13./14. Juli beobachtete, begonnen, Lagerhallen auf dem dortigen Flugplatz zu errichten. Sein Polier macht ihn auf große Gruben von je etwa 30 Meter Länge und 3 Meter Tiefe in der Nähe der Baustelle aufmerksam. Dort werden täglich Tausende von Juden erschossen. Graebe geht mit seinem Polier dorthin und schildert später dieses:

Jetzt hörte ich kurz nacheinander Gewehrschüsse hinter einem der Erdhügel. Die von den Lastwagen abgestiegenen Menschen, Männer Frauen und Kinder jeden Alters, mussten sich auf Aufforderung eines SS-Mannes, der in der Hand eine Reit- oder Hundepeitsche hielt, ausziehen und ihre Kleidung nach Schuhen, Ober- und Unterkleidern getrennt an bestimmten Stellen ablegen. Ich sah einen Schuhhaufen von schätzungsweise 800 bis 1 000 Paar Schuhen, große Stapel mit Wäsche und Kleidern. Ohne Geschrei oder Weinen zogen sich diese Menschen aus, standen in Familiengruppen beisammen, küssten und verabschiedeten sich und warteten auf den Wink eines anderen SS-Mannes, der an der Grube stand und ebenfalls eine Peitsche in der Hand hielt. Ich habe während einer Viertelstunde, als ich bei den Gruben stand, keine Klagen oder Bitten um Schonung gehört. Ich beobachtete eine Familie von etwa 8 Personen, einen Mann und eine Frau, beide von ungefähr 50 Jahren, mit deren Kindern, so ungefähr 1-, 8- und 10-jährig, sowie zwei erwachsene Töchter von 20 bis 24 Jahren. Eine alte Frau mit schneeweißem Haar hielt das 1-jährige Kind auf dem Arm und sang ihm etwas vor und kitzelte es. Das Kind quietschte vor Vergnügen. Das Ehepaar schaute mit Tränen in den Augen zu. Der Vater hielt an der Hand einen Jungen von etwa 10 Jahren, sprach leise auf ihn ein. Der Junge kämpfte mit den Tränen. Der Vater zeigte mit dem Finger zum Himmel, streichelte ihm über den Kopf und schien ihm etwas zu erklären. Da rief schon der SS-Mann an der Grube seinem Kameraden etwas zu. Dieser teilte ungefähr 20 Personen ab und wies sie an, hinter den Erdhügel zu gehen. Die Familie, von der ich hier sprach, war dabei. Ich entsinne mich noch genau, wie ein Mädchen, schwarzhaarig und schlank, als sie nahe an mir vorbeiging, mit der Hand an sich heruntenzeigte und sagte: »23 Jahre!« …

Am Morgen des nächsten Tages, als ich wiederum die Baustelle besuchte, sah ich etwa 30 nackte Menschen in der Nähe der Grube, 30 bis 50 Meter von dieser entfernt, liegen. Einige lebten noch, sahen mit stierem Blick vor sich hin und schienen weder die Morgenkälte noch die darumstehenden Arbeiter meiner Firma zu beachten. Ein Mädchen von etwa 20 Jahren sprach mich an und bat um Kleider und um Hilfe zur Flucht. Da vernahmen wir auch schon das Herannahen eines schnell fahrenden Autos, und ich bemerkte, dass es ein SS-Kommando war. Ich entfernte mich zu meiner Baustelle. Zehn Minuten später hörten wir einige Schüsse aus der Nähe der Grube. Man hatte die Leichen durch die noch lebenden Juden in die Grube werfen lassen, sie selbst mussten sich daraufhin in diese legen, um den Genickschuss zu erhalten.

Der 19-jährige Offiziersanwärter Hans Hagen Ritter von Xylander schreibt am 13. Oktober vom Vormarschraum im Süden Russlands nach Hause an seine Mutter (er wird ab 26. Oktober als vermisst gemeldet):

Ich freue mich, dass das Verteidigen aufgehört hat. Das Neue Testament habe ich noch ins Sturmgepäck gekriegt. In der Schlacht ist Gott einem am nächsten. Ich bitte Gott um Bewährung und dass ich Vaters Namen in

Ehren halte. Du brauchst dich um nichts zu sorgen, es steht alles in Gottes Hand …

Der 20-jährige Richard Wilts aus Leer in Ostfriesland wird mit seiner Einheit im Oktober aus Dänemark nach Südrussland in Richtung Stalingrad in Marsch gesetzt. Auf dem Umweg über Rumänien und Odessa am Schwarzen Meer, weil die Hauptstrecke über Kiew-Charkow zerstört ist, schreibt Richard Wilts am 23. Oktober aus einem Ort 50 Kilometer östlich von Dnjepropetrowsk:

Wir haben schon allerhand entgleiste Brennstoff- und Materialzüge passiert. Auf dieser Strecke rollt allerdings auch der größte Teil aller Osttransporte überhaupt. Da begegnen uns am Tage Verwundeten-, leere Öl- und Kraftfahrzeugzüge … heimkehrendes rumänisches, finnisches, italienisches und deutsches Militär – apathisch, ohne Gesichtsausdruck, dreckig, zerlumpt und doch manchmal noch mitleidig zu uns herüberschauend …

Von einem anderen Abschnitt der Front in Russland schreibt Wilhelm Wybrands, der am 7. November 1942 fällt, am 26 Oktober an seinen Bruder:

Jetzt wird mit dem Urlaub nichts mehr werden. Nur noch die eine Hoffnung, dass dieses Elend hier recht bald ein Ende nehmen wird. Viel kann ich dir nicht schreiben. Wie es hier zugeht, ist dir zur Genüge bekannt. Hoffentlich machen sie sich zu Hause nicht zu große Sorgen …

In Nordafrika tritt am 23. Oktober Rommels Gegner Montgomery mit seiner großen Offensive »Lightfoot« bei El Alamein zum Durchbruch durch die deutsch-italienischen Stellungen an, der dann am 2. November auch gelingt. Der Österreicher Roman Czjzek gerät mit seinen Kameraden vom »Afrikakorps« in den Strudel der britischen Offensive und wird am 28. Oktober gefangen genommen. Er erinnert sich später:

Da plötzlich tauchten links von uns Panzer auf, schon ganz nahe, vielleicht dreihundert oder vierhundert Meter. Es gab keinen Zweifel: Das waren Engländer. Sie kamen in rascher Fahrt auf uns zu. Ich rief: »Nach Norden!« Sicher hätte Schulz denselben Befehl gegeben. Ich weiß es nicht, ich weiß nichts mehr von dem, was andere sagten oder taten. Ich weiß nur, dass unser Fernsprechwagen nach Norden fuhr, holperte, hopste. »Mehr Gas! Mehr Gas!«, rief ich. Hinter uns pfiffen MG-Garben her. Eine Zugmaschine mit einem Geschütz fuhr rechts an uns heran. Unteroffizier Keller rief dem Chef von dort zu: »Ich hab einen Toten! Lassen Sie halten!« Nun hätten wir alle gerne gehalten. Aber der Wagen fuhr weiter, der Chef gab keinen Befehl, stehen zu bleiben. Auf dem unebenen steinigen Gelände war unser leichter Wagen viel zu langsam, soviel der Fahrer auch auf den Gashebel drückte. Ein mächtiger Panzer schob sich in unsere Höhe. Die Raupen bewältigten diesen Boden viel besser, der Panzer hatte es viel leichter voranzukommen. Seine Kanone war auf uns gerichtet, schon schoss es herüber. Ich bohrte meinen Kopf zwischen Decken und meinen Wäschebeutel. Da stöhnte einer vor mir auf. Ulbricht, ein Fernsprecher, reckte den Kopf in die Höhe, sackte zusammen – er war tot. Mit einem Ruck blieb der Wagen stehen. Nun hat der Chef, so dachte ich, doch endlich halten lassen. Der Panzer rückte heran und hielt vor uns. Von einem leichten Wagen sprangen einige Engländer herunter. Was sie sagten, ob sie etwas sagten, weiß ich nicht mehr. Eines war mir klar: Ich war gefangen. Wie eine eiserne Tür, die vor einem zufällt, wie ein Netz, in dem man sich hoffnungslos verfängt, so war das: Gefangenschaft. Erst viel später, vielleicht als wir die Toten begruben, kam der Gedanke auf: Ich bin mit dem Leben davongekommen …

In der Nacht vom 29. auf 30. Oktober 1942 erlebt München einen ersten großen Luftangriff. In seinem »Tagebuch eines Verzweifelten« notiert Friedrich P. Reck-Malleczewen darüber (er wurde am Silvestertag 1944 verhaftet und starb am 16. Februar 1945 im Konzentrationslager Dachau an Flecktyphus):

Das erste Bombardement von München sehe ich von den Hotelzimmern in Altötting, wohin ich mich zum Studium der dort liegenden Tilly-Akten begeben habe: ein hässliches rotes Aufleuchten, das der herbstlichen Vollmondnacht trotzt … fern dumpfe Aufschläge, von denen man sich errechnet, dass sie, bei einer Entfernung von achtzig Kilometern, Bomben bezeichnen, die an Ort und Stelle vor nahezu drei Minuten eingeschlagen haben, und dass die von ihnen Betroffenen sich seit ebenso langer Zeit in ihren Todesqualen winden. Schließlich ist der ganze Westhimmel ein einziger gigantischer Feuerschein, und man spricht in den nächsten Tagen von fantastischen Verlusten, die durch die vielen Erstickungen bedingt sind. Noch nach fünf Tagen gräbt man Leute aus, die tief in den Kellern, eingezwängt von Schutt und zerborstenen Balken, dort ausgeharrt haben … Tote auch, auf deren Zügen noch das Stigma der Todesqual zu sehen ist. Da die Bonzokratie der Gau-, Kreis-, Reichs- und sonstigen Leiter in Solln ihren eigenen, luxuriös ausgestatteten Unterstand hat und dieser Umstand den Engländern offenbar bekannt geworden ist, geht über dem unglücklichen Vorort ein verdreifachter Segen nieder, und Werner Bergengruen, der dort wohnt, verliert in seinem Häuschen all seine Manuskripte, seine Sammlungen, seine gesamte Habe. Man sieht ihn am nächsten Tag in einem Zustande, der sich aus Schock und Galgenhumor zusammensetzen mag, auf dem schwelenden Schutt sitzen und den Gaffern, die dort herumstehen, die Überbleibsel seines Besitzes anbieten, eine römische Fibel, eine gerettete kleine Bronze, ein paar kleine Chinoiserien vielleicht. Dies alles neben einem selbst geschriebenen Plakat, das da besagt, es verkaufe hier ein deutscher Dichter die Trümmer seines Besitzes.

Richard Wilts ist am 31. Oktober in seiner Stellung südlich von Stalingrad eingetroffen und schreibt nach Hause:

Keine Ursache zur Sorge! Trotz manchen unerwünschten, durch Feindeinwirkung hervorgerufenen Aufenthalten sind wir nach 15 bis 20 Kilometern Fußmarsch gut am Zielpunkt unserer Reise – in der Feldstellung der 212., südlich des Hexenkessels Stalingrad – angelangt.

Der Krieg hat in Europa, Afrika oder in Südostasien, wo seit August 1942 die Amerikaner mit ihrer Landung auf Guadalcanal und dem darauf folgenden »Inselhüpfen« das Gesetz des Handelns wieder zurückeroberten, überall das gleiche Grauen erregende Gesicht. James Jones, der amerikanische Schriftsteller, war bei den Kämpfen auf Guadalcanal dabei, die bis in den November hinein andauerten. Er schreibt später in seinen Erinnerungen:

Es ist sonderbar, was einem alles zustößt. Einmal wurde ein Mann in meiner Nähe, als er sich erhob, von einer Kugel eines MG-Feuerstoßes in die Kehle getroffen. Er schrie auf – »O mein Gott!« –, und seine schreckliche, unbarmherzig komische, gurgelnde Stimme erinnerte mich an die Kennmelodie der Shep Fields' Rippling Rhythm Band. Sie klang bewusst, so als habe er es erwartet, dann fiel er nieder, praktisch tot. Ich sage »praktisch«, weil seine Lebensfunktionen vielleicht noch eine Weile andauerten. Er schien jedoch bewusstlos, und man konnte ihm natürlich nicht helfen, seine Halsschlagader war zerfetzt. Mir schien, als ich an ihn dachte, dass sein Schrei uns allen galt, die wir dort lagen, und ich hätte am liebsten geweint.

Ein andermal hörte ich einen Mann schreien: »Ich bin tot!«, als er getroffen wurde. Er war es, wie sich zeigte, obwohl er erst nach fünfzehn Minuten starb. Er hätte jedoch das Gleiche schreien und nicht tot sein können …

In Russland war der zweite Winter für die deutschen Soldaten angebrochen. Welche Strapazen er wieder mit sich brachte, erzählt in seinem Tagebuch Christoph Faulhaber:

Seit dem Morgengrauen marschieren wir in Russlands endloser Weite, unserem Ziele entgegen, einem kleines Nest, in dem eine stark dezimierte Infanterieeinheit auf »frisches Blut« wartet. Der russische Winter ist mit elementarer Gewalt hereingebrochen, noch ehe wir das befohlene Ziel erreichen konnten. Ein eisiger Schneesturm peitscht über die Steppe. Schneeschwaden schlagen uns ins Gesicht. Jeder Schritt muss mühsam erkämpft werden. Ich taumele dahin, ohne auf den Weg zu achten, nur dem Rücken meines Vordermannes nach. Zu sehen ist nichts. Hin und wieder tauchen die Schemen von Leitungsmasten oder Schneestangen auf. Manchmal müssen wir bis zu den Knien durch hohe Schneewehen waten. Ich habe die Ohrenschützer über Mund und Nase gezogen. Nur die Augen blinzeln hervor. Eine Verständigung ist nur durch Brüllen möglich, und da unterbleibt jegliche Unterhaltung. Mit vorgebeugtem Körper stemmen wir uns gegen die Gewalt des Sturmes. Hin und wieder klingt hell Metall auf, wenn beim Stocken der Kolonne der Stahlhelm auf den des Vordermannes stößt. »Ablösung vor!« Jetzt sind wir dran, den Weg zu bahnen. Rechts von mir marschiert Halemba, unser Gewehrführer. Auf der anderen Seite stolpert Kowalczik aus Beuthen durch die Gegend und schimpft vor sich hin. Mit einem Fauchen wirft sich der Sturm uns entgegen und nimmt uns fast den Atem. Eiskristalle wirbeln wie tausend Nadeln in den nicht verdeckten Teil des Gesichtes. »Wo steckt denn das verfluchte Nest?«, will Kowalczik wissen und versinkt bis zum Bauch in einem Schneeloch. Es dunkelt schon. Vor uns taucht eine Schneestange auf, vier Brettchen in verschiedene Richtungen zeigend sind daran genagelt. Oberfeldwebel Schmidt muss den Schnee abkratzen, um überhaupt etwas lesen zu können. »Bogutschar, 2 km«, entziffert er. Das ist unser Ziel. »Wird auch höchste Zeit«, brummelt Kowalczik in sein bartloses Gesicht. Mein Gesicht schmerzt. Trotz des mühseligen Stapfens durch den Schnee ist mir, als wenn mein Körper allmählich erstarrt. »Verdammte Umstellung nötig hier«, mault Kowalczik, der lange Zeit in Südfrankreich stationiert war, ehe er zu unserem Marschbataillon kam. Der Mantel kann den Wind und die Kälte nicht mehr abhalten. Die Stiefel sind steinhart gefroren. Sie reiben und drücken bei jedem Schritt. Die Stammeinheit hat Posten zum Einweisen ausgestellt. Wie Schneemänner kauern sie blau gefroren hinter Schneewehen. Aus der Schneewand tauchen nun die ersten Umrisse von Hütten auf. Wir sind da. Vor uns liegen windschiefe, tief verschneite Lehmhütten, strohbedeckt. Da und dort hinter den Katen reckt ein Ziehbrunnen seinen hölzernen Arm in den Winterhimmel. Wir taumeln in die angewiesenen Richtungen. Niemand spricht ein Wort. Ich bin hundemüde ...

Die in Stalingrad kämpfenden Truppen ahnen noch nichts von ihrem Schicksal. Richard Wilts aus Ostfriesland schreibt am 1. November nach Hause:

Von den nächsten Hügeln können wir Stalingrad sehen. Das Industriegelände liegt tagsüber ununterbrochen im Bombenhagel unserer Stukas ... Ohne Pause kreisen unsere doppelrümpfigen Aufklärer FW 189 über Stalingrad, empfangen von wütendem russischem Flakfeuer, das aber, wie gut zu beobachten ist, unsere Luftwaffe nicht im Geringsten behindert ...

Was lediglich die Eroberung ganz Stalingrads so hinauszögert, ist die hartnäckige Verteidigung jedes zum Bunker ausgebauten Gebäudekomplexes. Die russische Infanterie wird durch die Luftwaffe bekämpft. Nachts vergeht nicht eine Minute, wo nicht MG's und Artillerie feuern, während tags die Bomben und die Flak krachen. Ein Kamerad vom neu eingetroffenen Ersatz ist am Geschütz gefallen …

Richard Wilts ist gläubiger Protestant. Zusammen mit einigen gleich gesinnten Kameraden findet er in regelmäßigen Bibelstunden im Bunker den Halt, der ihm Kraft für die bevorstehenden letzten Tage gibt. Am 6. November schreibt er:

Ich werde als MG-Schütze der Batterie ausgebildet … Die letzte Nacht hatte ich Wache mit einem Gefreiten. Von ihm erfuhr ich etwas sehr Erfreuliches. In einem Bunker der Stabsbatterie finden sich jeden Tag 6 Uhr etwa 10 Soldaten unter Leitung eines protestantischen Pfarrers (Gefreiter) zur Bibelstunde zusammen. Ist das nicht fein – hier – vor Stalingrad?

Am 11. November berichtet Wilts nach Hause:

Stalingrad ist längst entvölkert … Manche alte gebrechliche Russen sind nicht weit gekommen und sind am Wege liegen geblieben. Das Elend ist entsetzlich – furchtbar – man kommt nicht umhin, hier nach dem Warum zu fragen …

Nach dem Durchbruch der Russen am 19. November nördlich und südlich an Stalingrad vorbei nach Westen, durch die dortige deutsche und rumänische Front, schließt sich die riesige Zange am 23. November um die deutsche 6. Armee und um Teile der 4. Panzerarmee in Stalingrad. Bei Kalatsch am Don, weit im Rücken der deutschen Truppen, treffen sich die beiden russischen Zangenspitzen. Der ehemalige Adjutant der 6. Armee erinnert sich später:

Es war ein Bild des Schreckens. Von Angst vor den sowjetischen Panzern gepeitscht, jagten Lkw, Befehlswagen, Pkw, Kräder, Reiter und pferdebespannte Fahrzeuge nach Westen, prallten aufeinander, fuhren sich fest, stürzten um, versperrten den Weg. Zwischendurch stießen, drückten, schoben, wälzten sich Fußgänger. Wer stolperte und zu Boden fiel, kam nicht wieder auf die Beine. Auf der Jagd zur Rettung des nackten Lebens wurde alles zurückgelassen, was das Rennen behinderte.

Von der Front vor Leningrad schreibt am selben Tag der Gefreite Günther Herrmann, 19-jähriger Abiturient, der wenige Wochen später, am 2. Januar 1943, gefallen ist, an seinen Bruder Oskar:

Man spricht unter den alten Frontsoldaten wenig vom Tod. Aber wenn man einmal an ihn denkt, dann ist es, als ob eine tiefe Trauer, eine Lähmung der Gedanken heraufzöge. Es ist die Angst vor dem großen Dunkel, das jenseits steht und das zu beschreiben so hart und unsicher ist. Hier im Leben, da hat man noch seine blühenden Hoffnungen, sieht nur das Schöne, das wieder kommen müsste. Tod ist harter, schwerer Verzicht. Verzicht auf all die Dinge, die unter gewöhnlichen Bedingungen ein Leben noch lebenswert machen. Er ist Abschied von all dem, was einem lieb war. Er ist ganz hinein ins Ungewisse.

Wir Christen kennen aber etwas anderes. Wir wissen von einer künftigen Nacht, wo all das Schöne unseres Daseins vergessen sein wird. Wir glauben daran, wir halten es ganz fest, durch Christus. So wird von uns nur eines gefordert: Bereitschaft. . . Wir haben es leichter. Wir brauchen nur verzichten, Angst brauchen wir keine zu haben. Vielleicht gilt das nur für uns, das vom leichten Sterben. Der Herr gebe es jetzt, wie er es will. Ich bin ruhig in ihm. Denn: Ob wir leben oder sterben, so sind wir des Herrn.

Heute habe ich dir, mein vertrauter Freund, alles geschrieben. Verbrenne den Brief oder behalte ihn in treuen Händen …

In Nordafrika ist Rommels »Afrikakorps« auf dem Rückzug, und am 8. November landen in seinem Rücken, in Marokko und Algerien, amerikanisch-britische Truppen unter dem Oberbefehl von General Eisenhower, was den Zweifrontenkrieg in Nordafrika bedeutet und den Anfang vom Ende des deutsch-italienischen »Afrikakorps«. Am 12./13. November erobern die Briten Tobruk zurück. Am 28. November schreibt Manfred Messerschmitt, der im April 1943 bei Sfax gefallen ist, nach dem deutschen Rückzug aus Nordafrika an seine Eltern einen Brief, in dem es heißt:

Wir liegen hier ungefähr 40 Kilometer hinter Agheila in Ruhe. Geschütze haben wir keine mehr. Diese Dinger liegen irgendwo in der langen Rückzugstraße und sind gesprengt. Im Einsatz haben sie sich ganz gut bewährt. Denn an unserem letzten Einsatztag haben wir 18 Tommy-Panzer abgeschossen. Darunter mehrere Piloten. Aber diesen langen Rückzug haben sie nicht überstanden. Mein Geschütz konnte an diesem letzten Einsatztag, ich glaube es war der 2. November, sechs Panzer erledigen. Darauf musste ich es aus dem mörderischen Artilleriefeuer herausziehen, da von meiner Besatzung, außer dem Geschützführer, niemand mehr einsatzfähig war. Ich fuhr einen Toten und zwei Verwundete zum Hauptverbandsplatz. Darauf drehte ich die Nase des Geschützes wieder gegen den Feind. Zu zweit verschossen wir dann noch unsere letzte Munition auf einen Piloten und auf einen leichten englischen Panzer mit Erfolg. Dabei musste ich Ladekanonier und Fahrer gleichzeitig spielen. Als wir uns dann so sachte aus dem allgemeinen Durcheinander herausziehen wollten, ging das Ding nur eine kurze Strecke, dann blieb es stehen. Mein Geschützführer machte sich dann auf und holte ein Fahrzeug zum Abschleppen. Gegen Abend konnte ich das Fahrzeug aus eigener Kraft wieder flott kriegen … Ich kam mit dem Geschütz bis nach Sidi Barrani. Dort musste ich es sprengen, denn der Tommy war zu nahe und die Geschwindigkeit des Geschützes zu gering, um das Tempo des Rückzuges mitzumachen. Dann machte ich per Anhalter weiter zurück und kam erst vor ein paar Tagen hierher zu meiner Batterie …

Vor Stalingrad liegen am 30. November an der engsten Stelle des Ringes bereits über 50 Kilometer zwischen dem sich bildenden Kessel von Stalingrad und der deutsch-sowjetischen Front. Ein Ausbruchsversuch der 6. Armee wurde ihrem Oberbefehlshaber, General Paulus, durch Hitler verweigert, der Entsatz verspricht, aber dieses Versprechen nicht einlösen will und kann. Ebenfalls am 30. November schreibt Leutnant Fritz Gahren in Charkow an seine Frau nach Hause:

Fahre morgen früh in Richtung Stalingrad weiter. Mein Endziel liegt von hier noch 600 Kilometer entfernt, das ist wieder eine Reise von zwei bis drei Tagen! Hoffentlich komme ich überhaupt durch, denn bis vorgestern ist dort, wo ich hin soll, noch der Russe gewesen!

Aus Stalingrad schreibt der 20-jährige Richard Wilts am 8. Dezember nach Hause:

Nun, nachdem der Wehrmachtsbericht sich schon etwas klarer über unsere Lage »zwischen Wolga und Don« ausgesprochen hat, nehme ich an, dass ihr euch vorstellen könnt, was hier gespielt wird. Mehr kann und darf ich euch nicht berichten, zum mindesten jetzt nicht … Vor allem aber sollt ihr auch diesem Brief wieder eins entnehmen können: Mich erfüllt Freude in der Gewissheit: Ich bin sicher geborgen für alle Zeit – nicht das wirksamste Explosionsgeschoss der Welt kann meine Seele zersprengen – so weit wird Menschenverstand nie reichen. Ja, mich erfüllt tiefer Friede …

Im Konzentrationslager Dachau schreibt der deutsche Häftling Edgar Kupfer-Koberwitz unter Lebensgefahr in seinen Tagebuchblättern am 8. Dezember diese Notiz nieder:

Nichts geschieht, nur kleine, betrübliche Dinge. Abends, in der Baracke, im Bett, hatte ich die Decke über den Kopf gezogen, aber ich hörte doch, was einer hinter mir erzählte. Sein Kamerad ist Totenräumer, er denkt sich weiter nichts mehr dabei. Nun, als er vorgestern die Leichen aufschichtete, sah er sich rein zufällig die Gesichter an, und da fand er seinen Bruder. Das muss ihn sehr erschüttert haben, obwohl er Leichen zu sehen gewohnt war.

Der Bruder kam mit einem Transport aus einem anderen Lager, und der Leichenräumer wusste es nicht …

Am 19. Dezember schreibt der 20-jährige Horst Ulrich aus Berlin an seine Eltern aus Stalingrad, das er »Mausefalle« nennt:

Liebe Mama, lieber Papa, nun kommt in ein paar Tagen das Weihnachtsfest heran. Um ehrlich zu sein – mir ist nicht ganz danach zumute. Es ist entsetzlich kalt. Bunker habe ich zur Zeit keinen. Ich mache jetzt Funkdienst in einem Panzerwagen. Heute sitze ich schon den ganzen Tag in diesem Eisschrank mit dem Hörer auf dem Kopf, ohne Decken und ohne mich zu rühren. Zu essen habe ich längst nichts mehr. Selbstverständlich sind die Rationen längst gekürzt worden. Seit Wochen bekommen wir 200 g Brot, 15 g Fett und 40 g Kunsthonig für den Tag. Pferdefleisch ist selten geworden; außerdem kann man es auch nicht roh essen; denn mitten in der baumlosen Steppe gibt es kein Brennholz. Hoffentlich wird das bald anders. Von Süden stößt eine starke Armee zu uns, ebenso eine vom Westen. Auch unsere Armee ist für die Fronten, die sie hält, noch lange stark genug. Und hungern können wir so gut wie die Russen, und die haben uns, als sie einmal in unserer Lage waren – nur Salz, Brot und Mehl – zweihundert Tage zu schaffen gemacht. Trotzdem wäre man ja froh – na, ist egal. An die Panzerwand über meinem Funkgerät habe ich ein Bild Hermanns geklebt, unter dem seine klassischen Worte stehen: »Die Ernährungslage wird immer besser!« Humor muss bleiben, auch wenn man das Lachen verlernt hat …

Einen Tag später schreibt Horst Ulrich den letzten Brief aus Stalingrad nach Berlin an seine Eltern. Seither ist er vermisst:

Gestern war am Nachmittag wieder der Teufel los. Alle unsere Panzer wurden abgeschossen. Wir waren gerade zufällig nicht vorn, sondern wollten uns hinten, tausend Meter hinter der Linie, in einer kleinen flachen Schlucht ein Schlafloch für die Nacht buddeln. Auch uns hinter der Front deckte der Russe mit Artillerie zu, dass uns Hören und Sehen verging, und trotzdem kam der Russe nicht durch. Nur unsere armen Infanteristen waren zu bedauern. Als die abends aus der Stellung kamen, konnte jeder beim Verpflegungfassen doppelte oder dreifache Ration empfangen, weil die Küche für den Soll-Bestand der Kompanie gesorgt hatte. Na, hoffentlich wird's bald mal anders …

Mitte Dezember erlebt Christoph Faulhaber folgende Szene während eines Einbruchs der Russen im Raum Charkow:

Näher kommendes Maschinengewehr- und Schützenfeuer treiben mich zur Eile. Verwundete schleppen sich an mir vorüber. Nur der Selbsterhaltungstrieb hält sie trotz teilweise schwerster Verwundungen auf den Beinen. Ein alter, bärtiger Landser sitzt im Schnee und bittet mich um etwas zu essen. Er hat beide Hände in schmutzige, blutige Verbände gewickelt. Ich öffne eine von meinen Fleischdosen und füttere ihn. »Kamerad, lass mich nicht hier sitzen«, bittet er mich. »Nimm mich mit. Hilf mir oder gib mir eine Kugel«, fleht er. Weit und breit ist kein Fahrzeug zu sehen. Was soll ich tun? Das Schützenfeuer kommt näher. Es ist mir, als gäbe ich mich selbst auf, als ich dem alten Mann ins bärtige Gesicht schaue. Ich versuche ihn aufzurichten. Er muss schon sehr lange im Schnee gesessen haben. Seine Glieder sind ganz steif und er fällt immer wieder zurück. Flehend streckt er mir seine blutigen Verbände entgegen. Tränen rollen ihm übers Gesicht. Ich versuche, ihn ein Stück mitzuschleppen. Es ist zu viel für mich. Ich kann nicht mehr. Mit der Bitte im Herzen, der Herrgott möge ihm gnädig sein, reiße ich mich los und schleppe mich weiter. Und nur die Nacht sieht meine Tränen …

Am 29. Dezember erlebt Liselotte Langrock in Duisburg einen großen Luftangriff auf die Stadt und schreibt unter dem unmittelbaren Eindruck des Geschehens diesen Brief an ihren Mann:

Wir haben wieder einen Angriff gehabt. In unserer Nähe ist ein Flammenmeer. Es brennt furchtbar. Bei uns im Haus hat es auch gebrannt, konnte aber schnell gelöscht werden. 19.30 ging es los. Ich war bei Funks und hörte die Bomben, bin nach Hause gerast, sah den Flammenschein und bin fast wahnsinnig geworden. Gott sei Dank ist bei uns alles in Ordnung. Da kann man nur sagen: »Fröhliche Weihnachten!« Außer ein paar Fensterscheiben ist alles heil bei uns. Ich kann jetzt nicht mehr … Es ist furchtbar – deine Liselotte.

Der deutsche Entsatzversuch für die in Stalingrad eingeschlossenen Truppen scheitert, bald können auch deutsche Flugzeuge mit Lebensmitteln nicht mehr landen. Die Pakete werden aus der Luft abgeworfen. Zum Schutz der Transportmaschinen und zur Bodenbekämpfung sind Jagdflugzeuge eingesetzt. Major Johannes Steinhoff, damals ein bekannter deutscher Jagdflieger, erinnert sich später:

Es war kurz vor Weihnachten, da bewegte sich ein kampfstarker Stoßkeil von Panzern und Grenadieren beiderseits der Eisenbahnlinie durch die Kalmückensteppe über Kotelnikowa, Simowniki auf die Eingeschlossenen zu. Wir waren voller Optimismus, dass es gelingen würde, und flogen von früh bis spät. Selten habe ich einen Einsatz durchgeführt, der mit so viel innerer Beteiligung verbunden war. Ständig sprachen wir mit der 6. Armee über Funk und hörten ihre Meldungen, mit denen sie uns das Eingreifen zu ihrer Entlastung erleichtern wollten. Sie hatten auch oftmals Erfolg damit, denn die Russen hatten einen ungewöhnlich starken Luftwaffeneinsatz an diesem Schwerpunkt in Gang gebracht und fügten den Eingeschlossenen schweren Schaden zu, wo sie zum Wurf oder zum Tiefangriff kamen.

»Hier Funkstelle Getreidesilo – viele Bomber und Jäger über Pitomnik.« Abends hieß es: »Auf Wiedersehen morgen früh, kommt bitte wieder!«

Am 16. Dezember brachen die Sowjets durch die Stellungen der Italiener und Rumänen am Don. Die 6. Panzerdivision, die Speerspitze unserer Befreiungsaktion, wurde abgezogen. Der Angriff kam zum Stillstand, das Unternehmen »Wintergewitter«, auf das wir so große Hoffnungen gesetzt hatten, war vergeblich gewesen. Gegen Abend dieses Tages flog ich die Eisenbahnstrecke nach Norden entlang und traf auf viele weißbemalte Panzer, die mit Trauben von Soldaten in Schneehemden behängt waren. Ich ging tief herunter, um mich ihnen zu zeigen, aber plötzlich erhielt ich wütendes MG-Feuer und stellte mit Entsetzen fest, dass es sowjetische Panzer waren. Sie marschierten im Eiltempo nach Süden auf unseren Steppenflugplatz zu.

Ich machte zwei Anflüge, verfeuerte meine Kanonenmunition und rief über Funk Hilfe herbei. Wir taten, was wir konnten, aber ich vermute, viel Schaden haben wir den T-34-Panzern nicht zugefügt. Während wir laufend angriffen, hörten wir in kurzen Abständen – beinahe flüsternd – im Kopfhörer die Stimme des Funkers auf dem Getreidesilo: »Hier Getreidesilo Stalingrad, hören Sie mich? Bitte kommen!«

Aber niemand antwortete ihnen mehr. In der gleichen Nacht verlegten wir fluchtartig auf einen Feldflugplatz im Süden.

Im Kessel von Stalingrad schreibt der junge Richard Wilts am Heiligen Abend 1942 in seinem Brief an die Eltern nach Hause:

Ein wenig Heimweh, die Sehnsucht, diesen Abend mit und bei euch zu verleben, verspüre ich, ehrlich gesagt, doch – gerade deswegen, weil wir trotz allem heute eine kleine Bescherung machten mit einem kleinen Weihnachtsbaumbild, einigen Weihnachtskerzen … Vor einer Stunde hat Willi uns die alte, ewig neue Weihnachtsbotschaft verkündet – hier im Kerzenschein in unserem Bunker. Danach haben wir zur Handharmonika gesungen: O du fröhliche … Stille Nacht … Am Weihnachtsbaume … Süßer die Glocken … Willi und ich haben uns im Spielen abgewechselt … Ja, ich denke viel an euch heute Abend, wie ihr bestimmt an mich. Es ist ja meine erste Weihnacht fern von euch … Ob in Leer auch wohl so eine weihnachtliche Landschaft ist wie hier? Es ist die letzten zwei Tage ruhig, unheimlich ruhig, es schneit nur und stürmt …

V.

1943

Tage des Grauens waren es, die wir erlebt haben. Wir kämpften an vorderster Spitze der Front, mit Bajonett mussten wir stechen und gesurrt und gepfiffen hat's über meinem Stahlhelm, hinten und vorn hatten die feindlichen Granaten eingeschlagen, dass uns der Dreck auf den Stahlhelm flog. Und das MG-Feuer – jetzt triffts mich, jetzt triffts mich, hab ich immer gedacht. Vor mir spritzte es in den Dreck, dass ich gemeint hab, jetzt hat's geschlagen, die letzte Stund …

Hans Siegl, 10.8.1943

Januar bis März

Am 8. Januar fordert die Rote Armee die eingeschlossene deutsche 6. Armee zur Übergabe auf, die in Stalingrad zeitweilig bis zu sieben russische Armeen in den Kampf verwickelt und den russischen Vormarsch über den Don verzögert hat, was wiederum den Deutschen den Rückzug aus dem Kaukasus erleichtert. Am 10. Januar beginnen die Russen mit der »gewaltsamen Liquidation« des Stalingrader Kessels, der dann am 25. Januar in zwei Hälften im Norden und Süden gespalten wird. Am 30. Januar feiert Göring zum 10. Jahrestag des NS-Regimes in Berlin den »Heldenkampf« in Stalingrad. Dort muss einen Tag später der Südkessel, mit Generalfeldmarschall Paulus an der Spitze, kapitulieren. Am 2. Februar stellt auch der Nordkessel den Kampf ein. Nach sowjetischen Angaben sind von den rund 350 000 deutschen Soldaten (Stand: 19.11.1942) der 6. Armee und Teilen der 4. Panzerarmee in Stalingrad 200 200 gefallen und etwa 101 800 in Gefangenschaft gestorben. Rund 6 000 Mann sind später wieder heimgekehrt; von 22 gefangenen Generälen kehrten 18 zurück. Die Russen beklagen rund 50 000 Tote.

Im Süden von Stalingrad halten die Winterabwehrschlachten bis zum März 1943 an.

An der Front vor Leningrad gelingt es den russischen Truppen am 18. Januar, eine 15 Kilometer breite Landverbindung zur Stadt am südlichen Ufer des Ladoga-Sees freizukämpfen. Dadurch kann die Stadt auch auf dem Landweg wieder versorgt werden, wenn auch der deutsche Artilleriebeschuss auf Leningrad weiter anhält.

Im Nordatlantik bahnt sich nach anfänglich großen Erfolgen der deutschen U-Boote gegen alliierte Geleitzug-Konvois, die Kriegsmaterial nach dem russischen Eismeerhafen Murmansk transportieren, im Frühjahr 1943 ebenfalls eine Wende an, nachdem neue Langstreckenflugzeuge mit dem neuen »Rotterdam«-Radargerät gegen U-Boote eingesetzt werden und dadurch im April/Mai 1943 der Zusammenbruch des deutschen U-Boot-Krieges herbeigeführt wird. Die neuen Radargeräte gestatten auch den wirksameren Einsatz der alliierten Bomber-Flugzeuge bei Nachtangriffen auf das Reich. Und ab Januar 1943 beginnen auch die Amerikaner mit Tagesangriffen.

Vom 14. bis 25. Januar konferieren in Casablanca Roosevelt und Churchill mit den Vereinigten Stabschefs der Alliierten und fordern die »bedingungslose Kapitulation« von Deutschland und Japan. Zur selben Zeit besetzen britische Truppen Tripolis (25.1.), das deutsche »Afrikakorps« zieht sich weiter zurück. Vom 23. Februar bis 15. März verteidigt es sich in der Mareth-Stellung und in West-Tunesien; Rommel wird am 9. März von Generaloberst von Arnim abgelöst.

Im Berliner Sportpalast ruft Hitlers Chefpropagandist Goebbels am 18. Februar das deutsche Volk zum »totalen Krieg« auf, zu einem Zeitpunkt, an dem der Krieg militärisch für Hitler und seine Verbündeten bereits nicht mehr zu gewinnen ist. Doch Hitler will lieber das deutsche Volk, ja Europa dem totalen Ruin preisgeben als den Krieg beenden. Gegen Hitlers Kriegführung schließen sich innerdeutsche Widerstandsgruppen fester zusammen: in München macht im Februar eine Studentengruppe um die Geschwister Scholl (»Die weiße Rose«) mit Flugblättern Front gegen den nationalsozialistischen Unrechtsstaat und büßt für ihren Versuch zur »Wiederherstellung der Ehre« wegen »Hochverrats« mit der Hinrichtung durch das Beil; am 13. März versagt in Hitlers Flugzeug zur Front eine von den Offizieren Schlabrendorff und von Tresckow eingeschmuggelte Zeitbombe; der ehemalige Leipziger Oberbürgermeister Goerdeler verfasst am 26. März für die Generalität eine Geheime Denkschrift über die Notwendigkeit eines Staatsstreiches.

Ab 18. Januar wird im Warschauer Getto Widerstand gegen die Deportationen geleistet. Vom 20. bis 26. Januar gehen Transporte aus dem Getto Theresienstadt nach Auschwitz. Vom 5. bis 27. Februar werden die Juden in Bialystok »umgesiedelt«. Am 27. Februar werden jüdische Rüstungsarbeiter aus Berlin nach Auschwitz deportiert; im März folgen Transporte von Juden aus Holland nach Sobibór und aus Prag, Wien, Luxemburg und Mazedonien nach Treblinka, ebenso aus Saloniki und Thrazien. Am 13. März wird das Getto Krakau aufgelöst und in Auschwitz ein neues Krematorium eröffnet.

In Ostasien räumen die letzten Japaner im Südpazifik die Insel Guadalcanal. Am 12. März werden auf der Pazifik-Militär-Konferenz in Washington die Pläne der Alliierten für ihre Operationen 1943 gegen Japan festgelegt.

In den ersten Januartagen ereilt den jungen Richard Wilts in Stalingrad sein Schicksal. Am 5. Januar muss er in die MG-Stellung ausrücken. Dort wird er am Hals verwundet. Ein Kamerad trägt ihn zum Verbandsplatz und erzählt einem anderen Kameraden, der mit schweren Erfrierungen ausgeflogen wird, von der Verwundung von Richard Wilts. Durch diesen aus dem Kessel noch Entronnenen erfährt später die Familie diese Details. In seinem Neujahrsbrief an seine Großmutter stehen diese Sätze:

Ich danke Gott … Heute hat mich Gott so weit, dass der Tod für mich seinen Stachel, sein Grausames verloren hat. Der Tod ist für mich nur ein Hinübergetragenwerden in ein herrliches, in Sein Reich …, und ich darf jede Stunde damit rechnen …

Zwei Tage später schreibt Kurt Reuber, der ein Jahr später in russischer Kriegsgefangenschaft gestorben ist, aus Stalingrad nach Hause:

Kaum eine irdische Hoffnung mehr, den sicheren Tod vor Augen oder ein Schrecken ohne Ende in Gefangenschaft, irgendwo im Raum aller Unbarmherzigkeit. – Wir wissen nun, was sich um uns ereignet hat. Anfängliche Hoffnung auf eine baldige Wende hat sich zerschlagen, wir wissen, dass wir noch lange aushalten müssen. Soweit es menschenmöglich ist, ist es mir bisher gelungen, innerlich aufrecht zu bleiben und nicht drohenden Verzweiflungsgedanken zu verfallen. – Wir haben uns tief in die Erde eingegraben, die wir so unendlich lieben. Alles andere weiß ich im ewigen Schicksalswillen eingeschlossen. Du ahnst nicht, was diese dunkelste Zeit für ein Menschenleben bedeutet, diese Prüfungen müssen sich segnend an uns auswirken.

Aus Rostow schreibt am 9. Januar Leutnant Fritz Gahren an seine Frau Agnes. Er fällt am 4. Oktober 1943:

Die Lage hier unten im Südabschnitt, Agnes, ist mehr als beschissen, das kann man wohl mit ruhigem Gewissen sagen. Was sich im Großen Don-Bogen und im Raum zwischen Stalingrad – das ja eingekesselt ist – und Rostow alles für Tragödien abspielen, darüber schweigt man wohl besser! Wenn da in diesen Tagen nicht ganz was Enormes geschieht, ist die ganze Süd-Armee und somit auch der schöne Erfolg des letzten Jahres restlos im Eimer! Im Übrigen kommt der Russe längs des Don herunter auf Rostow zu und ist bereits auf 50 Kilometer heran. Die Zivilisten sind hier bereits mächtig am Türmen nach Westen … Wir haben Anweisung, keinen Fußbreit zurückzugehen und uns bis zum Letzten zu verteidigen! Es wäre allerdings wirklich fatal, wenn die Burschen mit ihren Panzern bis an die Stadt durchstoßen. Möglich ist es ihnen schon, denn da steht ja nichts, was sie irgendwie aufzuhalten in der Lage ist, das krebst ja alles irgendwo zwischen Stalingrad und Rostow in der Steppe herum …

Vom Rückzug des restlichen »Afrikakorps« im Januar 1943 meldet sich Manfred Messerschmitt in einem Brief vom 10. Januar an seine Eltern:

Wir haben in den letzten Tagen wieder Stellungswechsel gemacht, und zwar noch weiter nach Süden. Wahrscheinlich sollen wir den Tommy hier aufhalten, wenn er durchbrechen will. Aber das wird uns nicht gelingen. Dazu sind wir zu schwach. Denn wir erhalten hierher keinen Nachschub mehr. Das geht alles von Italien nach Tunis. Noch nicht mal einen Volkswagen schicken sie uns herüber, geschweige denn Lkw oder Panzer. Der ewige Munitionsmangel, der in Afrika schon immer spürbar war, hat sich dadurch nicht gebessert. Und Sprit für die Fahrzeuge ist überhaupt nicht da … Die ganze 15. Division war deshalb schon mal eingeschlossen …

Auf den Vorschlag einer früheren Kameradin aus dem Reichsarbeitsdienst meldet sich Mathilde Pfitzinger Ende 1942 als Sekretärin in die Ukraine. Am 8. Januar fährt sie dorthin und erinnert sich später:

Am 12. Januar begann ich meine Arbeit beim Gebietslandwirt in Rowno in der Ukraine … Einmal kam ich zur Kasse des Gebietskommissars, wo Herr Neuber und Fräulein Boele arbeiteten, die mir sehr gut waren. Sie zählten und sichteten Gold. Ich sah näher hin und wunderte mich und fragte, was sie täten. Da wurde mir die Antwort gegeben, dass das Geld von den Juden sei, die 1941 hier vernichtet wurden. Ich sagte, dass das Volk im Reich davon nichts wüsste. Nun, mir wurde Aufklärung gegeben, und welche: 16 000 Juden sind in Rowno 1941 getötet worden. Männer, Frauen und Kinder. Ihre Leichen wurden zu Haufen geschichtet und mit Kalk und Erde zugedeckt. Mir graute. Fräulein Boele meinte, nur einmal, als eine blonde Frau ihr kleines Kind an sich drückte, das ahnungslos neben ihr den Todesweg ging, sei es ihr nahe gegangen … 14 Tage war ich in Rowno, da hatten wir eine Sitzung. Sämtliche Landwirtschaftsführer waren da. Und ich als einzige Frau. Es wurde u. a. davon gesprochen, dass noch mehr Verpflegung zur Front vor müsse. Ein Kreisführer brachte vor, dass man nicht noch mehr aus den russischen Bauern rausholen könne. Ihm sei Folgendes passiert: Als er die letzte Kuh aus dem Stall eines Bauern holen wollte, habe dieser sein jüngstes Kind geholt und ihm dieses angeboten. Aber er solle ihm doch die Kuh lassen, das Einzige, was sie noch zum Leben hätten. Ich war erschüttert von all dem Elend der Bevölkerung, das sich hier offenbarte. Am Abend setzte ich mich hin und schrieb an Göring und Hitler, ich sei in den Osten gegangen, um aufzubauen, und nicht, um zu zerstören. Ich warf der deutschen Verwaltung Prasserei vor, während die Bevölkerung am Hungertuche nage und sich nur noch mit Partisanentätigkeit wehren könne. Mein Brief wurde offen aufgenommen, die Stellen in der Ukraine um Stellungnahme gebeten … Ich wurde zum Regierungspräsidenten Dargel vorgeladen, der mich mit den Worten empfing: »Wenn Sie ein Mann wären, säßen Sie nicht mehr hier!«

Bei Staraja Russa am Südufer des Ilmensees leistet Werner W. Thate Mitte Januar einem Kameraden den letzten Freundschaftsdienst. Er berichtet später darüber:

Gegen Mitte Januar – es ist schwer, hier noch Wochentage oder Daten auseinander zu halten – bezieht der trotz allem bei unserem kurzen Zusammensein stets ausgeglichen erscheinende Hein Topp im Morgengrauen den vordersten Stand, zu welchem der schmale Laufgraben führt und der nur etwa vierzig Meter vom Russenpanzer entfernt ist. Schon in der Nacht hat es wieder zu schneien begonnen. Ein eisiger Wind hat ein Übriges getan, dass der ohnehin nicht mehr sehr tiefe Laufgraben an manchen Stellen nahezu ganz eingeebnet ist. Auch am Vormittag schneit es weiter, wenn auch nicht so stark. Wegen der grimmigen Kälte bewegt Hein sich in seinem Stand etwas freier in der Hoffnung, durch das Fallen der Schneeflocken von den Scharfschützen im Panzer nicht bemerkt zu werden. Plötzlich ein Einzelschuss, ein Aufschrei und dann ein herzzerreißendes Wimmern: » … ich bin verwundet …, holt mich doch, Kameraden, holt mich doch, ich verblute. . .« Und nach einer Weile: »Werner … bist du nicht irgendwo? Komm du doch und hol mich!

Der Posten in Bunkernähe robbt zur Unterkunft und berichtet in fliegender Hast das Nötigste. Der Leutnant will unbedingt sofort nach vorn. Aber ein gütiger Zufall will es, dass ich wachfrei im Bunker bin. Ohne auch nur einen Augenblick zu zögern, bitte ich Johannsen: »Herr Leutnant, Hein Topp hat mich und nicht Sie gerufen. Ich glaube, das ist meine Sache. Hein und ich sind alte Freunde. Bitte, lassen Sie mich ihn holen!« Aller Ungunst des Geländes zum Trotz schaffe ich es, voranzukommen. Hat der Herrgott ein Einsehen? Ein Wunder, wie ich deren schon seit dem Frankreich-Feldzug so viele erleben durfte und für die es keine logische Erklärung gibt, sondern allenfalls das nachträgliche Verlangen, still die Hände zu falten und zu beten – dieses Wunder geschieht noch einmal.

Schnee und Ostwind verstärken sich von Minute zu Minute und behindern den Scharfschützen im Panzerwrack entscheidend in der Sicht. Entlang dem fast nicht mehr erkennbaren Laufgraben gelange ich, nur mit der Pistole am Koppel, robbend und unter Aufwand aller meiner Kräfte, schließlich nach vorn in den Postenstand, wo Hein, den ich unterwegs immer wieder beruhigend auf mein Kommen vorbereitet und einigermaßen still gehalten habe, mich sehnsüchtig erwartet. Hier die Wunde versorgen zu wollen wäre Wahnsinn, also zurück, so schnell wie möglich! Nach einer weiteren halben Stunde oder mehr, die für alle zu einer Ewigkeit wird, habe ich es mit letzter Kraft geschafft und den durch Brustschuss schwer verwundeten Kameraden mit vielen Pausen und gutem Zureden Meter um Meter nach hinten in Richtung Bunker geschleift. Erst auf den letzten Metern kommen mir Leutnant Johannsen und ein wachfreier Kamerad ungeachtet meiner Warnung zu Hilfe. Ein Sanitäter ist nicht mehr bei unserem kleinen Haufen. Der Letzte soll schon irgendwann vor Weihnachten gefallen sein. Trotzdem liegt Hein schon bald bestmöglich sanitär versorgt, soweit es die Umstände hier erlauben, auf der oberen Pritsche des Bunkers. Ich kauere ständig neben ihm und versuche, den sichtlich Übermenschliches Leidenden abzulenken, soweit das überhaupt möglich ist. »Hein, du musst jetzt ganz tapfer sein, bis dich nachher das Essensfahrzeug mit zurücknehmen kann und du auf dem Hauptverbandsplatz bist. Da flicken die dich schon bald wieder zusammen. Das wäre doch gelacht! Du musst jetzt nur die Ohren steif halten und ein wenig auf die Zähne beißen. Denk dabei nicht zuletzt auch an deine Herma in Heide. Sie wartet auf dich! Wird die Augen machen, wenn du sie schon bald einladen kannst, dich in einem Heimatlazarett zu besuchen?!« Ungläubig stiert der von Wundfieber geschüttelte Hein auf mich, seinen guten Kameraden in tausend schweren und einigen glücklichen Stunden. Plötzlich bäumt er sich ein letztes Mal auf. Dann ist er über den Berg, über den es kein Zurück mehr gibt …

Christoph Faulhaber wird im Südabschnitt am 9. Januar verwundet. Ein Splitter dringt ihm in den rechten Fuß. Gemeinsam mit anderen Verwundeten wird er am 15. Januar auf Lastwagen gepackt. Die Russen sind auf beiden Seiten schon durchgebrochen. Die Verwundetenkolonne und die mit zurückflutenden Mannschaften versuchen, der drohenden Umklammerung zu entkommen. Im Tagebuch von Christoph Faulhaber lesen wir:

Gegen 23.00 Uhr setzt sich die Kolonne in Bewegung. Ein dichtes Schneetreiben löst die Umgebung auf in ein Nichts. Nur die Umrisse der marschierenden Kameraden lassen sich schwach erkennen. Die deutsche Hauptkampflinie liegt ungefähr 20 Kilometer entfernt. Unser Konvoi besteht aus schätzungsweise 4000 Mann deutscher Truppen und 12000 Italienern. Ein großes Wagnis … Die Kolonne stockt. Russische Panzer sind aufgetaucht. Doch nach kurzem Feuergefecht mit unseren Sturmgeschützen ziehen sie es vor, beizudrehen. Zwei unserer Lkws brennen. Verwundete und Tote liegen im Schnee. Wir ziehen seitlich vorbei. Der Fahrer will das Risiko des Steckenbleibens beim Halten nicht auf sich nehmen. Und so müssen die Kameraden ohne Hilfe zurückbleiben … Plötzlich sind russische Schlachtflieger da. Wir durchfahren gerade ein ausgebranntes Dorf. Die Kolonne zieht auseinander und sucht in der Nähe von Häuserruinen Schutz. Die Fahrer springen aus den Wagen und gehen in Deckung. Wir liegen flach auf der Ladefläche. Schon pfeift es heran. Bordwaffenbeschuss und Bombenwurf. Detonationspilze steigen auf. Die Maschinengewehrgarben laufen wie eine Nähmaschinennaht durch den Schnee. Ein Landser liegt etwa 10 Meter von uns neben der Straße. Eine Garbe fasst ihn und durchlöchert ihn der Länge nach durch. Ein anderer will sein Maschinengewehr in einer Ruine in Stellung bringen … Noch im Laufen schreit er auf, wirft die Hände in die Luft und bricht zusammen …

Die Kolonne formiert sich wieder. Wo bleibt unser Fahrer? Die übrigen Lkws ziehen langsam an uns vorbei. Eine Ungeduld packt uns. Die Erregung steigert sich, als der letzte Wagen an uns vorüberzieht. Hinter uns taucht ein »Wiesel« auf. Am Steuer sitzt ein Oberleutnant. Er winkt und schreit uns entgegen: »Weiter, weiter, der Russe stößt nach!« Ein junger Landser bricht bei diesen Worten in Tränen aus. Sein Gesicht birgt er in seinen Händen und wimmert etwas Unverständliches. Im Vorbeifahren sieht der Oberleutnant, dass wir fahrerlos sind. Mit einem Ruck bleibt er stehen und dann stößt er langsam rückwärts ... Der Oberleutnant arbeitet vor dem Lkw. Ich habe das Maschinengewehr auf die Wagenrückwand aufgelegt und sitze halb angelehnt auf dem Boden. Da taucht eine Gestalt im erdbraunen Mantel hinter einer Ruine auf und verschwindet gleich wieder. Dort noch eine. Schüsse peitschen auf. Wie ein Rudel Wölfe pirschen sie sich heran, um den »Weidwunden«, vom Tode Gezeichneten den Garaus zu machen. Aber noch schlägt ein Funken Lebenswillen in uns. Ich ziehe ein und drücke den Abzug. Der Schnee spritzt hoch. Die Garbe fetzt in die Ruinenmauer, hinter der die Russen sind. Die Gestalten sind verschwunden. Da reißt der »Wiesel« auch schon an der Kette. Die Räder des Fahrzeuges rucken. Dann haben wir es geschafft. Ein Dankgebet macht sich in meinem Herzen breit. Als der junge Kamerad die Bewegung der Räder spürt, wird er ganz ruhig. Mit starrem Blick sitzt er da und redet vor sich hin ...

Im eingeschlossenen Stalingrad schreibt Willi Büssing am 20. Januar, bevor er als vermisst gemeldet wird:

Es wird schwer halten, euch regelmäßig zu schreiben. Ihr braucht zwar nicht sehr besorgt zu sein deswegen, denn die Post geht nur auf dem Luftwege weg, und ich habe nur hin und wieder einem Verwundeten einen Brief oder eine Karte mitgeben können. Wo ich bin und was ich seit mehreren Wochen erlebe, das kann ich euch nicht mitteilen. Dies bleibt einer späteren Zeit überlassen, wo ich hoffentlich glücklich wieder bei euch bin ...

Die polnischen Geschwister Sylwester und Marian Tubacki, 28 und 24 Jahre alt, hat die deutsche Polizei als Widerstandskämpfer aufgegriffen. Am 22. Januar werden sie in Breslau enthauptet. Sylwester schreibt einen letzten Brief an seine Eltern und Geschwister, in dem es heißt:

Heute um halb sieben wird mir der Kopf abgeschnitten für unser Vaterland, das Opfer braucht, um wieder aufzuerstehen und zu leben. Aus tiefstem Herzen grüße ich euch, drücke euch an mich und küsse euch ... Denkt immer daran, dass euer Sohn Sylwek als echter Pole fürs Vaterland gestorben ist ... Wir erwarten den Tod in derselben Zelle, ich, Marys, noch ein Pole und zwei Tschechen ... Auf Wiedersehen, meine Geliebten. Gott, das Vaterland und ihr seid alles für mich – dafür sterbe ich ... Noch ist Polen nicht verloren.

Ein anonymer deutscher Offizier in Stalingrad, der das Ende des Kampfes ahnt, schreibt seiner Frau in einem letzten Brief:

Ich nehme Abschied von dir, weil die Entscheidung seit heute morgen gefallen ist. Ich will in meinem Brief die militärische Seite gänzlich unberücksichtigt lassen. Sie ist eine eindeutige Angelegenheit der Russen, und die Frage geht nur dahin, wie lange wir noch dabei sind. Es kann noch ein paar Tage dauern oder ein paar Stunden. Unser persönliches Leben liegt vor uns. Wir haben uns geachtet und geliebt und zwei Jahre gewartet. Es ist schon richtig gewesen, dass die Zeit dazwischen liegt, sie hat zwar die Spannung auf das Wiedersehen erhöht, aber auch in starkem Maße die Entfremdung gefördert. Die Zeit ist es, die auch die Wunden meiner Nichtwiederkehr schließen muss.

Du wirst im Januar 28 Jahre alt, das ist noch sehr jung für eine so hübsche Frau, und ich freue mich, dass ich dir dieses Kompliment immer wieder machen durfte. Du wirst mich sehr vermissen, aber schließe dich trotzdem nicht ab von den Menschen. Lass ein paar Monate dazwischen liegen, aber nicht länger. Denn Getrud und Claus brauchen einen Vater. Vergiss nicht, dass du für die Kinder leben musst, und mach um ihren Vater nicht viel Wesens. Kinder vergessen sehr schnell und in dem Alter noch leichter. Sieh dir den Mann, auf den deine Wahl fällt, genau an und achte auf seine Augen und seinen Händedruck, so wie das bei uns der Fall gewesen ist, und du wirst dich nicht täuschen. Vor allem eins, erzieh die Kinder zu aufrechten Menschen, die den Kopf hoch tragen und jedem frei ins Angesicht blicken können. Ich schreibe mit schwerem Herzen diese Zeilen, du würdest es mir auch nicht glauben, wenn ich schrieb, dass es mir leicht fiele, aber mach dir keine Sorgen, ich habe keine Angst vor dem, was kommt.

Am 29. Januar schreibt Leutnant Hans Herbert Bickmann vom Nordabschnitt der Ostfront an die Frau eines Kameraden, mit deren Familie er freundschaftlich verbunden ist:

Von mir zu berichten, ist nicht notwendig, denn mein Leben hat aufgehört, seine Stunden zu verzeichnen. Hier ist nichts von all den Gesprächen und Anschauungen und Gefühlen geblieben. Alle Werte werden roh und unwiederbringlich verschüttet. Wenn wirklich mal ein Gedanke einen Weg antritt, dann verläuft er sich in den weiten Schneefeldern dieses Landes. Und Sätze, die man seinen Briefen mitgibt, finden kein Echo aus der Heimat. Man ist wie ein Leuchtturm, der seine Strahlen ausschickt, und doch kommt niemand und nichts zu ihm. Er ist zwar ein Helfer – und manchmal gar der Retter, aber niemand kümmert sich darum, denn es ist ja so selbstverständlich. Es ist einem nichts geblieben. Man ist müde geworden. Und eine tötende Gleichgültigkeit hat sich in einen hineingebohrt. Man will auch für keine Begriffe mehr einen Taler geben. Es ist einem alles recht gleichgültig geworden. Auch die Wünsche, die dem Menschen ja so viel Frische geben können, auch die sind längst verdorrt. Nicht einmal eine Hoffnung ist einem geblieben. Alles ist mit heftigsten Stockschlägen zertrümmert worden. Man hat uns die Gefäße, in denen wir unser Leben, unsere Liebe und unser Wollen tragen, aus den Händen geschlagen. Jetzt kollert dieses unser Leben durch die Granattrichter über Stellungen und Bunker, durch Schnee und Sumpf ...

Am 31. Januar mussten im Süden der Stadt Stalingrad die deutschen Truppen kapitulieren, am 2. Februar die im Norden. Leutnant Kurt Tappert zeichnete später in seinen Erinnerungen auf:

Am 2. Februar 1943 geriet ich beim Traktorenwerk »Rote Brigade« in Gefangenschaft ... Ich befand mich mit 30 bis 35 Mann meiner Kampfgruppe im Erdgeschoss des »Schnellhefterblocks« (in dem einst Büromaschinen hergestellt wurden), als wir plötzlich ringsum russische Panzer sahen. Wir waren völlig eingekreist. Einige von uns haben noch auf die Panzer geschossen, aber da habe ich gesagt: »Es hat keinen Sinn mehr, Kameraden, jeder ist entlassen, jeder ist ab sofort für sich selbst verantwortlich. Es hat keinen Wert, sich lebendig begraben zu lassen ...

Im Zentrum von Stalingrad-Nord befand sich ein Rondell, auf das alle Straßen sternförmig zuliefen. Das war unser letzter Divisionsgefechtsstand, wohin alle Meldungen gingen. Und dorthin führten auch die Gänge. Dort sahen wir Kolonnen von Gefangenen vorüberziehen, von den Russen bewacht. Jedes Mal, wenn die Wachtposten vorbei waren, sprang einer von uns aus dem Gang und reihte sich in die Kolonnen ein, bevor der nächste Posten ihn sehen konnte. Wir sind dann bis in die Nähe von Beketowka marschiert. Wir übernachteten im Freien. Die Lager, wo sie die Gefangenen sammelten, waren von Stalingrad-Süd und Stalingrad-Mitte schon überfüllt. Dann gingen wir für vier Wochen auf den so genannten Todesmarsch ...

Der junge deutsche Hauptmann Hans Schubert ist einer der wenigen, die Stalingrad, die Todesmärsche und die Jahre der Gefangenschaft danach überlebt haben. Er trifft 1947 in einem russischen Gefangenenlager mit Pastor Wilhelm Rose, einem älteren Leidensgenossen und ehemaligen Feldgeistlichen zusammen, der 1953 nach Hause zurückkehrt. Rose erzählt in seinen Erinnerungen davon, wie der ehemalige Stalingrader Hans Schubert mit ihm zusammen auf dem in der Nähe des Lagers täglich vorbeifahrenden Sibirienexpress fliehen will. Ein Aufspringen wäre möglich, da der Zug in einer lang gezogenen Kurve immer abbremsen muss. Wilhelm Rose versucht, Hans Schubert dieses Vorhaben auszureden. Er schreibt dazu:

Wie erkläre ich ihm am besten den Wahnsinn eines solchen Fluchtversuches? »Hast du schon einmal daran gedacht, wie sehr wir beide auch unter Schwarzfahrern auffallen würden? Wolltest du nicht immer heil nach Hause zu deiner Hilde kommen?« … Ich weiß ja, was ihn mit tausend Stricken heimwärts zieht: die Sehnsucht und die Sorge um seine Hilde. Als Stalingrader ist er doch zu Hause tot oder vermisst gemeldet. Nachricht hat er noch keine. Als Nachbarskinder sind er und seine Hilde aufgewachsen. Sie haben zusammen gespielt, bis sie eines Tages entdeckten, dass sie sich lieben. Hans ist Abiturient mit sehr viel Kriegserfahrung, in kurzer Zeit ist er Hauptmann geworden, die Zukunft schien gesichert: aktiver Offizier! Im letzten Urlaub im Herbst 1942 Kriegstrauung. Nur drei Tage haben die beiden sich gehabt, da kam das Telegramm, das ihn zur Truppe im Raum von Stalingrad zurückrief. Nie wieder haben die beiden seitdem etwas voneinander gehört. Dieses entsetzliche Schweigen macht den armen Kerl halb verrückt. Er lebt von der Erinnerung an diese drei Tage …

Friedhelm Rohden, Artillerie-Reserveoffizier, »meldet« sich im Raum Rostow am 5. Februar bei seiner Frau aus 10-tägiger Gefangenschaft und Flucht »zurück« (er stirbt 1946 in russischer Gefangenschaft):

Gewiss wirst du nun erleichtert aufatmen! … Seit dem 25. war ich nämlich in russischer Gefangenschaft. Alle Einzelheiten wirst du sicher schon aus dem Wehrmachtsbericht ersehen haben. In zehn Tagen ist es mir nun geglückt (nach teilweise schweren Kämpfen), die deutschen Stellungen wieder zu erreichen. Was ich in diesen zehn Tagen erlebt habe, kann ich dir gar nicht alles schriftlich erzählen. Später mehr davon. Die Hauptsache ist, dass ich jetzt wieder hier bin und wieder die Aussicht besteht, dass man in absehbarer Zeit doch die geliebte Heimat noch einmal wiedersieht. Wenn du und Mama nicht gewesen wären, dann hätte ich wegen meiner Person dieses »Husarenstück« nicht mehr unternommen … Ein unerschütterliches Gottvertrauen gab mir die Kraft und Energie, die in diesen Tagen unbedingt erforderlich waren …

Christoph Faulhaber wird am 5. Februar mit einer Fußverletzung in einen Lazarettzug von Krakau Richtung Heimat verladen. In sein Tagebuch notiert er:

Am 5. Februar werde ich erneut in einen Lazarettzug verladen. Diesmal geht es in die Heimat! Wir nähern uns der Reichsgrenze. Kattowitz-Hindenburg. Bekannte Namen, altvertraut. Menschen rechts und links der Strecke winken uns zu. Kinder kommen mit Blumen in den Zug. Haben wir das verdient? Beim Anblick der Kinder schluchzt ein alter Landser in dem Bett unter mir laut auf. Die Tränen laufen ihm übers Gesicht. Behutsam streicht seine linke Hand über das Gesicht des kleinen Mädchens. Sein rechter Hemdärmel ist leer. Irgendwo in Russland liegt sein rechter Arm. Dann dreht er sich zur Wand. Ein Krampf schüttelt seinen Körper. Als wir den Bahnhof Hindenburg verlassen und uns hinter Heydebreck meinem Heimatort Oppeln nähern, fasse ich mir ein Herz. »Herr Stabsarzt«, bitte ich ihn, als er durch den Wagen kommt, »kann ich in Oppeln ausgeladen werden, bitte! Ich bin dort daheim.« Seine dunklen Augen scheinen mich zu durchdringen. Ich halte den Atem an. Das Herz schlägt mir bis zum Hals. Er legt mir seine Hand auf die Schulter. »Ich kann Sie frühestens in Breslau ausladen lassen, obwohl auch dort nur eine Entladung geplant ist«, gibt er mir Bescheid. Sein Lächeln soll mich trösten …

Auf dem Weg an den Nordabschnitt der Ostfront schreibt der 19-jährige Bernhard Müller – vor Jahresfrist eingezogen und in Dänemark ausgebildet – am 11. Februar an seine Eltern nach Oranienburg bei Berlin:

… Wir liegen nun schon einen ganzen Tag im Güterwagen und warten auf unseren Weitertransport. Es ist Abend, in der Ferne hören wir russische Kinder ihre eigenartigen, schönen und so schwermütigen Weisen singen. Einige Kameraden spielen Skat, andere lesen. Ich bekam, als ich das Singen der Russenkinder hörte, Lust, an euch zu schreiben. Hier ist es noch sehr kalt, und dicker Schnee bedeckt das weite Land. Das Wasser, welches wir heute aus der Wasserleitung zum Kochen holten, ist gelb wie Tee und schmeckt nach Jauche! Ähnlich schmeckt auch der Kaffee … Mittags kamen die kleinen Russenkinder mit leeren Konservenbüchsen und anderen Gefäßen an unseren Wagen. Sie hofften, einige Abfälle zu bekommen. Als ich einem Kleinen den Rest meines Essens gab, strahlte er mich dankbar an …

Victor Nekrassow, der sowjetrussische Schriftsteller, hat nach dem Krieg auf die Frage, ob es einen Unterschied zwischen den deutschen und den russischen Soldaten gegeben habe, geantwortet:

Ich bin den Deutschen zwar fünfeinhalb Monate lang in einer Entfernung von 60 bis 100 Meter gegenüber gelegen, aber erst als diese Deutschen als Gefangene durch meine Hände gingen, bin ich mit ihnen in Kontakt gekommen. Ich habe gesehen, dass es dieselben Menschen sind, dieselben Soldaten, die in ihre Armee gejagt worden waren, um irgendwelche Ideen zu verteidigen. Wir verteidigten unsere Idee. Aber das war nicht die offizielle Idee. Das sind doch alles nur Phrasen, wenn man sagt, dass wir Stalin oder den Kommunismus verteidigten. Natürlich war Stalin der Oberbefehlshaber. Aber verteidigt haben wir unsere Häuser, unsere Familien, unsere Väter und Mütter.

Am 13. Februar schreibt ein unbekannter Frontsoldat an der Ostfront diese Zeilen in sein Tagebuch:

Unser Leben hat seine Zeitalter. Wenn die Jahre verrinnen, und zwar unwiderruflich, ganz und gar, kann man nur noch die Zähne zusammenbeißen. Es ist kindlich zu glauben, dass wir hierfür entschädigt werden könnten. Denn was an Möglichkeiten des persönlichen Lebens mit der Ablösung der Lebensalter verloren geht, ist nicht mehr einzubringen. Im Sommer kann keiner mehr säen …

Am 18. Februar verteilen Sophie und Hans Scholl von der studentischen Widerstandsgruppe »Weiße Rose« wieder einmal Flugblätter in der Eingangshalle der Universität in München. Der Hausmeister entdeckt sie, die Gestapo verhaftet sie. Zu der Gruppe gehören noch die Studenten Christoph Probst, Willi Graf und Alexander Schmorell sowie Professor Kurt Huber. Alle werden verhaftet und hingerichtet, die Geschwister Scholl und Christoph Probst bereits vier Tage nach der Verhaftung. In einem der ersten Flugblätter der »Weißen Rose« steht:

Erschüttert steht unser Volk vor dem Untergang der Männer von Stalingrad … Wollen wir den niederen Machtinstinkten einer Parteiclique den Rest der deutschen Jugend opfern? Nimmermehr! Der Tag der Abrechnung ist gekommen … Im Namen des ganzen deutschen Volkes fordern wir vom Staat Adolf Hitlers die persönliche Freiheit, das kostbarste Gut der Deutschen, zurück, um das er uns in der erbärmlichsten Weise betrogen … Studentinnen und Studenten! Auf uns sieht das deutsche Volk! Von uns erwartet es, wie 1813 die Brechung des napoleonischen, so 1943 die Brechung des nationalsozialistischen Terrors aus der Macht des Geistes. Beresina und Stalingrad flammen im Osten auf, die Toten von Stalingrad beschwören uns! …

Zur selben Zeit, als in München die Geschwister Scholl abgeurteilt werden, schreibt Oberleutnant Bernhard Rademacher in Lygow im Raum Kursk in Russland in sein Tagebuch:

Ich muss an den Maler Seidel denken, der Brücke und Kirche im vorigen Jahr zeichnete. Heute sprach ich mit Hauptmann Stegmann von der Armee. Letzte Nachricht von Seidel aus Stalingrad vom 21. Dezember, seitdem nichts mehr. Wir müssen leider auch diesen begabten Künstler und prächtigen Menschen und Soldaten zu den Opfern von Stalingrad zählen. Immer wieder stoßen unsere Gedanken auf die Katastrophe der 6. Armee, und ich kann nur sagen, dass niemand bei uns in der Truppe Verständnis für die Opferung von 200 000 deutschen Menschen hat. Ja, es gibt viele, die sie als Tat eines Wahnsinnigen bezeichnen. Das ist das Schlimmste und Grausamste, dass das Vertrauen zur obersten Führung rasch dahinschwindet … Immer wieder kreisen jetzt unsere Gespräche um die bange Frage, ob Hitler wirklich der große, allseitig begabte Führer und Gestalter eines neuen Reiches ist oder nur eine Erscheinung wie Napoleon, zweifellos groß, kometenhaft aufsteigend, aber schließlich an eigener Selbstüberschätzung zugrunde gehend und für sein Volk bei allem Verdienst doch kein Glück …

Der 19-jährige Bernhard Müller aus Oranienburg bei Berlin, der am 3. April fällt, schreibt am 23. Februar nach Hause, dass er ein Tagebuch führe, »da ich euch nicht alles schreiben darf, was ich erlebe«. Das Tagebuch erhalten die Eltern nach seinem Tod zugeschickt. Dort steht unter dem 23. Februar:

Mittags ein Mann durch eine P.-Garbe verwundet. Schuss durch die Schläfe. Mann nicht tot. Wird wahrscheinlich Idiot. Nachts brennen Russen Nebel ab. Es folgt jedoch kein Angriff. Wir hatten eine neue Stellung im Schnee gebaut. Es zeigt sich, dass diese im Gegenwind voller Qualm ist. Sicht nach fünf Schuss keine …

Am 27. Februar wird in Berlin in der Leibnizstraße die jüdische Abteilung einer Fabrik geräumt, die Juden zur Deportation gebracht. Kurt Lindenberg, ein jüdischer Arbeiter, kann durch einen Hinterausgang rechtzeitig dem SS-Kommando ausweichen und will durch die Hofdurchfahrt entkommen. Er erzählt später:

Wäre ich durch die Durchfahrt gelaufen, wäre ich wohl kaum heil auf die Straße gekommen. Ich musste mich wohl oder übel entschließen, langsam vor mich hin pfeifend, die eine Hand lässig in der Rocktasche, auf die Straße hinauszuschlendern, wie einer, der während der Arbeitspause einmal kurz telefonieren gehen will. Die SS-Leute sahen mich prüfend an, aber da ich keinen Stern trug und ihnen sonst weiter nicht verdächtig vorkam, ließen sie mich passieren. Im Vorübergehen sah ich meine jüdischen Kollegen aus der Abteilung Turmstraße im Innern des Wagens hocken. Sie alle sahen mich. Wenn einer ein Wort gesagt hätte, wäre ich verloren gewesen. Wie sie so dasaßen, am Boden des Wagens, mit ihren blauen, schmutzigen Monteuranzügen und den gelben Judensternen, sahen sie zum Erbarmen aus.

Ich hatte nun noch etwa hundert Meter bis zur nächsten Straßenecke zu gehen. Dabei war ich in klarer Sicht für die SS-Leute und musste daher genauso langsam gehen, wie ich aus dem Haus gekommen war. Wenn meine Flucht da bemerkt worden wäre – ein bequemeres Schussziel als mich hätte man sich schwer vorstellen können. Aber es geschah nichts. Ich kam heil um die Ecke. Sobald ich außer Schussweite war, begann ich zu laufen. Als ich da nun ohne Mantel und Jackett, lediglich im Arbeitsrock über die Straße lief, wie ich oft gelaufen war, wenn ich während der Werkpause schnell etwas einkaufen wollte, kam es mir plötzlich zum Bewusstsein, dass ich nicht mehr zur Arbeit zurückkehren konnte, dass ich jetzt kein Zuhause mehr hatte, dass es jetzt keine Eltern mehr gab und dass nun ein scharfer Kampf mit Gangstermitteln gegen Gangster beginnen würde.

Um eventuelle Verfolger abzuschütteln, schlug ich zweimal einen Haken durch Seitenstraßen und lief zum Stadtbahnhof Savignyplatz. Ich erwischte einen Zug im Augenblick des Ausfahrens, fuhr mit ihm eine Station weiter bis Bahnhof Zoo und rief von dort einen alten arischen Freund an. Ein paar harmlose und vorher verabredete Worte am Telefon genügten. Zwanzig Minuten nachdem ich die Fabrik verlassen hatte, wusch ich mir in seiner Wohnung den letzten Maschinenschmutz von den Fingern. Es fehlten genau zehn Tage, um die sechs Jahre vollzumachen, die ich in dieser Fabrik gearbeitet hatte. Später erfuhr ich, dass mein Vater am selben Vormittag von seinem Arbeitsplatz in einer Waffenfabrik in Treptow deportiert worden war, während die Osram-Fabrik in Reinickendorf, in der meine Mutter arbeitete, von der Gestapo vergessen worden war. Meine Mutter wurde erst in der Nacht vom 5. März 1943 von zu Hause abgeholt, als die Gestapo auf alle bis dahin vergessenen Juden Jagd machte. Meinem Vater gelang es, seinem Bruder, der in Mischehe lebte und in Berlin bleiben durfte, eine Postkarte zu schicken. Die Karte kam aus Auschwitz und war datiert vom 1. März 1943. Wo meine Mutter geblieben ist, habe ich nie erfahren …

Einen Tag später, am 28. Februar 1943, schreibt Ruth Andreas-Friedrich, Mitglied einer kleinen Widerstandsgruppe in Berlin, die bis dahin verfolgten Juden Asyl gewährte und sie mit falschen Pässen versorgte, folgende Beobachtung in ihr Tagebuch:

Seit heute morgen um sechs Uhr fahren Lastautos durch Berlin. Eskortiert von bewaffneten SS-Männern. Halten vor Fabriktoren, halten vor Privathäusern. Laden Menschenfracht ein. Männer, Kinder, Frauen. Unter den grauen Planenverdecken drängen sich verstörte Gesichter. Elendsgestalten, wie Schlachtvieh zusammengepfercht und durcheinander gewürfelt. Immer neue kommen hinzu, werden mit Kolbenhieben in die überfüllten Wagen gestoßen. In sechs Wochen soll Deutschland »judenrein« sein. Wir laufen herum. Wir telefonieren … Sollen wir hingehen und die SS zur Rede stellen? Ihre Lastwagen stürmen und unsere Freunde herunterreißen? Die SS hat Waffen – wir haben keine.

Ebenfalls am 28. Februar schreibt Oberleutnant Bickmann, der im November 1944 beim Rückzug durch Ungarn bei Tokay fällt, in einem Brief in die Heimat:

Und auch heute kann ich wenig nur berichten. Unsere Tage sind hart und es bleibt nichts für den Menschen. Hier spricht nur der Soldat. Wir sind nicht mehr Mensch, uns steht auch nichts Menschliches mehr an. Vielleicht dürfen wir noch etwas Sehnsucht haben, aber keinen Wunsch. Ja, die Sehnsucht dürfen wir haben. Nach einer Wiese mit fliegenden Wolken darüber, nach einem Sessel, der vor einem Bücherregal steht, nach einem Theaterbesuch. Vielleicht auch mal die Sehnsucht nach einem Menschen, nach einer Frau, die einen durch die Stunden, durch die Nacht führt, dass man einmal versinke, einmal nur glücklich lächeln darf … Und irgendwo, ganz weit fort, geht das Leben weiter. Ohne uns. Wir werden es kaum je wieder treffen …

Vom 23. Februar bis Mitte März verteidigt sich die restliche Heeresgruppe Afrika in der Mareth-Stellung. Sanitätswagen-Fahrer Albert Goldmann berichtet später vom westlichen Abschnitt dieser Front:

Der Frontalangriff fand im Norden statt und war nach ein paar harten Tagen entschieden. Bei El-Hamma konnte die 164. I. D. die Neuseeländer so lange aufhalten, bis das Gros am Wadi Akarit neu in Stellung gegangen war. Dann fiel Gabes kampflos an die britische 8. Armee. Die westliche Fortsetzung am Wadi Akarit bildete der Schott Dscherid (ein Salzsee). Nach der Karte strategisch äußerst günstig, da aber der See mehr oder weniger ausgetrocknet war, war dies eine optische Täuschung. Am Wadi Akarit war ich zum Infanterieregiment 382 abkommandiert. Der Gefechtsstand lag in einem besonders tiefen Einschnitt, und gegen Artilleriebeschuss konnte man sich gut im toten Winkel schützen. Links, ein paar hundert Meter von uns, stand eine italienische Batterie, die wacker feuerte. Ich suchte gerade nach einem geschützten Platz für meinen Wagen, da erschienen plötzlich englische Schlachtflieger. Sie flogen so niedrig, dass die Flak praktisch ausgeschaltet war. In etwa 15 Meter Höhe flogen sie wieder und wieder die Schlucht entlang. Wir lagen wie in einer Mausefalle. Am Rande hockend, sah ich zum ersten Mal die Kokarden auf den Flügeln von oben. Da die Landser sich nicht anders zu helfen wussten, schossen sie mit Karabinern auf die Flugzeuge … Das Donnern der Motoren und das Bellen der Bordkanonen und MG's verursachte in der engen Schlucht einen höllischen Lärm. Als auch der letzte Wagen in Flammen stand, verschwand endlich die Meute. Die plötzliche Ruhe wurde nur unterbrochen von dem Prasseln der Flammen und dem Schreien der Verwundeten. Dem Umstand, dass mein Wagen noch außerhalb des eigentlichen Wadi stand, verdankte ich es, dass er nur ein paar Splitter abbekommen hatte. Der Kommandeur, den Karabiner noch in der Hand, war auch gefallen. Sein Adjutant, ein junger Leutnant, übernahm das Kommando. Als ich meinen Wagen bei ihm einsatzfähig meldete, behielt er mich gleich als Ordonnanz bei sich. Wegen Platzmangel saß ich nun auf dem Dach seines provisorischen Bunkers, und da die telefonische Verbindung noch intakt war, versuchte er sich zu orientieren. Da hielt ich jäh den Atem an. Rechts von uns, keinen Kilometer entfernt, unterhalb des Hügels, tauchten 15 Panzer mit aufgesessener Infanterie auf. Die flachen Helme waren mit bloßen Augen zu erkennen. Aufgeregt rief ich den Leutnant heraus. Er griff sich sein Glas und murmelte einen Fluch zwischen den Zähnen. Es war auch so zu sehen, dass es Tommies waren. Vor uns war eine Panzerschlacht gewesen, und als es dämmerte, fanden sich nach und nach sieben deutsche Panzer bei uns ein, davon fünf beschädigt. Dann kam noch eine Zugmaschine mit einer 8,8 Flak dazu. Die Italiener, links von uns, waren stillschweigend abgehauen. Der Leutnant gab nun Befehl zum Einigeln. Als er alles getan hatte, was im Augenblick zu tun war, musste ich die Offiziere von den Panzern und der Flak zusammenrufen, und dann besprachen sie die Lage. Da saßen nun vier Offiziere bei einem Kerzenstummel über eine Karte gebeugt und trafen in ganz ruhigem und sachlichem Ton die Feststellung, dass wir nun wohl im Sack wären. Derweil saß ich auf dem Dach, ließ die Beine über ihre Köpfe baumeln und versuchte, mit dieser Tatsache fertig zu werden. Es gelang mir nur halb so gut wie den vieren. Jetzt angelte der Adjutant eine Rotweinflasche aus seinem Rucksack und meinte ganz ruhig: »Kameraden, das ist ein Grund zum Trinken.«

Die Flasche ging reihum, und als er sie mir reichte, sagte er ganz beiläufig: »Der Befehl nagelt uns hier ja fest, aber Sie haben heute Nacht die Chance, noch zu entwischen. Nehmen Sie so viel Verwundete mit wie möglich, und gegen Mitternacht versuchen Sie, hier herauszukommen. Wie Sie fahren, überlasse ich Ihnen, vielleicht haben Sie ja Glück.« Der Rotwein hatte meine Lebensgeister wieder geweckt. Sorgfältig traf ich meine letzten Vorbereitungen. Der Assistenzarzt hatte wieder und wieder aussortiert, zuletzt blieben 14 Verwundete nach. So viel hatte ich noch nie geladen, also warf ich auch noch die Tragen hinaus, machte das Dach, bis auf den Benzin- und Wasserkanister, leer und warf sämtliches Gepäck, auch mein eigenes, hinaus. So konnte ich 12 Mann hineinpferchen, je ein Mann standen links und rechts auf dem Trittbrett. Mit Hals- und Beinbruch verabschiedete mich der Leutnant. Die Nacht war sternenklar, aber kein Mond schien. Das war mir lieb so, und im zweiten Gang fuhr ich so langsam und leise den Weg zurück, den ich am Morgen gekommen war. Ich entsann mich auf diese und jene kleine Markierung, und die Außenposten flüsterten mir Weisungen zu, wenn ich vom Weg abkam …

Der Weg wurde langsam besser, gerade wollte ich den dritten Gang einlegen, da sprangen von rechts zwei Mann auf die Straße. Sie hatten weder einen Rock an noch eine Mütze auf. Gespannt sah ich ihnen entgegen. »Gottseidank, ein deutscher Wagen«, sagte der eine. Der andere fragte gleich nach einer Zigarette. Es waren zwei abgeschossene Flieger, die hier im Niemandsland herumirrten. Sie zwängten sich aufs Trittbrett, und weiter ging die Fahrt … Als ich im Morgengrauen einen Sanitäts-Zeltplatz fand, war niemand glücklicher als ich. Die Verantwortung für 16 Mann zu tragen war doch eine nervliche Belastung gewesen …

Am 18. März schreibt der Gefreite Klaus Treidler, der wenige Tage später an der Front südlich von Leningrad fällt, diese letzte Notiz in sein Tagebuch:

Oberleutnant Wilhelmsen, unser beliebtester Offizier, hat sich vorhin erschossen.

Der 14-jährige Klaus Seckel, ein christlich-jüdischer Junge aus Berlin, der seit 1937 in der Quäkerschule Eerde bei Ommen in der holländischen Provinz Overijssel lebt und im April mit den jüdischen Kindern seiner Schule in ein Vernichtungslager deportiert wird, schreibt am 20. März in sein Tagebuch:

Mutti schickte mir durch Frau Schmitt ein kleines Kreuz, weil sie sich so gefreut hatte, dass ich jetzt immer zur Andacht gehe. Ich nahm das Kreuz, ging aus dem Haus, weg von den Menschen, in die Natur und setzte mich auf eine Bank, ich hätte beinahe seit langem wieder geweint …

Ich denke oft an zu Hause, vielleicht öfter, als es gut ist, ich werde dann immer so traurig. Ich erinnere mich an alles von zu Hause noch sehr genau …

Am 21. März wird im Deutschen Reich der »Heldengedenktag« gefeiert. Erich Nies notiert an diesem Tag in sein Tagebuch:

… Heute ist Heldengedenktag. Die Jugend liegt in den Massengräbern, kein Gedenktag weckt sie wieder auf. Die Schuldigen aber rufen die Menschen auf, der Toten zu gedenken. Welch ein Hohn! Sie, die schuld sind, dass Massengrab auf Massengrab entsteht, sie treten vor die Welt und inszenieren heuchlerisch einen Heldengedenktag!

Am 28. März notiert Bernhard Müller aus Oranienburg am Nordabschnitt im Osten in sein Tagebuch:

Die Nächte sind sehr dunkel. Kommt man nachts aus dem Bunker, sieht man nicht die Hand vor den Augen. Einmal gehe ich aus dem Bunker, um abzulösen, aufs freie Gelände einige Schritte und weiß dann nicht mehr, wo ich bin. Lasse mich durch Zurufe zum Bunker leiten. Grabenstreifen, auch unser Leutnant, verlaufen sich und geraten sogar vor die eigene Linie ins Niemandsland! …

April bis Juni

An der Front in Russland halten von Norden bis zum Kuban-Brückenkopf im Süden die Abwehrkämpfe der deutschen Truppen an.

In Nordafrika geht der Krieg zu Ende, nachdem in den letzten Märztagen die britische 8. Armee mit dem Durchbruch durch die deutsch-italienische Mareth-Stellung die letzte Verteidigungslinie der Reste des »Afrikakorps« gefallen ist. Bei Tunis hält der Endkampf bis zur Kapitulation am 13. Mai an. Rund 250 000 Mann marschieren in alliierte Gefangenschaft.

Am 25. Mai einigen sich in Washington Roosevelt und Churchill auf den 1. Mai 1944 als Termin für eine alliierte Landung in Nordwesteuropa (Unternehmen »Overlord«) und auf das nächste Ziel, die Ausschaltung Italiens nach der Eroberung Siziliens (die Landung dort ist bereits in Casablanca im Januar beschlossen worden).

Ab dem 19. April geht der Widerstand im Warschauer Getto zum offenen bewaffneten Aufstand über, der mit der totalen Vernichtung des Gettos am 16. Mai endet. Der Leiter der Vernichtungsaktion, der SS- und Polizeiführer im Distrikt Warschau, der SS-Brigadeführer und Generalmajor der Polizei Stroop, meldet am 16. Mai: »Das ehemalige jüdische Wohnviertel Warschau besteht nicht mehr …«

Himmler befiehlt am 11. Juni die Liquidierung aller polnischen Gettos (der Erlass wird am 21. Juni auf die besetzten Gebiete der Sowjetunion ausgedehnt). Am 19. Juni verkündet Goebbels, dass die Reichshauptstadt Berlin »judenfrei« sei. In Lemberg wird vom 21. bis 27. Juni das dortige Getto mit 20 000 Menschen liquidiert. Am 25. Juni erfolgt in Tschenstochau ein Aufstand im Getto, das daraufhin vernichtet wird. Ab 10. Juni beginnen Engländer und Amerikaner ihre »Combined Bomber Offensive« gegen Hitlers »Festung Europa« und das Reich. Die »Kombination« bedeutet, dass am Tage die Amerikaner Präzisionsbombardements und in der Nacht die R.A.F. Flächenbombardements vornehmen (nach einem Beschluss der Konferenz von Casablanca).

Am 5. April werden aus dem Widerstandskreis um Goerdeler der Reichsgerichtsrat Hans von Dohnanyi und sein Schwager, der evangelische Theologe Dietrich Bonhoeffer, verhaftet (beide werden im April 1945 im KZ Flossenbürg ermordet).

Am 15. April beginnt die Einschiffung der 7. US-Marine-Division für die Landeoperation auf Attu, der Aleuten-Insel, die am 15. Mai erfolgt. Ende Mai leiten die Japaner in Mittelchina die letzte Phase ihres Expeditionsunternehmens ein, das aber bereits am 13. Juni wieder abgebrochen wird. In der Morgendämmerung des 30. Juni dann beginnt der alliierte Großangriff auf den von Japan beherrschten Raum im Südpazifik mit der Landung von US-Marineinfanteristen auf der Insel Rendowa, einer Insel der Neu-Georgia-Gruppe.

Am 3. April fällt der 19-jährige Bernhard Müller aus Oranienburg im Verbindungsgraben vor seinem Bunker beim Wasserpumpen am Nordabschnitt in Russ-

land. Später beschreibt ein Kamerad von Bernhard Müller in einem Brief an dessen Eltern seinen Tod:

Ich hatte eine Pumpe vom Nachbarbunker geholt und wollte das Wasser aus dem Verbindungsgraben herauspumpen. Bernd hatte gerade seine Zeit mit Pumpen herum. Er blieb gebückt stehen, und in diesem Moment stöhnte er auf, schränkte die Arme vor dem Leib und fiel vornüber ins Wasser. Diesen Schuss eines Scharfschützen bekam er dicht hinter dem Lehmwall, den wir am Bunkereingang im Graben zum Schutz gegen das Wasser errichtet hatten. Wir zogen ihn über den Wall und trugen ihn in den Bunker … Als man Bernd entkleidete, entdeckte man, dass der Schuss in die rechte Hüfte hinein, unter der linken Achsel wieder heraus und dann durch den linken Oberarm gegangen war. Während wir ihn, mit Hilfe des Sanitäters, verbanden, klagte er über Schmerzen im Leib und bat um Wasser. Doch Wasser wäre bei diesem Schuss sein sicheres Ende gewesen, wir konnten ihm keins geben. Zehn Minuten später regte er sich noch einmal und schloss dann für immer die Augen. Das war ungefähr vierzig Minuten nach seiner Verwundung … Abends legten wir ihn hinter den Bunker und deckten ihn zu. Im ersten Morgengrauen sollte er nach hinten gebracht werden. In der Nacht war Frost aufgekommen. Ich trug ihn die Hälfte des Weges allein, bis ich, als ein Graben zu überspringen war, hineinfiel. Es war schwer! Immer wieder musste man in das bekannte Gesicht sehen, was nicht entstellt war, nur blasser und verklärter, und fühlte doch, dass der Körper des Kameraden auf der Schulter tot und kalt war. Diesen Gang werde ich nie vergessen …

Am 4. April schreibt der 14-jährige Junge Klaus Seckel in der Quäkerschule Eerde in Holland in sein Tagebuch:

Am 30. März bekamen wir die Nachricht, bzw. es stand in der Zeitung, dass die Provinz J frei (»judenfrei«) gemacht würde, man käme nach Vught. Wir nahmen dies alles und alle mit großer Ruhe zur Kenntnis. Die Stimmung war selten so gut hier im Hause … alle sind nett und kameradschaftlich und hilfsbereit …

Am 7. April findet sich in seinem Tagebuch der letzte Eintrag, bevor er am 10. April mit den 11 Kameraden seiner Klasse zur Deportation in ein Vernichtungslager in Polen abgeholt wird:

Meine Pflanzen sind sehr gewachsen, sie vertrocknen gerade …

Manfred Messerschmidt, der im »Afrikakorps« den Rückzug zur Mareth-Linie mitgemacht hat, schreibt am 5. April seinen letzten Brief an seine Eltern. Am 8. April ist er bei Sfax gefallen. In diesem letzten Brief lesen wir:

Nun liegen wir zwischen Gabes und Gaffa. Mitten in blühenden Wiesen stehen unsere Geschütze und Fahrzeuge. In einer kleinen Bodensenke stehen ein paar Oliven- und Feigenbäume. Und drumherum Wiesen und Getreidefelder, die schon bald schnittreif sind. Ringsherum in der Ferne Berge, die in dunstigem Blau der zackigen Grate an die bayerischen Berge erinnern. Lerchen gibt es hier in solchen Massen, wie ich sie noch nirgends gesehen habe. Sie lassen sich nicht verjagen durch die Detonationen der feindlichen Granaten oder das Bollern unserer Geschütze …

Der in Bremen geborene François de Beaulieu, dessen Vater im Ersten Weltkrieg gefallen ist und dessen Mutter bei einem Bombenangriff auf seine Heimatstadt Bremen im Dezember 1943 getötet wurde, wird im Februar 1943 als Büro-Unteroffizier im O.K.H.-Hauptquartier in Zossen von der geheimen Feldpolizei verhaftet – wegen seines Briefwechsels mit seiner Mutter in Bremen. Er wird am 16. April vor das Kriegsgericht des O.K.H. gestellt. In einem Brief an den Herausgeber dieses Buches schreibt der heute in Île-aux-Moines in Frankreich lebende de Beaulieu am 16.8.1982:

Kriegsgerichtsrat von Schönfeld und Oberkriegsgerichtsrat Elmar Brandstetter (später, 1960, Bundesdisziplinaranwalt in München beim Wehrdienstsenat des Bundesdisziplinarhofes in München) leiteten die Verhandlung. Ich wurde vom Kriegsgericht zu sieben Monaten Gefängnis und zum Rangverlust verurteilt wegen Zersetzung der Wehrkraft und außerdem zu folgenden Strafen: drei Monate im Wehrmachtsstrafgefängnis in Torgau an der Elbe, dann Feldstrafgefangenenabteilung an der Ostfront und schließlich, nach Abbüßung der Strafe in einer Feldstrafabteilung an der Front, Versetzung zu einem in vorderster Front eingesetzten Infanterieregiment … Ich habe dann den ganzen Rückzug von der Kaukasusfront bis zu den Kämpfen um Wien mitgemacht und bin erst Anfang Mai 1945 an dem Enns-Fluß in amerikanische Kriegsgefangenschaft gekommen …

Dem deutschen Funker François de Beaulieu wird laut Original-Urteilsauszug als Grund für seine Verurteilung vorgeworfen:

Beaulieu hat Briefe geschrieben, deren Inhalt bei weiterer Verbreitung geeignet ist, eine erhebliche Beunruhigung der Stimmung der Bevölkerung herbeizuführen. Er hat auch manche Briefe vervielfältigt und als Rundbrief an seinen näheren Bekanntenkreis weitergegeben. Ferner verschaffte er sich die Weihnachtsbotschaft des Papstes vom 24. Dezember 1942, um sie auch durch Abschrift anderen bekannt zu machen. Straferschwerend: Die kritische Betrachtung aller Erscheinungen des Krieges und die Verbreitung seiner Auffassung an seine Bekannten bilden eine große Gefahr. Dabei ist besonders berücksichtigt worden, dass Beaulieu sich persönlich und geistig zu jüdisch versippten Kreisen hingezogen fühlte und diesen Kreisen hat Hilfe zuteil werden lassen …

Am 19. April beginnt der Aufstand der jüdischen Widerstandskämpfer im Warschauer Getto gegen die SS. Wladimir Blumenfeld berichtet später davon:

Es nahte Pessach, der 19. April 1943. Durch Freunde aus dem polnischen Lager erfuhren wir, dass in Praga, der östlichen Vorstadt Warschaus, einige Kompanien der SS eingetroffen waren. Am zweiten Tag des Pessach-Festes, um vier Uhr früh, umstellten sie das Getto. Unsere Jungen eilten von Haus zu Haus, es wurde Kampfbereitschaft angesagt. Alles begab sich in die Keller, nahm Waffen und Lebensmittel mit. Gruppen der SS rückten in das Getto ein. An der Ecke der Nalewskistraße, beim Haus Nr. 42, tritt ein junger Mann aus dem Tor und hält eine Gruppe von 25 SS-Leuten, die von einem Unterscharführer kommandiert wird, an. Er zeigt auf den dritten Hof und sagt, dort seien zehn Juden versteckt. Die SS folgt ihm. Kaum ist sie im dritten Hofe angelangt, zieht der Junge seine Pistole und streckt den Unterscharführer nieder. Das Signal zum Kampf war gegeben. Aus den Fenstern krachen die Schüsse, Handgranaten barsten, ein Höllenlärm entstand. Der junge Mann, der den ersten Schuss abgegeben hat, war Mordechai Nutkowicz aus Ripin. Er selbst brach tot zusammen, aber nicht ein einziger der eingedrungenen SS verließ lebend den Hof. Das ganze Viertel geriet in Aufruhr, Kampfgetöse an allen Ecken. Die SS hatte einen solchen Empfang nicht erwartet. Sie verließ schleunigst das Getto. Bis zum nächsten Tag herrschte Ruhe. Dann rückten Panzer an und schossen die Häuser in Brand. Wir versuchten, die Brände zu löschen, mit Handgranaten die Panzer zu bekämpfen, waren aber weit unterlegen. Schließlich verkrochen wir uns in die Bunker. SS-Infanterie drang in das Getto ein. Sie wurde mit einem Hagel von Schüssen und Handgranaten empfangen. Da beschloss man, uns aus Flugzeugen zu beschießen. Das Getto fing an allen Ecken zu brennen an. Vier Tage dauerte der Brand. Die Bunker wurden durch Horchgeräte ausgeforscht, durch Minen und Granaten gesprengt und zerstört. Was am Leben blieb, wurde in das Konzentrationslager Lublin verbracht. Ich selbst, mit Mutter und Schwester, kam mit. Der Transport bot das übliche Bild: 100 bis 200 Menschen in Viehwaggons zusammengepfercht, kein Essen, kein Wasser. Im Konzentrationslager Lublin Auswaggonierung – Frauen und Kinder links, Männer rechts. Ich sehe, wie Mutter und Schwester samt anderen zwischen Feld I und II geführt werden. Ein kleines Haus nimmt sie auf – es gibt kein Wiedersehen, sie sterben durch Gas.

In dem berüchtigten »Stroop-Bericht« sind später die Tagesmeldungen des SS-Generals Stroop veröffentlicht worden, der die Vernichtungsaktion gegen das Warschauer Getto vom 19. April bis 16. Mai leitete. Am 24. April ist dort eingetragen:

Um 18.15 Uhr trat die Durchsuchungskampfgruppe nach Abriegelung in die Gebäude ein und stellte die Anwesenheit einer großen Anzahl von Juden fest. Da diese Juden zum großen Teil Widerstand leisteten, gab ich den Befehl zum Ausbrennen. Erst nachdem der Straßenzug und zu beiden Seiten sämtliche Höfe in hellen Flammen standen, kamen die Juden zum Teil brennend aus den Häuserblocks hervor bzw. versuchten sich durch einen Sprung aus den Fenstern und Balkonen auf die Straße, auf die sie vorher Betten, Decken und sonstige Teile geworfen hatten, zu retten. Immer wieder konnte man beobachten, dass trotz der großen Feuersnot Juden und Banditen es vorzogen, lieber wieder ins Feuer zurückzugehen, als in unsere Hände zu fallen.

Am 10. Mai 1943, abends 19 Uhr, wird an dem 74 Jahre alten Rentner Wilhelm Lehmann aus Berlin das vom Volksgerichtshof erkannte Todesurteil im Gefängnis Plötzensee vollstreckt. Der alte Mann, der mit seiner Frau zusammen eine Rente von 78,80 RM hat, davon 34,05 RM Miete bezahlt und arbeitsunfähig ist, hat in der Bedürfnisanstalt am Mariannenplatz in Berlin nach Angabe eines Denunzianten an die Wand geschrieben: »Hitler, du Massenmörder musst ermordet werden, dann ist der Krieg zu Ende.« In einem Brief des Oberreichsanwalts beim Volksgerichtshof vom 1. April 1943 an den Reichsjustizminister findet sich zur Beantragung der Todesstrafe diese Begründung:

Die Tat des Verurteilten bedrohte die Person des Führers und gefährdete das Schicksal des deutschen Volkes so schwer, dass mir trotz der vom Gericht für möglich gehaltenen verminderten Zurechnungsfähigkeit des Verurteilten die Vollstreckung des Urteils erforderlich erscheint. Deshalb schlage ich vor, von dem Begnadigungsrecht keinen Gebrauch zu machen.

Am 12./13. Mai 1943 kapituliert die deutsch-italienische Heeresgruppe Tunis in Nordafrika. Damit sind die Kämpfe auf diesem Kriegsschauplatz beendet. Rund 250 000 Mann marschieren in amerikanische und englische Gefangenschaft. Der Sanitätswagen-Fahrer Albert Goldmann erlebt den letzten Tag so:

Die offizielle Kapitulation wurde am 12. Mai morgens 8 Uhr bekannt gegeben. Noch in der Nacht davor fand ein Feuerüberfall auf unserem Abschnitt statt, bei dem einige Kameraden verwundet wurden. In der Frühe des 12. Mai fuhr ich mit diesen Verwundeten zum Sanitätsplatz. Hier war schon alles im Aufbruch: Die Karabiner wurden zerschlagen, die Seitengewehre vergraben. Unschlüssig stand ich noch mit meinem Karabiner da … Ein Kamerad nahm mir ihn aus der Hand, ein kurzer Schlag mit dem Kolben auf den Boden, dann warf er die Stücke zu den anderen. Mir schien es geradezu eine symbolische Handlung …

Der »Alte« ließ mich rufen: Letzter Befehl, melden Sie sich ordnungsgemäß beim Infanterieregiment 433 ab und kommen Sie dann hierher zurück. Sie wissen ja, sämtliche Sanitätsfahrzeuge sowie die Sanitätsausrüstung bleiben unversehrt! Zwar wunderte ich mich, warum ich mich da noch erst abmelden sollte, aber Ordnung musste denn wohl sein. Also fuhr ich zum letzten Male den mir so vertrauten Weg …

Als Goldmann mit Beifahrer und Fahrzeug beim Regimentsgefechtsstand ankommt, findet er bei einem schwelenden Feuer nur noch ein paar Landser, die aufräumen; die Offiziere sind längst weg. Goldmann beschließt mit seinem Beifahrer, einem Österreicher namens Josef Teufel, allein in die englische Gefangenschaft zu fahren, fährt Richtung Osten, schließt sich einer größeren Sanitätskolonne an, die dann von den Engländern gefangen genommen wird. Goldmann berichtet später:

Hammamet, ein kleiner, freundlicher Ort, am Meer gelegen, war lieblich von grünen Olivenhainen eingerahmt. Ein solcher Hain nahm unsere Kolonne gegen Abend auf. Eine kleine englische Sanitäts-Einheit stand dort, und die »Kameraden von der anderen Fakultät« nahmen den »Zuwachs« in guter Haltung auf. Es dauerte keine halbe Stunde, da kamen sie mit Tee und Zwieback an. Schnell bildeten sich überall Gruppen, die sich ganz zwanglos über die Ereignisse unterhielten. Die Tommies interessierten sich sehr für unsere Wagen und unsere Ausrüstung. Lächelnd nahmen sie davon Kenntnis, dass die meisten Wagen und ein gut Teil der Zelte englischer Herkunft waren. Einer stolperte über meine Retina, die immer griffbereit vorn im Wagen hing. Er ließ sich alles genau erklären, bewunderte sie und – reichte sie mir höflich zurück. Fair play! Es war schon eine noble Geste, dass die Engländer in keiner Weise irgendwie den Sieger herauskehrten. Zu lange hatten auch sie das Auf und Ab des Krieges mitgemacht, um sich nicht auch in unsere Lage versetzen zu können.

In einer Ecke des Platzes stand ein Kino-Vorführwagen von einer deutschen Propaganda-Kompanie. Die P.K.-Leute erklärten stolz, sie wären sofort einsatzbereit. Im Handumdrehen wurde die Zustimmung des englischen Offiziers eingeholt, ein Zeppelin-Zelt aufgeschlagen und Punkt 8 Uhr lief »vor ausverkauftem Hause« der Film »Wir machen Musik« mit Ilse Werner. In der Mitte des Zeltes waren Ehrenplätze für die Tommies reserviert, die sich auch nicht lange bitten ließen. So saßen denn, am ersten Abend der Kapitulation, Deutsche und Engländer im Zelt einträchtig beisammen und ließen sich von dem heiteren Revuefilm verzaubern …

Am 16. Mai ist das Morden der SS im Warschauer Getto zu Ende. Der Leiter der Mordaktion, SS-General Stroop, verkündet in der letzten Tagesmeldung:

Es wurden 180 Juden, Banditen und Untermenschen vernichtet. Das ehemalige jüdische Wohnviertel Warschau besteht nicht mehr. Mit der Sprengung der Warschauer Synagoge wurde die Großaktion um 20.15 Uhr beendet … Gesamtzahl der erfassten und nachweislich vernichteten Juden beträgt insgesamt 56 065 …

Am 18. Mai berichtet Frau Liselotte Langrock an ihren Mann Alfred Langrock über neue britische Luftangriffe auf Duisburg (Alfred Langrock war lange u. k. gestellt, kam Ende November 1943 nach Jugoslawien und ist dort bei den ersten Einsätzen gefallen):

Hier kursiert der Spruch: Wer sich von hier aus freiwillig zur Ostfront meldet, ist ein Feigling. Das ist ja nun ziemlich übertrieben, aber der Angriff war tatsächlich sehr schlimm. Wir haben die ganze Zeit (fast eine Stunde dauerte der Angriff) auf dem Boden gelegen wegen des Luftdrucks. Ich hatte manchmal auch das Gefühl, als wenn es uns diesmal erwischen würde und wir nicht mehr lebend herauskämen. In den ersten Tagen waren 169 Tote gemeldet. Aber die Zahl hat sich bestimmt noch um ein Beträchtliches erhöht, denn es waren sehr viele im Keller eingeschlossen. Die Stadt sieht wirklich verheerend aus. Es ist entschieden leichter zu zählen, was noch steht, als umgekehrt …

Ab 19. Juni ist Berlin »judenfrei«, so behauptet Joseph Goebbels an diesem Tag. Aber einige Widerstandskämpfer im Untergrund und aufrechte Mitmenschen, die das Schicksal der gehetzten Juden erbarmte, nehmen das Risiko auf sich, einzelne Juden zu verstecken. Auf diese Weise gelingt es einigen wenigen zu überleben oder die Zeit bis zur Entdeckung wenigstens hinauszuschieben. Auch der jüdische Schwager von Erna Wallerstein erhält diese Chance. Erna Wallerstein, die selbst als »Mischling« gekennzeichnet lebte, erinnert sich später an diese Monate in Berlin im Jahre 1943:

Eines Abends komme ich von meiner Arbeit nach Hause, und wie ich über den Hof gehe – ich wohnte im Gartenhaus! –, sehe ich Licht in meinem Zimmer. Ich wunderte mich. Ob ich es vergessen hatte, auszuschalten? Es war im Februar 1943. Zu meiner Überraschung sah ich meinen Schwager. Es begann folgendes Gespräch:

»Du bist hier?«

»Ja, Erna, es ist so weit!«

»Was ist so weit?

»Die Gestapo war in meinem Haus, um alle Juden abzuholen!«

»Und du bist hier?«

Mein Schwager erzählte mir, dass er von der Fabrik nach Hause gekommen war und nach dem Aufschließen der Haustüre auf der Treppe gehört hatte, wie ein Gestapo-Mann in Zivil an einer Tür klingelte und auf die Frage des Wohnungsinhabers: »Was wünschen Sie?« gesagt hat: »Fragen Sie nicht so dumm, machen Sie sich fertig!« Mein Schwager blieb ruhig und fuhr mit dem Fahrstuhl eine Etage höher über seine Wohnung hinauf, stieg aus, um sich zu vergewissern, dass die Frau auch abgeholt wurde, fuhr dann wieder ins Erdgeschoss und kam zu mir … Mein Schwager sagte dann: »Ich muss auf alle Fälle noch einmal in meine Wohnung zurück, denn ich habe meinen Pass (der bereits auf einen falschen Namen lautete) auf dem Tisch liegen lassen. Und ich muss unbedingt etwas Kleider mitnehmen.« Gegen seinen Widerstand bin ich mitgegangen. Es war 2 Uhr morgens geworden, als wir uns aus dem Haus schlichen. Ich wartete vor seiner Wohnung auf der Straße, versteckt in einem Hausflur. Der »Einbruch« gelang, und alles ging glatt. Nun hieß es, Unterkünfte für ihn zu finden. Ein großes Problem, denn jeder hatte Angst, angezeigt zu werden. So fanden wir nur immer eine Bleibe für ihn für ein bis zwei Tage bzw. Nächte. In Notfällen übernachtete er ohne Wissen meiner Wirtin bei mir in der Wohnung. Danach morgens um 6 Uhr das Haus zu verlassen war immer riskant, ohne beobachtet zu werden. Durch einen Glücksfall bekam ich nach langer Zeit eine Adresse in einem Vorort von Berlin. Dort war außerhalb einer Villa, über einer Garage, ein kleines Zimmer ausgebaut worden. Dort hat mein Schwager noch bis zu seiner Abholung nach Auschwitz etwa ein glückliches Jahr in Freiheit leben können … Meine nächste Aufgabe war, herauszufinden, wer das Versteck meines Schwagers verraten hatte. Durch seine Gutmütigkeit, aber auch durch seinen Leichtsinn, so stellte ich fest, hatte er der Tochter meines Vetters einen Pass besorgt mit seinem falschen Namen. Das Mädchen arbeitete in einer Pension, wo man eines Tages nach Deserteuren suchte. Sie glaubte, es handele sich um eine Abholung der Juden und flüchtet durch das Fenster. Die Gestapo wurde darauf aufmerksam und fragte die Pensionsinhaber nach dem Mädchen aus. Dem Mädchen gelang es noch, sich einige Tage auf Böden und Kellern zu verstecken, bis sie gefasst wurde. Man erpresste sie mit Fragen und erfuhr so die genaue Adresse meines Schwagers … Meine Wirtin hat von all dem Geschehen nie etwas erfahren. Später traf ich mit dem Friseur von dem »Auffanglager« zusammen, in das mein Schwager zuerst eingeliefert worden war. Er hatte mich ausfindig gemacht, weil er von meinem Schwager einen Brief an mich weiterzugeben hatte. Es war ein erschütternder Abschiedsbrief mit dem Schluss: »Bete für mich!« Von diesem Tag an habe ich nichts mehr von ihm gehört oder erfahren.

Nach dem Erlass Himmlers vom 11. Juni 1943 werden alle Gettos in Polen liquidiert, später auch solche in den besetzten Gebieten Russlands. Vom 15. Juni bis zum 20. November 1943 gehört der 20-jährige Jude Leon Weliczker aus Galizien einer jener »Todesbrigaden« an, die in Polen den Auftrag hatten, die irdischen Spuren der Massenhinrichtungen zu beseitigen, also die Leichen der Ermordeten aus den notdürftig zugedeckten Massengräbern wieder auszugraben und sie zu verbrennen. Leon Weliczker, ein besonders kräftiger junger Mann, den die SS immer wieder aus den Kolonnen zum Erschießen zusammengetriebener Juden herausgeholt hatte, konnte nach fünf Monaten Zugehörigkeit zu dieser »Todesbrigade« entfliehen und hat später seine Erlebnisse inmitten dieses teuflisch organisierten Mord-Systems aufgeschrieben. Hier nur ein kleiner Auszug aus diesem Dokument der Hölle, durch die Leon Weliczker gehen musste:

Sonnabend, 26. Juni: … Bei den Gräbern ist die Arbeit folgendermaßen eingeteilt: Drei Männer steigen in die Grube hinunter, während zwei andere oben am Rand stehen. Alle fünf sind mit einem Haken ausgerüstet. Unten die drei schlagen ihre Haken in die Leiche und zerren sie aus ihrer Lage, dann machen sich die anderen beiden daran, sie zu fassen und nach oben zu ziehen. Es kommt darauf an, die Haken sehr vorsichtig anzusetzen, da sonst die Leiche in zwei Teile reißt. Die Träger, die gestern Tragbahren »empfangen« haben, beladen diese mit zwei, drei oder vier Leichen, je nachdem, ob sie mehr oder weniger dick sind, und tragen sie zur benachbarten »Brandstelle«. Der »Brandmeister« gießt Benzin und Öl auf den Scheiterhaufen und zündet ihn an. Die Träger steigen nun mit ihrer Last auf das Trittbrett und werfen sie in die Flammen. Während sich auf der einen Seite eine Gruppe anschickt, hinaufzusteigen, tritt die Gruppe gegenüber den Rückweg an; so behindern sie sich nicht gegenseitig. Diese Leute reiben sich immer wieder die Hände mit Sand ein; denn von der ständigen Berührung mit den Leichen sind die Handgriffe der Tragbahren glitschig geworden.

Der »Brandmeister« ist vom Rauch geschwärzt und mit Brandwunden bedeckt. In der linken Hand hat er eine lange Stange, mit der er die Flammen schürt und den Betrieb regelt. Er zeigt den Trägern, wohin die Leichen zu werfen sind und auf welches Trittbrett sie zu steigen haben, um die Leichen auf den Scheiterhaufen zu befördern, ohne das Feuer zu ersticken. Gnade Gott dem Armen, der sich dabei ungeschickt anstellt! Ihm bleibt nichts anderes übrig, er muss ans Feuer heran, die schlecht gelegene Leiche herausziehen und sie noch einmal hineinwerfen. Das Feuer ist sehr stark, und die Hitze schlägt einem schon bei zwanzig Meter Entfernung entgegen. Neben dem »Brandmeister« hält sich sein Gehilfe auf, der mit einer Schaufel die Asche sowie die verbrannten Knochen auf die Seite wirft und das Feuer in Gang hält. Der »Zähler« ist ständig dabei.

Nachdem die Leichen alle herausgeholt sind, durchsucht eine besondere Gruppe die Gräber. Mit bloßen Händen sammeln sie jedes Knochenstückchen und jedes Haar in Eimer und werfen dann dies alles ins Feuer. Nachdem sie alles abgesucht und aufgelesen haben, machen sie dem Untersturmführer Meldung, der das Grab inspiziert. Ehe es zugeschüttet wird, streuen die Häftlinge Chlorkalk über die von den Leichen grün verfärbten Wände, um den Gestank einigermaßen zu beseitigen.

Ist das Grab geschlossen und seine Oberfläche planiert, bearbeiten wir den Boden mit Pflügen, die statt von Pferden von uns selbst gezogen werden. Die Furchen werden besät, und in einigen Wochen wird nichts mehr davon zu erkennen sein, dass hier einmal ein Massengrab war.

Juli bis September

Nach den immer häufigeren Einbruchsversuchen der Roten Armee in die deutschen Frontlinien vom Nord- bis zum Südabschnitt während der vergangenen Monate, die eine große sowjetische Sommeroffensive ankündigen, beginnen am 5. Juli im Kursk-Bogen die deutschen Truppen eine letzte deutsche Offensive, die sich aber im Raum um Charkow schnell in eine Abwehrschlacht verwandelt. Der Angriff wird am 15. Juli eingestellt, und die Rote Armee setzt danach zur Gegenoffensive an, die im Mittel- und Südabschnitt erfolgreich nach Westen vorgetragen wird. Zur selben Zeit nimmt die Partisanen-Tätigkeit hinter der deutschen Front in verstärktem Maße zu, wobei die Schienenwege für den deutschen Nachschub weitgehend zerstört werden. Am 5. August erobern die Russen Orel zurück. Am 4. September kommt der Befehl des deutschen Generalstabs zur Räumung des Kubanbrückenkopfes (am 7. Oktober abgeschlossen) und der Halbinsel Kertsch (im Dezember abgeschlossen). Am 7. September müssen die Deutschen Stalino aufgeben, was den Verlust des Donez-Beckens bedeutet. Am 17. September nimmt die Rote Armee Brjansk ein, und am 24. September räumen deutsche Truppen Smolensk.

Am 9. Juli beginnt von Tunesien aus die Landung amerikanischer und englischer Truppen unter dem englischen General Alexander auf Sizilien bei Licata, Gela und Syrakus. Sie erobern zwei Tage später Syrakus und Augusta. Am 16. Juli rufen Roosevelt und Churchill das italienische Volk auf, den Krieg einzustellen. Am 24./25. Juli kommt es in Italien zum Umsturz: Marschall Badoglio wird neuer Regierungschef, Mussolini wird gefangen gesetzt. Am 17. August haben die Alliierten ganz Sizilien erobert. Am 3. September setzen dann die Engländer über die Straße von Messina aufs italienische Festland über, gleichzeitig landen alliierte Truppen in der Bucht von Salerno (9.9.). Italiens neuer Regierungschef, Marschall Badoglio, verkündet am 3. September Italiens Kapitulation, was zur Folge hat, dass

am 10. September Rom von deutschen Truppen besetzt wird. Auf dem Gran Sasso wird am 12. September auf Hitlers Befehl Mussolini wieder befreit und am 18. September für das noch nicht von alliierten Truppen besetzte Italien eine faschistische Republik gegründet. Aber der Vormarsch der Alliierten wird dadurch nur wenig verzögert: Am 28. September ist die Stiefelspitze Süditalien bis vor Neapel und vor Termoli in alliierter Hand.
Im Juli ist Hamburg das Ziel mehrerer Luftangriffe der U.S.A.F. und der R.A.F. unter Einsatz von bis zu 740 Bombern, wobei erstmals mittels abgeworfener Metallfolien die deutsche Abwehr verwirrt wird. Am 13. August fliegen 61 amerikanische Bomber einen Tagesangriff von Nordafrika aus auf Wiener Neustadt, 4 Tage später bombardieren 376 Maschinen der U.S.A.F. Schweinfurt und Regensburg. In der Nacht vom 17. auf den 18. August greifen britische Bomber die Raketen-Versuchsanstalt in Peenemünde an (735 Tote).
Anfang Juli 1943 wird Oberstleutnant Graf von Stauffenberg in die Verschwörung der Widerstandsgruppe um Goerdeler und General Olbricht eingeweiht. Goerdeler schreibt am 25. Juli an Generalfeldmarschall von Kluge, danach folgt im September mit Generaloberst Beck und Goerdeler eine Aussprache (von Kluge wird als Mitwisser nach dem 20. Juli 1944 abgesetzt und nimmt sich am 18. August 1944 das Leben).
Im Konzentrationslager Treblinka kommt es am 2. August zu einem Aufstand, der niedergeschlagen wird. Im Getto von Bialystok gibt es am 16. August einen Aufstand, am 23. August wird auch dieses Getto vernichtet. Am 11. September beginnen in Nizza deutsche Razzien auf Juden. In der ersten September-Hälfte werden die Gettos in Minsk und Lida, am 23. September das in Wilna liquidiert (Deportation in Vernichtungslager bzw. Massenmord).
Im Südpazifik bereiten die Amerikaner ihre späteren Landungen auf den Salomoninseln mit mehreren Luftangriffen auf die japanischen Flugplätze auf Bougainville vor. Auch die Seegefechte im Kula-Golf (Salomonen) am 6. Juli, im Golf von Kolombangara (12./13.7.), die Seeschlacht im Vella-Golf (Salomonen) am 6./7. August und das Seegefecht bei den Komandorski-Inseln (Aleuten) am 26. August waren Kampfhandlungen zur Vorbereitung von alliierten Landeunternehmen. Am 5. August eroberten US-Streitkräfte den strategisch wichtigen Flugplatz Munda auf Neu-Georgia.

Anfang Juli wird Elena Skrjabin – aus Leningrad in den Kaukasus evakuiert, der inzwischen von deutschen Truppen besetzt wurde – von der deutschen Besatzungsmacht von der Straße weg mit ihren Kindern zum Arbeitseinsatz ins Reich verpflichtet. Unter dem 10. Juli trägt sie in ihr Tagebuch ein:

In den vergangenen Tagen hat unser Leben plötzlich eine ganz unerwartete Wendung genommen. Am 6. ging ich in sorglosester Stimmung mit Jurik auf den Basar. Wir waren mit unseren Einkäufen noch gar nicht ganz fertig, als mich ein Deutscher in einer braunen Uniform anhielt. Ein zweiter Beamter und eine junge Dolmetscherin begleiteten ihn. Nachdem er einige Fragen an uns gerichtet und unsere Personalien festgestellt hatte, verkündete er, dass er mich, Dima und Tanja zur Arbeit nach Deutschland verpflichte. Alle meine Einwände, dass Dima und Tanja doch hier in Dubowaja Balka bei den Deutschen arbeiteten, ignorierte er und betonte, die Anwerbung zur Arbeit in Deutschland sei vordringlich und niemand habe das Recht, diesem Gesetz zuwiderzuhandeln, das von höchsten deutschen Stellen erlassen worden sei. Die einzige Gnade, die er uns zuteil werden ließ, war, dass er uns mit seinem Wagen nach Hause fuhr, wo wir Tanja und Dima vorfanden, die gerade von der Arbeit zurückgekommen waren. Er wartete, bis wir unsere Sachen zusammengepackt hatten, und brachte uns zur Sammelstelle. Wir hatten überhaupt keine Möglichkeit, uns von jemandem zu verabschieden ... Auf der Sammelstelle wimmelte es bereits von Menschen, hauptsächlich Mädchen und Jungen im Alter von sechzehn bis achtzehn Jahren. Anfangs schien es mir, als sei ich die einzige Ältere unter allen Angeworbenen, doch bald entdeckte ich noch einige andere Frauen, manche davon mit kleinen Kindern. Ich war wie gelähmt ... Am selben Abend wurden wir in Güterwagen verladen, und noch in später Nacht fuhr unser Zug aus Kriwoj Rog ab ...

Bei Licata, Gela und südlich von Syrakus auf Sizilien landen am 9. Juli 1943 amerikanische und englische Truppen, die von Tunesien aus übergesetzt werden. Die deutsch-italienische Verteidigung der Insel steht gegen den Materialaufwand der Alliierten auf verlorenem Posten. Major Steinhoff erinnert sich später an einen Einsatz mit seiner Jagdstaffel am 12. Juli im Gebiet von Gela:

Wie zur Parade stehen Fahrzeuge und Panzer aufgereiht auf der Straße, und während ich hinabstoße und das »Pop-pop« meiner Kanone den Motorenlärm übertönt, fühle ich wieder den wohl bekannten bitteren Geschmack im trockenen Mund. Es sind nur wenige Sekunden, die mir für den Beschuss bleiben, als ich andrücke und die Geschwindigkeit sich rasch steigert. Das helle Fadenkreuz des Visiers hebt sich von dem dunklen Boden ab, und die Konturen der Fahrzeuge schwimmen rasch hindurch. Durch heftiges Stoßen mit den Füßen ins Seitensteuer versuche ich den leuchtenden Kreis mit dem Kreuz mit der Straße und den Fahrzeugen in Deckung zu bringen. Ein dicker Panzer wächst rapide in das Visier hinein, die Geschosse meiner Kanone zerplatzen auf der Panzerung und stieben nach allen Richtungen davon. Soldaten springen zur Seite und verschmelzen vor meinen Augen mit dem Boden.

Dann presst mich die Beschleunigung heftig auf den Fallschirm, als ich über die rechte Fläche hochziehe und die Straße entlang weiter nach

Westen rase. Den Kopf weit zurückgebeugt, schaue ich an der Panzerplatte vorbei durch die schräge Plexiglasscheibe hinab auf die Straße, die wie in einem Film, der mit zu großer Geschwindigkeit abgespielt wird, an mir vorbeizieht. Fahrzeuge brennen, Kanonengeschosse zerbersten auf der Straße, Jeeps rumpeln in wilder Flucht ins Gelände. Ein fesselnder Anblick, er vermittelt ein trügerisches Gefühl der Überlegenheit. Ich gehe in eine Linkskurve und sehe zurückschauend gerade noch, wie eines unserer Flugzeuge tief heruntergeht – tief, viel zu tief! –, bis es ein Fahrzeug in der Kolonne berührt und sofort in einem Wirbel von Metall und in einer haushohen Explosionsflamme zerplatzt …

Am 12. Juli 1943 wird im Raum Orel, im Mittelabschnitt der Ostfront, der 21-jährige Johannes Hasucha von den Russen gefangen genommen. Seine Kompanie, die 4. Kompanie des Grenadier-Regiments 510 in der 293. Grenadier-Division, meldet seiner Mutter am 16. August den Sohn als vermisst. Johannes Hasucha hat 25 Monate in russischer Gefangenschaft in den Lagern Alexin an der Oka, Wlademir und Karmischka verbracht, ehe er im August 1945 mit einem Transport kranker Kriegsgefangener, die nicht mehr arbeiten konnten, nach Deutschland geschickt wird. Einen Tag nach seiner Gefangennahme schreibt seine Schwester Alberta in einem Brief an ihren Bruder:

Heut sollst du wieder ein paar Zeilen von deinem Albertchen erhalten. Zunächst, wie geht es dir, Hanne? Bist du bei den Kämpfen bei Orel bei? Wir sind sehr in Sorge um dich. Mir geht es gut. Am Sonntag sind wir bei Tante Röschen zum Geburtstag gewesen. Es war ganz nett. Meine Kölner Freundin ist evakuiert, wohnt jetzt in Schlesien. Hat alles verloren, haben grade ihr Leben retten können. Ist mit ihrer Familie im Keller verschüttet gewesen. Wo ihr Mann ist, weiß sie gar nicht. Ja, es ist totaler Krieg!

Ab Sommer 43 nimmt der alliierte Luftkrieg gegen deutsche Städte an Intensität zu. Die Stadt Hannover erlebt am 26. Juli den ersten großen Luftangriff. Karl Dürkefälden notiert in sein Tagebuch:

In der Mittagszeit des 26. Juli kam der erste große und überraschende Schlag. Die Bomben fielen hauptsächlich auf das Geschäftsviertel. Sie mochten dem Bahnhof gegolten haben. Der war getarnt, so dass andere Gebäude, vor denen Straßenbahnschienen liegen, aus großer Höhe vielleicht als Bahnhof gehalten wurden …

Am 25. Juli schreibt Bertha Albrecht in einem Feldpostbrief an ihren Mann an der Ostfront nach einem Luftangriff auf Hamburg:

Heute, der Sonntag, ist ein schwarzer Tag! In der Nacht hatten wir einen stundenlangen bösen Angriff. Hamburg hat es hart getroffen. Man sah das

Feuer förmlich lodern. Die ganze Reeperbahn, der Hafen, Wandsbek, das Berliner Tor, das Reichshof-Hotel, die große Feuerwache, Berliner Tor, alles dahin! ... Auch der Hauptbahnhof ist getroffen. Sehr viele Tote! Furchtbar, furchtbar! Es hat so gebrannt, dass heute morgen alles mit Asche übersät war. Und den ganzen Tag hat es noch geflockt ... Das Leben ist nicht mehr schön. Wer weiß, wie lange man noch lebt! ...

Am 3. August schreibt der Gefreite Ernst Strahl aus Russland in seine oberschwäbische Heimat, ehe er wenige Monate später als vermisst gemeldet wird:

Mir geht's Gott sei Dank bis jetzt immer ausgezeichnet. Hoffentlich ist mir das Glück in Zukunft hold, damit ich gesund und heil die Heimat mal wieder sehe ...

Am 10. August schreibt der oberbayerische Bauernsohn Johann Siegl aus Seebach an seine Eltern und Geschwister, von denen im Laufe des Krieges vier Brüder fallen:

Tage haben wir jetzt gehabt, dass ihr euch keine Vorstellung machen könnt. Am 1. August, Mitternacht, gingen wir zum ersten Male vor zu einem großen Sturmangriff. Er dauerte vom Morgengrauen des 1. August bis 6. August. Tag und Nacht lagen wir den Russen auf dem Rücken. Vom ersten bis zum letzten Tag, bis wir abgelöst wurden, hagelte es von der Luft Bombe auf Bombe, flogen auf uns nieder, und die russischen Flieger deckten uns mit ihren Bordwaffen und Bordkanonen in den Schützenlöchern ein. Tage des Grauens waren es, die wir erlebt haben. Wir kämpften an vorderster Spitze der Front; mit Bajonett mussten wir stechen, und gesurrt und gepfiffen hat's über meinem Stahlhelm, hinten und vorn hatten die feindlichen Granaten eingeschlagen, dass uns der Dreck auf den Stahlhelm flog. Und das MG-Feuer – jetzt triffts mich, jetzt triffts mich, hab ich immer gedacht. Vor mir spritzte es in den Dreck, dass ich gemeint hab, jetzt hat's geschlagen, die letzte Stund ... Am zweiten Kampftag kamen noch die russischen 52-t-Panzer dazu. Mein lieber Herrgott, hab ich gerufen, die werden doch nicht über uns hinwegfahren. Neben uns sind sie über unsere Schützenlöcher hinweggefahren und haben vielleicht umgehaut. Und neben mir kämpfte mein Schulkamerad, der Braun Franzl. Er wird wahrscheinlich gefallen sein. Braucht der Braunin noch nichts sagen. In der Kompanie ist er nicht mehr. Er müsste verwundet oder vermisst sein ... Liebe Eltern! Ich will euch direkt schreiben, was ich gemacht hab vor dem Sturmangriff. Ich hab mich unserer lb. Frau versprochen, wenn ich in dieser Schlacht mit dem Leben davonkomme und weiterhin etwas Glück habe, dann geh ich, wenn ich wieder nach Hause komme, um ...

Einen Monat später, am 20. September, fällt Johann Siegl. Ein Kamerad, der dabei war, als Siegl tödlich getroffen wird, berichtet den Eltern:

Wir machten Rast. Habe eine Zigarette angezündet. Hans hat keine mehr geraucht. Als wir aufstanden, sagte mir der Hans: »Geht es wieder zurück?« Ganz tot war seine Stimme. Ich und der Berliner waren wieder die Ersten. Wir kamen in einen Hohlweg, drei Mann waren schon drüber. Auf einmal geht eine Staubwolke in die Luft und hat uns alle überschüttet mit lauter Sand. Wie sich der Sand gelegt hat, lag mein Gruppenführer tot und mein bester Kamerad Hans schwer verwundet am Boden ... Unser Zugführer hat den Hans verbunden. Wir haben alles hergegeben: Hemden, Pullover, Taschentücher, Hosenträger, Verbandspäckchen ... Seine Verletzungen waren: linkes Bein ab, rechtes Bein ab und ganz verdreht, am linken Oberschenkel ein Loch, die Finger an beiden Händen aufgerissen, die rechte Wange aufgerissen. Und das Traurigste von allem: blind ... Wir haben eine behelfsmäßige Bahre gemacht, dann ging es weiter, immer nur ein Stück. Hans hat immer geschrien ... Wir haben ihn niedergelegt, um ein wenig ausschnaufen zu können. Da hat er nichts mehr gesagt. Aber er hat noch gelebt. Ich habe zum Hans noch gesagt: Gruß an die Mutter. Er hat mir keine Antwort gegeben. Das waren meine letzten Worte zu meinem besten Kameraden Hans. Meine Augen haben Tränen geflossen ... Und am anderen Tag um 9 Uhr in der Früh ist der tote Kamerad Hans zur letzten Ruhestätte gefahren worden ...

Am 31. August fällt in den Kämpfen um Charkow Hans Braukmann. Die letzte Eintragung in sein Tagebuch, vom 23. August, lautet:

Die Nächte im offenen Erdloch sind kalt, zumal unsere Decken noch nicht da sind. Gestern fiel mir ein, dass ich mich mit Stroh zudecken könnte, gehe im Finstern los, ohne Waffen, links Wald, rechts Feld, auf breiter Straße. Es ist ja nicht weit. Ab und zu ruft mich ein Posten an. Aber wie die Finsternis täuscht. Ich halte, orientiere mich und höre hinter mir im Sonnenblumenfeld feste raschelnde Schritte. Ich erschrecke, waffenlos wie ich bin, fasse mich aber und brülle »Parole!« Keine Antwort. Jedes Geräusch ist wie abgeschnitten. Sofort weiß ich, dass mir auf wenige Meter ein russischer Spähtrupp gegenübersteht. Ich trete von der hellen Straße mit einem Schritt ins dunkle Gras und ducke mich, so tief ich kann. Lange Stille, dann Flüstern. Zwei Gestalten kreuzen lautlos den Weg, verschwinden im Wald. Einmal ein schwaches Knacken, dann einmal ein Flüstern, wieder ein Knacken, nun schon in meinem Rücken. Wollen sie mich lebend fangen? Ich vertraue auf die Dunkelheit, auf die Gewohnheit der Spähtrupps, jeder Feindberührung aus dem Wege zu gehen, und renne plötzlich, so schnell ich nur irgend kann, los, zurück, mache die Posten scharf und melde dem Kommandeur.

Die Angst war nicht ohne. Kurz darauf schießt russische Ari in die Gegend, wo ich das Abenteuer hatte. Mehr als seltsam …

Neben Hamburg wird auch Berlin im August 1943 von den ersten Großangriffen der R.A.F. heimgesucht. Arthur Golde erlebt einen solchen Angriff am 24. August und schreibt an seine Frau Alice Golde, die mit den beiden Kindern (1 und 4 Jahre alt) für ein Jahr nach Bartenstein in Württemberg evakuiert ist:

Von gestern zu heute war hier schwerer furchtbarer Alarm. Denke dir, zweieinhalb Stunden Bombenabwurf. Die Schrecken kannst du dir nicht ausmalen … Also, ich lebe noch, abgesehen von der Nervenschwäche, aber das wird ja wieder vergehen, wenn es doch bloß aufhören würde. Ich freue mich nur, dass ihr dies nicht miterleben brauchtet … Bleibt mir hübsch gesund und haltet den Daumen, dass der Krieg bald ein Ende nimmt. Heute war ich natürlich bis Mittag zu Hause, um die Splitter wegzuräumen. Dann kam der Mann von Gleiser und reparierte die Schäden an den Möbeln, aber wozu, wenn die Flieger doch wieder kommen? …

In der Nacht vom 17. auf den 18. August greifen britische Bomber die Raketen-Versuchsanstalt in Peenemünde an; dieser Angriff kostet 735 Menschenleben. Fliegeroberstabsingenieur Josef Dantscher berichtet in einem Rundbrief am 29. August an die Familie über den Luftangriff auf Peenemünde und seine Auswirkung:

Gleich zu Beginn fielen in unmittelbarer Nähe schwere und schwerste Brocken, das Haus brannte in Kürze, und es fielen auch Sprengbomben ins Haus. Der Keller bebte von den ununterbrochenen Einschlägen, und die erst kürzlich eingebauten Stützsäulen wankten manchmal gewaltig. Aber sie hielten dank der zwei kräftigen Balken, die zur Stütze der Decke eingezogen waren. Nun prasselte pausenlos der Segen von oben, man hörte das Pfeifen und wartete mit Bangen auf die Detonation, ob sie nah oder entfernter erfolgte. Es gab nicht eine Pause in den eineinhalb Stunden, die der Angriff dauerte … Mit einem Kollegen ging ich nach einiger Zeit nochmals los … Wir gingen quer durch die Siedlung. Die Hindenburgstraße war noch relativ glimpflich davongekommen. Da standen die Häuser zum Teil noch. Aber in der Schulstraße war nur noch ein Trümmerfeld. Von da bis zum Strand ist die schlimmste Verwüstung. Von beiden Holzhaussiedlungen steht nicht mehr ein Haus, ein paar Brandmauern und hin und wieder der Rest eines Kamins. Von Bekannten sind tot: Wuzow, Wrede, Weiland, Bruder, Elöß, Hämmerlings, Frl. Redzlaff. In die Gegend gingen mehrere Minen, die alles wegpusteten. So kamen viele durch Lungenschlag um …

Die Ballettmeisterin und Tänzerin Anja Römer-Hahn schreibt in ihrem »Tagebuch eines Liebespaares im Krieg« Anfang September 1943 in Hamburg:

Ich bin auf dem Weg zum St.-Pauli-Theater sehr erschrocken gewesen, die Strecke von der Bahnstraße bis zur Reeperbahn nur durch Trümmer, Angst durchzugehen, ein unheimliches Gefühl man fürchtet, es fällt einem der Rest der Häuser auf den Kopf. Entsetzlich dazwischen der Judenfriedhof. Die Gräber sind da und die Steine, aber den Bäumen sind alle Kronen abgerissen ... Hier hat (beim Angriff) eine große Zahl Menschen auf diesem einzigen unbebauten Platz Zuflucht gesucht vor den Flammen. In den Straßen herrschte eine Temperatur von etwa 73 Grad. Dann fand ich den Weg in mein kleines Theater an der Reeperbahn. Die Probe war im Gang wie immer, man hat mich herzlichst bewillkommnet, es war rührend! Man war froh, sich lebend wiederzusehen ...

Das Radio berichtet (6.9.) Terrorangriff auf Mannheim, Ludwigshafen, und Mutter Römer ist mittendrin! Im letzten Brief, gestern erhalten, schrieb sie: Sie hat der Muttergottes von Altötting gedankt für den Schutz. Hoffentlich ist sie am Leben, ach Gott! Beschütz uns Arme! Das Elend muss wie eine Wolke, wie Nebel zu dir dringen und dein Licht verhüllen ... hilf uns!

Am 29. September schreiben Karl Dürkefäldens Schwiegereltern aus Hannover nach Celle:

Onkel Paul aus Düsseldorf schrieb uns, er hätte dreimal Bombenschaden gehabt, zweihundert Angriffe hätte Düsseldorf bis jetzt erleiden müssen ... Wir sind ja auch wieder angegriffen worden ... Kommt nicht, es wäre so gut wie Selbstmord, denn es sind noch mehr solcher Angriffe angesagt. In Celle seid ihr nicht so gefährdet. Es war wieder eine tolle Nacht, und es brannte überall ... Auch viele Dörfer sind heimgesucht worden. Wann wird die Vergeltung kommen? Wenn wir alle tot sind, brauchen wir keine Vergeltung mehr ... Soeben erfahren wir, dass 19 Schüler höherer Schulen, die bei der Flak in Langenhagen eingesetzt waren, den Tod gefunden haben, auch der Sohn von der Gaststätte »Herzog Ferdinand« in der Herrenhäuser Straße im Alter von 16 Jahren (das einzige Kind) ...

Oktober bis Dezember

Im Norden der Ostfront drängt die Rote Armee die deutschen Stellungen vor Leningrad weiter zurück, die deutsche Abwehr hält sich im Raume um Demjansk, Ladogasee, Nowgorod und Staraja Russa und Newel.

Im Mittelabschnitt der Ostfront stoßen die Russen weiter vor, die deutschen Truppen ziehen sich auf die Linie Gomel – Witebsk zurück, aber am 25. November muss Gomel aufgegeben werden. Im Südabschnitt der Ostfront durchbrechen die Russen am 23. Oktober die Front am unteren Dnjepr und schneiden damit ab dem 1. November die deutschen Truppen auf der Krim ab. Am 6. November erobern die Russen die Hauptstadt der Ukraine, Kiew, zurück.

In Italien erobern die Alliierten am 1. Oktober Neapel, im Oktober ist auch hier die alliierte Sicherung von Sardinien und Korsika abgeschlossen, und der amerikanisch-britische Vormarsch in Italien erreicht bis Ende 1943 die Linie zwischen Garigliano im Westen und dem Sangro im Osten, den britische Truppen noch Ende November überschreiten. Das Italien unter Marschall Badoglio erklärt am 13. Oktober dem Deutschen Reich den Krieg.

Im Oktober sind Danzig, Marienburg, Anklam, Münster, Schweinfurt, Bremen und ab November vor allem auch Berlin die bevorzugten Ziele alliierter Luftangriffe auf das Reich. Vom 20. bis 23. Dezember fliegen die Alliierten Luftangriffe auf die Abschussrampen von V-Waffen in Westfrankreich.

Am 22. Dezember befiehlt Hitler die Einführung des NS-Führungsoffiziers in der deutschen Wehrmacht (im April 1944 wird ein NS-Führungsstab des Heeres im OKW ernannt).

Am 14. Oktober bricht im Vernichtungslager Sobibór ein Aufstand der jüdischen Arbeitskommandos los, der das Lager betriebsunfähig macht. Am 18. Oktober geht von Rom ein Transport mit Juden nach Auschwitz ab. Am 3. November wird das Getto Riga liquidiert und die in Majdanek verbliebenen Juden (17 000) ermordet.

Auf der Konferenz von Teheran vom 28. November bis 1. Dezember einigen sich die »großen drei« (Roosevelt, Churchill, Stalin) »im Prinzip« über die Teilung Deutschlands nach dem Krieg, ohne endgültige Entschlüsse zu fassen.

Im Südpazifik geht die alliierte Großoffensive weiter: Am 1. November landet die 3. US-Marine-Divison auf Bougainville (Salomon-Inseln), am 20. November landen US-Amphibien-Streitkräfte auf den Makin- und Tarawa-Atollen der Gilbert-Inseln, am 15. Dezember schließlich landen US-Streitkräfte auf der Halbinsel Arawe auf Neubritannien. Die US-Trägerflotte richtet im November gleichzeitig mehrere Träger-Flugzeug-Angriffe gegen das von den Japanern besetzte Rabaul auf Neubritannien.

In der Nacht vom 8. auf 9. Oktober wird die Familie Vordemann in Hannover ausgebombt. Der 12-jährige Jürgen rettet sich mit seiner Mutter und den jüngeren Geschwistern aus den Flammen. Wenige Tage später wird Jürgen mit seiner Klasse vom Kaiser-Wilhelm-Gymnasium aus Hannover in das Kinderlandverschickungslager auf der Schaumburg »ausgelagert«. Vom 20. Oktober 1943 an führt er dort ein Tagebuch bis zum Kriegsende. Die erste Eintragung lautet:

20. Oktober 1943, Mittwoch: Um 1 Uhr fahre ich mit einem vollgepfropften Omnibus von der Wörthstraße in Hannover ab. Vati und Mutti haben mich bis dahin gebracht. Die Fahrt ins Ungewisse beginnt. Um 6 Uhr langen wir vor der Schaumburg an: Ein unglaublicher Betrieb herrscht. Viele schlafen auf Strohsäcken auf dem Fußboden. Ich »schlafe« unten in einem Doppelbett. Mit mir sind noch 5 Mann auf der Stube …

Am 3. November werden Köln und Düsseldorf von der R.A.F. bombardiert. Liselotte Langrock in Duisburg schreibt gerade ihrem in Wien weilenden, u.k. gestellten Mann, als der Angriff beginnt:

Vielen Dank für die Karten aus Wien. Ein Leben hast du ja!!! Die Wehrmacht sorgt wenigstens, dass du allerhand zu sehen bekommst. Schreib mir bitte gelegentlich mal ausführlich über Wien. Ist die Stadt tatsächlich so schön – »Wien, Wien, nur du allein …« Ich muss leider abbrechen. Gerade ist …

Fünf Tage später schreibt Liselotte Langrock ihrem Mann, der wenig später in Jugoslawien fällt, wieder:

Die letzten Tage waren so ereignisreich, dass ich nicht zum Schreiben gekommen bin. Der Angriff galt in der Hauptsache nicht Köln, sondern Düsseldorf. Es war wieder sehr schlimm. Mutter lebt Gott sei Dank und ist wohlauf. Nur hat es uns sonst sehr schlimm erwischt. Das Haus in der Erkratherstraße ist restlos ausgebrannt. Das Haus Hermannstraße ist ebenfalls schwer mitgenommen, aber es steht noch. Gerade ist wieder Alarm …

Im November 1943 findet die Geschichte von Sarah Oppenheimer, der in einer Berliner Villa als Hausdame versteckten Jüdin, und dem Bernhardinerhund, den der Flugzeugtechniker Bruno Theus im August 1940 von Berlin nach Königswald in das »Protektorat« geflogen hat, wo Theus bei Focke-Achgelis dienstverpflichtet ist, ihre Fortsetzung und im Januar 1944 ihr Ende. Im Januar 1943 schreibt die Frau des Oberst Birkenfeld, des Chefs von Bruno Theus, dass der Spandauer Kreisleiter mit Polizei und Gestapo zehn Zimmer der Villa beschlagnahmt habe und sie Sarah im letzten Augenblick noch in Sicherheit habe bringen können. Bruno Theus und sein Chef beschließen, Sarah mit dem nächsten Transportflugzeug von Berlin nach Königswald zu bringen, verkleidet als Hilfsarbeiter im blauen Overall für die Werkstatt in Königswald. Als Sarah Oppenheimer nicht freiwillig mitkommen will, lässt Theus seine Braut, die Krankenschwester ist, dem jüdischen Mädchen eine Dosis Schlafmittel spritzen, und sie wird in eine Transportkiste gepackt. Den Inhalt der Kiste gibt Theus bei der Kontrolle als neuen Bernhardinerhund für seinen Oberst aus, der alte sei eingegangen. Die Kiste mit dem Mädchen kommt an Bord des Transportflugzeugs, aber auch 35 Fallschirmjäger, die die Maschine laut Kontrolloffizier bis Bromberg mitnehmen muss. Bruno Theus schreibt am 20. November in sein Tagebuch:

Unsere Geduld wurde auf eine harte Probe gestellt. Die Fallschirmjäger kamen erst nach über drei Stunden Wartezeit. Ich saß wie auf glühenden Kohlen. Als die jungen Kerle dann mit viel Lärm und Geschrei die Maschine stürmten, setzte mein Herzschlag fast aus. Aber sie beruhigten sich bald. Da Rauchen verboten war, erzählten sie sich Witze. Ich saß geduckt und merkwürdig verkrampft direkt hinter der Kiste, um notfalls sofort eingreifen zu können. Von Zeit zu Zeit hob ich den Deckel ein wenig an, damit genügend Luft in die Kiste kam. Sarah schlief fest. Das Rattern des Motors bewirkte, dass bald auch mir die Augen zufielen. Auf einmal öffnete sich die Ausstiegluke, und die Fallschirmjäger begannen damit, alle Kisten aus dem Laderaum hinauszuwerfen. Ein eisiger Luftzug ließ mich vollends wach werden. Gott sei Dank, es war nur ein Traum gewesen! Aber der Unteroffizier hatte tatsächlich den Befehl zum Absprung gegeben. Als alle draußen und die Klappe wieder zu war, öffnete ich den Deckel ganz. Sarah schlief noch immer und ich atmete auf … Inzwischen war es schon ziemlich spät geworden. Unser Feldflugplatz lag völlig im Dunkeln, und wir setzten ein wenig hart auf. Davon erwachte Sarah, und es dauerte ein paar Minuten, bis sie begriff, wo sie sich befand. Der Oberst war selbst gekommen und brachte sie noch in derselben Nacht auf einen großen Bauernhof in Sicherheit. Der Sohn des Besitzers hieß Josef Sossinka und arbeitete als technischer Zeichner in unserem Konstruktionsbüro. Alles war vorher abgesprochen worden. Josef hatte noch einen Bruder, Frantisek, der war – was wir nicht wussten – Führer einer Widerstandsgruppe …

In Ostasien setzen die Alliierten ihre Großoffensive gegen Hitlers dritten »Achsen«-Partner Japan mit weiteren Landungen auf Inseln des Südpazifiks fort, die von den Japanern 1941/42 besetzt worden sind. Am 20. November landen US-Marine-Soldaten auf der Gilbert-Insel Tawara und erleiden dabei große Verluste. Der amerikanische Kriegsberichterstatter Robert Sherrod berichtet später:

… Wir hatten kaum das Wasser berührt, als die japanischen Maschinengewehre uns unter Beschuss nahmen … Ein junger Marinesoldat ging schnell den Strand entlang. Er grinste einem Freund zu, der neben mir war. Dann wieder ein Schuss. Der Marinesoldat drehte sich um sich selbst und fiel auf den Boden, tot. Dort lag er, ein paar Schritte entfernt, und schaute zu uns auf. Der Schuss war direkt durch seine Schläfe gegangen, und deshalb traten die Augen weit hervor, wie in schauderndem Erstaunen über das, was mit ihm geschehen war … »Jemand muss diesen Teufel erwischen«, schrie Major Crowe. »Er ist direkt hinter uns und wartet nur, dass jemand vorbeikommt.« Der japanische Scharfschütze war sehr nahe, wir erkannten es am Knall seines Gewehrs. Ein Marinesoldat sprang über die Ufermauer und begann gezündete Sprengstoffladungen in einen Bunker aus Palmenstämmen zu werfen, der hinter der Ufermauer etwa fünf Meter von der Stelle entfernt stand, an der wir saßen. Zwei andere Marinesoldaten erkletterten die Mauer, einer von ihnen trug einen Tank mit Doppelzylinder auf dem Rücken, der andere hielt die Düse des Flammenwerfers. Eine weitere Sprengstoffladung knallte in den Bunker, Qualm und Rauch quollen heraus, und eine kakifarbene Gestalt kam aus dem Seiteneingang gestürzt. Der Flammenwerfer hatte ihn erwartet und fing ihn mit seinem vernichtenden Feuerstrahl. Als er ihn berührte, flammte der Japaner auf wie ein Stück Zelluloid. Er war sofort tot, aber die Munition in seinem Patronengurt explodierte noch volle sechzig Sekunden, nachdem er fast zu einem Nichts verkohlt war …

Am 23. November schickt Ingeborg Tafel aus Berlin-Charlottenburg ein Blitztelegramm an ihren Mann, den Stabsoffizier Dr. Wilhelm Tafel, derzeit in Münster stationiert: »Gänzlich abgebrannt. Leben noch. Erlöse uns. Zoobunker. Inge.« Später schreibt sie in ihr Tagebuch:

Um das Telegramm aufzugeben, musste ich all meinen Mut zusammennehmen, befürchtete ich doch einen erneuten schweren Luftangriff auf meinem Weg zum Postamt, während ich die Kinder in Muttis Obhut im Bunker zurückgelassen hatte. Außerdem war ich erfüllt von entsetzlicher Angst vor etwa herumstreunenden, hungrigen Raubtieren, war ich doch nicht sicher, ob der Zoo nicht auch bei dem nächtlichen Angriff beschädigt worden war. So lief ich wie von Furien gehetzt zur Post im Bahnhof Zoo und wieder zurück … In der Nacht vom 22. zum 23. November 1943 erlebte Berlin seinen bisher schwersten Luftangriff … Ich werde diese Nacht des Grauens – so etwa könnte man sich die Hölle vorstellen, wenn es sie gäbe – nie in meinem Leben vergessen. Über tausend Bomber haben in dieser Nacht ihre todbringende Last in Form von Brand- und Sprengbomben sowie Luftminen über dem Berliner Westen, vornehmlich dem Tiergartenviertel, abgeworfen. Um 19.30 Uhr schrillten die Sirenen. Stundenlang verbrachten wir in stumpfer Verzweiflung im Luftschutzkeller – in ständiger, atemberaubender Furcht, dass die nächste Bombe bei uns einschlüge. Das geschah nicht, jedoch sprang plötzlich eine mehrfach verriegelte, doppelte Eisentür durch den Luftdruck einer in der Nähe niedergegangenen Mine auf, vor der wenige Augenblicke zuvor noch Volker gesessen hatte. – Draußen war der Teufel los. Die Schutzsuchenden, die keine kleinen Kinder zu betreuen hatten, wurden vom Luftschutzwart nach oben dirigiert, um ausgebrochene Feuerherde löschen zu helfen: ein vergebliches Unterfangen, es scheiterte allein schon am Wassermangel! – Nach und nach hatten sich sämtliche Anwesende stillschweigend aus dem Luftschutzkeller entfernt – es wurde überhaupt kaum gesprochen –, während wir noch auf die Entwarnung warteten. Die aber hatte wohl inzwischen stattgefunden. – Um ins Freie zu gelangen, musste ein viereckiger Innenhof passiert werden, da der andere Ausgang, den wir mit Spitzhacken vergeblich freizumachen versucht hatten, total verschüttet war. Als wir nun den Hof betreten wollten, standen wir einer riesigen Flammenwand gegenüber, die von vielen, aus den leeren Fensterhöhlen züngelnden Flammen genährt wurde. Sie glich einem riesigen, blutroten Laken, das vom Sturm hin und her gepeitscht wurde. Auf und nieder bewegte sich dieses gierige, leckende Ungeheuer: Sobald der Sauerstoff zu ebener Erde verbraucht war, schnellte es fünf Stockwerke nach oben, um sich dann wieder in die Tiefe zu stürzen. Diese kurzen, fast regelmäßigen Intermezzi benutzten wir, um in drei Etappen den Hof zu überqueren. Zuerst lief Mutti mit Volker an der Hand, danach Herta mit Regina auf dem Arm, zuletzt war ich mit Irina an der Reihe. Alle Habseligkeiten und sogar den Kinderwagen ließen wir zurück. In solchen Situationen verlieren irdische Güter jeglichen Wert, man kämpft und ringt und läuft ums nackte Leben. Auf der Straße – Admiral-von-Schröder-Straße – ein Inferno: glühende Balken, Äste, Dachziegel, geborstene Fensterscheiben flogen durch die Luft und brennende Gardinenfetzen, Mauern und Bäume stürzten um. Aber am allerfurchtbarsten war der Feuersturm: Die Luft erschien rot, sie war erfüllt von glühenden Partikeln, und man musste mit aller Kraft nach vorwärts streben, um nicht in den tödlichen Sog hineingezogen zu werden. Es war so schwer, dagegen anzukämpfen, wie wenn man, schulterhoch im Wasser stehend, gegen eine starke Strömung anzugehen versucht. Zum Schutz gegen das Feuer hatten wir nasse Tücher um den Kopf geschlungen und auch, um atmen zu können. Auch die Mäntel hatten wir angefeuchtet. Der einzige Gedanke, der uns beseelte, war, den brennenden Häusern so rasch wie möglich zu entfliehen, um in den nahe gelegenen Tiergarten zu gelangen. Das nicht ferne Ziel gab uns Kraft. Keuchend und total erschöpft und an manchen Stellen angesengt, erreichten wir über die Hofjägerallee den kleinen, halb offenen Tempel (Borsig-Pavillon), wohin sich schon viele Menschen geflüchtet hatten. Bereitwilligst und ganz selbstverständlich – wie mir schien – machte man uns Platz auf einer der Marmorbänke. Fröstelnd und apathisch, zugleich aber auch irgendwie froh, dem Tode noch einmal entronnen zu sein, verbrachten wir dort den Rest der Nacht. Sobald der Morgen graute, brachen wir auf. Aber wohin? Wir wussten es nicht. Wir schleppten uns erst mal in Richtung Großer Stern. Zwei jüngere Männer, die uns entgegenkamen, boten uns an, die beiden kleinen Mädchen zu tragen, und schlugen als sicherstes Quartier den Zoobunker vor, den wir dann auch mit ihrer Hilfe und ohne weitere Schrecken erreichten ... Zwei Tage später stöberte uns Bill (Wilhelm) tatsächlich im Bunker auf, und wieder zwei Tage später saßen wir in einem völlig überfüllten Zug nach Westen. Allein hätten wir es nicht geschafft – und ihm kam seine Uniform natürlich sehr zustatten.

Ein Häftling in Dachau, der katholische Geistliche Hans Carls, sitzt ab 22. Dezember innerhalb des Lagers in Haft. Er war von der Lagerverwaltung zum Tode verurteilt worden. Carls, der Dachau überlebte, erinnert sich später:

Am 22. Dezember wurde ich plötzlich zur Vernehmung bestellt und daran anschließend ins Gefängnis des Lagers abgeführt, d. h. Kommandantur-Arrest, genannt K.A. Die Lagerverwaltung hatte mich, wie man mich heimlich unterrichtete, zum Tode verurteilt. Ich sollte gehängt werden ... Ich befand mich bei meiner Verhaftung im Revier. Ich litt an der Zuckerkrankheit und hatte auch sonstige Beschwerden. Man führte mich am 22. Dezember 1943, abends 6 Uhr, in den K.A. 42 Tage und Nächte wartete ich auf die Stunde des Todes. Die ersten drei Tage und Nächte waren furchtbar. Ich wusste, dass ich gemäß den Lagergepflogenheiten erschossen oder gehängt werden würde. So beherrschte mich nur ein Gedanke: Dein Leben ist zu Ende! Was nun? Nur derjenige, der eine solche Situation einmal selbst erlebt hat, kann sich hineindenken in die Seelenverfassung eines zum Tode Verurteilten. Still und einsam saß ich in meiner Zelle und dachte nach. Was dachte ich? Ich weiß es nicht mehr. Meine Augen waren weit aufgerissen, und so starrte ich zu den Wolken, die an dem Fenster meiner Zelle vorüberzogen und meine Heimat grüßten, die ich niemals mehr wieder sehen sollte. Da erhielt ich einen Kameraden als Mitgefangenen in meine Zelle, Georg Schachtner aus München. Er tröstete mich und gestand mir, dass er an meinen Tod überhaupt nicht glaube. Ich käme wieder ins Lager zurück. Der Heilige Abend kam. Weihnachtslieder wurden gesungen. Wir beide konnten aber nicht mitsingen. Es war so viel Weh in unseren Herzen, so viel Sehnsucht nach dem Leben. Es war alles so schwer ...

Der Sanitäts-Kraftwagenfahrer Albert Goldmann, der im Mai 1943 in Tunesien in englische Gefangenschaft geriet und dann über den Atlantik nach den USA in ein Gefangenenlager in Virginia gebracht wird, erlebt den Heiligabend 1943 nach seinen späteren Aufzeichnungen so:

Es war Heiligabend 1943, als der Oberst, dem die Kriegsgefangenen-Lager unterstanden, pflichtgemäß durch die Baracken ging. Nun hatten wir in unserer Baracke den ehemaligen Chefdekorateur des Berliner »Kaufhaus des Westens«. Der hatte aus Wellpappe 25 verschiedene Aushängeschilder der alten Wirtshäuser à la Rothenburg ob der Tauber gezaubert. Schwarz angemalt und golden bronziert, wirkten sie wie gehämmertes Eisen, und da jedes Bett sein eigenes Schild hatte, konnte es nicht individueller gestaltet sein. Die kahlen Lampen waren weihnachtlich geschmückt, und der ganze Raum strahlte eine solche Gemütlichkeit aus, dass der Oberst sichtlich beeindruckt war ... In der Mitte des Raumes blieb er dann stehen, winkte uns um sich herum, hielt eine kurze Ansprache und fragte zum Schluss, ob wir einen Wunsch hätten, den er uns eventuell erfüllen könnte. Sekundenlanges Schweigen in der Runde, da griff sich unser Tenor Willi sein Akkordeon, stellte sich frank und frei vor den Oberst hin und sang mit klarer, reiner Stimme: »I'm dreaming of a white Christmas«, ein amerikanisches, altes Soldatenlied, das Bing Crosby, damals wohl der berühmteste amerikanische Sänger, so populär gemacht hatte. Der Oberst hatte den Kopf halb gesenkt und hörte, ich darf wohl sagen ergriffen, zu. Als unser Willi sein Lied beendet hatte, selbst ganz weich in den Knien, legte ihm der Alte behutsam die Hand auf die Schulter, sagte leise »Thank you, my boy« und verließ mit seiner Begleitung ganz still und leise den Raum.

Unteroffizier Karl Rupp aus Stuttgart wird am 22. Dezember 1943 an der Ostfront zum dritten Male verwundet, diesmal so schwer, dass er, nachdem er in Lemberg im Lazarett wieder zu sich kommt, für viele Tage sein Gedächtnis verloren hat. Karl Rupp erinnert sich später an Silvester 1943 und die Tage danach:

An den Abend vom 31.12.43 erinnere ich mich noch genau. Denn eine der Tagschwestern bemühte sich beim Füttern, mir verständlich zu machen, dass sie an diesem Abend wegging zum Neujahr-Feiern. Die erste persönliche Erinnerung war, dass ich wusste, ich war verheiratet und hatte einen Sohn. Eines Tages wurde ich mit vielen anderen in einen Lazarettzug gesteckt. Beim Abschied von meiner Schwester erinnere ich mich deutlich, dass sie mir sagte, dass ich mir wegen meinem Namen keine Sorgen machen solle – er würde mir bestimmt noch einfallen. Ich lag also auf meiner Bahre so vor dem Zug und die Sanitäter teilten ein. Wie sie zu mir kamen, sagte der eine zum anderen: Den legen wir gleich neben die Türe, der geht uns doch ein. Da haben wir nachher nicht so weit zu tragen. Das habe ich mitbekommen, und das war für mich natürlich nicht sehr tröstlich. Aber verständlich, denn ich machte anscheinend den Eindruck, als ob bei mir Hopfen und Malz verloren wäre. Ich konnte nicht sprechen, war gelähmt und namenlos. Was will man da noch groß hoffen. Sie platzierten mich also gleich neben der Türe. Während der Fahrt, wenigstens sobald ich wach war, beschäftigte mich nur die Frage nach meinem Namen, d. h., ich hatte zunächst andere Sorgen. Ich spürte Harndrang, konnte mich aber zunächst nicht verständlich machen. Endlich, endlich begriff einer. Die Urinflasche hütete ich von da an wie einen Augapfel. Wenn sie weggeholt wurde, gab ich keine Ruhe, bis mir eine neue gebracht wurde. Plötzlich fiel mir der Name »Rupp« ein. Ich machte zu irgendeinem, der gerade vorbeiging, ein Zeichen, dass ich schreiben wollte. Er brachte mir einen Zettel und einen Bleistift und ich malte darauf: Rupp. Ich hatte große Eile, denn ich hatte Angst, dass ich das in der nächsten Minute vergaß. War das überhaupt mein Name? Auf jeden Fall gab ich den Zettel nicht mehr aus der Hand. Das war mein einziger Besitz, als ich in Würzburg ankam. Dort kam ich in ein Zimmer mit 6 oder 8 Betten. Behandelt wurde ich zunächst nicht. Der Arzt bemühte sich, meinen Verstand zu testen, und er war glücklich, als ich bei einem hohen Besuch, der das Lazarett besichtigte, irgendeinen Begriff erriet. Dieser Besuch tröstete mich dann auch wieder. Aber mit meiner Person wusste ich immer noch nichts anzufangen. Das hat mich dann so deprimiert, dass ich fast nichts mehr essen konnte. Der Teller war sowieso so hoch auf der Bettdecke, dass ich nicht recht sah, was darin war. Vermutlich hab ich dadurch viel Bettwäsche gebraucht. Die Kameraden sprachen mir immer zu: Du musst essen – und ich zwang mich halt dazu. Ich glaube, wenn diese Leute nicht gewesen wären, ich war nahe daran, mich aufzugeben. Plötzlich eine Erleuchtung: Stuttgart. Und wenige Tage später: Die Straße. Der Besuch eines Zimmergenossen (er hatte Querschnittslähmung) telegrafierte dann an die von mir zusammengestoppelte Anschrift. Die Adresse hat gestimmt, und einige Tage später war meine Frau da. Ich schäme mich nicht zu sagen, dass mir die Tränen über die Backen liefen! Jetzt wusste ich doch, wohin ich gehörte. Das war wie ein neu geschenktes Leben. Meine Frau ließ sich nichts anmerken, oder ich bemerkte das nicht. Aber später sagte sie mir, sie wäre zu Tode erschrocken. Von meinem Kopf war nur ein kleiner Teil zu sehen, alles verbunden. Sprechen konnte ich immer noch nicht, nur stammeln.

VI.

1944

Und was ist mit uns, wenn wir wirklich dieses alles überstehen? Wir sind alte Männer, mit allen möglichen Gebrechen und Krankheiten behaftet. Unsere Jugend haben wir nie genießen können. Und nachholen können wir das nie ... Unsere Seele und unser Herz sind hart geworden durch das viele Blut, das wir gesehen haben. Und unsere Hände sind unsauber von dem Blut, das sie vergossen haben ...

Günther Wiegand, 8.4.1944

Januar/Februar

Das ganze Jahr 1944 hindurch stürmen die Alliierten aus allen Himmelsrichtungen gegen Hitlers »Festung Europa« an und drängen die Fronten immer näher an die Reichsgrenze. Hitler beharrt stur auf »Durchhalten«, für ihn gibt es nur die eine Alternative, die er schon in »Mein Kampf« (1925) beschworen hat: »Deutschland wird entweder Weltmacht oder überhaupt nicht sein!«

Den Sturm aus dem Osten eröffnet die Rote Armee im Januar: Am 4. Januar dringen die Russen bei Sarny (Wolhynien) erstmals über die sowjetisch-polnische Grenze nach Westen vor. Am 14. Januar beginnt eine Offensive gegen die Heeresgruppe Nord, die im Nordabschnitt die Front in Bewegung und nach dem Durchbruch der Russen zuerst die Rücknahme der deutschen Stellungen bis zum Luga-Abschnitt bringt. Am 20. Januar erobern die Russen Nowgorod zurück, damit ist endgültig auch die Blockade Leningrads zu Ende. Am 18. Februar müssen sich die Truppen der deutschen Heeresgruppe Nord noch weiter auf die Linie Narwa – Peipussee – Pleskau – Opotschka – westlich Newel zurückziehen. Im Süden der Ostfront, in der Ukraine, dringen die Russen weiter Richtung Lemberg vor, erobern am 5. Februar Rowno und Luck zurück. Bei Tscherkassy, südöstlich des bereits im November 1943 geräumten Kiew, können sich am 17. Februar zwei seit Januar eingekesselte deutsche Armeekorps aus der Umklammerung befreien und nach Westen zurückweichen.

Im Süden, in Italien, landet die 5. US-Armee am 22. Januar bei Anzio und Nettuno. Die Amerikaner stehen damit im Rücken des rechten Flügels der deutschen Front im Raum des Klosters Monte Cassino, um das ab Februar bis April ein erbitterter Kampf geführt wird, in den auf Seiten der Alliierten auch indische, neuseeländische und französische Truppen gegen die deutschen Verteidiger eingreifen. Bereits am 15. Februar ist das Kloster durch Bomben und Artillerie völlig zerstört.

Der Luftkrieg über Deutschland bringt im Januar weitere englische Großangriffe gegen Berlin; ab 20. Februar fliegen die amerikanischen Bomberflugzeuge, die von England aus zu Tagesangriffen (»Big Week«) auf deutsche Städte starten, nach dem Bombenabwurf nach Süditalien weiter, was eine weitere entscheidende Phase im strategischen Luftkrieg gegen Deutschland bedeutet. Deutsche Bombenflugzeuge fliegen ab 21. Januar (bis April) Luftangriffe gegen Ziele in Süd- und Südostengland. Im alliierten Hauptquartier wird am 8. Februar der Endplan für das Unternehmen »Overlord«, die Landung der Alliierten in der Normandie, festgelegt.

In Bosnien (Jugoslawien) nimmt am 23. Februar eine sowjetische Militärmission Kontakt mit Tito auf.

In Deutschland wird im Januar 1944 der bürgerlich-konservative Widerstandskreis des »Kreisauer Kreises« durch die Verhaftung von Helmut J. Graf von Moltke gesprengt (von Moltke wird am 23. Januar 1945 in Berlin-Plötzensee hingerichtet). Ab Januar 1944 kommt die deutsche Abwehr unter die Kontrolle von Ernst Kaltenbrunner, dem Nachfolger Heydrichs als Chef des Reichssicherheitshauptamtes.

Im Südpazifik ist das Ziel der Strategie der Alliierten im Jahre 1944, überall Stützpunkte zu gewinnen, »von denen aus die bedingungslose Kapitulation Japans erzwungen werden kann«. Der Vorstoß entlang der Achse Neuguinea – Philippinen erfolgt gleichzeitig mit den Operationen zur Eroberung der Mandatsgebiete (Marianen und Carolinen). Im Januar landen die Alliierten bei Saidor auf Neuguinea und auf Kwajalein, der Hauptbasis der Japaner auf den Marshall-Inseln. Ebenfalls im Januar beginnt eine gemeinsame britische, amerikanische und chinesische Offensive zur Rückeroberung von Burma. Im Februar landen neuseeländische Truppen auf Neuirland (15.2.), zwei US-Marine-Divisionen auf der Insel Eniwetok (17.2.) und weitere alliierte Truppen auf den Admiralitäts- und den Inseln des Bismarck-Archipels (29.2.).

Zu Beginn des Jahres 1944 hält in englischer Kriegsgefangenschaft in Ägypten in einem Camp am Großen Bittersee, südlich von Ismailia, der Österreicher Roman Czjzek die folgenden Überlegungen und Erinnerungen in seinen Aufzeichnungen »an die Gefangenschaft in Ägypten« fest:

Das neue Jahr beginnt mit schaler Freudlosigkeit, mit einem Unbehagen, einem Unmut. Um diesen Zustand zu schildern, möchte man am liebsten das Wörterbuch zur Hand nehmen und alle Ausdrücke notieren, die mit Un- beginnen. Über ein Jahr waren wir schon hier, eine graue Zeltstadt umgab uns, darüber hinaus die graue Wüste, die Leere, das Nichts. Das Auge fasste kaum mehr diese blaue Lücke, den mit Schiffen befahrenen Bittersee, als etwas Helles, als ein Fenster hinaus in die Welt auf. Um dieses tägliche Einerlei zu bewältigen, bedurfte es großer Kräfte. Wer besaß sie noch vor der unabsehbaren Dauer, die uns bevorstand?

Draußen in der Welt ging es blutig, immer noch blutiger zu. Wir erfuhren allmählich von der Schlacht bei Stalingrad, von den für Deutschland so verlustreichen Kämpfen in Russland und Italien ... Mancher von uns bangte um das Leben seiner Brüder, seines Vaters und, wenn es mit den Bombardierungen deutscher Städte seine Richtigkeit hatte, um das Leben der Mütter, der Großeltern, der Frauen, der Kinder. Niemand schien mehr in diesem furchtbaren Geschehen sicher zu sein. Gerne bezweifelte man diese Nachrichten, stufte sie als Gerüchte ein, was sie ja auch in manchen Fällen waren. Als wir fast drei Monate ohne Kantinenwaren blieben, hieß es, Deutschland hätte Schweden besetzt, wodurch unsere Schutzmacht ausgeschaltet war. Lange und nach Widerrufen neu behauptet hielt sich dieses Gerücht, so dass sich erst nach Kriegsschluss, als wir Zeitungen zu lesen bekamen, die wahre Lage allmählich herauszuschälen begann. Die Briefe aber, die uns damals noch unregelmäßig, zeitweise in großen

Abständen, erreichten, berichteten nicht von diesen Dingen. Wenige bezweifelten noch, dass Deutschland diesen Krieg anders als geschlagen beenden werde. Keine Vorstellung reichte aber hin, gegenwärtig zu machen, was eine solche Niederlage für jeden von uns bedeutete. Die Spanne war weit von dem Glauben an eine gerechte Aufteilung dieser Welt bis zur Befürchtung einer vollkommenen Zerschlagung Europas, seiner Kultur, seines Einflusses in der Welt und einer Deportierung der Gefangenen irgendwohin nach Sibirien oder Amerika …

In seiner badischen Heimat schreibt der als Archivar seinen Lebensunterhalt verdienende Gewerkschafter und Sozialdemokrat Erich Nies am 1. Januar 1944 in sein Tagebuch:

… Nach diesem Krieg wird eine andere Welt sein. Wie der Geschlagene sich nur langsam erhebt und nur allmählich wieder zu seinen Kräften kommt, so wird auch die Generation, die diesen Krieg geführt hat, nur ganz allmählich wieder zu Kräften kommen. Die Kriegswunden können nicht auf einmal heilen. Und man soll sich ständig der gewaltigen Zerstörungen dieses Krieges bewusst bleiben, wenn man nach dem Kriege Verhältnisse antrifft, die schwer und hart sein werden. Wir konnten den Geist des Krieges nicht brechen, wir müssen deshalb auch die Schrecken auf uns nehmen, die die letzte Phase des Krieges auslöst, und müssen ertragen, was nach dem Kriege sein wird. Der Krieg schafft nun einmal keinen Wohlstand. Sein Erbe, das er hinterlässt, ist Elend und Not.

Ebenfalls im Januar 1944 beginnt der 17-jährige Flakhelfer Hans-H. Müller, der, wie viele seiner Altersgenossen, von der Schulbank weg zur Flakabwehr gegen die Luftangriffe einberufen wurde, mit folgendem Erlebnis ein Tagebuch zu schreiben:

Mit Beginn des Jahres 1944 wurden wir tags und nachts besucht. Tagsüber kamen die Amerikaner, während der Nacht die Briten. Bei Tageslicht suchten wir mit Feldstechern den Himmel ab und schossen meistens mit offenen Panzerklappen. So auch an diesem Tage. »Motorengeräusch in sechs! Viermotbomber im Rückflug. Angekratzt. Geringe Zielhöhe, etwa 35 Hektometer! « Wir sahen ihn deutlich. Ein Motor schien außer Betrieb zu sein, der Propeller stand, aus der Verkleidung quoll Rauch. »Den holen wir uns. Rum mit dem Geschütz!« Ich hatte ihn genau im Fadenkreuz meiner Visiereinrichtung und stellte sogar fest, dass unsere Lagen genau unter ihm krepierten. Jedes Mal vier zarte Wattebäusche! Die Optik vergrößerte unglaublich. Unter dem Rumpf tat sich etwas. Der Bursche öffnete die Bombenschächte. Er wollte Gewicht verlieren und Flughöhe gewinnen. Wie Eier torkelten die Bomben aus dem Flugzeug, eine nach der anderen. Um es kurz zu machen: Der Sieg war auf Seiten des Piloten!

Er entkam. Ich wagte, mich im Sitz zu erheben und zum Horizont zu blicken. Mein Gesicht muss kreidebleich gewesen sein: Quer durch Wulsdorf zog sich eine schwarze Wand der Detonationen! Ich wohnte in der Lindenallee dort. Und da saß meine Mutter im Keller des Hauses. Kaum nahm ich wahr, dass ich über Kopfhörertelefon angesprochen wurde: »Müller! Nehmen Sie Ihr Fahrrad und fahren Sie sofort nach Hause!« Das war der zweite Batteriechef, von Beruf Pastor! Ich raste los ... Was ich in Gedanken erlebte und was ich mir ausmalte, kann ich kaum wiedergeben. Deichschart, Weserstraße, Jedutenberg, Lindenallee. Um die Ecke! Unser Haus stand! Tränen standen mir in den Augen, meine Knie waren weich wie Butter. Die erste Bombe war in die Mörkenstraße gefallen. Der Reihenwurf setzte sich in Richtung Hermann-Göring-Siedlung fort. Ja, Tote hat es auch gegeben ... Damals fing ich an, Tagebuch zu schreiben. Es trug den Titel: »Jugenderinnerungen eines Siebzehnjährigen ...«

In Celle schreibt der u.k. gestellte Karl Dürkefälden am 11. Januar in sein Tagebuch:

Schwerer Bombenangriff auf Braunschweig (8. US-Luftflotte). Celle hatte von 11.15 bis 13.00 Uhr Fliegeralarm. Wir sahen große Schwärme feindlicher Flugzeuge über Celle und Umgebung in großer Höhe ziehen, für das bloße Auge Spatzengröße. Die Flugzeuge des ersten Schwarms habe ich gezählt. Es waren 16 und dann 20 Flugzeuge. Sie hingen hintereinander. Man sah bei Schwärmen südlich der Stadt (ich stand auf dem Fabrikhof) Luftkämpfe und Flakschüsse; die fremden Vögel ziehen ihren Weg aber unbeirrt weiter. In südöstlicher Richtung sahen wir ein Flugzeug auseinander fallen, der eine Teil brannte. Die Flamme war für das bloße Auge so groß wie eine Streichholzflamme. Vier Flieger hatten sich durch Fallschirm gerettet. Meine Schwester schrieb, dass bei Stederdorf drei Flugzeuge abgeschossen seien, ein deutsches Flugzeug läge unweit ihres Hauses. Bomben fielen hier zum Glück nicht ... Der Wehrmachtsbericht meldete 136 Abschüsse, darunter 124 viermotorige Bomber. Der Feindsender meldete als Verluste: 60 Bomber und 5 Jäger und 152 deutsche Jagdflugzeuge ...

Obergefreiter Dieter Schleberger schreibt am 14. Januar an seinen Bruder über die Lage seiner Einheit im Nordabschnitt im Osten:

Du wirst aus dem Wehrmachtsbericht der letzten Tage entnommen haben, dass wir nun auch in einem Schwerpunkt der Winteroffensive liegen. Es hat nun keinen Zweck, den Kopf in den Sand zu stecken und sich darauf zu verlassen: Es wird schon alles gut gehen. Ich kann es dir am besten sagen, denn du hast genügend Feldzüge mitgemacht, und du weißt selbst, wie schnell und urplötzlich alles zu Ende sein kann. Lieber Horst, sollte ich fallen oder vermisst sein, dann bitte ich dich – und das wäre dann wohl leider meine letzte Bitte –, mit allen Mitteln und Kräften dafür zu sorgen, dass Sylvia mir noch nach meinem Tode angetraut wird und damit in die Nutznießung einer Pension kommt. Ich bin fest überzeugt, du wirst für sie und unser Kind auf das Beste sorgen. Im Vertrauen darauf sehe ich auch dem Kommenden getrost entgegen. Nachbareinheiten, die wenige Kilometer neben uns liegen, sind völlig aufgerieben, andere und wir selbst mit dem Einschluss bedroht …

Der Leser kennt aus dem Tagebuch des Flugzeugtechnikers Bruno Theus die Geschichte, wie dieser im November 1943 mit einer Transportmaschine aus Berlin die Jüdin Sarah Oppenheimer, die von der Frau seines Chefs bis dahin versteckt worden war, nach Königswald in das »Protektorat« geschmuggelt hat. Sarah Oppenheimer heiratete später den Bruder des Bauern, bei dem sie Oberst Birkenfeld, der Chef von Theus, im November 1942 untergebracht hat. Aus Sarah Oppenheimer wurde Sarah Sossinkova, die Frau des tschechischen Widerstandskämpfers Frantisek Sossinka. Über das Schicksal des Flugzeugkonstrukteurs Oberst Birkenfeld und dessen Frau schreibt Bruno Theus am 17. Januar in sein Tagebuch:

An einem der ersten Tage des neuen Jahres zog der Oberst seine Uniform an und flog nach Berlin. Er wollte seine Frau holen. Die Zustände in seinem Haus in Haselhorst waren unhaltbar geworden. Bis in die Abendstunden packten sie alles Notwendige zusammen. Dann gab es Fliegeralarm. Während die anderen Hausbewohner zu einem nahe gelegenen Erdstollen rannten, blieb der Oberst mit seiner Frau im Keller seines Hauses. Ein Volltreffer legte das ganze Gebäude in Schutt und Asche. Merkwürdigerweise fand man die beiden Leichen draußen neben dem Kellereingang. Vielleicht hatten sie in letzter Sekunde noch weglaufen wollen; aber niemand kann fortlaufen vor seinem Schicksal …

Mit der russischen Offensive gegen die Heeresgruppe Nord am 14. Januar wird die endgültige Befreiung Leningrads eingeleitet. Die deutschen Truppen müssen ihre Stellungen bis zum Luga-Abschnitt zurücknehmen. Bei diesem Rückzug ist auch MG-Schütze Gottfried Schmidt dabei, der am 25. Januar in einem Brief nach Hause schreibt:

Am 19. Januar, früh, mussten wir uns zurückziehen! Nichts konnten und durften wir mitnehmen als das, was wir anhatten, und unsere Waffen. Von meinen Privatsachen nur Foto, Uhr, Füllhalter, Bleistift und ein halbes Dutzend Briefpapier gerettet. Alles andere jetzt beim »Iwan«! Wir waren eingekesselt und mussten durchbrechen mit Panzerunterstützung und gegen Panzerangriffe. Es war toll, grauenhaft! Nun, noch etliche Male in den vergangenen Tagen zogen wir uns zurück. Erspart es mir, Näheres zu schildern! Von meiner Einheit bin ich abgesprengt. Alles geht in dieser Hinsicht durcheinander …

Ebenfalls am 30. Januar notiert Karl Dürkefälden in Celle in sein Tagebuch:

Großangriff amerikanischer Flugzeuge auf Braunschweig, Hannover, Magdeburg und Berlin; mittags gegen die drei erstgenannten Städte, abends in Berlin … 26 Abschüsse. Hannover meldete 56 neue Großschäden und etwa 35 Tote …

Elena Skrjabin aus Leningrad, die im Kaukasus von der Straße weg mit ihren Kindern zur Zwangsarbeit ins Reich verpflichtet wurde, lebt in einer Kleinstadt am Rhein in einem Ostarbeiterlager. Sie schreibt am 30. Januar in ihr Tagebuch:

Das russische Sprichwort »Die Welt ist nicht ohne gute Menschen« wird hier oftmals bestätigt. Immer wieder begegnen uns Menschen, die uns helfen und mir durch ihr Verhalten das Leben wieder lebenswert erscheinen lassen. Unser Fabrikkoch, Herr Bruchmann, zum Beispiel, tut uns, wann er nur kann, einen Gefallen. Da ich nicht rauche, habe ich ihm Tabak gegeben, den ich im Lager erhalte; er wiederum versorgt uns so gut mit Lebensmitteln, dass ich den hungrigen Ostarbeitern täglich belegte Brote ins Lager bringen kann. Die Reihenfolge, in der jeder bedacht wird, haben sie selbst aufgestellt und halten sich genau daran. Fliegeralarm wird in der letzten Zeit immer häufiger gegeben, es kommt vor, dass am Tag und in der Nacht mehrmals die Sirenen heulen …

Ein einfacher Bauernsohn aus dem Sudetenland, dessen Name von dem Standortpfarrer, der seinen letzten Brief übermittelt hat, nicht genannt wird, schreibt am 3. Februar, wenige Stunden vor seiner Erschießung, weil er sich nicht in die SS pressen ließ, diesen Brief an seine Eltern:

Liebe Eltern!

Ich muss euch traurige Nachricht mitteilen, dass ich zum Tode verurteilt wurde, ich und Gustav G. Wir haben es nicht unterschrieben zur SS, da haben sie uns zum Tode verurteilt. Ihr habt mir doch geschrieben, ich soll nicht zur SS gehen, mein Kamerad Gustav G. hat es auch nicht unterschrieben. Wir beiden wollen lieber sterben, als unser Gewissen mit so Gräueltaten beflecken. Ich weiß, was die SS ausführen muss. Ach, liebe Eltern, so schwer es für mich und für euch ist, verzeiht mir alles, wenn ich euch beleidigt habe, bitte verzeiht mir und betet für mich. Wenn ich im Kriege fallen würde und hätte ein böses Gewissen, das wäre auch traurig für euch. Es werden noch viele Eltern ihre Kinder verlieren. Es fallen SS-Männer auch viel. Ich danke euch für alles, was ihr mir seit meiner Kindheit Gutes getan habt, verzeiht mir, betet für mich …

Die 9. Luftwaffenfelddivision, in der der MG-Schütze Gottfried Schmidt den deutschen Rückzug im Norden der Ostfront mitmacht, wird zerschlagen. Schmidt hat sich dabei an beiden Füßen Erfrierungen zweiten Grades zugezogen und schreibt am 4. Februar aus dem Lazarett im litauischen Kauna (Kowno) nach Hause:

In der Nacht vom 23. zum 24. Januar brach der Russe ein. Ich wurde mit ein paar Kameraden von der Kompanie abgeschnitten und schlug mich nach Gatschina, das leer war und z. T. brannte, und weiter Richtung Wolosowo, wo die Division liegen sollte, durch. Wir konnten jedoch nicht auf direktem Weg hin, da den der »Iwan« schon hatte. So mussten wir einen Umweg machen. Auf diesem Marsch konnte ich nicht mehr weiter und kam zur Krankensammelstelle nach Sieverskaja. Am nächsten Tag musste dies geräumt werden, und es ging nach Luga ins Feldlazarett. Von dort aus nach 4-tägigem Aufenthalt im behelfsmäßigen Lazarettzug über Pleskau – Dünaburg – Wilna nach hier. Am 2. Februar kamen wir an … Mir reicht dieser Rückzug fürs ganze Leben …

In Italien beginnt nach der Landung der Amerikaner bei Anzio und Nettuno im Rücken der deutschen Front der Kampf um den strategisch wichtigen Monte Cassino, dessen Kloster auf dem Gipfel des Berges im Verlauf der Kampfhandlungen durch Bomben und Artillerie völlig zerstört wird. Ein anonym gebliebener deutscher Soldat, der dort im April gefallen ist, schreibt am 13. Februar:

Ich bin jetzt schon mehrere Tage an der Front. Wir haben neue Stellungen dicht beim Tommy bezogen. Ich glaube, man kann behaupten, dass es auf dem Schlachtfeld an der Somme nicht schlimmer ausgesehen hat. Es ist furchtbar, und wenn man darüber nachdenkt, wann dieses Elend einmal aufhört, überkommt einen das Grauen.

Am selben Tag schreibt Alois Siegl von der Ostfront folgenden Brief nach Hause an die Eltern, nachdem er vom Tod seines zweiten Bruders per Feldpost erfahren hat:

Tief betrübte Eltern!

Heute Sonntag wieder ein Brief gekommen, aber mit schwarzer Umrandung! Mit Bangen öffnete ich das Kuvert, wer wird es sein, und siehe, mein zweiter Bruder Schorsch hat dran glauben müssen. War eben auf der Schreibstube, es ist aber nicht möglich für ein paar Tage Urlaub zu bekommen, da Urlaubssperre ist. Will besonders die Mutter trösten, dass sie sich nicht zu Tode weint. Ich weiß, es ist ein schwerer Schlag. Es geht mir gut und ich bin gesund, was ich auch von euch hoffe. Es grüßt euch aus der Ferne

euer tief betrübter Alois.

Im Süden der Ostfront, südöstlich von Kiew, sind seit Januar zwei deutsche Armeekorps bei Tscherkassy von den Russen eingeschlossen. Mitte Februar gelingt ihnen der Ausbruch und Rückzug nach Westen. Johann Fitschen aus Ostfriesland steckt mit seinen Kameraden in diesem Kessel. Er erinnert sich später in seinen Aufzeichnungen:

Aber ein Kampftag trieb den anderen, wir standen von nun an erst richtig drin in der Scheiße im Raum Tscherkassy. Dazu kam noch das einsetzende Tauwetter, das ein Vorwärtskommen immer schwieriger machte. Der russische Boden klebte so an den Füßen, dass der Stiefel zuletzt die Größe eines Elefantenfußes hatte ... Wir waren also wieder auf dem Marsch immer querfeldein über losen Acker durch Sumpfgelände, es ging an das Äußerste unserer Kräfte. Da machte mein MG-Schütze 2 schlapp, er trug die Lafette und war hingefallen. Danach spielten sich dramatische Minuten ab. Er schimpfte und schrie: »Ich kann nicht mehr, ich hau alles kaputt! Dieser Scheißkrieg ist nur zum Verrecken, ich bleib hier liegen!« Ich bemühte mich, ihn zum Aufstehen zu bewegen, es nützte nichts. Ich rief den Feldwebel. Er spricht ihn an: »Du kannst hier doch nicht liegen bleiben, in zwei Stunden ist der Russe hier.« Er schrie aber wieder: »Mir ist alles egal, schieß mich doch tot, du Scheißkerl, dann bin ich weg!« Er schlug mit Händen und Füßen um sich. Hier musste sogar der Gewehrkolben helfen, um den Kameraden zur Vernunft zu bringen ... Der Iwan wollte uns den Weg abschneiden. Wir gingen sofort im Laufschritt an eine Böschung bei den ersten Häusern in Deckung. In Sekundenschnelle ist unser schweres MG aufgebaut. Wir haben sofort die Talmulde unter Feuer genommen, weil wir dort einige Russen bemerkt hatten ... Der Russe hatte sich verteufelt genau auf uns eingeschossen ... Ich bemühte mich verzweifelt, seine Granatwerferstellung herauszufinden. Schon lagen die Einschläge dicht bei unserem Gewehr. Dauernd mussten wir uns am Boden drücken. Da hatte ich seine Stellung entdeckt. Ich legte mich hinters Gewehr und gab sofort Punktfeuer, stellte das Gewehr fest, presste mich am Boden und schoss nur mit der Hand am Abzug, dann ... Dreck flog auf uns beide, ein Ratschen am Maschinengewehr, der Einschlag saß einen Meter vor unserem Gewehr, das war dann der letzte Schuss von ihm. Wir hatten den Russen zum Schweigen gebracht und wir beide waren noch einmal heil davongekommen. Wir beide guckten uns fragend an: »Lebst Du noch?«. Das Gefecht kostete uns sechs Verwundete und das in knapp zehn Minuten. Unser Häuflein wurde immer kleiner. Wir waren nur noch 16 Mann, der Rest einer Kompanie ...

Petter Moen, Versicherungsmathematiker und Leiter der illegalen Untergrundpresse der norwegischen Widerstandsbewegung gegen die deutsche Besatzung wird am

4. Februar in Oslo verhaftet. Während seiner Haft im Osloer Untersuchungsgefängnis führt er auf hunderten von kleinen Papierrollen in Lochschrift Tagebuch und versteckte die Rollen dann unter dem Fußboden. Nach sieben Monaten Haft, also im September 1944, wird Petter Moen zusammen mit rund 400 Häftlingen nach Deutschland deportiert. Das Schiff läuft im Skagerrak jedoch auf eine Mine und sinkt, auch Petter Moen ertrinkt. Wenige Überlebende wissen von Moens Tagebuch, das dann später entdeckt wird. Am 12. Tag seiner Haft, am 16. Februar, schreibt Moen dort:

Die Zukunft sieht dunkel aus für uns politische Gefangene. Außer dem individuell verhängten Todesurteil oder dem Tod ohne vorheriges Urteil befürchte ich Massenhinrichtungen. Eine höhere Macht mag uns beistehen. Auf den Knien habe ich zu Vaters und Mutters Gott gebetet. Ich betete für mein eigenes und meiner Kameraden Leben. Ich muss viel weinen. Ich bin nicht tapfer. Ich bin kein Held. Ich kann nichts daran ändern. Ich bin nur abgrundtief unglücklich.

Aus Burma, wo alliierte und chinesische Truppen im Januar gemeinsam eine Offensive zur Rückeroberung begonnen haben, schreibt am 19. Februar Alun Lewis aus Großbritannien, der wenige Tage später fällt, an seine Eltern:

Die Welt härtet einen Menschen ab, er wird kleinlicher, argwöhnischer und vorsichtiger, aber der Junge, dem ihr das Leben schenktet, ist tief im Innersten unter der äußeren Schale des Artillerieoffiziers immer noch wie er war: Und was auch diesem Offizier geschehen mag, meine Liebe und mein innerstes Selbst werden nicht geringer werden, denn sie waren von Anfang an rein und echt. Verzeiht mir, wenn ich euch mit diesen Zeilen weh tue. Ich sage es nur, weil es unbedingt einmal gesagt werden muss. Ich sage es eigentlich mehr mir selbst als euch.

März bis Mai

Am 4. März startet die Rote Armee eine große Frühjahrsoffensive gegen die deutsche Heeresgruppe Süd, die schnell große Raumgewinne nach Westen bringt; Cherson fällt am 13. März, Winniza am 20. März und Czernowitz am 30. März in die Hände der Russen. Damit hat die Offensive die Karpaten erreicht. Die neue Frontlinie der deutschen Heeresgruppe Südukraine festigt sich vorläufig entlang den Karpaten-Jassy-Kischinew und der Dnjestr-Mündung. Die Russen stehen aber in Galizien und betreten im April die Bukowina und Bessarabien.

Ab 8. April beginnt die Rote Armee mit dem Angriff auf die seit November 1943 von allen Landverbindungen abgeschnittene Halbinsel Krim: Am 9. April erobern die Russen Odessa, am 11. April ziehen sich die Deutschen von den Krimfronten auf die Festung Sewastopol zurück, am 5. Mai beginnt der russische Großangriff gegen Sewastopol, das drei Tage später erobert ist. Bis Mitte Mai hält die Räumung der Krim von deutschen Truppen über See und auf dem Luftwege an. Von März bis Mai halten im Norden und in der Mitte der Ostfront die Rückzugsgefechte und Abwehrkämpfe an. Hitler versucht ab März mit Gewalt Ungarn und Rumänien bei der »Achse« zu halten. Deutsche Truppen besetzen am 19. März alle strategisch wichtigen Punkte in Ungarn. Rumäniens faschistischer Staatschef Antonescu versichert Hitler bei mehreren Begegnungen seine Treue (bis zum Umsturz im August). Am 5. April beginnen amerikanische Bomberverbände von Italien aus mit der systematischen Bombardierung des rumänischen Erdölgebiets bei Ploesti und der deutschen Hydrierwerke, was den Kraftstoffnachschub für die deutschen Panzer, Maschinen und Flugzeuge entscheidend beeinträchtigt. Am 18. Mai sprechen sich Engländer und Russen über ihre Operationszonen in Südosteuropa ab: Rumänien soll sowjetrussisches, Griechenland britisches Operationsgebiet werden.

In Italien bildet am 13. April Marschall Badoglio eine neue Regierung, an der sich auch der italienische Kommunistenführer Togliatti beteiligt. An der Front in Italien treten die Amerikaner am 12. Mai im Raum Garigliano und Monte Cassino zur Großoffensive an; Monte Cassino geben die Deutschen am 18. Mai auf. Ende Mai sind die bei Anzio und Nettuno gelandeten Amerikaner mit den von Süden kommenden alliierten Truppen vereint, und es beginnt der allgemeine deutsche Rückzug bis auf die Höhe von Rom.

General Eisenhower, seit Februar Oberbefehlshaber der alliierten Streitkräfte, die die Landung in der Normandie durchführen sollen, setzt am 8. Mai als Datum für den Beginn der Operation den 5. Juni fest.

Im Luftkrieg dehnen die Amerikaner ihre Tagesangriffe jetzt auch auf Berlin aus. Vom 30. auf 31. März fliegen die Engländer einen für sie verlustreichen Nachtangriff gegen Nürnberg; von 795 gestarteten britischen Maschinen werden von deutschen Nachtjägern 94 abgeschossen. Weitere Hauptangriffsziele im März sind Stuttgart und Frankfurt am Main. Im Mai beginnen die Alliierten mit systematischen Luftangriffen gegen die Treibstoffindustrie und Erdöl-Hydrierwerke im Reich (zum Teil hundertprozentige Ausfälle).

Im innerdeutschen Widerstand sucht Oberst Graf von Stauffenberg im Mai/Juni 1944 Verhandlungen mit England; Generalfeldmarschall Rommel und General von Stülpnagel, beide Befehlshaber in Frankreich, planen im Mai die Festnahme Hitlers und seine Aburteilung durch ein deutsches Gericht.

Am 14. April geht der erste Transport von Juden aus Athen nach Auschwitz, am 15. Mai beginnt die Deportation von insgesamt 434 000 Juden aus Ungarn nach Auschwitz (bis 8. Juli).

Träger-Flugzeugangriffe bereiten auch im März bis Mai weitere Landungen alliierter Truppen im Südpazifik vor. US-Marine-Einheiten landen im April und Mai auf Aitape und Hollandia auf Neuguinea.

Oberleutnant Hans Herbert Bickmann, im November 1944 in Ungarn gefallen, schreibt am 5. März aus Estland in die Heimat:

Es kam aber eine große Müdigkeit in den kampflosen Stunden, geduckt hinter Schneewehen frierend verbracht oder in armseligen, schnell aufgeworfenen Unterschlupfen, in denen selbst glühende Öfen keine Wärme geben wollten. Es ging zurück. Alles Herz hatte vergeblich geschlagen, alle Angst war vergeblich gelitten. Und es war niemand, dem man zugehörte, der dem Muss Begründung gab, nur der Herzschlag in einem gemahnte ungefragt die Pflicht für die Vielen, für die Kinder, für die Mütter, für das Land mit Wiesen und Höfen und Wäldern und stillen Wegen ... Manchmal, nein oft, gesellte sich der Doktor zum Gespräch über das Menschliche. Und es blieb über die vielen Kilometer erhalten, bis das Klirren der russischen Panzerketten hinter uns die Flucht zum Kampf wandelte ...

Am 6. März notiert Karl Dürkefälden in sein Tagebuch in Celle:

Mittags drei Stunden Fliegeralarm in Celle. An die tausend Flugzeuge flogen innerhalb einer halben Stunde bei schönem Wetter in großer Höhe über die Stadt Celle Richtung Berlin ...

Die »Richtung Berlin« fliegenden Bomber laden auch in der Umgebung von Berlin ab, in Oranienburg. Dort schreibt Margarethe Müller für ihren am 3. April 1943 im Nordabschnitt in Russland gefallenen 19-jährigen Sohn Bernhard Müller ein Tagebuch, das sie bis zum Kriegsende und darüber hinaus führt. Über den Luftangriff am 6. März im Raum Groß-Berlin lesen wir:

Nun sind schon einige Tage seit dem 6. März vergangen, der so viel Grauen und Leid über Oranienburg brachte. Gegen 1 Uhr mittags ertönten plötzlich die Sirenen. Wir schafften, wie immer bei Alarm, alles in den Keller. Bald hörten wir das bekannte Fliegersurren. Die Flak setzte heftiges Abwehrschießen ein. Da fielen die Bomben. Unser kleines Haus erbebte. Renate klammerte sich angstvoll an mich. In unheimlicher Deutlichkeit hörten wir die Detonationen der Bomben. Eng umschlungen standen wir beide ... Ich suchte dein Schwesterchen zu beruhigen. Leise redete ich auf sie ein. Wie habe ich mich geändert! Damals in deinem Urlaub, als wir von unserem Ausflug von Benn zurückkehrten und mich das bange Ahnen deines nahen Todes packte, war ich so vermessen zu glauben, es kann ja nicht sein, dass wir auseinander gerissen werden. Den Gedanken wies ich weit von mir, wenn er mich auch immer wieder bedrücken wollte. Heute habe ich meine innere Ruhe gewonnen und sehe allem gefasst entgegen. Dein Vater war in Berlin im Dienst. Heiße Angst um uns trieb ihn nach Hause. Glücklich umarmte er uns, als er uns gesund wieder fand. Noch war die Entwarnung nicht ertönt, als schon die Menschen aus ihren Häusern kamen und den nahen Bahndamm hinaufeilten, hinter dem über Oranienburg schwarze Rauchwolken gen Himmel stiegen … Bald sah man Rettungsmannschaften arbeiten, die Verschüttete aus den Trümmern holten und die Leichen bargen. Man sah am Leben gebliebene Ausgebombte ihre letzte Habe retten. Über alles schien die so lange ersehnte Märzsonne, die bisher auf sich hat warten lassen …

Im Südabschnitt der Ostfront ziehen sich die deutschen Truppen aus Bessarabien über den Dnjestr nach Nordostrumänien zurück. Aus dem Raum Mogilew notiert bei seiner Geschützkompanie des 63. Regiments Ludwig Thalmaier am 15. März in sein Tagebuch:

Kommen in die Ortschaft Wapmjarki. Die Straße weist viele Schlaglöcher auf. Über Nacht hatte es geschneit. Es ist dreckig und tratschig. Panjefahrzeuge rutschen in den Straßengraben und werden mit viel Geschrei und Geschimpfe herausgezogen. Man hört deutsche, russische (von den Hiwis) und rumänische Flüche und Schimpfwörter. Hila, Heidir, Hüa, so klingt es durcheinander. Wir befinden uns auf der Rollbahn nach Mogilew. Es geht an einem Heeresmunitionslager vorbei, das in einem Wald liegt. Es geht sehr langsam voran. Personenkraftwagen und Fahrzeuge, die andere abschleppen, bleiben immer wieder stecken und halten den ganzen Verkehr auf. Plötzlich heißt es, der Russe sei auf der Rollbahn. Unser Chef, Hauptmann Heilmann, fährt mit dem Panzerspähwagen nach vorn. Es stellt sich heraus, dass ein Panzer (es können auch zwei oder drei sein) ein Stück außerhalb des Waldes steht und jedes Fahrzeug, das hinausfährt, in Brand schießt. Der Chef kommt zurück und befiehlt, die Fahrzeuge stehen zu lassen, »irgendetwas« auszubauen, damit sie nicht mehr fahrbereit sind. Von meinem Lkw schließe ich das Batteriekabel ab. Die Führung ist kopflos. Alles rennt durcheinander. Fahrzeuge werden angezündet, andere sausen kopflos in den Straßengraben. Wir gehen von der Rollbahn weg und auf Feldwegen weiter. Ich nehme nur mein Gewehr, Brotbeutel, Kochgeschirr und Feldflasche mit. Die Wege sind mit tiefem Schlamm bedeckt, nur mühsam kommt man weiter. Ich treffe einige Kameraden, auch Olga ist dabei, eine russische Hilfswillige in feldgrauer Uniform, die schon längere Zeit bei unserer Feldküche arbeitete. Nach einigen Kilometern erreichen wir eine Ortschaft, wir sind müde und kriechen in einem Haus unter. Jetzt erst kann man sich durch den Kopf gehen lassen, was alles verloren ging. Unsere Kompanie verlor sämtliche Fahrzeuge. Hinter uns waren auf der Straße schätzungsweise 2000 Fahrzeuge gewesen. Sie alle gingen mit der Ladung verloren …

Gefreiter Johann Fitschen, der eben erst aus dem Kessel von Tscherkassy entronnen ist, gerät Mitte März an der Grenze zu Nordostrumänien im Bereich der 1. Panzerarmee wieder in die Nähe eines Kessels, diesmal bei Kamenez-Podolskaja am Dnjestr. Er wird verwundet und schlägt sich zu Fuß mit anderen Verwundeten über den Bug nach Westen ins Lazarett durch:

Von jetzt ab wurden bald sämtliche Panzer und schweren Waffen nach Süden gezogen zur Aufsprengung des Kessels, und wir waren noch mehr auf uns allein angewiesen. Dazu machten uns nachts die Partisanen noch zu schaffen. Eines Morgens, es war gut Mitte März, wir waren eben an einem Dorfrand angelangt und die Kompanie wollte eine Rastpause machen, da kam ein Melder angestürmt vom Bataillon: »Der Russe greift an, die 6. Kompanie soll sofort zum Angriff vorgehen!« So eine verdammte Scheiße, man hat doch auch keine Ruhe mehr. Wir also los! Da sah man auch schon, wo er aus dem Wald herauskam. Er wollte eine Anhöhe hinunter und uns umgehen. Es war höchste Zeit. Wir liefen im Laufschritt in die Talsenke vor, dass er sich nicht vor uns da festsetzen konnte, was wir auch schafften. Seine Stärke war wohl gut dreißig Mann und wir annähernd zwanzig Mann. Auf 150 Meter hatten wir uns genähert. Ich war mit am rechten Flügel. Von beiden Seiten wurde das Feuer eröffnet, alles lag erst mal am Boden. Dann sprang unser Kompanieführer auf und rief zum Sturm. Mit lautem Hurra und dauerndem Schießen ließ der »Iwan« sich tatsächlich überrumpeln und ... weiter sah ich nichts mehr. Ich sah erst wieder Tageslicht, als Sanitäter mich verbunden hatten. »Was ist mit mir?«, fragte ich. »Mensch, Hans, du hast aber Glück gehabt. Das ist ein glatter Halsdurchschuss!« Vorn bei der Schlagader rein und hinten an der Halswirbelsäule ist der Ausschuss. Die Sanitäter halfen mir auf und einer kam mit mir zurück. In einem Haus war der Stabsarzt, ich bekam eine Spritze gegen Wundstarrkrampf und musste dann abwarten. Nach mir wurden noch zwei Schwerverletzte reingetragen. Gegen Mittag sagt mir der Stabsarzt, er könne mir nur den Rat geben, wenn meine Schmerzen es zuließen, mich auf den Weg zu machen. Er könne nicht versprechen, ob wir bis heute Abend weggebracht werden können, bis jetzt habe er keinen Wagen zur Verfügung ... Ich biss die Zähne zusammen und machte mich auf den Weg. Bei jedem Schritt schmerzte die Wunde wie mit tausend Nadelstichen. Aber die Angst, verwundet in Gefangenschaft zu kommen, trieb mich vorwärts. Ich dachte an zu Hause, an Vater und Mutter. Ich wollte weinen, aber es ging nicht. Wie unheimlich wurde jetzt auf einmal die russische Landschaft. Ich musste jederzeit damit rechnen, dass Russen auftauchten, denn wir waren ja immer Nachhut am Feind gewesen. Denn eine zusammenhängende Front gab es hier nicht mehr ...

In welchem Chaos sich dieser Rückzug durch die Ukraine nach Rumänien abspielte, geht aus dem Brief des Hauptmanns Stelzer hervor, der am 22. März »auf dem Marsch« an seine Frau Gertrud und seine Kinder schreibt. Stelzer gerät dann Ende August in russische Gefangenschaft und stirbt am 24. Dezember 1944 im Lager Elabuga an der Kama. Ein Mitgefangener bringt der Familie die Todesnachricht aber erst am 5. November 1949. In dem Brief Stelzers vom 22. März 1944 heißt es:

In der Nacht vom 8. zum 9. März überschlugen sich die Einsatzbefehle. Gegebene Befehle werden widerrufen und neue Befehle erteilt ... Der Schlamm verzögert den Abmarsch ... Die Straßen sind verstopft. Jeder will raus aus der Stadt (Kasanka). Jeder will retten, was noch zu retten ist. Um 7 Uhr greifen die ersten feindlichen Panzer die Stadt von Süden an und dringen in die Stadt ein und richten ein großes Durcheinander an. Jetzt wird auch die Stadt mit Granatwerfern beschossen. Jetzt wird das Verpflegungslager vernichtet. Wer vorbei kommt, durfte sich nehmen, was er tragen konnte. Inzwischen versuchen weitere Panzer, die Stadt von Norden her zu umfassen. Im Ganzen sollen es 65 Panzer gewesen sein. Die Lkw der Kf.-Kompanie und die Nachschub-Kompanie, welche mit Betriebsstoff beladen waren, und die meines Stabes, befinden sich bereits auf der Ausfallstraße. Sie mussten, weil die Straße vollkommen verstopft war, gesprengt werden. Alles Gepäck der Angehörigen ging dabei mit verloren. Den Fahrern tat es im Herzen weh, ihre Fahrzeuge zu zerstören. Die Lage erforderte es, den Russen darf nichts in die Hände fallen ... Zu Fuß ging es dann in nordwestlicher Richtung querfeldein. Als Sammelpunkt war Ustinowka bestimmt. Ab und zu begleiteten russische Tiefflieger mit Bordwaffen die zurückflutenden Truppen. In Ustinowka erfuhr ich, dass auch ich meine persönliche Ausrüstung verloren hatte. Ich habe nichts mehr. Hätte ich wenigstens am Abend vorher noch meine Wäsche gewechselt ... Alles nicht so schlimm, denn es ist ja noch einmal gut gegangen. Am nächsten Morgen ging es weiter über den Ingul. Hier wurden Stellungen für die Verteidigung ausgebaut und ein Flugabwurfplatz für Munition und Verpflegung eingerichtet. Immer mehr Versprengte finden wieder zurück zu den Einheiten ... Am 19. März wurde der Bug überschritten. Es ging weiter zurück bei furchtbarem Schneetreiben. 120 Kilometer in zehn Tagen sind bei Schlamm und Schneetreiben mit nur einem schönen Sonnentag eine gewaltige Leistung. Verpflegung war aus dem Land zu entnehmen. Ich sende diesen Bericht aus ganz bestimmten Gründen. Noch nie habe ich einen solchen ausführlichen Brief geschrieben. Lasst es euch gut gehen. Ich grüße euch herzlichst. Auf Wiedersehen, vielleicht in drei Monaten ...

In Italien wird der Monte Cassino zu dieser Zeit immer mehr zum Ort des Entscheidungskampfes. Eine gewaltige Materialschlacht ist hier im Frühjahr 1944 im Gange. Erst nach dem Fall von Monte Cassino im Mai können sich die bei Anzio und Nettuno gelandeten und die im Raum Garigliano und Monte Cassino kämpfenden alliierten Truppen vereinigen, was dann den allgemeinen deutschen Rückzug nach Norden zur Folge hat. Ein anonymer deutscher Soldat, der im April bei Monte Cassino gefallen ist, schildert in seinen Briefen nach Hause sehr knapp und eindrucksvoll die ungewöhnliche Härte der Kämpfe:

15. März: Heute ist die Hölle los in Cassino. Es ist ein paar Kilometer links von uns. Wir können von hier aus alles gut übersehen. Fast tausend Flugzeuge bombardieren unsere Stellungen in Cassino und in den Hügeln. Man sieht nichts, nur Staub und Qualm. Die Jungs, die da oben liegen, müssen wahnsinnig werden. Obendrein schießt die Artillerie den ganzen Tag Trommelfeuer. Die Erde zittert wie bei einem Erdbeben …

17. März: Trotz aller Bomben und Granaten halten wir noch immer Cassino. Heute wurden wir ganz unerwartet abgelöst. Anscheinend hat das nichts Gutes zu bedeuten, denn es kommt zu plötzlich, aber das Wichtigste ist, dass wir aus diesen Bergen herauskommen …

22. März: Wir sind wieder in den Bergen hinter Cassino. Was wir hier durchmachen, ist unbeschreiblich. So was habe ich in Russland nie erlebt, keine Sekunde Ruhe, nur immer das furchtbare Donnern der Geschütze und Granatwerfer und außerdem noch die Flugzeuge. Es ist alles Schicksal, und viele hat es schon erwischt. Unsere Stellung ist mit Steinen eingefasst …

Angesichts dieser »Hölle von Monte Cassino« muten die Probleme eines 13-jährigen Schülers im Reich zur selben Zeit ziemlich nichtig an. Aber was Jürgen Vordemann im Kinderlandverschickungsheim auf der Schaumburg, nachdem seine Familie in Hannover ausgebombt wurde, erlebt und denkt, ist typisch für viele andere Jungen seines Alters, die 1944 in Heimen und Lagern mit vormilitärischer Ausbildung und NS-Durchhalte-Ideologie traktiert werden. Jürgen Vordemann notiert beispielsweise am 24. März:

Vormittags bei Frosch zwei Stunden. Dann drei Stunden bei Pitze, wo wir aus der Zeitung »Die Kriegsmarine« Aufsätze machen müssen!! Am Schluss jaulen wir Lieder. Mittags gibt's Karotten-Kartoffeln-Graupensuppe mit Grießklößchen. Danach müssen wir statt Freizeit arbeiten!!! Potu teilt Ohrfeigen als »Gefängniswärter« aus!! Pitze kommt qualmend angetobt und spannt uns an. Er hat schlechte Laune. In der Arbeitsstunde dasselbe wie vormittags!!! Als ich nach Beendigung der Arbeitszeit raufgehen will, kommt Potu mit Hury, und ich muss wieder runter!!! Dann werde ich abends von Pitze angeschnauzt, weil ich aus unserer Stube gucke!!! Zum

Abendessen gibt's »Bratkartoffeln«. Danach sollen wir Goebbels Rede hören, die gar nicht stattfindet! Pitze sagt, ob ich den Englandsender gehört und dass ich Gerüchte verbreitet hätte!!! …

Nördlich von Winniza in der Ukraine, das am 20. März während der Frühjahrsoffensive der Roten Armee im Süden der Ostfront befreit wird, liegt die Stadt Berditschew, die ebenfalls Ende März von den Russen eingenommen wird. Der 13-jährige Mitja Ostapschuk, der eigentlich Chaim Roitman heißt, geht nach dem Einmarsch der Roten Armee in die Stadt zurück und erzählt wenig später sein Schicksal unter der deutschen Besatzung:

Man nennt mich Mitja Ostapschuk. Aber ich bin Chaim Roitman. Ich komme aus Berditschew. Ich bin jetzt dreizehn Jahre alt. Die Deutschen haben meinen Vater und meine Mutter getötet. Ich hatte noch einen jüngeren Bruder, Broja. Sie erschossen ihn vor meinen Augen.

Ich stand schon am Rande der Grube. Ein Deutscher kam zu mir heran. Ich zeigte auf den Boden: »Schau, eine kleine Uhr!« Dort lag ein blinkendes Stück Glas. Der Deutsche machte einen Schritt und bückte sich, um es aufzuheben, und ich rannte los. Er lief mir nach und schoss. Ich rannte und rannte, bis ich hinfiel. Was dann passiert ist, weiß ich nicht mehr.

Ein alter Mann fand mich, Gerassim Prokofiewitsch Ostapschuk. Er sagte zu mir: »Du bist jetzt mein Sohn und heißt Mitja.« Er hatte schon sieben eigene Kinder, ich wurde das achte.

Einmal kamen betrunkene und lärmende Deutsche. Ihnen fiel auf, dass ich schwarze Haare habe. Da fragten sie Gerassim Prokofiewitsch: »Wem gehört der?« Er antwortete: »Mir.« Sie fluchten und sagten, er lüge. Aber er antwortete ganz ruhig: »Er ist von meiner ersten Frau. Sie war eine Zigeunerin.«

Als Berditschew befreit wurde, ging ich in die Stadt zurück. Dort fand ich meinen großen Bruder Jascha. Jascha ist stark, er ist fast sechzehn und kämpft schon mit. Als die Deutschen abzogen, fand er den Verbrecher, der unsere Mutter tötete. Er hat ihn erschossen.

Leutnant Klaus Löscher schreibt nach der Rückkehr aus dem Urlaub zu seiner Einheit im Raum Witebsk, am Mittelabschnitt der Ostfront, am 28. März in sein Tagebuch:

Am Abend Weiterfahrt von Orscha im Güterwagen in Richtung Witebsk. In tiefer Dunkelheit sitze ich unter den Urlaubern, die aus der Heimat zurückkommen. Viele sind von Fliegerschäden betroffen. Sie reden bitter und aus schwerer Resignation, doch bin ich überzeugt, dass jeder von ihnen an der Front weiter seine Pflicht tun wird. Kurz vor unserem Reiseziel halten wir auf freier Strecke. Die Brücke über die Lutschessa ist von den Russen gesprengt worden. Wir müssen aussteigen und über flüchtige Notstege weg die Brücke überschreiten. Die Nacht ist sternenklar und bitterkalt. In der Tiefe gurgelt leise der Fluss. Ein stärkeres symbolisches Erlebnis ist kaum zu denken. Geisterhaft ist dieser schweigende Soldatenhaufen, der im Mondenschein im Gänsemarsch von einem Ufer zum andern zieht. Unerbittlich trennt der schwarze Fluss unter unseren unsicher schlurfenden Füßen den Glanz und die Glückseligkeit der verlebten Urlaubstage von der Ungewissheit und Gefährdung der Zukunft, die uns empfängt. Wer von uns wird die Brücke in umgekehrter Richtung wieder überschreiten dürfen? Und wie?

Auch Günther Wiegand ist in den ersten Apriltagen nach einem Heimaturlaub wieder unterwegs zu seiner Truppe auf der Krim. Er schreibt am 8. April an seine Familie nach Hause (Ende April wird er bei Sewastopol als vermisst gemeldet):

Gestern, nach neunzehntägiger Reise, bin ich nun endlich wieder bei meiner Truppe gelandet … Nun geht der alte Tanz wieder los, das tägliche Einerlei. Und in einem Jahr darf ich vielleicht einmal wieder nach Hause fahren, wenn nichts dazwischenkommt. Dieses verdammte Russland ist uns allen ja schon so zuwider. In acht Wochen haben wir drei Jahre hier voll. Ich jedenfalls und die meisten anderen haben genug von dem »Paradies«, zumal jetzt, da es das größte Opfer von mir und meinen Eltern gefordert hat. Und was ist mit uns, wenn wir wirklich dieses alles überstehen? Wir sind alte Männer, mit allen möglichen Gebrechen und Krankheiten behaftet. Unsere Jugend haben wir nie genießen können. Und nachholen können wir das nie. Unser jugendlicher Geist und unser unbeschwerter Frohsinn sind reifen und ernsten Ansichten gewichen. Unsere Seele und unser Herz sind hart geworden durch das viele Blut, das wir gesehen haben. Und unsere Hände sind unsauber von dem Blut, das sie vergossen haben. Und wir werden menschenscheu. Wenn wir einmal ein paar Wochen aus dem Dreck des Schützengrabens herausklettern, um zur Zivilisation zurückzukehren – so wie ich es jetzt durfte –, dann fühlt man zuerst eine ängstliche Beklemmung, wenn man ein Haus betritt oder wenn man mit sauberen Menschen spricht. Das Herz zieht sich zusammen. Und im ersten Moment denkt man unwillkürlich: »Mein Gott, wärst du nur erst hier wieder raus. Da, wo es kracht, da, wo die Kameraden sind. Mit diesen Menschen kannst du ja gar nicht sprechen. In diesen Kreisen kannst du dich ja gar nicht bewegen.« Das sind so die ersten Gedanken. Erst langsam gewöhnt man sich an alles. Das sind wir. Und genauso wie euer, so ist es auch unser aller heiligster Wunsch, dass dieses alles bald enden möge …

Am 11. April 1944, dem Geburtstag seiner Mutter, schreibt der Leutnant Klaus Löscher im Frontgebiet um Witebsk nach Hause an seine Mutter. Wenig später dringt ein russischer Stoßtrupp in den Grabenabschnitt bei Leutnant Löscher ein. Im Handgranatenkampf fällt der auf dem Kontrollgang überraschte Klaus Löscher. In seiner Brieftasche finden die Kameraden Manfred Hausmanns Gedicht »Weg in die Dämmerung«. Mit dem Fingernagel hat Klaus Löscher die letzten Zeilen angezeichnet: »Wer des Lichts begehrt, muss ins Dunkel gehen; / Was das Grauen mehrt, lässt das Heil entstehn. / Wo kein Sinn mehr misst, waltet erst der Sinn; / Wo kein Weg mehr ist, ist des Wegs Beginn.« Im Brief an die Mutter lesen wir:

Heute ist zur Feier des Tages wieder Sonnenschein. Die vielen bunten Vögel zwitschern in dem arg gelichteten Wald. Die Sumpffrösche beginnen ihr erstes noch etwas schüchternes Liebesduett. Sogar eine Fliege taumelte heut in trunkenem Fluge durch den Bunker. Bald wird es wieder warm und farbenfroher Frühling sein! Ich sehe schon die hellen weißen, roten, gelben Blumensterne leuchten, die langen, schlanken Gräser auf der Grabenböschung, auf den welligen Hügelbuckeln hinter uns, auf den Gräbern am Wege. Der Wind aus der Steppe spielt mit ihnen und singt sein leises Lied dazu.

Nach der Landung amerikanischer Marine-Einheiten auf Neuguinea und der Eroberung von Hollandia am 27. April 1944 schreibt ein unbekannter japanischer Soldat auf der Flucht in sein Tagebuch:

Todesergeben betrat ich den schmutzigen Dschungel. Feindliche Flugzeuge sind über mir. Ich bin hungrig und beginne mir über die Lage Sorgen zu machen. Ich drängte mich durch den Dschungel, weil ich glaube, dass es gefährlich ist, hier zu bleiben. Die riesige Weite des Dschungels lässt sich mit Worten nicht beschreiben …

Zur selben Zeit schreibt der deutsche Unteroffizier Gottfried Schmidt aus Kaunas (Litauen) an seine Eltern:

Es ist furchtbar, wenn man über alle diese Dinge nachdenkt, die im letzten Jahre geschehen sind! Man darf nicht nachdenken … Immer wieder hält den Soldaten der Kampf in Spannung. Nur so kann man das Furchtbare durchleben! Nachdenken wäre das Ende! …

Die Bombenangriffe der Alliierten auf deutsche Städte verstärken sich noch weiter. Aus Magdeburg, einer der im April 1944 hauptbetroffenen Städte, schreibt der Pfarrer und Religionslehrer Josef Eickhoff an seinen Schüler Wolfgang Gibmeier am 24. April:

Wir haben hier sehr schwere Tage hinter uns. Tag und Nacht Alarm seit Wochen, bis sich am Sonntag und Montag der große Terrorangriff entlud.

Es zitterte in den Grundfesten. Nichts von Menschenhand Geschaffenes hat mehr Bestand. Viel, viel Leid ist geworden. Ich bin noch einmal bewahrt geblieben …

Hannah Sohst arbeitet zu dieser Zeit als »Verfügbare« im Konzentrationslager Ravensbrück, in das sie nach ihrer Verhaftung 1942 in Hirschberg/Schlesien und monatelanger Haft in verschiedenen Gefängnissen in Breslau und Berlin – sie wurde wegen »Judentarnung« und »Rassenschande« verhaftet – eingeliefert wurde. Sie erinnert sich später:

Ich erhielt einen »politischen« roten Winkel, die Nummer 33 373, und wurde einem Block mit Tschechinnen zugeteilt. Ich war zuerst »Verfügbare«. Das bedeutete, dass man jeden Morgen in ein anderes Arbeitskommando gesteckt wurde. Für die Kläranlagen, oder: Ende April habe ich einen Tag lang im kalten See bis zu den Hüften im Wasser gestanden und geschippt, vom Grund des Sees den Matsch irgendwohin geschleudert, man wusste gar nicht, wozu. Ich musste auch Gleise verlegen, auf denen habe ich aber nie eine Lore fahren sehen. Einmal mussten wir in einem Winkel des Lagers Sand schippen, der wurde mit Tragbahren zur anderen Seite des Lagers geschafft, ausgeschüttet, dort schaufelten ihn andere auf und schafften ihn woanders hin … In meinem Block waren schon zwanzig oder dreißig meist ältere Frauen, Tschechinnen, dazu kamen wir Neuen, außer mir alles junge Tschechinnen. Sie waren wirklich politische Häftlinge, größtenteils Komsomolzinnen, auch eine Professorin darunter. Sie sprach Rilke auswendig und schrieb später den ganzen ersten Teil des Faust auf, auf Papier, das ich für sie klaute. Unter uns war auch eine Opernsängerin, sie sang jeden Abend Mozart. Wenn die erste Wache vorbei war, in der Zeit bis zur zweiten Wache, hörte man aus irgendeinem Winkel des Blocks ihren wunderschönen Sopran. Aus dem »Figaro« … Es war wie eine Offenbarung. Oder sie sang … »Schlafe, mein Prinzchen, schlaf ein«, das kam einmal aus der Dunkelheit, glockenhell …

Im Mai geht der Vormarsch der alliierten Landungstruppen auf Neuguinea weiter. Versprengte japanische Soldaten schlagen sich durch den Dschungel. Einer von ihnen erinnert sich später:

An einem kleinen Bach. Dieses Leben nimmt kein Ende. Am dreizehnten Tag irren wir immer noch ziellos umher. Vielleicht ist das ein Teil unseres Geschicks. Wir hofften, dass wir unseren Kommandeur und seinen Stab treffen würden. Wir beginnen alles in dieser Welt zu hassen. Jeden Tag, den wir erleben, leiden wir miteinander. Manchmal sehen wir, wie einer aus unserer Gruppe Tränen vergießt …

In Auschwitz beobachtet Lucie Adelsberger vom Arbeitslager aus ab dem 17. Mai die Ankunft der ungarischen Juden und ihren Weg ins Feuer bis zum 8. Juli, an dem die Transporte abgeschlossen werden:

Am 17. Mai 1944 kamen die ersten ungarischen Juden nach Auschwitz, und von da ab rollten bis Anfang Juli fahrplanmäßig Tag für Tag sechs bis sieben Güterzüge an … Wir konnten alle Einzelheiten beobachten, denn damals war die Endstation der Bahn nicht mehr wie bei unserer Ankunft Auschwitz, sondern Birkenau oder richtiger Endstation »Krematorium«, denn sie war kaum 100 m von den beiden ersten Krematorien entfernt. (Der des Öfteren besprochene Plan, die Bahn bis dicht an die Krematorien heranzuführen und eine Rolltreppe direkt zu den Vergasungsräumen zu bauen, kam nicht mehr zur Ausführung.)

Wir sahen, wie die Menschen mitten auf der Straße durch Birkenau standen, wo die Bahnlinie endete, neben ihrem abgelegten Sack und Pack, vom Regen durchweicht, oder häufiger in der Sonne dörrend, mit ihren Kindern, die ungeduldig hin und her hüpften oder am Rasenabhang hinunterkletterten, mit den Kinderwagen, die wir zählten; ein langer Zug von Menschen aller Altersstufen, in allen Trachten, in ländlich ungelenken Moden oder städtisch zurechtgemacht, Männer und noch mehr Frauen mit Kindern. Und wenn sich dieser Zug nach Stunden des Wartens auf scharfes Kommando der SS in Bewegung setzte, die Menschen in Reihen hintereinander, in gemäßigtem Tempo, die Frauen jetzt ihre Kinder fest an der Hand haltend, so verschwand er für einige Augenblicke hinter den Baumwipfeln, die die Wegbiegung hinter Birkenau umsäumten, und tauchte dann an der Seite wieder auf. Einzelne Trupps bogen ab zu den ersten Krematorien, machten dort halt und standen an wie die Menschen in Hungerländern vor einem Lebensmittelgeschäft oder wie bei einer Theaterpremiere und warteten auf Einlass. Die Übrigen zogen weiter auf der Straße nach Brescinke (die neben dem Zigeunerlager entlangführte), zwischen saftig grünen Wiesen und gelbem Raps, mit den trippelnden Kindern und den Kinderwagen, nur wenig Staub aufwirbelnd im Gegensatz zu den vorbeisausenden Autos der SS, ein endloser Zug von Menschen.

Tag für Tag sahen wir sie. Die Menschen waren andere, das Bild immer das gleiche … Bei dem Wald von Brescinke entglitten sie unseren Blicken und – nach einer knappen Stunde stiegen Flammen empor hinter dem Wald von Brescinke. An zwei Stellen kletterten sie hoch zum Himmel. Und vor den Krematorien, wo die Menschen angestanden, auf Einlass in ihre Totenkammer gewartet hatten, war Leere, und auch dort flammte die Glut, pünktlich eine Stunde nach dem Einlass, durchscheinend durch die seitlichen Fenster, die sonst so harmlos und unverdächtig blinkten, und turmhoch züngelnd durch den Kamin. Fünf Riesenflammen loderten Tag und Nacht, und wenn sie am Verlöschen waren, wanderten neue Menschen, um ihnen frischen Brennstoff zu geben, jenen gelbroten Feuern aus Holz und menschlicher Substanz. Der Himmel war rot von der Glut und die Sterne verblassten dahinter …

Nach jahrelangem Warten hat der Obergefreite Dieter Schleberger an der Ostfront endlich seinen Heiratsurlaub bekommen. Am 20. Mai trifft er wieder bei seiner Einheit in Estland ein und schreibt einen Tag danach in einem Brief an seinen Bruder Horst:

Wir waren fast mit dem Einzug in den neuen Bunker fertig, ich hatte noch als letztes Stück meinen Rucksack vor dem Eingang liegen, als der Russe einige schwere Brocken direkt in unsere Stellung setzte. Wir suchten im Bunker Deckung, und es war gut, denn der letzte vom Kaliber 17,2 schlug direkt vor dem Eingang unseres Bunkers einen Meter neben meinem Rucksack ein. Zwei Kameraden, die an der Tür standen, wurden unerheblich durch Splitter verletzt, ich selbst habe nichts abbekommen. Bei einigen späteren Einschlägen hatten wir noch zwei Verwundete. Der Empfang war für uns Urlauber recht verblüffend, es wurde einem sehr schnell und eindrucksvoll klargemacht, dass man wieder an der Front ist und dass die Sicherheit nun wieder auf Schritt und Tritt gefährdet ist. Mein Rucksack hat auch gelitten und einige der schönen Dinge, die Sylvia mir mitgab, waren von Splittern durchschlagen.

Wir liegen hier bedeutend zu nahe am Zielobjekt der schweren russischen Artillerie, ich glaube, wir werden hier noch öfter behelligt werden.

Ach, lieber Jung, wie herrlich waren die Tage in Marienbad. Und wie fern liegen sie schon wieder … Ja, lieber Horst, was wird die Zukunft nun bringen. Es ist überall so ruhig im Osten. Sicherlich die Stille vor dem Sturm.

Auf Hollandia irren in den letzten Mai-Tagen immer noch die versprengten Japaner durch den Dschungel, ehe sie andere japanische Soldaten mit Lebensmitteln treffen. Der anonyme japanische Soldat schreibt darüber:

24. Mai: … Der Dschungel ist überall, und es gibt nicht die geringste Spur von Wasser in diesem Gebiet. Wir müssen Kotabaru erreichen, oder wir werden alle sterben.

26. Mai: In der Wildnis. Als wir weitergingen, trafen wir auf unsere Verbände. Diese Truppen zogen sich von Aitape zurück. Sie hatten Reis bei sich, den sie aus dem Lebensmittellager von Kotabaru gestohlen hatten. Ich hörte die Nachricht vom kommandierenden Offizier – es war eine schreckliche Nachricht: Auf ihrem Marsch durch den Dschungel war ein Mann nach dem anderen tot umgefallen …

Der 18-jährige deutsche Gebirgsjäger Richard Dorn aus Ittelsburg im Allgäu gehörte zu einer Einheit, die im Mai in den Bergen Savoyens in Südwestfrankreich eingesetzt ist. Er findet am 5. August 1944 bei Briançon den Tod, noch ehe durch die Landung der 7. US-Armee und der 1. französischen Armee an der Riviera-Küste am 15. August sich in Südfrankreich eine weitere Front beim Sturm auf Hitlers »Festung Europa« entwickelt. Richard Dorn, der erst seit dem 27. April Soldat ist, schreibt in seinem letzten Brief vom 26. Mai nach Hause:

Heute will ich meinen Brief fortsetzen. Die letzte Woche war die anstrengendste bis jetzt. Vier Tage mussten wir über eine Reihe von Bergen zwischen 2 000 und 3 000 Meter. Von 15 Mann in unserer Gruppe hielten acht durch. Mein Landsmann Meinrad Lutz ist dabei gestorben. Da wurde es mir schon schwer, wie er in meinen Händen verschied. Die anderen Kameraden musste man immer wieder aufmuntern. Unser Trupp wurde einer anderen Kompanie zugeteilt mit einem strengen Chef. Den größten Teil fuhr er mit dem Auto voraus wie ein Wilder. Sein Ausspruch, dass es ihm gleich sei, wenn ein Mann »verrecke« und nur kein Muli draufgeht, zeigte mir, dass der Mensch hier nicht mehr ist als ein Tier …

Auch in Italien geht der alliierte Vormarsch nach Norden Richtung Rom weiter, nachdem die deutschen Verteidiger von Monte Cassino am 18. Mai aufgegeben haben. Ein amerikanischer Soldat beobachtet bei Santa Maria Infante an der Vormarschstraße diese Szene:

Die Sturmtruppen ruhten in einem Hohlweg am Rande der Stadt aus; sie saßen im Graben und warteten mit Gesichtern, die von der Anstrengung grau und gefurcht waren, auf weitere Befehle. Jerrys Geschütze begannen nach vollzogenem Stellungswechsel wieder zu feuern. Das erste Ziel war ein nahe gelegener Straßenabschnitt. Gerade jenseits der nächsten Kurve ging ein halbes Dutzend Granaten nieder. Ein Junge kam in offenem Hemd um die Straßenbiegung gelaufen; das Blut strömte aus einer Brustwunde, und er schluchzte vor Entsetzen. Ein Granatsplitter hatte ihn getroffen. »Nimm's nicht so tragisch; du tätest besser daran, nicht so zu rennen«, rief ihm einer nach. »Ich kann nicht anders«, keuchte er zurück, »mich hat's erwischt.« Er taumelte weiter und verschwand hinter der nächsten Biegung.

Juni/Juli

Im Osten beginnt der Sturm der Roten Armee jetzt auch im hohen Norden und in der Mitte der Front: Zuerst treten an der Karelischen Landenge die Rotarmisten gegen Marschall Mannerheims finnische Truppen an. Dann, nachdem in der Nacht vom 19. auf 20. Juni Partisanen im Abschnitt der Heeresgruppe Mitte an rund 9 600 Stellen die Schienen-Nachschubwege der deutschen Truppen zerstört haben, beginnt die russische Sommeroffensive am 22./23. Juni (zwei Jahre nach dem deutschen Überfall auf Russland) aus dem Raum zwischen den Pripjet-Sümpfen und der Düna heraus. Die deutschen Stellungen werden an mehreren Stellen durchbrochen; Hitler ist gegen die vom Oberbefehlshaber der Heeresgruppe Mitte, Generalfeldmarschall Busch, verlangte Aufgabe von Bobruisk, Mogilew und Orscha, womit eine Umklammerung abgewendet worden wäre. Hitler beruft am 28. Juni Generalfeldmarschall Model zum neuen Oberbefehlshaber der Heeresgruppe Mitte. Die Russen stoßen am 1. Juli auf die Bahnlinie Baranowicze-Minsk vor und erobern am 3. Juli Minsk zurück. Am 8. Juli kapituliert das eingeschlossene deutsche XII. Armeekorps als letzter Verband der Heeresgruppe Mitte, die damit von den Russen zerschlagen ist. Von den 40 Divisionen der Heeresgruppe sind 28 vernichtet oder gefangen. Am 13. Juli gehen die Russen schließlich auch gegen die Heeresgruppe Nord und im Süden gegen die Heeresgruppe Nordukraine zur Offensive über. Am 18. Juli erobert die Rote Armee Bialystok, am 27. Juli Lemberg, am 28. Juli Brest-Litowsk. Der deutsche Rückzug kommt erst an der Weichsel wieder zum Stehen.

Am 23. Juli gelingt den Russen auch im Südosten der Durchbruch durch die 1. ungarische Armee nördlich der Karpaten.

In Italien müssen nach dem Durchbruch der Alliierten auf Valmontone am 31. Mai die deutschen Truppen am 4. Juni Rom räumen. Vom 17. bis 19. Juni wird die Insel Elba geräumt, der Rückzug zwingt am 18. Juli zur Aufgabe von Ancona, am 19. Juli von Livorno und am 26. Juli von Pisa.

Am Dienstag, den 6. Juni, in der Morgendämmerung, beginnt unter dem Schutz weit überlegener See- und Luftstreitkräfte die lang erwartete alliierte Großlandung in der Normandie (Unternehmen »Overlord«) zwischen Cherbourg und Caen unter dem Oberbefehl General Eisenhowers. Allein der Vergleich der Bomben- und Jagdflugzeuge auf beiden Seiten macht die große Überlegenheit der Alliierten deutlich: gegen 3 467 eingesetzte Bomben- und 5 409 eingesetzte Jagdflugzeuge auf alliierter Seite stehen 198 Bomben- und 125 Jagdflugzeuge auf deutscher Seite. Ein deutscher Panzerangriff gegen die Invasionstruppen am 9. Juni bleibt stecken, das Hauptquartier der Panzertruppe wird einen Tag später durch Luftangriff ausgeschaltet. Am 18. Juni stehen in dem Normandie-Brückenkopf bereits 619 000 gelandete Soldaten, 95 000 Fahrzeuge und 218 000 Tonnen Material bereit. Generalfeldmarschall Rommel legt Hitler nahe, den aussichtslosen Widerstand aufzugeben, nachdem Hitler selbst in den Lagebesprechungen vor der Invasion mehrfach betont hat, dass der Krieg für Deutschland verloren sei, wenn es den Alliierten gelänge, in Frankreich festen Fuß zu fassen. Jetzt aber bleibt Hitler hart. Er sagt, nur mit »eiserner Willensnatur« sei dieser Krieg zu gewinnen; wenn nötig, würde er sich am Rhein schlagen, so lange, bis, »wie Friedrich der Große gesagt hat«, einer unserer »verfluchten Gegner« müde werde, noch weiterzukämpfen.

Am 14. Juni brechen die Amerikaner an der Westküste der Halbinsel Cotentin durch bis Barneville, am 26. Juni fällt die Festung Cherbourg, am 9. Juli nehmen britisch-kanadische Truppen Caen ein, am 20. Juli die Amerikaner St. Lô. Am 25. Juli beginnt der amerikanische Großangriff bei St. Lô zum Ausbruch aus dem Normandie-Brückenkopf. Nach einem verheerenden Bombenteppich von 1 500 schweren Bombern gelingt der Durchbruch der Amerikaner auf Avranches unter dem Panzer-General Patton. Dies bedeutet den Übergang zum Bewegungskrieg. Ende Juli haben die Alliierten 1,5 Millionen Mann in Frankreich gelandet.

Der innerdeutsche militärische Widerstand plant nach mehreren abgebrochenen oder nicht zur Durchführung gekommenen Attentatsversuchen auf Hitler für den 20. Juli ein neues Attentat. Oberst Graf von Stauffenberg zündet an diesem Tag um 12.42 eine Bombe im Führerhauptquartier »Wolfsschanze« in Rastenburg (Ostpreußen). Das Attentat schlägt fehl, Hitler bleibt am Leben. In Berlin und Paris wird er zuerst für tot erklärt, die vorbereiteten Maßnahmen zum Umsturz laufen an. Am späten Abend wird der Fehlschlag bekannt, die Attentäter werden standrechtlich erschossen. Im weiteren Verlauf von Gerichts- und »Sippenhaft«-Verfahren kostet das Attentat bis Kriegsende etwa 5 000 Menschen das Leben.

Hitler lässt am 23. Juli auf Vorschlag Görings den »deutschen Gruß« auch in der Wehrmacht einführen und setzt Goebbels am 25. Juli zum Reichskommissar für den totalen Kriegseinsatz ein.

Trotz Beginn der Invasion gehen die Luftangriffe der Engländer und Amerikaner auf die Städte im Reich weiter. Die deutsche Luftverteidigung ist wesentlich geschwächt, da die deutschen Jäger an der Front in Frankreich eingesetzt werden.

Am 24. Juli befreien russische Truppen das Konzentrationslager Majdanek bei Lublin (Polen), am 25. Juli evakuiert die SS das Getto in Kowno (Kaunas) in Litauen.

Am 10. Juni wird das südfranzösische Dorf Oradour-sur-Glane (Dep. Haute-Vienne) von der Waffen-SS als Repressalie gegen die französische »Résistance« zerstört und die Bevölkerung ermordet.

Im Juni und Juli werden im Zuge weiterer amphibischer Operationen im Südpazifik Saipan (12.–15.6.), Tinian und Guam (21.–24.7.) besetzt. Eine zweite See-Luftschlacht findet vom 18. bis 20. Juni bei den Philippinen statt und endet mit einem Sieg der Amerikaner. Den Japanern gelingt zwar die Rettung der meisten Schiffe, aber ihre Bombergeschwader (von den Flugzeugträgern) werden in dem berühmten »Truthahnschießen« bei den Marianen fast gänzlich vernichtet. In Burma wird die Offensive im Juni gegen die Japaner ebenfalls neu aufgenommen.

Vierzehn Tage vor der Sommeroffensive der Russen ab 22. Juni im Mittelabschnitt der Ostfront gerät Emil Präg mit mehreren Kameraden von der 20. Panzerdivision, die im Raum Bobruisk steht, in russische Gefangenschaft. Nach zweijähriger

Gefangenschaft schreibt er nach der Heimkehr in seinen Erinnerungen über seine Gefangennahme am 3. Juni 1944:

Von nun an konnten wir nur noch nachts marschieren und über Tag schlafen. Entsagungsvolle Tage vergingen, und die Nahrung bestand nur noch aus Hasenklee, Waldbeeren und Sumpfwasser. Nochmalige Angriffe von deutscher Seite wurden von der Übermacht der Russen zerschlagen …

Der 11. Tag der Einschließung brach an. Die Sonne glänzte im Osten und ich legte mich mit zwei unbekannten Soldaten in einem Birkenwald nieder. Kaum eingeschlafen, ertönte ein lauter Schrei: »Dawai, dawai!« Vor mir stand ein russischer Soldat, ein Mongole. Sein Gewehrlauf war auf meinen Kopf gerichtet. Ich stand auf und ergab mich, denn ringsumher hörte ich hunderte russischer Stimmen. Eine mongolische Flammenwerferkompanie hatte das umliegende Gelände besetzt. Ich wurde abgeführt und bekam viele Schläge, musste mich dann ausziehen, und man übergab mir nur noch mein Hemd und eine leichte Sommerhose. Zuletzt warf man mir mein Soldbuch vor die Füße. Ein Verhör löste das andere ab … Ein Politkommissar kam auf mich zu und gab mir ein Handzeichen. Nach rund zwanzig Metern musste ich vor ihm gehen. Der Weg führte durch ein Getreidefeld und nach links ging ein kleiner Flusspfad ab. Als ich einmal nach hinten schaute, stellte ich mit Entsetzen fest, dass mein Begleiter seine Pistole aus der Tasche zog. Da war mein einziger Gedanke:

»Genickschuss.« Wir kamen an einen MG-Stand. Das Erdloch war frisch ausgegraben. Er forderte mich auf, an diesem Erdhügel Platz zu nehmen. Mit meinem Leben hatte ich abgeschlossen – es fiel mir nicht mehr schwer. Hinter mir lag so viel Trübsal, Härte und Entbehrungen. Doch zunächst begann ein größeres Verhör über den Einsatz der 20. Panzerdivision im Osten. »Lügen Sie mich nicht an. Ich weiß über Ihre Division haargenau Bescheid.« Dennoch habe ich keine Geheimnisse verraten. Plötzlich drohte er ganz energisch mit dem Erschießen. Meine letzte Stunde war sowieso angebrochen, und ich musste mich in die Macht des Feindes fügen … Er fragte mich dann nach meinem Soldbuch, und ich zeigte ihm die zweite Seite. Darin befand sich mein Neutralitätsausweis vom Internationalen Roten Kreuz. Für einen Augenblick überlegte er und sagte dann: »Das ist Ihr Glück, hier wäre Ihr Grab gewesen!« … Eine Russin in Armeeuniform trat hinzu und flüsterte mit dem Kommissar. Er sagte: »Gehen Sie zurück zu Ihren Kameraden.« Danach mussten wir ein Waldstück in Begleitung eines Wachpostens absuchen, um eventuell deutsche Offiziere zur Kapitulation aufzufordern. Nach diesem erfolglosen Auftrag erhielten wir vom Kompaniechef der russischen Einheit einen Laib Brot, fünf Zigaretten und eine Schachtel Streichhölzer. Die innere

Freude darüber war größer als ein Weihnachtsgeschenk in Kindertagen. Dieser Russe hatte Mitgefühl und ahnte wahrscheinlich, was uns noch bevorstand, als er meinte: »Euer Weg wird hart und dornenvoll sein.« … Ein russischer Posten führte uns ab zur Ortskommandantur nach Ossipowitschi, einer kleinen Stadt, die an der Bahnlinie Bobruisk–Minsk liegt …

Einen Tag vor der Invasion der Alliierten in Nordfrankreich wird in Deutschland der 40-jährige Bauer Josef Hufnagel, der am 18. April abgeurteilt wurde, weil er ausländische Radiosendungen hörte und darüber mit Freunden diskutierte, hingerichtet. Er schreibt diesen letzten Brief am 5. Juni an seine Familie:

Meine Lieben! Mein letzter Brief, den ich euch schreibe. Das Gnadengesuch ist abgelehnt worden. Ich werde um 15 Uhr hingerichtet. Also lebt wohl, und in der Ewigkeit sehen wir uns wieder. Haltet den Kopf hoch. Mein Leben ist nun zu Ende. Es sind heute wieder viele, die sterben müssen. Die schwarzen Wagen kommen, die holen uns als Leichen ab. Wir werden verbrannt hier. In einer Stunde bin ich tot. Trauert nicht zu viel um mich …

Auf einem der vielen Schiffe, die durch den Kanal zur französischen Küste fahren, ist der Amerikaner Ernie Pyle, der ein Jahr später, am 18. April 1945, auf der japanischen Insel Le gefallen ist. Pyle schreibt in sein Tagebuch über den Beginn der Invasion am 6. Juni:

Vor uns lagen gewiss mehr Schiffe, als je ein menschliches Auge auf einmal überblickt hat. Riesige Konvois fuhren nordwärts, zum Teil aus schnellen Passagierdampfern bestehend, die nach England zurückeilten, um mehr Truppen und Material zu holen. Bis zum Horizont war das Meer mit Schiffen wie übersät. Jede Art von seetüchtigem Fahrzeug aus der ganzen Welt muss hier versammelt gewesen sein. Einmal glaubte ich sogar in der Ferne einen Raddampfer zu erkennen – aber das war wohl eine Sinnestäuschung …

Hier saßen wir nun in der vordersten Reihe eines großen militärischen Epos. Die Granaten der Schlachtschiffe heulten über unsere Köpfe hinweg, und manchmal schwamm ein Toter, Gesicht nach unten, vorbei. Hunderte und Aberhunderte von Schiffen, mit tödlicher Fracht beladen, drängten und drehten sich um uns. Von der Reling aus konnten wir die Einschläge unserer und deutscher Granaten am Strand erkennen, kämpfende Männer sprangen an Land und zerrten mit verzweifelter Anstrengung Geschütze und Ausrüstung durchs Wasser …

Die deutsche Verteidigung auf der Gegenseite glaubt in den ersten Stunden der Invasion noch nicht an ein großes Landeunternehmen. Offiziere und Stäbe können sich kein genaues Bild der Lage machen, weil sie praktisch ohne Nachrichtenverbindung sind, da Kabel und Leitungen von der französischen Widerstandsbewegung, von den in der Nacht zuvor abgesprungenen alliierten Fallschirmjägern oder durch Schiffsartillerie oder Bombenabwürfe zerstört sind. Cornelius Ryan beschreibt in seinem 1959 erschienenen Buch »Der längste Tag«, das später verfilmt wurde, eine Szene auf Seiten der deutschen Verteidiger, die auf Erinnerungen eines Augenzeugen beruht:

Knapp einen Kilometer hinter »Sword« (Landeabschnitt vor Caen, an dem englische Truppen landeten) fingerte Gefreiter Josef Häger zitternd und benommen nach dem Abzug seines Maschinengewehrs und feuerte von neuem los. Überall um ihn herum schien die Erde zu explodieren ... Er und noch neunzehn Leute – alles, was von der Kompanie übrig war – lagen in einem Graben vor einem kleinen Bunker ... Sie waren eingeschlossen. Entweder sie ergaben sich, oder sie mussten sterben. Alle wussten das, jeder Einzelne – außer dem Hauptmann, der hinter ihnen in dem Bunker an einem Maschinengewehr saß. Er ließ sie einfach nicht in den Bunker hinein ... Die Panzer waren es wohl, die den Hauptmann schließlich umstimmten. Alle hörten das Brummen und Klirren. Zwei Panzer näherten sich. Einer blieb schließlich stehen. Der andere rollte langsam vor, bahnte sich krachend seinen Weg durch eine Hecke, rasselte an drei Kühen vorbei, die sich auf der Wiese nebenan beim Fressen nicht stören ließen. Dann sahen die Männer in dem Graben, wie sich das Geschützrohr des Panzers langsam senkte und genau auf sie richtete. In diesem Augenblick flog der Panzer plötzlich und völlig überraschend in die Luft. Einer der Panzerjäger in dem Graben hatte mit seiner allerletzten Panzerfaust einen Volltreffer erzielt. Häger und sein Freund Ferdi begriffen nur halb, was geschehen war. Mit offenem Mund sahen sie zu, wie sich die Luke des lichterloh brennenden Panzers öffnete und ein Mann versuchte, durch die schwarzen Qualmwolken nach draußen zu klettern. Schreiend, mit brennender Uniform, zwängte er sich zur Hälfte aus der Öffnung heraus. Dann brach er zusammen; sein Oberkörper hing zur Seite des Panzers herunter. Häger sagte zu Ferdi: »Hoffentlich lässt uns der Herrgott schöner sterben.« ...

Nach Cornelius Ryan betragen die geschätzten Gesamtverluste der Alliierten am ersten Tag der Landung etwa zehntausend Mann. Auf deutscher Seite werden zwischen 4 000 und 9 000 Mann geschätzt. Der Amerikaner Pyle landet mit seinen Kameraden erst einen Tag später an der Küste. Er beschreibt seine Eindrücke so:

Halb versunkene Panzer, gekenterte Boote, verbrannte Lastwagen, zerfetzte Jeeps und die rührenden kleinen Reste persönlicher Habseligkeiten waren weithin über den bitter errungenen Sand verstreut. Dazu die Körper der

Gefallenen, die in Reihen dalagen, verhüllt unter Decken, die Schuhspitzen in einer Linie ausgerichtet wie beim Antreten. Andere, noch nicht zusammengetragene Körper lagen zu grotesken Figuren ausgereckt im Sand oder, halb verborgen, im hohen Gras jenseits des Sandstrandes … Nachdem alles vorbei war, erschien es wie ein Wunder, dass der Strand überhaupt genommen wurde. Einigen Einheiten war ihre Aufgabe leicht gefallen, aber in dem Landeabschnitt vor mir stießen unsere Truppen auf so ungünstige Verhältnisse, dass ihr Erfolg nicht wahrscheinlicher war, als wenn ich Joe Louis zu Brei hauen sollte. Die Männer, denen das gelang, waren von der 1. und 29. Division.

An Land lagen uns mehr feindliche Truppen gegenüber als wir in unseren Angriffswellen hatten. Alle Vorteile waren auf ihrer Seite, alle Nachteile auf der unsrigen. Die Deutschen hatten sich in Stellungen verschanzt, die seit Monaten in Vorbereitung, wenn auch noch nicht ganz fertig waren … Für vier Männer des Gegners hatten wir nur drei. Und doch kamen wir vorwärts …

Ohne Kenntnis der wahren Lage an den Landungsabschnitten, über deren entscheidende Bedeutung sich auch die deutschen Generalstabsoffiziere erst nach Tagen endgültig klar sind, wird die Landung auf deutscher Seite zuerst verharmlost. Nur wenige Offiziere, darunter Generalfeldmarschall Rommel, der den richtigen Abschnitt der erwarteten Landung vorausgeahnt hat, schätzen die Lage richtig ein. Im Hinterland von Frankreich reagieren viele deutsche Soldaten wie Willi Tatge, der im Raum Nancy am 6. Juni in sein Tagebuch schreibt:

Invasion beginnt und wir sind noch nicht dabei. Dadurch am nächsten Tag Rückkehr zur Stellung »Nilpferd« (Funkmess), dann Weiterfahrt nach Nancy zu Dr. G. Kompanie. Unterwegs die ersten Verluste durch Terroristen (französische Widerständler), Kamerad Schacht ist tot, zwei andere verwundet.

In deutschen Widerstandskreisen wird die Meldung von der Invasion natürlich begrüßt. Ruth Andreas-Friedrich aus Berlin vermerkt am 7. Juni in ihr Tagebuch:

Die Nazigegner verbergen nur mühsam ihre Freude. Die Leute mit dem Hakenkreuz im Knopfloch blicken beklommen drein trotz ständig wiederholter Jubelpropaganda. Das Maß der neun Stunden ist längst überschritten. Und noch immer gibt es keine Anzeichen dafür, dass der »Erzfeind« im Ärmelkanal ertrinkt, dass die Festung Europa ihm ihre Tore hermetisch verschlossen hat …

Auch die Häftlinge in den Konzentrationslagern – soweit sie die Nachricht erreicht – oder solche Juden, die sich in den von den Deutschen besetzten Ländern unter Lebensgefahr versteckt halten, freuen sich über die Invasion, die ein Ende ihrer Leiden absehen lässt. Paula Littauer, in Brüssel untergetaucht, schreibt am Invasionstag:

Endlich ist es geschehen. Sie sind gelandet. Hurra! Wir sind alle ganz verrückt vor Freude und jubeln, als wäre schon Frieden. Ich hoffe, dass nun die letzte Phase des Krieges begonnen hat. Möge Gott geben, dass es schnell geht und ohne allzu große Verluste für die Alliierten. Wie oft haben wir von diesem Tag gesprochen! Mit welcher Ungeduld haben wir ihn ersehnt! Wir haben auf die Engländer, unsere Retter, gewartet, und nun sind sie endlich gekommen ... Die Jagd auf Juden geht mit zunehmender Heftigkeit weiter ...

Am 10. Juni, dem Tag, an dem ein deutscher Gegenangriff der Panzergruppe West unter General Geyr von Schweppenburg gegen die Invasionstruppen stecken bleibt und alliierte Bombenflugzeuge das Hauptquartier dieser Panzergruppe ausschalten, geschieht in dem südfranzösischen Oradour-sur-Glane eines der abscheulichsten Kriegsverbrechen der deutschen Waffen-SS: Als Repressalie gegen die »Résistance« wird das Dorf zerstört und die Bewohner – in der Kirche zusammengepfercht – durch Brandlegung ermordet. In einem amtlichen Bericht der französischen Regierung heißt es dazu:

Um 17.00 Uhr drangen deutsche Soldaten in die Kirche ein und stellten auf der Kommunionbank ein Erstickungsgerät auf, das aus einer Art Kiste bestand, aus der brennende Zündschnüre hervorragten. Nach kurzer Zeit war die Luft nicht mehr atembar; jemandem gelang es jedoch, die Sakristeitür aufzureißen, wodurch es möglich wurde, die von der Erstickung betroffenen Frauen und Kinder wieder zu beleben. Die deutschen Soldaten begannen dann durch die Kirchenfenster zu schießen, sie drangen hierauf in die Kirche ein, um die letzten Überlebenden durch Maschinenpistolenschüsse zu erledigen, und schütteten einen leicht entzündbaren Stoff auf den Boden. Eine einzige Frau konnte sich retten. Sie war an einem Kirchenfenster emporgeklettert, um zu fliehen, als die Rufe einer Mutter, die dieser Frau ihr Kind anvertrauen wollte, die Aufmerksamkeit eines Postens auf sie lenkte. Er gab Feuer und verletzte sie schwer. Sie konnte ihr Leben nur dadurch retten, dass sie sich tot stellte ...

Ab dem 12./13. Juni fliegen die ersten V-1-Geschosse (V = Vergeltung) auf London, abgeschossen von dem französischen Küstenstreifen im Hinterland zwischen Calais und Dieppe. Aber schon ab August steht die Abwehrkette mit Ballonsperre und neuen Zündern der Flak, mit denen viele V-1-Bomben abgeschossen werden. Ein deutscher Oberfeldwebel kommentiert dazu in einem Brief vom 18. Juni an seine Frau:

Du wirst ja wohl auch schon vernommen haben, dass die Vergeltung begonnen hat. Nun sind wir wieder eine Hoffnung reicher, dass es doch mal ein Kriegsende gibt ... Für das menschliche Hirn ist es kaum fassbar, was da durch die Luft fliegt. Einfach fantastisch. Hoffen wir weiter ...

In Italien marschieren die alliierten Truppen zwei Tage vor der Invasion in Rom ein, die deutschen Truppen werden nach Norden abgedrängt. Im Raum von Grosseto in der Landschaft Maremma an der Küste gegenüber von Elba kämpft vom 11. bis 17. Juni ein deutsches Bataillon gegen weit überlegene englische Truppen und Partisanen in aussichtsloser Situation. Unteroffizier Rödder ist Zugführer in dem Bataillon und fällt am 17. Juni. Sein Kompaniechef hat ein Kurzprotokoll über diese Kämpfe angefertigt, in dem es heißt:

15. Juni: Unteroffizier Rödder wird als dienstältester Uffz. Kompanie-Trupp-Führer; Truppe schlägt sich durch nach Pereta, vollständig erschöpft; 11.00 Uhr Angriff feindlicher Panzerspähwagen und Partisanen; Kompanieführer der 7. Kompanie fällt in die Hände der Partisanen und wird erschlagen; 8. Kompanie sichert den Weitermarsch des Bataillons in Richtung Grosseto ...

16. Juni: Bataillon wird abgelöst und marschiert auf Terme di Roselli; Weitermarsch nach Colombago.

17. Juni: 16.30 Alarm, Befehl zum Einsatz, da vor uns liegende Truppe sehr angeschlagen ist ... Wir geben den Befehl an unsere Männer weiter und schreiben noch ein paar Zeilen nach Hause. Die Briefe sammelt Uffz. Rödder und übergibt sie einem Melder, der zur Feldpost muss. Um 17.30 Uhr treten wir dann an und erreichen die Höhe, die angeblich noch nicht besetzt ist ... Spuren des Kampfes begegnen uns. Immer weiter durch Hecken und Gebüsch. Da ein Gewehr, dort eine Gasmaske, Zeltbahnen, Brotbeutel und Tote ... Wir erreichen ein auf der Höhe stehendes einzelnes Gehöft ... Der Bataillons-Kommandeur geht unmittelbar an dem Gehöft hinter einem kräftigen Baum in Deckung, ich begebe mich auf den rechten Flügel, mein Kompanie-Trupp befindet sich noch am Hinterhang. Ich kratze schnell aus dem steinigen Boden eine Mulde und werfe mich hinein. Eine Granate schlägt etwa zwei Meter neben mir ein, im selben Augenblick höre ich meine Männer nach mir rufen und den Namen »Unteroffizier Rödder«. Sofort eile ich die fünfzig Meter zurück und – ein treuer guter Kamerad ist ausgelöscht. Ein Splitter, etwa 20 Zentimeter lang, hat meinem lieben Uffz. Rödder die Schädeldecke zerschmettert. Tot – tot! ...

18. Juni: Bei Tagesgrauen Absetzen aus der Stellung. Die Höhe wird aufgegeben. Ich suche Teile meiner Kompanie und finde noch drei Tote ...

Am 18. Juni haben die Alliierten im Normandie-Brückenkopf bereits über eine halbe Million Soldaten gelandet, dazu 95 000 Fahrzeuge und 218 000 Tonnen Material. In Baurci im Raum Komrat in Bessarabien schreibt zu dieser Zeit der 18-jährige Grenadier Kurt Maier, aus dem badischen Östringen bei Bruchsal stammend, im besten NS-Propaganda-Stil an seine Mutter:

Die Ausbildung wird nun wohl auch bald zu Ende sein, und eines Tages werden wir Gelegenheit haben, uns vor dem Feind zu bewähren. Jetzt möchte ich in Frankreich sein. Dort ist es bestimmt interessanter als in diesem verlausten Lande …

Wenige Tage später fügt Kurt Maier in einem weiteren Brief hinzu:

England wird nun was erleben, dass ihm Hören und Sehen vergeht. Ich glaube bestimmt, dass uns das Jahr 1944 die Entscheidung bringt. Der Krieg freilich wird noch nicht aus sein. Aber einmal wird auch dieser Tag kommen, wo die Glocken den deutschen Sieg verkünden und wir wieder Frieden haben …

Aber auch erfahrene Frontsoldaten wie der Hauptmann Friedhelm Rohden begrüßen die Meldungen von der Invasion und den ersten V-1-Geschossen als Auftakt zum »Entscheidungskampf«. In Groß-Born in Pommern erhält Rohden eine neue motorisierte Sturmartillerie-Einheit zugeteilt, mit der er bald an der Invasionsfront eingesetzt wird. Er schreibt am 16. Juni an seine Frau Ingeborg:

Gerade heute ist ja ein besonders »denkwürdiger« Tag, denn es hat nicht nur die Vergeltung angefangen, nein, heute steht auch mein neuer Verein zu kommendem Einsatz bereit. Inzwischen hat es noch in mancher Hinsicht eine entscheidende Wendung gegeben. Neuerdings werden wir voll motorisiert … Schade, dass du heute nicht den strahlenden neuen Kommodore dieses Vereins sehen kannst. Teller sagte eben noch, jetzt fehlt nur noch das Ritterkreuz, und der »Panzergeneral« ist fertig. Hoffentlich kennst du mich demnächst in meiner schwarzen Uniform überhaupt noch wieder. Es ist doch der richtige »Gesellschaftsanzug« … Ebenfalls hat sich die Himmelsrichtung bei uns grundlegend geändert. Die Invasionsfront ist dir ja gewiss ein Begriff …

Sehr viel nüchterner treten die Amerikaner von der Normandie aus ihren »Kreuzzug« gegen den deutschen Faschismus an. Der Chef der 1. US-Armee, General Omar N. Bradley, schreibt dazu:

Der Schütze marschiert in die Schlacht im Bewusstsein, dass er sein Überleben gegen die Statistik aufs Spiel setzt. Er kämpft ohne Versprechen auf Belohnung oder Entsatz. Hinter jedem Fluss taucht noch ein Berg auf und hinter dem Berg noch ein Fluss. Nach Wochen oder Monaten an der Front kann ihm nur eine Verwundung den Trost von Sicherheit, Zuflucht und einem Bett bieten. Die, die im Kampf bleiben, kämpfen weiter, weichen dem Tod aus, wissen aber, dass sie mit jedem Tag des Ausweichens eine weitere Chance fürs Überleben haben. Früher oder später muss die Jagd, wenn nicht der Sieg kommt, auf der Tragbahre oder im Grab enden …

Mit der russischen Offensive ab 22. Juni aus dem Raum zwischen den Pripjet-Sümpfen und der Düna heraus, in Richtung Beresina und Minsk, wird die Zerschlagung der deutschen Heeresgruppe Mitte eingeleitet. Im Angriffszentrum, im Raum Rogatschew und Schlobin, erlebt der Sanitätsgefreite Kurt Hilsberg, der einer so genannten vorgeschobenen Operationsgruppe zugeteilt ist, die unter Führung eines Arztes in Frontnähe erste Hilfe leisten muss, den Beginn der russischen Offensive. Er macht wenig später Aufzeichnungen über seine Erlebnisse:

Es fing ganz harmlos an. Die Russen eröffneten nordöstlich von uns bei Rogatschew die Sommeroffensive. Die Gruppe Teckhaus (Stabsarzt Teckhaus) wurde zusammengezogen … Wir waren uns klar, dass uns harte Tage bevorstehen … Jetzt marschieren wir auf der Rollbahn … Die zurückfliegenden Bomber schwärmen aus, gehen tief herunter und beharken mit ihren Bordkanonen und Maschinengewehren die Rollbahn und das Nebengelände … Volle Deckung … Verwundete werden auf Fahrzeuge verladen. Die armen Burschen weinen und jammern, denn trotzdem sie nicht mehr marschieren können, sträuben sie sich dagegen, auf den Fahrzeugen als Zielscheibe zu liegen. Es herrscht ein schreckliches Durcheinander … Eine riesige Staubwolke wälzt sich kilometerweit dahin und erschwert den immer wieder auftauchenden Bombern wenigstens genaues Zielen. Langsam geht die Sonne unter. Die Angriffe nehmen ein Ende … Am nächsten Morgen: In endlosen Kolonnen ziehen wieder die Fahrzeuge, Panzer, Geschütze, Kraftwagen und Truppenteile nach Westen … Wieder erschien ein schweres russisches Schlachtfliegergeschwader. Schon hörte ich die ersten Bomben pfeifen. Schnell in ein tiefes Loch hinein. Die ersten Einschläge krachen. In meinem Loch liegen unzählige Panzergranaten, raus aus dem Loch, Deckung unter einem Krankentransportfahrzeug. Die nächsten Einschläge rings um mich herum. Holz- und Eisenteile wirbeln durch die Luft. Schreie ertönen. Ich muss versuchen, von der Straße wegzukommen. Aber fortwährend fallen die Bomben. Neben mir liegt ein Landser, der sich plötzlich hin und her wirft, um mich dann mit verglasten Augen anzusehen. Ein ungeheures Angstgefühl packt mich … Eine kurze Pause tritt ein; ich kann mich nicht länger beherrschen. In kaum glaublicher Geschwindigkeit habe ich eine mannshohe Schonung in etwa hundert Meter Entfernung erreicht und presse mich zwischen jungen Kiefern in eine kleine Vertiefung, denn schon wieder fallen die

Bomben … Nach dreieinhalb Stunden halten die russischen Schlachtflieger es für genug. Ohne uns weiter umzusehen, welchen Schaden die Bomben angerichtet haben, stolpern wir blass und schweißgebadet weiter … Alles strebt nach links, wo im Walde die Bahnlinie läuft. Es heißt, die Straße nach Bobruisk sei ein paar Kilometer weiter vom Russen eingenommen und es käme niemand mehr durch … In unübersehbaren Mengen ziehen wir auf dem Bahndamm in Richtung einer Brücke. Wenige hundert Meter vor uns ertönen Granateneinschläge. Systematisches, aber spärliches Sperrfeuer. Es heißt also: sich durchwagen oder zurückbleiben und den Russen in die Hände fallen. Nur wenige Meter vom Bahndamm entfernt beginnt tückischer Sumpf. Oft hören wir Hilferufe von in den Sumpf geratenen Leuten, denen keine Hilfe gebracht werden kann … Ich bin froh, unbehelligt die gefährdete Zone passieren zu können … Ein kleiner Bach ist im Wege. Ein gefallener Feldwebel mit EK I wird als Laufplanke benutzt … Wir stehen Mann an Mann kilometerweit vor der Brücke. Von links und rechts hört man russisches MG-Feuer. Von Bobruisk her schießen die Deutschen mit Leuchtspur … Aber es bleibt ruhig. Es ist vollkommen dunkel. Der Marsch über die Brücke nach Bobruisk beginnt. Wir sind aus dem Kessel … Ein Betonklotz in Bobruisk ist neuer Hauptverbandsplatz geworden. Ich kann nicht lange schlafen, der Verwundetenanfall ist stark, ich muss helfen … Es ist kaum möglich, alle Verwundeten schnell zu versorgen. Alle Zimmer sind mit versorgten und unversorgten Verwundeten und Kranken überbelegt … Der Russe beginnt Bobruisk mit Artillerie zu beschießen. Einer der ersten Treffer reißt ein großes Loch in unseren Aufenthaltsort im vierten Stock. Die Verwundeten werden nervös und gereizt … Ich erhalte vom Spieß den Auftrag, dafür zu sorgen, dass die in den oberen Stockwerken arbeitenden Ärzte keine neuen Verwundeten zur Behandlung erhalten, da aus Sicherheitsgründen diese Teile des Hauses geräumt werden sollen. Außerdem erfahre ich, dass wir wieder im Kessel sind. Bobruisk ist völlig eingeschlossen …

Etwa zur gleichen Zeit schreibt Magnus Rindle, auf Genesungsurlaub im bayerischen Allgäu, an die Familie seines gefallenen Kameraden Xaver Stedele nach Markt Rettenbach. Er schildert in dem Brief vom 18. Juni, wie er im Südabschnitt der Ostfront am unteren Dnjestr im Mai den Tod seines Freundes Xaver miterlebt hat:

Wir haben dann abends um 8.00 Uhr einen Gegenstoß gemacht und die Russen wieder aus unserer HKL rausgeworfen. Wie wir zum Gegenstoß angetreten sind, mussten wir im gleichen Graben vor, wo auch Xaver gelegen hat. Wie wir so vor sind, sagte einer zu mir: »Wie geht's?, und das war ein Oberjäger, der mit uns (nach dem letzten Urlaub) rausgefahren ist. Ich schau so sparsam, dann sagt er: »Schau mal hin, da liegt der Stedele.« Im selben Augenblick ist mir das MG aus den Händen gefallen. Ich hab geweint wie ein kleines Kind. Ich hab mich über Xaver hingestürzt und hab ihn gerüttelt, aber mein guter Xaver war schon ganz kalt. Ich hab ihm dann noch die Hand gedrückt mit einem Vaterunser und musste dann wieder weiter. Ein Granatsplitter im Kopf hat dem guten Xaver das Leben gekostet. Das Scheußliche war ja, dass er von unserer eigenen Artillerie den Splitter bekommen hat. Die blöden Hunde haben 150 Meter zu kurz geschossen. Xaver war gleich tot, hat sein Gruppenführer gesagt. Dann hat er wenigstens nicht mehr leiden müssen …

Der Sanitätsgefreite Kurt Hilsberg fährt in seinen Aufzeichnungen über sein Entkommen aus dem Kessel von Bobruisk fort:

Bei Kerzenschein und die zertrümmerten Fensterrahmen mit Decken verhängt, arbeiten noch zwei Ärzte. Bereits operierte Schwerverwundete liegen auf Tragen im Dunkeln in der großen Vorhalle des Gebäudes. Stöhnen und Jammern ertönt aus allen Ecken … Inzwischen Verstorbene machen Platz für weitere Todeskandidaten. Unser kleines Begräbniskommando leistet Übermenschliches. Es ist bald Mitternacht. Die Kompanie soll sich marschfertig machen. Ich soll noch mal im letzten Operationssaal nach dem Rechten sehen. Von außen wird der Raum durch das ringsherum tobende Feuer der brennenden Stadt besser beleuchtet als durch die Kerzen innen. Auf einem Tisch liegt ein Verstorbener mit seltsam nach oben verkrampften Händen. Auch rechts und links neben ihm auf dem Boden liegen Tote. Man hört nur das Prasseln der Flammen. Es herrscht eine ungeheure Hitze und eine Stimmung wie in einem schlechten Gruselfilm … Es wird zum Abmarsch befohlen. In der Frühe ist ein Durchbruch aller Truppen in nördlicher Richtung vorgesehen. Wir marschieren durch fast dunkle Straßen und müssen nahe der Beresina sein. Die russischen Propagandalautsprecher sind Wort für Wort, Ton für Ton zu verstehen. Lieder wie »Am Brunnen vor dem Tore« und »Heimat, deine Sterne« wechseln mit der Aufforderung rüberzukommen, denn auch dort gäbe es schöne Frauen, Pudding und beste Behandlung und sofortige Entlassung bei Kriegsende … In einem nördlichen Außenbezirk in der Nähe einer großen Fabrik erhalten wir den Befehl, uns einzugraben und zu schlafen. Ungeheure Truppenmassen marschieren indessen an uns vorüber. Es ist schon fast Sonnenaufgang, als wir uns anschließen … Hinter der Fabrik inmitten eines großen Platzes, an dessen Rande ringsherum kleine hübsche Häuschen stehen, erhalten wir plötzlich Artilleriefeuer. In einem Deckungsloch schlafe ich ein. Beim

Erwachen stelle ich fest, dass der Russe inzwischen alle Häuser in der Nähe in Brand geschossen hat … Wir marschieren weiter … Vom gegenüberliegenden Ufer wird eine vor uns liegende Mulde durch unsichtbare Schützen mit Erfolg unter Beschuss genommen. Warten können wir nicht, wir müssen durch. Ich rase durch die Mulde, es zwitschert ganz hübsch um mich herum. Ich erreiche außer Atem den schützenden Berg. Ich klettere aus dem Graben und springe nach rechts einige Meter tief, wo ich vom gegenüberliegenden Ufer der Beresina von den Russen nicht gesehen werden kann. Ich liege neben einem toten russischen Offizier. Neben ihm liegt eine funkelnagelneue Tasche aus gelbem Zeltstoff. Ich beginne mit der Untersuchung der Tasche. Eine große Weckeruhr fliegt in großem Bogen laut klappernd den Berg hinunter und trudelt in die Beresina. Ich finde deutsche Wehrmachtsschokolade, Drops, Rasierzeug, Seife, Briefpapier und sonstige Kleinigkeiten … Es wird ganz still. Kein Laut ist ringsum zu hören. Ich nehme die Tasche um, packe Schokolade, Drops, Seife und meine Habseligkeiten aus meiner Feldbluse ein. Alles andere lasse ich liegen. Ich klettere nach oben und sehe, dass alles nach links über das Feld dem Walde zustrebt. Ein paar Sätze, und ich bin von dem Hügel herunten auf dem Feld. Plötzlich stehe ich vor einer dampfenden deutschen Gulaschkanone. Auf dem Bock sitzen zwei tote deutsche Soldaten. Ich entleihe mir von dem einen dieser Soldaten das umgeschnallte Kochgeschirr. Das Essen ist noch nicht ganz gar, weiße Bohnen. Trotz meines riesigen Hungers kann ich nur ein paar Happen runterschlingen. Es kommen noch ein paar Kameraden vorbei, aber jeder isst nur eine Kleinigkeit. Weiter, nur weiter. Auf halbem Feld belegt der Russe uns mit Schrapnellfeuer. Auf, ein paar Sätze, hinwerfen, wieder auf, wieder hinwerfen. Die Sonne brennt so stark, kein Luftzug. Weiter, nur weiter. Wieder auf, wieder hinwerfen. Ich nehme keine Deckung mehr, laufe weiter und erreiche den rettenden Waldrand …

Kurt Hilsberg entkommt mit seinen Kameraden dem Kessel um Bobruisk nach Westen, aber die Vernichtung der deutschen Heeresgruppe Mitte ist Ende Juni/Anfang Juli nicht mehr aufzuhalten. Zu dieser Zeit brechen in Nordfrankreich die alliierten Truppen aus ihrem Brückenkopf auf der Halbinsel Cotentin aus und nehmen am 26. Juni Cherbourg ein. In Cherbourg schreibt vier Tage davor Robert Weigel diesen Brief an seine Frau – den letzten, er fällt einen Tag später:

Meine geliebte Frau!

Auch heute schreibe ich dir, obwohl dieser Brief sicher nicht mehr hier rauskommt. In Form von Tagebuchblättern will ich aufzeichnen die Stunden, die wir hier noch aushalten müssen. Ich glaube nicht an Entsatz. Die Festung ist von der Landseite her vom Feind eingeschlossen, es ist eine

Frage von Tagen, wann er mit seinen bereitgestellten Panzerkräften zum Angriff ansetzt. Gestern waren zwei Panzer in die Stadt eingedrungen, sie wurden von der Flak abgeschossen. Das Artilleriefeuer rückt immer näher, und heute den ganzen Mittag flogen die Amerikaner rollende Einsätze, um die Flakstellungen auszuschalten. Wir haben unsere Funkstelle in einen Felsenstollen verlegt und schlafen auch hier. Ich glaube, es geht wohl allen Kameraden gleich, je größer die Gefahr wird, desto mehr nähert man sich dem Punkt, wo man gleichgültig wird gegen alles, was da kommen mag. Einzig und allein der Gedanke an dich, mein Lieb, und die Kinder, ist in jeder Minute lebendig. Ich habe eben wieder dein Bild betrachtet, und dein liebes Gesicht sieht mich an, als wollte es sagen, verlasse mich nicht. Noch lebe ich und noch habe ich nicht alle Hoffnung aufgegeben, dich, mein Lieb, eines Tages wiederzusehen. Erst dann merkt man ja so richtig, wie lieb man einen Menschen hat, wenn man im Begriffe ist, ihn zu verlieren. Wir haben ja in diesem Krieg gelernt, unser Herz zu zwingen. Und doch standen mir gestern die Tränen in den Augen bei dem Gedanken, meine kleine Hannelore nie mehr wiederzusehen. Die Hoffnung aber wollen wir bis zum letzten Augenblick nicht aufgeben. Wie gerne, mein Lieb, möchte ich dir den großen Schmerz ersparen, aber unser Schicksal ist uns vorausbestimmt. Einzig die Erinnerung an eine glückliche Zeit bleibt und gibt uns die Kraft, auch dir, mein Liebling, ein neues Leben anzufangen, denn die Zukunft gehört den Lebenden. Den Kindern, die nun umso mehr die Mutter brauchen … Das ist mein Gebet, dass dir Gott ein starkes Herz geben möge, dein Schicksal wieder fest in die Hand zu nehmen. Du hast mich glücklich gemacht in der kurzen Zeit unserer jungen Ehe, das ist auch für dich ein schöner Gedanke, für dich, mein Lieb. So grüße und küsse ich auch heute herzlich mein Mausele, Willi und Inge. Dich aber, mein geliebtes Frauchen, umarme ich innig und herzlich in herzlicher Liebe immer und ewig dein Robert.

Erika Weigel in Dresden-Weixdorf schreibt einige Tage später nach dem Erhalt der Todesnachricht an die Mutter des Toten:

Ich bin außer mir und kann es nicht fassen … In seiner Brieftasche waren noch zwei Briefe vom 21. und 22. Juni. Bis zuletzt hat er mir noch geschrieben, er hat es geahnt, dass er sterben muss … Es ist ein Jammer, dass so ein prächtiger Mensch sein Leben lassen musste. Wir zwei haben uns doch so gut verstanden … und mit einem Schlage aus … Nun ist der Krieg für mich beendet, mein Robert kommt nicht mehr …

Im Gefängnis Brandenburg wird am 26. Juni der Tischler Kurt Müller hingerichtet, weil er antifaschistische Flugblätter verteilt und illegal lebende Juden versteckt hat.

Seine Schwester war schon 1942 deshalb hingerichtet worden, und seine Mutter starb im Januar 1944 im Konzentrationslager Ravensbrück. Kurt Müller schreibt am 26. Juni seiner Frau:

Heute, Montag, 15 Uhr, wird meinem Leben ein Ende gesetzt ... Sollten die letzten Zeilen dich noch lebend erreichen, so bitte ich dich, sei nicht traurig, ich habe dann alles überstanden ... Du warst ja immer sehr tapfer und bleibe es weiter und sei fröhlich, solange du lebst ... Jetzt leg ich meinen Hobel hin und sag der Welt ade!

Am 29. Juni schreibt Ingeborg Tafel an ihren Mann in Nantes:

Und wenn es nur ein Gedanke ist, den ich zu Papier bringe, ich kann nicht umhin, dir täglich zu schreiben. Diese Briefe und Gedanken, die ständig zu dir eilen, seien eine Kraft, die dich umhüllen soll wie ein unsichtbarer Mantel, um dich vor allem Unheil zu bewahren. Kaum ein Tag bringt mir Freude – und wenn es nur eine ganz, ganz kleine wäre! Ich bin gespannt, wie lange ich das aushalten werde. Und dazu noch jede Nacht Alarm. Hat es überhaupt noch Zweck, dieses schwere Dasein länger zu ertragen? Wozu, wofür? Ich kapituliere demnächst ...

Die Jüdin Paula Littauer schreibt Anfang Juli in ihrem Versteck in Brüssel in ihr Tagebuch:

Die Zeit vergeht im Fluge. Ich verfolge den Vormarsch der Alliierten mit fieberhaftem Interesse. Sonst sehe ich kaum etwas, außer der Küche meiner heimlichen Gastgeber und am späten Abend meinen Dachboden, der genauso ärmlich ist wie der vorige.

In dem letzten Brief eines unbekannten deutschen Soldaten vom 13. Juli aus dem Gebiet des zusammengebrochenen Mittelabschnitts der Ostfront an seine Eltern lesen wir:

Inzwischen hat der konzentrische Angriff auf Europa, also auf Deutschland, begonnen, und zum ersten Male rücken die Fronten, von der Luftfront abgesehen, denn sie liegt schon seit über einem Jahr mit ihrer verheerenden Wucht über der Heimat, den Grenzen des Reiches näher. Diesmal sind es keine »festungsgebundenen und überraschungsfähigen« Grenzen und Linien, sondern es ist der Angriff von ungeheuren Heeresmassen. Schritt für Schritt gehen sie nur vorwärts, aber auf jeden Fall vorwärts. Geht auch der Krieg nicht in diesem Jahr zu Ende, so fällt in ihm die Entscheidung, oder sie ist schon gefallen ... Jetzt bleibt uns nichts anderes übrig als auszuharren und zu kämpfen, jeder auf seinem Platz. Mögen auch einige Leute Freude und Gloria von der »anderen Zeit« erwarten, ich glaube es kaum. Der Deutsche wäre wahrscheinlich auf dem ganzen Erdball verfemt. Wohl dem, der schon im Polenfeldzug gefallen ist, vielleicht beneiden wir sie einmal …

Am 12. und 13. Juli bombardieren amerikanische Flugzeuge München. Im Konzentrationslager Dachau, nur wenige Kilometer nördlich von München gelegen, notiert der Häftling Edgar Kupfer-Koberwitz in seinen Tagebuch-Blättern:

12. Juli: Eben, um einhalb zwölf Uhr vormittags, war Fliegeralarm … Bis einhalb zwei Uhr war Angriff, eine große Menge von feindlichen Fliegern. Man hörte sehr viele Bombenwürfe …

13. Juli: Heute wieder Fliegerangriff, morgens nach neun Uhr, er dauerte ein und eine halbe Stunde lang … Eben hören wir schlimme Berichte aus München. Eisenbahnschienen verbogen und wie Bindfaden aufgerollt. Angeblich wurden auch riesige Bomben geworfen, die zuerst durch ihr Gewicht ein Loch in das Haus reißen, dann explodieren, wobei ihr Inhalt oben einen Kreis wie eine Fontäne bildet, der auf dreißig Meter Umkreis Phosphor regnet, so dass alles zu brennen beginnt. In einem Hause allein sollen so im Keller dreiundachtzig Menschen verbrannt sein … Welch ein Gräuel ist doch der Krieg …

In München wird bei diesen Angriffen Doris Dantscher mit ihren Familienangehörigen in der Krumbacher Straße in Schwabing (Ecke Zentnerstraße) »ausgebombt«. Sie schreibt am 20. Juli, nachdem sie zu Verwandten nach Münnerstadt in Unterfranken evakuiert wurde, an ihre Kinder:

Seit Donnerstag sind wir nun obdachlos geworden, haben alles verloren und kein Heim mehr. Es ging so schnell, dass nichts mehr zu retten war, nur was noch im Keller war, blieb verschont, da der Keller standhielt … Das Haus ist vollständig ausgebrannt. Vater schaufelte dann rückwärts den Kellereingang frei, dass man hineinkam, von der Straße aus ist es unmöglich, man muss von der Zentnerstraße aus durch die Gärten in den Keller. Wir haben schwere Tage verlebt, untertags brachten wir auf der Straße zu, und nachts konnte ich mit noch einigen Damen von unserem Haus in einem Nachbarkeller beim Hausmeister auf der Ottomane sitzen. Verpflegung erhielten wir auf der Straße, da kein Gasthaus geöffnet war, die meisten waren schon kaputt. In unserer Gegend, ja in ganz Schwabing, stand am Sonntag kein Haus mehr … Johanna brachte mich am Montag aus der Hölle heraus nach Münnerstadt. Vater ist noch in München, ich mache mir große Sorgen, da er sich im Keller aufhält und dort auch schläft … Hoffentlich lebt er noch, da ja vom 18. auf 19. wieder ein schwerer Angriff auf München war … Ich kann es noch nicht fassen, dass wir kein Heim mehr besitzen. Ein Glück im Unglück ist, dass wir Tante Johanna haben, bei der wir ja so gut aufgehoben sind. Wer hätte gedacht, als ihr vom Elternhaus das letzte Mal Abschied nahmt, dass es ein Abschied für immer ist. Auf alles, was uns lieb und teuer war, müssen wir nun verzichten ... Wir kamen fünf Tage nicht aus den Kleidern. Es gab kein Wasser, kein Licht und kein Gas. Wir waren froh, als wir uns in Münnerstadt waschen konnten ...

Nach der Zerschlagung der deutschen Heeresgruppe Mitte (25 deutsche Divisionen wurden vernichtet oder gefangen) feiern die Russen in Moskau mit einem Vorbeimarsch von rund 56 000 deutschen gefangenen Soldaten und Offizieren ihren Triumph. Emil Präg, am 3. Juni in russische Gefangenschaft geraten, ist bei dem denkwürdigen Marsch Mitte Juli dabei. Er erinnert sich später:

Auf einem Lkw wurden Eimer, Kannen, leere Konservenbüchsen und Schöpflöffel gebracht. Es gab pro Mann einen halben Liter Hirsebrei mit Speck, vermutlich aus amerikanischen Beständen, dazu drei Scheiben steinhartes Dauerbrot. Mit großem Heißhunger und in Eile wurde alles regelrecht verschlungen. Die Folge davon waren schwerste Durchfälle. Der Körper vertrug das viele Fett nicht mehr. Laufend wurden die Neuerkrankten auf Lastwagen weggefahren. Später wurden wir aufgejagt, mussten uns aufstellen, und in Richtung Stadt ging der Marsch, zunächst vorbei an Holzhäusern. Dann tauchten monumentale Steingebäude auf, aus deren Fenstern Ofenrohre nach draußen ragten. Viele Glasscheiben waren durch Bretter ersetzt. Die Straßen waren ungewöhnlich breit und sehr schmutzig. Die ganze Stadt machte auf uns einen sehr ungepflegten und kahlen Eindruck. Die Menschen schauten uns mit kalter Miene und sehr misstrauisch an. Es ging dann hinaus zu einem großen Stadion, begleitet von Moskauer Polizei zu Fuß und zu Pferd. In dieser Sportarena großen Ausmaßes verbrachten wir die erste Nacht in Moskau unter freiem Himmel. Ich fror wie ein Hund und zitterte die ganze Nacht. Es war zu kühl, und ich hatte ja nur meine Sommerhose und ein Hemd am Körper. Am nächsten Morgen ging es dann ohne Verpflegung wieder in Richtung Stadtmitte. 56 000 Gefangene standen auf vielen Nebenstraßen bereit. Sie formierten sich zu einem Marschblock. Es begann der größte Propagandamarsch, den diese Stadt je erlebt hatte. Wir kamen durch die Maxim-Gorki-Straße, sie ist fast hundert Meter breit. Vorweg marschierten die Offiziere, ihre Ritterkreuze und sonstigen Auszeichnungen blinkten an ihren Uniformen. Aus den Gesichtern der Zuschauer war teilweise tiefes Mitgefühl, aber auch tiefer Hass und Rachsucht zu erkennen. Vorbei zog der traurige Haufen an der Basilius-Kathedrale (Wasilija Blashennogo). Wir sahen die Türme der Kreml-Mauer mit den Sowjet-Sternen, die einen Durchmesser von jeweils drei Metern haben. Stumm ging es vorbei an der Kreml-Mauer, im Hintergrund die Mariä-Himmelfahrt-Kathedrale

(Uspenski Sobor) … Ohne das energische Einschreiten der Moskauer Polizei hätten wir wahrscheinlich die Stadt nicht mehr lebend verlassen. Ziegelsteine und sonstige Gegenstände flogen in unsere Reihen. Mancher brach tot oder verletzt zusammen. Viele mussten ihre Notdurft auf der Straße verrichten. Ich humpelte wie viele andere am Stock gehend dahin. Infolge der rauen Pflastersteine war die Haut unter meinen Fußsohlen fast ganz weg, und ich ertrug Schmerzen wie ein Stück Vieh. Zähneknirschend, jammernd, schleppten wir uns durch die Stadt, eine geschlagene Armee, verfolgt von Zeitungsreportern der Alliierten, Wochenschau-Kameramännern und Polizei. Ich sah manche russische Mutter, die sich die Tränen aus den Augen wischte. Vielleicht war sie in Gedanken bei ihrem Mann oder Sohn an der Front, von denen sie nichts mehr gehört hatte …

Am 20. Juli scheitert Oberst von Stauffenberg mit seinem Bombenattentat auf Hitler. Während Stauffenberg unter dem Vorwand, telefonieren zu wollen, den Raum der Führerlagebesprechung in der »Wolfsschanze« verlässt, schiebt ein Offizier die in der Nähe Hitlers stehende Aktentasche Stauffenbergs mit der Zeitbombe weiter weg. Die Bombe explodiert mittags 12.42 Uhr, sie tötet drei Offiziere und den Stenografen Hitlers. Hitler selbst wird wie alle im Raum Befindlichen durch die Wand ins Freie geschleudert, erleidet aber nur Prellungen und Brandwunden und eine Verletzung an der rechten Hand. Stauffenberg fährt trotz Alarm zum Flughafen und fliegt zurück nach Berlin, wo in der Bendlerstraße (Befehlshaber des Ersatzheeres) um 15.50 Uhr die vorbereiteten Maßnahmen (Unternehmen »Walküre«) im Falle des Todes von Hitler anlaufen. Erst gegen 18.45 Uhr kommt über den Deutschlandsender die Sondermeldung von dem missglückten Attentat. Um 23.45 erschießt sich Generaloberst Beck, um 0.15 Uhr werden Stauffenberg, General Olbricht (Chef des Allgemeinen Heeresamtes im OKW), Oberleutnant von Haeften (Stauffenbergs Adjutant) und Oberst Merz von Quirnheim (Stabschef von Olbricht) im Hof der Bendlerstraße erschossen. Der darauf folgende blutige Amoklauf Hitlers fordert im Verlauf weiterer Gerichts- und »Sippenhaft«-Verfahren bis Kriegsende rund 5 000 Opfer. Frau Margarethe Müller schreibt in Oranienburg bei Berlin nach dem gescheiterten Attentat in ihr Tagebuch, was Millionen Deutsche zur gleichen Zeit bewegt:

Attentat auf Hitler! Tagelang hört man das Für und Wider. Ein jahrelang gehemmter Hass flammt auf! Eine Welle von Verhaftungen! Der Krieg geht weiter. Wir sitzen bei unseren Freunden Str. vor dem Radio und hören Hitlers Rede. »Siegen oder untergehen«, das sind seine Grundgedanken. Das grausige Morden geht weiter. Das deutsche Volk muss weiter dulden. Uns gegenüber hängt sein Bild an der Wand. Immer wieder muss ich es anschauen. Was geht in der Seele dieses Mannes vor. Wie will er jemals das Leid verantworten, das er seinem Volke, ja der ganzen Welt angetan hat?

»Ein Wahnsinniger«, muss ich unwillkürlich denken. Und im selben Moment, als wäre es Gedankenübertragung, sagt Herr Str.: »Ein Wahnsinniger, wäre doch das Attentat geglückt!« Tage später sehe ich einen Trupp Fünfzehn- bis Siebzehnjähriger, halbe Kinder, bewaffnet, singend durch die Stadt ziehen. Das Herz krampft sich mir zusammen bei diesem Anblick. Warum noch diese Opfer für einen verlorenen Krieg. Greise und Kinder, kaum den Kinderschuhen entwachsen, werden eingezogen. Wer aufbegehrt, verschwindet oder wird erschossen …

Der 14-jährige Schüler Jürgen Vordemann trägt am 20. Juli 1944 lakonisch in sein Tagebuch ein:

Anschlag auf den Führer im Führerhauptquartier. Revolte der Generäle (u. a. von Witzleben, Stauffenberg). Missglückt leider! Sonst nichts los. Kühles Wetter.

Das gescheiterte Attentat bedeutet das offizielle Ende der organisierten Opposition im Reich. Die Widerstandsgruppen und Einzelkämpfer im Untergrund bangen um ihr und ihrer Freunde Leben. Ruth Andreas-Friedrich schreibt am 22. Juli in Berlin:

Der Anschlag ist misslungen! Langsam beginnen sich aus den Gerüchten die Einzelheiten des Geschehens herauszuschälen.

Wenn wir nur erst Nachricht von Hinrichs hätten! Seit Tagen befindet er sich auf einer Dienstreise. Unerreichbar für unsere Angst. Unerreichbar, so Gott will, auch für die Schergen Heinrich Himmlers.

Die nachfolgenden Zeilen eines Obergefreiten sind allerdings ebenfalls typisch für viele Deutsche, die immer noch blindgläubig sind:

Die Vorsehung hat aber unseren Führer vor allem bewahrt. Es ist nun einmal nicht aus der Welt zu schaffen, dass Adolf Hitler der Mann ist, der Europa eine neue Ordnung bringen will und vor allem auch die Freiheit aller Völker …

Aus Hannover berichtet die Mutter von Karl Dürkefälden am 22. Juli ihrem Sohn nach Celle:

Es war das letzte Mal, als der Tommy hier war. Da fielen schon die Bomben, wo viele Leute noch nicht im Bunker waren, so auch am Klagesmarkt-Bunker. Die Bunker werden aber geschlossen, wenn Leuchtschirme am Himmel stehen. So war es auch am Klagesmarkt-Bunker. Es wollten noch so viele hinein und konnten nicht mehr. Die untersten kamen durch das Drängen vor dem Bunker zu Fall und die anderen drängten von oben nach. Einige Männer sind noch von oben draufgesprungen, so dass ein großes ringendes Menschenknäuel war und keiner mehr aus dem Haufen zurück nach oben kam. Es gab 28 Tote und viele Verletzte. Den Toten sind die Sachen vom Leibe gerissen worden. Unter den Toten sind auch sechs Kinder. Meine Fischfrau, Frau Petersen, hat auch dazwischen gelegen, hat aber nur Quetschungen und Prellungen erlitten. Sie hat mir alles erzählt, wie es gewesen war …

Am 25. Juli gelingt den Panzern des US-Generals Patton der Durchbruch auf Avranches und damit der Übergang zum Bewegungskrieg durch Frankreich. Der Hauptmann Friedhelm Rohden, der mit seiner Einheit an den Abwehrkämpfen bei Caen beteiligt war, schreibt am 25. Juli an seine Frau Ingeborg:

In Eile! Vor einigen Tagen englischer Großangriff von mir abgeschlagen unter Abschuss von 40 Panzern. Ausgezeichneter Erfolg! Zum Kommandeur ernannt. Division im Wehrmachtsbericht genannt, ebenfalls meine Abteilung in der Frontberichterstattung. Nahkampfspange erhalten, das andere folgt …

Aus Lettland berichtet der Gefreite Dieter Schleberger am 28. Juli seinem Bruder über den russischen Vormarsch:

Trotz verzweifelter Anstrengungen geht der russische Vormarsch in beängstigender Eile weiter. Auch in unserem Abschnitt sind erbitterte Kämpfe im Gange, eben war der Spieß hier und gab Bericht. Unsere Stellungen vorne – hinter denen sich auch der Gefechtstross befindet – liegen unausgesetzt im Beschuss der russischen Artillerie – Ratschbum, Stalinorgel, 17,2 und 21 cm, dazu wirft die gegnerische Luftwaffe Bombenteppiche und greift selbst einzelne Kradfahrer von uns mit Bordwaffen im Tiefflug an. Auf den Straßen wieder krepierte Pferde, in den Gräben die Leichen unserer Landser. Und hier, etwa 40 km zurück, scheint eine glänzende Sonne über sommerlich reifendes Korn, und nur ein weißer Staubstreifen in der Ferne lässt erkennen, dass dauernd Kolonnen unterwegs nach vorn oder hinten sind. Und ein unausgesetztes Rollen und Beben des Bodens verrät das wuchtige Artilleriefeuer. Ich gebe mir noch zwei Tage Frist, in denen ich die Schönheit der sommerlichen Landschaft, das Blühen und Reifen unbeschwert zu genießen versuche … Es ist durchaus damit zu rechnen, dass nun nach dem Fall Dünaburgs der Ring um die baltischen Staaten bald geschlossen ist … Ihr müsst damit rechnen, dass die Postverbindung bald abreißen wird …

Paula Littauer vermerkt am 30. Juli in Brüssel:

Der sechsundzwanzigste Judentransport verlässt Malines. Es sind ungefähr achthundert Juden. Da die Deutschen keine Güterzüge mehr haben, werden die armen Menschen nachts auf Lastwagen nach Antwerpen gebracht. Von dort aus soll es mit Schiffen weitergehen. Bis zum letzten Augenblick, die Schlinge schon um den Hals, verfolgen uns die Nazis noch mit ihrem Hass. Solange sie hier sind, ist kein Jude auch nur eine Minute seines Lebens sicher …

Im Juli 1944 erlebt Lucie Adelsberger im Konzentrationslager Auschwitz eine Szene im Bad, die sie später so beschreibt:

Nur zehn Minuten, flüchtig und schnell vorüberhuschend in dem langen, nicht endenden Film des Konzentrationslagers mit seinen viel wuchtigeren und grausigeren Eindrücken, und doch haftet der kleine Zwischenfall in der Sauna, im Bade, und macht noch immer ein Würgen in der Kehle. An welchem Tage des Juli 1944 es war, ist mir nicht mehr erinnerlich, nur dass sich Lagerführer und Mitglieder der Lagerleitung ungebührlich lange im Zigeunerlager herumtrieben und dass es nachmittags um ½6 Uhr geschah. Von 5 bis 6 Uhr war »Pflegerinnenbaden« dreimal wöchentlich, mit heißen Duschen, dank eines wohlwollenden Capos, eines politisch verfemten Deutschen … Um 5 Uhr war Auskleiden, und dann öffneten sich die Duschen. Lachend und planschend, von oben und unten triefend, mit dem wohligen Gefühl dessen, der seinen Körper verwöhnen kann, standen unsrer 22 unter den Duschen. So fand uns Herr Schwarzhuber von der Lagerleitung bei der Besichtigung. Und er besichtigte, der SS-Chef, herablassend, kurz angebunden und doch gnädig, als Mann, abschätzend, schmunzelnd und geil. Jede der nackten Frauen kontrollierte er nach Herkunft und Nummer, nach Arbeit im Lager, nach den Linien ihres Wuchses oben und unten, nach ihren Brüsten und Hüften. Und wir hatten dem girrenden Mann in der SS-Uniform Rede und Antwort zu stehen, mit der Rede des Mundes und dem zur Schau gebotenen Körper …

August/September

Am 1. August beginnt in Warschau die Tragödie des national-polnischen Aufstandes gegen die deutsche Besatzung. Er hält bis zum 2. Oktober an, dann müssen die Polen unter General Tadeus Bor-Komorowski kapitulieren. Auf der Ostseite der Weichsel wartet die Rote Armee tatenlos das Ende des Aufstandes ab, denn Stalin weiß, dass die Polen unter General Bor-Komorowski für ein freies und unabhängiges Polen kämpfen. Warschau wird während des Aufstandes fast völlig zerstört.

Finnland löst sich im August von der »Achse« und nimmt Kontakte zur Sowjetunion zwecks Abschluss eines Waffenstillstandes (19.9.) auf. Im Nordabschnitt der Ostfront brechen die Russen bei Narwa am 15. September durch, am

21. September wird Reval erobert. Deutsche Truppen räumen Estland vom 16. bis 23. September.

Im Mittelabschnitt erreichen die russischen Truppen bis Ende September die Linie Narew-Suwalki-Schaulen.

Im Süden der Ostfront startet die Rote Armee am 20. August einen Großangriff gegen die Heeresgruppe Südukraine bei Jassy und Tiraspol. Drei Tage später wird im Raum Kischinew die neu aufgestellte 6. Armee eingeschlossen, 150 000 Mann kommen in russische Gefangenschaft. Die rumänischen Truppen stellen den Kampf ein und lösen sich auf, in Rumänien kommt es am 23. August zum Umsturz, das neue Rumänien unter sowjetrussischer Kontrolle erklärt Deutschland am 25. August den Krieg. Die Rote Armee zieht am 30. August in Bukarest ein. Am 12. September wird ein rumänisch-sowjetrussischer Waffenstillstand unterzeichnet.

Bulgarien erklärt ebenfalls den »Rückzug aus dem Kriege« und die Neutralität des Landes. Sowjetrussische Truppen landen in Konstanza. Die deutschen Truppen räumen Bulgarien, das am 8. September Deutschland den Krieg erklärt.

Aus Griechenland ziehen sich die deutschen Truppen nach dem Räumungsbefehl Hitlers vom 26. August ebenfalls zurück. Ab 2. September werden auch die meisten der Ägäischen Inseln von den deutschen Truppen verlassen.

In Italien räumen am 4. August die deutschen Truppen Florenz, sie ziehen sich auf die »Grüne Linie« La Spezia – Apennin – nördlich Rimini zurück, am 21. September erobern die Alliierten Rimini.

Eine weitere Front kommt ab 15. August in Südfrankreich hinzu: Alliierte Truppen der 7. US-Armee und der 1. französischen Armee landen entlang der Riviera-Küste, nehmen am 29. August Toulon und Marseille ein und stoßen dann entlang der Rhône und über Grenoble nach Norden vor. Etwa auf der Linie der französisch-italienischen Grenze entsteht eine Westalpenfront.

In Nordfrankreich versucht am 6./7. August die deutsche 5. Panzerarmee in einem Gegenangriff bei Mortain nach Avranches durchzukommen, aber der Angriff bleibt stecken. Am 9. August erobern die Amerikaner Le Mans. Die Engländer unter Feldmarschall Montgomery brechen ab 16. August von Caen nach Falaise durch und kesseln dort die Panzerverbände der Heeresgruppe B ein (19.8.). Rund 120 000 deutsche Soldaten kommen in Gefangenschaft. Ab 19. August bricht in Paris ein Aufstand der »Résistance« aus, und am 25. August übergibt der deutsche Stadtkommandant, General von Choltitz, Paris den Alliierten unter Nichtbeachtung des Führerbefehls: »Paris ist in ein Trümmerfeld zu verwandeln.« Am gleichen Tag marschieren der britische Premier Winston S. Churchill und der 1940 nach London geflohene französische General Charles de Gaulle, der in Großbritannien eine neue französische Armee aufgebaut hat, in Paris ein. Paris feiert seine Befreiung.

Im September geht der Vormarsch der Alliierten in Frankreich und Belgien weiter: Am 3. September wird Brüssel, am 4. September Antwerpen, am

6. September Lüttich besetzt. Am 11. September erreichen die Alliierten nördlich von Trier die deutsche Reichsgrenze. Am 15. September fällt Nancy in die Hand der Alliierten. Am 17. September schließlich landen alliierte Verbände bei Arnheim und Njmwegen in Holland. Die bei Arnheim gelandeten englischen Fallschirmjäger kämpfen vierzehn Tage lang gegen ihre Einkesselung. Sie sollten von hier einen Brückenkopf zum Vorstoß nach Norddeutschland bilden. Aber am 25. September müssen die letzten Überlebenden doch kapitulieren. Die Landung bei Njmwegen ist erfolgreicher: Amerikanischen und englischen Fallschirmjägern gelingt die Eroberung der wichtigen Eisenbahnbrücke von Njmwegen, die die Deutschen nicht mehr sprengen konnten und über die nun der Nachschub der Alliierten für den Vormarsch nach Osten rollen kann.

Im strategischen Luftkrieg gegen Deutschland sind Königsberg am 26. August und Stuttgart und Frankfurt am Main am 12. September wieder Ziele alliierter Bombenangriffe.

Am 6. September werden von Norddeutschland aus die ersten V-2-Raketen Richtung London gestartet (bis 27.3.1945); sie haben jedoch keine kriegsentscheidende Bedeutung, und der Kostenaufwand steht in keinem Verhältnis zum »Erfolg«.

Am 6. August werden 27 000 Juden aus den Lagern östlich der Weichsel nach Deutschland deportiert. Während das jüdische Sammellager Drancy bei Paris am 23. August befreit wird, werden aus den holländischen Lagern alle Juden nach Deutschland deportiert, auch aus Frankreich kommen noch Transporte nach Deutschland. Von Theresienstadt werden die Häftlinge nach Auschwitz noch im September »umgesiedelt«. Am 23. September kommt es im Lager Kluga in Estland zu einem Blutbad; neue Deportationen kommen aus der Slowakei.

Hitler verfügt am 1. August über die Einführung einer »Sippenhaftung«: Bei allen Soldaten, die »Verrat« an Deutschland verüben, soll gegen die Familie vorgegangen werden.

In Südostasien greifen amerikanische Trägerflugzeuge vom 31. August bis 14. September in mehreren Wellen die Insel Iwo Jima und die Bonin-Inseln, die Westkarolinen mit Palau, Mindanao und Zentral-Philippinen an. Ende September landen die Amerikaner auf Morotai und den Paulauinseln.

In Warschau kommandiert General Tadeus Bor-Komorowski eine polnische Untergrundstreitmacht von etwa 300 000 Mann, die so genannte polnische Heimatarmee, die sich zum Teil an der Befreiung von Lwow und Wilna gegen die Deutschen bewährt hat und von der polnischen Exilregierung in London angewiesen worden ist, der von Osten vorstoßenden Roten Armee jede mögliche Hilfe zukommen zu lassen. Als die Russen dann den Bug erreichen und fünf Tagesmärsche von Warschau entfernt ist, lädt General Bor-Komorowski die Führer aller politischen Gruppen einschließlich der Kommunisten in sein Hauptquartier und stellt sie vor die Entscheidung, ob sie Warschau selbst befreien oder auf die Rote Armee warten wollen. Die Entscheidung ist einmütig für den Aufstand, er hält bis 2. Oktober an. Zivilisten, die sich vom Aufstand fern halten wollen, können sich aus Warschau entfernen. Die Polen kämpfen gegen einen übermächtigen Gegner, in der Hoffnung, die Rote Armee würde ihnen helfen. Die deutsche Propaganda versucht, die polnischen Hoffnungen auf die Rote Armee als verlogene Versprechungen hinzustellen, um die Polen zur Kapitulation zu veranlassen. Aber – so steht es am 27. August im Tagebuch der deutschen 9. Armee, die in Warschau vom Aufstand betroffen ist:

Bisher allerdings sind – von einer Massenflucht der unbeteiligten Zivilbevölkerung abgesehen – alle Propagandamaßnahmen an dem verzweifelten Fanatismus der Aufständischen gescheitert … Es wird abzuwarten sein, ob im weiteren Verlauf des Kampfes hierin eine Änderung eintritt. Nicht nur, welche Erfolge die eigenen Truppen in der Stadt erzielen, sondern auch die Entwicklung der Frontlage dürfte dabei ein gewichtiges Wort mitsprechen …

In den ersten Augusttagen gelingt es Ludwig Thalmaier mit den Kameraden seines Geschützes, mit Selbstfahrlafetten vom 63. Panzer-Grenadier-Regiment im Raum östlich von Tarnow (östlich von Krakau) aus russischer Umklammerung zu entkommen. Er erzählt in seinem Tagebuch:

Kurz vor uns ist die Kreuzung an der Hauptrollbahn. An der Kreuzung erkenne ich plötzlich vier russische Soldaten mit Stahlhelmen auf und mit braunen Mänteln. Sie schauen zu uns her. Ich rufe den anderen zu: Russen! Wir biegen nach rechts in die Hauptrollbahn ein. Ein russischer Verkehrsschutzmann, der uns zunächst nicht als Deutsche erkannt hat, wies uns mit einer Winkertafel ein. Was sich jetzt abspielte, daran kann ich mich nur noch szenenartig und in einzelnen Bildern erinnern. Auf der Hauptstraße, an deren beiden Seiten Häuserreihen sind, steht eine unübersehbare russische Kolonne. Zweirädrige Karren mit vorgespannten Pferden, daneben die braunen Gestalten der Russen. Ich ducke mich hinunter und brülle dem Fahrer zu: »Fahr, fahr durch!« Ich schiele über die rechte Seite unseres Geschützes herab, wir hoffen, unerkannt durch die Kolonnen fahren zu können. Da, auf einmal sehe ich vier Gestalten, die neben unserer Lafette herspringen. Sie schreien »Nemezki« (Deutsche), und plötzlich kracht es. Ein wahnsinniges Feuer von allen Seiten. Ein ständiges Aufblitzen und Krachen. Ich gucke durch den Schlitz zwischen Rohr und Panzerung und sehe nur noch Feuer fliegen. Alle legen wir uns auf den Boden der Lafette. Die Lafette schwankt nach links und rechts, man merkt deutlich, dass sie über Gegenstände hinwegfährt. Nach einiger Zeit hört das Schießen auf, ich schaue vorn über die Panzerung hinaus und – das Herz will mir stillstehen – vor mir ein Abgrund, unten ein kleiner Fluss. Ich brülle »Halt!« Zu spät. Schon fliegen wir in die Luft hinaus, die Lafette senkt sich dann nach vorn, mich durchzuckt noch der Gedanke: Jetzt ist es aus! Vor mir ein Gewirr von Balken und Brettern. Dann ein Stoß. Einen Moment Stille. Ich greife nach dem Karabiner, den ich in der Rohrwiege liegen hatte, er hatte sich verklemmt, ich kann ihn nicht herausreißen, ich springe vorn über die Panzerung, krieche über Balken und Bretter, sause auf der anderen Seite die Böschung hinauf. Schüsse peitschen, links neben mir staubt es auf, einige Sekunden bleibe ich liegen, stelle mich tot, dann springe ich auf und renne auf der Straße weiter. Von rechts laufen Gestalten auf mich zu. Blitzschnell kommt mir der Gedanke: Sie schneiden dir den Weg ab. Zum Glück kommt links eine kleine Querstraße, ich laufe in sie hinein. Ein Russe brüllt mir nach »Iti suda!« (Komm her!). Werfe den Mantel ab, da er mich am schnellen Laufen hindert. Schüsse werden mir nachgejagt. Als ich niemand mehr sehe, verschnaufe ich mich. Andere Kameraden kommen nach, am letzten Haus der Querstraße versammeln wir uns. Dann springen und klettern wir über einen Zaun und laufen in westlicher Richtung über taunasse Wiesen und Felder. Von rechts pfeifen MG-Schüsse. Immer weiter laufen wir, kommen an ein Wäldchen, überqueren eine Straße. Horchen. Hören Artillerieabschüsse. Die Einschläge liegen hinter uns, es muss also deutsche Artillerie sein. Plötzlich hören wir ein Stück halb rechts Laute. Halten still. »Lkw marsch!«, ruft eine Stimme. Wir jubeln auf. Noch nie sind uns deutsche Laute so willkommen gewesen …

Der Vormarsch der amerikanischen, britischen und französischen Truppen in Nordfrankreich geht in der ersten Augusthälfte zügig voran, nachdem die Amerikaner am 9. August Le Mans erobern und die Engländer von Caen nach Falaise durchbrechen und dort die Panzerverbände der deutschen Heeresgruppe B einkesseln. Rund 120 000 deutsche Soldaten geraten dabei in Gefangenschaft. In Paris, wo ab 19. August die Résistance gegen die Deutschen losschlägt, beginnt auch der Abzug der Deutschen. Die junge Nachrichtenhelferin Hanna Rösch, die beim Generalkommando Oberbefehlshaber West in Paris, zuletzt im Hotel George V., Dienst tat, erinnert sich später:

Im nächtlichen Konvoi setzten wir uns aus der französischen Hauptstadt Richtung Norden nach Waterloo ab, tagsüber den Tieffliegerangriffen auf der Landstraße ausgesetzt und nachts den Partisanen. Es war eine Riesenschlange von Fahrzeugen, die sich da dahinwälzte. Bei Tieffliegerangriffen verließen wir fluchtartig die Fahrzeuge und warfen uns in die angrenzenden Felder. Sehr zahlreich explodierten hier und da in der Schlange die Wehrmachtswagen, die getroffen waren. Doch ich hatte dabei Glück. In Waterloo kurze Zeit eingesetzt, ging es weiter nach Deventer in Holland.

Dort sind wir Mädels dann am 10. September, kurz vor dem Fallschirmjägereinsatz der Engländer, in die Heimat transportiert worden …

Im badischen Gaggenau wird der Weltkrieg-I-Teilnehmer und bereits von 1933 bis 1937 in Konzentrationslagern inhaftierte Heinrich Focken am 22. August von der Polizei erneut abgeholt:

Gegen 5 Uhr morgens. Ich stehe auf und mache Licht, um zur Arbeit zu gehen, da klopft's an der Haustür. Meine Frage »Wer ist da?« wird mit »Aufmachen, Polizei!«, beantwortet. Meine Ahnungen haben mich nicht betrogen. Der Leidenskelch soll offenbar zur Neige ausgekostet werden. Immer sagte ich's zu meiner Familie, dass man uns vor dem Zusammenbruch noch holt, denn Hitler wird seine Gegner nicht überleben lassen wollen. Für diesen Fall habe ich wiederholt zu meiner Frau gesagt: »Denke daran, Selbstmord werde ich nie begehen. Wenn ich nicht mehr komme, weißt du, wie ich gestorben bin.« … Wir wurden nach dem Konzentrationslager Struthof (im Elsass) gebracht … Die in Lumpen einhertaumelnden Gestalten, die oft schon Jahre lang vor uns dort schmachtenden Gefangenen, die auf Unterernährung zurückführende, wassersüchtige Schwellung ihrer Füße und Hände klagen die Verbrecher an. Jeden Tag kommen neue Transporte mit Franzosen. Das Lager ist überfüllt. Zu dritt haben wir eine Schlafstätte, die Hygiene spottet aller Beschreibung …

Unteroffizier Gottfried Schmidt liegt seit 27. August in Hannover im Lazarett. Südlich von Riga verlor er durch einen Pak-Splitter das rechte Auge. Er schreibt über den Heimtransport nach Hause:

Bis zum 25. August waren wir von Riga aus auf See. Zu Lande kann man ja nichts mehr in den Kessel von Lettland und Estland bringen. Der Iwan ist westlich von Riga fast am Meer. Bahnlinien alle in seiner Hand. Nur Flugzeuge und Schiffe erhalten die Verbindung. In Swinemünde gingen wir von Bord … Wir waren drei Kameraden, einen tötete die Granate, der andere wurde auch verwundet … Der Russe trommelt oft stundenlang auf einem mit sämtlichen Kalibern herum. Mit der Pak schießt er auf jeden einzelnen Mann. Und keine deutschen schweren Waffen können antworten … Der deutsche Infanterist leistet Übermenschliches …

Im Westen erreichen die Alliierten Ende August ihr erstes großes Ziel: Paris wird befreit. Am 25. April marschiert General de Gaulle an der Seite von Großbritanniens Premier Winston S. Churchill über die Champs-Elysées in Frankreichs Hauptstadt ein. Hitler hat zwei Tage vorher noch an den deutschen Stadtkommandanten, General von Choltitz, den Befehl übermitteln lassen: »Paris darf nicht oder nur als Trümmerfeld in die Hand des Feindes fallen.« Aber Choltitz ignoriert den Befehl.

Der Amerikaner Ernie Pyle ist bei den ersten Amerikanern, die Paris erreichen. Er schreibt darüber nach Hause:

Wir erreichten Paris am ersten Tag der Befreiung – einem der größten Tage aller Zeiten. Ich hätte nie gedacht, dass mir der Krieg je wieder ein Gefühl der Begeisterung bringen würde. Aber ich hatte nicht mit der Befreiung von Paris gerechnet, nicht daran gedacht, dass ich selbst Teilnehmer jenes geschichtlich denkwürdigen Tages sein könnte … Dichte Mengen säumten die Straßen wie bei uns zu Hause am Jahrestag der amerikanischen Unabhängigkeit, nur dass die Menge hier fast hysterisch war … Tausende drängten sich an unseren Jeep heran, der nur langsam einen Weg durch die Massen fand. Nur ein schmaler Korridor blieb uns offen und freudentolle Männer, Frauen und Kinder griffen nach uns, küssten uns, schüttelten uns die Hände, klopften uns auf den Rücken, schlugen uns auf die Schultern und jubelten ihre Freude heraus …

Am zweiten Tag war die Stimmung schon ein wenig anders. Man spürte, dass die Menschen in den ersten paar Stunden der Befreiung fast naturhaft gewesen waren in ihren Ausbrüchen der Freude, der Erleichterung und Dankbarkeit. Echte Tränen mischten sich in ihre Küsse und Rufe: »Dank, Dank, dass ihr gekommen seid!« …

Zur selben Zeit schreibt der holländische Schriftsteller Nico Rost im Konzentrationslager Dachau diese Zeilen über den deutschen Mithäftling Heini Stöhr, Oberpfleger in Stube 1, Block 1, in seine Notizzettel, die er 1946 publizierte. Diese Zeilen vom 26. August zeugen von der zwischenmenschlichen Solidarität unter den Häftlingen, ohne die viele von ihnen die Schreckenszeit in den Lagern nicht überlebt hätten:

Heini ist Bayer, in Nürnberg geboren. Kein Kommunist wie Adi, sondern Sozialdemokrat und mehr Gefühlsmensch als Politiker. Er versprach, mich erst einmal so lange liegen zu lassen, bis mein Abszess ausgeheilt ist, und will dann sehen, was er für mich tun kann. Er zeigte mir sofort ein Versteck für meine Papiere … Heini arbeitet schon seit über sechs Jahren im Revier und hat in dieser Zeit Hunderten von Mithäftlingen das Leben gerettet … Darum bringen ihm Tschechen, Jugoslawen, Polen und auch viele Geistliche aus Block 26 alle Medikamente, die sie in ihren wenigen Paketen erhalten. Sie wissen, dass er sie ausschließlich für seine Kranken verwendet, dass er damit nicht schachert, sondern sie denen gibt, die sie am nötigsten brauchen. Einige deutsche Häftlinge, die täglich in München oder in der Stadt Dachau arbeiten, bringen ihm ebenfalls ab und zu Medikamente mit, die sie dort von der Zivilbevölkerung im Tausch gegen irgendetwas anderes, aber auch häufig umsonst bekommen, da – besonders in Dachau – wohl viele ahnen, wie wir hier leben müssen, auch wenn sie das Elend nicht in vollem Umfang übersehen können …

Ab September 1944 ziehen in Süd- und Westdeutschland die ersten 15-jährigen Hitlerjungen mit Schaufeln und Spaten zu den Sammelpunkten und werden mit Zügen an die Gebiete am Rhein gefahren, um dort Gräben auszuheben und Befestigungen zu bauen, die General Pattons Sherman-Panzer am Rhein aufhalten sollen. Für die Jungen ist es ein Abenteuer, aber ein gefährliches, denn die feindlichen Jagdbomber schießen auf alle militär-ähnlichen Bewegungen am Boden. Auch Rudi Brill, Jahrgang 1929, macht sich in Zweibrücken am 2. September mit seinen Kameraden auf den Weg. Er wird nach Hemmersdorf im Saarland zum »Schanz«-Einsatz gebracht und führt darüber Tagebuch:

Mutti verstaute Brote und anderes im Rucksack und im Brotbeutel. Gegen acht Uhr wuchtete ich das Ungetüm auf meinen Rücken, nahm den Spaten in die Hand und verabschiedete mich. Mit welchen Gefühlen meine Eltern mich wohl davonziehen sahen? Opa Schweitzer jedenfalls schimpfte darüber, dass man uns Fünfzehnjährige von daheim wegholte. »Jetzt sollen es die Kinder noch aufhalten!«, rief er voller Zorn.

Unter der Last meines Gepäcks leicht schwankend, wanderte ich durch die abendliche Stadt meinen Schulweg entlang zum Sammelpunkt und war dank meiner Liebe zur Pünktlichkeit einer der Ersten. Wer mich nur flüchtig kannte, mochte dies wohl als Begeisterung auslegen. Dem war nicht so, nur abenteuerlustig war ich.

Schon am 27. August hat der britische General Montgomery mit seinen Truppen die Seine in Richtung Norden überquert. Briten und Amerikaner stoßen nach Belgien vor: Am 3. September wird Brüssel, am 4. September Antwerpen, am 6. September Lüttich befreit. In Brüssel schreibt Paula Littauer, für die nun die Zeit der Angst und des Versteckens vorbei ist, am 3. September in ihr Tagebuch:

Schon seit den frühen Morgenstunden donnern die Kanonen ohne Unterbrechung. Die Alliierten haben die belgische Grenze überschritten und sind in Tournay. Um ein Uhr mittags fängt plötzlich der Justizpalast an zu brennen. Es sieht aus, als ob eine riesige Fackel ganz Brüssel erleuchtet. Die Deutschen haben den Brand gelegt, bevor sie abzogen. Ich wohne im sechsten Stock, und da unser Haus auf einem der höchsten Plätze von Brüssel steht, kann ich fast die ganze Stadt unter mir sehen. Der Justizpalast steht genau gegenüber. Als er zu brennen anfing und die schöne Kuppel einstürzte, erschien ein anderes Bild vor meinen Augen – die brennenden Synagogen von Berlin am 10. November 1938. Ich fing an zu weinen, wie ich seit vielen Jahren nicht mehr geweint habe. Meine belgischen Freunde trösteten mich und konnten nicht verstehen, warum ich weinte, statt jetzt zu lachen, wo die Stunde der Befreiung gekommen ist.

Oberstleutnant Dr. Wilhelm Tafel schreibt am 5. September von der »Ortsunterkunft« (O. U.) an seine Frau nach Hause:

Nach schwersten Wochen des Rückzugs, bei dem ich mehrfach Nachhutführer sein musste, landete ich heute Abend, vollkommen erschöpft, aber überglücklich im Quartier des Oberbefehlshabers der Heeresgruppe – überglücklich, weil ich wieder hoffen darf, dich bald zu sehen und zu haben. Alles andere wiegt demgegenüber wenig. Der General ist am 1. September gefallen! …

Der Rückzug der deutschen Truppen geht unterdessen auch in Italien und in Jugoslawien weiter. Zu dieser Zeit ist Florenz bereits in den Händen der Alliierten, und die Deutschen halten vorläufig die »Grüne Linie« südöstlich von La Spezia – Apennin – nördlich Rimini. Aus Jugoslawien schreibt am 14. September Erasmus von Jakimow, der zwei Monate später, am 17. November, bei Albertfal an der Donau fällt, nach Hause:

Während hier alles zur Entscheidung drängt – während im Westen das Unglaubliche geschieht, dass eine ganze Menschheit ihr Mutterland Europa zertrümmern will –, sitze ich und schaue aufs Meer, über hell leuchtende Höhen und intensiv blaue Inselberge. die aus dem Meer herauswachsen. Bei all diesen entsetzlichen Ereignissen kann ich immer nur sagen, dass meine Kümmernisse die gleichen sind wie am ersten Tage des Krieges – dass aber auch mein Optimismus der gleiche ist. Sonst wäre alles, was ich bisher erfahren habe, sinnlos …

Rudi Brill, der 15-jährige Hitlerjunge im »Schanz«-Einsatz im Saargebiet wird Ende September mit seinen Kameraden nach Saarwellingen verlegt. Er berichtet am 30. September in sein Tagebuch:

Um 10 Uhr holte man uns mitten aus der Arbeit von der Baustelle weg auf den Marktplatz. SS-Offiziere waren erschienen, um Freiwillige zu werben. Mit viel Redeaufwand suchten sie viele Dumme zu überzeugen, wie schön es bei ihnen sei. Da der Erfolg nicht so groß war, wie sie wohl gehofft hatten und sie nicht die Zahl von »Freiwilligen« zusammenbrachten, die ihnen offenbar befohlen worden war, wurden sie grob und versuchten es auf die raue Tour mit Drohungen. Damit zwangen sie noch mal viele Jungen zum Unterschreiben. Ich deichselte es so, dass ich in einem unbeobachteten Augenblick schnell zur Gruppe derer überwechselte, die der Flieger-HJ angehörten, denn diese ließen sie in Ruhe. Keiner der Kameraden verzog eine Miene, um mich nicht zu verraten. Gute Kerle!

Die Alliierten haben im Herbst 1944 bei ihren Fallschirmjäger-Landungen im Rücken der deutschen Front in Belgien und Holland große Verluste. Kurt Lehmann, der bei einer Flak-Batterie die Rückzugskämpfe mitmacht, erinnert sich:

Bei Maastricht-Eindhoven hielten wir, Maas-Schelde-Kanal. Da habe ich erlebt, wie die tausend, zweitausend englischen und amerikanischen Fallschirmspringer in das Moor- und Sumpfgelände gesprungen sind. Sie müssen das Gelände falsch erkundet haben. Beim Absprung mitten rein, elendig sind sie da zugrunde gegangen. Die Köpfe ragten aus dem Moor. Die Arme hochgestreckt …

In Warschau wehren sich Ende September immer noch verzweifelte polnische Patrioten gegen die deutschen Truppen, die dabei große Verluste erleiden. Der Gefreite Johann Fitschen wird mit seiner Einheit im Raum Warschau Ende September eingesetzt und schreibt darüber später:

In den Tagen des Aufstandes wurden wir dicht an Warschau herangezogen. Wir gingen in einem großen Weißkohlfeld in Stellung. Die großen Kohlblätter dienten uns zur Abdeckung unserer Schützenlöcher. Am direkten Kampf wurden wir nicht beteiligt, sondern mussten Flankenschutz geben beim Vorgehen unserer Soldaten in einem Stadtviertel. Stukas ließen mit schweren Bomben ganze Häuserblocks, worin sich Widerstandsnester befanden, zusammensinken. Nachdem die Polen in immer größere Schwierigkeiten gerieten, riefen sie die Engländer um Hilfe, um Nachschub einzufliegen. So kamen denn auch eines Mittags, wir trauten unseren Augen nicht, schwere Transportgeschwader und warfen Nachschub an Fallschirmen über Warschau ab. Nun war die Flächenausdehnung aber klein, und es herrschte etwas Wind, so dass viele Fallschirme auf unsere Seite abtrieben. Das gab für uns allerhand zusätzliche Verpflegung …

Am 15. September brechen die Russen bei Narwa an der Ostseeküste durch und besetzen am 21. September Reval. Anfang Oktober erreichen die Russen aus dem Raum Dünaburg die Ostsee südlich von Riga, was die Abtrennung der deutschen Truppen in Estland und Lettland vom Festland her bedeutet. Obergefreiter Dieter Schleberger schreibt am 29. September aus Lettland an seinen Bruder Horst:

Am Tage deines Geburtstages wurde ich um halb sieben Uhr durch ein unheimliches Trommelfeuer geweckt, das eineinhalb Stunden dauerte. Pulvergase, Erdfontänen, Staub verdüsterten den strahlenden Septembermorgen. Wir sind in unseren Erdlöchern gekauert, später musste ich als Kradmelder durch Artillerieeinschläge und Beschuss. Es war einer der härtesten Tage, die ich mitmachte. Ein Volltreffer auf unsere Batteriegefechtsstelle hätte uns bald alle ausgelöscht. Panzer warfen uns abends aus unseren Stellungen. Damit begann die Absetzung. Wir haben seither kaum einen Augenblick Ruhe gehabt. Meine Hände sind oft so verkrampft und geschwollen vom Fahren, dass ich kaum noch auskuppeln konnte. Auf den Rollbahnen Bomben und Bordwaffenbeschuss der Schlachtflieger. Dazwischen Erdeinsätze, in Auffanglinien mit der Knarre im Schützenloch … Wünsche mir Soldatenglück für meinen weiteren Weg, ich kann alle guten Wünsche gebrauchen …

Oktober bis Dezember

Im Osten durchbrechen die sowjetrussischen Truppen bei Riga die deutschen Stellungen und stoßen im Süden Rigas zur Ostsee vor. Damit ist die deutsche Heeresgruppe »Kurland« im Norden eingeschlossen. Schon am 10. Oktober überschreiten die Russen die Grenze von Ostpreußen. Riga wird am 13. Oktober von den Deutschen geräumt. In Lappland oben, an der Nordspitze von Skandinavien, erreichen am 22. Oktober russische Truppen norwegisches Grenzgebiet. Die deutschen Truppen in diesem Gebiet, die sich jetzt auch gegen finnische Angriffe wehren müssen, räumen am 25. Oktober Kirkenes. Ende Oktober stößt die Rote Armee in Ostpreußen bis nach Gumbinnen und Insterburg vor. Die wehrlose Zivilbevölkerung muss die Rache der russischen Eroberer für Hitlers Überfall auf Russland erleiden.

In Jugoslawien erobern am 20. Oktober die sowjetrussischen Truppen gemeinsam mit den Partisanen-Kämpfern Titos die Hauptstadt Belgrad. Die Deutschen weichen nach Nordwesten zurück. Ende Oktober wird von der Roten Armee auch die bulgarische Hauptstadt Sofia eingenommen. Am 24. Dezember erreicht die Rote Armee Budapest. Die Räumung Griechenlands ist am 2. November abgeschlossen. Die griechische Exilregierung kehrt nach Athen zurück. Am 5. November besetzen britische Truppen den Hafen Saloniki, in Athen kommt es im Dezember zu Straßenkämpfen zwischen Engländern und Griechen einerseits und kommunistischen Aufständischen andererseits, die vergeblich versuchen, das Land unter Kontrolle zu bringen.

In Italien greifen die Amerikaner am 1. Oktober die deutsche Verteidigungslinie in Richtung Bologna an, aber der Angriff läuft sich fest. Am 19. Oktober erobert die britische 8. Armee aber Cesena, und am 5. Dezember geben die Deutschen Ravenna auf.

In Frankreich drängen im Norden und Süden die Alliierten die Deutschen weiter aus dem Land hinaus: Am 21. Oktober erreichen und besetzen die Amerikaner Aachen, am 14. November beginnt eine amerikanisch-französische Offensive beiderseits der Vogesen, am 22./23. November erobern die Alliierten Metz, Belfort, Mühlhausen und Straßburg und brechen am 3. Dezember bei Saarlautern in den West-

wall ein. Am 16. Dezember beginnt eine letzte deutsche Offensive im Westen in den Ardennen, die sich aber bereits wenige Tage später bei einem Teil der vordringenden Panzertruppen festläuft und schließlich am 24. Dezember vollends zum Erliegen kommt. Am 26. Dezember sprengen dann die Amerikaner den deutschen Einschließungsring um Bastogne, der Weg der Alliierten nach Deutschland ist damit frei. Duisburg, Essen, Köln, Düsseldorf und Braunschweig erleben im Oktober/November wieder schwere alliierte Luftangriffe bei Tag und Nacht. Am 26. November sucht ein Großangriff bei Tage auch München heim. Auch kleinere Städte wie Heilbronn oder Ulm werden bombardiert.

Im Oktober werden die letzten Überlebenden des Konzentrationslagers Plaszow (Krakau) nach Auschwitz transportiert. Dort finden im Oktober die letzten Vergasungen statt. Am 26. November werden auf Befehl Himmlers die Krematorien in Auschwitz zerstört. Aus Budapest lässt Adolf Eichmann vom 8. bis 18. November 38 000 Juden in die Konzentrationslager Buchenwald, Ravensbrück u. a. deportieren.

Am 18. Oktober befiehlt Hitler die Aufstellung eines »Deutschen Volkssturmes«, in dem Männer um 60 Jahre und »Hitlerjungen« ab 16 Jahre das »letzte Aufgebot« stellen sollen, um »den Heimatboden mit allen Waffen und Mitteln« zu verteidigen. Bereits seit September werden »Hitlerjungen« ab 15 Jahre zum »Schanzen« an die Westgrenze des Reiches zum Rhein gebracht. Sie sollen unter Kriegsbedingungen Befestigungen und Panzer- und Schützengräben bauen, die letztlich aber völlig bedeutungslos für eine sinnvolle Verteidigung sind.

Im Pazifik beginnen die Alliierten im Oktober mit der Rückeroberung der Philippinen. Am 20. Oktober landen die US-Marines auf der Philippinen-Insel Leyte und spalten die Japaner auf den Philippinen zwischen Norden und Süden. Vom 23. bis 26. Oktober tobt in der Bucht von Leyte die größte Seeschlacht aller Zeiten. Die Japaner haben fast ihre gesamte Marine dort zusammengezogen gegen die Amerikaner, aber die haben keine Aussicht auf Erfolg, weil ihre Flugzeuge von Landbasen aus operieren müssen, da sie keine Trägerflugzeuge mehr haben. Der japanische Angriff auf die Landungstruppen der Amerikaner wird verlustreich abgeschlagen. Auch der erste Einsatz von japanischen Kamikazefliegern (Selbstmord des Piloten mit der Maschine) bringt keine bedeutenden Erfolge. Im November beginnen die Amerikaner mit ersten Angriffen ihrer Langstreckenbomber B 29 auf Tokio (von den Marianen aus). Am 15. Dezember landen die Amerikaner auf der Philippineninsel Mindoro.

Anfang Oktober schreibt Oberleutnant Hans Herbert Bickmann aus Ostungarn, wohin seine Einheit inzwischen auf dem Rückzug vor den Russen gelandet ist, in die Heimat:

Soll ich Ihnen berichten, wie ein schönes Land, reiche Gärten, Weinberge und uralte Nussbäume zerstampft werden? Wie alte siebenbürgische

Gehöfte in Schutt sinken und Herrensitze alter ungarischer Geschlechter zerbrochen werden? Die letzten Wochen waren fast nicht zu ertragen. Wir sind am Rande unserer inneren Kräfte. Man möchte schreien oder ganz still in einem dunklen Winkel sitzen. In Russland … wurde nur die Steppe aufgerissen, und Bretterbuden gingen in Flammen auf, hier aber zerrinnt das Eigenste des Menschen, sein Schaffen, seine tiefe ureigene Heimat. Hier steht das herbe Weh im Antlitz der Flüchtlinge, gleich einem erstarrten Schrei des Entsetzens … In den verlassenen Häusern wühlen Soldaten in den Briefen und Papieren der längst Geflohenen … Draußen werden die Verwundeten vorübergetragen, auf der Straße bleibt eine Blutspur … In der Nacht sitze ich im Castell Kemeny mit dem Kommandeur eines neu hereingeworfenen Bataillons und bespreche mit ihm den Einsatz meiner schweren Waffen, die ihm noch helfen sollen. Er ist dankbar. Auf dem runden Tisch aus dem frühen 18. Jahrhundert stehen zwei Kerzenstummel. Farbstifte fahren über Karten, zeichnen Linien und Zeichen. Eine Ordonnanz bringt eine Schale mit Trauben, Pfirsichen und Birnen. Es werden aber mehr Zigaretten geraucht, und von den Wänden sehen die Ahnen des Barons Kemeny, die scheinen aus ihrem Halbdunkel alles sehr angespannt zu beobachten … Der Adjutant, ein junger Leutnant, reicht mit leisem Sporenklirren die Gläser, die ungarischen Herren erheben sich, sie bitten, auf die Kultur Europas zu trinken. Wieder klirren die Sporen bei den leisen Verbeugungen. Da rauscht es heran. Man glaubt, ein Meteor müsse zum Fenster hereinstürzen. Eine 17,2-cm-Granate zerbirst an den Mauern des Castells, es dröhnt und bebt ein wenig. Einem entfällt das Monokel, und mit verächtlicher Arroganz sagt er: »Welche Geschmacklosigkeit.« Der junge Adjutant zittert etwas. Am nächsten Tage haben sie alle gezittert. In den Stellungen am Castell Kemeny verblutete sich ein deutsches und ein ungarisches Bataillon. Das war gestern. Heute wurden die Männer rühmend im Wehrmachtsbericht genannt. C'est la guerre! …

Maria Deutsch lebt zu dieser Zeit in ihrer donauschwäbischen Heimat in Werschetz (serbokroatisch Vrsac, Wojwodina), im ehemaligen Jugoslawien. Sie erinnert sich später an den Einmarsch der Roten Armee dort Anfang Oktober 1944:

Man sprach schon von Auswandern. Aber niemand wollte sein Haus und Hof verlassen. Eines Tages hieß es, die Russen kommen bald. Wir wollten es nicht glauben … Am 2. Oktober sind dann die Russen bei uns einmarschiert. Und damit war die schöne Zeit vorbei. Wir hatten uns im Keller versteckt, und da noch deutsches Militär in der Stadt war, wurde auch noch geschossen … Tag und Nacht sind bei uns die Russen durchmarschiert, die von Rumänien gekommen sind … Bei meinem Jugendfreund seiner Tante im Haus gab es noch zwei deutsche Soldaten. Da kam dann ein

Russe herein und wollte nachsehen. Die Deutschen hatten Angst und schossen den Russen tot. Am nächsten Tag sind dann die Partisanen gekommen und haben die Männer von den Häusern herausgeholt, so an die 130, auch noch Kinder, und haben sie erschossen. Die Tante von meinem Freund haben sie mit den Füßen an den Wagen gebunden und den Kopf nach unten baumeln lassen. Auch ihr Sohn, damals acht Jahre alt, wurde erschossen ... Dann kam Einquartierung, diesmal Russen. Weil wir zwei Frauen waren, haben sie uns sechs Mädchen geschickt. Die hatten vor uns mehr Angst als wir vor ihnen. Als diese fort waren, so nach drei Wochen, da kamen zwei Männer. Einer war Koch, der andere hatte das Magazin. Zu Essen hatten wir alles. Mutter musste kochen, jeden Tag Gulasch. Ich musste Steine tragen ... Die Russen sagten, wir müssten alle nach Russland. Wir haben dann aus Angst bei einer Nachbarin geschlafen, so zwei bis drei Tage. Am 18. November haben wir dann alles verlassen müssen ...

Südlich von Warschau bilden die Russen im Oktober einen Brückenkopf über die Weichsel (aus diesem Baranow-Brückenkopf heraus beginnt im Januar 1945 der Sturm der Russen auf Berlin). Gefreiter Johann Fitschen ist bei der Einheit, die noch im Oktober versucht, den Brückenkopf wieder einzudrücken. Er erinnert sich später:

Einen Tag vor dem Angriff bezogen wir Bereitstellungsräume. Dabei kamen wir an unseren Panzerverbänden vorbei. Es sah nach einem großen Kampf aus. Unsere größten Panzer – Tiger und Königstiger – standen drohend mit den langen Geschützrohren kampfbereit. Den ersten Tag bildeten wir Einsatzreserve ... Am zweiten Tag wurde unsere Kompanie nach vorn gezogen ... Punkt 6 Uhr setzte der Feuerüberfall von unserer Artillerie ein. Nebelwerfer spien ihre Geschosse fauchend zum Feind hinüber. Vor uns über den russischen Stellungen stand eine rötliche Wand von Feuer und Dunst in der Morgendämmerung. Dann begann der Angriff ... Im Anfang bekamen wir nur spärlich Gegenfeuer. Das wurde aber bald anders. Die Panzer bekamen Schwierigkeiten mit Minensperren, russische Pak nahm den Kampf auf. Es kam zu zähen Kämpfen, aber es ging vorwärts. Unsere Kompanie kam am Nachmittag vor ein Gehölz, welches wir durchkämmen mussten. Es war aber rechtzeitig von den Russen geräumt worden. Als die Kompanie aber wieder aus dem Wald heraustrat, um den etwa fünfzig Meter vor dem Wald liegenden Panzergraben zu erreichen, schlug uns schweres Pak-Feuer entgegen. Jetzt bekam unsere SMG-Truppe den Befehl, die Pak-Stellungen unter Feuer zu halten. Ich hatte kein gutes Gefühl. Wir waren nirgends mehr sicher. Um uns ein krachendes und surrendes Durcheinander. Granatsplitter zischten uns um die Ohren. Bäume, getroffene Zweige fielen auf uns herab. Wir hatten Mühe, unser SMG überhaupt in Stellung zu kriegen … Nach kurzer Zeit bekamen wir aber von einer anderen Stelle Feuer, das uns sehr gefährlich wurde. Wir hatten bereits die ersten Verwundeten. Schon saß ein Treffer vor unserem Gewehr in der Böschung. Ich ließ das Gewehr zurückziehen, denn der nächste Einschlag würde bestimmt ein Volltreffer sein. Da schrie auch schon mein Schütze 2 auf, ihn hat es am Oberarm erwischt. Ich kroch zu ihm und legte ihm einen Verband an. In dem Moment krepierte wieder eine Granate neben uns im Baum, und ein Splitter drang ihm durch den Stahlhelm in den Kopf hinein, während ich noch beim Verbinden war. Ich konnte ihm nur noch die Hände zusammenlegen. Wir bekamen immer mehr Ausfälle. Der Zugführer gab dann endlich Befehl zum Zurückziehen …

Aus einer anderen Stellung heraus geht Johann Fitschen mit seinen Leuten in der folgenden Nacht noch einmal zum Gegenstoß vor:

Es krachte und blitzte um uns herum, kein Mensch wusste genau, woher es kam, doch wir gingen vorwärts, und der Russe wich zurück, bis gegen Morgen der Angriff wieder stecken blieb … Als der Morgen graute und die ersten Sonnenstrahlen auf das Gelände fielen, brach es auf einmal wie eine hochsteigende Wand aus den feindlichen Gräben hervor, die nur etwa vierzig Meter entfernt waren. Erdbraune Gestalten stürmten gegen unsere Stellungen. Ich wollte zu meinem MG-Schützen springen, da bekomme ich auch schon eins in den linken Oberschenkel gewischt. Ich laufe trotz großer Schmerzen nach hinten etwa zweihundert Meter über freies Feld in unsere zweite Linie. Wie ich dort ankomme, bin ich vollkommen erschöpft. Ich merkte das Blut schlüpfrig im Stiefel glitschen. Ich rief nach einem Sanitäter, der dann auch bald zur Stelle war. Er verband mir das Bein, und nach einer Ruhepause ging ich nach hinten zum Verbandsplatz …

Irmgard Auer, die als 11-jährige 1939 bei Kriegsausbruch vom Saarland nach Thüringen evakuiert worden ist, wird mit 16 Jahren nach dreieinhalbmonatigem RAD-Dienst im Schwarzwald mit anderen »Arbeitsmaiden« Mitte Oktober in die Gegend des Bodensees zur Flak überstellt. Sie erinnert sich:

… Nun war ich Soldat in einer Scheinwerferbatterie. Flakoffiziere prüften unsere Tauglichkeit und wiesen uns unsere Aufgaben zu. Mein Platz war von Stund an der Sitz des Seitenhorchers an der riesigen Muschel eines Horchgerätes. Außer mir gab es noch den Höhenhorcher. Die Ausbildung bestand darin, zu lernen, ein feindliches Flugzeug durch Mitfahren und Einstellen des Riesenohres exakt zu orten, einen Impuls an den Scheinwerfer abzugeben, in dessen Lichtkegel es dann erscheinen musste … Zu meiner großen Überraschung machte mir dieses Horchen Spaß. Es war gar nichts Ernstes, es war Spiel. Keinen Spaß hingegen bereitete mir das Exerzieren, das ich als Demütigung empfand …

Heinrich Focken, im August 1944 zum zweiten Mal von der Gestapo in ein Konzentrationslager eingeliefert, wird von Struthof über Dachau im Oktober nach Mauthausen überstellt. Er erzählt später:

Morgens traten wir an zum Steinetragen aus dem Steinbruch. Etwa 1 000 bis 1 500 Mann, zu fünft in Kolonnen geordnet, so geht's im Gleichschritt in den Bruch. Häftlinge mit gestreifter Kleidung dicht nebeneinander, an den Füßen Lumpen, unpassende Holzpantoffeln oder barfuß, eine stumme, wankende Elendskolonne. Bewaffnete SS begleitet sie. 185 ausgehauene Stufen, auf einer Seite, die hohe Wand des Steinbruchs, auf der anderen geht es die Tiefe von 30 bis 40 Metern hinab. Mit Bohrhämmern werden hier von anderen Häftlingen die Steine bearbeitet. Haufen von Stücksteinen zur Straßenstückung liegen nebenan. Ein Teil Häftlinge ist an den Zufahrtsstraßen damit beschäftigt, Zufahrten mit Kleinpflaster anzulegen. Im Oktober 1944 wird hier gearbeitet, als ob das System des Dritten Reiches tatsächlich tausend Jahre dauern soll. Unten im Steinbruch angekommen, eilt jede Abteilung, durch ihren Capo dirigiert, an einen Steinhaufen mit Stücksteinen, nimmt einen davon und ordnet sich wieder in Fünferreihen dem Zuge ein. Entkräftet, vom Hunger geplagt, ist jeder Weg auch ohne Steine für den geschwächten Körper schon eine Tortur. Die Füße schmerzen. Apathisch, gleich einem stupiden Tier, müht man sich vorwärts, das Ende des Tages herbeisehnend … Wir sind an den Stufen der Treppe, der Todestreppe, angelangt. Am Fuße der Treppe liegt ein Klumpen. Unkenntlich im Gesicht, das Nasenbein eingeschlagen, blutüberströmt, liegt dort ein Mensch. Er ist fertig, kann nicht mehr gehen. Wir wanken die Stufen aufwärts. Rechts neben uns eine besondere Strafkolonne, gehetzt von den Nazis, mit harten Gummiknüppeln bewaffnet, treiben sie einzelne Häftlinge vor sich her. Diese Häftlinge schleppen einen Stein im Gewicht von etwa 40 Kilogramm die Treppe hinauf, getrieben von ihren sadistischen Peinigern. Ein Häftling stürzt. Tritte, bis er sich aufrafft, den Stein versucht zu heben. Es geht einfach nicht, wieder stürzt er, Schläge, Schreie, ein Wiederaufraffen. Er nimmt den schweren Stein vor den Bauch, schleppt sich weiter, blutend, verletzt, zerschunden am ganzen Körper, eine grässliche Szene. Der Häftling versucht in den Abgrund zu springen, wird von seinen Peinigern zurückgetrieben. Er bricht zusammen, trotzdem trifft ihn Schlag auf Schlag. Er steht nicht mehr auf. Auf der anderen Seite, die Szene genau beobachtend, steht ein SS-Mann mit der Maschinenpistole. Ein Schuss, ein menschliches Leben ist beendet.

Sechs Opfer an einem Vormittag … Acht-, zehnmal machten wir diesen Weg, Tausende erlebten täglich einen solchen Mord. Instinktiv warf aus unserer Kolonne ein Häftling seinen Stein gegen einen solchen Peiniger. Ein Schuss folgte. Wieder ein Opfer mehr. Wann kommt die Erlösung für uns aus dieser Hölle? …

In Ungarn, nicht weit von Tokay, wo er im November fällt, schreibt Oberleutnant Hans Herbert Bickmann am 23. Oktober einen Brief in die Heimat, der wie eine Botschaft aus einem fernen Niemandsland klingt:

Alles Menschsein hat aufgehört, alles Denken ist fortgeweht wie die frühen Morgennebel in der ersten Brise, die von See weht. Man kommt sich vor wie ein kahler und sehr nackter Baum in späten Herbsttagen, der irgendwo an einer verschlammten Wegegabel über den kalten Feldern steht … In den Nächten, in den Stunden auf irgendeinem Lager will man die Erinnerung rufen, aber auch da ist nichts, alles hat wohl der Regen hinweggespült. Manchmal ein Gesicht, wie zwischen Nebeln, dann fort. Auch Sehnsucht ist nicht mehr. Man will nichts, man treibt gleich einer Boje immer auf und ab im schmutzigen Wasser eines lärmenden Hafens. Und alles Zerren und Reißen ist sinnlos, man kommt nicht frei von der unsichtbaren Ankertrasse …

Im Oktober 1943 kam Gisa Landau, geboren 1932 in Tarnow, mit ihrer Mutter in das Lager Plaszow bei Krakau. Im Oktober 1944 werden beide mit ihren Leidensgenossinnen nach Auschwitz transportiert, da die Russen nicht mehr weit sind. Auch in Auschwitz gelingt es Gisas Mutter, das 12-jährige Mädchen immer wieder vor der Aussonderung »in den Ofen« zu bewahren. Gisa Landau gibt später darüber zu Protokoll:

Am 21. Oktober 1944 konnte uns nichts mehr helfen. Wir kamen nach Auschwitz. Dicht gedrängt und halb erstickt fuhren wir in geschlossenen Waggons. Alle verabschiedeten sich voneinander, denn wir wussten, dass dort die Öfen und Gaskammern auf uns warteten. Obwohl wir oft darüber sprachen, konnte sich niemand recht vorstellen, wie es sein würde. Als wir abends in Auschwitz ankamen, trieb man uns nach Birkenau. Schon von weitem sahen wir den Himmel rot wie bei einem Brand. Dass Menschen so brennen sollten, konnten wir uns alle nicht vorstellen, obwohl wir schon viel erlebt hatten. Aus den Schornsteinen kam kein Rauch, nur Feuerregen. Die Leute fragten die Posten, was dort brenne, und die antworteten, es müsse doch Brot gebacken werden. Tag und Nacht. Aber wir wussten, dass es das nicht sein konnte.

Nachts saßen wir in einem großen Saal. Es war so schrecklich, dass ich es nicht beschreiben kann. Wir weinten, beteten oder saßen stumpf da.

Manche waren schon ganz gleichgültig. Mutti presste mich an sich und flüsterte, ich sollte mich nicht fürchten, denn Gott würde uns bestimmt so erretten wie bisher. Ich wollte Mutti nicht traurig machen und tat so, als wenn ich keine Angst hätte. In Wirklichkeit zitterte ich vor Angst am ganzen Leibe. Man gab uns kein Essen, aber wir spürten auch keinen Hunger. Weshalb sollten wir essen, wenn wir doch sterben mussten?

Dann sortierte man uns aus. Es war entsetzlich. Wir mussten uns nackt ausziehen. In der Tür stand Dr. Mengele und bestimmte, wer leben und wer sterben sollte. Mutti flehte eine tschechische Aufseherin an, mich nicht zu verraten, als ich mich unter einem Haufen Kleider in der Saalecke versteckte. Dort versteckten sich auch andere, ältere Mädchen. Länger als zwei Stunden blieb ich dort liegen. Einmal trampelte mir einer mit Stiefeln auf dem Körper herum, und ich musste mich sehr zusammennehmen, um nicht laut zu schreien. Sie suchten nach Versteckten, doch fanden sie mich nicht. Als Mutti mich endlich herauszog, war ich schon halb erstickt, aber ich lebte und war bei Mutti. Wir gingen ins Bad, wo man uns die Köpfe rasierte und die Nummern eintätowierte. Ich bekam die Nummer A 26098. Es hieß, es sei gut, wenn man überhaupt eine Nummer bekäme, dann wäre man fast gerettet. Aber leider wurden Kinder immer wieder herausgesucht und kamen in den Ofen. Mutti versteckte mich immer, sogar vor der Blockältesten. Bei den Appellen wurde ich stets so aufgestellt, dass ich nicht auffiel. Überhaupt dachte Mutti nur daran, wie sie mich verstecken und retten sollte. Man lebte dauernd in Angst und Ungewissheit – Tag und Nacht … So ging es bis zum 5. Januar 1945. Dann wurde das Lager evakuiert …

Schon am 10. Oktober überschreiten die Russen die Grenze von Ostpreußen, Riga wird am 13. Oktober geräumt. Aus Lettland schreibt Obergefreiter Dieter Schleberger am 26. Oktober seiner Mutter zum Geburtstag:

Mein liebes Mütterlein, die beiden glücklichen Kameraden, die gleich mit dem Schiff zur Kriegsschule nach Deutschland reisen und diesen Kessel verlassen, stehen bereits hinter mir und warten nur darauf, dass der Umschlag geschlossen wird. Es tut mir so bitter Leid, dass ich dir im Wesentlichen nur sagen kann, ich lebe noch und bin gesund, und ich hoffe zuversichtlich auf ein Wiedersehen und die schöne Gelegenheit, dich wieder einmal fest in die Arme schließen zu können …

Bei den ersten Vorstößen der Roten Armee nach Ostpreußen hinein im Oktober 1944 trifft die zurückgebliebene Zivilbevölkerung, Frauen, Kinder und alte Menschen, die brutale Rache der russischen Kampftruppen auf deutschem Boden. In dem Dorf Nemmersdorf, das für kurze Zeit von deutschen Truppen zurücker-

obert wurde, sieht der Volkssturmmann K. P. aus Königsberg die Folgen eines solchen Racheaktes. Er berichtet später darüber:

Meine Volkssturmkompanie erhielt den Befehl, in Nemmersdorf aufzuräumen. Schon kurz vor Nemmersdorf (Sodehnen-Nemmersdorf) fanden wir zerstörtes Flüchtlingsgepäck und umgeworfene Wagen. In Nemmersdorf selbst fanden wir den geschlossenen Flüchtlingstreck. Alle Wagen waren durch die Panzer vollständig zerstört und lagen am Straßenrand oder im Graben. . . Am Dorfrand in Richtung Sodehnen-Nemmersdorf steht auf der linken Straßenseite ein großes Gasthaus »Weißer Krug«, rechts davon geht eine Straße ab, die zu den umliegenden Gehöften führt. An dem ersten Gehöft, links von dieser Straße, stand ein Leiterwagen. An diesem waren vier nackte Frauen in gekreuzigter Stellung durch die Hände genagelt. Hinter dem »Weißen Krug« in Richtung Gumbinnen ist ein freier Platz mit dem Denkmal des Unbekannten Soldaten. Hinter diesem freien Platz steht wiederum ein großes Gasthaus »Roter Krug«. An diesem Gasthaus stand längs der Straße eine Scheune. An den beiden Scheunentüren waren je eine Frau, nackt in gekreuzigter Stellung, durch die Hände genagelt. Weiter fanden wir dann in den Wohnungen insgesamt 72 Frauen einschließlich Kinder und einen alten Mann von 74 Jahren, die sämtlich tot waren, fast ausschließlich bestialisch ermordet bis auf nur wenige, die Genickschüsse aufwiesen … Inzwischen kam eine Krankenschwester aus Insterburg, die in Nemmersdorf beheimatet war und hier ihre Eltern suchte. Unter den Ermordeten fand sie ihre Mutter von 72 Jahren und auch ihren alten schwachen Vater von 74 Jahren, der als einziger Mann zu diesen Toten gehörte. Diese Schwester stellte fest, dass alle Toten Nemmersdorfer waren …

Der sowjetrussische Stabsoffizier Iwan Krylow hat 1945 zu erklären versucht, wie es mit Betreten deutschen Bodens durch die russischen Soldaten zu solchen scheußlichen Übergriffen kam, die leider nur der Anfang einer langen Reihe ähnlicher Vorkommnisse in den deutschen Ostgebieten während des Sturms der Roten Armee bis Berlin waren:

Fast alle Frauen waren geflüchtet, entsetzt über die Geschichten von Vergewaltigungen, die sich wie ein Lauffeuer über Ostpreußen ausgebreitet hatten, das von drei motorisierten Kosakendivisionen heimgesucht worden war. Es war nicht schwer, die wenigen, die zurückgeblieben waren, zu beschützen. Viel schwerer war es, plötzliche »Besuche« in Privathäusern zu verhindern. Die Kosaken sind seit Generationen ein kriegerisches Volk, und die Sitten und Gebräuche ihres kriegerischen Handwerks unterliegen festen Regeln. Einmal musste ich einen Kosakenhauptmann festnehmen, der seinen Leuten erlaubt hatte, die Befehle zu missachten …

Am 10. November 1944 werden in Köln-Ehrenfeld 13 junge Burschen, darunter der 16-jährige Bartholomäus Schink, von der Gestapo öffentlich gehängt, ohne Gerichtsverfahren und ohne Urteil. Sie gehören zu den illegalen »Edelweißpiraten«, Jugendlichen, die gegen das NS-Regime eingestellt sind und auf dessen Parteiorganisationen Überfälle durchführen, weshalb sie von den Gerichten des NS-Regimes als »kriminell« eingestuft werden. Vor allem im Rheinland haben die NS-Behörden seit 1942 mehrere »Edelweißpiraten«-Gruppen mit hunderten von Mitgliedern »ausgehoben«. Einer der »ausgehobenen« Jungen berichtet laut Vernehmungsprotokoll, wie er zu den »Edelweißpiraten« gestoßen ist (die bis heute nicht als Opfer des Nationalsozialismus anerkannt werden):

Von diesen Jungen in Mühlheim hörten ich und auch andere Kameraden, dass in Mühlheim ein Club bestehe, der sich »Edelweißpiraten« nennen würde und der staatsfeindlich eingestellt sei. Sie würden gegen die Hitlerjugend arbeiten, sie würden die Streifen der Hitlerjugend überfallen usw. ... Zu diesem Club würden nicht nur Jungens, sondern auch Mädel gehören ... Diese Mühlheimer »Edelweißpiraten« trafen sich gewöhnlich abends an der Rheinbrücke in Mühlheim, und zwar an dem freien Platz an der Kirche ... Sie spielten Musik und sangen Lieder. Ich entsinne mich, dass auch einmal abends ein Auto des Überfallkommandos der Polizei und Streifen der Hitlerjugend dort waren, wo 75 Angehörige dieses Clubs angeblich festgenommen worden sein sollten ...

Nachdem am 18. Oktober Hitler die Aufstellung eines »Deutschen Volksturms« befiehlt, berichtet der bisher u.k.-gestellte Karl Dürkefälden in seinem Tagebuch am 12. November von seiner Vereidigung als Volkssturm-Mann in Celle:

An diesem Sonntag Vereidigung der Volkssturmmänner auf den Führer. In Celle auf der Stechbahn. Ich war auch darunter. Von der in Rundfunk und Zeitung viel gepriesenen Entschlossenheit war nichts zu spüren. Der älteste Volksschullehrer Müsche sollte dann die Männer aus Celle militärisch einweisen ... Der Volkssturm untersteht der Partei und nicht der Wehrmacht, wie ja jetzt eigentlich die Wehrmacht auch der Partei untersteht. Unser Bataillonsführer musste selbst lächeln, als er uns erklärte, beim Vorbeimarsch müsse der Kreisleiter angesehen werden ...

Während im Reich Hitler sein »letztes Aufgebot« holen lässt, hungern viele seiner Soldaten in russischer Kriegsgefangenschaft, wie Emil Präg, der bei Kalinin in einem Arbeitslager zu überleben versucht:

Eines Tages – es lag schon ziemlich viel Schnee – stand an unserem Arbeitsabschnitt eine Holztafel mit der Aufschrift: »Vorsicht vor den Faulen!« Unsere Augen wurden größer, und zunächst begriffen wir den Sinn nicht. Ja, wir hatten unser Arbeitssoll nicht erfüllt oder nicht mehr erfüllen können! Dieser Fall wiederholte sich noch einmal, und zwei Tage später waren wir in einer Strafgruppe. Dies hatte zur Folge, dass nun übermenschliche Arbeit von uns gefordert wurde. Nur nachts ging es zur Arbeit und bei elektrischem Licht, angetrieben von einem österreichischen Strafkompaniechef (Arbeitsbataillonsführer) namens Schweizer, begannen schwere Stunden. Er hat hunderte Tote auf dem Gewissen, nur um beim Russen in gutem Licht zu stehen, nur wegen mehr Verpflegung, nur um seine eigene Haut zu retten. Nachdem weit über die Hälfte an Entkräftung gestorben war, kamen wir zu unserem alten Arbeitsbataillon zurück. Nun setzte die gegenseitige Arbeitsantreibung unter den Deutschen selbst ein. Wer über das Soll hinauskam, erhielt 100 Gramm Brot. Die Folge davon war, dass diese zusätzlichen Anstrengungen oftmals nur mit dem Tode enden konnten. Immer mehr Kameraden brachen auf dem Arbeitsplatz zusammen. Der Hunger nagte weiter an unseren geschwächten Körpern. Bei einem Teil der Gefangenen sank die Moral, und viele benahmen sich wie kleine Kinder. Wieder andere benahmen sich wie Tiere – und der Rest blieb unter Aufbietung der letzten Kräfte auch in dieser Situation noch Mensch …

Heinrich Focken wird im November von Mauthausen in das Arbeitslager Melk überstellt, wo er ein paar Kilometer von dem berühmten Kloster entfernt zum Stollenbau eingeteilt wird und mithelfen muss, dort einen Berg auszuhöhlen und Stollen auszuzementieren, in denen dann die Rüstungsindustrie untergebracht werden soll. Focken kommt mit Durchfall und Fieber ins Revier und wird am 20. November überraschend entlassen. Er berichtet:

Eines Abends wird meine Nummer aufgerufen. Ich muss zum SS-Revierleiter. Was will er? Ich schleppe mich hin. Er befiehlt mir:

»Morgen früh, frisch gewaschen und rasiert, treten Sie an, verstanden?« Meine Antwort: »Jawohl!« Daraufhin fuhr er fort: »Sie haben silberne Hochzeit! Müssen zur Kirche! Sind Sie katholisch?«, fragt er mich. Ich antworte: »Nein!« – »Dann müssen Sie sich taufen lassen. Ihre Frau kommt morgen!« Er weidet sich an meinem erstaunten Gesicht und grinst. »Haben Sie Seife?« – »Nein!« Er gibt mir eines, das dritte Stückchen in einem Vierteljahr … Draußen wartet der Häftlingsarzt, ein Jude: »Du wirst entlassen«, sagt er zu mir. Was für ein Wunder ist geschehen. Ich kann es kaum begreifen … Mit noch zwei im August verhafteten Kameraden werde ich tatsächlich entlassen. Wir halten uns bereit. Mittags geht der Lastwagen ab. Im Anhänger hinter uns die starren, stummen, toten Zeugen – von der Plane, die auf ihnen liegt, durch den Wind halb aufgedeckt. Wir fahren in eisiger Kälte, ich mit 39 Grad Fieber, Mauthausen entgegen …

Am 26. November trägt der 14-jährige Jürgen Vordemann im KLV-Lager auf der Schaumburg in sein Tagebuch ein:

Mittags tobt über unserer Gegend eine gewaltige Luftschlacht. Massenweise stürzen Flugzeuge ab. Allein zwanzig Stück bei uns in der Nähe. Es kracht und ballert ganz gehörig. Nachmittags pilgert das ganze Lager zu einem abgeschossenen Flugzeug bei der Badeanstalt in Deckbergen. Ein schwelender Trümmerhaufen und viele verborgene, zerstreute Einzelteile sind übrig von dem viermotorigen amerikanischen Bomber (wahrscheinlich war es ein »Liberator«). Viele verbrannte Köpfe, Arme und Beine von der bedauernswerten Flugzeugbesatzung liegen umher. Einige sind noch mit dem Fallschirm herausgekommen. Es ist grauenhaft …

Rosa Widhopf in München hat zu dieser Zeit erstmals seit Monaten wieder Nachricht von ihrem im August 1944 in Südfrankreich in amerikanische Gefangenschaft geratenen Mann erhalten. Ihr Sohn, 13-jährig, ist seit Jahren in verschiedenen KLV-Lagern in Oberbayern. Sie schreibt ihm Mitte November:

Lieber Hansi, nun schicke ich dir schnell ein Hemd. Wenn dir die Ärmel zu lang sind, musst halt umstülpen … Und nun hab ich noch was recht Schönes für dich. Unser Papa hat geschrieben, dass er in amerikanischer Gefangenschaft ist. Wir werden ihn jetzt halt lange Zeit nicht mehr sehen, aber wenigstens ist er gesund … Er hat selbst schon geschrieben, dass es ihm ganz gut geht, und wir sollen uns keine weiteren Sorgen machen, sondern nur schauen, dass wir alle gesund bleiben, bis er wiederkommt …

Eine andere Mutter, Margarethe Müller in Oranienburg, die für ihren 1943 gefallenen Sohn Bernhard ein Tagebuch führt, trägt am 28. November dort ein:

Wieder ein schwerer Angriff auf Berlin! Am anderen Tag, früh am Morgen, werde ich nach Berlin gerufen. Meine arme Mutter hatte, während die Bomben auf Berlin fielen, infolge eines Nervenzusammenbruchs Selbstmord verübt. Vor ihrem Bette liegend, mit einer Decke verhüllt, die die Nachbarn über ihre Leiche gelegt hatten, sollte ich die Mutter wiedersehen, um ihr den letzten Liebesdienst zu erweisen. Ich schlage die Decke zurück. Völlig verkrampft, die Knie hochgezogen, liegt sie auf der Seite. Um ihren Körper zerstreut liegen Schlaftabletten. Wie der Arzt festgestellt hatte, war sie schon vorher, ehe das Gas auf sie einwirken konnte, infolge der großen Aufregung einem Herzschlag erlegen. Ich drehte die Leiche herum. Ein triumphierendes, fast spitzbübisches Lächeln liegt auf ihren erstarrten Zügen, wie ein Freuen bei ihrem letzten Atemzug, dass sie nun endlich die ersehnte Ruhe gefunden hat … Ich lege meine tote Mutter mit fremder Hilfe auf das Bett und setze mich still zu ihr, auf die Männer wartend, die den Sarg bringen sollen. Wieder einmal wandern meine Gedanken in die

Vergangenheit zurück. Ich gedenke der Stunde, da die Mutter im September 1914 die Nachricht erhielt, dass ihr ältester Sohn seinen Verletzungen erlegen sei. Bitterlich weinend klagte sie damals die Menschen an, die den Krieg heraufbeschworen hatten. Sie musste drei Jahrzehnte später wieder erleben, dass ihr jüngster Sohn in den Krieg ziehen musste. Sie musste auch erleben, dass ihr geliebter einziger Enkelsohn sein Leben »auf dem Felde der Ehre« lassen musste ... Ehe ich meiner Mutter den letzten Liebesdienst erweisen konnte, musste ich zur Kriminalpolizei, um ihre Freilassung zur Beerdigung zu erwirken. Der Beamte sagte mir, dass täglich ähnliche Fälle einlaufen, dass dieses wahnsinnige Morden die alten Leute zum Selbstmord treibt. »Sie ist besser dran als wir«, sagte er mir zum Abschied, »was uns noch bevorsteht, ist schlimmer als der Tod!« ...

Alois Rathgeber, ein Soldat, der im Raum Straßburg und Kehl gegen die vordringenden Amerikaner und Franzosen Deutschland verteidigen muss und im Frühjahr 1945 im dortigen Raum als vermisst gemeldet wird, schreibt am 29. November an seine Familie nach Hause:

Da wir in Stellung gehen, noch kurz einige Zeilen. Wir sind am Rhein vor Straßburg und Kehl und werden den Westwall besetzen. Überall ist Hochwasser. Habt keine Sorge, denn ihr wisst jetzt, wo ich bin. Denkt an mich und vergesst mich nicht, wenn ich vor dem Feinde stehe. Es wird wohl dem Ende zugehen. Ich vertraue auf Gott, denn Er wird mich nicht verlassen ...

Der 16-jährige Rudi Brill notiert am 6. Dezember:

Unser Panzergraben hat inzwischen eine ziemliche Tiefe erreicht. Wegen der Felsbrocken und dem vielen Regen, der den Graben zeitweise in einen Sturzbach verwandelt, kommen wir nur langsam voran. Dabei sind wir uns darüber im Klaren, dass diese ganze Schufterei wahrscheinlich keinen Pfifferling wert ist, falls die Amerikaner den Westwall durchbrechen sollten. Wenn sie bis hierher durchkommen, dann hält sie so ein Gräbchen von 4 Metern Tiefe auch nicht mehr auf.

Herbert sagte auf der Baustelle, als mal kein Führer vorhanden war: »Wenn die Amerikaner kommen, werfen sie einen Bombenteppich, und dann ist der Graben zu. Oder sie fahren einen Panzer als Brücke hinein und die andern rollen darüber weg.«

»Nee«, rief Günther, »die lachen sich tot, wenn sie das Gräbchen sehen.« ...

Am 3. Dezember schreibt in Kurland, das von den Russen eingeschlossen ist, Willi Schölermann an seinen in amerikanischer Gefangenschaft in den USA lebenden Freund Albert Goldmann, aus dessen Afrika-Tagebuch wir hier 1942/43 zitiert haben. Albert Goldmann erreicht dieser Brief erst im April 1945, zu dieser Zeit ist der Schreiber Willi Schölermann bereits in russischer Gefangenschaft, wo er 1946 starb. Der Brief lautet in Auszügen:

... Du bist nun der Heimat schon so lange fern, und ich weiß, wie dir ums Herz ist. Albert, man kann ja so recht nur die Heimat erst aus der Ferne lieben! Diese Erkenntnis ist mir gekommen, nachdem auch ich sie vor 14 Tagen wieder verlassen habe ... Ich selbst bin nicht mehr bei der alten Kompanie, der ich fünf Jahre angehörte. Dadurch kam ich im September in die Heimat und erhielt einen dreiwöchigen Urlaub. Am 15. Oktober noch haben Marianne und ich uns verlobt. Albert, mein lieber Freund, ich bin sehr glücklich. Marianne ist ein liebes Menschenkind. Du wirst sie noch kennen lernen ... Es kommt der Tag, an dem wir uns gegenüberstehen und wir werden sagen, dass alles so geblieben ist. Nur werden wir reicher geworden sein ... Es wird alles gut, Albert, ich glaube so fest daran. Du sollst wissen, dass unser aller Gruß für dich nicht herzlicher sein kann, Albert, möge er dich erreichen! ... Herrgott, uns kann doch die Sonne nicht untergehen, mein Freund. Sei der Heimat in Gedanken immer nah, Albert, sie denkt ja so oft an euch.

Goden Wind för di, Jung! Dein Willi.

Irmgard Auer, von den Arbeitsdienstmaiden zur Flak überstellt, hat im Dezember ihre Ausbildung beendet und berichtet später:

Wir wurden zum Einsatz abkommandiert. Ausgestattet mit Verpflegung für drei Tage fuhren wir Augsburg entgegen ... Das Ziel, ein Dorf in der Nähe von Aichach, war in tiefem Schnee versunken. Zunächst fanden wir Unterkunft in Privatquartieren. Die Baracken waren unbeziehbar. Was, um Gottes willen, sollten wir hier, am Ende der Welt? Langeweile machte sich breit. Dann: Ein Funkspruch, der mich und zwei weitere Horcher zu einem Sonderlehrgang nach Schongau beorderte ... Also machten wir uns erneut auf den Weg, diesmal nach Oberbayern. Die Flakkaserne war belegt mit ein paar Tausend »richtigen« Soldaten und ein paar Hundert »Soldatinnen«. Was bisher Spiel war, wird jetzt Ernst. Noch militärischer verliefen nun unsere Tage, das Horchen wurde mit größerer Intensität betrieben, Flugzeuge wurden eingesetzt ... Dann setzte die grimmige Kälte des letzten Kriegswinters ein. Das Thermometer fiel auf minus 20 Grad und darunter. Erste Erfrierungen traten auf an Füßen, Händen, Ohren, Gesichtern. Wir mussten morgens vier Stunden, nachmittags zwei Stunden horchen. Ein Entschluss reifte in mir: Ich will gesund nach Hause zurückkehren! Dem Entschluss folgte die Tat, ich wurde krank. Dieses Kranksein bewahrte mich auch vor der Ausbildung an Karabiner und Pistole. Die angekündigte Panzerfaust-Ausbildung fand nicht mehr statt ...

Am 5. Dezember geben die deutschen Truppen die italienische Stadt Ravenna auf. Am selben Tag schreibt Oberstleutnant Dr. Wilhelm Tafel aus Verona, wo er im Mai 1945 in amerikanische Gefangenschaft kommt, eine Karte an seine Frau in Soest:

Weißt du noch, Geliebte, wie wir – es war wohl im Sommer vor vier Jahren – auf einer der umseitigen Bänke saßen? Oder war es vor drei Jahren? Wie viel Blut ist seither vergossen worden, welche Stürme und Wetter sind über uns seit diesen Tagen gekommen! Und jeder von uns muss sein kleines Schiff allein durch die zahllosen Gefahren steuern. Das ist schwer. Du sollst wissen, dass es unendlich schwer ist – ja oft an der Grenze des Erträglichen –, aber dass ich alles ertragen will und um die Kraft hierzu das Schicksal bitte, wenn deine Liebe mir bleibt …

Am 16. Dezember ergreifen in den Ardennen die deutschen Truppen noch einmal die Initiative. Die 2. deutsche Panzerdivision kann die dünne Front der Amerikaner, denen Eingreifreserven fehlen, in der Mitte durchstoßen in Richtung auf die Maas und die Städte Dinant und Namur. Aber am 24. Dezember bleibt die 2. Panzerdivision der 5. Panzerarmee nach Überschreiten der Lesse hinter Rochefort stecken, und zwei Tage später sprengen die Amerikaner der 101. US-Division den von der 15. Panzergrenadierdivision um Bastogne gelegten Einschließungsring. Danach werden die deutschen Truppen schrittweise überall zwischen Monschau im Norden und Trier im Süden zum Rückzug gezwungen. Die Fronten versteifen sich bis zum Endkampf Anfang 1945. Christoph Faulhaber, von dessen Verwundung im Osten und seiner Einlieferung ins Lazarett in Breslau wir im Februar 1943 gehört haben, ist inzwischen als »Volksgrenadier« bei der 5. Panzerarmee reaktiviert worden. Er überschreitet am 23. Dezember mit seinen Kameraden die französische Grenze bei Dasburg und bezieht am 24. Dezember in Burscheid Quartier. Nach einem heftigen Feuerüberfall gegen 22 Uhr am Heiligen Abend 1944 muss die Kompanie Burscheid räumen. Christoph Faulhaber erzählt weiter in seinem Tagebuch:

Nach 30 Minuten ist Burscheid geräumt und liegt verlassen hinter uns. Die Züge haben sich rechts und links der Straße in den Wald geschoben. Noch einmal greifen Jabos das Dorf an und belegen es mit Bomben. Einige Häuser brennen. Dann haben sie wahrscheinlich gemerkt, dass das Dorf leer ist und drehen ab. Plötzlich taucht ein doppelrumpfiger amerikanischer Artilleriebeobachter über unseren Köpfen auf. Wir haben seinen Anflug nicht bemerkt. Ganz tief und langsam fliegt er die Fahrstraße entlang. Unsere Geschütze stehen gut getarnt am Straßenrand. Jetzt nur keine unbedachte Bewegung, dann wird er uns nicht ausmachen können. Als die »Lightning« in unserer Höhe ist, springt ein Unteroffizier, der den Drang nach Heldentaten verspürt, auf die Straße und eröffnet aus einem Maschinengewehr, das ein anderer Landser auf seinen Schultern hält, das

Feuer. Die »Lightning« brennt und gleitet, einen Rauchschweif nach sich ziehend, auf die eigenen Linien zu. Jeder hält den Atem an und ist schockiert von dieser Wahnsinnstat. Dann orgelt es heran. Die feindliche Artillerie schießt mit allen Kalibern. Granaten mit Aufschlagzünder. Wir haben uns den Tod selbst bestellt. Ich liege abseits der Straße im Dreck und versuche mich mit Spaten, Seitengewehr und den blanken Händen einzuscharren. Die Angst gibt mir ungeahnte Kräfte. Ich bin in Schweiß gebadet, denn der Boden ist steinhart gefroren. Meine Hände bluten. Und noch immer rauscht es heran. Stein-, Erd- und Eisenbrocken decken mich fast zu. Äste brechen herab. Eng an den Boden gepresst liege ich da, meinem Schicksal ergeben. Ich höre die Aufschreie der Getroffenen. Die Pferde haben sich losgerissen und galoppieren wie von Furien gehetzt die Straße entlang. Getroffen bäumen sie sich auf und brechen zusammen. Die Schreie der sterbenden Kreaturen schneiden mir ins Herz. Ich habe es aufgegeben, weiterzugraben. Mit den Armen über den Kopf erwarte ich das Kommende. Der Beschuss lässt nach und verstummt allmählich ganz. Um mich Jammern und Stöhnen. Ich stehe auf und schüttele den Dreck von mir. Meine Zähne schlagen aufeinander. Ich zittere am ganzen Körper. Etwas rechts von mir liegt ein Junge. Seine Uniform ist durchtränkt vom Blut. Er hat sich halb aufgerichtet und winkt schwach mit der Hand. Als ich mich durch das Gewirr der gestürzten Bäume zu ihm durchzwänge, fällt sein Kopf zur Seite. Er feiert nun Weihnacht in einer besseren Welt über Zeit und Raum … Sanitäter schleppen Verwundete und Tote auf Bahren und Zeltbahnen heran. Dicht aufgereiht liegen sie am Straßenrand. Der Tod hat schaurige Ernte gehalten. Die Kompanie hat ungefähr zwei Drittel an Toten und Verwundeten und beträchtlichen Materialschaden. Den eigentlichen Verursacher dieser traurigen Bilanz, den Unteroffizier, habe ich nie wieder gesehen. Vielleicht liegt auch er stumm und starr unter einer Zeltbahn am Straßenrand …

Einen Tag vor dem Heiligen Abend schreibt Erich Nies in der Heimat in sein Tagebuch:

… Weihnachten im sechsten Kriegsjahr! Weihnachten in einem Auflodern blutiger Kämpfe. Weihnachten im ungezügelten Massensterben an der Front und in der Heimat! Weihnachten wieder in der Narkose des Krieges, Weihnachten in dem Müdewerden des Lebens, in dem Todesgrauen von alt und jung, Weihnachten in den brennenden Städten und Dörfern, Weihnachten unter hungergequälten und von Grauen und Schrecken gejagten, zermarterten Menschen, Weihnachten in Finsternis und Nacht, Weihnachten ohne Liebe und Menschenwürde, Weihnachten in der Qual netzumstrickter Tage, das ist Weihnachten 1944.

Rosemarie Bongart erlebt als 13-jähriges Mädchen am zweiten Weihnachtsfeiertag 1944 in Sinzig am Rhein einen Luftangriff:

Es war ein sonniger, kalter Wintertag, der zweite Weihnachtstag 1944, Raureif lag auf Dächern und Gärten … Meine Eltern und meine drei größeren Schwestern hatten morgens den Gottesdienst besucht. Kurz nach 11.30 Uhr ertönte Fliegeralarm. Ich lief weg von meinen Freundinnen und stellte mich zu Hause in die Haustüre. Bald hörte ich das Dröhnen der Flugzeugmotoren, sie kamen aus der Sonnenseite, so konnten die Flakgeschütze auch nicht so gut treffen. In einer Dreier-Formation, viermal drei zweimotorige Flugzeuge, flogen sie auf unsere Stadt zu. Voller Entsetzen sah ich, wie vier oder fünf Rauchzeichen zur Erde schwebten. Ich schrie voller Angst nach Vater, Mutter und Schwestern, sie sollen doch in den Erdbunker kommen. Mein Vater kam ärgerlich an die Tür, um nachzusehen, da sah auch er die Angriffszeichen. »Schnell, schnell«, rief er zu Mutter und Geschwistern, und alle liefen wir zum Garten und in den Bunker. »Gott befohlen«, sagte Vater, »das trifft uns.« Und schon schlugen Erdklumpen und Steine in den Gang des Bunkers, die Decke hob und senkte sich, die Verstrebungen fielen um, wir weinten alle. Ich dachte, jetzt bist du erst dreizehn und musst schon sterben. Doch plötzlich war es ruhig. Wir liefen hinaus, es schien keine Sonne mehr, eine riesige Rauchsäule stand über unserer Straße und da, wo meine Freundin mit ihren Eltern und ihrer Schwester gewohnt hatte, war nichts mehr, nur ein großer Trümmerhaufen. Es war noch keine vierzig Meter von unserem Bunker weg. Ich hörte Weinen und Rufen der Verletzten. Die Männer, die bei uns im Bunker waren, liefen mit Schaufeln und Hacken, um den Menschen zu helfen, die noch unter den Trümmern lagen. Zwei Häuser waren dem Erdboden gleich, und eines stand nur noch zur Hälfte da. Auch unser Haus war schwer getroffen. Während der Bergungsarbeiten näherte sich eine zweite Welle von Flugzeugen, und die Helfer, die aus der Stadt herbeigeeilt waren, suchten Schutz in unserem Erdbunker. So standen wir Kopf an Kopf, die Bomben, die neu fielen, richteten in der nächsten Straße ein Chaos an, bei dem etwa 90 Menschen den Tod fanden. Es wurde ein Restaurant getroffen, wo durchreisende Wehrmachtsangehörige, Nachrichtenhelferinnen, OT-Männer und der Wirt und einige Leute seines Personals getötet wurden. Sie saßen gerade beim Mittagessen, hatten nicht erwartet, dass unsere kleine Stadt angegriffen würde … Unter den Toten in unserer Straße befand sich auch meine 14-jährige Freundin, ihre Schwester und ihre Eltern. Eine ganze Familie also … Ich sah dann, wie meine Freundin in den Garten auf den Boden gelegt wurde, ein Blutrinnsal floss aus ihrem Mund. Sie hatte sonst keine Verletzungen. Der Luftdruck hatte ihre Lunge zerrissen. Sie war zwanzig Meter von ihrem Haus entfernt gefunden worden, wollte vielleicht noch davonlaufen. Auf den Trümmern eines anderen Hauses hörte ich den Nachbarjungen »Mutter, Mutter!« rufen … Er hatte nur überlebt, weil er einen Spaziergang zum nahen Berg gemacht hatte. Er musste mit ansehen, wie sein Elternhaus von den Bomben getroffen wurde, und wusste genau, dass Mutter und Schwester sich im Hause befanden. Der Vater war Soldat an der Front …

Ende Dezember schreibt der Unteroffizier Rudolf Lindner aus dem Raum St. Ingbert im Saarland an seine Familie in Herzogshufen bei Breslau. Am 4. Januar wird er beim Rückmarsch in den Unterkunftsort Ormesheim während eines Artillerieangriffs von einem Granatsplitter tödlich getroffen. Sein letzter Brief lautet:

Mich fröstelt, wenn man sehen muss, was hier los ist. Wenn die Irren nur Verstand hätten, würde dieses Wirren ein Ende haben. Papa! Die SS, das Furchtbarste!

Zweimal schon hat es mich erwischt. Gott sei Dank bin ich aber fast gesund. Ich erhielt das EK, wollte es gar nicht. Ostendörfer ist kein guter Vorgesetzter, eher gefährlich. Ich habe Angst, die Augen voller Tränen. Betet, betet!

Bange auch sehr um alle meine lieben Angehörigen, wenn ihr Haus, Hof, Heimat verlassen müsst, so wie es den Angehörigen eines Kameraden aus Oberschlesien ergangen ist. Schreibt mir dann bitte recht bald. Ach, könnte ich unser liebes, gutes Elternhaus, unser Herzogshufen, unser schönes Breslau, recht bald wieder sehen und mit meiner Posaune beim Musikkorps im Breslauer Konzerthaus zu Konzerten spielen. Liebe Eltern, ich danke, dass ihr mich sowie Reinhold, Franz und Herbert die Musik habt erlernen lassen. Dank! Dank! Gott mit euch! Auf Wiedersehen!

Am 31. Dezember notiert Rudi Brill, auf Urlaub vom »HJ-Fronteinsatz« bei den Eltern, in sein Tagebuch:

In wenigen Stunden ist das Jahr zu Ende. Dieses Jahr, das uns so Unterschiedliches beschert hat. Ob der Vers 7 des heutigen Psalms 122 endlich Wirklichkeit wird? »Es möge Friede sein in deinen Mauern.«

VII.

1945

Alles ist anders, seit heute haben wir wieder eine »Zukunft«. Es ist nicht mehr zu fürchten, dass wir in der Nacht von Bomben erschlagen werden oder unser Heim verlieren. Lieber Gott, verzeih mir die Lästerungen und Zweifel! Aber du bist gerecht und siehst, wie nah der Zweifel für Menschen liegt, angesichts der Tatsachen dieses grauenhaften Krieges …

Anja Römer-Hahn, 2. Mai 1945

Januar

In den ersten Januartagen beginnt von Westen und Osten her die Eroberung Deutschlands innerhalb seiner Reichsgrenzen.

Im Westen treten die Alliierten am 2./3. Januar gegen die Flanken des deutschen Frontvorsprungs in den Ardennen zur Offensive an, während amerikanische Bomber im Rücken der Ardennenfront die deutschen Stellungen ohne Pause angreifen. Am 11. Januar bricht die deutsche Verteidigung in den Ardennen zusammen, die Truppen der 1. und 3. US-Armee vereinigen sich bei Houffalize. Die 2. britische Armee greift in Richtung Holland gegen die Roer an. Am 26. Januar ist das linke Roer-Ufer von Roermond bis Düren in britischer Hand, von den Amerikanern wird der Ardennen-Frontvorsprung der Deutschen überrollt, und die 3. US-Armee steht damit erneut vor der deutschen Grenze. Am 30. Januar überschreiten französische Truppen im Elsass den Colmar-Kanal in Richtung Osten, und am 31. Januar haben die 1. und 3. US-Armee die vordersten Verteidigungsstellungen des Westwalls erreicht. Hitler hält von der Reichskanzlei aus seine letzte Rede an das deutsche Volk.

Im Osten beginnt die Rote Armee am 12. Januar südlich Warschau aus dem Baranow-Brückenkopf heraus eine Großoffensive in Richtung Ostpreußen, Berlin und Schlesien. Im Nordosten gehen die Russen in Richtung Königsberg und Elbing am 13./14. Januar vor. Am 15. Januar nehmen die Russen Kielce, am 16. Januar Radom. In der Nacht vom 16. zum 17. Januar räumen die Deutschen Warschau. Am 18. Januar überschreitet die Rote Armee die Grenze nach Schlesien. Einen Tag später erobert sie Krakau, Kutno, Mielau und Tarnow. Am 20. Januar nehmen die Russen Tilsit, Löbau und Kaschau, erreichen am 21. Januar die Kurische Nehrung, erobern Gumbinnen und stehen vor Insterburg und etwa 100 Kilometer vor Danzig. Insterburg, Allenstein und Deutsch-Eylau fallen am 22. Januar, Wehlau am 23. Januar, als auch Bromberg erobert wird und die Russen die Oder in einer Entfernung von 38 Kilometer vor Breslau erreichen.

In Breslau wird eine Regimentstruppe aus Hitlerjungen aufgestellt. Am 24. Januar überrennen die Russen Oppeln an der Oder, Gleiwitz und Kalisch. Am 25. Januar dringen die Russen in das Samland ein, stoßen südlich und nördlich an Posen vorbei, Straßenkämpfe gibt es in Elbing. Am 26. Januar besetzt die Rote Armee Marienburg und stößt zum Frischen Haff vor. Damit ist Ostpreußen abgeschnitten und Königsberg eingeschlossen. In Oberschlesien erobert die Rote Armee Hindenburg und Beuthen. Am 27. Januar erobern die Russen Memel und befreien Litauen, am 29. Januar dringen sie in Pommern ein, erobern im Süden Kattowitz und säubern das oberschlesische Industriegebiet, am 30. Januar wird die Verbindung von Königsberg nach Pillau unterbrochen, fällt Marienwerder in Ostpreußen. Die Russen überqueren die deutsch-polnische Grenze, stehen damit

160 Kilometer vor Berlin. Am 31. Januar fallen in Ostpreußen die Städte Landsberg, Heilsberg und Friedland in russische Hand.

Im Südosten findet am 13. Januar der deutsche Rückzug an der Linie Mostar – Visegrad – Drina seinen vorläufigen Abschluss. Während die Russen bereits in Budapest Parlament, Börse und Hauptpost stürmen und der Vormarsch in Richtung Preßburg und Wien weitergeht, unterzeichnet die in Debrecen neu gebildete ungarische Gegenregierung den Waffenstillstand in Moskau. In den Karpaten erobern die Russen am 21. Januar Nowy Sacz in Polen und Bardejov, Presov und Kosice in der Tschechoslowakei. Im Südwesten von Budapest versuchen die Deutschen zur Donau durchzubrechen. In Griechenland kommt es zu einem Waffenstillstand zwischen britischen und kommunistisch-griechischen Verbänden (11. 1.).

Alliierte Luftangriffe bei Tag und Nacht werden den ganzen Januar fortgesetzt gegen den Dortmund-Ems-Kanal (1. 1.), gegen Nürnberg-Fürth (2. 1.), Hannover, Berlin (5. 1.), München (7. 1.), Frankfurt am Main, Linz (8. 1.), Saarbrücken (13. 1.), Ölraffinerien in Norddeutschland (14. 1.), gegen Augsburg, Reutlingen und Ingolstadt (15. 1., von Italien aus), Magdeburg (16. 1.), Eisenbahnanlagen bei Hamm, Münster, Koblenz, Niederlahnstein, Kassel und Siegen (29. 1.).

Ab 23. Januar werden aus Ostpreußen und der Danziger Bucht Räumungstransporte über die Ostsee eingesetzt und bis zum 8. Mai 1945 über 2 Millionen Flüchtlinge, Soldaten und Verwundete nach Westen evakuiert. In der Nacht vom 30. zum 31. Januar versenkt ein russisches U-Boot den deutschen Dampfer »Wilhelm Gustloff« kurz nach Verlassen von Gotenhafen auf der Höhe der Stolpebank mit etwa 5 000 Flüchtlingen und Soldaten an Bord, von denen nur 904 Überlebende gerettet werden.

In Tschenstochau befreien die Russen am 16. Januar 800 Juden, in Lodz 870 Juden, am 17. Januar in Budapest 80 000 Juden. Am 26. Januar befreit die Rote Armee in Auschwitz 2 819 kranke Überlebende.

Auf dem Kriegsschauplatz in Südostasien landen britische Kräfte am 2. Januar bei Akyab im Bengalen-Golf, die Amerikaner fliegen Luftangriffe am 3./4. Januar gegen Formosa und die Ryukyu-Inseln, vom 12. bis 22. Januar in der Süd-China-See, in Indochina, Süd- und Südwestchina und gegen Nordluzon. Die Japaner fliegen vom 4. bis 13. Januar einen schweren »Kamikaze«-Angriff gegen die US-Landungsflotte auf dem Marsch zum Lingayen-Golf (Luzon), sie versenken einen Geleitträger und zwei Minensuchboote und beschädigen weitere Geleitträger und Schlachtschiffe der Amerikaner schwer.

»Meine Soldaten! Ich kenne eure Leiden und eure Opfer und weiß, was ich von euch fordern musste und was von euch gefordert wird … So wie Phönix aus der Asche, so hat sich aus den Trümmern unserer Städte der deutsche Wille erst recht aufs Neue erhoben …« Das Zitat aus Hitlers Neujahrsbotschaft lässt ahnen, was Soldaten und Zivilisten an allen Fronten und in der Heimat im Jahr 1945 noch

bevorsteht. Am 5. Januar schreibt der Leutnant d. R. Paul Fischer bei Memel an seine Frau:

... Ich bedarf all meiner Willenskraft, um das hier durchzuhalten. Ich gestehe dir ehrlich, dass ich manchmal Angst habe, wenn ich nachts über die freie Fläche gehe und der Iwan mit seinen Maschinengewehren abstreut. Auch das Pfeifen ankommender Granaten ist mir so widerlich, dass ich bei jedem stärkeren Windrauschen zusammenzucke. Hoffentlich kommt bald die nötige Sturheit in mich. Da ich keinen lieben Gott habe, halte ich mich in meinen Nöten an dich und flüstere deinen Namen wie einen Talisman. Nach außen darf ich meine Bedrückung nicht zeigen, da ich ja »führen« muss ...

Bernhard Beckering, der am 25. Januar bei Oos in der Eifel fällt, berichtet von einer Feindbegegnung Anfang Januar in der Eifel:

Ein amerikanischer Pilot kommt, weil die Maschine brennt, durch Fallschirm herunter, bricht sich das rechte Bein und liegt hilflos auf dem beschneiten Acker. Ich bin als Erster bei ihm, er fürchtet, sofort umgebracht zu werden. Er wird, soweit es die Umstände zulassen, geschient, wegtransportiert. Wir können uns ausreichend verständigen. Er ist 24 Jahre alt, sehr sicher in seiner hilflosen Lage, sympathisch. »It's a long way home, my fellow.« Er gibt mir dankbar die Hand. Wir könnten uns verstehen. Wir müssen Feinde sein, aber nur als Menschen unserer Länder ...

Zur selben Zeit schreibt in Hannover Annie Fischer-Niekamp diese Gedichtzeilen nieder:

Die Angst sah uns schon aus den Augen,
das Herz barst fast vor neuem Grauen.

Wann trifft es uns, das viele traf?
Wann nimmt es uns, was wir geschafft?

Wir sahen Elend, tiefe Not,
Gesichter zeichnete der Tod.

In Angst wir flehten, riefen, baten:
Herr, sende Wolken, lass uns schlafen,
lass ruh'n uns eine einz'ge Nacht.
Alarm uns um den Schlaf gebracht.

Wir hörten Bomben bersten Straßen.
In Schrecken wir in Trümmern saßen.

Zu Asche unsre schöne Stadt
der Bombentod vernichtet hat.

Wir sahen Feuerflammen toben.
Herr, biete Einhalt – du dort oben.

Zutiefst wir sehnen uns nach Frieden.
Wir fragen nicht: Wen lässt du siegen?

Bei dir allein ist alle Macht.
Herr, schenke uns ein stilles Grab.

Lass uns im Frieden wieder leben.

Die Donauschwäbin Maria Deutsch wird Anfang Januar von den Russen aus Werschetz (heute Vrsac, im ehemaligen Jugoslawien) nach Russland zum Arbeitseinsatz transportiert. Sie erinnert sich später:

An Sylvester ging die Reise los. Wir kamen in Viehwaggons, fuhren durch Rumänien und Polen nach Russland, wir sind 16 Tage und Nächte gefahren. Wir schliefen auf Stroh. Zum Essen gab es rohen Speck und Brot ... Mit dem rohen Speck wurden viele krank. Auch mich hat es erwischt. Ich wurde ohnmächtig, dann bekam ich Durchfall ... Am 16. Januar sind wir in Ctalincki Oblast Artemowchi angekommen. Unser Lager hieß Tahsvojar. Wir sind in der Nacht angekommen ... Wir waren 2000 Menschen im Alter von 17 bis 32 Jahren. Am nächsten Tag wurde ich mit zwei Frauen und sieben Männern in eine Krankenstube gebracht. Das war so drei Kilometer vom Lager weg. Dort waren wir drei Wochen. Wir bekamen nur schwarzen Tee oder abgekochtes Wasser ... Da wir im Donez-Gebiet waren, sind einige zur Gewinnung der Tonerde gekommen, andere mussten die Stadt aufbauen. Dort standen nur mehr die Kamine, kein einziges Haus war heil geblieben. Ich kam in die Gärtnerei, weil ich so krank war ... Das erste Jahr hatten wir alle nicht viel zu essen, auch die Russen nicht ...

Rudi Brill ist am 5. Januar unterwegs von den Eltern, die ins Fichtelgebirge evakuiert sind, über Heidelberg, Mannheim, Ludwigshafen und Kaiserslautern nach Bexbach in seine Heimat, wo er zum »Fronteinsatz der HJ« abkommandiert ist. Er beobachtet unterwegs:

Der Zug von Heidelberg nach Mannheim hielt vor der Stadt auf freier Strecke. Ein Luftangriff war im Gange. In der Ferne sah man Feuerschein. Spät abends überschritt ich die Rheinbrücke. Da standen Feldpolizisten und kontrollierten die Ausweise. Der Bahnhof Ludwigshafen bestand nur noch aus rauchenden Trümmern. An die Abfahrt eines Zuges war nicht zu denken. Auch nach einem Auto sah ich mich vergeblich um. So schulterte ich meinen schweren Rucksack wieder und marschierte mutterseelenallein die fünf oder sechs Kilometer bis Rheingönnheim. Lange nach Mitternacht klingelte ich dort den guten Onkel Kumpier aus dem Bett. Ein Schlaflager für mich war auf einem Sofa rasch zurechtgemacht. Nachdem ich kurz Auskunft über meine Reise gegeben hatte, schlief ich ein.

Den folgenden Tag verbrachten wir größtenteils im benachbarten Hochbunker. Es war so ziemlich Daueralarm. Kumpier erzählte mir eine hübsche Geschichte von Hannele, dem Enkelkind. Sie hört öfter zu, wenn die Erwachsenen sich über Politik unterhalten. Als neulich die Hühner eifrig gackerten und Kumpier die Hoffnung auf viele gelegte Eier äußerte, sagte die Kleine: »Das ist alles nur Propaganda.«

Abends mit einem Zug weiter nach Kaiserslautern. Dann war es wieder alle. Auch hier lag der Bahnhof in Trümmern, aber noch weiter nach Westen fuhr sowieso kein Zug. Einigen Landsern, die den gleichen Weg hatten, schloss ich mich an zu einem Fußmarsch Richtung Landstuhl. Mein Gepäck wurde mir immer schwerer. Aber irgendwie habe ich die sechzehn Kilometer bis Landstuhl doch geschafft. Weiter laufen konnte ich aber nun beim besten Willen nicht. Im Sickingenstädtchen warteten wir in Kälte und Schneetreiben von 2 bis 6 Uhr früh auf eine Möglichkeit weiterzukommen.

Bibbernd vor Kälte suchte ich in einem Mauervorsprung Schutz vor dem Wind. Zeitweise lief ich hin und her, um mir warm zu machen. Endlich tauchten aus der Dunkelheit einige kleine Lkws auf. Einer hielt auf unser Winken an. Gegen die sich drängenden Menschen suchte ich mir einen Platz zu erobern. Wie Ameisen enterten sie das Fahrzeug. Ein Soldat zog mich samt Rucksack hoch. Der Fahrer fluchte wegen Überlastung seines Vehikels, fuhr aber doch weiter. Wir saßen auf 10,5-cm-Granaten, aber das war mir gleich, nur weiter …

Die 13-jährige Gisa Landau aus Tarnow in Polen wird am 5. Januar mit ihrer Mutter aus Auschwitz evakuiert. Sie berichtet in ihrem Protokoll (heute im Archiv der Jüdischen Kommission Krakau):

Wir wurden in Reihen aufgestellt. Jeder bekam ein Brot und ein Stück Margarine. Dann wurden wir in großer Eile zu Fuß davongetrieben. Sicher waren die Russen schon nahe, sonst hätten die Deutschen es kaum so eilig gehabt. Weder tags noch nachts durften wir stehen bleiben. Blieb jemand stehen, um den Schnürsenkel zu binden, oder auszuruhen, weil er zu schwach wurde, schon schossen sie. Wir gingen durch Schnee und Wald über Feldwege und fanden überall im Schnee hockende Leichen. Ich versuchte, nicht hinzuschauen, aber man sah sie doch. Nach zwei Tagen verlud man uns in offene Waggons. Es gab kein Essen und kein Wasser. Niemand glaubte, dass wir es überstehen würden. Dann kamen wir in Ravensbrück an. Es war ein Frauenlager, und wir schliefen zu 30 ohne Decken in einer Koje. Es gab Krankheiten, Hunger und viel Schmutz. Täglich starben die Menschen wie Fliegen. Dann brachten sie uns nach Neustadt. Wir saßen zweieinhalb Tage in offenen Waggons. Die Leichen wurden einfach auf den Schnee hinausgeworfen. Sie sahen nicht mehr wie Menschen aus. Aber auch Mutti sah wie eine Leiche aus, und ich konnte nicht mehr aus den Augen sehen. Man trieb uns in einen Pferdestall, wo wir auf Stroh lagen. Wir bekamen keine Decken und kein Wasser zum Waschen. Ich wollte am liebsten sterben, aber Mutti redete mir gut zu. Kaffee und Brot wurde endlich verteilt, aber man musste sich schlagen, um an den Kessel heranzukommen. Woher Mutti die Kraft nahm, um mein Essen zu kämpfen, weiß ich wirklich nicht. Die Lagerälteste dort hasste Juden. Sie nahm uns die Suppe fort und schlug uns wie Vieh.

Alle hatten Typhus und Durchfall. Viele Frauen starben. Bis zum 2. Mai wurden wir immer weniger. Dann sperrten sie unseren Block, nagelten Türen und Fenster mit Brettern zu, und alle dachten, man würde uns in die Luft sprengen oder verbrennen. Sie haben es aber wohl nicht mehr geschafft, weil die Amerikaner kamen und uns befreiten. Zuerst konnte ich nicht begreifen, dass wir keine Angst mehr haben mussten. Wir bekamen Essen und Schokolade, und endlich begriff ich, dass der Krieg zu Ende war.

Zurück in den Januar 1945: In Südostasien ist die amerikanische Landungsflotte auf dem Marsch zum Lingayengolf, wo die US-Marine-Infanteristen auf der Philippinen-Insel Luzon landen werden. Die Flotte wird von japanischen »Kamikaze«-Fliegern attackiert, auch von »menschlichen Torpedos«, die von U-Booten aus operieren und sich mit ihrem Lenker in die feindlichen Schiffe bohren. Leutnant Ishikawa notiert an Bord von U-Boot 158, was ihn bewegt, bevor er sich mit seinem Torpedo selbst opfert:

Der Tag ist gekommen, an dem ich mit drei anderen Männern die entscheidende Operation durchführen werde. Wir fühlen uns wohl und sind guter Dinge. Apra wird sich wundern. Der Mond ist bleich, und die Sterne leuchten fern und schwach. Es ist Anfang Januar, und vor mir schwimmt die Insel, die still zu schlafen scheint. Wer kann sich die Verwirrung vorstellen, die dort in einigen Stunden herrschen wird. Für die Sache unseres großen Landes sind wir an den verabredeten Ort gekommen.

Nur zweiundzwanzig Jahre hat das Leben gedauert, und jetzt ist es wie ein Traum. Heute wird sich der Sinn des Lebens zeigen. Als Wendepunkt im Entscheidungskampf zwischen Japan und Amerika, um mit einem einzigen Schlag unseren Abstieg aufzuhalten und die glänzende dreitausendjährige Geschichte Japans für ewig fortzusetzen.

Japan ist das Land der Götter. Das Land der Götter ist ewig und kann niemals untergehen. Es wird auch später Tausende und Zehntausende von gleichen Männern geben, und wir bringen unser Leben als Opfer für unser Vaterland dar. Wir wollen uns lösen von den Nichtigkeiten dieses weltlichen und irdischen Lebens, um in das Land einzugehen, das immer und ausschließlich von Rechtschaffenheit regiert wird.

In den Ardennen greifen die Amerikaner seit dem 2. Januar die deutschen Stellungen an, dort bricht am 11. Januar der deutsche Widerstand zusammen. Am 10. Januar schreibt Alois Rathgeber, der wenige Wochen später als vermisst gemeldet wird, vom Brückenkopf Herlichheim am Rhein, also weiter südlich, nach Hause:

Tag und Nacht deckt uns der Ami mit Artillerie ein, dass einem oft Hören und Sehen vergeht. Meist kommt er mit Panzern, da ist ja nicht viel zu machen. Es gingen auch schon viele in Gefangenschaft. Er fuhr mit Panzern vor die Löcher und sagte, kommt heraus! So könnt ihr euch wohl denken, wie es uns geht, aber habt keine Sorge, denn wenn Gott es will, komme ich auch wieder zu euch in die Heimat. Sitze soeben in einem Keller, über uns die Flieger, und es schlagen um uns Granaten auf Granaten ein. In den Dörfern ist bald kein ganzes Haus mehr, und die Leute, die hier sind, sitzen in den Kellern. Was diese Leute mitmachen, kann ich euch nicht beschreiben. Es ist ein Weinen und Klagen von den Frauen, denn die Männer werden alle weggebracht … Meine Lieben, ich kann es kaum fassen, was hier alles geschieht. Wir sind ja einer SS-Division unterstellt, und wo die hinkommen, da haben die Leute Angst. Vor einigen Tagen kamen wir an einer Kirche vorbei und hatten auch Gelegenheit hineinzuschauen. Da waren auch einige SS-Männer drinnen, die sagten, hier kann man Preisschießen machen auf das Kreuz. Ein anderer legte die Messgewänder an und lief damit herum. Solche Dinge kann man hier erleben, da soll uns der Mut nicht vergehen. Aber es wird einmal einer richten, und diesem Gericht wird keiner entgehen. So müssen wir hier sitzen und warten, bis uns eine Kugel wieder in die Heimat bringt oder in die Gefangenschaft …

Ab dem 12. Januar führt Emil Heinze in Breslau ein Tagebuch – bis zur Kapitulation der später zur Festung erklärten Stadt am 7. Mai. Das Tagebuch beginnt:

Am 12. Januar begann die russische Offensive am großen Weichselbogen. Mit Bangen verfolgten wir im Wehrmachtsbericht und im Rundfunk, wie schnell die »Dampfwalze« sich Schlesien und unserer Stadt näherte. Jeder Widerstand schien zusammengebrochen, keine Verteidigungslinie oder Panzergraben konnte Halt gebieten. Am Sonnabend, den 20. Januar, wurden in Breslau schnellstens Maßnahmen zur Verteidigung der Stadt getroffen. Überall standen Volkssturmmänner mit der Panzerfaust herum ... Ich hatte schon jetzt die Absicht, den Krieg bei diesem schnellen Vormarsch über uns hinweggehen zu lassen. Schon seit Tagen zogen die Elendskolonnen der Flüchtlinge durch die Stadt. Mit Pferd und Wagen, Handwagen, Kinderwagen, zogen sie mit Kind und Kegel in der eisigen Kälte dahin ... Unser Stadtteil Bartheln lag in der neuen Auffang-Front. Wir erhielten die Nachricht, dass Bartheln und Bischofswalde geräumt werden müssen und Montag ½10 Uhr alle Nichtberufstätigen an der Straßenbahn sein sollten. So standen wir vor der bitteren Entscheidung, entgegen der amtlichen Anordnung trotzdem bleiben oder abreisen ... Ich entschied mich bald zum Bleiben, da ein Haus, das noch bewohnt ist, doch besser bewahrt ist, als unbewohnt. So leicht wollte ich meinen Besitz nicht aufgeben. Meine Frau reiste mit meiner Tochter ab, um in Sicherheit zu kommen ...

Am 13. Januar schreibt Leutnant Paul Fischer aus Ostpreußen nach Hause:

Wir leben wie die Tiere, aber nicht wie gepflegte Haustiere. Ein Teil meiner Männer haust seit zwei Monaten in »Unterkünften«, in denen sie weder stehen noch sitzen, sondern nur liegen können, und die sie nur bei Nacht verlassen. Von Tageslicht ist nicht mehr die Rede. Wenn du das alles berücksichtigst und dazu die ständige Anspannung durch das nie abreißende Schießen und Knallen, die grausigen Bilder etc. rechnest, so erscheint dir vielleicht dein eigenes Los doch relativ nicht unerträglich. Ich gebe zu, dass der Vergleich hinkt. Wir sind Männer, und außerdem stehen wir unter militärischer Disziplin und einem männlichen Ehrenkodex, der es verbietet, irgendetwas als unerträglich zu bezeichnen. Und wenn man immer den starken Mann spielen muss, dann ist man es schließlich auch ...

Von der Front in Ungarn schreibt Hauptmann Hanns Berg am 13. Januar nach Hause (er ist wenige Wochen danach in Ungarn gefallen):

In dünner Kette steht die deutsche Linie. Verschmutzt sind die Tarnanzüge, mit Lehm beschmiert. Die Grenadiere sind nass bis auf die Haut. Unsere Hände und Gesichter sind zum Teil nur noch mit viel Fantasie als menschliche zu erkennen. Stur und apathisch sind die meisten. Schutzlos liegen sie den Panzern ausgesetzt. Stellungen gibt es hier nicht. Und dennoch wird verbissen um jeden Meter gerungen ...

Seit den ersten Januartagen ist in Ostpreußen dem Gruppenführer Horst Goldbach ein neuer Mann, Arthur Pucher, zugeteilt mit dem Bescheid »politisch unzuverlässig«. Von einer Strafeinheit nach vier Wochen weitergereicht, landet Arthur Pucher in der Einheit Goldbachs an der Front bei Gumbinnen. Am 14. Januar, einen Tag nach Beginn der russischen Offensive dort, fällt Arthur Pucher. Horst Goldbach berichtet später dem Vater Puchers:

Am 13. Januar, morgens um 6 Uhr, begann dann in unserem Abschnitt die russische Offensive. Bei meinem Grabendurchgang, während des zweistündigen Trommelfeuers, fand ich Arthur singend und pfeifend in seiner Sappe (= Laufgraben) sitzend, den Russen den Rücken zugedreht, als ginge ihn das alles nichts an. Im Gesicht hatte er einige kleine Kratzer von Granatsplittern. Als ich ihn fragte, wie es ihm ginge, lachte er mir nur ins Gesicht. Als dann der Angriff begann, ist er mir nicht mehr von der Seite gewichen ... Die Nacht benutzten wir, um Verbindung nach hinten aufzunehmen, und da uns das geglückt war, sah uns auch der 14. Januar noch in Stellung ... Arthur, ich und noch ein Kamerad standen im Graben, lachten und scherzten, unbekümmert, als könnte uns nichts mehr passieren. Aus einem mir heute nicht mehr bekannten Grund verließ ich die zwei und ging in die vielleicht zwei Meter entfernte Sappe. Ich war kaum darin, als eine gewaltige Detonation mir Dreck und Erdklumpen um die Ohren warf. Da die Sappe schon halb zugeworfen war, versuchte ich in den Graben zu kommen, um dort Deckung zu suchen. Hier fand ich dann Arthur und den anderen Kameraden in sich zusammengesunken. Beide müssen auf der Stelle tot gewesen sein, denn vom Einschlag bis zu meinem Eintreffen waren nur wenige Sekunden vergangen. Die Granate war genau auf die Grabenkante, zwischen beiden, eingeschlagen, an die sie sich gelehnt hatten. Die linke Brusthälfte vom Arthur wie auch die linke Gesichtshälfte waren durch den Volltreffer furchtbar zerrissen ... An der Rollbahn Gumbinnen-Ebenrode haben wir ihn in den Abendstunden des 14. Januar beerdigt ...

Zur selben Zeit etwa beobachtet Unteroffizier Rehfeld in Ostpreußen diese Szene:

Plötzlich kommen Gestalten auf uns zu. Russen? – Noch kann ich nichts Genaues erkennen. Ich schiebe den Lauf der Maschinenpistole vor, entsichere und starre im Schneesturm auf die schneebedeckten, sich langsam heranbewegenden Gestalten. Jetzt sind sie auf 10 Meter heran – ich erkenne Frauen und Kinder. Schon springe ich auf: »Hierher!« Weinende Mädel mit bleichen, ängstlichen Gesichtern fallen mir um den Hals. »Helft uns, helft uns!« Kinder jammern: »Mutti, Mutti!« Alle Männer und Frauen stehen stumm und mit vor Kälte weiß gefrorenen Gesichtern, die Kleidung nass von Schnee. Erschüttert stehe ich da, halte ein junges Mädel fest, das zusammenbrechen will. Aus den Gesichtszügen erkenne ich die Not, die Strapazen und das furchtbare Leid, das die von Haus und Hof vertriebenen und besitzlosen Ostpreußen erdulden mussten. Langsam gehe ich vor ihnen her. Es sind etwa 30 Personen. Teilweise ohne Mäntel, Männer ohne Schuhe, barfuß, die Russen hatten ihnen die Stiefel ausgezogen …

Am 20. Januar wird Christoph Faulhaber an der zurückweichenden Ardennen-Front bei dem zerschossenen Dorf Kemen in seiner Stellung von einem Artillerieüberfall überrascht. Er erzählt in seinem Tagebuch:

Wir sitzen auf den Pritschen und kauen Kommiss, belegt mit Daumen und Zeigefinger. Pichler steht am Geschütz. Draußen kracht es fürchterlich … Wir drängen ins Freie, schon rauscht es wieder heran … Stahlhelm auf und ans Geschütz. Ein Haufen Eisen starrt uns entgegen. Dicht daneben ein Krater. Jetzt hagelt es Eisen. Abschüsse und Einschläge sind nicht mehr voneinander zu unterscheiden. Das Schützenloch links vom Geschütz, in dem Pichler stand, ist verschwunden. Ich robbe zu dem Trümmerhaufen und fange an zu buddeln. Schwarzer schiebt sich neben mich.

Die anderen sind in Deckung gegangen. Wie zornige Hornissen sirren die Splitter um uns. Doch wir hören es kaum. Wir wühlen, als ginge es um unser Leben. Schwarzer stöhnt auf und bewegt sich nicht mehr. Voll Angst schaue ich zu ihm hin. Mein Herz bittet und meine Lippen murmeln Gebete. Doch da hebt er wieder den Kopf und gräbt weiter. Meine Hände schmerzen, und es ist, als hätte ich mir alle Nägel abgerissen. Ich kann keinen Gedanken fassen. Da schaut eine Hand aus der Erde, als greife sie zum Himmel und wolle sich anklammern an etwas Unsichtbares … Ich schaudere zusammen. Es ist, als wenn mein Herz für Sekunden aussetzt. Schwarzer schaut zu mir her. Sein Gesicht ist kalkweiß. Wir verdoppeln unsere Anstrengungen. Um uns krachts und reißt die Erde auf. Wir haben kein Auge dafür. Nur eines beseelt uns. Helfen, nicht zu spät kommen! Mir laufen die Tränen übers Gesicht, und ein Schluchzen ringt sich aus meinem Innern. Schwarzers Spaten ist auf Eisen gestoßen. Er legt den Stahlhelm frei. Nur vorsichtig weiter. Herrgott, hilf uns! Nun versuchen wir mit den Händen, den Kopf frei zu legen. Ich greife in eine weiche, nasse Masse. Mein Herz stockt. Schnell ziehe ich die Hände wieder zurück. Mein Magen bäumt sich auf. Dann wird mir schwarz vor den Augen. Jesus, Maria! Auch Schwarzer hat die Arbeit eingestellt. Auf dem Bauch schleppen wir uns zum Hang und lassen uns hinunterrollen … Ich kann das Schauerliche nicht fassen. Noch fühle ich es weich und nass in meinen Händen. Ich muss mich übergeben. Dann kriechen die anderen heran und erfahren das Schreckliche. Als der Feindbeschuss nachlässt, gehen wir zu unserem ehemaligen Geschütz, ein Schrotthaufen. Schwarzer hat das Loch wieder zugeschüttet. Ein Stahlhelm liegt darauf. Kuczera hat ein kleines Holzkreuz aus Spänen zusammengebunden und steckt es nun in die Erde, an die Stelle, an der Pichler noch im Tode Wache hält …

Am 24. Januar schreibt Leutnant Paul Fischer aus der Danziger Bucht nach Hause:

Inzwischen sind wir mit dem Schiff abgehauen. Noch bin ich an Bord. Wir liegen in einem Hafen südwestlich unseres alten Platzes. Wieder hocken wir an einer Haffmündung … Ob der Versuch des Russen, Ostpreußen zu einem Brückenkopf zu machen, gelingt? Wir haben jedenfalls das Gefühl, vom Regen in die Traufe gekommen zu sein …

Zwei Tage später ist Leutnant Paul Fischer mit seinen Leuten in Königsberg. Er schreibt an seine Frau in die Heimat, wenige Tage bevor er in russische Gefangenschaft kommt (er stirbt in einem Straflager bei Kirow im Juli 1948. Dazu seine Frau an den Herausgeber: »Im Juli 1948 erlebte ich einen Nervenzusammenbruch und hatte das Gefühl, dass der Faden plötzlich durchschnitten war …«):

Insterburg, Allenstein, Mohrungen sind in der Hand der Russen. Vielleicht ist jetzt, wo ich diesen Brief schreibe, der Ring schon geschlossen. Die Flüchtlingsströme gehen zum Hafen, um evakuiert zu werden, wir machen den umgekehrten Weg … Die Stadt ist leer. Der Innenkern ausgebombt, die Außenstadt beim letzten Evakuieren. Ich gebe den Brief einigen Wehrmachtsangestellten mit, in der Hoffnung, dass sie mit Erfolg hier rauskommen … Schreibe, vielleicht gelangt noch mal ein Brief zu mir, um meine Sorgen um euch zu lindern. Von ganzem Herzen dein Paul …

In Elbing in Westpreußen wird am 29. Januar die 39-jährige Frau E. O. mit ihrer 15 Monate alten Tochter Christa und dem 7½ Jahre alten Sohn Horst von den Russen gefangen genommen. Sie erinnert sich später:

Am 29. Januar 1945, morgens 6.30 Uhr kam ich in Gefangenschaft … Wir wurden gemustert nach Alter und Geschlecht. Alle wurden in die Bahnhofshalle gejagt. Die Männer wurden fast alle abtransportiert. Niemand hat sie jemals wieder gesehen. Übrig blieben Frauen und junge Mädchen ab fünfzehn Jahren. Hier begannen schon die Vergewaltigungen. Auf dem offenen Bahnhofsplatz sah ich, wie ein junges Mädchen, fünfzehn Jahre alt, aus Elbing-Trettinkenhof, von russischen Soldaten vergewaltigt wurde. Die Mutter verteidigte ihre Tochter, weil die russischen Soldaten sie immer wieder gebrauchten, und besiegelte ihr Leben für den Mut und den Kampf nach zwei Tagen mit dem Tode … Nach geraumer Zeit wurden wir in Richtung Tannenberger Allee abgeführt und in Behelfsheimen untergebracht. Der Krieg tobte weiter. Auf dieser Tannenberger Allee marschierten die russischen Nachschubtruppen und wurden in unmittelbarer Nähe der Behelfsheime vorübergehend untergebracht. Wir wurden jetzt noch einmal gemustert und nach Alter sortiert … Ein Zimmer von diesen Behelfsheimen war für die Vergewaltigungen hergerichtet, die nun erfolgen sollten. Zuerst kamen die jüngeren Frauen dran, ich erst gegen Morgen … Danach mussten wir zur Unkenntlichkeit gemarterten Frauen uns sammeln und wurden auf den Todesmarsch nach der 21 Kilometer entfernten Stadt Preußisch-Holland gesetzt … Wir haben uns Sacklappen um die Füße gebunden, und ich nahm ein Kind auf den Arm und das andere an die Hand. Unter Begleitung russischer Soldaten wurden wir vorwärts getrieben … Von 800 Menschen, meist Frauen und Kinder (einige alte Männer waren dabei), waren bei der Auflösung des Zuges kaum noch 200 Menschen am Leben. Die Toten lagen am Straßenrand oder Straßengraben. Nach vierzehn Tagen wurde der Rest dieses Zuges aufgelöst, und die Menschen flohen in allen Richtungen auseinander. Die russische Armee zog nach Norden auf Danzig zu. Ich ging wieder nach Elbing mit meinen Kindern … Einmal noch wollte man mir meinen Sohn Horst wegnehmen, um ihn zu behalten, wurde ich noch einmal gebraucht. Dann kam das Verbot, Frauen zu vergewaltigen … Ich und viele Tausend Frauen sind kaputt bis auf den heutigen Tag …

Ein unbekannter russischer Soldat schreibt etwa zur selben Zeit über das Vorgehen »unserer Slawen« gegen die deutschen Frauen aus dem Raum Königsberg an seine Braut:

Nun will ich dir schreiben, wie unsere Slawen mit den deutschen Frauen umgehen. Die Frauen haben nichts Gutes. Den Männern geht es nicht so schlecht, aber das Leben der Frauen ist schwer. Denn sie machen es so mit ihnen. Einer hält sie, und der andere macht mit ihnen, was er will. Es waren auch solche Frauen, die das nicht überleben konnten und es nicht aushielten und starben, so dass sogar führende Persönlichkeiten (Offiziere) auf ihre Männer (Mannschaften) aufpassen mussten, denn so etwas ist unbeschreiblich …

In Heidelberg schreibt Ende Januar eine Mutter in ihr Tagebuch:

Elektrischer Strom soll jetzt einen Tag in der Woche abgestellt werden. Die Bäcker sagen, sie hätten kein Mehl mehr, bald wird es also kein Brot mehr geben. Die Mädels arbeiten in den Fabriken, bei der Flak, es gibt keine Kohlen. Alles friert, dabei fast täglich die schweren Angriffe auf Mannheim … Mein Mann ist Kompanieführer beim Volkssturm, meine Tochter mit ihrem Verlobten in Linz am Rhein und arbeitet dort im Krankenhaus. Ein Brief von dort hierher und umgekehrt dauert vier bis fünf Wochen …

Ob die Russen schon in Marienwerder sind? Eben höre ich, sie sind in Marienburg. Ich merke immer wieder, dass ich Angst habe, richtige kindische Angst vor dem, was kommen kann. Gott, gib mir Mut!

In den Tageszeitungen erscheinen um diese Zeit Anzeigen mit folgender Warnung vor Tieffliegern:

Rote und weiße Kleider sind die besten Anziehungspunkte für die Jabos. Landfrauen, zieht für die Feldarbeit unauffällige Röcke und Blusen an!

Rosa Widhopf in München schreibt an ihren 13-jährigen Sohn im KLV-Lager in Wallgau:

Die Stadt sieht so schlimm aus, dass man ganz traurig wird, wenn man durch die Straßen geht …

Aus dem Feldlazarett in Prenzlau in der Uckermark schreibt am 30. Januar der Grenadier Kurt Maier, knapp 18 Jahre alt, an seine Mutter ins badische Östringen:

Wie ich dir von Warnemünde aus geschrieben habe, sind wir am 25. Januar vom Feldlazarett in Ostpreußen weggekommen zum nächsten Ostseehafen Pillau. Mit dem Zug war es ja nicht mehr möglich, aus Ostpreußen herauszukommen. Von Pillau sollten wir dann mit dem großen Passagierschiff »Steuben« eingeschifft werden. Ein Teil von unserem Lazarett kam auch noch an Bord, aber dann war es bald voll, und wir standen da. Aber Glück muss der Mensch haben, und das habe ich Gott sei Dank bis jetzt immer gehabt. Ein U-Boot-Kommandant nahm uns mit auf sein U-Boot, wo bereits einige Verwundete sich befanden … Wenn ich wieder k.v. bin, wünsche ich mir nur das eine, dass ich im Westen eingesetzt werde, um unsere engere Heimat zu verteidigen … Der Krieg darf und wird nur mit dem deutschen Sieg enden! – Ich denke da gerade an meinen guten Kameraden K. L., der sein junges Leben am 13. Januar dahingab. Es war nach dem schweren dreistündigen Trommelfeuer. Wir gingen in Stellung, er zehn Meter rechts von mir. Da traf ihn ein Splitter von einer Granate schweren Kalibers. Er war sofort tot. Ein paar Minuten vorher hatte er noch lachend zu mir gesagt: »Und greifen an die Bolschewiken – wir werden sie zum Teufel schicken!« Das waren seine letzten Worte …

In der Nacht zum 31. Januar wird der KdF-Dampfer »Wilhelm Gustloff« kurz nach dem Auslaufen aus Gotenhafen von drei Torpedos des russischen U-Boots S 13 getroffen. Auf der »Gustloff« sind rund 10 000 Menschen, vor allem Flüchtlinge und Soldaten, die evakuiert werden sollen. Nach dem dritten Torpedo sinkt das Schiff nach etwa 40 Minuten, nur etwa 1 000 Überlebende werden gerettet. Frau Gertrud Lietke aus Zoppot bei Danzig ist eine der Überlebenden. Sie berichtet wenige Tage später, am 24. Februar, in einem Brief von der Schreckensnacht:

Ruthchen, ich habe Ihnen Furchtbares zu sagen – ich habe alle meine geliebten Menschen auf der Flucht verloren und bin nur allein übrig geblieben. Doch ich will Ihnen das Schreckliche nacheinander berichten. Wir entschlossen uns Ende Januar, Zoppot zu verlassen, und konnten dieses nur noch per Schiff tun. Wir erhielten Schiffskarten für das KdF-Schiff »Wilhelm Gustloff«, das von Gotenhafen abfuhr. Unter großer Mühe brachten wir zuerst alles Gepäck in dem hohen Schnee nach Gotenhafen an Bord, ließen meinen Mann auf dem Schiff und holten dann den Süßen und den Rest. Wir bekamen eine schöne Kabine, und so waren wir froh, diesen Teil überstanden zu haben. Am 31.1.45, mittags 1 Uhr, fuhr die Gustloff los, angeblich mit großem Schutz von Kriegsschiffen und U-Booten, mit über 5 000 Menschen an Bord, in der Mehrzahl kinderreichen Müttern. Schon um 9 Uhr abends wurde die »Gustloff« dreimal torpediert und legte sich gleich schräg auf die Seite. Nach 40 Minuten ist das große Schiff gesunken! Wir erreichten gut das Oberdeck, hatten alle Schwimmwesten an, ein Soldat hatte den Kleinen auf dem Arm. Da dieser aber sehr unruhig und nervös war, nahm Bine ihm das Kind wieder ab und behielt es selbst auf dem Arm. Oben auf Deck mussten wir feststellen, dass die Rettungsboote nicht funktionierten, sie waren alle festgefroren und ließen sich nicht ausklinken. So setzten wir uns auf die letzte Treppe und warteten. Plötzlich neigte sich das große Schiff auf die Seite und die Treppe, die vorher nach oben führte, ging nun nach unten, unmittelbar ins Wasser. Eine große Dünung spülte die Wellen aufs Schiff. Bine saß neben mir, mein Mann hinter uns. Bine sah mich groß und ernst an und sagte: »Mutti, du glaubst doch nicht, dass wir mit unseren Kleinkindern da hindurchkommen, das ist denn also der Tod.« Sie legte ihren Kopf auf meine Schulter und gab mir einen Kuss. Ich küsste unseren Süßen, der mich so lieb anguckte, die vierte Welle spülte uns ins Wasser. Von diesem Augenblick an, mein liebes Ruthchen, habe ich von meiner Bine und dem Kleinen nichts mehr gesehen … Als ich im Wasser zu mir kam, sprach mein Mann hinter mir. Vor uns trieb ein halb voll Wasser geschlagenes Rettungsboot, das ganz leer war. Mein Mann sagte: »Halt dich fest, ich will dir hineinhelfen!« Zuerst kletterte ich hinein, dann mein Mann. Wir suchten nach Bine, konnten sie aber unter den treibenden Menschen nicht entdecken. Das Schlimme für uns war, dass wir bis zu den Hüften in dem kalten Eiswasser lagen. Wir wurden langsam steif und starr. Es verging eine endlose Zeit, bis andere Schiffe in unsere Nähe kamen. Später hörte ich, dass man die »Gustloff« ohne jeden Schutz, ohne Geleit auf die Fahrt geschickt hatte. In unserer

Nähe war ein Schlauchboot, das ich erreichen konnte und wohin ich überkletterte. Meine Füße und Hände konnte ich kaum noch bewegen. Als ich meinem Mann zuredete, auch auf das Schlauchboot zu kommen, konnte er sich schon nicht mehr bewegen und sagte immer nur: »Ich kann nicht mehr.« Ich habe gebettelt und geredet in meiner höchsten Not und musste ihn dann loslassen, weil auch meine Hände ihn nicht mehr halten konnten und starr wurden. Dann wurde ich ohnmächtig. Ich kam zu mir, als zwei Matrosen sich abmühten, mich eine Strickleiter hochzuziehen, die auf ein Torpedoboot führte. Ich konnte gar nicht mehr mithelfen, auch nicht mehr gehen. Im Maschinenraum zog man mich aus, rieb und frottierte mich und mit Ausnahme meiner Beine kam ich wieder zu mir. Aber mein Mann war nicht da, er ist nicht mehr auf das Torpedoboot gekommen, so muss ich annehmen, dass er steif und erstarrt gewesen ist. Wir waren drei Stunden im Wasser!

Wir wurden in Saßnitz auf Rügen an Land gesetzt, vollkommen nackt, ohne Schuhe, mit großen Wunden an den Füßen und Beinen. Hier wurden wir verbunden, lagen tagelang ohne Decken, dann schickte man uns weiter. Eingekleidet hatte man uns aus dem »Volksopfer«! …

Nun sind vier Wochen vergangen seit dem Unglückstag. Von nirgendher hat sich weder meine Bine noch mein Mann gemeldet. Überall höre ich nur, dass keine Nachricht angekommen ist. Also muss ich doch annehmen, dass alle, mein Mann, Bine und der liebe Kleine, den Tod gefunden haben. Eine amtliche Nachricht ist nirgends zu ermitteln … Liebes Ruthchen, warum gerade ich? Warum packt mir nur das Schicksal noch diesen Kummer, dieses unfassbare Leid auf? Wir gingen von Zoppot fort, damit Bine noch einmal die Möglichkeit hat, ihren Mann wieder zu sehen, falls er aus dem russischen Schlamassel noch einmal wiederkommen sollte. Und nun dieses!? Was soll ich ohne die Meinen, für die ich gelebt und geschaffen habe, noch auf der Welt, meine ganze Lebensbasis ist vernichtet und zerstört, dass wir gerade auf dieses Schiff geraten mussten! Sie wissen ja, liebes Ruthchen, es gibt Menschen, die immer den bittersten Kelch leeren müssen, und dazu gehöre ich nun auch.

Ich bin dann hierher zu meiner Schwester (nach Herne) gefahren, um leichter wieder zu den notwendigsten Sachen zu kommen. Aber das ist ja heute ein fast unlösbares Problem. Dazu die Alarme und Angriffe hier, alles ist zerstört, wir sind täglich viele Stunden am Tag und in der Nacht im Bunker. Dazwischen ist nur Zeit, Essen zu kochen und einige wenige Stunden zu schlafen. Manchmal aber auch das nicht. Die armen Kinder und Mütter hier, das ist ein Jammer! Dazu kommt die Front immer näher …

Februar

Im Westen bereiten sich am 2./3. Februar die Amerikaner durch Truppenkonzentrationen von Aachen bis zur Saar auf den Sturm des Westwalls vor, während französische Truppen in Colmar eindringen. Am 4. Februar brechen die Amerikaner in den Hauptverteidigungsgürtel des Westwalls ein, Truppen der 9. US-Armee kämpfen im Raum Jülich. Am 7. Februar überschreitet die 3. US-Armee an mehreren Stellen die deutsche Westgrenze. Am 8. Februar beginnen Kanadier im Raum Njmwegen eine Offensive, erobern Kranenburg und kämpfen im Reichswald, zwei Tage später erobern sie Donsbrüggen und am 11. Februar Kleve. Am 13. Februar beginnen britische Truppen in den zweiten Gürtel des Westwalls einzudringen, am 15. Februar marschieren Briten und Kanadier am Westufer des Rheins an einer 16 Kilometer langen Front in der Linie Grave – Groesbeek – Kleve – Emmerich auf. Am 18./19. Februar stürmen die Kanadier Goch, und die Amerikaner durchbrechen den Westwall nordwestlich von Echternach. Am 20. Februar dringt die 3. US-Armee im Raum zwischen Saar und Mosel weiter vor, dringt am 21. Februar in Saarburg ein, überschreitet am 22. Februar die Saar und nimmt 5 000 deutsche Soldaten, die sich beiderseits von Trier ergeben, gefangen. Am 23. Februar beginnt der Vorstoß der 9. und 1. US-Armee beiderseits von Köln zum Rhein, sie brechen in Düren ein und überschreiten die Roer, an der Saar fällt Forbach in alliierte Hand. Am 24. Februar wird Jülich erobert, ebenso Düren, die Alliierten stehen 32 Kilometer vor Köln. Am 26. Februar erreichen Truppen der 3. US-Armee Bitburg in der Eifel und stoßen zur Mosel in der Gegend von Trier vor. Am 27. Februar erobern die Briten Kalkar und Grieth, und am 28. Februar überqueren die Amerikaner die Erft und stehen nur noch 25 Kilometer vor Köln.

Im Osten erreichen am 1. Februar sowjetrussische Panzer nordwestlich von Küstrin die Oder, in Ostpreußen wird Thorn eingenommen. In Breslau hält Gauleiter Hanke am 2. Februar eine Fahnenweihe für neu aufgestellte »Volkssturm«-Einheiten ab. Am 4. Februar verbinden die Russen die beiden Oderbrückenköpfe bei Schurgast und Ohlau und stoßen dann über Grottkau nach Süden und Westen vor, einen Tag später überschreiten die Russen beiderseits Küstrin die Oder und ebenso weiter südlich zwischen Breslau und Oppeln. Am 7. Februar erreichen sie die Autobahn Breslau – Berlin. Am 10. Februar überqueren die Russen nordwestlich von Breslau die Oder, in Ostpreußen fällt Elbing und Preußisch-Eylau in russische Hände. Im Kampf um die Einschließung Breslaus (am 13. Februar abgeschlossen) erobern die Russen Liegnitz, Steinau, Lüben, Neumarkt, Kanth und Bunzlau (11.2.) und schließen Glogau ein. Am 15. Februar erobern die Russen

Grünberg und dringen in Brandenburg ein, am 17. Februar erreichen sie den Raum Lauban, am 18. Februar haben sie nördlich von Görlitz die Neiße erreicht. Am 19. Februar gelingt es den Deutschen nochmals, die Verbindung von Königsberg nach Pillau freizukämpfen. Am 20. Februar beginnt der russische

Sturm auf Danzig. Die Zivilbevölkerung Breslaus wird vom 20. bis 22. Februar aufgefordert, die Stadt zu verlassen. Am 22. Februar erobern die Russen drei Vorstädte von Breslau und überschreiten die Neiße in breiter Front. Nach einem Monat Belagerung fällt am 23. Februar Posen, wo sich 23 000 Überlebende ergeben. Am selben Tag fällt Arnswalde in Pommern, und die Russen dringen im Süden Breslaus ein. In der Stadt verteidigen sich seit der Einschließung rund 40 000 Soldaten bis zur Kapitulation – die erst am 7. Mai erfolgt. Am 28. Februar erobern die Russen auf dem Marsch zur Ostsee Neu-Stettin und Prechlau.

Im Südosten werden am 13. Februar die Kämpfe um die Stadt Budapest beendet. Im Süden, in Italien, bleibt es bei der Frontlinie von La Spezia auf der einen und nördlich von Ravenna auf der anderen Seite (bis zum 9. April).

In Norwegen kommt es ab Mitte Februar mit den aus England gelandeten norwegischen Widerstandskämpfern zu Gefechten in den Fjord-Gebieten.

Der Luftkrieg wird im Februar fortgeführt mit mehreren Luftangriffen gegen Berlin (1.2., 3.2., 5.2.). In der Nacht vom 13. auf 14. Februar fliegt die R.A.F., am Morgen des 14. Februars die USAAF schwere Luftangriffe auf Dresden mit dem größten Bombereinsatz seit Beginn des Krieges gegen eine Stadt (schätzungsweise 245 000 Tote). Am 14. Februar wird Chemnitz in der Nacht zweimal bombardiert. Ab 18. Februar wird Berlin fast täglich, oft mehrmals am Tag, angegriffen. Am 20. und 21. Februar werden Berchtesgaden und Nürnberg, am 22. Februar Leipzig, Kassel und Hamburg, am 23. Februar Leipzig, Regensburg, Stuttgart, Kassel und Pforzheim, am 24. wieder Hamburg, am 25. Februar wieder München, Ulm, Aschaffenburg und Erfurt angegriffen.

Im Seekrieg greifen deutsche U-Boote und in Norwegen stationierte Torpedoflieger britische und alliierte Geleitzüge nach Murmansk an. In der Nacht vom 9. auf 10. Februar wird in der Nähe der Stolpebank der deutsche Dampfer »General von Steuben« mit etwa 3 000 Verwundeten und Flüchtlingen von einem russischen U-Boot versenkt, nur 300 Überlebende können gerettet werden.

Auf der Konferenz der »Großen Drei« vom 4. bis 11. Februar in Jalta werden die Frage der deutschen Teilung, das Kriegsverbrecherproblem, die deutsch-polnische Grenze besprochen und aus den vorgesehenen »Westzonen« eine französische Zone abgetrennt.

Am 20. Februar verlegen die Alliierten ihr Oberstes Hauptquartier (SHAEF = Supreme Headquarters Allied Expeditionary Force) nach Reims.

In Deutschland werden am 2. Februar Pater Alfred Delp S. J. und Helmuth Graf Moltke wegen ihrer Beteiligung am innerdeutschen Widerstand gehenkt. Der Präsident des Deutschen Volksgerichtshofes, Roland Freisler, wird in Berlin bei einem Luftangriff von einem stürzenden Balken erschlagen. Am 12. Februar wird der Befehl zur Errichtung von Standgerichten bekannt, dem Himmler am 26. Februar einen Erlass zur Errichtung von »Sonderstandgerichten zur Bekämp-

fung von Auflösungserscheinungen« folgen lässt. Ab 27. Februar werden im Reich die Lebensmittelrationen drastisch gekürzt.

Auf dem Kriegsschauplatz in Südostasien beginnt der Angriff der 6. US-Armee gegen Manila auf Luzon (Philippinen). Die Landung auf Luzon erfolgt im Lingayen-Golf am 9. Februar mit vier Divisionen. Am 19. Februar landen die amerikanischen Marineinfanteristen nach zahlreichen Luftangriffen und einem dreitägigen Bombardement durch Schlachtschiffe und Kreuzer auf der Insel Iwo Jima (die Eroberung ist im April abgeschlossen). Damit beginnt der direkte Angriff der Amerikaner auf Japan.

Franziska Jaenisch-Reichel bereitet sich Ende Januar mit ihrer Familie auf die Flucht aus Breslau vor, zuerst bis Königszelt, wo sie bald hungern und frieren. Deshalb entschließt sich die Tagebuch-Schreiberin, nochmals in das bereits unter Artilleriebeschuss liegende Breslau zu fahren:

Ich mache mich ein letztes Mal auf, um nach Breslau zu fahren. Gegen sechs Uhr morgens verlasse ich den Freiburger Bahnhof, in den Straßen ist es ruhig … Es wird langsam hell, ich bin noch immer in den Straßen allein. Ich muss einige Umwege machen, da in den Hauptstraßen Barrikaden den Weg versperren. Gegen halb acht erreiche ich mein Geschäft, auch da zeigt sich alles ruhig. Plötzlich setzt in gewissen Abständen Artilleriebeschuss wieder ein. Ich höre über mir ein pfeifendes Geräusch und kurz darauf einen schweren Einschlag … Ich laufe im Eilschritt zu meiner Wohnung und muss viele Barrikaden umgehen. Endlich begegnet mir ein Radfahrer, der mir bestätigt, dass nunmehr unablässig die russische Artillerie Breslau beschießt, es wäre ratsam, sich nicht im Freien aufzuhalten. In Schweiß gebadet erreiche ich meine Wohnung und packe in rasender Eile einige Lebensmittel auf meinen Fahrradanhänger und verlasse gegen 10 Uhr wieder meine Wohnung in der Flutstraße. Es geht querfeldein durch die Innenstadt. Der Tauentzienplatz ist durch einen Luftangriff schwer angeschlagen, die Kaiser-Wilhelm-Straße hat bereits die ersten Artillerietreffer erhalten. Es ist Fliegeralarm und ich suche Schutz in einem Hauseingang … Im Süden Breslaus herrscht einiges Leben, gegenüber den Odervorstädten, die wie ausgestorben wirken. An der Ausfallstraße nach Klettendorf wird eine Barrikade errichtet. Ich umgehe die Straße und stoße wieder auf eine Barrikade. Man erwartet scheinbar den russischen Vorstoß von Süden … Es ist gegen zwei Uhr mittags, ich komme auf der Ausfallstraße zur Autobahn als Zeuge eines Luftduells gerade recht. Ich nehme Deckung im tief verschneiten Graben und sehe mir das Schauspiel an … In Fürstenau ist alles noch da, die Bauern wollen den Ort durchaus nicht verlassen, in Beilau das Gleiche. Es ist sechs Uhr abends, ich erreiche den Bahnhof Mettkau, von dort sollen noch gelegentlich Züge abfahren.

Ich warte also auf dem völlig verdunkelten Bahnhof einige Stunden, bis ich mit einem Zug ohne Publikum, nur mit Gütern beladen, mitgenommen werde …

Das Ehepaar Michalski, das aus Schlesien in Richtung Berlin auf der Flucht ist, schreibt am 4. Februar auf einer Karte aus Neuhammer/Oberlausitz an die Kinder in Berlin-Schöneberg:

Wieder ein Lebenszeichen von uns, ist die zweite Karte, haben schon viel schwere Tage erlebt, liegen die ganze Zeit auf der Landstraße, kommen abends mitunter im Finstern in einen Ort, und dann geht's ans Quartiersuchen in der fremden Welt, wir machen manchen Tag bald 50 Kilometer, muss alles laufen, bloß die mit kleinen Kindern und die ganz Alten und Kranken können fahren, man staunt bloß, wie wir alle die Strapazen aushalten …

In Berlin erlebt die Schauspielerin Marianne Dohm mit ihrer Freundin am 3. Februar einen schreckensvollen Tagesangriff. Sie erzählt später in ihren Aufzeichnungen:

Klärchen steht vor der Wohnungstür. Sie hat soeben einen Familienangehörigen zum Potsdamer Platz gebracht und diese Gelegenheit gleich benutzt, bei mir vorbeizuschauen … Der ganze Abend und die halbe Nacht gehen mit Erzählen drauf. Kläre kann nicht mehr nach Hause fahren, sie wohnt viel zu weit entfernt … Als wir morgens aufwachen, ist es bereits neun Uhr. Und ein Sonnenschein ist draußen, so blau der Himmel und so klar. Man könnte fast vergessen, dass Krieg ist. Wir lachen und singen, baden erst mal ausgiebig, machen Toilette, ziehen uns an und decken sorgfältig den Frühstückstisch. Fliegeralarm! Wieso denn jetzt am frühen Morgen? Wir wollen nicht den Frühstückstisch verlassen, da brausen sie auch schon heran, von allen Seiten. Unmittelbar danach fallen die ersten Bomben, ein Bombenhagel, ununterbrochen, mit höllischem Gepfeife und Getöse und Krachen – wie Weltuntergang. Erst im zweiten Stockwerk bemerke ich, dass ich anstatt des Koffers den Kleiderbügel in der Hand habe. Ich rase die Stufen wieder hoch, schnappe meinen vollgepackten Koffer, Pelzmantel, Handtasche, Stiefel und die Medizin-Tasche und renne wieder die Treppen hinunter. Tausende von Bomben fallen, vor allem Phosphor-Kanister, die sind besonders wirkungsvoll in unseren alten, dicht besiedelten armen Wohnvierteln mit den vielen Hinterhäusern. Kaum habe ich den Luftschutzkeller erreicht, da bekommt das rechte Nachbarhaus einen Volltreffer. Ungeheuer ist der Druck der Explosion … Da schlagen auch schon die Mieter von nebenan ein Loch in die Mauerwand und zwängen sich durch. Schwaden von Mörtelstaub dringen mit ihnen ein. Keine fünf Minuten später wiederholt sich die Szene: Das linke Nebenhaus ist diesmal getroffen. Etwa zweihundert Menschen stehen jetzt gedrängt in dem einen Luftschutzkeller, schwer atmend. Mehrere sind verletzt … Keiner betet, die fallenden Bomben lassen keine Zeit dazu, man duckt sich ununterbrochen. Da geht das Licht aus … Über eine Stunde hagelt es Bombe auf Bombe, eine Unendlichkeit. Dann, endlich vorbei, Stille. Raus hier, man kriegt keine Luft mehr. Ich packe den Koffer. Draußen brennt alles, ringsherum. Papierfetzen und Holzteile, selbst kleine Steine wirbeln durch die Luft, Balken krachen, ein Feuersturm rast. »Lass deinen Koffer hier stehen!«, schreit Kläre. Ich nehme trotzdem den Koffer mit, er enthält meine wertvollsten Sachen, den kann ich doch nicht einfach stehen lassen. Wir rennen die Straße entlang, wollen in eine Seitengasse einbiegen, aber da brennt es auch schon. Wir rennen weiter, bis zur nächsten Querstraße, sie ist ebenfalls voll Rauch und Feuer. Wir laufen zurück, ich sehe meine Wohnung im vierten Stock lichterloh brennen. Wo nun hin? Wir laufen einige Schritte in die entgegengesetzte Richtung. Dann lasse ich einfach den Koffer mitten auf der Straße stehen. Entsetzen hat uns gepackt, denn es hagelt Feuer. All die brennenden Papierfetzen und Holzteile hat der Brandsturm in Feuerfunken zerrissen, in glühende Partikel aufgelöst, die nun auf alles niederhageln. Jeden Moment können Haare und Kleider in Flammen aufgehen. In Panik rennen wir in die nächste Haustüre hinein, obwohl auch dieses Haus bereits brennt und der Treppenflur sich immer mehr mit Rauch füllt. Die Türe zur Parterre-Wohnung steht offen. Ich laufe hinein, reiße eine Plüschdecke vom Tisch, ziehe im Schlafzimmer aus einem Bett das Laken hervor, lasse beide in der gefüllten Badewanne mit Wasser vollsaugen, gebe Kläre das triefende Betttuch und halte mir selbst die nasse Plüschdecke über den Kopf. Ich denke kurz nach, hinter diesem Haus ist das Schulgebäude. Von dem glitschnassen Material vor dem Feuerhagel geschützt, überqueren wir den Schulhof und erreichen heil den Haupteingang der Schule. Wir wollen in den dortigen öffentlichen Luftschutzkeller. Aber da stehen vor der verschlossenen Tür bereits an die dreißig Menschen. Wir klopfen wie wild an die Eisentür, aber niemand öffnet. Wir gehen zum Haupteingang zurück … Lange können wir nicht mehr hier bleiben, das Feuer und der beißende Rauch zwingen uns, einen neuen Zufluchtsort aufzusuchen oder zu ersticken, zu verbrennen. Ich nehme aus meiner Medizintasche ein Röhrchen mit schweren Schmerztabletten, ein Taschenmesser und eine Schere heraus und reiche Kläre das Messer. Sie hat mich verstanden und fragt: »Jetzt schon? – »Nein, erst im allerletzten Moment!«, rufe ich zurück und stecke die Schmerztabletten in die Manteltasche. Ich sehe genau gegenüber, unmittelbar an der hohen Schulhofmauer einen Fahrrad-Ständer mit einem Wellblechdach und einem schmalen linken Seitenteil aus gleichem Material. Keine zehn Meter davon entfernt hat eine Bombe einen Teil der Mauer eingerissen und ein Loch in den asphaltierten Boden des Schulhofes gesprengt. Man könnte also in den Hof hinter der Mauer gelangen und von dort dann durch ein Haustor in die Seitenstraße. Wir versuchen es und mit uns all diejenigen, die im überfüllten Luftschutzkeller keine Zuflucht mehr gefunden haben. Ich will bereits unter dem Fahrradständer Schutz suchen vor dem Feuerhagel, aber jemand ruft, das Wellblech würde ja auch heiß werden. Ich renne weiter, stolpere und reiße einem Mann, Halt suchend, die Gasmaske vom Gesicht. Die hinter mir drängen nach, aber der ebenerdige, scheunenartige Hof ist hoffnungslos überfüllt mit Menschen und altem Gerümpel ... Neben mir steht ein junger Soldat mit einem Kleinkind auf dem Arm. Er hält seine Hand schützend vor das Gesicht des Kindes. Wie ein Trost erscheint mir dieser Anblick. Im hinteren Teil des gedrängten Hofraumes befindet sich auch eine Tür, und durch diese dringt Rauch. Das Atmen wird schwerer, der Rauch dichter und beißender. Meine Augen sind ganz geschwollen, nur noch mit Hilfe der Finger kann ich die Augenlider öffnen. Die Tür zum Hof muss aufgegangen sein, denn infolge des eintretenden Luftzugs wird auch die hintere Tür aufgerissen. Eine Feuerzunge frisst sich in das Gerümpel und verbraucht den Rest von Sauerstoff. Ich schnappe nach Luft, lasse mich zu Boden fallen, verliere die Handtasche mit Dokumenten und Lebensmittelkarten. Ich reiße das Röhrchen heraus und schlucke in der Angst vor dem Verbrennen alle Schmerztabletten hinunter ... Jemand stolpert über mich hinweg, ich taste mich durch die offene Eingangstür, hebe mit dem Finger ein Augenlid hoch und sehe Kläre an der Hausmauer kauern. »Kannst du sehen, wo der Soldat mit dem Kind hingegangen ist?«, rufe ich ihr zu. »Ich glaube zum Fahrradständer.« »Komm schnell!« Einige Meter Wellblech sind es dann, die uns vor dem Verbrennungstod bewahren: den Soldaten, das Kind, eine hochschwangere Frau, Kläre, mich und noch drei andere Menschen. Das Dach und die linke Seitenwand schützen sie vor dem Feuerhagel, der in schräger Linie, mit rasender Wut seine Funken versprüht. Ich hocke auf dem Boden, eng an die linke Wellblechwand gedrückt. Mir ist sterbenselend ... Der Übergang vom Tageslicht zur Dunkelheit ist an diesem 3. Februar in dem mit Bomben und Phosphor verbrannten Stadtkern von Berlin nicht mehr wahrzunehmen. Dichte Rauchwolken verdecken die Sicht zum Himmel. Mehrere Stunden liege ich auf dem harten Boden und versuche, mich zu erbrechen. Die vielen Tabletten lassen mich nicht sterben, nur elendiglich leben. Trotzdem höre ich noch die Hilferufe der im Schul-Luftschutzkeller Eingeschlossenen. Aber weder sie noch die anderen draußen können helfen. Erst später erfahre ich, dass die armen Eingeschlossenen die Eisentür nicht mehr öffnen konnten. Die Gummistreifen entlang der Türseiten, zum Schutz gegen Eindringen von Giftgasen angebracht, hatten durch die infernalische Hitze Tür und Rahmen unlösbar miteinander verschmolzen. Der Raum war hermetisch abgeschlossen und wurde für die Insassen zu einem Bratofen. Als man nach Tagen die Toten entfernt, sind sie auf die Hälfte ihrer Körpergröße zusammengeschmort …

In Stettin liegt zu dieser Zeit Arnulf Hauschild, der nach einer schweren Verwundung in Frankreich schon entlassen worden war, aber im Januar 1945 erneut eingezogen wurde. Wenige Tage nach seinem letzten Brief nach Hause stirbt er am 10. März im Stettiner Lazarett. In diesem letzten Brief lesen wir:

Liebe Agnes, heute Montag ist nun schon viermal Alarm. Alles was kriechen kann, muss sich allein in den Luftschutzkeller balancieren. Mich hat man auch noch gekriegt. Ich stand auf den Beinen wie eine gerade geborene Zicke. Auf Socken, dann in den kalten Keller. Es dauerte eine Weile, ehe ich überhaupt den Gang erreicht hatte. Anderen ging's nicht besser … War wieder Voralarm. Ich wollt', ich wär' hier schon raus …

In der Nacht vom 13. auf den 14. Februar fliegen mehrere Wellen R.A.F.-Bomber Dresden an. Der Angriff trifft die Stadt, die bis dahin verschont geblieben war, völlig unvorbereitet. Sie ist voll von Flüchtlingen und durchfahrenden Truppen. Ein Bombenschütze einer der angreifenden englischen Maschinen trägt später in sein Tagebuch ein:

Dresden. Keine Abwehr, sechs rote Zielmarkierer und vier Fünfhundert-Pfund-Sprengbomben an Bord …

Ein australischer Flugzeugführer notiert:

Keine Wolken über dem Ziel, praktisch die ganze Stadt in Flammen. Keine Flak …

In dieser Flammenhölle überlebt der 14-jährige Internatsoberschüler Eugen Schindel aus Turek, geboren in Domanin (Dambie) im Warthegau (Zentralpolen) mit einem seiner Schulkameraden, die auf der Flucht über Posen, Berlin, Halle und Leipzig nach Dresden gekommen sind. Eugen Schindel erzählt später von dem Inferno in Dresden:

Als wir in Dresden ankamen, staunten wir nicht schlecht darüber, dass hier nichts kaputt war. Wir fragten einen Dresdner Bürger, ob es hier keine Bombenangriffe gegeben hätte. Er verneinte und fügte hinzu: »Dresden ist von den Alliierten zur Freien Stadt erklärt worden. Im Übrigen ist Dresden mit Lazaretten übersät und mit Flüchtlingen überfüllt. Drum wird es auch nicht angegriffen.« Na, das war ein guter Trost für uns, nach dem, was wir schon gesehen hatten.

In den zwei Schulen – Pestalozzi und Ehrliches Gestift – konnten wir nicht aufgenommen werden. Man brachte uns in einer Schule ganz in der Nähe vom Hauptbahnhof unter. Unterricht hatten wir keinen. Wir waren noch zehn Mann. Unsere Verpflegung holten wir am Hauptbahnhof ab. Da wir nichts zu tun hatten, konnten wir uns die herrliche Stadt kreuz und quer ansehen. So gingen wir oft in den Zoologischen Garten, der in Größe und Vielfalt einmalig war. Einige Male besuchten wir den großen Zirkus Sarrasani. Den Zwinger sahen wir uns an, oder wir tummelten uns auf der Prager Straße. Das ging zehn Tage lang so, bis in der Nacht vom 13. auf den 14. Februar 1945 die Sirenen heulten. Niemand dachte an etwas Ernstes oder an Gefahr, weil Dresden von den Alliierten ja zur Freien Stadt erklärt worden war und deshalb nicht bombardiert werden durfte. Trotzdem mussten wir in den Luftschutzkeller. Die Schule war ein fünfgeschossiges Eckhaus mit einem rechten und einem linken Flügel. Wir befanden uns im rechten Flügel. Gleich darauf mussten wir den rechten Flügel für die Luftschutzbereitschaft räumen und in den linken Flügel überwechseln. Hier waren hauptsächlich Frauen und Kinder untergebracht. Jetzt heulten die Sirenen Vollalarm, und jeder wusste, dass unsere Stadt tatsächlich von feindlichen Flugzeugen angeflogen wurde. Alle blieben ruhig im Keller, und wir hörten sogar das Summen der Flugzeuge. Ein paar kleine Erschütterungen, dann war es wieder still. Wir konnten ja nicht wissen, was da oben los war. Durch die Männer von der Feuerwehr erfuhren wir, dass eine große Anzahl von Flugzeugen in Wellen über die Stadt geflogen war und Bomben und Phosphor nur so herabregneten. Die Männer von der Brandwache hätten die Brandbomben weggeräumt und zu Dutzenden in den Schulhof geworfen. Sie könnten aber nicht sagen, ob der Dachstuhl nicht doch Feuer gefangen habe. Die Brandwache erzählte uns, dass über der Stadt unzählige Leuchtfallschirme hingen und die Stadt dadurch hell erleuchtet sei. Wir alle konnten nur ahnen, dass uns nun noch Schlimmes bevorstand. Erneut hörten wir Flugzeuge brummen, und schon heulte und krachte es. Die Häuser bebten, die Erde zitterte, die Kinder schrien, die Mütter weinten, und bei jedem Heulen der Bomben schrien sie: »Jetzt trifft's uns!«

Gleich darauf gab es einen Schlag und ein Krachen. Der Luftdruck presste uns auf eine Seite. Die Kellertür war herausgedrückt worden. Das Licht war weg. Eine Panik brach aus, und alles drängte zum Ausgang. Hier, im Freien, trafen wir die Hölle an. Wir waren von Sturm, Hitze, Rauch und Flammen umgeben. Ich lief gerade zur Turnhalle. Hier war eine Leiter an die Mauer gelehnt. Diese kletterte ich empor und wollte auf die andere

Seite. Doch drüben sah ich nur ein Flammenmeer. Ich kam gleich wieder runter. Ein Schulkamerad gesellte sich zu mir, und wir blieben von nun an zusammen. Ständig hörten wir Hilferufe. Menschen irrten, wie Fackeln brennend, im Schulhof umher. Es war ein Bild des Grauens! Und das Schrecklichste: Einer konnte dem anderen nicht helfen! Immer wieder hörten wir: »Rette sich, wer kann!« Die Funken flogen so stark, dass unsere Kleider angesengt wurden und wir die Augen mehr schließen mussten, als dass wir sie offen halten konnten.

Ich stieß an eine Wanne. Diese kippten wir um und krochen darunter, um uns vor dem Feuer, der Hitze und dem Rauch zu schützen. Wir versuchten, mit den Händen den Schulhofsand in die Ritzen zu drücken, denn überall flogen die Funken herein. Etwa zwei Stunden später wurde die Wanne ganz heiß. Wir krochen wieder hervor. Es entstand eine aussichtslose Situation. Durch den Sturm hervorgerufen, schwankten die Mauern hin und her. Hier und da stürzte wieder eine Mauer ein. Wir beschlossen, eine einsturzfreie Stelle auf der anderen Straßenseite zu erreichen. Da der rechte Flügel unseres Schulhauses von einem Volltreffer dem Erdboden gleichgemacht worden war, wollten wir es wagen, hinüber zur Tankstelle zu kommen, wo keine Einsturzgefahr bestand. Klaus und ich liefen auf das Schulhoftor zu. Am Tor stürzten sich die Flammen wie Aasgeier auf uns. Aber wir kamen durch. Der Asphalt war ganz weich geworden durch die Hitze und das Feuer. Wir trafen hier auf einzelne Menschen. Die Hitze war unerträglich, der Durst groß. Immer wieder explodierten Zeitbomben und erschütterten den Erdboden. Gegen Morgen fing es ganz leicht zu regnen an. Mit herausgestreckter Zunge konnte ich einige Regentropfen erwischen. Zwischendurch ließen immer wieder Explosionen die Erde erzittern, daraufhin wieder Mauern einstürzen. Ich sage hier Mauern, weil es keine Häuser mehr gab. Aus der Ferne hörten wir eine Stimme, die immer näher kam. Nach einer geraumen Weile tauchte ein Mann auf. Er machte sich sofort am Nachbarhaus zu schaffen, wo er Steinbrocken vom Kellereingang wegräumte. Im Keller befand sich nämlich seine 19-jährige Tochter, die am Vorabend ihre Freundin besucht hatte, um mit dieser zusammen deren 21. Geburtstag zu feiern. Der Mann befreite die Insassen aus dem Keller, nahm seine Tochter und deren Freundin am Arm und kam auf unsere Gruppe zu. Er rief uns zu, wer aus der brennenden Stadt herauskommen wolle, der solle sich ihm anschließen. Während die anderen noch zögerten, sprangen Klaus und ich sofort auf und folgten ihm. Schon stolperten, krochen und kletterten wir über Hindernisse von Schutt, Rohren, Maschinenteilen, Minentrichtern, Leitungen, Menschenleibern und Menschenteilen, immer vorwärts, dem Manne folgend. Bald waren wir am Hauptbahnhof angelangt. Die Stadt war immer noch im Rauch und in das Grau der Nacht gehüllt. Der Bahnhof war beleuchtet durch brennende Personenzüge und glühende Güterzüge, die mit Kohlen beladen waren. Die Züge glichen einer großen, glühenden Kette.

Den Hauptbahnhof ließen wir links liegen und strebten dem Vorort Kleinnauendorf zu, wo unser Retter zu Hause war. Wir kamen gerade bis außerhalb der Stadt in ein Villenviertel, als wir wieder ganze Häuser sahen. Erst jetzt stellten wir fest, dass unser Augenlicht immer schlechter wurde und unsere Augen brannten. Der Mann in der Mitte, zwei rechts und zwei links eingehängt, erreichten wir den Ortseingang von Kleinnauendorf. Gleich am Anfang befand sich ein kleineres bäuerliches Anwesen. Der Mann ging ins Haus hinein und sprach mit dem Bauern. Dieser nahm Klaus und mich auf. Noch ehe wir dem Mann für seine Hilfe danken konnten, war er mit den beiden Mädchen fort. Wir wuschen uns, aßen ein wenig und schliefen in einem Bett, das wir miteinander teilten. Drei Tage später waren wir wiederhergestellt und unser Augenlicht hatte sich normalisiert.

In Freital (über Dresden) wurden wir aus Volksopferbeständen eingekleidet. Zweimal noch besuchten wir das zerstörte Dresden. Diese Stadt war nur noch ein Trümmerfeld. Rettungstrupps und ganze Regimenter von Soldaten waren mit Aufräumungsarbeiten beschäftigt. Am Hauptbahnhof waren tote Menschen in Reihen bis zu 1,50 m hoch aufgestapelt worden, so weit die Augen schauen konnten. Uns trieb es weiter zu unserer verlassenen Unterkunft in der Stadtmitte. Wir wollten gerne wissen, wie die Wanne aussah und ob sie noch dalag. Sie hatte uns ja vor dem Verbrennen geschützt. Mit Erschrecken stellten wir fest, dass die Wanne unter der eingestürzten Mauer begraben worden war. Mein ganzer Körper vibrierte vor Erregung. Hier kam es mir zur Besinnung: »Nur Gott alleine konnte uns vor solch Schrecklichem bewahrt haben, indem er uns an einen anderen Ort geführt hatte …«

In Radebeul bei Dresden erlebt die aus Merseburg zu Verwandten aufs Land geschickte 16-jährige Christa Kinastowski die Luftangriffe auf Dresden. Sie notiert in einem Bericht darüber:

In der Nacht zum 14. Februar kam dann das Inferno über diese Stadt. Wir saßen alle im Keller der Villa und beteten. Wenn es geschehen sollte, recht schnell. Die Arbeitsdienstmänner von sechzehn Jahren und mein Onkel liefen während des Bombardements von Dresden immer zwischen Dachboden und Keller hin und her. Einmal kam mein Onkel mit zittrigen Beinen zu uns und sagte: »Wenn heute Nacht mit uns etwas geschieht, könnte ich's mir nie mehr verzeihen, dass ich die Kinder zu mir genommen habe.«

Die »Christbäume« standen die ganze Zeit über am Himmel, so lange die Bomber, die in drei Wellen anflogen, ihre tödliche Last über der Stadt abwarfen. Als der Angriff endlich zu Ende war und wir – welches Wunder – noch lebten, sahen wir von ferne eine gewaltige Feuerwand. Ein starker Wind blies uns verbranntes Papier entgegen. In dieser Nacht hatte ich vor Müdigkeit keine Gedanken mehr, ich schlief nur.

Am Morgen, als ich mit der Straßenbahn zur Arbeit fuhr, saßen noch vereinzelt Menschen mit Decken um den nackten Oberkörper drin, die sich an einem bestimmten Ort melden sollten. Es waren ja nicht sehr viele, die diesem nächtlichen Inferno entkommen waren … Am Tag darauf kamen die Vernichtungsflieger noch einmal und vernichteten den »Rest«. Mein Onkel fuhr am frühen Morgen mit seinem Chef zu seiner Familie, die am Rande von Dresden wohnte. Sie kamen auf dem Rückweg in diesen Tagesangriff …

Während des Angriffes sind sie regelrecht von Tieffliegern gejagt worden und konnten sich nicht verbergen, weil sie einem Bombentrichter nach dem anderen ausweichen mussten. Als mein Onkel etwas außerhalb der Innenstadt zur »Ruhe« kam, sah er entsetzt, dass sein Chef neben ihm tot war. Er hatte einen Splitter ins Rückgrat bekommen und war gestorben, ohne einen Laut von sich zu geben …

Unteroffizier Hans-Friedrich Albrecht schildert im folgenden Brief nach Hause vom 15. Februar aus dem Raum an der Rur zwischen Ratheim und Roermond die Situation bei den deutschen Truppen im Westen, die – in diesem Fall bei einer Flak-Batterie – ohne genügend Munition und Treibstoff dem Ansturm der Alliierten standhalten sollen (die Erläuterungen in Klammern stammen vom Autor des Briefes selbst):

Meine Lieben! Heute komme ich dazu, euch mal wieder ein Lebenszeichen zu senden. Wir haben inzwischen wieder Stellungswechsel gemacht, und da gibt es immer einen Haufen Arbeit. Diesmal haben wir auch wieder unsere Kanonen selbst ziehen müssen (2-cm-Flak 38 = 850 kg ohne Munition). Es ist eben kein Benzin mehr für Fahrzeuge da. Vorgestern haben wir eine Maschine abgeschossen (Spitfire V, Maschine brannte nicht aus). Da hättet ihr mal sehen müssen, wie die Einheiten alle ankamen, um das kostbare Nass aus der Maschine zu tanken. Die Lage scheint sich bei uns jetzt auch immer mehr zuzuspitzen. Man rechnet mit einem Großangriff in unserem Abschnitt. Allerdings ist die Rurniederung jetzt erst mal überschwemmt, und da kann der Gegner auch nichts machen. Das Wetter war in letzter Zeit sehr schlecht. Es hat ordentlich in unsere Zelte geregnet (Batterie lag den ganzen Winter nur in Zelten neben den Geschützen) … Habt ihr Nachrichten von unserem Vater? Dort sind doch wohl die

Russen, wo er zuletzt war. Nach Pommern sind sie auch schon eingebrochen. Was werden nur unsere Verwandten machen, falls sie bis dort vordringen sollten (sie lebten als Bauern in Hinterpommern). Der Krieg hat aber zur Zeit eine Form angenommen, da möchte ich nur wissen, wie das mal enden soll. Die Verbände fliegen bei uns wieder ganz ungeheuer ein (vier- und zweimotorige Verbände in Größenordnungen zu mehreren hundert Maschinen). Die Städte werden hier in grausamster Weise bombardiert (Jülich, Mönchen-Gladbach, Köln, Bonn, Euskirchen u.a.m.).

Diesen Winter habe ich in tollkühnster Weise ohne Handschuhe überstanden. Wir haben wohl 10 bis 15 Grad Kälte gehabt. Aber immer draußen gewesen und Stellungswechsel gemacht. Es gab eben keine Handschuhe. Ich habe oft gedacht, die ganzen Hände platzen mir auf …

Am 19. Februar erlebt in Glogau in Schlesien der Bayer Simon Haberl den Sturm der Roten Armee in die Stadt. Er erzählt später davon:

Der 19. Februar war ein kalter Tag bei heiterem Himmel. Gegen 5 Uhr früh hieß es sammeln, antreten. Ein Oberstleutnant gab uns zu verstehen, dass es heute etwas Besonderes gibt. Der Russe ist heute Nacht in das Lazarett eingedrungen und hat die umliegenden Gräben besetzt. Unsere Aufgabe ist es, die um das Lazarett liegenden Gräben aufzurollen. Das Lazarett selbst wird von Flammenwerfern und Pionieren ausgeräuchert … Unter Artillerievorbereitung machen wir uns, so ungefähr 80 Mann, auf den Weg. Sprungweise gehen wir vor, durch eine wunderbare Siedlung in die Hindenburgstraße, arbeiten uns durch, an brennenden Häusern vorbei. Der Russe hatte uns anscheinend schon beobachtet, denn der Empfang war ganz toll … Nach etwa einer Stunde hatten wir das Lazarett auf 100 Meter Entfernung erreicht. Vorerst lag die Gruppe in einer abgewinkelten Nische eines rauchenden Häuserblocks, von da rechts zum Lazarett mit Einmannlöchern. In diesen nahmen wir so schnell wie möglich Zuflucht. Hier hatten wir schon die ersten Verluste, denn der Russe schoss aus allen Rohren. Osterloher war schon im Loch, während ich und Nirschl noch in der Ecke des Hauses lagen. Der Oberstleutnant war auch bei uns. Da ertönte aus Osterlohers Loch der Ruf nach mir, dem MG-Schützen 2. Ich sprang mit dem MG-Kasten, dem Nirschl ein Servus zurufend, und glücklich saß ich bei Wastl im Loch. Nirschl habe ich von da an nicht mehr zu sehen bekommen …

Das Morgenrot im Osten als Vorbote des Sonnenaufgangs zeigte sich. Schon brachen die ersten Strahlen der Sonne durch das unheimliche Rot. Ich ahnte heute nichts Gutes. Das Gefecht entwickelte sich immer heftiger. Granaten unserer Artillerie sausten krachend in das Lazarett, und immer stärker werden wir in unseren engen Löchern bedacht. Hier und dort schreit ein Feldgrauer den letzten Schrei nach Mutter und Frau. Auch mein Freund Willi stöhnt auf, durch den Stahlhelm hatte er einen Streifschuss am Kopf erlitten. Inzwischen ertönt schon das Hurra der Russen. Wieder fliegen die Fetzen. »Was ist los, Wastl?« – »Simmerl, unser nagelneues MG ist schon wieder in Trümmern.« In zwei Tagen das dritte. Feierabend ist nun mit der Schießerei. Ich jage noch mehrere Schuss mit dem Gewehr in das Lazarett. Auch bei mir war nun der letzte Schuss des großen Krieges getan. Das größte Verbrechen aller Zeiten war nun beendet. Rechts von uns will ein Unteroffizier noch flüchten. Kaum ist er aus dem schützenden Loch, hat ihm ein Schuss den Unterkiefer zerschmettert. Der Arme wälzt sich zu uns. Wie Heringe sind wir nun eingepresst. Ich verbinde ihn. Endlich werden Rufe laut: »Ergeben.« Keiner traut sich die weiße Flagge hissen. Aber es half nichts mehr. Führerlos waren wir außerdem. Das Hurra-Geschrei der Russen kam immer näher. Es war nun gegen 11 Uhr … Das Feuer der Russen setzt aus. Ich wage aus dem Erdloch hinauszusehen. Ein Russe an dem Zaun des Lazaretts fängt an zu winken und ruft: »Komm, Kamerad, komm, komm!« Wir springen aus dem Loch mit erhobenen Händen im Laufschritt in Richtung Gartenzaun des Lazaretts. Ein junger breitschultriger Russe empfängt mich, das Gewehr auf mich gerichtet. Mit grausigem Grinsen ruft er: «Uhre.« Uhre. Ich muss meine Taschenuhr, die Firmungsuhr meines ältesten Sohnes, herausrücken. Einer nach dem anderen kam an die Reihe, die Uhr abzugeben. Jetzt mussten wir in einen Raum des Lazaretts. Ein Russe stand drinnen und gab jedem den Lohn für die Uhr mit dem Gewehrkolben ins Kreuz. In dem Raum werden wir aufs genaueste untersucht. Aller Habseligkeiten wurden wir beraubt. Schade war es um die Zigaretten, die wir für unsere Nerven so gut hätten gebrauchen können … Auf einmal ein Krachen und Bersten. Eine deutsche Granate hat eingeschlagen. »Hört, hört«, fauchte ein etwas deutsch sprechender Russe, »eure lieben Kameraden in Glogau!« Ich glaube, dass das die Abschiedsgrüße waren. Die Russen verstanden keinen Spaß, und mancher musste dies teuer büßen. Bald im Sprung, bald kriechend, mussten wir einer nach dem anderen durch die Feuerlinie. So in etwa einer Stunde erreichten wir ein Dorf. Auf diesem Marsch mussten wir unsere Kameraden in Glogau nur bedauern, denn es stand Geschütz an Geschütz, die Rohre in Richtung Stadt. Vor dem Dorf wurden wir von russischen Offizieren noch strengen Verhören unterzogen, wo es an mancherlei Drohungen nicht fehlte. Aber auch an Schmeicheleien und Zigaretten fehlte es nicht …

Da die Russen den Landweg nach Westen für die Menschen in Ostpreußen abgeschnitten haben, versuchen viele die Flucht über das Eis des Haffs nach dem Westen.

Eine Abiturientin aus Lyck in Ostpreußen berichtet später über ihre Flucht aus Braunsberg:

Bis zum 10. Februar blieben wir in Braunsberg … In der Dunkelheit verließen wir mit einigen anderen Leidensgeprüften unser Domizil und tappten uns durch eine stockfinstere Nacht auf einer von Menschenleichen und Tierkadavern besäten Landstraße vorwärts. Hinter uns blieb das brennende Braunsberg zurück, links von uns – um Frauenburg – tobte eine erbitterte Schlacht. Gegen Mitternacht erreichten wir, völlig verdreckt und verschmallt, das Städtchen Passarge am Frischen Haff. In einer Scheune erwarteten wir den neuen Tag. Heinz P., unser genesender Soldat, und seine Mutter konnten nicht mehr weiter. Wir mussten sie zurücklassen, als wir unseren Fußmarsch zum Frischen Haff fortsetzten. Inzwischen war die eisige Kälte anhaltendem Regenwetter gewichen. Wir erreichten den Uferrand des Frischen Haffs, verpusteten einige Minuten und traten dann den Marsch zur gegenüberliegenden Nehrung an. Das Eis war brüchig. Stellenweise mussten wir uns mühsam durch 25 cm hohes Wasser hindurchschleppen. Mit Stöcken tasteten wir ständig die Fläche vor uns ab. Zahllose Bombentrichter zwangen uns zu Umwegen. Häufig glaubte man sich bereits verloren. Die Kleider, völlig durchnässt, ließen nur schwerfällige Bewegungen zu. Aber die Todesangst vertrieb jegliche Wetterrücksichten. Einige Frauen mussten Übermenschliches leisten. Als Treckführerinnen fanden sie nur mühevoll den sichersten Weg für ihre Wagen. Überall auf der Eisfläche lag verlorener Hausrat herum. Verwundete krochen mit bittenden Gebärden zu uns heran, schleppten sich an Stöcken dahin, wurden auf kleinen Schlitten von Kameraden weitergeschoben. Sechs Stunden dauerte unser Weg durch dieses Tal des Todes. Dann hatten wir, zu Tode ermattet, die Frische Nehrung erreicht. In einem winzigen Hühnerstall sanken wir in einen flüchtigen Schlaf. Unsere Mägen knurrten vor Hunger. Am nächsten Tag liefen wir in Richtung auf Danzig weiter. Unterwegs sahen wir grauenvolle Szenen. Mütter warfen ihre Kinder im Wahnsinn ins Meer, Menschen hängten sich auf. Andere stürzten sich auf verendende Pferde, schnitten sich Fleisch heraus, brieten die Stücke über offenem Feuer, Frauen wurden im Wagen entbunden. Jeder dachte nur an sich selbst – niemand konnte den Kranken und Schwachen helfen …

Im Westen stürmen die Alliierten zum Rhein und dringen Mitte Februar in den Westwall ein. Auf dem Rückzug werden Christoph Faulhaber und seine Kameraden immer wieder in Nahkämpfe mit den Amerikanern verwickelt. Faulhaber schreibt später:

Ein Sherman-Panzer walzt die Straße herauf. Ein anderer versucht, im Unterholz voranzukommen. Wir liegen dicht an den Boden gepresst. Im

Augenblick haben wir keinerlei Interesse, etwas zu unternehmen, es sei denn, unerkannt zu bleiben. Die Panzer kommen näher. Sowada wird unruhig und schaut sich um. »Lass die Birne unten«, schreie ich zu ihm hinüber. Schon spritzt die Erde auf. Sie haben uns entdeckt. Warum rührt sich unsere Pak eigentlich nicht, frage ich mich. Kaum gedacht, jagen die ersten Granaten gegen den Sherman auf der Straße. Der andere hat sich festgefahren und ist im Augenblick nicht gefährlich. Nach alter Panzerjägerart nehmen die Pak sich zuerst die Gleitketten vor. Schon springt eine getroffen wie eine Schlange in die Luft. Dann fegt Granate um Granate in den bewegungsunfähigen Koloss. Darauf haben wir gewartet. Ich reiße das Maschinengewehr hoch und nehme die begleitende Infanterie unter Feuer. Kuczera und Sowada unterstützen mit den Maschinenpistolen. Der Panzer rührt sich nicht mehr. Die Straße ist blockiert. Die feindliche Infanterie sucht Deckung und zieht sich zurück. Der zweite Panzer ist freigekommen und haut ab. Nun rauscht es heran. Der Ami setzt Trommelfeuer auf unsere Stellung und das Dorf, wie wir es an Stärke schon lange nicht mehr erlebten. Rechts von uns in den Häusern detonieren Handgranaten. Was geht dort vor? Nach allen Seiten sichernd ziehen wir uns langsam zurück. Die Pak hinter uns schweigt. Nun sind wir in ihrer Höhe und schauen uns verblüfft an. Kein Schwanz ist mehr zu sehen. »Sieh mal einer an, die Vögel sind ausgeflogen«, ruft Kuczera, der als Erster an der Scheune ist. »Ohne sich abzumelden, sich dünne machen, wenn dicke Luft ist. Seltene Schweinerei!« – »Hilf dir selbst, dann hilft dir Gott«, zitiert Schwarzer. In Zukunft werden wir es auch so machen, nehme ich mir vor. Auch die angrenzenden Häuser sind leer. Jetzt versuchen auch wir, an Boden zu gewinnen. Als wir über die Straße wechseln wollen, bekommen wir aus dem gegenüberliegenden Haus Feuer. Wir hauen uns in Deckung. Eine Maschinenpistolengarbe zischt über unseren Köpfen in die Häuserwand. Rückwärts krauchend suchen wir die erste beste Deckung. Nun stehen wir in einem Torbogen. Ich beobachte das Haus, aus dem das Feuer kam. Da erscheint eine Gestalt hinter dem Dachlukenfenster. Die abgefeuerten Garben des Schützen klatschen ins Leere. Auf den Schultern von Sowada eröffne ich aus der Tiefe des Torbogens mit dem Maschinengewehr das Feuer. Der Widerhall des Feuerstoßes lässt uns fast taub werden. Gerade war der Schütze wieder hinter dem Fenster aufgetaucht. Doch ehe er zum Schießen kam, hatte ihn eine Garbe aus dem Maschinengewehr erwischt. Holz und Glas splittert. Dann ein Aufschrei. Mit dem Oberkörper fällt der Amerikaner aus der Luke. Seine Beine rutschen nach. Krachend schlägt der Körper auf die Straße. Ich schließe für einen Moment die Augen …

Ende Februar in Berlin, nach einem erneuten Luftangriff – der dänische Journalist Jacob Kronika beschreibt später die folgende Szene:

Eine erschütternde Szene in der Voßstraße. Aus der Ruine des Wertheim-Warenhauses kommt eine Frau gelaufen. Sie schreit und gestikuliert mit den Armen. Es hat den Anschein, als sei sie betrunken. Die Wahrheit ist, dass sie den Verstand verloren hat. Sie nähert sich dem Eingang der Reichskanzlei. Ein Polizist rennt hinter ihr drein.

»Mein Junge ist tot! Mein Junge ist tot! Ich muss mit dem ›Führer‹ sprechen«, schreit die Unglückliche. Der Polizist hält sie fest. Ein Soldat wird zur Linkstraße geschickt, um ein Auto zu holen. Menschen strömen zusammen. Sie stehen da mit bleichen und verstörten Gesichtern und starren auf die Frau, die immer wieder vergeblich versucht, sich von dem Polizisten loszureißen.

»Ihr habt mir meinen Jungen genommen«, bricht es wild aus ihr heraus. »Lasst mich zum ›Führer‹ …

Wenige Augenblicke später ist das Auto da. Die Frau wird fortgeschafft. Wohin? In den wenigen Berliner Krankenhäusern, die dem Bombenhagel standhielten, ist kein Platz für neue Patienten: Sie sind überfüllt …

In Südosten beginnen die Amerikaner mit der Landung auf der Insel Iwo Jima am 19. Februar den direkten Angriff auf Japan. Ein »Kamikaze«-Todesflieger (jap. »Götterwind«) schreibt am 22. Februar nach Hause, bevor er sich mit seinem kleinen Flugzeug und einer 500-kg-Bombe an Bord direkt auf ein amerikanisches Schiff der Landungsflotte stürzt:

Endlich gehöre ich wirklich zu dem Sonderangriffskorps Kamikaze! Mein Leben wird sich in den nächsten vier Wochen erfüllen. Meine Chance wird kommen – der Tod –, und ich warte darauf. Ausbildung und Übungen waren hart, doch es hat sich gelohnt, wenn wir in Schönheit für die gute Sache sterben können. Noch im Tode werde ich an das erbitterte Ringen unseres Volkes denken. In den nächsten paar Wochen werden meine Jugend und mein Leben in rasender Eile zu Ende gehen … Der Angriff ist in den nächsten zehn Tagen geplant … Ich bin ein Mensch und glaube, weder ein Heiliger noch ein Schurke, weder Held noch Narr zu sein – eben ein Mensch. Als einer, der sein Leben lang sehnsüchtig nach einem großen Ziel gestrebt und gesucht hat, sterbe ich ergeben in der Hoffnung, dass mein Leben als »menschliches Dokument« dienen wird.

Die Welt, in der ich gelebt habe, war zu voll von Uneinigkeit – als Gemeinschaft vernünftiger menschlicher Wesen sollte sie eigentlich besser geordnet sein. Da ein von allen anerkannter Dirigent fehlt, spielt jeder seine eigene Melodie und schafft dadurch Missklang und Streit, wo Wohlklang und Eintracht herrschen sollten. Wir helfen unserem Volk mit Freuden in seinem jetzigen schweren Kampf. Wir werden uns auf die feindlichen Schiffe stürzen in dem frohen Bewusstsein, dass Japan immer ein Land war und sein wird, wo es nur schöne Heimstätten, tapfere Frauen und wundervolle Freundschaften geben darf …

Wir sterben im Kampf ohne Klage. Doch ich frage mich, ob wohl auch andere, wie beispielsweise Wissenschaftler, die an der Heimatfront für den Krieg arbeiten, so wie wir ohne Klage sterben würden. Denn nur dann würde der Zusammenhalt der Nation, die Einheit Japans, so stark sein, dass wir überhaupt erst Aussicht hätten, den Krieg zu gewinnen.

Sollte jedoch durch einen merkwürdigen Zufall Japan wider Erwarten diesen Krieg gewinnen, so wäre das ein verhängnisvolles Unglück für die Zukunft der Nation. Denn es ist für unsere Nation und unser Volk besser, wenn sie durch schwere Prüfungen erst noch geläutert werden, die sie wirklich stark machen.

Mögen wir fallen
wie Kirschblüten im Frühling:
Strahlend und unberührt.

Grenadier Kurt Maier kommt nach der Entlassung aus dem Lazarett in Prenzlau am 16. Februar zu einer Alarmeinheit, die als »Division Schwedt« dem SS-Obersturmbannführer Otto Skorzeny untersteht. Er wird in den letzten Februartagen von Schwedt an der Oder aus nach Niederkränig in Pommern in Marsch gesetzt. Er berichtet:

Am 26. Februar, um die Mittagszeit bei schönem Frühlingswetter, traten wir zum Essenfassen. Unsere Gulaschkanone stand am nördlichen Ortsausgang von Niederkränig in Richtung Nipperwiese – Fiddichow – Greifenhagen am rechten Straßenrand neben einer Scheune. Wir hatten Kohldampf, der uns allerdings schnell vergehen sollte. Denn gegenüber der Feldküche, am linken Straßenrand, hing an einem Obstbaum ein Landser mit einem Pappdeckel um die Brust, auf dem zu lesen war: »Ich, Martin Speckmann, hänge hier, weil ich mir am 16. Februar durch die Hand schoss. Als Selbstverstümmler habe ich keine Kugel verdient.« Diesen Text habe ich bis zu dem Zeitpunkt des Füllens meines Kochgeschirrs so oft gelesen, dass ich ihn noch heute auswendig weiß. Wir hatten uns nämlich so vor der Feldküche aufstellen müssen, dass wir immer den toten Kameraden anblicken mussten. Seine rechte Hand war übrigens noch geschient und verbunden in der Schlinge. Im Schnellverfahren war er verurteilt und hingerichtet worden. Er war damals nicht der Einzige …

März

Im Westen wird am 2. März von den Kanadiern die Stadt Weeze eingenommen, die weiter nach Geldern vorstoßen, außerdem erobern die Alliierten Krefeld, Trier, Viersen, Süchteln, Venlo und Roermond. Bei Osterath und Neuss wird der Rhein erreicht. Am 3. März vereinigen sich die Truppen der 1. kanadischen Armee mit denen der 9. US-Armee zwischen Maas und Rhein. Am 4. März stoßen die Kanadier in Richtung Xanten vor, die Deutschen haben nur noch drei Brückenköpfe auf dem linken Rheinufer und ziehen sich in der Masse über den Rhein zurück. Leverkusen, Düsseldorf und Duisburg werden von der alliierten Artillerie beschossen. Am 5. März dringen die Amerikaner in die Vorstädte Kölns ein; Xanten, Euskirchen und Schleiden fallen in alliierte Hand. Am 6. März ist Köln in amerikanischem Besitz, am 7. März überqueren die Amerikaner den Rhein über die Brücke von Remagen, die Panzer von General Patton (3. US-Armee) erreichen bei Koblenz den Rhein, die 7. deutsche Armee ist im Raum Köln – Koblenz – Trier eingekesselt, in der Eifel sind 60 000 deutsche Soldaten abgeschnitten. Am 8. März erobern die Alliierten Bonn, am 10. März erreichen sie die Mosel bei Cochem, am 11. März ergeben sich 21 000 deutsche Soldaten im Weseler Brückenkopf. Am 15. März setzt die 3. US-Armee südwestlich von Koblenz über die Mosel, am 17. März erklärt General Eisenhower den Raum von Frankfurt und Mannheim zur Vernichtungszone und fordert die Bevölkerung auf, diese Gebiete zu verlassen. Koblenz, Bad Kreuznach und Merzig fallen am 18. März in alliierte Hand, am 19. März erreichen die Briten Randwijk am Unterrhein. Am 20. März geben die Deutschen ihre Brückenköpfe westlich des Rheins auf, am 21. März dringen die Amerikaner in Mainz und Ludwigshafen ein, einen Tag später stehen sie vor Speyer. Die Engländer setzen am 23. März bei Wesel über den Rhein, am 24. März bei Xanten. Zur Errichtung von Brückenköpfen setzen die Alliierten 6 000 Flugzeuge und 40 000 Mann Luftlandetruppen ein. Am 25. März stößt General Patton mit seiner 3. US-Panzerarmee östlich des Rheins vor, überquert den Main und besetzt Darmstadt. Einen Tag später erreichen sie Frankfurt, Offenbach wird besetzt, am 27. März Wiesbaden. In Holland erreichen die Engländer Mechelen. Am 28. März nennt General Eisenhower entgegen der Meinung von Montgomery als Endziel des alliierten Vormarsches nicht mehr Berlin, sondern Leipzig. Am 29. März säubern die Kanadier Emmerich von deutschen Truppen, die Amerikaner besetzen Mannheim, Duisburg und Marburg sowie Wetzlar und Gießen. Die Kämpfe um Frankfurt sind beendet, und die französischen Truppen überschreiten den Rhein bei Germersheim. Am 30. März besetzen die Amerikaner Heidelberg, am 31. März stoßen sie in den Raum Würzburg-Schweinfurt-Kitzingen vor, während französische Truppen über den Rhein nach Baden vorrücken.

Im Osten machen die Deutschen am 1. März bei Lauban einen Gegenangriff, der am 5. März eingestellt werden muss. Am 2. März überqueren russische Panzer die Küstenstraße Danzig-Stettin und trennen dadurch Ostpommern und Danzig-Westpreußen ab. Die Fluchtbewegungen der Zivilbevölkerung richten sich von nun an nach Norden, Richtung Kolberg, Danzig und Gotenhafen. Am 4. März erreichen die Russen bei Köslin und bei Kolberg die Ostsee, im Südwesten von Stargard (am 5.3. besetzt) wird die Oder erreicht und Pyritz erobert. Am 6. März erobern die Russen Graudenz, schließen Kolberg ein (mit rund 40 000 Flüchtlingen), nehmen Gollnow, Mewe, Massow und Stepenitz an der Odermündung und erreichen Altdamm. Am 8. März fällt Wollin in russische Hand, die Rote Armee steht vor Stettin. Am 11. März ist der Ring der Roten Armee um die Häfen von Danzig und Gdingen geschlossen, am 12. März erobert sie Küstrin an der Oder, am 13. März beginnt sie den Angriff auf den Heiligenbeiler Kessel, wodurch die letzte Verbindung zum Haff verloren geht. Am 15. März brechen die Russen südwestlich von Königsberg zur Küste durch; damit sind die deutschen Truppen in Ostpreußen aufgespalten. In Kolberg dringen die Russen bis zur Stadtmitte vor, während im Hafen die letzten Flüchtlinge eingeschifft werden, Kolberg fällt endgültig am 18. März in russische Hand. Zur selben Zeit hat in Oberschlesien eine neue russische Offensive begonnen. Am 23. März erreichen russische Panzer die Bucht von Danzig zwischen Danzig und Gdingen und trennen damit die Verteidiger beider Städte. Am 25. März fallen Heiligenbeil und die Danziger Vorstadt Oliva an die Russen, am 28. März wird Gotenhafen von ihnen eingenommen, am 30. März sind die Kämpfe um Danzig beendet. In Schlesien erobern die Russen Ratibor, und schweres Artilleriefeuer setzt fast die ganze Stadt Breslau in Brand.

Im Südosten machen am 6. März die deutschen Truppen am Plattensee in Ungarn eine Gegenoffensive, aber schon am 19. März haben die Russen alles verlorene Gebiet wieder zurückerobert. Nachdem am 8. März in Belgrad eine Koalitionsregierung mit Tito als Ministerpräsident und Ivan Subašić als Außenminister gebildet wurde, beginnen die jugoslawischen Armeen ihren Großangriff auf die deutsche Frontlinie Mostar – Visegrad – Drina zur Befreiung des Landes. Am 30. März beginnen die Russen entlang der tschechoslowakisch-ungarischen Grenze eine Offensive in Richtung Westen über die Flüsse Hron und Nitra gegen die slowakische Hauptstadt Bratislava, andere russische Einheiten stoßen gegenüber Koeszeg nach Österreich vor, und entlang der ungarisch-jugoslawischen Grenze gehen Russen und bulgarische Truppen gegen die Drava vor.

Am 4. und 5. März fliegen deutsche Nachtjäger einen letzten »Vergeltungseinsatz« gegen England, während 2 000 alliierte Bomber am Tag Treibstoffwerke im Reich angreifen. Alliierte Luftangriffe richten sich im März gegen Chemnitz und Berlin (5.3.), Dessau (8.3.), Essen (11.3.), Dortmund und Swinemünde (12.3.), Bielefeld (14.3.), gegen das deutsche OKW-Hauptquartier bei Zossen (15.3.), gegen Nürnberg und Würzburg (16.3.) und – nach einem furchtbaren Tagesangriff am 18. März – ab 21. März in 30 aufeinander folgenden Nächten erneut wieder gegen Berlin. Außerdem fliegen die Alliierten vom 21. bis 24. März mehrere Tagesangriffe gegen Flugplätze im Reich. Am 27. März zünden die letzten V-2-Raketen nach England.

Im Seekrieg an den britischen Küstengewässern verlieren die Engländer im März insgesamt 16 Handelsschiffe, die Deutschen 26 Schiffe. An U-Booten hat die deutsche Marine noch 463 Einheiten unterwegs, insgesamt 18 große Boote operieren bis Ende März im Finnischen und Bottnischen Meerbusen. Am 12. März zerschlagen alliierte Verteidiger einen Vorstoß deutscher in Westholland stationierter Marineeinheiten gegen die Schelde mit zahlreichen Typen von Kleinkampfmitteln (Einmann-U-Boote und Sprengboote). Als eines der letzten deutschen Schiffe verlässt am 25. März der Dampfer »Ubena« Neufahrwasser bei Danzig mit etwa 4 000 Flüchtlingen an Bord

Im Reich wird am 5. März 1945 der Jahrgang 1929 zum Wehrdienst aufgerufen und ab sofort in Raten eingezogen. Hitler erlässt am 19. März den Befehl der »verbrannten Erde«, wonach alle wichtigen Anlagen der Wehr-, Versorgungs- und Rohstoffindustrie sowie die Verkehrswege in Deutschland zerstört werden sollen. Einen Tag später zeigt er sich bei der Auszeichnung von 20 Berliner Hitlerjungen mit Eisernen Kreuzen im Garten der Reichskanzlei zum letzten Mal in der Öffentlichkeit.

In Südostasien geht der Kampf zur Niederwerfung Japans im April mit der Landung von Teilen der 8. US-Armee auf der Halbinsel Zamoanga auf Mindanao und mit vier Divisionen der 10. US-Armee auf der Ryukyuinsel Okinawa ab 26. März weiter. Die Kämpfe auf Okinawa dauern bis zum 21. Juni an. Gegen die Landungsflotte und Deckungsstreitkräfte fliegen die Japaner laufend »Kamikaze«-Angriffe und versenken dabei vom 26. März bis 29. Juli insgesamt 11 US-Zerstörer und 11 kleinere Schiffe und beschädigen mehrere Träger, Schlachtschiffe, Kreuzer, Zerstörer und kleinere Einheiten.

Anfang März, nach einem schweren Bombenangriff auf Chemnitz, erzählt Marianne Dohm in ihrem Tagebuch von folgendem Erlebnis:

In Begleitung Georgs gehe ich am nächsten Morgen nochmals zum Schulgebäude, aber die Situation hat sich nicht verändert. Noch immer ist keine Hilfe eingetroffen, um die Verschütteten zu bergen. Georg will noch einmal um das Gebäude herumlaufen, während ich durch den linken Seiteneingang allein die Schule betrete. Vorsichtig steige ich die Stufen zu den unterirdischen Räumen hinunter. Totale Finsternis umfängt mich. Schritt für Schritt taste ich mich an der Mauer entlang, rufe zaghaft »hallo«, rufe noch einmal … »Jaaah.« Ich erstarre. Mein Gott, da unten lebt noch jemand. Ich taste mich hastig zurück, laufe über den Schulhof und falle totenbleich Georg in die Arme. Gemeinsam gehen wir noch mal in den Kellerflur hinunter. Georg zündet ein Streichholz an und ruft laut: »Ist hier jemand?« – »Ja, hier«, kommt es wie ein Echo zurück. Vom schwachen Licht des Streichholzes beleuchtet sehen wir eine alte Frau. Unbeweglich sitzt sie in der Flurnische auf einer schmalen Bank, die Hände gefaltet. »Was machen Sie denn hier unten?«, frage ich sie beklommen. »Ich warte hier, bis der Krieg zu Ende ist«, antwortet sie mit einer Stimme so überirdisch sanft, als käme sie direkt aus dem Jenseits. »Aber Sie können doch nicht so lange hier unten bleiben ... haben Sie denn niemand, zu dem wir Sie hinbringen könnten? Keine Kinder oder Verwandte?« – »Nein, ich habe niemand.« Schweigen. »Außerdem bin ich fast blind ohne meine Brille ... Ich hab sie vergessen ... die Bomben kamen so schnell ...« Nach einer Weile fährt diese Engelsstimme langsam und überlegend fort: »Ich könnte mir schon ein Taxi erlauben ..., ich habe noch drei Mark in der Tasche.« Mir bleibt eine Antwort im Halse stecken. Da fragte Georg: »Wissen Sie, ob hier unten noch jemand ist? Vielleicht Verletzte oder Tote?« – »Tote?«, überlegt die alte Frau. »O nein, hier unten sind keine Toten.« In dem flackernden Licht der Streichhölzer sehen wir uns an, schweigend. Auch ohne Worte fragen wir uns: Was wollen, was können wir tun? Sind wir nicht hierher gekommen, um Verschüttete zu suchen, die unsere Hilfe ebenso nötig haben? Wir überlassen vorerst die arme, verstörte Frau weiterhin ihrem Schicksal ... Am dritten Tag nach dem Angriff ... Zum letzten Mal betrete ich den dunklen Kellerflur. Die alte Frau sitzt immer noch auf der Bank und bedankt sich, halb abwesend schon, für das Brot, das ich ihr reiche. Man muss doch für die arme Frau was tun, sage ich eindringlich zu den Männern der Rettungsmannschaft. Die wehren mit einer ablehnenden Geste ab: »Ach, die da unten! Die soll nur bleiben, wo sie ist. Wenn wir sie nach oben holen, wird sie uns bloß verrückt, wenn sie die Trümmer ringsum sieht.« Jeder ist sich selbst der Nächste, und außerdem ist Krieg, wie viele gehen da sang- und klanglos zugrunde ...

Christoph Faulhaber, inzwischen im Westen verwundet worden, wird in einem Lazarettzug mit vielen anderen Verwundeten »kreuz und quer durch Restdeutschland« geschickt:

Wir fahren durch zerbombte Städte und Dörfer, vorüber an zurückflutenden Menschen, die Sicherheit vor der Geißel des Krieges suchen. Vorbei an Truppentransportern mit bunt zusammengewüfeltem Militär, Jungen mit 16 Jahren und Männern über 50 Jahren, führt unser Weg ... In den ersten Märztagen fährt unser Zug in den Bahnhof Garmisch-Partenkirchen ein ... Langsam fahren wir wieder aus dem Bahnhof ... Plötzlich pfeift der Zug, hält und stößt zurück dicht unter einen Berg. Ein helles Singen durchdringt die Luft. Ein Sanitäter, der gerade bei uns steht, erzählt uns, dass amerikanische Düsenjäger den Verkehr unsicher machen. Als es dunkelt, werden wir auf einem Seitengleis abgestellt. Schluss der Reise. Etwas abseits, umstanden von Bäumen, sind undeutlich Baracken zu erkennen … Grafenaschau steht auf dem Schild neben dem Gleis. Ich nehme meine Habseligkeiten unter den Arm und humple in Socken los. Immer dem großen Haufen nach … Dann ziehe ich durch ein hölzernes Tor, über dem noch die RAD-Embleme prangen. In den Baracken herrscht schon eifriges Treiben. Lichter flammen hinter den Fenstern auf. Wer zuerst mahlt … In der letzten Baracke, dicht am Wald, finde ich noch ein Plätzchen. Allmählich kommt Ordnung in die Belegschaft. Ein Sanitäter geht durch den Raum und verteilt Brot …

Abwechselnd mit vormilitärischer Schulung schanzen die HJ-Gefolgschaftskameraden und der 15-jährige Rudi Brill auch Anfang März immer noch auf ihrer Baustelle zwischen Fürth und Lautenbach am Rhein. Rudi Brill schreibt am 3. März in sein Tagebuch:

Oben auf dem Berg stapften wir über ein weites Stück freies Land. Plötzlich, wie immer, tauchten ein paar Jabos auf, hinter einem Wald hervor und beschossen unten im Tal ein Auto. Da waren sie auch schon über uns und hatten uns entdeckt.

»Volle Deckung!«, schrie Itze. Das war gut gebrüllt: Deckung gab es hier keine. Kein Baum, kein Strauch, kein Graben, kein Loch in der Nähe. Wir warfen uns platt auf den Boden.

Die vier Flugzeuge stießen tiefer und umkreisten uns. Wir wussten, dass sie auf einzelne Leute, auf Zivilisten, ja sogar auf Frauen, auf Bauern auf dem Felde schossen. Und wir lagen da wie auf dem Präsentierteller, wie auf einer Schießscheibe. Kaum war der eine vorbei, war schon der nächste da. Einer flog so niedrig, dass wir das Gesicht des Piloten erkennen konnten, der seitlich aus dem Kabinenfenster auf uns schaute. Bei jedem, der anflog, glaubten wir »jetzt schießt er« und drückten uns an die kalte Erde. 30 Jungen auf einem Haufen über wenige Quadratmeter nebeneinander kreuz und quer. Wenn das kein lohnendes Ziel war!

Plötzlich ging eine der »Thunderbirds« noch tiefer und stieß direkt auf uns zu. Es war wirklich ein »Donnervogel«. Fürchterlich das Dröhnen des Motors. Wir krallten uns noch fester an den Boden. Ein Mausloch zum Verkriechen!!! Einer schrie, dass es das Donnern übertönte: »Jetzt ist es aus!« Wir glaubten alle, dass es jetzt aus sei. Eine MG- oder Bordkanonengarbe, eine kleine Bombe in unsere dichte Masse – da wäre keiner davongekommen. Und mit fünfzehn will man ja nicht sterben! … Tausend Gedanken schossen mir in diesen Sekunden, die ich für unsere letzten halten musste, durch den Kopf. Jetzt muss er schießen, jetzt, jetzt! Er dröhnte über uns hinweg, war vorbei, hatte nicht geschossen. Jaulend zog die Maschine hoch und die nächste flog vorbei. Halb betäubt vom Lärm staunten wir, dass wir noch da waren …

Als die Flugzeuge für einen Augenblick die Kurve etwas größer nahmen und ein Stück weiter weg waren, taumelten wir noch halb betäubt hoch, rasten den Berg hinunter, dem Laufgraben zu. Wir rannten, wie uns noch nie ein Führer zum Laufen gebracht hatte, wir rannten um unser Leben, erreichten den Graben und ließen uns hineinfallen, einer über den andern …

Der am 19. Februar in Glogau in russische Kriegsgefangenschaft geratene Bayer Simon Haberl ist inzwischen mit seinem Transport nach Russland an der Weichsel bei Demblin zum Arbeiten eingesetzt. Er erzählt später:

Eines Tages hatten wir rund 250 Mann vom Tagesgrauen bis in die Nacht hinein wieder am Bahnhof gearbeitet, bei dreimal warmem Wasser und 600 g Brot. Beim Heimmarsch-Antreten fehlten zwei. Der Lagerkommandant kam gerade dazu, wie die beiden noch in die Reihen springen wollten. Der Kommandant erblickte sie. Wütend schrie er die beiden an, sie müssen sich auf den Boden setzen, und der schlägt mit einer Rute auf sie ein, in der anderen Hand die Pistole. Nur noch Winseln, wie von jungen Hunden, hört man. Dann fällt dem Kommandanten ein, dass mittags zwei Mann im Waggon geschlafen haben. Sie sollen sich melden. Es meldet sich niemand. Der Dolmetscher gibt bekannt, dass in unserer Abteilung jeder 10. Mann erschossen wird. Da treten die beiden »Sünder« vor. Auch sie mussten sich in den Sand setzen. Mit der einen Hand mit der Pistole auf die Köpfe zielend, prügelt die andere Hand des Kommandanten mit der Stahlrute die ausgemergelten Körper. Uns traten die Tränen in die Augen, teils aus Wut, teils wegen der Nervenanspannung. Nach der Schlägerei fängt der Kommandant an, die vier Gefangenen auszufragen, nach dem Alter, ob sie noch leben wollen, ob sie Kinder hätten. Dann der »gnädige« Kommandant: »Für heute schenke ich euch nochmals das Leben!« Dann kommt der Befehl zum Heimmarsch. Die müde Kolonne fällt etwas auseinander. Endlich erreichen wir den Hof der Kasematten. Als die letzten durchs Tor sind, wir Halt befohlen, dann links ummachen, Stillstehen. Durch den Dolmetscher lässt der Kommandant die vier »Fluchtverdächtigen« erneut vortreten. Die Nacht ist inzwischen angebrochen. Sternenklarer Himmel. Die vier Gefangenen müssen sich ausziehen bis auf Hose und Hemd. Sie müssen sich fertig machen zum Erschießen. Junge Posten kommen mit Maschinenpistolen. Ein Knallen in mondheller Nacht, die vier Soldaten sacken in sich zusammen. Für uns heißt es, rechts um, weggetreten. Wir hören noch einen Gnadenschuss krachen. Einige Mann werden sofort zur Bestattung der Unglücklichen abkommandiert. Wir anderen durften uns die Wassersuppe holen und uns dann auf die gewohnten Bretter zurückziehen …

Im Konzentrationslager Dachau notiert am 9. März der inhaftierte holländische Schriftsteller Nico Rost in sein Tagebuch »Goethe in Dachau«:

Täglich noch steigende Todesziffern … Täglich noch längere Todeslisten … Nicht nur im Revier und in den Quarantänebaracken, sondern auch in allen anderen. Block 30 – der Totenblock –, in dem tausend Mann lagen, ist bereits einmal völlig ausgestorben und schon wieder mit neuen Kandidaten voll gestopft. Ich fürchte, dass er nochmals aussterben wird … Ich darf nicht zulassen, dass der Tod, der uns hier täglich und stündlich, ja jeden Augenblick auf den Fersen ist, meine Gedanken beherrscht. Sonst falle auch ich ihm zum Opfer. Ich will und muss mir noch größere Mühe geben, mich zum Lesen zwingen, und wenn das nicht geht, mir jeden Tag eine Aufgabe stellen. Ich werde damit beginnen, mich mit dieser oder jener Gestalt der deutschen Romantik eingehend zu beschäftigen. Selbst wenn ich mich nur eine halbe Stunde, ja eine Viertelstunde darauf konzentrieren kann, wird es mir doch helfen. Und ich will meine Überlegungen aufschreiben …

Zur selben Zeit haben die Russen die Stadt Kolberg, in der sich zusätzlich zur Bevölkerung noch 40 000 Flüchtlinge aufhalten, die auf Schiffe warten, eingeschlossen. Frau Margarete Reußner hat vom 2. bis 15. März in Kolberg Aufzeichnungen gemacht, aus denen wir die Angst und die Not der Zivilbevölkerung der Stadt bis zur glücklichen Verschiffung in letzter Stunde ablesen können:

5. März: Die Russen stehen jetzt ziemlich dicht vor Kolberg. Die Nacht war sehr bewegt. Von 1 bis 3 Uhr versuchten wir oben zu schlafen, gingen aber doch wieder in den Keller, weil zu stark geschossen wurde …

7. März: Das Feuer auf Kolberg wird immer heftiger. Wehrmachtsbericht meldet von schweren Kämpfen südlich Kolberg. Die Menschen strömen wieder zurück vom Hafen, alle hofften auf ein Schiff – umsonst! Bei einem einzigen Bäcker wird jetzt noch Brot gebacken, keiner wagt, hinzugehen. Bei uns im Treppenhaus ist eine alte Frau zusammengebrochen …

9. März: Abends kam ein Volksturmmann, der sagte, nun solle Kolberg evakuiert werden. Man solle langsam in einer Feuerpause zum Hafen gehen, versuchen, im »Siloah« oder »Monopol« unterzukommen. Am anderen Morgen würden die Schiffe laufend abgehen … Als wir um ¾12 Uhr nachts, schwersten Herzens alles zurücklassend, aus dem Keller auf die Straßen kamen, empfing uns das brennende Kolberg. Man ging nur auf Scherben, kletterte über Drahtverhaue, ab und an lag ein Toter, schauer-

liches Feuer erhellte die Nacht … Endlich waren wir im »Monopol«. Dort unvorstellbares Gedränge. Wir hatten uns durch Rufe wieder zusammengefunden und versuchten in der Mündener Schule unterzukommen. Dasselbe Bild! Darauf zogen wir in das verlassene Mündener Pfarrhaus …

12. März: Seit zehn Tagen sind wir nicht aus den Kleidern gekommen. Alles ist so unvorstellbar. Kolberg nur noch ein Trümmerhaufen, soll aber gehalten werden …

14. März: Morgens erfahren, dass Schiffe gehen sollen. Wir beide machten unseren Kram fertig, gingen hinunter zum Hafen. Grade fuhren zwei Boote hinaus unter starkem russischem Feuer. Man sah das Einschlagen der Geschosse rund um die Schiffchen, die in wahnsinniger Schnelligkeit das Weite suchten. Wir saßen im Schutz einer Hauswand vorm Zollhäuschen. Um uns Berge zurückgelassener Koffer, Fahrräder, herrenlose Pferde liefen herum, Wagen standen verlassen da … Um 13 Uhr geben wir es auf und gehen zurück … Plötzlich gegen drei Uhr nachts heißt es, die Schiffe sind da. Frauen mit Kindern, dann Frauen, dann alte Leute und zuletzt die Männer würden abtransportiert. Wir gingen also mit Tausenden von Leuten aus dem Keller …

15. März: So erlebten wir den Morgen unter lebensgefährlichem Gedränge am Hafen. Man wurde getrennt, mein Mann zurückgedrängt, man fiel über Wagen, Kinder, Gepäck, Trümmer, es war unvorstellbar! Zwei kleine Schnellboote und ein großer Transporter waren schon weg. Ich war völlig verzweifelt, denn es wurde schon hell, und damit ging die letzte Hoffnung dahin … Mein Mann wurde immer weiter zurückgedrängt. Plötzlich sah ich einen jungen Seeoffizier, und im gleichen Moment hielt ein Marineschnellboot. Ich flehte ihn an, doch meinem Mann über die Reeling zu helfen. Meine Tränen rührten ihn wohl, wir sollten aber unsere Koffer stehen lassen, dafür sei kein Platz. Und er half, ich kletterte nach, und wir hatten Schiffsboden unter den Füßen! Es war ein unbeschreiblich schönes Gefühl, ein heißes Dankgebet aus vollstem Herzen ging zum Himmel. Ein Abschiedsblick auf die im Morgengrauen liegende brennende Heimat und dann ging es in rasendem Tempo heraus aus der Persante. Es war sehr stürmisch, und wir waren bettelarm geworden, aber es kam uns gar nicht der Gedanke an unsere Lage, auch nicht, dass die See voller Minen war, wir waren frei! …

Im eingeschlossenen Königsberg schreibt Mitte März Unteroffizier Heinz Molgedey an seine Mutter (er stirbt am 2. April in einem Lazarett in Königsberg):

Ob euch dieses wohl letzte Lebenszeichen von mir noch erreichen wird, weiß ich nicht. Ich schicke es durch einen Bekannten, der aus dem Kessel zu Schiff ins Reichsgebiet als Kriegsversehrter morgen früh herauskommt.

Ich lebe noch, nachdem ich Schreckliches an körperlichen und seelischen Strapazen überwinden musste. Wie ist unser Ende doch so schnell gekommen. Wir haben keine Schuld, die Führung versagte, unsere Offiziere ließen uns teils im Stich … Die russische schwere Artillerie schießt in die Stadt, die brennt schon überall, kein Brot zu haben, wir sitzen im Keller mit Tausenden. Der Russe ist hier 8 Kilometer entfernt … Unsere Mädchen baten uns, sie im Ernstfall zu erschießen … Nun habe ich mich mit unserer eingeschlossenen Lage abgefunden. Ein Heraus gibt's nicht mehr, entweder Gefangenschaft oder das Ende im Kampf … Wie gerne hätte ich euch alle noch einmal wiedergesehen, aber es sollte nicht sein. Wenn es noch eine Gnade geben sollte, müsste ein Wunder geschehen. Nun weint nicht um mich … Die Schicksale aller anderen guten Deutschen sind ja alle in ihrer Art gleich … Die Artillerie schießt mit Ferngeschützen wie wild herein, eben wurde einem ein Bein abgerissen … Was soll ich euch noch sagen, mir fällt es zu schwer … Ihr könnt euch nicht denken, wie ich mich um alle Lieben sorge. Habt Dank für alles Gute und nehmt das Bildchen von Weihnachten 1944 als letzte Erinnerung, falls wir uns hier nicht mehr wieder sehen sollten … Ab heute wird schon in unserem Rücken gekämpft … Ich grüße und küsse euch tausendmal. Euer Heinz.

Im eingeschlossenen Breslau schreibt Emil Heinze in sein Tagebuch:

Seit 22. März 1945 ohne jede Nachricht, ohne Wissen um ihr Schicksal … Meine Lieben sind in unbekannter Ferne … Kein Mensch von allen Bekannten in Bartheln ist mehr hier, vor einem halben Jahr evakuiert, oder am 4. Oktober zwangsevakuiert. Oder im Falle Rother-Mazura tot. Das Leben genommen, als sie evakuiert werden sollten … Bartheln ist ein toter Ort. Nur ausgeplünderte und zerstörte Häuser und Wohnungen … Die schöne Stadt, das malerische Breslau ist ein Trümmerhaufen …

Bei Oberbexbach an der Saar erlebt der 15-jährige Hitlerjunge »im Fronteinsatz« Rudi Brill am 20. März den Einmarsch der Amerikaner:

Abends. Nach Mittag saß ich wie üblich mit Hans-Joachim im Ausstieg unseres Fuchsbaues. Wir beobachteten den Rückzug der Wehrmacht. Auf einmal, ich traute meinen Augen kaum, sah ich sonderbare fremde Autos auf der Hochstraße. »Gib mal das Glas her«, stieß ich meinen Vetter an. Da kam eine lange Fahrzeugkolonne von Oberbexbach herunter. Wie ein Riesenwurm schob sie sich langsam heran. Amerikaner! Wir riefen es in den Stollen hinunter. Man befahl uns, runterzukommen. Wir folgten nicht, denn oben wurde es jetzt spannend. Schüsse fielen, MG-Garben knatterten, Flugzeuge kreisten. Am Ortsende Richtung Homburg zogen noch immer deutsche Soldaten davon. Plötzlich kamen sie ins Laufen, warfen Ausrüstungsgegenstände weg und verschwanden im Wald.

Nun tauchten auch auf der Straße Kleinottweiler und Altstadt amerikanische Panzer auf. Solche Ungetüme, wie ich sie durch das Fernglas beobachten konnte, hatte ich außer auf Bildern noch nie gesehen. Gegen diese rollenden Festungen haben wir ein halbes Jahr lang Gräben gebuddelt! O wie lächerlich! Jetzt fuhren sie mühelos über die schönsten Straßen und nicht etwa querfeldein.

Inzwischen zogen die Amis in unser Dorf ein. Aus Richtung Ortsmitte hörte man einzelne Schüsse. Als es ruhig geworden war, liefen wir trotz Omas Protest zur Straßenkreuzung. Da zogen sie vorbei, unsere Feinde. Mächtige Panzer, Jeeps, lange Infanteriekolonnen mit Funksprechgeräten. Welch ein Unterschied zu den deutschen Landsern! Ein amerikanischer Soldat trat auf mich zu und fragte nach einer »little gun«. Kleine Kanone??? Nein, eine Pistole wollte er. »No, I'm sorry. I havn't«, antwortete ich und er zog weiter …

Vom Flakhelfer frisch zu den Fallschirmjägern eingezogen, erlebt Hans-H. Müller, Jahrgang 1927, am 23. März die britischen Luftlandeunternehmen mit Lastenseglern im Raum von Wertherbruch im Rücken der deutschen Truppen, die den Übergang der Engländer über den Rhein am 24. März vorbereiteten. Hans-H. Müller schreibt in sein Tagebuch:

Von Westen kommend verstärkt sich mehr und mehr ein lautes Dröhnen in der Luft. Wir werden unruhig und wissen nicht, woher das Geräusch kommt. Das können nur Flugzeuge sein, denke ich. Zum Himmel aufblickend bemerken wir, wie Schwärme von schweren Maschinen in geringer Höhe über die Baumwipfel fliegen. Sie tragen aber nicht das Balkenkreuz, an ihren Flügelspitzen leuchten die Kokarden! Alte »Dakota«-Maschinen mit Luftlandetruppen und »Short-Stirling«-Maschinen schleppen fächerförmig etwa je zwei Lastensegler träge hinter sich her … »Sie kommen! Sie kommen! Alarm! Alarm!« Die erwartete Luftlandung am Rhein findet statt … Im Eilmarsch hasten wir zur östlichen Waldkante und werden Zeuge eines gewaltigen Schauspiels. Über der Wiese, die vor uns liegt, kurven mehrere Maschinen in knapp 30 Meter Höhe. Einige Lastensegler, die sich bereits von dem Transportflugzeug gelöst haben, gleiten auf die Lichtung zu. Wir gehen in Stellung und richten unsere Maschinengewehre auf die vor uns liegende Grasfläche. Als der erste Segler keine 200 Meter von uns entfernt zur Landung ansetzt, jagen wir unsere Feuerstöße hinüber. Der Zirkus über den Baumwipfeln reißt nicht ab. Die Schatten der neu anfliegenden Maschinen huschen auf der Grünfläche entlang … Wieder schwenkt ein Segler auf die Lichtung zu. Unsere Gruppe richtet das MG zum Himmel empor. Über meiner Schulter ruht der Lauf, mit beiden Händen packe ich fest das Zweibein. Kock kniet hinter mir, während Hell die Gurte einführt. Als der nächste Fächer anfliegt, zielt Kock auf die Pilotenkanzel eines Seglers und krümmt den Zeigefinger durch. Da ich den Kopf nach unten halte und die Augen schließe, sehe ich nicht, was oben passiert. »Ihr müsst nicht auf den Piloten halten!«, ruft jemand. »Sägt ihnen doch die Tragflächen ab!« Auf der Wiese laufen die ersten Engländer herum. Ihre Transportmaschinen stehen teilweise recht zerfetzt im Schein der sinkenden Sonne … Neben den seitlich aufgeklappten Leitwerken liegen die ersten Toten auf der Wiese. Einige Tommies, die gewiss nicht mit so starker Gegenwehr gerechnet hatten, kommen uns entgegen und schwenken ihre Taschentücher, andere haben mitten auf der Lichtung im niedrigen Gras ihre Waffen in Stellung gebracht und versuchen, sich ihrer Haut zu wehren … Ich sehe, wie die MG-Schützen der Nachbargruppe ihre Hitlersäge gen Himmel richten und auf den nächsten Fächer warten … Der Mann zielt auf die Flügelnase und lässt den Segler in seine Geschossgarbe fliegen. In Fetzen löst sich die Tragfläche vom Rumpf. Das Flugzeug kippt zur Seite ab und wird von der Führermaschine sofort ausgeklinkt. Einige Bäume mit sich nehmend, stürzt der Segler in den Wald … Aus den nächsten Seglern, noch an ihrem Transportflugzeug hängend, prasselt vereinzelt Feuer auf uns herab. Von den Tommies, die sich von der Wiese her zu verteidigen versuchten, lebt fast keiner mehr. Die ersten Gefangenen hocken auf dem Waldboden und sind froh, mit dem Leben davongekommen zu sein … Unter den Gefangenen befindet sich auch eine ganze Reihe von Kanadiern. Ihre Ausrüstung ist erstklassig! Abends werden sie gesammelt und abgeführt …

Zwei Tage später steht Hans-H. Müller mit seiner Einheit im Kampf mit den nördlich und nordöstlich von Wesel gelandeten britischen Luftlandetruppen und Fallschirmjägern, aber auch bald mit den in der Nacht über den Rhein gesetzten englischen Panzertruppen:

Vom Ort her, der Meerhook heißen soll, erdröhnt bald das Mahlen von Panzerketten, wir sehen die Ungetüme aber nicht … Als das zweistöckige Bauernhaus griffbereit vor uns liegt und wir uns gerade in der Nähe einer quer gestreckten Rübenmiete befinden, empfängt uns urplötzlich heftiges Infanteriefeuer … Aus den drei oder vier Dachfenstern des Gebäudes schießt der Engländer auf uns herab. Wir sind ahnungslos ihm entgegengelaufen und liegen nun vor ihm wie auf dem Präsentierteller … Wir kriechen zur schützenden Miete zurück … Wir bringen nun auch mit Emil und einigen anderen ein MG in Stellung … Die Tommies verschwinden vom Dachboden des Bauernhauses ... Ich greife zum Spaten und grabe mich an der rechten Hinterkante der Miete in den Boden ... Mitternacht kann nicht mehr fern sein. Die Stille wird plötzlich von lauter Musik unterbrochen. Mit Hilfe von Verstärkern senden die Tommies über Propagandageräte preußische Märsche zu uns herüber. Dann bricht die Musik ab, und eine Stimme verkündet mit englischem Akzent: »Kameraden! In einer halben Stunde beginnt das Trommelfeuer! Werft Stahlhelm und Gewehre weg! Reißt das Koppel mit den Patronentaschen herunter! Schwenkt ein weißes Taschentuch. Kommt zu uns! Wir kochen Erbsensuppe!« ... Pausenlos hämmert die Propaganda auf uns ein: »Kommt zur Armee des Generals Dwight D. Eisenhower! In einer Viertelstunde könnt ihr euer Testament machen!«... Jaulend und orgelnd sausen die Geschosse über unsere Köpfe, um hinter uns krachend und berstend zu krepieren ... Die Granatsplitter sausen knapp über unsere Köpfe dahin. Ich möchte mich tief, unendlich tief in den Boden graben, so unermesslich tief, dass ich nichts mehr zu sehen und zu hören brauche ... Plötzlich wälzt sich Emil stöhnend auf der Erde hin und her und versucht verzweifelt, mit seinen Händen auf seinen Rücken zu greifen ... Wir stellen fest, dass er beiderseits der Wirbelsäule je einen Einschuss hat. Die Wunden sind klein und bluten nicht sehr stark. Ausschüsse finden wir nicht ... So gut es möglich ist, winde ich ihm mehrere Verbandspäckchen um den Brustkorb, doch bevor ich sie verknotet habe, springt er auf und rennt dem Walde entgegen in das unter Beschuss liegende Gelände hinein. Die Enden der Mullbinden wehen wie lange Fahnen hinter ihm her ... In meiner Nähe kauert nur noch ein Mann hinter dem MG, der andere liegt regungslos links von der Miete ... »Auf der Straße sind Tommies«, flüstert er mir zu ... Sie schleppen ein SMG mit sich ... Als sie wenige Schritte vor der Hausecke sind, krümmt mein Kamerad den Abzug durch, die Gurtmunition läuft mir durch die Finger. Alle vier liegen auf der Straße, drei von ihnen rühren sich nicht, der vierte aber schreit und wirft sich hin und her: »Mama! Mama!« Mir laufen Kälteschauer über den Rücken! Haben wir das getan? Jawohl! »Mama! Mama!« Heiliger Himmel, das ist unser Werk! Ich möchte schreiend weglaufen ... Mir schießt nur in den Kopf, dass ich auch dort liegen könnte, wo jener sich jetzt windet. Sein Rufen erstirbt allmählich: »Mama!« ... Mein Kamerad mit dem MG ist nicht mehr da. Ich bin allein ... Im Weiterhasten fühle ich plötzlich, dass mir in dieser Sekunde noch etwas passieren wird. Ich will mich zusammenkrümmen, kann mein Vorhaben aber nicht mehr ausführen, da mich eine urgewaltige Kraft gegen einen Baum schleudert ... Da sehe ich, dass der Ärmel unterhalb des Ellenbogengelenks zerrissen ist. Die Stofffetzen sind blutverschmiert ... Die Nerven gehen mir durch:

»Sani! Hilfe! Ich bin verwundet!« Kein Mensch wird meinen Eltern sagen können, wie ich verreckt bin, wie ich vor die Hunde gegangen bin, wenn ich nicht bald Hilfe finde … Lange halte ich das nicht mehr durch. Das rechte Bein will auch nicht mehr. Da, die ersten Kameraden. Sie hocken in einem Loch und rufen mich zu sich heran …

Zurückgebracht auf den Hauptverbandsplatz beobachtet Hans-H. Müller dort:

Jabos greifen die Straße an, respektieren aber das große rote Kreuz auf dem Dach der Scheune. Ich suche mir einen freien Platz im Stroh und bemerke, dass ich zwischen Tommies liege. Einer von ihnen stöhnt: »Oh, my backside!« Mit meinen bescheidenen Schulkenntnissen kann ich mich mit ihm verständigen: »Can I help you?« – »No! Oh, my backside!« Er bietet mir Weißbrot und Jam aus einer Büchse an. Da ich mir mit einer Hand kein Brot schmieren kann, nimmt er mir die Arbeit ab. Er ist Maler aus Birmingham und einige Jahre älter als ich. Aus seiner Feldbluse kramt er einige Fotos und reicht sie mir herüber: »My wife and my children!«. Eine reizende junge Frau mit einem Kind auf dem Arm und ein anderes zu ihren Füßen steht vor einem Rosenbogen. Ich hatte bisher nie darüber nachgedacht, dass diese Leute auch Eltern, Frauen und Kinder haben, die sich um sie sorgen. Verfluchter Krieg!

Ein anderer 17-jähriger, Peter Kirchhof, der in Ahlhorn bei Oldenburg als Luftwaffenhelfer auf einem Flugplatz mehrere Bombenangriffe miterlebt, schreibt am 23. März in seinem letzten Brief an seine Mutter (er ist seit Mai 1945 bei Berlin als vermisst gemeldet):

Ich war so etwa zweihundert Meter gelaufen, da kam der nächste Angriff. Dieses Mal galt er dem Platz und den Muni-Anlagen. Ich saß in einem Einmannloch, welches ich mir einen Tag vorher gegraben hatte. Ich war gerade in meinem Loch, als das Munitionslager in die Luft flog. Den Krach und den Luftdruck kann ich gar nicht beschreiben. Die ganzen Bäume etwa im Umkreis von fünfhundert Meter waren entwurzelt. Mein Loch war eingefallen, und ich war wie eine Blume im Sand begraben, nur noch mit dem Kopf raussehend. So habe ich zwei Stunden lang gesessen, und alle zwei Minuten flog eine neue Welle von Flugzeugen an und warf Bomben auf den Platz … Unsere Baracken sind nicht wieder zu erkennen … Wir schlafen zwar noch im Lager, aber nur auf Stroh und mit allem Zeug. So geht es nun schon drei Tage lang und jeden Tag einen Angriff, aber bei jedem Gebrumme gehen wir jetzt schon laufen und sehen uns das Schauspiel von weitem an. Ich hoffe, dass wir hier bald wegkommen, denn wenn das so weitergeht, werden wir bald alle kaputt sein. Wir haben bis jetzt 98 Tote, alles Jungen in meinem Alter, davon 83 beim ersten

Angriff. Ich will schließen, denn ich will mich ausschlafen. Wir liegen hier mit drei Mann bei einem Bauern im Quartier …

Das Ehepaar Michalski, das mit einem Flüchtlingstreck aus dem Osten bis nach Thüringen gekommen ist, meldet sich mit einem Brief vom 28. März aus Altenburg bei ihren Kindern in Berlin:

Bei uns geht nächsten Dienstag auch wieder das Leiden los … Höchste Zeit, dass wir weiterkommen, denn wir sind überall ungern gesehene Gäste. Wo es hingeht, wissen wir nicht, werden wohl wieder rückwärts gehen, werden wohl überhaupt keinen festen Wohnsitz mehr kriegen, haben das Leben satt …

In Heidelberg sind am 30. März die Amerikaner einmarschiert. In dem Tagebuch einer sich um ihre Kinder sorgenden Mutter lesen wir an diesem Tag:

Wir warten, was weiter wird. Karl und ich wagen das unendliche Glück noch nicht zu fassen, dass es aus sein soll mit dem ganzen Hitler-Zauber, mit der Flut von Lügen, Heuchelei und Gemeinheit. Soll wirklich wieder ein Leben kommen ohne Bombenterror, ohne stundenlange Todesangst?

April

Im Westen sind am 1. April rund 100 000 deutsche Soldaten im Ruhrkessel eingeschlossen. Die Amerikaner kämpfen beiderseits des Neckars. Ab 3. April sind durch den Vormarsch der Kanadier nach Holland alle deutschen Nachschublinien dorthin bedroht. Aschaffenburg wird von den Amerikanern eingenommen. Am 4. April dringen britische Panzertruppen in Osnabrück ein, die Amerikaner gehen vor bis Heilbronn, US-Infanterie marschiert in Eisenach in Thüringen ein, und Karlsruhe wird von französischen Truppen erobert. Am 7. April landen alliierte Fallschirmjäger östlich der Zuidersee, Engländer erobern Hamm und Soest, die Amerikaner besetzen Göttingen, Hannoversch-Münden, Schweinfurt, Bad Mergentheim und Crailsheim. Am 8. April besetzen britische Fallschirmjäger die letzte Bahn aus Holland nach dem Reich zwischen Zwolle und Groningen. Castrop-Rauxel wird besetzt, die Amerikaner gehen im Thüringer Wald weiter vor, besetzen Hildesheim. Am 9. April werden Meschede und Georgenthal eingenommen, am 10. April erobern die Amerikaner Hannover, Wanne-Eickel, Siegburg und Bochum, Gelsenkirchen und Essen. Am 11. April erreichen die Amerikaner die Elbe südlich von Magdeburg, am 12. April besetzen sie Braunschweig, Neustadt, Weimar, Heilbronn, Celle und stehen kurz vor Leipzig. Am 13. April dringen die Engländer in Arnheim ein, gehen über Uelzen weiter nach Bremen vor. Die Amerikaner erreichen bei

Dessau die Elbe und besetzen in Thüringen Gera, ebenso Bayreuth. Am 15. April erreichen die Kanadier die Nordsee an der Mündung der Ems, die Amerikaner sind in Merseburg und Leuna, französische Truppen überqueren bei Kehl den Rhein und stoßen über Offenburg Richtung Baden-Baden und Lahr vor. Am 16. April besetzen die Kanadier weitere Gebiete in Westholland, die Engländer erreichen Bremen, die Amerikaner Elberfeld und Wuppertal sowie Hof in Bayern. Am 17. April gehen die Amerikaner in Richtung Magdeburg vor, besetzen Solingen, Düsseldorf und Braunlage, im Süden Rothenburg. Franzosen und Amerikaner sind in Nagold, Freudenstadt und Horb. Am 18. April erreichen die Kanadier die Zuidersee, die Engländer besetzen Soltau, Uelzen und Lüneburg. Im Ruhrkessel gehen 325 000 deutsche Soldaten in amerikanische Gefangenschaft, die Amerikaner erobern Magdeburg, Brinkum, und die 3. US-Armee schwenkt nach Süden zum Vorstoß in Richtung Österreich und Tschechoslowakei. Am 19. April erreichen die Engländer bei Lauenburg die Elbe, die Amerikaner besetzen Leipzig und dringen nach Nürnberg vor, besetzen Schwäbisch Gmünd, Sulzbach, Backnang, Schorndorf, die Franzosen im Süden Stuttgart, Sigmaringen und Freiburg. Am 23. April dringen die Engländer in Bremen und in Harburg vor Hamburg ein, die Amerikaner besetzen Dessau und Aalen. Am 24. April überqueren die Amerikaner bei Dillingen die Donau, besetzen Urach, Münsingen und Ulm. Am 25. April bleiben die Amerikaner an der Mulde und Elbe stehen, am 26. April überschreiten sie bei Ingolstadt die Donau, die Franzosen haben die restlichen deutschen Truppen im Schwarzwald eingeschlossen. Am 27. April marschieren die Amerikaner in Straubing und Kempten ein und stoßen nach Österreich vor. Englische Flugzeuge werfen Nahrungsmittel für die hungernde Bevölkerung in Holland ab. Am 28. April nehmen die Kanadier Wilhelmshaven und Emden, überqueren die Engländer die Elbe bei Lauenburg und bilden am Ostufer einen Brückenkopf. Die Amerikaner besetzen Augsburg und Landsberg am Lech, die Franzosen durchqueren Oberschwaben und stoßen nach Vorarlberg vor. Am 29. April stehen die Amerikaner vor München und gehen aus dem Raum Tirschenreuth-Schönsee nach Osten vor, die Franzosen nehmen Friedrichshafen am Bodensee ein. Am 30. April besetzen die Amerikaner München, im Raum Murnau sammeln sie sich zum Vorstoß Richtung Innsbruck. Churchill schlägt Eisenhower die Einnahme von Prag vor.

Im Osten fällt am 1. April Glogau in russische Hand. Am 3. April räumen deutsche Truppen Öxhöft gegenüber von Hela. Am 6. April morgens verlässt in Richtung Pillau der letzte Lazarettzug Königsberg, am 8. April ist Königsberg wieder von Pillau abgeschnitten, die Russen dringen in Königsberg ein, das am 9. April kapituliert. Am 12. April beginnt der russische Angriff auf Pillau, am 13. April erlässt Hitler seinen Tagesbefehl an die Soldaten der Ostfront: »Berlin bleibt deutsch, Wien wird wieder deutsch …« Am 16. April stoßen die Russen nach Samland vor und beginnen die große Offensive entlang der Oder und Neiße gegen Berlin, dessen Vorgelände bei Spremberg an der Spree die Angriffskeile am

19./20. April erreichen. Am 22. April erobern die Russen Cottbus und stehen vor dem inneren Verteidigungsring Berlins. Am 23./24. April dringen die Russen von Osten und Süden in Berlin ein und besetzen Wandlitz, Oranienburg, Birkenwerder, Pankow, Friedrichsfelde, Karlshorst und Köpenick, außerdem Lübben, Zossen, Luckenwalde, Treuenbrietzen, Belzig, Marienfelde, Trebbin, Rahnsdorf und Teltow. Am selben Tag fallen Potsdam und Frankfurt an der Oder in russische Hand. Am 24. April treffen sich die russischen Angriffsspitzen bei Nauen, damit ist Berlin eingeschlossen, außerdem erreicht die Rote Armee die Elbe bei Belgern. Am 25. April fällt Pillau; in Berlin werden die Stadtteile Adlershof, Alt-Glienicke, Tegel, Wittenau, Reinickendorf, Mariendorf und Lankwitz überrannt. Bei Torgau begegnen sich sowjetrussische und amerikanische Truppen an der Elbe. Am 26. April erobern die Russen Stettin und »säubern« die Kurische Nehrung in Ostpreußen. Am 27. April erobern die Russen Prenzlau und Angermünde in Pommern. In Berlin gibt Hitler den Befehl, die Schleusen der Spree zu öffnen, um die U-Bahn-Schächte zu überfluten, obwohl er weiß, dass dort viele Tausende von Zivilisten und Soldaten Schutz gesucht haben und nach dem Öffnen der Schleusen ertrinken. Die Rote Armee bricht am selben Tag zum Leipziger und Potsdamer Platz durch. Am 28. April verteidigen in Berlin Hitlerjungen die Havelbrücken. Im Süden Berlins erreichen die Russen das Hallesche Tor, im Westen die Potsdamer Straße, im Norden wird am Reichstag und Brandenburger Tor, im Osten an der Wilhelmstraße gekämpft. In der Nacht vom 28. zum 29. April lässt sich Hitler im Bunker der Reichskanzlei mit Eva Braun trauen und diktiert sein persönliches und politisches Testament. Der Angriff von Teilen der 12. Armee (General Wenck) bleibt im Raum Beelitz – Ferch – Petzow in russischen Gegenangriffen stecken. Am Abend des 29. April liegen die Fronten in Berlin in der Saarlandstraße, in der Bismarck- und Kantstraße und im Norden des Grunewalds und des Reichssportfeldes. Russische Artillerie beschießt die Trümmerzone um die Reichskanzlei. Das OKW übersiedelt von Fürstenberg nach Dobbin in Mecklenburg, die Russen besetzen Anklam an der Straße nach Stralsund und operieren in Mecklenburg. Am 30. April begeht Hitler mit Eva Braun Selbstmord, Reichsleiter Bormann telegrafiert an Dönitz dessen Beförderung zum Regierungschef. Goebbels stimmt der Aufnahme von Waffenstillstandsverhandlungen mit den Russen zu, zu denen General Krebs bevollmächtigt wird.

Die Flüchtlinge aus dem Osten, die die Elbe erreicht haben, aber wegen des Übergangs der deutschen Truppen zu lange aufgehalten werden, fallen deshalb in den nächsten Tagen zum großen Teil den russischen Truppen in die Hände.

Im Südosten überrennen die Russen Eisenstadt, Gloggnitz, Neunkirchen und Wiener Neustadt, Wien wird zum Verteidigungsgebiet erklärt. Am 6. April erobern die jugoslawischen Truppen Sarajewo. Am 7. April brechen die Russen von Süden her in Wien ein, wo es am 8. April zu Straßenkämpfen kommt, während andere russische Einheiten an Wien vorbei Richtung Linz und Graz vorgehen. Am 9. April beginnen die Alliierten in Italien ihre letzte Offensive nach Norden, die deutsche Front bricht mit der Einnahme von Bologna am 21. April zusammen. Am 23. April überqueren die Amerikaner mit Sturmbooten den Po, am 26. April erobern sie Verona, überschreiten die Etsch und besetzen Mantua, Reggio und Parma. Am 27. April erreichen die Amerikaner Genua. Am 28. April werden Mussolini und seine Begleitung am Comer See von Partisanen gefangen genommen und erschossen. Am 29. April wird in Caserta die bedingungslose Kapitulation der deutschen Truppen der Heeresgruppe Südwest unterzeichnet (tritt ab 2. Mai in Kraft). Mailand wird von Partisanen besetzt, die britische 8. Armee stößt nach Triest vor, erreicht die Piave und besetzt Venedig. Am 30. April erreichen die Amerikaner Turin. Marschall Titos jugoslawische Truppen dringen in Triest ein, und Gauleiter Frank verkündet in Prag, dass er einen Aufstand »in einem Meer von Blut« ertränken werde.

Vom 5. bis 11. April finden letzte Evakuierungsfahrten mit 43 000 Flüchtlingen von Hela aus statt. Am 9. April werden die deutschen Kreuzer »Admiral Scheer« und »Hip per« in Kiel durch Bombenangriff versenkt. Am 16./17. April wird die »Goya«, von Hela nach Swinemünde mit etwa 5 500 Soldaten und Flüchtlingen unterwegs, von russischen U-Booten torpediert, zerbricht in zwei Teile und sinkt innerhalb von vier Minuten (nur 164 Überlebende werden gerettet). Während der letzten fünf Wochen des Krieges versenken insgesamt 44 deutsche U-Boote vor der britischen Küste 10 Frachtschiffe und verlieren dabei 23 U-Boote.

Am 10. April fliegen die Engländer noch zwei Nachtangriffe gegen Leipzig, am 14. April greifen die Amerikaner Potsdam an, am 16. und 18. April fliegt die R.A.F. Luftangriffe gegen Swinemünde und Helgoland. Am 25. April fliegen die Amerikaner letzte Tagesangriffe gegen Pilsen und die Insel Wangerooge, die Engländer in der Nacht gegen Kiel und München.

Im Reich ruft Goebbels am 2. April zur Bildung des »Werwolf« und zum Heckenschützenkrieg auf (der Aufruf findet fast keine Beachtung), am 19. April beginnt Goebbels mit seiner letzten Propagandakampagne der Durchhalteparolen. Am 23. April ermordet die SS 14 politische Häftlinge im Berliner Lehrter-Straße-Gefängnis durch Genickschuss, unter ihnen befindet sich Albrecht Haushofer.

Vom 6. bis 10. April evakuiert die SS 15 000 Juden aus Buchenwald bei Weimar, das am 11. April von den Amerikanern befreit wird. Am 15. April befreien britische Truppen das Konzentrationslager Bergen-Belsen und finden etwa 40 000 lebende und 13 000 tote Häftlinge. Ab 23. April bis 4. Mai werden die Häftlinge aus Sachsenhausen bei Berlin und Ravensbrück evakuiert. Das Konzentrationslager Dachau bei München wird am 29. April befreit. Bei Moosburg befreien die Amerikaner ein Lager mit 110 000 alliierten Kriegsgefangenen.

Am 12. April stirbt US-Präsident Franklin D. Roosevelt, sein Nachfolger wird Harry S. Trum an. Ab dem 25. April findet in San Francisco die Gründungsver-

sammlung der Vereinten Nationen statt (bis 26.6.). In Südostasien gehen im April die harten Kämpfe auf Luzon und Mindanao (Philippinen) und auf Okinawa weiter. Die Wiedereroberung Burmas von Januar bis Mai 1945 geht ihrem Ende entgegen.

Im April 1945 eskaliert die Endphase des Krieges in Europa. Von Westen marschieren die Amerikaner bis Thüringen und Leipzig vor, die Engländer im Nordwesten bis Hamburg und vor Bremen, von Osten her erobern die Russen Wien und eröffnen den Endkampf um Berlin, nach Süden stoßen die Amerikaner bis Innsbruck in Österreich vor, die Franzosen über Südwestdeutschland nach Vorarlberg. Churchill schlägt Eisenhower die Einnahme Prags vor, aber die Russen sind schneller dort. Hitlers Großdeutsches Reich ist Ende April ein erobertes und besetztes Land. Die Ereignisse überschlagen sich, der einzelne Mensch wartet ohnmächtig auf das Ende. Ein amerikanischer GI, Lester Atwell, kommentiert den Vormarsch seiner Armee durch Deutschland so:

Die Deutschen ließen vom Rhein ab und wichen zurück, durch Straßensperren und kleinere Truppeneinheiten versuchten sie, unseren Vormarsch zu verzögern. Manchmal in den folgenden Wochen, wenn der Feind sich eingrub, um verzweifelten Widerstand zu leisten, war das Ergebnis nur, dass viele seiner Soldaten ihre Waffen fortwarfen und sich uns ergaben. Nach wilder Flucht, Zusammenbruch und ungeordnetem Rückzug wurden weitere Straßensperren errichtet, und die angeschlagene deutsche Armee wich tiefer ins Land.

Eine dieser Verzögerungsmaßnahmen durch die Deutschen, die aber keine nennenswerte Wirkung hatte und offensichtlich sinnlos war, zeichnete sich durch ihre besonders grauenhafte Art aus. Wir rückten im Konvoi auf einer Straße vor, als ein deutscher Panzer aus einem kleinen Wald kam, das Feuer eröffnete und zwei unserer Leute tötete und dann wieder verschwand. Der Konvoi hielt, zwei unserer Scharfschützenkompanien umzingelten das Wäldchen, in dem, wie sie feststellten, sich eine Gruppe deutscher Soldaten in Erdlöchern eingegraben hatte. Der deutsche Panzer drehte sich und feuerte dabei weiter, und nach einiger Zeit tauchten vier von unseren eigenen Panzern auf. Sie sprühten aus Flammenwerfern, jeder von einer anderen Seite, brennendes Benzin in den schmalen Waldstreifen. Nach wenigen Sekunden hatte er sich in eine Hölle verwandelt, und wir hörten das Brüllen und Schreien der Deutschen durch die lodernde Feuerwand. Einige versuchten, brennend durch die Flammen zu kriechen, aber sie wurden von unseren Maschinengewehren niedergemäht. Nach einer halben Stunde fuhren wir weiter, und von dem kleinen Wald war nur ein großer Haufen golden glühender Holzkohle zurückgeblieben, schrecklich anzusehen im Schein der Frühlingssonne.

Die Landschaft wurde sehr bergig und waldreich, kleine Städte mit flatternden weißen Fahnen lagen verborgen in den Tälern. In der Eile des Vormarsches besetzte manchmal die eine Kompanie eine Stadt, die für eine andere Kompanie bestimmt war, und musste zurückeilen, um ihr eigenes Angriffsziel zu nehmen. Die Lastwagenkolonnen donnerten in die Städte, die Infanteristen sprangen herab, nahmen die Heckenschützen fest, verluden die Gefangenen, sprangen wieder auf die Wagen und fuhren weiter zur nächsten Stadt. Auf diese Weise wurden an manchen Tagen über vierzig Kilometer zurückgelegt.

Der 14-jährige Jürgen Vordemann, im KLV-Lager auf der Schaumburg, notiert am 1. April in sein Tagebuch:

Die Front rückt näher. Unten beim Bahnhof Deckbergen steht ein Eisenbahnzug mit vier Geschützen. Er schießt sich mit amerikanischen Panzern, die schon jenseits der Weser sind. Auch bis Oeynhausen sind schon Panzerspitzen vorgestoßen. Auf den Straßen fluten tagelang deutsche Soldaten, OT. (Organisation-Todt-Männer), Luftwaffe und alle anderen Waffengattungen nach Hameln zu. »Mit Mann und Ross und Wagen, hat sie der Herr geschlagen.« Ja, das kann man wirklich jetzt sagen. Mit Autos, Fahrrädern, Motorrädern, Wagen, Pferden, zu Fuß strömen Tag und Nacht vorbei die Reste der aufgelösten Wehrmacht …

Anfang April erlebt der 17-jährige Hans Hermann als Flakhelfer den Angriff auf die Leuna-Werke an der Saale mit. Er schreibt am 6. April über dieses Erlebnis einem Freund:

Am Nachmittag des 4. April kamen zwei »Mosquitos« in einer Höhe von 2000 Meter über unsere Stellung weg. Sie schossen nicht und wir auch nicht. Schnell waren sie weg. Es war nur ein Beobachtungsflug. Nach dem Abendbrot lege ich mich gleich ins Bett. Da, um 23 Uhr Alarmstufe 1. Verfluchte Scheiße! Ich und überhaupt will keiner aus dem Bett. Was sollen wir draußen. Unsere Batterie hat die Geschütze und Geräte einer anderen Batterie übergeben, weil wir doch an die 12,8-cm-Geschütze kommen. Wir stehen draußen also nur da rum. Langsam steige ich aus dem Bett … Noch langsamer ziehe ich meine Hosen an. Da springt der Laden draußen vor dem Fenster auf. Ich sehe weit hinten über dem Werk, das wir schützen müssen, Leuchtbomben, Kaskaden und all so'n Zeug. Dass ich jetzt schneller werde, kannst du dir wohl denken. Ich höre Bomben rauschen und meterhohe Dreckfontänen. Endlich bin ich fertig. Immer näher fallen die Bomben. Das Werk brennt lichterloh. Da … ein Pfeifen, Heulen, Bomben in die Stellung. »Alles raus!«… Ich kann in der Dunkelheit meinen Stahlhelm nicht finden. Einer nach dem anderen meiner Kameraden springt aus dem Fenster, und sie flitzen über die Straße in die Einmannlöcher am Straßenrand. Ich bin mit noch zwei anderen immer noch in der Baracke. Stell dir vor, ich suche meinen Stahlhelm, und die Bomben fallen in die Stellung. Endlich habe ich meinen »Topf«. Dann raus aus dem Fenster und … huuii – ich lang am Boden – rums, rums, rums. Das war dicht. Bei jedem Rumsen hebt sich mein Körper. Mitten auf der Straße liege ich. Da ich es nicht wage, aufzustehen, versuch ich mich der Straße anzupassen … Die Einschläge sind nicht mehr auseinander zu halten. Todesangst habe ich in diesem Augenblick geschwitzt. Ohne Deckung auf der Straße. Einen Augenblick Ruhe. Ich auf und zu einem Deckungsloch. Besetzt, zwei Mann in einem Loch. Zum nächsten Loch … wieder besetzt. Verflucht. Wieder geht's los, und ich bin immer noch ohne Deckung. Endlich ein freies Loch … es ist eine Mistgrube. Und trotzdem, ich fühle eine ungeheure Erleichterung. Endlich Deckung. Erst jetzt merke ich, dass ich bloß einen Schuh anhabe und keine Strümpfe. Es ist nicht warm, aber ich spüre keine Kälte. Jetzt geht's erst richtig los. Starkes Motorengeräusch. Die Batterie, die uns abgelöst hat (Italiener), schießt ein paar Schuss. Jetzt folgt Bombe auf Bombe. Da … ein so harter Schlag, wie ich ihn noch nie verspürt habe. Meine Ohren sind heiß. Mein Kopf dröhnt. Die Italiener schreien und lamentieren. Einen Augenblick Ruhe. Jetzt spüre ich plötzlich eisige Kälte an meinem einen Fuß. Ich muss unbedingt wissen, wo mein Schuh ist. Ich krieche auf die Straße und … da lag er. Kaum hatte ich ihn an, wieder Motorengeräusch … Tiefflieger. Man hört MG's knattern und eine Bombe heulen und dicht bei uns einschlagen. Ich liege auf der Straße. Springe auf, stolpere über meinen langen Übermantel und überschlage mich, fliege lang in mein Loch. Jetzt kommt wieder der Tiefflieger … Bordwaffenbeschuss und eine Bombe. Das wiederholt sich ungefähr achtmal. Dann Ruhe. Es scheint vorüber zu sein. Ein Kopf nach dem anderen erscheint aus den Löchern. Drüben in der anderen Geschützstellung schreien sie nach dem Sanitäter … Im Lauf des nächsten Tages sehen wir uns alles an. Bei den Italienern ist ein Volltreffer genau im Geschützstand. Die ganze Bedienung ist tot. Das Geschütz liegt in tausend Fetzen. Ungefähr einen Kilometer weiter ist eine Feindmaschine abgestürzt. Zuerst finden wir einen toten Piloten … insgesamt finden wir sechs Piloten. In der Maschine liegt noch der tote Heckschütze. Es ist eine »Lancaster«. Vollständig zerstört. Wie wir zurückkommen, sind die Piloten ausgeraubt … Unsere Verluste: 15 Tote und mehrere Verwundete bei der A-Batterie, 6 Tote und mehrere Verwundete bei der B-Batterie (Italiener).

Die in Schongau bei der Flak stationierte Irmgard Auer wartet im oberbayerischen Frühling auf das Ende des Krieges. Sie erzählt später:

Am 10. April ein Funkspruch: Entlassung der dienstverpflichteten Arbeitsmaiden des Luftgaues VIII, München. So schnell mich meine Beine trugen, lief ich die Kilometer bis zum Batteriegefechtsstand, ließ mir meine Entlassungspapiere aushändigen, lief zurück. Doch da war der Befehl schon widerrufen. Nachts schlich ich von dannen. Ich kam bis Ingolstadt, dort geriet ich in einen Bombenangriff. Ein Soldat riss mich in letzter Sekunde mit zu Boden. »Gesicht unten lassen«, schrie er und hielt mich fest im Arm. Die Erde um uns bebte. Ich litt Todesangst. Am nächsten Tag nahm mich ein Lkw mit bis in die Nähe von Pappenheim, wo meine Eltern und Geschwister als Flüchtlinge lebten. Die letzten Kilometer legte ich zu Fuß zurück. Ich kam in das Städtchen, zu dem Haus, klopfte an die Tür. Vier Augenpaare starrten mich an. Sie hatten geglaubt, mich nie wieder zu sehen …

Am 11. April sind die Amerikaner vor der Schaumburg. Der Schüler Jürgen Vordemann notiert in sein Tagebuch:

Die Amerikaner nahen … Mittags geht es richtig los. Es kracht und knallt an allen Ecken und Enden. Wir sind im Keller der Vorburg. Überall sind Gefechte im Gange. Vier Panzer kamen in einem Hohlweg, wo niemand sie vermutete, herab und eröffnen eine Kanonade. Die Burg bekommt einige unbedeutende Treffer. Das schwere Burgtor wird verrammelt, und ein Leutnant versucht, die Panzer zu knacken. Einen kann er zwar mit Panzerfäusten gefechtsunfähig machen, aber dann muss er seine Torheit mit dem Leben bezahlen. Der deutsche Befehlshaber verdünnisiert sich, sein Stellvertreter übergibt die Burg. Die Verhandlungen dauern bis 4 Uhr nachmittags. Dann wird die Burg von den Amerikanern besetzt. Als wir uns herauswagen aus der Burg, stehen deutsche Soldaten in Reih und Glied als amerikanische Gefangene vorm Haus …

Lester Atwell, der amerikanische GI, schreibt auf dem weiteren Vormarsch nach Mitteldeutschland die folgenden Beobachtungen nieder:

… Die Kolonne kam in ein verwirrendes Dorf mit kleinen, niedrigen Häusern und einigen runden, mittelalterlichen Bauwerken mit Türmchen, die keine Fenster zu haben schienen. Der Ort sah aus wie ein Bild aus einem Märchenbuch. Es war Mittag. Die staubige Straße und die weißen Häuser, die Betttücher und die Tischdecken blendeten im grellen Weiß. Als die Wagen hielten, sprangen die Leute ab, und dann schwärmten die Kakiuniformen durch das blendende Weiß der engen Straßen. Tore wurden geöffnet und Hinterhöfe nach Eiern abgesucht, und Haustüren wurden aufgebrochen auf der Jagd nach Schnaps.

Da wir nicht wussten, wie lange wir bleiben würden, saßen wir in der Küche eines der kleinen Häuser und aßen. Die alte Frau, die dort wohnte, war nicht mehr Besitzerin ihres Eigentums … Die Küche war von Männern überfüllt, die umhergingen, aßen und redeten. Silly Willie röstete eine Büchse Fleisch. Die ganze Küche stank danach. … In diesem Augenblick schlugen zwei unserer Fernmeldesoldaten mit ihren Gewehrkolben die dünne Hintertür des Hauses ein und kamen herein. Sie fragten: »Ist das Haus schon durchsucht?« Die alte Frau, die in dem Haus wohnte, war zurückgekommen, und hinter mir im Raum hörte ich eine Bewegung. Entweder hatte jemand den Boden ihres einzigen guten Kochtopfes durchgebrannt, oder sie hatte gesehen, wie jemand mit ihrem einzigen guten Kochtopf das Haus verlassen hatte. Jedenfalls begann sie laut zu jammern und beschuldigte Phil, der ihr versprochen hatte, dass alles unbeschädigt bleiben würde. »He, schmeißt sie doch raus«, sagte jemand. »Was will die alte Hexe überhaupt? Raus, Hexe, scher dich raus!« Sie schleppte sich auf ihren wunden Füßen hinaus, weinend und schluchzend, verfolgt von unbekümmertem Gelächter und einigen Flüchen. Ich trank meinen Tee und schaute aus dem Fenster auf den sonnenüberfluteten Hof. Plötzlich dachte ich, ich habe genug davon, genug vom Krieg, von den Menschen, von allem … Und doch war es nur wenige Tage her, als ich am Karfreitag, eine halbe Meile vor Eisenach, beim Angriff auf die Stadt die hohen eisernen Tore eines Zwangsarbeitslagers gesehen hatte, die von Leuten unseres Bataillons geöffnet worden waren. Die Insassen waren mit gewaltigem Lärm auf die Straße geströmt. Für mich war das einer der erregendsten Augenblicke des Krieges. Ich war mit Phil die Straße entlanggegangen, um zuzuschauen, und sie umdrängten uns aufgeregt, um uns die Hände zu schütteln und uns persönlich zu danken. Dabei lachten sie und weinten sie und versuchten in ihrer Begeisterung, mit uns in ihren Landessprachen zu reden. Dolmetscher waren keine da. Wir konnten nur lächeln und immer wieder Hände schütteln. Ich bot Zigaretten an, bis ich keine mehr hatte, und fragte:

»Polski? Russki?« Allmählich fühlte ich, wie mein Lächeln erstarrte, aber ich konnte nichts anderes tun, als immer wieder lächeln und Hände schütteln. Einige der Zwangsarbeiter, die ihre kärglichen Besitztümer auf der Schulter trugen, winkten uns, als sie herauskamen, einen Gruß zu und deuteten in eine Richtung – wahrscheinlich nach Osten – und zogen ab, ohne noch einmal zurückzublicken. Dann kamen zwei von ihnen die Straße entlanggelaufen, jeder mit einer Flasche Schnaps, und das war das Signal für die anderen, sich zu verteilen und in die nächsten Häuser einzubrechen, um Schnaps für ihre Befreiungsfeier zu suchen. Bei dieser Tätigkeit waren ihnen die amerikanischen Truppen um einen halben Schritt voraus. Es begann ein eifriger Wettstreit im Plündern.

Als später am Nachmittag große Mengen deutscher Soldaten gefangen genommen waren und in ihren schmutzigen Mänteln mit den Händen über dem Kopf durch die Straße marschierten, liefen einige der Zwangsarbeiter die Reihen entlang, schreiend und zeternd, und machten die amerikanischen Bewacher auf die Leute von der SS aufmerksam. Andere befreite Zwangsarbeiter, in glücklicher Betrunkenheit, streiften mit eingehängten Armen in Reihen zu fünft oder sechst die Straße auf und ab und sangen unbekümmert um das Granatfeuer ihre heimatlichen Lieder. Andere wiederum lehnten benommen und teilnahmslos an dem Drahtzaun, der bis jetzt ihre Heimat gewesen war. Einige gingen müde wieder hinein. Innerhalb weniger Stunden schienen sie sich alle an unseren Anblick ebenso gewöhnt zu haben wie wir uns an den ihrigen …

Eine andere Lagerbefreiung am 11. April lässt den Amerikanern das Blut in den Adern stocken: die Befreiung des Konzentrationslagers Buchenwald bei Weimar. Der amerikanische Oberst Charles Codman notiert darüber:

Das Krematorium, wie ich es in Erinnerung habe, ist nicht sehr groß, aber es ist das einzige Bauwerk aus Stein im Lager. In einem kleineren Hof, der von einem Holzzaun umgeben ist, ist gerade ein großer Wagen angekommen, fast wie ein Ackerwagen. Über ihm summt ein Schwarm Fliegen. Sein Inhalt stellt einen Teil der täglichen Todesernte dar, wie der Offizier von der Militärregierung erklärt – dreißig oder vierzig Leichen, nackt, kreuz und quer wie Zündhölzer und ebenso dürr. Das Krematorium selbst entspricht der üblichen Ausführung, mit bestimmten Sondervorrichtungen. Anscheinend war der Ablauf immer gleich: Gefangene, die an »natürlichen Todesursachen« gestorben waren, wurden einfach in das untere Stockwerk des Krematoriums gekarrt und in sechs Koksöfen geschüttet, in denen noch immer die verkohlten Reste der letzten hastig und unvollständig durchgeführten Verbrennungen zu sehen waren, die durch die Ankunft unserer Truppen unterbrochen wurde …

Äußerlich unterscheidet sich die berüchtigte Baracke 61 nicht von den anderen Baracken, sie ist etwa fünfzig Meter lang und zehn Meter breit. Innen befinden sich vier Reihen hölzerner Regale, die zum Mittelgang hin leicht geneigt sind. In den Stoßzeiten beherbergte diese einzige Baracke zweihundertunddreißig in den Regalen zusammengepferchte Gefangene, zweihundertunddreißig »Arbeitsunfähige«, die durch Schwindsucht, Ruhr, Lungenentzündung oder schlichte Unterernährung unfähig waren, zwölf Stunden täglich in der Rüstungsfabrik oder den nahe gelegenen Steinbrüchen zu arbeiten … Auf einem der Regale, das weniger dicht besetzt war als die anderen, kauerten drei düstere Gestalten, die sich Wärme suchend zusammengedrängt hatten. Für die beiden äußeren ein vergebliches Bemühen, denn der mittlere war seit einigen Stunden tot …

Die Baracke 47 war ähnlich, aber ich hatte, offen gestanden, nicht mehr die Nerven für sie …

Die deutsche Front im Südosten löst sich im April ebenfalls auf. Der Unteroffizier Willi Tatge ist von Ungarn über Österreich auf dem Rückzug vor den Russen unterwegs in Richtung Salzburg und schreibt am 14. April in sein Tagebuch:

Im Morgengrauen Artillerie- und Granatwerferfeuer, Kompanie setzt sich ab, gibt keinen Bescheid, im Loch mit einem Obergefreiten allein gelassen, in einer stillgelegten Ziegelei hatten die Russen oben im Schornstein einen Späher, der unsere Eingrabungen beobachtet hatte, zu einem flachen Granatwerfergraben mit MG zurückgerobbt, 10 Uhr durch Granatsplitter schwer am Kopf verwundet (Stalinorgel, Baumkrepierer), stark geblutet, linke Hand ohne Gefühl, mein »Kamerad« verbindet mich nicht, geht »stiften«. Bewusstsein verloren, zwei Kameraden finden mich, bringen mich zum vorgeschobenen Verbandsplatz, schon geräumt, nur ein Sani-Oberfeldwebel schickt mich per Pferdewagen nach Loipersdorf (die beiden Kameraden freuen sich, dass sie nach rückwärts können), nicht verbunden, die beiden Kameraden hatten mich notdürftig mit meinen schmutzigen Fußlappen verbunden, um das Blut zu stillen, von hier mit Sanka nach Hauptverbandsplatz Ils … nicht verbunden, ich sei ja schon »verbunden«, man behält meinen Spazierstock, den ich in den letzten Tagen als »Waffe« hatte, da ich ihn doch nicht mehr brauchte, weiter nach Glaisdorf, hier zum ersten Mal richtig verbunden, aber sonst nichts, obwohl mein Gesicht vollkommen von Blut verkrustet war, weiter nach Graz ins Lazarett, aber schon geräumt, ich sah gerade noch, wie der Chefarzt mit Rucksack »abhaute«, nur die Oberin war noch da, untersuchte mich, zog mehrere Splitter heraus und verband mich gründlich.

Waltraut Herzberg, die bereits Ende Januar in Königsberg in russische Gefangenschaft geraten ist, muss sich am 13. April in der russischen Kommandantur melden, wird mit anderen per Lastautos nach Gumbinnen und weiter nach Insterburg gebracht, wo sie am 18. April zur Zwangsarbeit nach Russland verschickt wird. Sie erinnert sich in einem Bericht vom Juni 1946, nach ihrer Rückkehr aus Russland:

Am 18. April mussten etwa 1 400 Frauen auf dem Hofe antreten und dann auf schnellstem Wege unter schärfster Bewachung zum Bahnhof gehen, wo bereits der Transportzug stand, um uns nach Russland zu transportieren. Immer 45 Frauen mussten in einen Güterwaggon hinein, und noch am selben Tag ging die Fahrt los. Die Waggons wurden fest verschlossen, und nur ein kleines Luftfenster blieb auf … Als Tagesverpflegung gab es zwei Scheiben geröstetes Brot, einen halben Teelöffel Zucker und ein kleines Stückchen Käse … Die erste warme Suppe gab es am siebten Tage und dann erst am zwölften Tage wieder ein warmes Essen. Das tägliche Durchsehen der Kleidung wegen der Läuse war unbedingt nötig ... Etwa am neunten Tag hielt der Transportzug vor einem größeren Teich, und sämtliche Frauen mussten aus dem Zug heraus, um sich notdürftig zu waschen. Obwohl es ziemlich kalt war, konnte nur selten etwas geheizt werden, weil kein Brennmaterial vorhanden war. Viele Frauen wurden schon unterwegs krank ... Einige sind auch unterwegs gestorben oder kamen todkrank an. Endlich am dreizehnten Tage (30.4.) hieß es, dass wir am Ziel wären. Wir mussten aber noch stundenlang im Waggon bleiben ... Unser Lager hatte die Nummer 4 und lag zwei Kilometer von Kepesk entfernt im Kreise Tscheljabinsk östlich des Ural in Asien ...

Am 20. April verteilt in der eingeschlossenen und unter ständigem Artilleriebeschuss liegenden »Festung Breslau« anlässlich des Geburtstags Hitlers General Niehoff, der Festungskommandant, Schokolade unter die noch anwesenden Frauen und Kinder. Emil Heinze, inzwischen im Volkssturm erfasst, schreibt in sein Tagebuch:

Am 20. April, Führers Geburtstag, hielt ein Propaganda-Offizier eine Rede, in der er unter anderem über die Verwüstungen von Breslau tröstete: »Ich habe einen Ingenieur gesprochen. In vier Wochen kann eine Straße wie die Albrechtstraße wieder aufgebaut sein.« Dies erweckt bei der Kompanie ein lautes Lachen. Es wurde Beschwerde geführt, dass viele unter der Uniform einen Zivilanzug trugen ...

Hans Heinrich Gotthardt, 17 Jahre alt, der seit 14. April in einem amerikanischen Sammel-Gefangenenlager bei Andernach mit rund 36 000 Mann liegt, trägt am 20. April in sein Notizbuch ein:

Leicht bewölkt und abends Regen. Wegen Führers Geburtstag wieder nur zwei Büchsen bekommen. Einen unheimlichen Hunger. Heinrich hat seinen 17. Geburtstag. Viel mit den Gedanken zu Hause. Hoffentlich erfolgt bald der Abtransport ...

Die Schriftstellerin Ilse Langner, die Ende März aus Berlin nach Schloss Dianenhöhe an der Elbe geflohen ist, schreibt in ihrem Tagebuch-Manuskript »Flucht ohne Ziel« am 20. April 1945:

Wir fürchten den Geburtstag Hitlers wie ein Vorspiel des Jüngsten Gerichts. Sicher wird dieser Tag von der feindlichen Luftwaffe schaurigfestlich begangen werden: Ein paar Städte eingeäschert, Tausende von Menschen getötet, Tieffliegerangriffe auf die Züge, herabstürzende Flugzeuge, die ihren tödlichen Kugelregen auf das hetzende Menschenwild streuen ... Der schwarze Bismarckturm, der sich wie ein roher Klotz neben dem Gärtnerhaus erhebt, ist das Angstmal dieses Tages. Seit gestern ist er von Volkssturmmännern besetzt. Die biederen Männer sind sich selbst ein Hohn. Sie haben keine modernen Waffen, nur ein paar alte Knarren sind ihnen in die harten Bauernhände gedrückt worden und Munition genug, um sich selbst bei Gefahr zu den anderen Toten zu legen. Tatsächlich sind sie genau so zwecklos wie die Panzersperren in den Dörfern, die nur von den Kindern als Sandberge wichtig genommen werden. Wir Frauen sind allein. Die Tiefflieger umkreisen uns in weiterem oder engerem Bogen ... Die Angst ist uns ins Genick gesprungen. Wir ducken uns und beginnen, am Waldrand entlang zu laufen, obgleich wir doch wissen, dass bei Tieffliegerangriffen nur Bewegungslosigkeit uns retten kann. Der rote Mantel der Schwangeren leuchtet. Verwünschter Mantel. Sie will ihn sich mit der Rechten abstreifen, drückt sich aber nur enger an den Stämmen entlang. Wir blicken nach oben. Der Flieger ist herangekreist wie ein Raubvogel. Wir stehen still, kauern uns in den Graben. Der Flieger stößt herab, zielt nach einem auf dem Feld pflügenden Bauern, dessen Pferd sich aufbäumt – wir wagen es nicht, noch einmal hinzusehen ... Das erste Haus des Dorfes ist alt und halb verfallen, doch reckt sich ein weit verästelter blühender Kirschbaum darüber, über die Straße rennt ein Huhn. Sonst ist es vollkommen still ... Mich befällt plötzlich erstickend eine Angst. Ich drehe mich um und will Frau Friesigk sagen: »Gehen wir zurück!«, da antwortet sie mir schon mit einem versteckten Gesichtsausdruck: »Jetzt holen wir die Milch.« ... Sie geht stumm an mir vorbei und steigt zwei Stufen zum Eingang des Gasthofes hinauf. In der Türnische stößt sie auf einen schönen blonden Offizier, der, den Kopf in den Nacken gelegt, den Himmel absucht. Als er die Schwangere bemerkt, fragt er gereizt: »Was wollen Sie hier? Tieffliegergefahr! Es wird doch dauernd durchs Radio gewarnt.« – »Ich brauche Milch«, entgegnet Frau Friesigk kurz und öffnet die schwere Tür. »Aber doch nicht jetzt«, ruft der junge Mensch, da knattert ein Motorrad um die Ecke der schweigenden Dorfstraße, hält vor dem Gasthof. Der Offizier springt die Stufen hinunter. »Angriff auf Straach. Sie grasen scheinbar die Dörfer ab.« Trat auf den Gashebel: »Muss fort.« Er reichte dem Leutnant ein Schreiben, dann knattert er weiter. Im Flur steht die große blecherne Milchkanne. Die Tochter des Gastwirtes taucht die Kelle ein und teilt die Milch Frau Friesigk und mir aus. Ihre Hand zittert: »Das geht nun schon seit früh um sieben ...« – »Haben Sie keinen Luftschutzkeller?« – »Nicht einmal einen Keller.« ...

Über uns surren Flugzeuge. Nicht einer, mehrere. Wir bewegen uns nicht. Sogar die Gedanken sind uns erstarrt. Frau Friesigk sitzt auf einem Schemel und hält den gefüllten Krug im Schoß. Sie hat die Augen geschlossen. Jetzt wird die Tür aufgerissen oder vom Luftdruck eingedrückt. Die Detonation überdröhnt noch die Angst. Das Haus wankt. Die

Fenster der Gaststube klirren auf den Boden. Der junge Offizier ist hereingeschleudert worden, er liegt quer vor uns. Frau Friesigk ist auf die Knie geglitten, die Milch ist verschüttet und schwimmt in kleinen Lachen auf dem Steinboden ... Etwas zwingt mich, die Augen zu öffnen. Von dem Gesicht des schönen, jungen Offiziers ist nur ein blutiger Brei geblieben. Auch die Brust ist zerfetzt. Ich gleite ohnmächtig an der Wand zu Boden ...

Als wir hinaustreten, scheint die Sonne immer noch, nur der kleine Platz wirkt unordentlich. Vor dem Gasthof ist ein tiefes Loch. Von dem Haus gegenüber ist die Vorderseite weggerissen. Der Kirschbaum am Anfang des Dorfes ist über das alte Gemäuer gestürzt, als blühe er daraus hervor. Wir gehen schweigsam zurück ...

Die Russen sind südlich von Berlin zur Elbe durchgebrochen. Schloss Dianenhöhe liegt auf ihrem Wege. Die Entfernung beträgt noch fünfzig Kilometer, jetzt nur noch dreißig. Der Feind rückt näher, und wir sind von Schrecken hypnotisiert. Wir streichen mit lahmen Bewegungen herum, unsere Füße kleben am Boden ...

Ab 21. April erreichen die Russen die Vorgelände von Berlin bei Spremberg an der Spree. Der Ring um die Reichshauptstadt schließt sich. Matthias Menzel schreibt in seinem 1946 erschienenen Tagebuch am 21. April:

Mittags ist es geschehen. Ein Einschlag. Unter den Linden war der Anfang. Ein Einschlag ohne Warnung, ohne Flieger, der Einschlag einer Granate! Die Artillerie schießt in die Innenstadt. Das muss also bedeuten, dass Stalins Truppen Berlin, zumindest seinen äußersten Rand, erreicht haben. Verstört jagte der klein gewordene Haufen um das Regierungszentrum durcheinander. Die Flucht unter die Erde, unter den Wilhelmsplatz, vor den Granaten der russischen Rohre ist die letzte Zuflucht dieser Zeit. Wer von ihnen noch einmal ans Licht zurücksteigt, wird von der ersten Sonne eines neuen Jahrhunderts getroffen werden ... Am späten Nachmittag fahre ich noch mit dem Rad nach Lichterfelde. Es wird eine Fahrt längst der Front. Über den Weg jaulen die roten Jäger und knattern die MG-Salven. Die Straßen sind leer gefegt von Passanten. Verwundete schleppen sich auf den Vorortstraßen dahin, den Kopf oder die Hand in Mull. An den Häusern entlang ziehen im Gefechtsabstand die Schützenketten der Soldaten: müde Gesichter, angespannte Mienen, die Maschinenpistole geschultert, schwer an den Handgranaten im Koppel tragend, mit dem Gang der Wanderer ohne Ziel und Hoffnung ...

In Oranienburg bei Berlin schreibt Margarethe Müller in ihr für ihren gefallenen Sohn geführtes Tagebuch am 22. April über ihre ersten Begegnungen mit Russen:

Um zehn Uhr vormittags sehen wir Soldaten mit geduckter Haltung und vorgehaltenem Gewehr die Böschung entlang laufen. »Sollten das etwa Russen sein?«, fragt dein Vater. Renate holt unser Opernglas und stellt es auf die Böschung ein. »Es sind Russen«, sagt sie angstvoll. Wir wagen uns nicht mehr aus dem Keller ...

12.30 Uhr. Dein Vater hat sich, todmüde von der durchwachten Nacht und all der seelischen Aufregung, auf das Bett gelegt und ist fest eingeschlafen. Sein Bett steht gerade der Tür gegenüber. Diese Tür, die wir noch ganz aus den Trümmern fanden, hat uns der Tischler eingesetzt. Weil es nicht anders ging, musste sie verkehrt eingesetzt werden, so dass die Klinke nach oben, statt nach unten gedrückt werden muss, um sie zu öffnen. Das sollte deinem Vater beinahe zum Verhängnis werden. Unser Buh bellt plötzlich laut und heftig. Wir rufen ihn zur Ruhe. Sofort gehorcht er, doch schnüffelt er erregt an der Tür. Dein Vater richtet sich schlaftrunken auf. Da nahen Schritte. Es wird an der Tür gerüttelt, weil sie nicht nachgibt, jagt im gleichen Moment eine Kugel hindurch, dicht am Kopf deines Vaters vorbei. Schimpfworte in fremder Sprache ertönen. Uns stockt der Atem. Dein Vater ist aufgesprungen. Renate schmiegt sich ängstlich an mich. Ich öffne die Tür. Vor uns steht ein Mongole! Böse rollt er mit den Augen. Bulli knurrt leise mit gesträubtem Fell. Mit vorgehaltenem Gewehr tritt der Mongole ein. »Soldat?«, fragt er. Wir verneinen. Er untersucht alles. Dann wieder das Gewehr drohend auf uns gerichtet: »Uri?« Wieder schütteln wir den Kopf. Da sieht er das Opernglas auf dem Küchentisch liegen. Er ergreift es und blickt hindurch. Ich zeige ihm, wie man es handhaben muss, indem ich mit Zeigefinger und Daumen eine drehende Bewegung mache. Er versteht! Zufrieden nickt er und steckt es zu sich. Wir stehen dicht beieinander und blicken ängstlich zu ihm hin. Da hebt der Mongole das Gewehr gegen uns. Wir glauben, er will uns erschießen und sind wie erstarrt. Er dreht aber nur an der Trommel seines Gewehrs, nickt uns mit freundlichem Grinsen zu, hängt das Gewehr über die Schultern und verlässt den Keller ...

Einige Zeit später. Wieder russische Laute. Ehe dein Vater hinzuspringen kann, die Tür zu öffnen, wieder ein Schuss durch die Tür. Vor uns steht ein Kommissar mit acht Soldaten. Ein großer junger Mann mit freundlichen Augen. Er spricht gebrochen deutsch und fragt nach deutschen Soldaten. Wir sagen ihm, dass wir allein sind. Unterdessen durchwühlen seine Soldaten unsere Sachen und fragen nach »Uri!« Wir sagen, wie wir uns vereinbart hatten, nachdem der Mongole uns verließ, dass dieser die Uhr schon geholt hätte, um die deines Vaters zu retten, die wir im Strohsack seines Bettes versteckt hatten. Während die Soldaten noch emsig alles durchsuchten, stehen wir stumm und bleich nebeneinander. Der Kommissar blickt freundlich auf Renate:

»Kind hat Angst?«, fragt er. Wir nicken stumm. »Keine Angst haben,« sagt er und hebt Renate das Kinn hoch, der die Tränen aus den weit geöffneten Augen fallen. »Rote Armee gute Armee, nicht Kinder töten. SS böse, Frauen und Kinder töten.« Er zeigt uns, wie die SS Kinder grausam an die Wand schleudert …

Am 26. und 27. April, zwei Tage nachdem sich die russischen Panzerspitzen bei Nauen treffen und damit Berlin eingekesselt ist, bricht die Rote Armee in Berlin Mitte bis zum Leipziger und Potsdamer Platz durch. Im Tagebuch eines Ordonnanzoffiziers einer Panzerdivision lesen wir:

26. April: Brandrote Nacht. Schweres Artilleriefeuer. Unheimliche Stille. Aus vielen Häusern wird auf uns geschossen. Wahrscheinlich ausländische Arbeiter … Neuer Gefechtsstand Anhalter Bahnhof. Bahnsteige und Schalterräume gleichen einem Heerlager. In Nischen und Winkeln drängen sich Frauen und Kinder. Andere sitzen auf ihren Klappstühlen. Sie horchen auf den Lärm der Kämpfe … Plötzlich eine Überraschung. Wasser spritzt in unseren Gefechtsstand. Schreie, Weinen, Flüche. Menschen, welche um die Leitern kämpfen, die durch die Luftschächte an die Oberfläche führen. Gurgelndes Wasser flutet durch die Schächte. Die Massen stürzen über die Schwellen. Lassen Kinder und Verwundete zurück. Menschen werden zertreten. Das Wasser fasst nach ihnen, es steigt einen Meter und mehr hoch, bis es sich langsam verläuft. Noch stundenlang entsetzliche Angst und Panik. Viele Ertrunkene. Ursache: Pioniere haben auf irgendwessen Befehl die Schottenkammer des Landwehrkanals zwischen Schöneberger und Möckernbrücke gesprengt, um die Schächte gegen das unterirdische Vordringen des Feindes zu überfluten. Während der ganzen Zeit schwere Kämpfe über der Erde. Am Spätnachmittag zum Potsdamer Platz. Gefechtsstand in der 1. Etage, da untere Schächte noch hoch unter Wasser. Einschläge durch die Fahrdecke. Schwere Verluste unter Verwundeten und Zivilisten. Qualm dringt durch die Einschlaglöcher. Draußen explodieren Stapel von Panzerfäusten im russischen Feuer. Nach einem schweren Einschlag unterhalb des ersten Treppenabsatzes beim Bahnhofseingang beim Pschorrbräu grauenhafter Anblick: Männer, Soldaten, Frauen, Kinder kleben buchstäblich an den Wänden. Bei Einbruch der Nacht kurze Feuerpause …

27. April: Fliegende Feld- und Standgerichte tauchen heute besonders häufig auf. Meistens ganz junge SS-Führer. Kaum eine Auszeichnung. Blind und fanatisch … Wir können uns am Potsdamer Platz nicht mehr halten und verlegen gegen 4 Uhr morgens unterirdisch zum Nollendorfplatz. Auf der Gegenfahrbahn marschiert der Russe durch den Schacht zum Potsdamer Platz …

An anderen Stellen Berlins während des Endkampfes um die Stadt sind die Standgerichte »erfolgreicher«. Ein 14-jähriger Hitlerjunge berichtet:

Der Russe schoss mit der Stalinorgel in die Stadt. Und als wir Schluss machen wollten und nach Hause gingen, wurden wir angehalten ... Mein Jungzugführer, der sich weigerte, wurde von ein paar SS-Männern und einem SA-Mann am nächsten Baum aufgehängt. Er war ja auch schon 15 Jahre ...

In das ehemalige RAD-Lager bei Berchtesgaden, in dem Christoph Faulhaber und seine Kameraden in einem behelfsmäßigen Lazarett untergebracht sind, kommen am 29. April die Amerikaner. Faulhaber schreibt in sein Tagebuch:

Um 8 Uhr ruft uns der Chef in den Aufenthaltsraum. »Männer, in etwa zwei Stunden wird der Amerikaner hier sein«, sagt er mit müder Stimme. Er ist über Nacht weiß geworden. »Wer noch Waffen in seinem Besitz hat, lässt sie bis dahin verschwinden«, fordert er uns auf. »Nur waffenlos genießen wir den Schutz der Genfer Konvention.« ...

Die ersten amerikanischen Panzerspähwagen fahren gerade vorüber. Hinter ihnen gehen Infanteristen, schwarze Amerikaner. Den Stahlhelm in den Nacken geschoben, die MP unter dem Arm, so kommen sie daher. Einer von ihnen deutet auf die gewaschenen Hemdchen und Höschen der Schwestern, die lustig zum Trocknen im Wind flattern. Er ruft einem Kameraden zu: »Look at that!«

Ein Jeep fährt vor das Lager. Heraus springen zwei baumlange Schwarze. Unser Chef verhandelt mit ihnen. Dann fordert er uns auf, in die Baracken zu gehen und diese bis auf Weiteres nicht zu verlassen. Wir sind Gefangene ...

Am 29. April stehen die Amerikaner vor München, bei Moosburg befreien sie ein deutsches Gefangenenlager mit rund 110 000 alliierten gefangenen Soldaten, und sie erreichen bei Dachau das Konzentrationslager, in dem der katholische Geistliche Hans Carls die Befreiung miterlebt:

Schon am Morgen des 29. April hörten wir näher kommenden Kanonendonner, dann Maschinengewehrfeuer. Unsere Kameraden stiegen auf die Dächer der Baracken und sahen die von ferne heranrollenden amerikanischen Panzerwagen. Die Spannung war aufs höchste gestiegen, als gegen Mittag amerikanische Truppen in der Plantage näher rückten. Auf den einzelnen Wachtürmen wurden dann plötzlich weiße Fahnen gehisst. Um 5.15 Uhr nachmittags betrat der erste Amerikaner das Lager. Es war ein Jude aus Köln mit Namen Peter Post. Nach ihm kam eine amerikanische Journalistin. Dann kam ein Soldat und nach ihm zwei Panzerwagen. Alle Häftlinge stürmten zum Appellplatz und empfingen die Soldaten mit lautem Jubel. Die Begeisterung fand überhaupt keine Grenzen. Trotzdem wurde von dem Wachturm des Jourhauses durch die SS-Posten geschossen. Hierbei ist der Capo der Schneiderbaracke ins Herz getroffen worden. Er war sofort tot. Da schlug die Begeisterung in Wut um. Die Amerikaner gaben den Häftlingen Revolver und Gewehre. Man besetzte die Wachtürme, und wer als SS-Mann angetroffen wurde und sich wehrte, wurde erschossen. 35 Leichen von SS-Leuten hatte man in den kleinen Fluss geworfen. Der Mensch kann zur Bestie werden, wenn er von unversöhnlicher Rache erfüllt ist. Kaum eine Stunde nach Besetzung des Lagers besuchte ein amerikanischer Soldat auch das Revier. Er sprach zu den Kranken beruhigende Worte, die Zeit der Qual sei nun vorüber, sie seien gerettet. Tief ergriffen hörten alle zu. Man sah in manchen wetterharten Gesichtern Tränen der Freude.

Die Amerikaner befreien in Dachau etwa 30 000 Häftlinge. Aber für viele kommt die Befreiung zu spät. So stirbt zum Beispiel nur vier Tage vor der Befreiung der Pfarrer Max Graf aus Unteralpfen bei Waldshut an Flecktyphus – vor seiner Internierung in Dachau hatte er schon seit 10. Oktober 1944 im Gefängnis in Waldshut gesessen. Von dort schreibt er in einem Brief an seine Schwester in seinem Heimatort Hambrücken in Baden, die sein Andenken heute mit einer »Pfarrer-Graf-Schule« ehrt:

Mich schmerzt es besonders, dass ihr in dieses Leid mit hineinverwickelt seid, und ich bitte euch, euch nicht allzu sehr abzuhärmen. Ihr seid ja nicht allein, andere sind da, die mit euch fühlen und euch trösten. Denken wir an die Ungezählten, die heute so großes Leid tragen müssen ... Nur Mut und Gottvertrauen, alles geht vorüber, bis jetzt konnte ich das Leid gut tragen ...

In Norditalien ist die deutsche Front inzwischen ebenfalls zusammengebrochen. In Caserta kapituliert am 29. April die deutsche Heeresgruppe Südwest bedingungslos, während die versprengten deutschen Truppen versuchen, trotz starker Partisanentätigkeit der Italiener über die Alpen nach Norden in die Heimat zu kommen. Auch Fritz Köhler, dessen Tagebuch uns bereits in Frankreich und Russland begleitete, versucht mit seiner Gruppe von Bassano (am Monte Grappa) aus am 30. April »querfeldein nach dem Marschkompass weiter nach Norden« zu kommen:

Beinahe waren wir in den ersten Morgenstunden einem Partisanentrupp in die Hände gelaufen, als wir gerade aus einem Garten über eine Dorfstraße wollten. Aber durch lautes Reden verrät er sein Näherkommen, und so lassen wir ihn vorüberziehen ... Die Glocken in dem in der Nähe befindlichen Ort begannen zu läuten. »Die Engländer ziehen jetzt ins Dorf ein«, riefen die Leute, und es war ihnen anzumerken, dass es ihnen nicht gerade angenehm war, deutsche Soldaten in ihrem Haus zu wissen. Hier erfuhren wir übrigens auch, dass Mussolini tot ist … Mit Waffen weiter zu marschieren war unmöglich, da wir sechs Männchen von den Partisanen sofort niedergeschossen worden wären. Ohne Waffen bestand wenigstens die Aussicht, vielleicht durchzukommen … Noch keinen Kilometer sind wir gekommen, werden wir kontrolliert. Die Partisanen (Grün-Weiß-Rot) wollen uns den Amerikanern übergeben, aber sie lassen sich bereden, uns weiterziehen zu lassen. Sie warnen uns allerdings vor ihren »Kollegen« weiter oben in den Bergen (»Rote« Partisanen) … Ich und meine Kameraden haben gar keine Lust, uns fünf Minuten vor Toresschluss noch abschießen zu lassen, und da ich diese Warnung schon von mehreren Seiten hörte, beschloss ich, dass wir uns dann doch lieber in die Hände der Amerikaner begeben wollen. Wie es sich später erwies, war es auch richtig, denn durchgekommen ist kaum einer … Ehe uns die Partisanen nach Bassano ins amerikanische Sammellager führen, bekommen wir noch Brot und Wein. Dann treten wir den Marsch in die Gefangenschaft an …

Zur selben Zeit ist oben in Norddeutschland der Obergefreite Johann Fitschen – aus Kutenholz bei Bremervörde stammend – mit den Resten seiner Kompanie auf dem Rückzug vor den Engländern. Er schreibt in seinen Aufzeichnungen:

Unser Zug hat in einer Bauernscheune übernachtet. Am frühen Morgen schickte der Zugführer zwei Spähtrupps aus, um zu erkunden, welcher Rückweg für uns noch frei war, denn der Tommy war nahe dran, uns zu überholen, und wir hatten keine Übersicht mehr, wo die tatsächliche Front verlief. Wir waren jeder Trupp zwei Mann, den einen Spähtrupp führte ich. In einer Stunde sollten wir spätestens zurück sein. Wir beide gingen einen Feldweg entlang … An einer Biegung, nach etwa fünfzig Metern, stand ein deutscher Pkw. Ich schlich mich in gleicher Höhe heran. Ich sah, dass in dem Wagen Uniformstücke lagen. Ich ging an den Wagen heran, während mein Kamerad beobachtete. Die Uniformjacken gehörten SS-Offizieren, hinten im Wagen lagen Zigaretten, Esswaren und Sonstiges. Ich winkte meinen Kameraden heran … Da hörten wir einen zischenden Laut. Wir gingen in Deckung. Dann hörten wir Rufe von der anderen Wegseite aus dem Busch, ein Männerarm mit grünen Hemdsärmeln winkte uns … Es waren zwei SS-Offiziere, die Angst um ihr Leben hatten. Sie erzählten, dass sie vor zehn Minuten angeschossen worden waren. Sie wollten nicht mit uns zurückgehen und lieber in dem Busch die Dunkelheit abwarten. »Mensch, hatten die aber Schiss in der Hose«, sagte mein Kamerad …

Fitschen und seine Kameraden erreichen schließlich, nachdem sie den Engländern mehrmals ausgewichen sind, die Elbe bei Brunsbüttelkoog, lassen sich von einem mitleidigen alten Schiffer im Morgengrauen übersetzen und – nach der Trennung von seinen Kameraden – kehrt Johann Fitschen allein nach Hause zurück:

Ich kam auf unsere Weiden, die Kühe standen schon zum Melken da. Als ich näher heranging, konnte ich meine Mutter noch nicht sehen, sie saß auf der anderen Seite von einer der Kühe. Da rief auf einmal das Polenmädchen, das meine Eltern zur Aushilfe hatten: »Oh, Tante Fitschen, Johann ist da!« Da war die Freude groß auf beiden Seiten. Ich war wieder zu Hause. Ich war zwischen den Zahnrädern des großen Krieges hinweggerutscht. Ich hatte Glück gehabt.

Am 30. April 1945 schreibt Rudi Brill in Bexbach im Saarland in sein Tagebuch:

Der deutsche Wehrmachtsbericht, den wir im Radio nicht immer interessiert hören, meldet Kämpfe um die Reichshauptstadt. Deutschland ist nun fast ganz besetzt. Wir hören diese Meldungen wie aus einer fernen Welt. Bei uns ist jetzt schon seit Wochen »Friede«. Nur die fremden Soldaten und der pausenlos rollende Nachschub erinnern daran, dass im Herzen unseres Vaterlandes erbittert gekämpft wird.

Mai

Im Westen stoßen am 1. Mai die Engländer über die Elbe nach Mecklenburg vor, die Amerikaner besetzen Bad Tölz und erreichen Seefeld in Tirol, die Franzosen besetzen Bregenz. Am 2. Mai besetzen die Engländer Lübeck, Schwerin und Wismar und riegeln damit Schleswig-Holstein und Dänemark ab. Die Amerikaner nehmen Kapitulationsverhandlungen mit der Stadt Innsbruck auf. Am 3. Mai kapituliert Hamburg vor der 2. britischen Armee, Kiel und Flensburg werden zu offenen Städten erklärt, die deutsche Verteidigung in Norddeutschland bricht zusammen. Die Amerikaner besetzen Passau, die Franzosen erreichen Feldkirch in Vorarlberg. Am 4. Mai sind die Amerikaner in Salzburg, Bad Reichenhall und stoßen nach Berchtesgaden vor, ebenso nach Landeck in Tirol. Am 5. Mai gibt die 9. US-Armee ihren Brückenkopf am Ostufer der Elbe auf, die Amerikaner stoßen in der Tschechoslowakei bis nach Karlsbad und Pilsen vor.

Im Osten wird am 1. Mai Stralsund von den Russen erobert. In Berlin wird General Krebs von General Tschuikow wieder zurückgeschickt, da Krebs eine bedingungslose Kapitulation nicht annimmt. Am frühen Abend verübt Goebbels mit seiner Familie Selbstmord. Am 2. Mai besetzen die Russen Rostock und Warnemünde, in Berlin kapituliert General Weidling bedingungslos vor Tschuikow, die Russen stürmen die Reichskanzlei, die meisten deutschen Kampftruppen in der Stadt ergeben sich. Tagesbefehl Stalins mit der Kapitulation Berlins. Am 3. Mai treffen sowjet-

russische Truppen entlang der Linie Wismar – Wittenberg mit Einheiten der 2. britischen Armee zusammen, im Südosten von Wittenberg begegnen die Russen amerikanischen Truppen. Am 4. Mai stoßen sowjetische Truppen bis südlich von Olmütz vor. Am 6. Mai besetzen die Russen Swinemünde. Am 7. Mai kapituliert Breslau, am 8. Mai besetzen die Russen Dresden und Olmütz.

Im Süden, in Italien, legen am 2. Mai die deutschen Truppen die Waffen nieder, am 4. Mai vereinigen sich am Brenner die Truppen der aus Bayern kommenden 7. US-Armee mit denen der 5. US-Armee aus Italien.

In Prag bricht am 5. Mai der Aufstand tschechischer Nationalisten gegen die deutschen Soldaten und die deutsche Bevölkerung aus, der mit blutiger Lynchjustiz abgeschlossen wird (Kapitulation der deutschen Truppen am 8. Mai). Die Verfolgung und Austreibung der Deutschen aus der Tschechoslowakei dauert noch bis zum Herbst 1945 an. Im Mai beginnt die Austreibung der sudetendeutschen Bevölkerung (etwa 2,3 Millionen Menschen). Jugoslawische Truppen ziehen am 8. Mai in Zagreb ein.

Am 4. Mai werden die Flüchtlingstransporte von Swinemünde aus eingestellt. Seit Anfang Mai ist die dänische Insel Bornholm von der Roten Armee besetzt; die dort abgesetzten etwa 20 000 deutschen Soldaten und 4 000 Flüchtlinge werden von den Russen über Kolberg zurücktransportiert.

Am 10. Mai wird das Konzentrationslager Theresienstadt von den Russen befreit.

Die Kapitulation der deutschen Truppen unter der Regierung Dönitz vollzieht sich in mehreren Phasen: Am 4. Mai nimmt der britische Feldmarschall Montgomery die Kapitulation aller deutschen Streitkräfte in Holland, Nordwestdeutschland und Dänemark in Hecklingen bei Lüneburg entgegen; am 5. Mai kapitulieren die deutschen Truppen in Wageningen in Holland, am 7. Mai unterzeichnet der deutsche Generalstabschef, General Jodl, in Reims die bedingungslose Kapitulation aller deutschen Streitkräfte im Hauptquartier General Eisenhowers; die deutschen Truppen in Norwegen legen die Waffen nieder, Breslau kapituliert gegenüber der Roten Armee; am 8. Mai feiert die ganze Welt den V-Day, den Tag des Sieges; Generalfeldmarschall Keitel unterzeichnet mit Vertretern der Kriegsmarine und Luftwaffe in Berlin-Karlshorst gegenüber Marschall Schukow und dem US-Luftmarschall Tedder erneut die Gesamtkapitulation; am 9. Mai kapitulieren die deutschen Besatzungen von La Rochelle und La Palisse, von den Inseln St. Nazaire und St. Lorient, die letzten deutschen Truppen in Kurland, in der Danziger Bucht, in Österreich und der Tschechoslowakei. Am 23. Mai schließlich wird in Plön bei Flensburg die Regierung Dönitz von den Engländern verhaftet. In Europa ist der Zweite Weltkrieg zu Ende.

In Südostasien landen Anfang Mai amerikanische Truppen bei Davao auf Mindanao (Philippinen) und dringen an weiteren Stellen in Mindanao vor, während die Eroberung Okinawas bis Ende Mai in großen Teilen fast abgeschlossen ist. Australische Truppen landen am 1. Mai an der Nordostküste von Borneo auf der Insel Tarakan. In Burma wird am 5. Mai Rangun zurückerobert. Am 26. Mai ziehen sich die Japaner von Nanning zurück und geben damit die Landverbindung nach Indochina auf, Nanning wird von den Chinesen besetzt. Am 23. und 25. Mai fliegen die Amerikaner schwere Luftangriffe gegen Tokio. Der US-Invasionsplan für Japan wird am 25. Mai abgeschlossen.

Am 2. Mai kapituliert der Berliner Stadtkommandant, in Hamburg wird bekannt, dass die Stadt am nächsten Tag übergeben werden soll. Anja Römer-Hahn notiert in Hamburg am 2. Mai in ihr Tagebuch:

Heute wurde der Tod des »Führers« bekannt gegeben. Sagte er nicht: »Gebt mir zehn Jahre Zeit und ihr werdet Deutschland nicht wieder erkennen!«. Und so ist es! Deutschland war einmal, es blieb davon nur ein Trümmerhaufen und ein völlig zerrissenes, armseliges Volk übrig. Es hat Unsagbares gelitten in sechs Kriegsjahren … Heute Abend gab unser Gauleiter und Oberbürgermeister der Stadt Hamburg bekannt, dass sein Gewissen ihm befiehlt, die Stadt und das Leben von Tausenden, von Kindern und Frauen, nicht vergeblich zu opfern. Die Stadt wird übergeben. Morgen marschieren die englischen Truppen ein … Für uns ist also der Krieg aus … Alles ist anders, seit heute haben wir wieder eine »Zukunft«. Es ist nicht mehr zu befürchten, dass wir in der Nacht von Bomben erschlagen werden oder unser Heim verlieren. Lieber Gott, verzeih mir die Lästerungen und Zweifel! Aber du bist gerecht und siehst, wie nah der Zweifel für Menschen liegt, angesichts der Tatsachen dieses grauenhaften Krieges …

Im befreiten Konzentrationslager Dachau schreibt Edgar Kupfer-Koberwitz am 2. Mai abends in sein Tagebuch:

Die Nacht ist zu Ende. Bevor ich zu Bett gehe, will ich erst noch unsere Toten sehen, denn ich kenne die Totenkammer des Reviers noch nicht. Es wird grausig sein, so am frühen Morgen, nach einer durchwachten Nacht, die Kameraden liegen zu sehen, aber ich fühle mich stark genug. Ich muss einmal sehen, wo und wie sie immer lagen. Jetzt ist es mir ja möglich, jetzt darf ich es. Ich habe die Toten gesehen.

Hinter einer Holzwand lagen sie auf der Erde, im frühen Morgenlicht, nackend und in den hilflosen Stellungen, in denen sie gestorben waren. Es waren Tote wie immer, unsere Toten, Dachauer Tote, Verwelkte, Knochen mit Sehnen und Haut überspannt, hilflos, schwach, selbst noch in der letzten Geste des Todes, eigentlich keine Menschen mehr, etwas anderes, aber was? Denn diese Augen sind nur wie Höhlen, diese Wangen sind zu Tälern geworden. Würde die Mutter so ihren Sohn erkennen? Nein, nein, selbst die Mutter würde es nicht vermögen.

Und sie liegen da, Alte, Junge, nackend auf dem harten Boden, den Bindfaden mit der Nummer um den Hals und ebenso einen Zettel an der großen Zehe. So stumm sind sie, so verdorrt, ohne Ausdruck – Hungerleichen.

Nur einer liegt unter ihnen, ein junger Mann. Er hat die Augen leicht geöffnet. Er muss etwas Schönes gesehen haben – er lächelt noch immer. Und dieses Lächeln nehme ich mit mir. Unter Tausenden, die starben, gab es einen, der lächelte.

Am 5. Mai steht in Berlin Charlotte Verwiebe mit ihrer Mutter und einem Handwagen im strömenden Regen auf der Straße, weil ihr Haus in Karlshorst von der russischen Besatzungsmacht beschlagnahmt wurde. Sie schreibt später in einem Bericht:

Wohin? Um zehn Uhr abends mussten alle Deutschen von den Straßen weg sein unter Androhung des Erschießens. Was sollten wir tun? Was konnten wir tun? Einfach nichts; nur abwarten. Ich weiß noch, dass ich zu Muttchens Ärger die Bemerkung machte:

»Nun, dann werden wir bei Mutter Grün übernachten!« Und da geschah das Wunder durch einen russischen Wachsoldaten, der in der nun völlig hereingebrochenen Dunkelheit unsere Gesichter mit der Taschenlampe beleuchtete, etwas in seiner Heimatsprache murmelte, in seinen Proviantsack griff, und daraus umständlich zuerst eine Schrippe und dann eine Büchse Ölsardinen hervorzog, uns diese Kostbarkeiten reichte und passieren ließ. Ich glaube, dass er unsere Rührung und Dankbarkeit erkannt und verstanden hat; die Sprache der Not ist, ohne dass man sie zu erlernen braucht, ein vorzügliches Verständigungsmittel. Hatte sich in diesem Augenblick nicht wörtlich die Zusicherung aus dem 23. Psalm erfüllt: »Du bereitest vor mir einen Tisch im Angesicht meiner Feinde« … Unsere kleine Karawane rückte ein Stückchen weiter nach vorn. Da, erneut Schritte. Eine frühere Nachbarin überholte uns und verschaffte uns für diese Nacht einen Unterschlupf in ihrem nahe gelegenen, neuen Quartier, wo das Brötchen und die Ölsardinen in sechs Teile – so viele Köpfe waren am Küchentisch versammelt – aufgeteilt wurden …

Den Beginn der Gefangenschaft der deutschen Soldaten im abgeschnittenen Kurland beschreibt Fritz Mahler in einem kleinen Tagebuch, »das ich zwischen zwei getrockneten Brotscheiben aufbewahrte, so dass es mir bei den vielen ›Filzungen‹ nicht weggenommen wurde«:

Am 6. Mai 1945 war für uns der Krieg im Osten zu Ende. Wir wurden gesammelt und kamen zunächst auf das Gelände eines Krankenhauses. Noch in der Nacht erschienen in unserer Baracke russische Soldaten und nahmen uns sämtliche Wertgegenstände weg. Ich konnte noch schnell meinen Ehering abziehen und auf den Fußboden legen, ebenso meine Taschenuhr. Nach einem Gewaltmarsch am nächsten Tag ging es nach Riga, immer angetrieben von den russischen Posten mit »Dawei, dawei«, zum Teil wurde mit dem Gewehrkolben nachgeholfen. Besonders schlimm mussten ältere und schwächere Kameraden darunter leiden. Wir stärkeren haben ihnen dann die Tornister abgenommen. Früh gegen 5 Uhr kamen wir in einem Lager an. Zunächst wurden wir kompanieweise in große Fabriksäle gelegt – vier Holzpritschen übereinander. Am nächsten Tag kamen so genannte »Antifa-Leute« (Antifa = Antifaschismus), um unsere Gesinnung zu erforschen. Die meisten Landser waren schweigsam, leider hatten wir einen Unteroffizier in der Kompanie, der nicht ganz abfällig die Hitlerzeit beurteilte. Der Erfolg: Die Kompanie musste am übernächsten Tag antreten, wir wurden in ein Straflager zum Torfstechen ins Torfgebiet nach Norden verladen. Es war ein großes Lager mit vier Wachtürmen und doppeltem Stacheldrahtzaun, wir waren in alten Holzbaracken untergebracht, die noch vom Ersten Weltkrieg hier standen, die aber leider stark verlaust waren. Ein ganz großer Nachteil für die rund 1 200 Lagerinsassen war, dass es keine eigene Wasserstelle innerhalb der Umzäunung gab. Zwei oder drei Männer waren dauernd als Wasserträger beschäftigt, die das Wasser aus dem Lager der Bewachungsleute holen mussten. Dies war ein sehr begehrter Posten, da der Hydrant in der Nähe der russischen Küche lag, wo man auf einem Abfallhaufen hin und wieder etwas halbwegs noch Essbares finden konnte, verfaulte Tomaten oder Kartoffelschalen. Im Hochsommer arbeiteten wir in zwei Schichten je zehn Stunden, normalerweise von früh 7 Uhr bis abends 19 Uhr. Da das Torflager etwa drei Kilometer von unserem Lager entfernt war, gab es noch je eine halbe Stunde Anmarsch. Zu jeder der neun Torfmaschinen gehörten 28 Mann, acht Männer mussten den Torf mit Spaten abstechen und auf ein Förderband werfen. Die beiden untersten Männer standen fast immer im Wasser. Dann wurde der Torf im Mahlwerk zerkleinert und in einer Art »Wurst« auf ein so genanntes Ablegebrett gepresst. Dies volle Brett musste schnell auf zwei Drahtseile gelegt werden, die die Bretter weiterbeförderten. Zu beiden Seiten standen die restlichen Männer und mussten die vollen Bretter abziehen und auf den Boden abwerfen, dann das leere Brett wieder auf die zurückrollenden Drahtseile legen. Unsere Norm war pro Tag und Schicht 28 000 Torfriegel, jeder etwa 80 Pfund schwer … Um diese 28 000 Riegel zu schaffen, mussten wir sehr schwer arbeiten …

Margarethe Prieß erlebt am 5. Mai an einer Elbbrücke, wie sie und andere vor den Russen flüchtende Zivilisten von diesen zurückgetrieben werden, damit sie nicht auf die andere Seite zu den Amerikanern können. Sie erzählt später:

Als meine 78-jährige Tante und ich uns am 5. Mai 1945 zu Fuß auf die Flucht nach der acht Kilometer entfernten Stadt Eldena, Kreis Ludwigslust in Mecklenburg begaben und über die Brücke der Elbe wollten, da jenseits der Amerikaner war, schoss der Russe in die wartende Menschenmenge und schrie: »Zurück in die Quartiere!« Da die angetrunkenen Russen in der Stadt unter den Frauen toll hausten, flüchteten wir in ein Haus an der Brücke, in dem Franzosen waren, die auch herüberwollten. Die Franzosen fragten, ob wir was zum Essen hätten, und gaben uns von ihren Vorräten zum Essen und Kochen und sagten, wir sollten reinkommen, da die Russen keine deutschen Frauen bei ihnen vermuteten. Gegen Abend wiesen sie uns hinter ihrem Haus eine Scheune an, und wir sollten uns ein Strohlager zurechtmachen, und sie würden uns rufen, sowie die Brücke aufgemacht würde. Es verging kaum eine halbe Stunde, da kam uns ein Franzose rufen, die Brücke würde auf eine halbe Stunde aufgemacht, und wir kamen auch glücklich herüber. In der nächsten Stadt hörten wir, dass die Russen ein Haus mit deutschen Frauen und Franzosen angesteckt hätten, da die Franzosen den Frauen helfen wollten, und alle verbrannt sind …

Der 15-jährige Eugen Schindel, der im Februar das Inferno von Dresden mitgemacht hat, erlebt Ende April die Einnahme von Neubrandenburg durch die Russen und beschließt dann, mit den durchziehenden ehemaligen polnischen Zwangsarbeitern, die nach Hause wollen, ebenfalls in seine jetzt polnische Heimat in den Warthegau, nach Domani, zurückzufahren. So macht sich der polnisch sprechende Eugen Schindel auf den Weg mit umgekehrter Marschrichtung. Er erinnert sich später:

Die Bevölkerung musste die brennende Stadt verlassen und suchte Schutz in den Wiesengräben vor der Stadt. Es wurde noch herüber- und hinübergeschossen. Am Abend war alles still und vorbei. Die Menschen wurden zum Freiwild und verkrochen sich zur Nacht im Gebüsch. Nachts kamen die Russen mit Taschenlampen und holten Frauen und Mädchen weg. Am Morgen beobachtete ich, wie immer mehr Pferdewagen, mit Menschen besetzt, in östlicher Richtung fuhren. Ich ging zur Straße hin und erkundigte mich, was das wohl für Leute wären. Ich erfuhr, dass es polnische Staatsbürger waren, die hier in Deutschland gearbeitet hatten und nun, nach ihrer Befreiung, in ihre Heimat zurückkehren durften. Sofort beschloss ich, auch nach Polen zurückzukehren, um meine Eltern zu suchen … Ich begab mich zur Straße, und nun begann ein langer, mühsamer Weg in die Heimat. Ab sofort war mir klar, dass ich nur noch polnisch sprechen durfte, um nicht aufzufallen. Einen ganzen Tag ging ich zu Fuß. Des Öfteren musste ich meinen Fußmarsch unterbrechen, um liegen gebliebene Treckwagen von der Straße zu schieben ... Am Spätnachmittag traf ich zwei Polen, die auch unterwegs in Richtung Heimat waren. Ich wanderte mit ihnen bis gegen Abend. Dann suchten wir uns in einem verlassenen Dorf Quartier. Zuerst aßen wir etwas und schliefen dann zu dritt in einem Zimmer, indem wir Couchen zusammenstellten. Als ich am Morgen erwachte, waren meine beiden Begleiter auf und davon. Ich ahnte sofort, warum sie mich verlassen hatten: Weil ich nur gebrochen Polnisch sprach, trauten sie mir anscheinend nicht ganz und hielten mich für einen Deutschen. Ich machte mich wieder allein auf den Weg ...

Eugen Schindel erreicht schließlich auf einem selbst zusammengeflickten Fahrrad und auf Pferdewagen Stargard. Wie er seinen Heimatbahnhof erreicht, beschreibt er später so:

Stargard liegt bei Stettin an der Oder. Hier stellten wir unseren Wagen mit Pferd einfach ab und stiegen auf einen Güterzug, der uns Richtung Bromberg brachte. In Bromberg, auf dem Bahnhof, traf ich einen Mann, der sich meiner annahm. Er sorgte dafür, dass ich zum Zug durfte. So konnte ich in den Zug einsteigen, und auf ging es Richtung Heimat, in einem Personenzug, der unterwegs, kurz vor meinem Heimatbahnhof, hielt. Hier stiegen mehrere Leute aus, weil sie von hier aus näher nach Hause hatten. Das bewog auch meinen Begleiter auszusteigen. Vielleicht war er auch ein Deutscher, der auf diese Weise den Schwierigkeiten entkommen wollte, die mir noch bevorstehen sollten. Der Zug setzte sich wieder in Bewegung, und ich stieg im Heimatbahnhof aus ...

Eugen Schindel wird wie alle Deutschen in Polen zur Zwangsarbeit herangezogen und 1946 in den Westen ausgewiesen. In einem Gefangenenlager an der Weichsel erfährt der Bayer Simon Haberl am 7. Mai die Nachricht von der deutschen Kapitulation durch die russischen Bewacher:

So kommt der 7. Mai 1945. Den ganzen Tag war ich in der Kommandantur beschäftigt ... Die Russen werden plötzlich auffallend übermütig. Sie kommen gesprungen und schreien:

»Wojna kaputt, Wojna kaputt, Hitler kaputt, Krieg kaputt!« Obwohl wir schon längst damit rechneten, war es für uns Gefangene doch kaum zu glauben, dass nun endlich die Waffen schweigen sollten. Alles in heller Aufregung ... Am Vormittag des 9. Mai hielt die Rote Armee große Appelle mit festlichem Gepränge ab. Wir Gefangenen standen im Viereck angetreten, ein russischer Offizier kam und verlas den Waffenstillstand. Mit einem Dank an die Rote Armee und Generalissimus Stalin und die Alliierten hob er den ruhmreichen Sieg über die »Achse« hervor. Wir machten uns unsere eigenen Gedanken. Die Hauptsache für uns war, heim zu den Lieben. Aber wo ist das Ende unserer Gefangenschaft? ... Ein trauriges Erwachen am Morgen des 10. Mai. Es begann eine harte Leidenszeit, der zweite Abschnitt in russischer Gefangenschaft hinter Stacheldraht ...

Simon Haberl kehrt, von der Gefangenschaft gezeichnet, im Oktober 1947 in die Heimat zurück. Emil Präg erlebt das Kriegsende in Europa in einem Gefangenenlager in Russland bei Kalinin (er wird bereits Ende 1945 als »gehfähiger Kranker« nach Deutschland entlassen). Präg erinnert sich an den »Tag des Sieges« (V-Day), wie er ihn in seinem Lager bei Kalinin erlebt:

Da plötzlich in der Nacht vom 8. auf den 9. Mai war der Himmel feuerrot und Tausende Flakgranaten dröhnten durch die Nacht. Fast schien es, als ginge die Welt unter. Wir Gefangenen waren wach geworden vom Lärm der donnernden Geschütze, vom rot leuchtenden Fanal am nächtlichen Himmel. All das verkündete den Frieden. Ein betrunkener russischer Offizier verkündet uns:

»Germanski hat kapituliert, Hitler kaputt!« Trotz unserer Situation ging ein Aufatmen durch unsere Reihen. Der Hoffnungsschimmer, die Heimat nun vielleicht doch wiederzusehen, wurde deutlicher, gab uns neuen Mut.

Der 15-jährige Rudi Brill schließt am 9. Mai im saarländischen Bexbach sein Tagebuch mit dem Eintrag ab:

Mit großer innerer Rührung hörten wir aus dem Radio die letzte Sondermeldung dieses Krieges: »Am 9. Mai 1945, 0.00 Uhr sind auf allen Kriegsschauplätzen von allen Wehrmachtsteilen die Feindseligkeiten gegen alle bisherigen Gegner einzustellen.« Der letzte Wehrmachtsbericht meldete heute Abend: »Seit Mitternacht schweigen nun an allen Fronten die Waffen.« Wozu haben sie überhaupt gesprochen? Fünf Jahre und acht Monate lang? Damit eine Welt in Trümmer fallen musste? ...

Der Friede aber ist mit dem 9. Mai in Europa noch lange nicht zurückgewonnen. Zwar schweigen die Waffen, aber wie sieht die Zukunft aus? Darüber notiert in Hamburg Anja Römer-Hahn:

Wie hoffnungslos und tief zertreten sind wir! Und nun will keiner Nazi gewesen sein. Und wie viele Tausende waren es doch, sonst wäre diese Macht über die ungezählte dumme Masse nie möglich gewesen. Wie haben Fanny Huber und Mutterle, die es immer schon kommen sahen, nun wohl geweint über »ihr« Deutschland. Wir ahnten es von Anfang an, wie furchtbar es aber enden würde, hat sich nicht einmal unsere blühende Fantasie ausdenken können. Und nun von ganz unten müssen wir zunächst für unsere privaten Leben wieder einen Weg finden; wie nur?

Für die Deutschen in den ehemaligen deutschen Ostgebieten beginnt ein noch viel bittererer Weg. In Reichenberg in Nordböhmen (heute tschechisch Liberec), bis 1945 Hauptstadt des Sudetenlandes, beobachtet am 22. Mai ein Augenzeuge das folgende Geschehen:

Es war am 22. Mai 1945 in den frühen Morgenstunden, so um 6.30 Uhr. Die werktätigen Menschen, zum größten Teil Textilarbeiter aus Reichenberg und Umgebung, strebten eilig und ahnungslos ihren Arbeitsplätzen zu, um pünktlich die Arbeit beginnen zu können.

Als sie den Tuchplatz überschreiten wollen, stürzten, aus verschiedenen Straßen kommend, eine größere Anzahl Tschechen, bis an die Zähne bewaffnet, sich auf die ahnungslosen deutschen Arbeiter, begannen sie ins Gesicht zu schlagen und reißen ihnen die Kleider vom Leibe. Mit den entblößten Oberkörpern müssen sich die unglücklichen Arbeiter mit dem Gesicht zur Wand, an einer Häuserfront aufstellen. Damit sie nicht sehen können, was hinter ihrem Rücken geschieht, muss jeder Einzelne mit der Nase ein Stück Papier an der Mauer festhalten. Nach kurzer Zeit standen bald 20 bis 25 Mann in einer Reihe an der Häuserfront. Während dieses Vorganges waren einige beherzte Frauen schon auf die russische Militärkommandantur gelaufen und hatten um Hilfe gebeten. Während dieser Zeit begann ein Tscheche, die unglücklichen Arbeiter von rückwärts niederzuschießen. Schon ist der zweite Deutsche von den Tschechen von rückwärts zusammengeschossen, da kam im Laufschritt ein russischer Offizier die Schückerstraße herunter, rannte auf die Tschechen drauf los, nahm ihnen die Waffen weg und schickte sie fort. Der russische Offizier befahl den Arbeitern, sich wieder anzukleiden, und sie konnten nach den ausgestandenen Todesängsten ihres Weges weitergehen …

Die Vertreibung der Deutschen aus Polen, Ungarn und der Tschechoslowakei von 1945 bis 1949 kostete etwa 3 Millionen Deutsche das Leben. Leopold Kreutz, ein ehemaliger Glasschleifer aus Neuwelt im Riesengebirge, vor Hitler aktiv in der Sozialistischen Arbeiterjugend und in der Konsumgenossenschaftsbewegung tätig, wird 1945 ausgewiesen und schildert später den miterlebten Todesmarsch von Brünn ab 30. Mai 1945 – ein Beispiel des Schreckens für viele andere ähnliche Todesmärsche in diesen ersten Nachkriegsmonaten im Osten:

Alle Deutschen in Brünn müssen sich melden. An die 30 000 Menschen, vor allem Frauen und Kinder, die Männer meist Kranke und Greise, werden bei den Polizeistationen gesammelt. Sie werden in Listen eingetragen, bekommen Zettel in die Hand, auf welchen sie sofort ihre Wohnungsabmeldung vornehmen müssen. Man legt offenbar Wert auf ein »ordnungsgemäßes Verfahren«. Aber immer noch weiß niemand von den gesammelten Deutschen, was mit ihnen geschehen soll. Nichts Gutes ahnend, hatten sie die ihnen wichtig scheinenden Habseligkeiten (wie Decken, Bettzeug, Lebensmittel u. a. m. in Koffern, Kartons, Säcken und Rucksäcken verpackt) mitgebracht … Schließlich wird die versammelte Masse von Menschen, flankiert von den bewaffneten Zivilisten, in Bewegung gebracht. Im Morgengrauen hat der Zug der Dreißigtausend die Mauern der Heimatstadt hinter sich. Es begann die Tragödie, die Vertreibung der Deutschen aus Brünn, aller Deutschen, egal, ob sie Nazi waren oder nicht. Während des immer schwieriger werdenden Marsches wird der Zug nach Männern, die noch einigermaßen arbeitsfähig scheinen, abgesucht. Sie werden herausgeholt und an das Ende des Zuges gebracht. Den Frauen, die ihre Habseligkeiten schleppen, wird immer wieder auf die Finger geschlagen. Das wiederholt sich so oft, bis sie ihre Lasten fallen lassen. Diese »weggeworfenen« Koffer werden von den Besatzungen der am Ende des Zuges nachfahrenden Lastwagen eingesammelt und auf die Autos geworfen. Die zweite Nacht nach dem eine Nacht und einen Tag dauernden Marsch wird in der Ortschaft Porlitz verbracht. Am zeitigen Morgen, es ist noch nicht richtig hell, wird diese hungernde, frierende und schon vielfach erschöpfte Masse aufgejagt und weitergetrieben. Es geht nun der tschechisch-österreichischen Grenze entgegen. Während dieses Weitermarsches bleiben die ersten an Ruhr und Typhus Erkrankten und Erschöpften in den Straßengräben liegen. Niemand darf ihnen helfen …

Im Morgengrauen des nächsten Tages, als zum Weitermarsch aufgefordert wird, raffen sich alle auf, die wenigstens noch eines schwachen Willens fähig sind, um nicht an der letzten, auf tschechischem Boden liegenden Raststätte zurückzubleiben. Sie wollen mit, hinüber ins Österreichische. Für Tausende wird diese schon übermenschliche Willensanstrengung sozusagen zum Vollzug ihres letzten Willens, wenigstens auf österreichischem Boden zu sterben …

Juni bis September

Am 5. Juni wird der Kontrollrat für Deutschland aus den Oberbefehlshabern der vier Besatzungsmächte mit Sitz in Berlin etabliert, gleichzeitig wird die Auflösung der NSDAP und Haftbefehl gegen ihre Funktionäre erlassen. Am 11. Juni wird der 9. Mai als Tag des Kriegsendes in Europa amtlich festgelegt.

Am 26. Juni 1945 wird in San Francisco die Charta der Vereinten Nationen von 52 Mitglied-Staaten verkündet (ab 24. Oktober 1945 in Kraft).

In Südostasien landen australische Truppen am 10. Juni auf Borneo. Am 15. Juni finden die Amerikaner auf der Halbinsel Oroku auf Okinawa im unter-

irdischen Hauptquartier 200 tote Japaner, darunter Offiziere, die sich durch Harakiri selbst das Leben genommen haben. Am 18. Juni wird der organisierte Widerstand auf der Philippinen-Insel Mindanao eingestellt. Am 22. Juni beendet die 10. US-Armee die vollständige Besetzung von Okinawa. Am 28. Juni räumen die Japaner die Philippinen-Insel Luzon.

Vom 1. bis 4. Juli ziehen sich die amerikanischen Truppen aus Sachsen, Thüringen und Mecklenburg nach Absprache zwischen Truman und Stalin (Telegrammwechsel am 16. Juni) zurück; gleichzeitig werden in den folgenden Tagen in Berlin von den drei Westmächten deren Besatzungssektoren bezogen. Am 4. Juli erkennen die Alliierten Österreich in den Grenzen von 1937 an. Am 10. Juli kündigt der polnische Ministerpräsident Osöbka-Morawski die Ausweisung aller Deutschen an. Am 13. Juli wird das Hauptquartier der westalliierten Streitkräfte (SHAEF) unter General Eisenhower aufgelöst. Am 16. Juli beginnt in Potsdam (Cäcilienhof) die Potsdamer Konferenz (bis 2. August), die mit der Unterzeichnung der endgültigen Fassung des Viermächte-Abkommens über die Besatzungszonen in Deutschland und die Verwaltung Groß-Berlins und anderen Themen endet; ein Friedensvertrag mit Deutschland wird vertagt.

In Südostasien führen vom 10. bis 30. Juli amerikanische und britische Flugzeuge laufend Bombenangriffe auf Ziele auf Hokkaido und Honshu durch; außerdem beschießen US-Schlachtschiffe und Kreuzer die japanische Küste. Am 25. Juli wird auf Mindanao im Bereich der Sarangani-Bucht der letzte organisierte japanische Widerstand gebrochen. Am 27. Juli dringen die Chinesen in Kweilin ein, der Widerstand der japanischen Nachhut geht dort Ende des Monats zu Ende.

Am 16. Juli führen die Amerikaner ihren ersten Atombombenversuch in Los Alamos (Neu-Mexiko) erfolgreich durch.

Am 8. August wird in London ein Viermächte-Abkommen über die Bildung eines Internationalen Gerichtshofes für Kriegsverbrecher beschlossen (am 20. November 1945 beginnen in Nürnberg die ersten Verhandlungen im Hauptkriegsverbrecherprozess). Am 27. August wird in den drei westlichen Besatzungszonen der »Fragebogen« als Grundlage für die »Säuberung« von Nationalsozialisten eingeführt.

Auf dem Kriegsschauplatz in Südostasien wird mit dem Abwurf der ersten Atombombe auf Hiroshima am 6. August und auf Nagasaki am 9. August die Lage entscheidend verändert. Angesichts der schrecklichen Folgen dieser beiden Bomben erklärt sich Japan am 14. August zur Kapitulation bereit, die Kaiser Hirohito am 15. August offiziell bekannt gibt. Der Eintritt der Sowjetunion in den Krieg gegen Japan am 8. August und der Einmarsch der Roten Armee in die Mandschurei und am 12. August in Nordkorea hat auf die japanische Entscheidung wenig Einfluss. Am 21. August kapitulieren die Japaner in der Mandschurei gegenüber der Sowjetunion.

Am 30. August landen US-Streitkräfte auf Japan auf dem Flugplatz Atsugi und die 6. Marine-Division im Marinestützpunkt Yokosuka. Am 2. September wird die bedingungslose Kapitulation Japans auf dem US-Schlachtschiff »Missouri« unterzeichnet; der Zweite Weltkrieg ist auch in Asien zu Ende.

Auch Peter Paul Rudisch aus Wien wird noch ein Opfer der Unmenschlichkeit der Nachkriegswirren. Schwer verwundet liegt er nach der Räumung von Reichenberg (tschech. Liberec) in der ersten Maiwoche in einem Viehwagen auf dem Bahnhof in Böhmisch-Leipa (Ceská Lípa), ehe er in das Lazarett nach Teplitz-Schönau (Teplice-Samov) kommt, wo er am 7. Juli 1945 gestorben ist. Die besondere Tragik für Rudisch ist, dass während des siebentägigen Aufenthalts in Böhmisch-Leipa, der Heimatstadt von Mutter Rudisch, deren Bruder Franz den verwundeten Neffen auf dem Bahnhof gesucht hat. Er konnte ihn aber in dem allgemeinen Chaos während des Einmarsches der Russen nicht finden; Peter Paul Rudisch war wohl auch oft besinnungslos. Und als die Mutter Ella Rudisch wenige Monate später aus Wien in die Tschechoslowakei einreisen durfte, auf der Suche nach dem Sohn, waren die dortigen deutschen Bewohner bereits zu Fuß über die Grenze nach Sachsen vertrieben worden (15. Juni 1945). Der schwer verwundete Peter Paul Rudisch hat im Lazarett von Teplitz-Schönau am 21. Juni einer Krankenschwester diesen Brief an seine Eltern nach Wien diktiert – genau 16 Tage vor seinem Tod:

Ich habe Gelegenheit, diesen Brief durch eine Schwester, die nach Wien fährt, euch zukommen zu lassen. Hoffentlich erreicht er euch … Wir waren in Görlitz beim Luftbeschuss eingesetzt, kamen dann als Panzerriegel südlich von Niesky. Dort wurde ich bei einem Angriff schwer verwundet. Kam, nachdem wir uns nach zweitägiger Einschließung durchgekämpft hatten, nach Löbau ins Lazarett zur ersten Behandlung. Dort stellte sich heraus, dass ich einen schweren Lungensteckschuss habe. Ich kam sofort weiter nach Reichenberg ins Lazarett … Am 5. Mai wurde ich zweieinhalb Stunden lang operiert, der Splitter aus der Lunge heraus. Ich bekam einen Gummischlauch eingesetzt, damit der Eiter abfließen kann, der sich bildet. Nun kam das Schrecklichste. Am 8. Mai musste Reichenberg geräumt werden. Wir wurden in Viehwagen verladen, standen in glühender Hitze zwischen Hunderten von Russen in Leipa am Bahnhof sieben Tage lang, und dann wurden wir weitergefahren. Nach zehn Tagen waren wir hier in Schönau. Da wurde ich ausgeladen und kam in ein Lazarett, wurde nochmal operiert und soll mich auf dem Weg der Besserung befinden. Macht euch bitte keine Sorgen um mich, ich werde schon durchkommen. Hoffentlich seid ihr wohlauf, gesund und in unserer Wohnung und könnt alles vorbereiten zu einem recht herzlichen Wiedersehen in drei bis vier Monaten. Bis dahin müsst ihr euch noch gedulden … Ich sage euch, bei der Operation haben sie mir vielleicht ein Stück Eisen herausgeholt, und jetzt liege ich da im Lazarett, ärger als ein kleines Kind. Ich habe Schmerzen, kann mich nicht rühren. Gott sei Dank habe ich eine Schwester, die gut zu mir ist, die schreibt auch diesen Brief. Es ist für mich ein schwerer, schwerer Brief geworden, aber hoffentlich erreicht er euch! Nun seid tausendmal gegrüßt und geküsst von eurem Burschi. Auf Wiedersehen!

In Oranienburg zieht nach der Potsdamer Konferenz (16.7.–2.8.) die Mutter Margarethe Müller in ihrem Tagebuch für den gefallenen Sohn Bernhard diese »deutsche Bilanz«:

Die »Großen Vier« haben über uns zu Gericht gesessen. Das große, mächtige Russland schiebt sich nun weit über die Grenzen nach Deutschland hinein. Es muss seine Grenzen erweitern, zum eigenen Schutz! Polen wird ein Stück genommen, aus dem gleichen Grund; es darf dafür seine Grenzen bis zur Oder-Neiße erweitern. Das schöne Schlesien, die Kornkammer Deutschlands, wie es genannt wurde, ist in Händen der Polen, die Heimat deines Vaters, in der du viele glückliche Tage deiner Kindheit erlebtest! Ein Strom von Flüchtlingen ergießt sich über die Mark Brandenburg! Grauenvoll ist, was sie erdulden müssen. Viele Frauen, Männer und Kinder sterben auf der Flucht, viele machen durch Selbstmord ihrem Leben ein Ende …

Wir, die wir noch auf unserem eigenen Stück Land sein dürfen, sehen, dass wir noch immer nicht die Ärmsten sind …

Einer von denen, die in Oberschlesien auf der Straße Richtung Westen sind, weil sie aus der Heimat vertrieben werden, deren Verlust Hitler mit seinem wahnwitzigen Krieg verschuldet hat, ist Josef Buhl. Er schreibt im August 1945 aus einem Sammellager in Grottkau (poln. Grodków):

Die deutschen Bewohner der Stadt Grottkau befanden sich restlos in diesem Lager, sowie die der Dörfer Lobedau, Lindenau, Petersheide, Breitenfeld und Hennersdorf, soweit sie noch nicht dem Hungertyphus erlegen waren. Was man hier zu sehen bekam, war Elend. Abgemagerte Menschen! Müde und kraftlos schlichen sie dahin. Vor dem angrenzenden Wirtschaftsgebäude erhielten wir Stroh für unser Lager. Tisch und Sitzgelegenheit gab es nicht. Von neunzehn Zimmerinsassen hatten zum Schlafen nur sechzehn Platz, wenn wir uns ganz dicht zusammendrängten, drei von uns mussten im Vorraum schlafen. Unsere Schlafdecken waren uns geraubt worden, wir bedeckten unser drei mit einem alten, zerlöcherten Fransentuch.

Die Menschen welkten dahin, die Kinder starben massenweise. Die Leichen wurden verpackt in Papier oder alte Säcke. Den Transport der Leichen zum Friedhof versah ein Mann mit einem Handwagen, so kurz, dass die Beine nachschleiften. Wenn notwendig, packte er zwei auf einen

Wagen, wie ja auch im Grabe immer eine Anzahl übereinander gelegt wurde …

Im August 1945 geht der Zweite Weltkrieg auch in Asien plötzlich zu Ende – nach Einsatz einer Waffe, die einen infernalischen Schlusspunkt hinter die Leidensgeschichte dieses Krieges setzt und seitdem wie ein Menetekel die Menschheit auf unserem Planeten vor einer endgültigen Apokalypse des Untergangs warnt.
Der amerikanische Captain Parsons notiert an Bord des B-29-Bombers »Enola Gay« – er ist von der Insel Tinian in der Gruppe der Marianeninseln mit seiner schrecklichen Fracht gestartet –, nachdem er die erste Atombombe, eine Uraniumbombe mit 3 m Länge und 72 cm Durchmesser, der seine Erbauer den Namen »Little Boy« gegeben haben, am 6. August über Hiroshima abgeworfen hat:

Es war 9.15 Uhr, als wir unsere Bombe abwarfen, und wir drehten das Flugzeug zur Seite, um bessere Sicht zu haben. Dann versuchten wir, einen möglichst großen Abstand zwischen uns und den Feuerball zu bringen. Wir waren mindestens 10 Meilen entfernt, und die Explosion war deutlich sichtbar, selbst durch die gefärbten Gläser, die jeder zum Schutz vor den Augen hatte … Die Mannschaft sagte »Mein Gott!« und konnte nicht glauben, was geschehen war. Eine Rauchwolke erhob sich wie ein Pilz auf einem Stiel. Oben bestand die Wolke aus weißem Rauch, aber bis 300 Meter Höhe vom Erdboden war es nur wirbelnder, siedender Schmutz. Bald danach entstanden am Rande der Stadt kleine Brände, aber die Stadt selbst war völlig unsichtbar … Während wir zuschauten, brach der Kopf der weißen Wolke auseinander, und es bildete sich ein neuer …

Der 25-jährige Tsutomo Yamaguchi, Schiffszeichner bei der Mitsubishi-Werft in Hiroshima, berichtet, was er nach der Explosion in Hiroshima beobachtet.

Plötzlich leuchtete ein Blitz auf, wie wenn man eine riesige Magnesiumfackel anzündet … Als ich mich hinwarf, mit dem Gesicht nach unten, kam eine ungeheuerliche Explosion … Wie lange ich halb ohnmächtig auf der Straße lag, weiß ich nicht, aber als ich die Augen wieder öffnete, war es rings um mich her so dunkel, dass ich nichts sehen konnte. Es war, als sei es in der Hitze des Morgens plötzlich Mitternacht geworden … Als ich später die Straßenbahnlinie erreichte, sah ich unzählige verkohlte Leichen in den Straßen und in den Aschenhaufen liegen, die früher einmal Häuser gewesen waren. Eine Leiche war vom Gürtel abwärts bis auf die kahlen Knochen verbrannt. Am Oberkörper war noch einiges schwarz gebranntes Fleisch zu sehen, aber das Herz und die anderen Organe lagen frei. Sie waren verkohlt und deutlich erkennbar. Die Stadt brannte immer noch, und ich beobachtete, wie Lichtmasten verschwelten und zu Boden fielen. Es gab keine Straße, die nicht mit Häusertrümmern und verkohlten Toten bedeckt war. Ein schrecklicher Geruch von den zahllosen Leichen hing über den Ruinen.

Als ich in die Gegend des Bahnhofs kam, sah ich eine Frau, die ein totes Kind in den Armen trug und ein Wiegenlied sang. Dann fand ich eine Mutter, offenbar nicht verbrannt, aber vollkommen nackt. Sie lag am Eingang eines Luftschutzbunkers. Ihre Brust war weit aufgerissen. Neben ihr spielte ein ganz kleines Kind. Es war wohl schon im Bunker gewesen, als sich die Explosion ereignete.

Ich musste den Fluss überqueren, um zum Bahnhof zu kommen. Und als ich an den Fluss kam und hinunter ging ans Ufer, fand ich, dass der Strom mit Leichen angefüllt war. Ich versuchte, ihn zu überqueren, indem ich auf allen vieren über die Leichen hinwegkroch. Als ich ungefähr das erste Drittel hinter mir hatte, begann eine Leiche unter meinem Gewicht zu sinken, und ich fiel ins Wasser, und meine verbrannte Haut wurde nass. Ich hatte fürchterliche Schmerzen. Ich konnte nicht weiter, denn es war ein Loch in der Leichenbrücke. So kroch ich ans Ufer zurück und machte mich stromaufwärts auf, in der Hoffnung, einen anderen Weg hinüber zu finden …

Mitsou Tomosawa, 15 Jahre alt, erinnert sich später an eine große Menge von Verletzten, die vor einem Krankenhaus auf der Straße stehen:

Alle hatten die Arme vom Leib gestreckt. Sie spreizten die Finger und ließen die Hände nach unten hängen. Sie gingen mit leicht nach außen gebogenen Knien, beinahe auf den Zehenspitzen. Alle hatten große, mit Flüssigkeit gefüllte Blasen. Mit leeren Augen blickten sie immer geradeaus …

Die Arzte Masao Shiocuki, Nobuo Kusano und Sugi Yamamoto beschreiben die Verletzungen der Opfer so:

Die von uns aufgenommenen Verwundeten sahen grauenhaft aus: Ihre versengten Haare waren gekräuselt, die Kleidungsstücke in Fetzen gerissen, die Haut der unbedeckten Körperteile fast ganz verbrannt, die Wunden entsetzlich verschmutzt. Die meisten der Verwundeten waren durch zahllose Glassplitter, Holzstücke oder Eisenteilchen, die sich in Gesicht und Rücken gebohrt hatten, derart entstellt, dass sie nicht als Menschen zu erkennen waren. Die Größe der Glassplitter schwankte zwischen der eines Sandkorns und der einer Daumenkuppe. Später stellten wir fest, dass manchen Patienten so viele Glasstückchen in die Lunge gepresst worden waren, dass wir bei stethoskopischen Untersuchungen jedes Mal ein Knirschen vernahmen, wenn sie atmeten. Die Holzstückchen bestanden aus Bruchteilen von Baustoffen oder von abgerissenen Zweigen. In einem Fall bemerkten wir, dass ein nur sehr kleiner weicher und sehr leichter Zweig die harte Schädeldecke durchstochen hatte: Er hing mit seinen Blättern über dem Kopf des Verwundeten wie der Aufputz eines Damenhutes …

Eine Minute nach dem Abwurf der Bombe sind in Hiroshima 60 000 Menschen sofort tot oder liegen im Sterben. Insgesamt werden heute nach Schätzungen in Hiroshima zwischen zwei- und dreihunderttausend Opfer gezählt. Von 90 000 Häusern der Stadt werden 62 200 restlos zerstört und 600 unreparierbar beschädigt. Vergleichbar sind die Zahlen von Opfern und Zerstörungen nach dem Abwurf einer zweiten Bombe am 9. August auf Nagasaki. Fünf Tage später ist Japan zur Kapitulation bereit.
Als in Hiroshima das Feuer langsam zurückgeht, »ist die Luft erfüllt von menschlichen Schmerzensschreien«. Die Stadt ist, wie Mitsou Tomosawa später sagt, zu einer »Wüste des Todes« geworden. Was die Schülerin Shigo Sasamori sieht, als sie nach vier Tagen Bewusstlosigkeit in einen Spiegel schaut, schildert sie später so:

Ich konnte nicht glauben, dass ich das war. Ich hatte keine Augenbrauen mehr, keine Wimpern – nur ein nacktes Gesicht mit weicher, junger Haut. Als ich begriff, dass ich das war, goss ich Eiswasser über meinen Körper …

Shigo Sasamori hat seit 1945 in 36 plastischen Operationen ihr Gesicht Stück für Stück von Chirurgen rekonstruieren lassen. Sie beendet ihre Leidensgeschichte mit diesen Worten:

Es geht mir sehr nahe, dass ich überlebt habe, während so viele Menschen sterben mussten. Ich bin der tiefen Überzeugung, dass ich den Auftrag habe weiterzuleben; den Auftrag, allen Menschen zu sagen, was geschehen ist, damit sich die Vergangenheit nicht wiederholen kann.

Die letzten zwei Beiträge dieses Buches signalisieren Menschlichkeit, Versöhnung und Hoffnung. Menschlichkeit und Versöhnung praktiziert Charlotte Gaede im Herbst 1945 bei der Pflege kranker junger Ausländer, die das Schicksal in den ersten Monaten nach dem Zweiten Weltkrieg in einem Barackenlager in Vorpommern zusammengeführt hat. Charlotte Gaede hat ihre Erlebnisse am Totensonntag 1945 niedergeschrieben:

Es war kurz nach Beendigung des Zweiten Weltkrieges. Ich war nach langer Krankheit zur Genesung in meiner Heimatstadt in Vorpommern. Eines Tages erhielt ich den Auftrag, die Pflege der Kranken im Barackenlager zu übernehmen. Es handelte sich um junge Ausländer, die von den deutschen Behörden zu Hilfsdiensten »freiwillig« nach Deutschland gebracht worden waren. Ihre gesünderen Kameraden waren kurz vor dem Zusammenbruch in ihre Heimatländer zurückgekehrt. Diese Kranken waren dazu nicht fähig gewesen …

Ich öffnete die Tür – und prallte entsetzt zurück. Ein Ekel erfasste mich wie noch nie in meinem Leben. Nein, keinen Schritt weiter! Was ich sah, war unbeschreiblich, und fauliger Verwesungsgeruch nahm mir fast den Atem. Ich sah einen Tisch mit verdorbenen, verschmutzten Lebensmitteln, wimmelnd von Fliegen und Maden, übereinander gestellte Holzbetten mit durchnässten Strohsäcken und verdreckten Decken, dazwischen überlaufende Eimer mit den Exkrementen der Kranken. Aus den Betten starrten mich aus wächsernen, ausgedörrten Gesichtern große, weit aufgerissene Augen an. Und diese Augen waren es, die mich schließlich vor diesem Grauen doch nicht davonlaufen ließen. Sie brannten sich mir bis auf den Grund meiner Seele. Aus diesen Augen sprach Angst, Misstrauen, Gleichgültigkeit, ja Hass, alles zusammen. Und dahinter spürbar das Wissen um den nahen Tod, einen einsamen, bitteren Tod fern aller Liebe und Güte …

Ich nähere mich einer dieser Jammergestalten, die von einem entsetzlichen Husten gequält wird. Ich blicke in ein Paar großer blauer Augen voller Entsetzen. Die Lippen zucken, wollen Worte formen, aber es wird nur ein Stöhnen daraus. Ich wische Schweiß und Tränen von dem zuckenden Antlitz. Da greift eine feuchte, kalte Hand nach meinem Arm, klammert sich fest, als sei er ein Rettungsanker. Und da steigt es in mir hoch, ich sehe nur noch die Qual dieser Menschen. Ich nehme mein Herz in beide Hände, mir erwächst die Kraft, täglich den Ekel zu überwinden. Ich kümmere mich um die Kranken, sorge für ihre Sauberkeit, für regelmäßiges Essen, für Linderung der Schmerzen. In Abständen erscheint ein Arzt, aber Hilfe ist bei den meisten Fällen von fortgeschrittener Tuberkulose nicht mehr möglich …

Nach einiger Zeit war es doch, als fühlten sie mein Helfenwollen. Es leuchtete etwas wie Dank in ihren Augen, wenn ich morgens an ihre Betten trat. Meine Sprache verstanden sie nicht und ich bei den wenigsten die ihre. Aber ich sehe sie alle deutlich vor mir, die bleichen, leidvollen und doch noch so jungen Gesichter:

Robert, Pierre und Romain aus Frankreich; die liebliche Germaine, die ihnen wie Mutter und Schwester zugleich war und ihnen kleine Handreichungen machte. Sie verehrten sie fast wie eine Heilige. Sie waren bei aller Armut und Not noch reich, da sie miteinander reden konnten. Viel elender waren die anderen aus den verschiedenen östlichen Ländern, weil sie sich nicht mitteilen konnten. Germaine war die Einzige, die ihre Heimat wiedersah. Als sie fort war, verkümmerten sie wie Pflanzen ohne Licht …

Die einsamste und erschütterndste Gestalt war Peter, ein blutjunger Ukrainer, kaum dem Knabenalter entwachsen. Sein Passbild zeigte ihn als stämmigen Burschen im weißen Russenhemd mit Stickereien, übermütig in die Welt schauend. Ich konnte ihn mir vorstellen, wie er einst auf einem Pferd über die Fluren seiner Heimat trabte. Und jetzt: abgezehrte Züge, von der Nase zu den Mundwinkeln zwei tiefe Falten, die Lippen zusammengepresst zu einem schmalen Strich. In den Augen unergründliche Trauer, Bitternis und Menschenverachtung … Eines Morgens fand ich Peter mit hochroten Wangen und stoßendem Atem, mit kaltem Schweiß bedeckt. Der Puls flatterte, die Augen glänzten übernatürlich. Ich wusste, das Ende war nahe. Peter würde den Tag kaum überleben. Herrisch sahen seine Augen mich an und schienen etwas zu fordern. Die Hand deutete auf die Sonnenstrahlen, die zur offenen Tür hereinflimmerten. Plötzlich begriff ich. Er wollte noch einmal hinaus in die Sonne. Ich erschrak, das könnte sein Tod sein. Ich fragte mich, ob er denn auch sonst nicht sterben müsste, früher oder später? Dann schüttelte ich den Kopf. Welche Trauer in seinem Blick! Aber dann richtete er sich doch langsam auf, ganz gesammelte Kraft, gespannter Wille. Da helfe ich ihm, schleppe ihn zur Tür. Er steht in der Sonne, lächelt selig und trinkt die Sonne in sich hinein. Ich empfinde eine große Zärtlichkeit für ihn. Tränen steigen mir in die Augen. Ich halte fest den mageren, wankenden Körper und geleite ihn zurück. Erschöpft, nach Atem ringend, lässt er sich fallen und schließt die Augen. Sein Gesicht entspannt sich. Er schläft. Ich streiche über sein Haar. Am nächsten Morgen ist Peter tot. Er lächelt noch im Tod, hat seine Sonnenstrahlen hinübergenommen in das große Schweigen …

Noch wie viele deutsche Soldaten in Gefangenschaft, in einem englischen Camp in Ägypten, schreibt am 24. Dezember 1945 der »Prisoner of War« Hanns Widhopf aus München von der Hoffnung auf eine baldige Rückkehr in die Heimat, wo zwar noch Not, Hunger und Elend herrschen, aber wieder Frieden ist:

Ein Tag geht wie so viele seinem Ende zu. Die Sonne schickte die letzten Strahlen herunter, die unbarmherzigen Strahlen der Sonne über der Wüste. Die letzte Arbeitsgruppe kommt von der Arbeit zurück ins Lager. Der Posten oben auf seinem Stand, ein stämmiger Neger, rüstet sich für die Nacht und verkriecht sich in seinem Mantel. Ich lehne am Pfosten unseres Zeltes und stiere versunken in die hereinbrechende Nacht, während drinnen die Kameraden die letzten Vorbereitungen für unseren kargen Weihnachtstisch treffen. Langsam wird es still im Lager. Nur von den Bergen her hört man das monotone Geheul der Schakale. Der Araber auf einem Sandhügel, der allwöchentlich einmal vorüberzieht, scheint es heute auch eilig zu haben, denn wütend treibt er seine zwei Kamele an. Ein schriller Pfiff hallt durchs Lager. Wir wissen, was er bedeutet: Antreten zur Weihnachtsfeier. Die Männer kriechen aus ihren mit Zelten überspannten

Erdlöchern, die uns seit Monaten als Behausung dienen, eingemummt in ihre Mäntel. Die Nächte in Ägypten sind kalt. Wir stehen wenig später zwanglos versammelt, Alt und Jung, nebeneinander, ergraute Männer mit Vollbärten neben knabenhaften Jünglingen, wie Väter neben Söhnen und Enkeln. In der Mitte des freien Platzes steht ein Christbaum, kein heimatlicher, sondern aus Wüstendorn und Palmenzeigen zusammengebastelt. Nachdem das erste Musikstück unserer Lagerkapelle verklungen ist, tritt ein Mann aus unserer Mitte hervor, der Lagerälteste, ein Hüne von Gestalt. Sein verhärmtes und vergrämtes Gesicht hebt sich gespensterhaft in dem unruhig flackernden Licht der Kerzen ab, es zeigt deutliche Spuren tiefen Leides. Wir wissen, dass er seine Frau und seine drei Kinder verloren hat, auch sein Hab und Gut, und aus der Heimat vertrieben ist. Aber dieser fünfzigjährige Mann, der vom Schicksal so hart getroffen ist, findet die Kraft, seinen tausend Kameraden, die er zu betreuen hat, neuen Mut und neue Hoffnung zuzusprechen, Hoffnung auf eine baldige Heimkehr …

»Beitragen, den Krieg zu ächten ...«

Ein notwendiges Nachwort

In diesem Buch habe ich versucht, den Zweiten Weltkrieg aus der Sicht des leidenden Menschen in allen von diesem Krieg heimgesuchten Ländern darzustellen – von »unten, wo das Leben konkret ist«, wie Hegel es formuliert hat. »Konkret« in diesem Sinne, meine ich, sind alle Beiträge in diesem Buch, ob sie vom Kämpfen, Leiden und Sterben der Soldaten auf beiden Seiten der Fronten, ob sie aus der Flammenhölle während eines Luftangriffs berichten, von den Qualen der Gefangenen und Gefolterten in Gefängnissen und Lagern oder von den Grausamkeiten, zu denen Menschen anderen Menschen gegenüber fähig sind, die ihnen ausgeliefert werden als Verfolgte, Vertriebene und Gehetzte.

»Was immer auch die Herrschenden sündigen, büßen müssen es die Kleinen«, schrieb vor über zweitausend Jahren der römische Dichter Horaz, Sohn eines freigelassenen Sklaven. Die Sprache dieser »Kleinen«, das beweisen die Beiträge in diesem Buch, ist ebenfalls im Hegelschen Sinne »konkret«. Gegenüber den zahlreichen Memoirenwerken vieler »Großer« sind diese Stimmen von »unten« viel eindringlicher, gewichtiger und »kompetenter«, weil sie für die Millionen derjenigen stehen, die im Zweiten Weltkrieg und in jedem Krieg »die Spesen bezahlen«, wie Bertolt Brecht in seinem berühmten Gedicht »Fragen eines lesenden Arbeiters« schrieb.

Vor drei Jahren begann ich mit dem Sammeln der Beiträge. Auf zwei Wegen habe ich gesucht: einmal mit mehreren Aufrufen im Mitteilungsblatt des Volksbundes Deutscher Kriegsgräberfürsorge, dann mit entsprechenden Notizen in deutschsprachigen Tages- und Wochenzeitungen. In den Aufrufen und Notizen wurden »Tagebücher, Briefe und Aufzeichnungen für ein Anti-Kriegsbuch« erbeten, die »Leben und Leiden der Menschen im Zweiten Weltkrieg widerspiegeln, also den Krieg ›von unten gesehen‹ darstellen«.

Das Echo war überwältigend und im Verständnis der Absicht des geplanten Buches fast durchweg ermutigend:

»Ich hoffe, dass Sie mit dazu beitragen, den Krieg zu ächten ... (Käthe Braukmann aus Dortmund);

»Jetzt, wo schon die Zeit gekommen ist, dass unsere Enkel fragen, darf all das von damals nicht vergessen werden ...« (Erika Franke aus Lüneburg);

»Ich halte das Vorhaben für sinnvoll und gut. Fast täglich merke ich, dass selbst bei der Bundeswehr die jüngere Generation keine Vorstellung über die damalige Zeit hat ... « (Otto Bonfig aus Esslingen);

»Ich vergesse nie im Leben die Trostlosigkeit, die Sorgen, die Nöte und Ängste, die meine Kindheit infolge der Kriegszeit überschatteten. Gebe Gott, dass dieses unsere Kinder und Enkel nicht wieder erleben müssen …« (Rosemarie Bongart aus Sinzig);

»Meine zwei Brüder starben in der Hoffnung, dass es nie wieder einen solchen Krieg geben würde …« (Anni Giesemann aus Adenstedt);

»Im Andenken an meinen Sohn bitte ich Sie, seinen letzten Brief in Ihrem Buch zu veröffentlichen, damit die Jugend erkennt, wie grausam ein Krieg ist. Ein kommender Krieg wird noch grausamer sein!« (Gertrud Kirchhof aus Lüneburg);

»Die Briefe meines Bruders muss ich immer wieder lesen. Mir kommen die Tränen, wenn ich lese, dass er die letzten Brotkrumen aus der Tasche suchen musste, um was zum Essen zu haben. In der heutigen Zeit ist alles im Überfluss, und die Menschen sind nicht zufrieden!« (Gerda Zibat aus Karlsruhe);

»Vom dritten, dem jüngsten meiner gefallenen drei Brüder, bekamen wir von einem Heimkehrer aus der Nachbarschaft die Nachricht über sein grausames Schicksal, seit dem Heiligen Abend 1944 ist er bis zum heutigen Tag vermisst. Ich selbst habe den Krieg mit seinen Schrecken und Grausamkeiten im Osten erlebt und kam 1946 in die Heimat zurück. Die Herren Gauleiter gaben keinen rechtzeitigen Räumungsbefehl, retteten aber vorzeitig ihre Angehörigen. Zum Davonlaufen aber hatte ich Angst. Noch oft denke ich an unsere Jugend, welche den grausamen Leidensweg gehen musste …« (Carola Stedele aus Markt Rettenbach);

»Nachdem heute schon wieder so viel über Krieg, sogar so leichtfertig über einen auf Europa begrenzten (!) Atomkrieg gesprochen wird, sollte man wirklich solche Bücher herausbringen, die den Kriegstreibern die Leiden der Menschen vor Augen führen. Hat die Menschheit durch Kriege und Kämpfe denn noch nicht genug gelitten?« (Gertrud Nierbauer aus Schweinfurt).

Es waren auch viele Zuschriften dabei, in denen nach den Ursachen der Unmenschlichkeit des Krieges gefragt wird. Eine davon stammt von einem in Bremen geborenen Deutschen französischer Abstammung, der 1939 eingezogen und aufgrund seiner Briefe an die Mutter 1943 von einem Kriegsgericht wegen »Zersetzung der Wehrkraft« zu Gefängnis, danach Strafeinsatz an vorderster Front verurteilt wurde und anschließend den Rückzug vom Kaukasus bis zu den Kämpfen um Wien 1945 mitgemacht hat. François de Beaulieu – er lebt heute in Île-aux-Moines in Frankreich – schrieb mir:

»Vergessen Sie nicht, dass die Gleichgültigkeit und Verantwortungslosigkeit vieler Menschen mitschuldig ist an der Unmenschlichkeit. Wer hat protestiert, als es zuerst den Kommunisten an den Kragen ging, dann den Juden, dann den Parteien? ... Man dachte immer: Ich bin ja nicht betroffen ... Das Recht ist nicht teilbar, und wenn man unbeteiligt zusieht, wie die einen Wind säen, da darf man sich nicht wundern, wenn dann auf einmal Sturm über alle kommt. Irgendwie gibt es eine Verkettung der Sünde. Keiner kann sagen: Ich bin total unschuldig! Die meisten Sünden sind die Unterlassungssünden ... Die Jahre der Unmenschlichkeit waren doch nur so unmenschlich, weil so viele mitgemacht haben – und die Kirchen sind auch schuldig, weil sie tauften und trauten und konfirmierten und beerdigten, wer auch immer dies wünschte. Man hat das Christentum so billig wie möglich verkauft, und am Ende nannten sich alle Christen, und in Wirklichkeit waren es nur Namenschristen.

Es fehlten natürlich auch nicht die Zuschriften der Verständnislosen, der Verblendeten und Unbelehrbaren, wie etwa die eines ehemaligen Offiziers der »Leibstandarte SS Adolf Hitler« aus Berlin: »Und nun wollen Sie ein Buch schreiben über Unmenschlichkeit? Sie müssen sich nun fragen lassen, ob Sie ein Deutscher sind? Denn ein Ausländer würde das nicht fertig bekommen ... Ich wünsche Ihnen viele Zuschriften von ›deutschen Leuten‹, die alle ›verfolgt‹ und im KZ gesessen haben, dann gibt es ja wieder einen herrlichen Film wie Holocaust ...« Der Vorwurf des »Nestbeschmutzers« wurde am lautesten natürlich von jenen erhoben, die ihre Anschuldigungen immer hinter ihrer eigenen Anonymität verstecken: »Wann hört man endlich auf, 37 Jahre nach dem unseligen Krieg Vergangenes aufzuwärmen oder besser gesagt, die Deutschen auf ewig zu verdammen ... Ich kann nur sagen, Sie sollten sich schämen. Sie sind alles andere, bloß kein Deutscher!«

Als Hitler 1939 den Zweiten Weltkrieg entfesselte, riss er zuerst Europa, dann die ganze Welt in den Strudel seines wahnwitzigen Zerstörungswerkes hinein. Um diesen Charakter der globalen Auseinandersetzung aufzuzeigen, habe ich neben den gesammelten Beiträgen aus dem deutschen Sprachraum, die die Mehrheit der Auszüge aus den vielen Einsendungen ausmachen, auch Zeugnisse leidender Menschen aus anderen Ländern Europas und Asiens hinzugestellt. Der chronologischen Abfolge des Kriegsgeschehens folgend, ergibt sich so ein Gesamtpanorama des Schreckens, aber auch der Banalität des Alltags der Menschen im Krieg.

Die älteren Generationen – heute zwischen fünfzig und achtzig Jahre alt – von denen der Hauptteil der Einsendungen stammt, haben den Zweiten Weltkrieg noch bewusst miterlebt. Sie möchte ich mit diesem »Lesebuch«

mit ihrer eigenen Vergangenheit zur Mahnung vor neuer Kriegsgefahr konfrontieren.

Die jüngeren Generationen der unter Vierzigjährigen, für die der Zweite Weltkrieg bereits Geschichte ist, sind mir fast die noch wichtigeren Leser. Sie sollen aus diesem Buch erkennen, wie jeder Krieg sich im Volk, »unten, wo das Leben konkret ist«, auswirkt. Und sie sollen die Warnung dieses Buches vor jedem neuen Krieg sehr ernst nehmen. Sie mögen, jeder Einzelne, mithelfen, die moralischen und politischen Voraussetzungen für die Ächtung jedes Krieges zu schaffen.

Ein Krieg löst keine Probleme, er befreit niemanden und nirgends von Konflikten, er befreit nur eines, nämlich den Hass gegenüber dem Andersdenkenden, dem Nachbarn, dem Bruder. Und er befreit nur den uralten Hass, der Kain dazu trieb, den Bruder totzuschlagen.

Wenn »Kampf und Sieg so weitergehen wie bisher«, schrieb mir Frau Hete Krause aus Braunschweig im Begleitschreiben zum letzten Brief ihres Bruders, der seit Januar 1943 in Russland vermisst ist, »wird sicher eines Tages ein Mensch froh sein, wenn er einem anderen begegnet. Nach einer Nationalität würde er ganz gewiss nicht fragen. Selbst unser Planet und auch die Sonne verändern sich schon. Halten beide auch nicht aus, was ihnen geboten wird? … Kann sich heute ein ›Sieger‹ noch freuen? Mit diesen Waffen? Sollen immer wieder Tränen fließen? Kann wirklich keine andere Lösung möglich sein? Verzeihen Sie bitte, mein Brief wird so lang. So lang …«

Wörthsee, November 1982, Hans Dollinger

Die Autoren und Einsender der Tagebücher und Briefe

Herausgeber und Verlag danken allen Autoren und Einsendern von Tagebüchern und Briefen für ihre Mitarbeit, ohne die dieses Buch nicht hätte entstehen können. Die Veröffentlichung der Namen und biografischen Angaben erfolgt mit Genehmigung der Autoren und Einsender. Der Quellennachweis ist innerhalb der einzelnen Kapitel nach den Seitenzahlen geordnet.

I.
1939

17:
Autor und Einsender: Marianne Dohm-Franke, Berlin/Pforzheim, geb. 1912 in Chemnitz. Auszug aus Manuskript »Kriegsdienstverweigerung im Dritten Reich – eine Schuldfrage?« (s. auch 1945).
18:
Autor: Karl Dürkefälden (1902–1976), vom Wehrdienst freigestellter Konstrukteur in einem Industriebetrieb in Celle. *Einsender:* Manfred Dürkefälden, Hannover (s. auch 1940, 1942, 1943, 1944).
18, 19, 21, 25, 28:
Autor: Karl Schönfeld, geb. 1917 in Husum, gefallen am 26.9.1941 als Unteroffizier bei Leningrad. *Einsender:* Ernst Schönfeld, Altbach (s. auch 1940, 1941).
19:
Autor: Jochen Klepper (1903–1942). *Zitiert nach:* Christian Geißler (Hrsg.), Das Dritte Reich mit seiner Vorgeschichte 1918–1945. Ebenhausen bei München, 1961.
20, 27, 32:
Autor: Chaim A. Kaplan. *Aus:* Abraham I. Katsh (Hrsg.), Buch der Agonie – Das Warschauer Tagebuch des Chaim A. Kaplan. Frankfurt am Main, 1967, S. 22/23, 31, 48 (s. auch 1940, 1942).
22:
Autor und Einsender: Erika Franke, Lüneburg, geb. 1916 (s. auch 1941).
22:
Autor und Einsender: Roswitha Fröhlich, Heidelberg, geb. 1924 (s. auch 1945).
23:
Autor und Einsender: Irmgard Busch, geb. Auer, Saarbrücken, geb. 1927 (s. auch 1944, 1945).
25–27:
Autor: Hans-Günther Hauk, geb. 1914, gefallen am 8.3.1943 am Donez als Bataillonsführer. *Einsender:* Hanna Hauk, Helmstedt (1945 aus Ostbrandenburg geflohen).
27:
Autor: Jardena. Aus: »Youth amidst the Ruins«, New York, 1941. *Zitiert nach:* Gerhard Schoenberner (Hrsg.), Wir haben es gesehen. Augenzeugenberichte über Terror und Judenverfolgung im Dritten Reich, Hamburg, 1962. S. 85.

28:
Autor: Arno Bendiks, geb. 1919, gefallen am 22.2.1944 bei Leningrad als Obergefreiter. *Einsender:* Ingeborg Paetow, Berlin.
30:
Autor und Einsender: Ingeborg Tafel, Berlin. Aus: Tagebuch-Manuskript »J'accuse!« (s. auch 1940, 1941, 1942, 1943, 1944).
30:
Autor: Ktana. Aus: «Youth amidst the Ruins«, New York, 1941. *Zitiert nach:* Gerhard Schoenberner (Hrsg.), Wir haben es gesehen. Hamburg, 1962. S. 84.
32:
Autor: Cato Bontjes von Beeks, Fischerhude, geb. 1920, hingerichtet am 5.8.1943 in Berlin-Plötzensee. *Zitiert aus:* Beck/Boehncke/Heinz/Vinnai (Hrsg.), Terror und Hoffnung in Deutschland 1933 bis 1945. Leben im Faschismus. Reinbek b. Hamburg, 1980. S. 90/91.
33:
Aus: Hans-Adolf Jacobsen/Hans Dollinger (Hrsg.), Der Zweite Weltkrieg in Bildern und Dokumenten. Band 1. München, 1962. S. 100.
33:
Autor: Lily Jungblut. *Zitiert nach:* Martin Broszat, Nationalsozialistische Polenpolitik 1939–1945. Stuttgart, 1961. S. 42/43.
33:
Autor und Einsender: Heinrich Focken, Gaggenau-Ottenau, geb. 1898 in Berlin, Soldat von 1916–18, 1933–1934 im KZ Heuberg, 1937 im KZ Kislau, 1944 im KZ Natzweiler-Struthof, Dachau, Mauthausen (s. auch 1944).

II.
1940

36, 57:
Autor und Einsender: Bruno Theus, Mengen, geb. 1907, von 1939 bis 1945 Luftwaffentechniker bei den Brandenburgischen Motorenwerken in Berlin-Haselhorst und Focke-Achgelis in Königswald im Sudetenland (Libouchec) (s. auch 1943, 1944).
37, 54:
Autor: Theo Bürker. *Einsender:* Hildegard Mende, geb. Spalding, Hannover.
38, 54, 58, 61:
Autor: Chaim A. Kaplan. *Aus:* Abraham I. Katsh (Hrsg.), Buch der Agonie – Das Warschauer Tagebuch des Chaim A. Kaplan. Frankfurt am Main, 1967. S. 143, 192, 219, 269 (s. auch 1939, 1942).
39, 40, 41, 44, 45, 46, 48, 49, 50, 52:
Autor: Sergeant Roux. *Einsender:* Margarete Bardua, Berlin (das bei dem gefallenen französischen Sergeanten am 10.6.1940 gefundene Tagebuch wurde 1941 in Frankfurt an der Oder als Handschrift gedruckt).
40:
Autor: Ronald Cartland, geb. 1907, gefallen am 30.5.1940 bei Dünkirchen. *Aus:* Hans Walter Bahr (Hrsg.), Die Stimme des Menschen. Briefe und Aufzeichnungen aus der ganzen Welt 1939–1945. München, 1961. S. 26.

41:
Autor: E. R. *Aus:* Ortwin Buchbender/Reinholf Sterz (Hrsg.), Das andere Gesicht des Krieges. Deutsche Feldpostbriefe 1939–1945. München, 1982. S. 50.
41, 60:
Autor und Einsender: Ingeborg Tafel, Berlin (s. 1939, 1941–1944).
43, 44, 52, 53:
Autor und Einsender: Fritz Köhler, Wiesbaden, geb. 1921. Das Manuskript seiner Aufzeichnungen entstand nach Notizzetteln, die der Autor in Feldpostbriefen an seine Eltern beilegte und die alle erhalten blieben (s. auch 1941, 1942, 1945).
43:
Autor: Kamiel von Baelen, geb. 1915 in Turnhout, gest. am 16.4.1945 im KZ Dachau bei München. *Aus:* Hans Walter Bahr (Hrsg.), Die Stimme des Menschen. München, 1961. S. 22.
44, 45, 46, 47, 53:
Autor: Karl Schönfeld. *Einsender:* Ernst Schönfeld, Altbach (s. 1939, 1941).
45, 47:
Autor und Einsender: Hermann Liebig, Selters/Münster, geb. 1919 (s. auch 1942).
46:
Autor: Heinz Küchler, geb. 1915 in Würzburg, gefallen am 30.10.1942 nördlich von Jarzew in Russland. *Aus:* Hans Walter Bähr (Hrsg.), Die Stimme des Menschen. München, 1961. S. 69.
46, 48, 50:
Autor und Einsender: Ludwig Thalmaier (1916–1982), Landshut (von 1939 bis 1944 bei einer Geschützkompanie des Regiments 63, danach bis 1945 Regiment 40) (s. auch 1941, 1944).
48:
Autor: Anton Schlecker, Vöhringen/Iller. *Einsender:* Carola Stedele, Markt Rettenbach.
49, 51:
Autor: Hans Riederer von Paar, geb. 1899 in Wien, gefallen am 29.12.1941 bei Stepanowo in Russland. *Einsender:* Johannes Riederer von Paar, Polting/Ndb. Auszüge aus dem Privatdruck »Die Kriegstagebücher des Hans Riederer von Paar« (s. auch 1941).
54:
Autor: Stéphane Piobetta, geb. 1913 in La-Roche-sur-Yon, gefallen am 14.5.1944 bei San Apollinare/Italien. *Aus:* Hans Walter Bahr (Hrsg.), Die Stimme des Menschen. München, 1961. S. 73.
55:
Autor: Friedhelm Rohden, geb. 1914, gest. in russischer Gefangenschaft am 4.5.1946. *Einsender:* Ingeborg von Wendorff, verw. Rohden, Dortmund (s. auch 1942, 1943, 1944).
55, 59:
Autor: Karl Dürkefälden (1902–1976), *Einsender:* Manfred Dürkefälden, Hannover (s. 1939, 1942, 1943, 1944).

55:
Autor und Einsender: Erna Wallerstein, Baden-Baden, geb. 1896 in Berlin, musste als »Mischling« ersten Grades – Vater war Jude – bis Kriegsende Zwangsarbeit in Berlin leisten (s. auch 1943).
58:
Autor: Richard Hillary, geb. 1915, gefallen am 20.5.1943. *Aus:* Hans Walter Bähr (Hrsg.), Die Stimme des Menschen. München, 1961. S. 42.
59:
Aus: »The Irish Press«, 9.9.1940. *Zitiert nach:* Erhard Klöss (Hrsg.), Der Luftkrieg über Deutschland 1939–1945. München, 1963. S.176/177.
60:
Autor und Einsender: Kurt Maier, Östringen, geb. 1926 (s. auch 1944 und 1945).

III.
1941

65, 67, 71, 100:
Autor: Hans Riederer von Paar. *Einsender:* Johannes Riederer von Paar, Polting/Ndb. (s. 1940).
66, 67, 68, 69, 82:
Autor und Einsender: Ferdinand Hujer, Lehrberg, geb. 1909.
67:
Autoren: Friedrich und Franziska Kassler, Hannover. *Einsender:* Manfred Dürkefälden, Hannover.
68:
Autor und Einsender: Maria Behr, geb. Deutsch, München, geb. 1925 in Werschetz (Vriac, Wojwodina), 1947 nach Entlassung aus der Zwangsarbeit in Russland nach München gekommen (s. auch 1944 und 1945).
68:
Autor und Einsender: Erika Franke, Lüneburg (s. 1939).
70:
Autor: Frau A. H., Hochberg. *Aus:* Ortwin Buchbender/Reinhold Sterz, Das andere Gesicht des Krieges. München, 1982, S. 108.
72, 74, 76, 79, 80, 82, 88, 89, 95, 99, 101:
Autor: Robert Rupp, geb. 1909, gefallen am 4.12.1941 vor Moskau.
Einsender: Maria Rupp, Ingolstadt.
72:
Autor: Hans Jochen Schmidt, geb. 1920, gefallen als Leutnant 1942 in Russland.
Einsender: Wolfgang Wienhöfer, Osterholz-Scharmbeck.
73:
Autor und Einsender: Ludwig Thalmaier (1916-1982), Landshut (s. auch 1940, 1944).
73:
Autor: Ulrich Modersohn, geb. 1913 in Fischerhude, gefallen am 14. Juli 1943 bei Orel in Russland. *Aus:* Beck/Boehncke/Heinz/Vinnai (Hrsg.), Terror und Hoffnung in Deutschland 1933–1945. Reinbek b. Hamburg, 1980. S. 91.

73, 85, 88, 100:
Autor: Elena Skrjabin. *Aus:* Elena Skrjabin, Leningrader Tagebuch. Aufzeichnungen aus den Kriegsjahren 1941–1945. München, 1972. (s. auch 1942, 1943, 1944).
74, 102, 104:
Autor: Gustav Vetter, geb. 1913, gefallen am 10.2.1942 bei Karpowo in Russland als Gefreiter. *Einsender:* Frieda Pluta, verw. Vetter, Altenstadt.
75, 81, 82, 86, 87:
Autor: J. Jewtuchewitsch, russ. Leutnant und Reserveoffizier, gefallen am 30.8.1941. *Einsender:* Erich Hanke, Sulzbach/Taunus (das Tagebuch »Ich an der Front« wurde von deutschen Soldaten am 30.8.1941 bei dem gefallenen Leutnant gefunden).
76, 81:
Aus: Hans Dollinger, Schwarzbuch der Weltgeschichte. München, 1973. S. 444 und 455.
76, 83, 85, 89, 90, 94, 96, 102:
Autor und Einsender: Fritz Köhler, Wiesbaden, geb. 1921 (s. auch 1940, 1942 und 1945).
78:
Autor und Einsender: Karl-Heinz Waterstrat, Harpstedt, geb. 1916.
81, 93, 94:
Aus: Robert Neumann, Ausflüchte unseres Gewissens. 2. Teil. Manuskript NDR, 21.1.1960 (s. auch 1942, 1944).
83:
Autor: A. K., Grafentraubach. Aus: Ortwin Buchbender/Reinhold Sterz, Das andere Gesicht des Krieges. München, 1982. S. 149.
85, 90:
Autor: Karl Schönfeld. Einsender: Ernst Schönfeld, Altbach (s. auch 1939, 1940).
87:
Autor: C. H. B. *Aus:* Ortwin Buchbender/Reinhold Sterz, Das andere Gesicht des Krieges. München, 1982. S. 170.
88, 89, 94:
Autor und Einsender: Ingeborg Tafel, Berlin (s. auch 1939, 1940, 1942–1944).
92, 102:
Autor: Fritz Sigel, geb. 1920, gefallen am 11.8.1942 als Gefreiter in Russland. *Einsender:* Fanny Siller, Markt Rettenbach (s. auch 1942).
95:
Autor: Edmond Dumeril. Nach: Dumeril, Les cinquante otages de Nantes. In: »Historia«, Nr. 154 (1959). *Einsender:* Karl Beisel, Schönau/Odenwald.
96:
Autor: Karl Weber, geb. 1910, gefallen 1942 in Nordafrika als Leutnant. *Einsender:* Irmgard Weber, Hünstetten-Beuerbach.
98:
Autor: Josef Eickhoff, Assessor und Divisionspfarrer, ehem. Religionslehrer am Magdeburger Domgymnasium. *Einsender:* Wolfgang Gibmeier, Braunschweig (s. auch 1944).

98:
Autor: Bertha Oppenheimer. *Zitiert nach:* Gerhard Schoenberner (Hrsg.), Wir haben es gesehen. Hamburg, 1962. S. 296.
101:
Autor: Hans Braukmann, geb. 1913, gefallen am 30.8.1943 bei Charkow. *Einsender:* Käthe Braukmann, Dortmund (s. auch 1942, 1943).
103:
Autor: James Jones, geb. 1921. *Aus:* James Jones, Im Zweiten Weltkrieg. Erlebnisse und Eindrücke. München, 1977. S. 11–13 (s. auch 1942, 1944).
103:
Autor: Cecil Brown. Aus: D. Flower/J. Reeves (ed.), The War 1939–1945. London, 1960. *Zitiert nach:* Hans-Adolf Jacobsen/Hans Dollinger (Hrsg.), Der Zweite Weltkrieg in Bildern und Dokumenten. Band II. München, 1962. S. 46.
104:
Autor: Gottfried Kuchenbrod, geb. 1919. *Einsender:* Wilhelm Kebben, Mühlacker.

IV.
1942

109, 143:
Autor und Einsender: Karl Rupp, Neu-Ulm, geb. 1908 (s. auch 1943).
109:
Autor: Herbert Duckstein, geb. 1909, gefallen am 2.6.1944 in Griechenland. *Einsender:* Waltraut Duckstein, Puchheim.
112:
Autor und Einsender: Fritz Köhler, Wiesbaden (s. 1940, 1941, 1945).
113, 134:
Autor: Bernhard Rademacher (1901–1973), Quelle: Bibliothek für Zeitgeschichte (Nachlässe, N 6/1), Stuttgart (s. auch 1943).
113, 123, 129, 142:
Autor: Elena Skrjabin. *Aus:* Elena Skrjabin, Leningrader Tagebuch. München, 1972 (s. auch 1941, 1943, 1944).
114:
Autor: Dieter Schleberger, geb. 1912, gefallen am 29.4.1945 als Obergefreiter in der Schorfheide bei einem Tieffliegerangriff. *Einsender:* Horst Schleberger, Wuppertal (s. auch 1944).
115:
Autor: Fanja Simkin. *Aus:* The Black Book. The Nazi Crime against the Jewish People. New York 1946, p. 344. *Zitiert nach:* Gerhard Schoenberner (Hrsg.), Wir haben es gesehen. Hamburg, 1962. S. 140.
116:
Autor und Einsender: Otto Bonfig, Esslingen, geb. 1921.
116:
Autor: Hans Carls. *Aus:* Hans Carls, Dachau-Erinnerungen eines katholischen Geistlichen aus der Zeit der Gefangenschaft 1941–1945. Köln, 1946 (s. auch 1943, 1945).

117, 141:
Autor: Jean Bernard. *Aus:* Jean Bernard, Pfarrerblock 25487. Ein Bericht. Hrsg. von Charles Reinert und Gebhard Stillfried. München, 1962.
119:
Autor: Hans Braukmann. *Einsender:* Käthe Braukmann, Dortmund (s. auch 1941, 1943).
119:
Autor: Georg Bücherl, gefallen Ende März 1942 bei Taganrog in Russland. *Einsender:* Martha Hoefler, Amberg.
120:
Autor und Einsender: Ingeborg Tafel, Berlin (s. auch 1939–1941), 1943–1944).
124, 130, 133, 143:
Autor: Karl Dürkefälden. *Einsender:* Manfred Dürkefälden, Hannover (s. auch 1939, 1940, 1943, 1944).
124:
Autor: Herbert Bochow, geb. 1906, sozialist. Schriftsteller, hingerichtet am 5.6.1942 in Berlin-Plötzensee. *Aus:* Clara Harnack (Hrsg.), An die Lebenden. Lebensbilder und letzte Briefe deutscher Widerstandskämpfer. Ludwigsburg, 1960. S. 13/14.
125:
Autor und Einsender: Hermann Ziegler, Nienburg, geb. 1923.
126, 138:
Autor: Karl Schwab, geb. 1906, vermisst seit 14.1.1943 bei Rossosch (Charkow). *Einsender:* Walburga Schwab, München.
126:
Autor: Dshek Moisejewitsch Altausen, geb. 1907, gefallen im Mai 1942 bei Charkow. *Aus:* Hans Walter Bähr (Hrsg.), Die Stimme des Menschen. München, 1961. S. 167.
126:
Aus: »Neue Zürcher Zeitung«, 1.6.1942. *Zitiert nach:* Erhard Klöss (Hrsg.), Der Luftkrieg über Deutschland 1939–1945. München, 1963. S. 194.
127, 131:
Autor: Heinz Krapp, geb. 1917. *Einsender:* Edeltraut Steinigke, Lehrte.
128, 130, 134:
Autor: Friedhelm Rohden. *Einsender:* Ingeborg von Wendorff, verw. Rohden, Dortmund (s. auch 1940, 1943, 1944).
128:
Autor: Rolf Joseph. Aus: Joseph, Rags, Picklogs and Pliers. In: Eric H. Boehm, We Survived. The Stories of Fourteen of the Hidden and Hunted of Nazi Germany. Yale Univ. Press, New Haven, 1949, p. 152–160. *Zitiert nach:* Gerhard Schoenberner (Hrsg.), Wir haben es gesehen. Hamburg, 1962. S. 301.
130, 138, 140:
Autor: Chaim A. Kaplan. Aus: Abraham I. Katsh (Hrsg.), Buch der Agonie. Frankfurt am Main, 1967. S. 342/3, 399, 403/4 (s. auch 1939 und 1940).
131, 142, 143:
Aus: Piero Malvazzi/Giovanni Pirelli (Hrsg.), Letzte Briefe zum Tode Verurteilter aus dem europäischen Widerstand. München, 1962. S. 288.

133:
Aus: Peter Bamm, Die unsichtbare flagge. *Zitiert nach:* Bodo Scheurig, Verrat hinter Stacheldraht? München, 1965. S. 125/6.
134:
Autor: Robert Röhlich, geb. 1922, gefallen am 9.7.1942 bei El Alamein. *Einsender:* Luise Röhlich, Steinheim.
135:
Autor: Sachar Lwowitsch Harzewin, geb. 1903, gefallen 1942. *Zitiert nach:* Hans-Adolf Jacobsen/Hans Dollinger (Hrsg.), Der Zweite Weltkrieg in Bildern und Dokumenten. Band II. München, 1962. S. 131.
136:
Autor: Hermann Friedrich Graebe. *Aus:* Gerhard Schoenberner, Der gelbe Stern. Die Judenverfolgung in Europa 1933 bis 1945. Hamburg, 1961. S. 54.
137:
Autor und Einsender: Hermann Liebig, Selters/Münster, geb. 1919 (s. auch 1940).
139:
Autor: Heinrich Lindner, geb. 1915 in Wien, gefallen Anfang 1943 in Russland. *Aus:* Hans Walter Bahr (Hrsg.), Die Stimme des Menschen. München, 1961. S. 231.
139:
Autor: Fritz Sigel, geb. 1920, gefallen am 11.8.1942 als Gefreiter in Russland. *Einsender:* Fanny Siller, Markt Rettenbach (s. 1941).
140:
Autor: Heinrich Wehrstedt, geb. 1913, vermisst seit Januar 1943 im Raum Rossosch. *Einsender:* Hete Krause, geb. Wehrstedt, Braunschweig.
144:
Autor: Max W. Clauss. Zitiert nach: »Welt am Sonntag«, Nr. 35, 29.8.1982.
144:
Autor: Martin Penck, geb. 1922 in Leipzig, gefallen am 26.10.1942 bei El Alamein. *Aus:* Hans Walter Bähr (Hrsg.), Die Stimme des Menschen. München, 1961. S. 238/9.
145:
Autor: Patrick Hore-Ruthven, geb. 1915, gefallen im Dezember 1942 in Nordafrika. *Aus:* Hans Walter Bähr (Hrsg.), Die Stimme des Menschen. München, 1961. S. 210.
145:
Autor: Hugo Risch, geb. 1922 in Hamburg, gefallen am 3.2.1943 nordöstlich des Ilmensees in Russland. *Einsender:* Agnes Berg, geb. Risch, Lüneburg.
145:
Autor: M. B. Aus: Likwidacja ghetta warzawskiego. Illegale Broschüre, hrsg. von der Widerstandsorganisation Wolnosc, Warschau, 1943, S. 6–25. *Zitiert nach:* Gerhard Schoenberner (Hrsg.), Wir haben es gesehen. Hamburg, 1962. S. 167.
147:
Aus: Robert Neumann, Ausflüchte unseres Gewissens. 1. Teil. Manuskript, NDR, 18.1.1960 (s. auch 1941 und 1944).

148:
Autor: Hans Hagen Ritter von Xylander, geb. 1923, vermisst in Russland seit 26.10.1942. *Einsender:* Erika von Xylander, Göttingen.
149, 151, 152, 153, 155, 158:
Autor: Richard Wilts, geb. 1922 in Leer/Ostfriesland, vermisst in Stalingrad ab Mitte Januar 1943. *Einsender:* Hermann Jelten, Bremerhaven (s. auch 1943).
149:
Autor: Wilhelm Wybrands, geb. 1915, gefallen am 7.11.1942 in Russland. *Einsender:* Gerta Wybrands, Borkum.
149:
Autor und Einsender: Roman Czjzek, Wien, geb. 1908 (Auszug aus Manuskript »Bittersee«) (s. auch 1944).
150:
Autor: Friedrich Percy Reck-Malleczewen, geb. 1884, gest. am 31.12.1944 im KZ Dachau. *Aus:* F. P. Reck-Malleczewen, Tagebuch eines Verzweifelten. Berlin-Bonn, 1981. S. 133/4.
151:
Autor: James Jones. *Aus:* Tones, Im Zweiten Weltkrieg. München, 1977. S. 54 (s. auch 1941, 1944).
151, 156:
Autor und Einsender: Christoph Faulhaber, Neustadt a. d. Donau, geb. 1923. *Aus:* Tagebuch-Manuskript «Der Krieg, wie ich ihn erlebte« (s. auch 1943–1945).
153:
Aus: Eickhoff/Pagels/Reschl (Hrsg.), Der unvergessene Krieg. Köln, 1981, S. 94.
153:
Autor: Günther Herrmann, geb. 1923, gefallen am 2.1.1943 als Gefreiter vor Leningrad. *Einsender:* Oskar Herrmann, Ettlingen/Baden.
154:
Autor: Manfred Messerschmitt, geb. 1922, gefallen im April 1943 bei Sfax, Nordafrika. *Einsender:* Elsbeth Bardong, geb. Messerschmitt, Böchingen/Pfalz (s. auch 1943).
155:
Autor: Fritz Gahren, geb. 1913, gefallen am 4.10.1943. *Einsender:* Agnes Berg, Lüneburg (s. auch 1943).
155:
Autor: Edgar Kupfer-Koberwitz. *Aus:* E. Kupfer-Koberwitz, Die Mächtigen und die Hilflosen. Als Häftling in Dachau. Band 11. Stuttgart, 1958 (s. auch 1944, 1945).
156:
Autor: Horst Ulrich, geb. 1922, vermisst seit Dezember 1942 in Stalingrad. *Einsender:* Else Ulrich, Berlin.
157:
Autor und Einsender: Liselotte Baar, geb. Langrock, Bruchsal, geb. 1918 (s. auch 1943).

157:
Autor: Johannes Steinhoff, geb. 1913. *Aus:* Steinhoff, Die Straße von Messina. München, 1969 (s. auch 1943).

V.
1943

161:
Autor: Richard Wilts, geb. 1922, vermisst in Stalingrad seit Januar 1943. *Einsender:* Hermann Jelten, Bremerhaven (s. 1942).
161:
Autor: Kurt Reuber, geb. 1906, gest. im Januar 1944 in russischer Kriegsgefangenschaft. *Aus:* Hans Walter Bähr (Hrsg.), Die Stimme des Menschen. München, 1961. S. 280.
162:
Autor: Fritz Gahren, geb. 1913, gefallen am 4.10.1943. *Einsender:* Agnes Berg, Lüneburg (s. 1942).
162:
Autor: Manfred Messerschmitt, geb. 1922, gefallen im April 1943 bei Sfax, Nordafrika. *Einsender:* Elsbeth Bardong, geb. Messerschmitt, Böchingen/Pfalz (s. 1942).
162:
Autor und Einsender: Mathilde Teichmann, geb. Pfitzinger, Thalmässing über Schwabach, geb. 1907 in Metz.
163:
Autor und Einsender: Werner W. Thate, Grefrath bei Krefeld, geb. 1917.
165, 169:
Autor und Einsender: Christoph Faulhaber, Neustadt a. d. Donau, geb. 1923. *Aus:* Manuskript »Der Krieg, wie ich ihn erlebte« (s. auch 1942, 1944 und 1945).
166:
Autor: Willi Büssing, geb. 1914, vermisst in Stalingrad. *Einsender:* Kuno Trapp, Paderborn.
166:
Autor: Sylwester Tubacki, geb. 1916, hingerichtet am 22.1.1943 in Breslau. *Aus:* Piero Malvazzi/Giovanni Pirelli, Letzte Briefe zum Tode Verurteilter aus dem europäischen Widerstand. München, 1962. S. 255/6.
166:
Aus: Georg Willmann, Kriegsgräber in Europa. München, 1980. S. 199.
167, 173:
Autor: Hans Herbert Bickmann, geb. 1913, gefallen als Leutnant im November 1944 bei Tokay in Ungarn. *Einsender:* Lotte Tetzlaff, Bad Salzuflen (s. auch 1944).
168:
Aus: Kurt Tappert, Leben in Elabuga, in »Süddeutsche Zeitung«, München, Nr. 79 v. 4./5. April 1981.
168:
Autor: Wilhelm Rose, geb. 1905 in Patschkau/Schlesien, gest. 1980. *Einsender:* Michael Rose, Inning/Ammersee. *Aus:* Manuskript »Du bist nur ein Plennie – Erinnerungen an Russland«.

169:
Autor: Friedhelm Rohden, geb. 1914, gest. am 4.5.1956 in russischer Kriegsgefangenschaft. *Einsender:* Ingeborg von Wendorff, verw. Rohden, Dortmund (s. auch 1940, 1942, 1944).
170, 172, 176, 177:
Autor: Bernhard Müller, geb. 1924 in Oranienburg bei Berlin, gefallen am 3.4.1943 am Nordabschnitt der Front in Russland. *Einsender:* R. Freigang, Essen.
170:
Autor: Victor Nekrassow, geb. 1911 in Kiew. *Zitiert nach:* Eickhoff/Pagels/Reschl (Hrsg.), Der unvergessene Krieg. Köln, 1981. S. 40.
171:
Autor: unbekannt. *Zitiert nach:* Hans-Adolf Jacobsen/Hans Dollinger (Hrsg.), Der Zweite Weltkrieg in Bildern und Dokumenten. Band II. München, 1962, S. 344.
171:
Autoren: »Weiße Rose«. *Zitiert nach:* Hans-Adolf Jacobsen/Hans Dollinger (Hrsg.), Der Zweite Weltkrieg in Bildern und Dokumenten, Band III. München, 1963. S. 242.
171:
Autor: Bernhard Rademacher (1901–1973), *Quelle:* Bibliothek für Zeitgeschichte (Nachlässe, N 6/1), Stuttgart (s. auch 1942).
172:
Autor: Kurt Lindenberg. *Aus:* Lindenberg (Ms.), WL P. III. d. 83. *Zitiert nach:* Gerhard Schoenberner (Hrsg.), Wir haben es gesehen. Hamburg, 1962. S. 311/312.
173:
Autor: Ruth Andreas-Friedrich. *Aus:* Ruth Andreas-Friedrich, Schauplatz Berlin. Ein Tagebuch, aufgezeichnet 1938–1945. Reinbek b. Hamburg, 1964. S. 71/2 (s. auch 1944).
174, 181, 182, 199:
Autor und Einsender: Albert Goldmann, Hamburg, geb. 1911.
176:
Autor: Klaus Treidler, geb. 1919, gefallen im März 1943 als Gefreiter bei Leningrad. *Einsender:* Wolfgang Gibmeier, Braunschweig.
176, 178:
Autor: Klaus Seckel (1929–1943), *Aus:* Die Tagebücher des Klaus Seckel. Das letzte Stückchen Erde. Assen, Niederlande, 1961. S. 98, 101.
176:
Autor: Erich Nies. *Aus:* Erich Nies. Politisches Tagebuch 1935–1945. Historisches Dokument eines deutschen Sozialisten. Ulm a. d. Donau, 1947 (s. auch 1944).
179:
Autor und Einsender: François de Beaulieu, lle-aux-Moines/Frankreich, geb. 1913 in Bremen.
180:
Autor: Wladimir Blumenfeld. *Aus:* Georg Willmann, Kriegsgräber in Europa. München, 1980, S. 266.

181, 183:
Aus: »Es gibt keinen jüdischen Wohnbezirk in Warschau mehr Hrsg. von Andrzey Wirth. Neuwied, 1960.
181:
Aus: Günter Weisenborn (Hrsg.), Der lautlose Aufstand. Bericht über die Widerstandsbewegung des deutschen Volkes 1933–1945. Hamburg 1953 (1962). S. 262.
183, 195:
Autor und Einsender: Liselotte Baar, geb. Langrock, Bruchsal, geb. 1918 (s. auch 1942).
183:
Autor und Einsender: Erna Wallerstein, Baden-Baden, geb. 1896 (s. auch 1940).
185:
Autor: Leon Weliczker. *Aus:* Im Feuer vergangen. Tagebücher aus dem Getto. München, 1963. S. 211/2.
187:
Autor: Elena Skrjabin, Leningrader Tagebuch. München, 1972 (s. 1941, 1942, 1944).
188:
Autor: Johannes Steinhoff, geb. 1913. *Aus:* Johannes Steinhoff, Die Straße von Messina. München, 1969 (s. 1942).
189:
Autor: Alberta Hasucha (1920–1946), während des Krieges Büroangestellte bei Siemens-Schuckert in Berlin-Siemensstadt. *Einsender:* Johannes Hasucha, Berlin.
189, 193:
Autor: Karl Dürkefälden (1906–1976), Einsender: Manfred Dürkefälden, Hannover (s. 1939, 1940, 1942 und 1944).
189:
Autor: Bertha Albrecht, geb. 1897. Einsender: Hans-Friedrich Albrecht, Hambrücken.
190:
Autor: Ernst Strahl, geb. 1918, seit November 1943 in Russland vermisst. *Einsender:* Elise Dollinger, Bad Schussenried.
191:
Autor: Johann Siegl, geb. 1923, gefallen am 21.9.1943 in Wellisch. *Einsender:* Martin Siegl, Seebach (s. auch 1944).
191:
Autor: Hans Braukmann, geb. 1913, gefallen am 30.8.1943 bei Charkow in Russland. *Einsender:* Käthe Braukmann, Dortmund (s. auch 1941, 1942).
192:
Autor: Arthur Golde, geb. 1896. *Einsender:* Alice Golde, Berlin, geb. 1909.
192:
Autor: Josef Dantscher (1903–1978), 1943 Fliegeroberstabsingenieur in Karlshagen (Peenemünde). *Einsender:* Ursula Dantscher, Gmund/Tegernsee.
193:
Autor und Einsender: Anja Römer-Hahn, Pforzheim, geb. 1904. Auszüge aus Manuskript «Tagebuch eines Liebespaares im Kriege« (s. auch 1945).

194:
Autor und Einsender: Jürgen Vordemann, Rom, geb. 1931 in Celle (s. auch 1944 und 1945).
195:
Autor und Einsender: Bruno Theus, Mengen, geb. 1907 (s. auch 1940 und 1944).
196:
Autor: Robert Sherrod. Aus: D. Flower/J. Reeves (Edit.), The War 1939–1945. London, 1960. *Zitiert nach:* Hans-Adolf Jacobsen/Hans Douinger (Hrsg.), Der Zweite Weltkrieg in Bildern und Dokumenten, Band II. München, 1962. S. 448/9.
197:
Autor und Einsender: Ingeborg Tafel, Berlin (Aus Tagebuch-Manuskript »J'accuse!« (s. 1939–1942, 1944).
199:
Autor: Hans Carls. Aus: Hans Carls, Dachau. Erinnerungen eines katholischen Geistlichen aus der Zeit der Gefangenschaft 1941–1945. Köln, 1946 (s. 1942 und 1945).
200:
Autor und Einsender: Karl Rupp, Neu-Ulm, geb. 1908 (s. auch 1942).

VI.
1944

205:
Autor und Einsender: Roman Czjzek, Wien, geb. 1908. Auszug aus Manuskript »Bittersee« (s. auch 1942).
206, 271:
Autor: Erich Nies. Aus: Erich Nies, Politisches Tagebuch 1939–1945. Ulm, 1947 (s. auch 1943).
206:
Autor und Einsender: Hans-H. Müller, Bremerhaven-Wulsdorf, geb. 1927 (s. auch 1945).
207, 209, 214, 244, 265:
Autor: Karl Dürkefälden (1902–1976), *Einsender:* Manfred Dürkefälden, Hannover (s. auch 1939, 1940, 1942, 1943).
207, 224, 245, 255, 269:
Autor: Dieter Schleberger, geb. 1912, gefallen am 29.4.1945. *Einsender:* Horst Schleberger, Wuppertal (s. auch 1942).
208:
Autor und Einsender: Bruno Theus, Mengen, geb. 1907 (s. auch 1940 und 1943).
208, 210, 221, 251:
Autor und Einsender: Gottfried Schmidt, Lüneburg, geb. 1922 in Buchholz/Sachsen.
209:
Autor: Elena Skrjabin. *Aus:* Elena Skijabin, Leningrader Tagebuch. München, 1972 (s. auch 1941, 1942, 1943).

209:
Aus: Günter Weisenborn (Hrsg.), Der lautlose Aufstand. Hamburg, 1953 (1962). S. 111.
210, 218:
Autor: Unbekannt. *Zitiert nach:* Hans Walter Bähr (Hrsg.), Die Stimme des Menschen. München, 1961, S. 501.
210:
Autor: Alois Siegl, geb. 1927, vermisst bei Stuhlweißenburg seit März 1945. *Einsender:* Martin Siegl, Seebach (s. auch 1943).
211, 216, 255, 259, 260:
Autor und Einsender: Johann Fitschen, Kutenholz/Ostfriesland, geb. 1921. *Aus:* Manuskript «Meine Erinnerungen aus dem Zweiten Weltkrieg« (s. auch 1945).
211:
Autor: Peter Moen (1901–1944), *Aus:* H. Gollwitzer/K. Kuhn/R. Schneider, Du hast mich heimgesucht bei Nacht. Abschiedsbriefe und Aufzeichnungen des Widerstandes 1933 bis 1945. München/Hamburg, 1954. S. 143/4.
212:
Autor: Alun Lewis, geb. 1915, gefallen im März 1944 in Burma. *Aus:* Hans Walter Bähr (Hrsg.), Die Stimme des Menschen. München, 1961. S. 329.
214, 257, 262:
Autor: Hans Herbert Bickmann, geb. 1913, gefallen im November 1944. *Einsender:* Lotte Tetzlaff, Bad Salzuflen (s. auch 1943).
214, 249, 267:
Autor: Margarethe Müller (1897–1972), aus Oranienburg bei Berlin. *Einsender:* R. Freigang, Essen (s. auch 1945).
215, 249:
Autor und Einsender: Ludwig Thalmaier (1916–1982), Landshut, (s. auch 1940, 1941).
217:
Autor: Kurt Stelzer, geb. 1893, gest. am 24.12.1944 im russischen Offiziersgefangenenlager Elabuga an der Kama. *Einsender:* Karla Siegel, Hambühren-Ovelgönne.
218, 244, 267:
Autor und Einsender: Jürgen Vordemann, Rom, geb. 1931 in Celle (s. auch 1943 und 1945).
219:
Autor: Chaim Roitman, geb. 1931 in Berditschew. *Aus:* The Black Book. The Nazi Crimes against the Jewish People; The Jewish Black Book Committee, New York, 1946, p. 359. *Zitiert nach:* Gerhard Schoenberner (Hrsg.), Wir haben es gesehen. Hamburg, 1962. 5. 411.
219, 221:
Autor: Klaus Löscher, geb. 1921 in Stollberg/Erzgebirge, gefallen am 11.4.1944 bei Witebsk in Russland. *Aus:* Georg Willmann, Kriegsgräber in Europa. München, 1980. S. 172 und 174.
220:
Autor: Günther Wiegand, geb. 1919, vermisst seit April 1944 bei Sewastopol. *Einsender:* Anni Giesemann, Adenstedt.

221, 222, 224:
Autor: Unbekannt. *Zitiert nach:* Hans-Adolf Jacobsen/Hans Dollinger (Hrsg.), Der Zweite Weltkrieg in Bildern und Dokumenten, Band III. München, 1963. S. 410.
221:
Autor: Josef Eickhoff aus Magdeburg. *Einsender:* Wolfgang Gibmeier, Braunschweig (s. auch 1941).
222:
Autor: Hannah Sohst, geb. 1915. *Aus:* Jochen Köhler, Klettern in der Großstadt. Geschichten vom Überleben zwischen 1933–1945. Berlin, 1981. S. 139/140.
223, 246:
Autor: Lucie Adelsberger. *Aus:* Lucie Adelsberger, Auschwitz. Ein Tatsachenbericht. Das Vermächtnis der Opfer für uns Juden und für alle Menschen. Berlin, 1956.
225:
Autor: Richard Dorn, geb. 1926, gefallen am 5.8.1944 bei Brianon in Frankreich. *Einsender:* Therese Dorn, Ittelsburg.
225:
Autor: William T. Shenkel, geb. 1906, gefallen am 16.6.1945 bei einem Luftangriff auf Japan. *Aus:* Hans Walter Bähr (Hrsg.), Die Stimme des Menschen. München, 1961. S. 472.
227, 242, 265:
Autor und Einsender: Emil Präg, Mönchengladbach, geb. 1917 (s. auch 1945).
229:
Autor: Josef Hufnagel, Bauer, geb. 1903, hingerichtet am 5.6.1944. *Aus:* Piero Malvazzi/Giovanni Pirelli (Hrsg.), Letzte Briefe zum Tode Verurteilter aus dem europäischen Widerstand. München, 1962. S. 79.
229, 230, 251:
Autor: Ernie Pyle, geb. 1900, gefallen am 18.5.1945 auf der Insel Ie (Japan). *Aus:* Hans Walter Bähr (Hrsg.), Die Stimme des Menschen. München, 1961. S. 457–459, 461/2, 464.
230:
Aus: Cornelius Ryan, Der längste Tag. Gütersloh, 1959. S. 254–256.
231:
Autor und Einsender: Willi Tatge, Limburgerhof/Pfalz, geb. 1913 (s. auch 1945).
231, 244:
Autor: Ruth Andreas-Friedrich. *Aus:* Ruth Andreas-Friedrich, Schauplatz Berlin. Reinbek b. Hamburg, 1964. S. 97, 107 (s. auch 1943).
232, 240, 245, 253:
Autor: Paula Littauer. *Aus:* Paula Littauer, My Experiences during the Persecution of the Jews in Berlin and Brussels 1939–1945. Jewish Survivors Report Nr. 5. Jewish Central Information Office, London 1945. *Zitiert nach:* Gerhard Schoenberner (Hrsg.), Wir haben es gesehen. Hamburg, 1962. S. 373–375.
232:
Aus: Hans-Adolf Jacobsen/Hans Dollinger (Hrsg.), Der Zweite Weltkrieg in Bildern und Dokumenten. Band III. München, 1963. S. 336.

232:
Autor: E. J., Oberfeldwebel. *Aus:* Ortwin Buchbender/Reinhold Sterz, Das andere Gesicht des Krieges. München, 1982. S. 135.
233:
Autor: Herbert Rödder, geb. 1915, gefallen am 17.6.1944. *Einsender:* Gertrud von Wiecki, verw. Rödder, Nümbrecht-Elsenroth b. Köln.
234:
Autor und Einsender: Kurt Maier, Östringen, Krs. Bruchsal, geb. 1925 (s. auch 1940 und 1945).
234, 245:
Autor: Friedhelm Rohden, geb. 1914, gest. am 5.4.1946 in russischer Kriegsgefangenschaft. *Einsender:* Ingeborg von Wendorff, verw. Rohden, Dortmund (s. auch 1940, 1942, 1943).
234:
Aus: James Jones, Im Zweiten Weltkrieg. Erlebnisse und Eindrücke. München, 1977. S. 203 (s. auch 1941, 1942).
235, 237:
Autor: Kurt Hilsberg, geb. 1907. *Einsender:* Wanda Hilsberg, Berlin.
236:
Autor: Magnus Rinde, Rieggen-Oberdorf b. Immenstadt. *Einsender:* Carola Stedele, Markt Rettenbach.
238:
Autor: Robert Weigel, geb. 1906, gefallen am 23.6.1944 in Cherbourg. *Einsender:* Hannelore Prechelt, Herne.
239:
Autor: Erika Weigel. *Einsender:* Hannelore Prechelt, Herne.
240:
Autor: Kurt Müller, geb. 1903, Tischler, hingerichtet am 26.6.1944. *Aus:* Clara Harnack (Hrsg.), An die Lebenden. Lebensbilder und letzte Briefe deutscher Widerstandskämpfer. Ludwigsburg, 1960. S. 57.
240:
Autor und Einsender: Ingeborg Tafel, Berlin. *Aus:* Tagebuch-Manuskript »J'accuse!« (s. auch 1939–1943).
240:
Autor: Unbekannt. *Einsender:* Regierungspräsident a. D. Schneider, Kassel.
241:
Autor: Edgar Kupfer-Koberwitz. *Aus:* Edgar Kupfer-Koberwitz, Die Mächtigen und die Hilflosen. Als Häftling in Dachau. Band II. Stuttgart, 1958 (s. auch 1942, 1945).
241:
Autor: Doris Dantscher (1873–1952), *Einsender:* Ursula Dantscher, Gmund/Tegernsee.
244:
Autor: A. K., Obergefreiter. *Aus:* Ortwin Buchbender/Reinhold Sterz, Das andere Gesicht des Krieges. München, 1982. S. 143.
248:
Aus: Hans-Adolf Jacobsen/Hans Dollinger (Hrsg.), Der Zweite Weltkrieg

in Bildern und Dokumenten. Band III. München, 1963. S. 214.
250:
Autor und Einsender: Hanna Müller, geb. Rösch, Malsch, geb. 1920 in Leipzig.
251, 261, 266:
Autor und Einsender: Heinrich Focken, Gaggenau-Ottenau, geb. 1898 in Berlin (s. auch 1939).
252:
Autor: Nico Rost. *Aus:* Nico Rost, Goethe in Dachau. München, 1946 (s. auch 1945).
253, 254, 268, 273:
Autor und Einsender: Rudi Brill, Bexbach a. d. Saar, geb. 1929, von September 1944 bis Kriegsende 1945 als »Fronthelfer der HJ« eingezogen. Auszüge aus Privatdruck »Tagebuch 1944/45« (s. auch 1945).
254, 270:
Autor: Wilhelm Tafel. *Einsender:* Ingeborg Tafel, Berlin. *Aus:* Tagebuch-Manuskript »J'accuse!« (s. auch 1939–1943).
254:
Autor: Erasmus von Jakimow, geb. 1918, gefallen am 17.11.1944 bei Albertfal a. d. Donau. *Aus:* Hans Walter Bähr (Hrsg.), Die Stimme des Menschen. München, 1961. S. 427.
255:
Autor: Kurt Lehmann, geb. 1926. *Aus:* Jochen Köhler, Klettern in der Großstadt. Geschichten vom Überleben zwischen 1933–1945. Berlin, 1981. S. 165.
258:
Autor und Einsender: Maria Behr, geb. Deutsch, München, geb. 1925 (s. auch 1941 und 1945).
260, 269:
Autor: und Einsender: Irmgard Busch, geb. Auer, Saarbrücken, geb. 1927 (s. auch 1939 und 1945).
262:
Autor: Gisa Landau, geb. 1932 in Tarnow/Polen. *Aus:* Robert Neumann, Ausflüchte unseres Gewissens. 1. Teil, Manuskript NDR, 18.1.1960 (s. 1941, 1942 und 1945).
264:
Autor: K. P., Volkssturmmann aus Königsberg. *Aus:* Die Vertreibung der deutschen Bevölkerung aus den Gebieten östlich der Oder-Neiße. Band I/1. Hrsg. vom Bundesministerium für Vertriebene, Bonn, o. J.
264:
Autor: Iwan Krylow. *Aus:* D. Flower/J. Reeves, The War 1939–1945. London, 1960.
265:
Aus: Beck/Boehncke/Heinz/Vinnai (Hrsg.), Terror und Hoffnung in Deutschland 1933–1945. Leben im Faschismus. Reinbek b. Hamburg, 1980. S. 445.
267:
Autor: Rosa Widhopf (1908–1968), *Einsender:* Hans Widhopf, München (s. auch 1945).

268:
Autor: Alois Ratgeber, geb. 1911, vermisst seit März 1945 im Elsass. *Einsender:* Bruder Josef Öttle, Marienhilfe-Missionar, Reimlingen (s. auch 1945).
268:
Autor: Willi Schölermann, geb. 1914, gestorben 1946 in russischer Kriegsgefangenschaft. *Einsender:* Albert Goldmann, Hamburg.
270:
Autor und Einsender: Christoph Faulhaber, Neustadt a. d. Donau, geb. 1923 (s. auch 1942, 1943 und 1945).
272:
Autor: Rosemarie Bongart, Sinzig am Rhein, geb. 1931.
273:
Autor: Rudolf Lindner, geb. 1922 in Herzogshufen b. Breslau, gefallen am 4.1.1945 bei Ormesheim/Saarland. *Einsender:* Elisabeth Lindner, Schlossholte-Stukenbrock.

VII. 1945

277, 283, 286:
Autor: Paul Fischer, geb. 1909, gest. im Juli 1948 in russischer Kriegsgefangenschaft. *Einsender:* Heidi Fischer, Darmstadt.
278:
Autor: Bernhard Beckering, geb. 1907 in Deutsch-Wilmersdorf, gefallen am 25.1.1945 bei Oos in der Eifel. *Aus:* Georg Willmann, Kriegsgräber in Europa. München, 1980, S. 237.
278:
Autor und Einsender: Anni Fischer-Niekamp, Hannover, geb. 1910.
279:
Autor und Einsender: Maria Behr, geb. Deutsch, München, geb. 1925 (s. auch 1941, 1944).
279, 312, 316, 340, 347:
Autor und Einsender: Rudi Brill, Bexbach a. d. Saar, geb. 1929 (s. auch 1944).
280:
Autor: Gisa Landau, geb. 1932 in Tamow/Polen. *Aus:* Robert Neumann, Ausflüchte unseres Gewissens. 1. Teil, Manuskript NDR, 18.1.1960 (s. auch 1941, 1942, 1944).
281:
Autor: Ishikawa, japanischer Leutnant. *Aus:* Flower/Reeves (Edit.), The War 1939–1945. London, 1960.
282:
Autor: Alois Rathgeber, geb. 1911, vermisst seit März 1945 im Elsass. *Einsender:* Bruder Josef Öttle, Reimlingen (s. auch 1944).
282, 316, 332:
Autor: Emil Heinze, Wiesbaden. *Aus:* Manuskript-Abschrift, zitiert nach Hans Dollinger (Hrsg.), Die letzten hundert Tage. Das Ende des Zweiten Weltkriegs in Europa und Asien. München, 1965. S. 40, 104, 289.

283:
Autor: Hanns Berg, geb. 1921, gefallen als Hauptmann im März 1945 in Ungarn. *Einsender:* Oskar Herrmann, Ettlingen/Baden.
284:
Autor: Horst Goldbach, Wissen/Sieg. *Einsender:* Dr. Felicitas Pucher, München.
284:
Autor: Unteroffizier Rehfeld. *Aus:* Hans Dollinger (Hrsg.), Die letzten hundert Tage. Das Ende des Zweiten Weltkrieges in Europa und Asien. München, 1965. S. 36.
285, 304, 311, 337:
Autor und Einsender: Christoph Faulhaber, Neustadt a. d. Donau, geb. 1923. *Aus:* Manuskript »Der Krieg, wie ich ihn erlebte« (s. auch 1942–1944).
286:
Autor: Frau E. O. aus Elbing/Westpreußen. *Aus:* Die Vertreibung der deutschen Bevölkerung aus den Gebieten östlich der Oder-Neiße. Band I/1, Hrsg. vom Bundesministerium für Vertriebene, Bonn, o. J.
287:
Autor: Unbekannter russischer Soldat. *Aus:* Flower/Reeves (Edit.), The War 1939–1945. London, 1960.
287, 321:
Einsender: Roswitha Fröhlich, Heidelberg, geb. 1924 (s. auch 1939).
288:
Autor: Rosa Widhopf (1908–1968), München. *Einsender:* Hans Widhopf, München (s. auch 1944).
288, 307:
Autor und Einsender: Kurt Maier, Östringen, Krs. Bruchsal, geb. 1925 (s. auch 1940 und 1944).
289:
Autor: Gertrud Lietke (1897–1974), aus Zoppot/Ostpreußen. *Einsender:* Ruth Kulke, Hamburg.
293:
Autor und Einsender: Franziska Jaenisch-Reichel,geb. 1914, Dreieich-Sprendlingen, Krs. Offenbach.
294, 321:
Autor: K. Michalski aus Schlesien. *Einsender:* Max Adamczak, Berlin.
294, 310:
Autor und Einsender: Marianne Dohm-Franke, Berlin/Pforzheim, geb. 1912 in Chemnitz. Auszug aus Manuskript »Kriegsdienstverweigerung im Dritten Reich – eine Schuldfrage?« (s. auch 1939).
297:
Autor: Arnulf Hauschild, geb. 1912, gefallen am 10.3.1945 in Stettin. *Einsender:* Agnes Berg, Lüneburg.
297:
Aus: David Irving, Der Untergang Dresdens. Gütersloh, 1963. S. 172.
297, 345, 346:
Autor und Einsender: Eugen Schindel, Bad Herrenalb, geb. 1930 in Domanin im Warthegau (heute Dambie/Zentralpolen).

300:
Autor und Einsender: Christa Deckart, geb. Kinastowski, Pforzheim, geb. 1928. *Aus:* «Meine Erinnerung an Herbert Hennig, gefallen 1945 bei Stettin«.
301:
Autor und Einsender: Hans-Friedrich Albrecht, Hambrücken, geb. 1923.
301, 313:
Autor: Simon Haberl, geb. 1901 in Pollnöd/Ndb. *Einsender:* Cordula Seid, geb. Haberl, Maisach b. München.
303:
Autor: M. M. aus Lyck/Ostpreußen. *Aus:* Die Vertreibung der deutschen Bevölkerung aus den Gebieten östlich der Oder-Neiße. Band I/1. Hrsg. vom Bundesministerium für Vertriebene, Bonn. o. J.
306:
Autor: Jacob Kronika. *Aus:* Jacob Kronika, Der Untergang Berlins. Flensburg, 1946. *Zitiert nach:* Peter Gosztony (Hrsg.), Der Kampf um Berlin 1945 in Augenzeugenberichten. Düsseldorf, 1970. S. 76/77.
306:
Aus: Flower/Reeves (Edit.), The War 1939–1945. London, 1960. *Zitiert nach:* Hans-Adolf Jacobsen/Hans Dollinger (Hrsg.), Der Zweite Weltkrieg in Bildern und Dokumenten. Band III. München, 1963. S. 352.
314:
Autor: Nico Rost. *Aus:* Nico Rost, Goethe in Dachau. München, 1946 (s. auch 1944).
314:
Autor: Margarete Reußner, verw. Zeidler, geb. Born (1882–1962), *Einsender:* Erika von Xylander-Hanshagen, Göttingen.
315:
Autor: Heinz Molgedey, geb. 1912 in Lyck/Ostpreußen, gefallen am 2.4.1945 in Königsberg. *Einsender:* Gerda Zibat, geb. Molgedey, Karlsruhe.
317, 318, 320:
Autor: Hans-H. Müller, Bremerhaven-Wulsdorf, geb. 1927 (s. auch 1944).
320:
Autor: Peter Kirchhof, geb. 1927, vermisst seit Mai 1945 bei Berlin. *Einsender:* Gertrud Kirchhof, Lüneburg.
325, 328:
Autor: Lester Atwell. *Aus:* Flower/Reeves (Edit.), The War 1939–1945. London, 1960.
326, 328:
Autor und Einsender: Jürgen Vordemann, Rom, geb. 1931 in Celle (s. auch 1943, 1944).
326:
Autor: Hans Hermann, geb. 1928. *Einsender:* Adolf Zwingelberg, Hannover.
327:
Autor und Einsender: Irmgard Busch, geb. Auer, Saarbrücken, geb. 1927 (s. auch 1939 und 1944).

330:
Autor: Charles Codman. *Aus:* Flower/Reeves (Edit.), The War 1939–1945. London, 1960. *Zitiert nach*: Hans Dollinger (Hrsg.), Die letzten hundert Tage. Das Ende des Zweiten Weltkrieges in Europa und Asien. München, 1965. S. 137.
331:
Autor und Einsender: Willi Tatge, Limburgerhof/Pfalz geb. 1913 (s. auch 1944).
331:
Autor und Einsender: Waltraut Sauter, geb. Herzberg, Ludwigsburg, geb. 1923 in Königsberg.
332:
Autor und Einsender: Hans Heinrich Gotthardt, Gemünd/Eifel, geb. 1928.
332:
Autor und Einsender: Ilse Langner, Schriftstellerin, Darmstadt, geb. 1899 in Breslau. *Aus:* Manuskript »Flucht ohne Ziel – Tagebuch 1945«.
332:
Autor: Matthias Menzel, Berliner Tagebuch 1943–1945. Berlin, 1946. *Zitiert nach:* Peter Gosztony (Hrsg.), Der Kampf um Berlin 1945 in Augenzeugenberichten. Düsseldorf, 1970.
334:
Autor: Margarethe Müller (1897–1972), aus Oranienburg bei Berlin. *Einsender:* R. Freigang, Essen (s. auch 1944).
336:
Aus: Hans Dollinger (Hrsg.), Die letzten hundert Tage. Das Ende des Zweiten Weltkrieges in Europa und Asien. München, 1965. S. 232.
337:
Autor: Hans Carls. Aus: Hans Carls, Dachau – Erinnerungen eines katholischen Geistlichen aus der Zeit der Gefangenschaft 1941–1945. Köln, 1946 (s. auch 1942, 1943).
338:
Autor: Max Graf, geb. 1884, gest. am 25. April 1945 im KZ Dachau. *Einsender:* Rektor Ketterer der Pfarrer-Graf-Schule in Hambrücken.
338:
Autor und Einsender: Fritz Köhler, Wiesbaden, geb. 1921 (s. auch 1940, 1942).
339:
Autor und Einsender: Johann Fitschen, Kutenholz bei Bremervörde, geb. 1921. *Aus:* Manuskript »Meine Erinnerungen an den Zweiten Weltkrieg« (s. auch 1944).
342, 347:
Autor und Einsender: Anja Römer-Hahn, Pforzheim, geb. 1924. *Aus:* Manuskript »Tagebuch eines Liebespaares im Kriege« (s. auch 1943).
342:
Autor: Edgar Kupfer-Koberwitz. *Aus:* Edgar Kupfer-Koberwitz, Die Mächtigen und die Hilflosen. Als Häftling in Dachau. Band II. Stuttgart, 1958 (s. auch 1942 und 1944).

343:
Autor und Einsender: Charlotte Verwiebe-Adler, Berlin, geb. 1898. *Aus:* Privatdruck »Meine Russen und ich um 1945«.
343:
Autor und Einsender: Fritz Mahler, Ulm a. d. Donau (Pseud.).
344, 348:
Autor: Margarethe Prieß, Stadthagen, und Unbekannt. *Zitiert nach:* Dokumente der Menschlichkeit aus der Zeit der Massenaustreibungen. Gesammelt und herausgegeben vom Göttinger Arbeitskreis. Würzburg, 1960. S. 131/3 und 245/6.
347:
Autor und Einsender: Emil Präg, Mönchengladbach, geb. 1917 (s. auch 1944).
348:
Autor: Leopold Kreuz, geb. 1895 in Neuwelt/Riesengebirge. *Aus:* Leopold Kreuz, Der Todesmarsch von Brünn. *In:* Es gibt nicht nur ein Lidice. Stuttgart, o. J. *Zitiert nach:* Friedrich G. Kürbisch (Hrsg.), Dieses Land schläft einen unruhigen Schlaf. Sozialreportagen 1918–1945. Berlin/Bonn, 1951, S. 202/3.
351:
Autor: Peter Paul Rudisch, geb. 1926 in Wien, gestorben in Teplitz-Schönau (Teplice-Samov) im Lazarett am 1.7.1945. *Einsender:* Hilde Lerche, Amberg.
352:
Autor: Josef Buhl, als Flüchtling 1945 aus Oberschlesien vertrieben, gest. am 11.11.1947. *Aus:* Hans Walter Bähr (Hrsg.), Die Stimme des Menschen. München, 1961. S. 575.
353:
Autor: Capt. Parsons. *Aus:* Hans Dollinger (Hrsg.), Die letzten hundert Tage. Das Ende des Zweiten Weltkrieges in Europa und Asien. München, 1965. S. 387.
353:
Autor: Tsutomo Yamaguchi, geb. 1920. *Aus:* Robert Trumbull, Wie sie überlebten. Der Bericht der Neun von Hiroshima und Nagasaki. Düsseldorf, 1958. S. 30/1, 82/3.
354:
Autor: Mitsou Tomosawa, geb. 1930. *Zitiert nach:* »Der Spiegel«, Hamburg, Nr. 17, 26.4.1982, S. 156.
354:
Aus: Shiocuki/Kusano/Yamamoto, Wir können nicht schweigen. Krailling b. München, 1958. *Zitiert nach:* Hans-Adolf Jacobsen/Hans Dollinger (Hrsg.), Der Zweite Weltkrieg in Bildern und Dokumenten. Band III, 1963. S. 434.
355:
Autor: Shigo Sasamori, geb. 1930. *Zitiert nach:* »Der Spiegel«, Hamburg, Nr. 17, 26.4.1982, S. 156.
355:
Autor und Einsender: Charlotte Gaede, Edewecht, geb. 1914.
357:
Autor und Einsender: Hanns Widhopf (1906–1981), München.